YUANMOU YEARBOOK 2018

元谋年鉴

（2018）

元谋县地方志编纂委员会办公室　编

方志出版社
Publishing House of Local Records

图书在版编目（CIP）数据

元谋年鉴. 2018 / 元谋县地方志编纂委员会办公室编. -- 北京 : 方志出版社，2019.12

ISBN 978-7-5144-3947-2

Ⅰ. ①元… Ⅱ. ①元… Ⅲ. ①元谋县—2018—年鉴 Ⅳ. ① Z527.44

中国版本图书馆 CIP 数据核字（2019）第 282078 号

元谋年鉴（2018）

编　　者：元谋县地方志编纂委员会办公室
责任编辑：丛　珺

出 版 者：方志出版社
地址　北京市朝阳区潘家园东里 9 号（国家方志馆 4 层）
邮编　100021
网址　http://www.fzph.org
发　　行：方志出版社图书经销中心
电话　（010）67110500
经　　销：各地新华书店
排　　版：北京中文天地文化艺术有限公司
印　　刷：北京中科印刷有限公司

开　　本：889 × 1194　　1/16
印　　张：26.25
字　　数：708 千字
版　　次：2019 年 12 月第 1 版　2019 年 12 月第 1 次印刷

ISBN 978-7-5144-3947-2　　定价：350.00 元

序

贫困问题一直是困扰人类社会发展的重大问题。中国作为世界上最大的发展中国家，为解决贫困问题进行了长期不懈的努力。改革开放以来，特别是党的十八大以来，以习近平同志为核心的党中央把脱贫攻坚作为全面建成小康社会的底线任务和标志性指标，纳入“五位一体”总体布局和“四个全面”战略布局，以前所未有的力度推进精准扶贫、精准脱贫，扶贫开发成就举世瞩目，显著改善了贫困地区和贫困群众生产生活条件，具有重大的现实意义和深远的历史意义。身处中华民族几千年发展历史上将首次整体消除绝对贫困现象的伟大时代，如何更好地发挥地方志的存史、育人、资政的作用，是新时代全国地方志系统必须深入研究和着力解决的重大课题。

党的十八大以来，在党中央国务院的正确领导下，全国地方志系统深入学习贯彻习近平新时代中国特色社会主义思想，紧紧围绕党和国家事业发展需要，深入推进地方志改革创新发展，凝心聚力，稳扎稳打，勇于担当，主动作为，全国地方志形势和地方志工作者的精神面貌发生了深刻变化，取得了优异成绩。其中，为贯彻落实《全国地方志事业发展规划纲要（2015—2020 年）》，经中国地方志指导小组领导批准，中国地方志指导小组办公室于 2015 年、2017 年先后启动民族地区与贫困地区志书、年鉴出版资助工程（以下简称“志鉴出版资助工程”），对国家级贫困县（区、旗、县级市），中西部地区、少数民族边疆地区面临出版经费困难的志书和综合年鉴给予出版资助。实施志鉴出版资助工程是紧扣时代脉搏、坚持创新发展、传承弘扬中华优秀传统文化的一项创举，不仅有力推动了“两全目标”的实现，而且数十部资助出版的志书、年鉴及时记述了民族地区与贫困地区在全面建成小康社会伟大征程中取得的新成绩和新经验、出现的新情况和新问题、涌现的优秀人物和典型事迹，留住地方文化的“根”和“魂”，为这些地区的经济社会发展、地域文化传播、爱国主义教育、精神文明建设等提供了历史借鉴和智力支持，对全面提升民族地区与贫困地区文化建设水平、确保民族地区与贫困地区和全国其他地区同步全面建成小康社会具有重要意义。

尤为可喜的是，志鉴出版资助工程促成了一批扶贫志书的编纂出版，在文化脱贫攻坚中发挥了独特的作用。例如，《贵州省减贫志》全面系统客观记述了从 1978

年至2015年贵州省扶贫、减贫工作的历程及取得的经验，为贵州省实施大扶贫战略提供了有力的资政辅治参考，集中体现了地方志工作因时而动、顺势而为的新作为。前不久，由福建省地方志编委会和人民网共同编纂的《闽宁扶贫协作图志》，是全国首部扶贫协作图志，图文并茂、直观立体、全方位地展现闽宁扶贫协作波澜壮阔的历程，弘扬“闽宁一家亲”“携手奔小康”的深厚情谊和滴水穿石、久久为功的精神，是贯彻落实习近平总书记扶贫工作重要论述精神，服务国家精准扶贫、精准脱贫战略的有力举措。希望各地以此为鉴，编纂出版更多、更好的扶贫志书、年鉴，助力国家精准扶贫、精准脱贫战略的实施，充分展现地方志的独特价值和作用。

当前，我国脱贫攻坚已进入全面决战决胜的关键时期，尚未脱贫的贫困地区集中分布在中西部深山区、极端干旱山区、高寒阴湿地区等，文化建设还比较薄弱，文化产品还不够丰富，文化精品更是少之甚少。同时，这些地区往往是民族文化、历史文化、红色文化、生态文化富集区，具有发展文化旅游、推进文化扶贫的巨大潜在优势，也是繁荣发展地方志事业的巨大文化宝库。要发挥好文化扶贫凝聚人心的优势，善于利用方志文化优势为贫困地区“赋能”，在脱贫攻坚中做出方志人应有的贡献。要发挥好中国名镇志文化工程、中国名村志文化工程的引领作用，大力加强乡镇村志编纂，让百姓记得起乡情、记得住乡愁，凝聚贫困乡镇村庄的强大民心，补齐贫困乡镇村庄的文化短板，以“扶智”的方式“扶志”，践行习近平总书记强调的“扶贫先扶智，扶贫必扶志”的重要理念。

求木之长者，必固其根本；欲流之远者，必浚其泉源。扶贫扶起的是志气骨气，传承的是家国情怀，守护的是绿水青山。扶贫既要富口袋，也要富脑袋。必须坚持文化脱贫和物质脱贫两手抓，筑牢贫困地区文化之基，补足信仰精神之钙，引领脱贫发展之舵。全国地方志系统要围绕中心、服务大局，坚决投入脱贫攻坚这场必须打赢的硬仗，积极参与脱贫攻坚战，发挥优势和特长，深入挖掘文化资源，着力补齐文化短板，努力帮助民族地区与贫困地区的文化建设实现较大的发展提升，在全面建成小康社会、实现中华民族伟大复兴中国梦的征程中贡献方志人的力量。

是为序。

中国社会科学院院长
中国地方志指导小组组长　谢伏瞻

民族地区与贫困地区年鉴出版资助工程领导小组

组　　　长：高　翔

常务副组长：冀祥德

副　组　长：高京斋　邱新立

民族地区与贫困地区年鉴出版资助工程领导小组办公室

主　　　任：冀祥德

副　主　任：邱新立

成　　　员：于伟平　刘永强　冷晓玲　李　静

《元谋年鉴》编纂委员会

主　　任：吴海芬

副 主 任：周　海　祖　凌　马吉相　李盈梅　刘铭波　吴春华
　　　　　陈月娥　段玉方　李强武

委　　员：县委办　县人大办　县政府办　县政协办　县纪委办
　　　　　县委组织部　县委宣传部　县委统战部　县委党校
　　　　　县委党史研究室　县志办　县国家保密局　县档案局
　　　　　县财政局　县教育局　县民宗局　县统计局
　　　　　县文体广电旅游局

《元谋年鉴》编辑部

主　　编：杞志聪

副 主 编：李在营（执行）

编　　辑：杞志聪（元谋县概况、要闻大事）
　　　　　李洪梅（政治部类、乡镇概况、管理监督）
　　　　　张天瑞（经济建设部类）
　　　　　李树江（军事法制）
　　　　　许亚宁（基础设施建设部类）
　　　　　杨芳萍（社会部类、附录）
　　　　　胡晓凤（教科文卫体部类）

编　　务：李洪梅　胡晓凤

摄　　影：起泽云　贾冬冬　张龙宝

编 辑 说 明

一、《元谋年鉴（2018）》以马克思列宁主义、毛泽东思想、邓小平理论、“三个代表”重要思想、科学发展观、习近平新时代中国特色社会主义思想为指导，坚持辩证唯物主义和历史唯物主义的立场、观点和方法，全面客观准确地记述2017年元谋县自然、政治、经济、文化、生态、社会等方面基本情况和发展变化，反映各行各业的新情况、新成就与新特点，为社会大众提供全面权威的年度县情资料，展示元谋新面貌，宣传新经验，拓宽新思路，传播新信息。

二、《元谋年鉴》每年一卷，《元谋年鉴（2018）》为第二十七卷。

三、本鉴以地域为限，根据元谋国民经济和社会发展的需要及年鉴学科体系建设的要求，在保持记述对象相对稳定的前提下，作适当调整。全书设12个类目及特载、大事记和附录，类目下设分目，分目下设条目。

四、本鉴提及山川、河流、村名统以《元谋县地名志》规范的标准地名为准。资料来源于各部门，主要经济指标来源于统计局。由于统计数据的来源、口径、方式、时间不同会有所差异，请读者以统计局提供的统计资料为准。

元谋县政区图

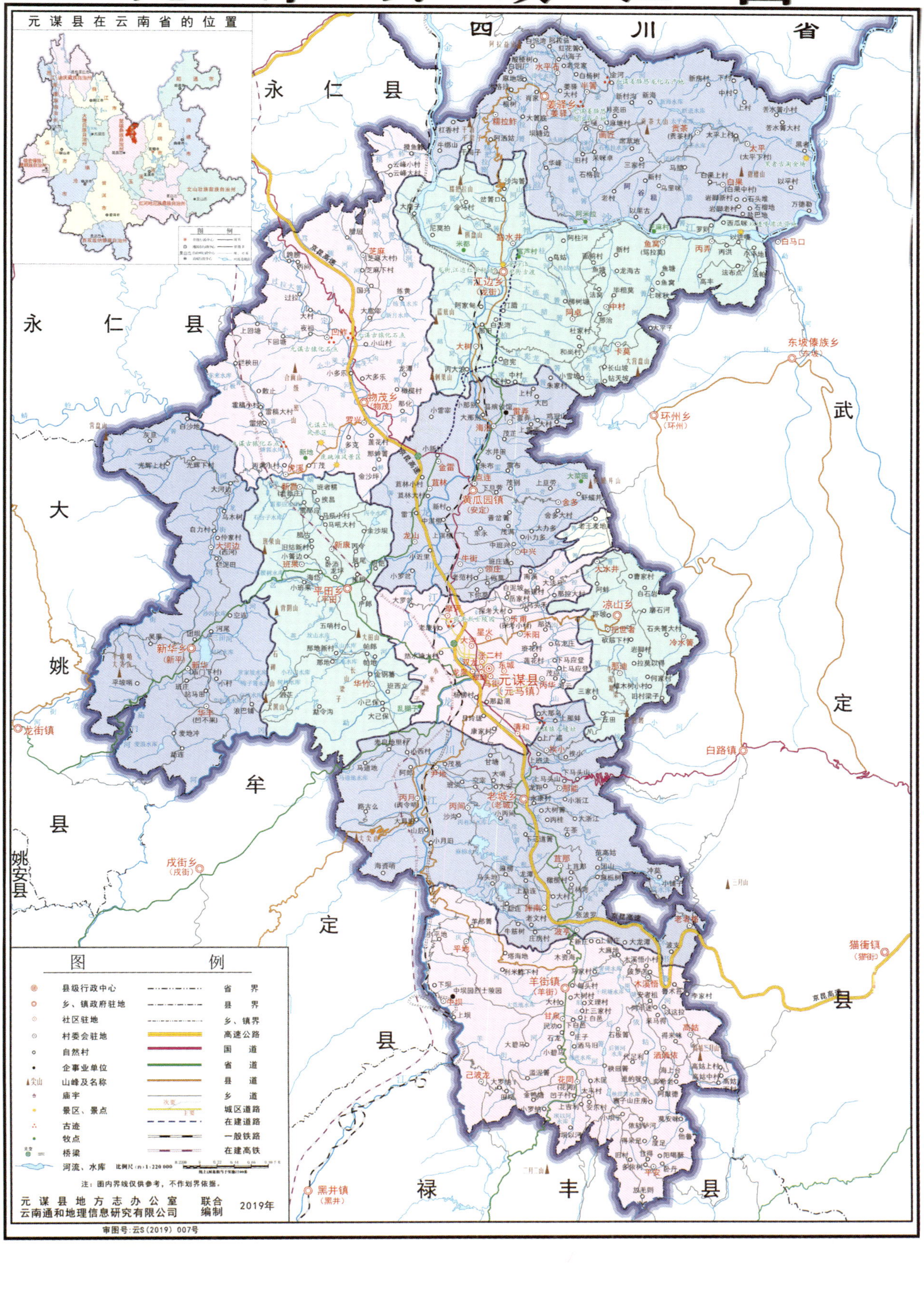

审图号：云S(2019) 007号

数字元谋

人口民族

- ★ 乡镇：3 镇 7 乡
- ★ 行政村（社区）：68 个行政村、10 个社区
- ★ 自然村：718 个
- ★ 户籍人口总户数：76133 户
- ★ 常住人口：22.11 万人
- ★ 乡村人口：16.47 万人
- ★ 城镇人口：4.88 万人
- ★ 世居少数民族：20 个
- ★ 少数民族人口：88858 人

  彝族人口：64908 人

  傈僳族人口：19174 人

  回族人口：1604 人

  苗族人口：1628 人

  其他 1000 人以下少数民族人口：1544 人
- ★ 人口出生率：11.85‰
- ★ 人口自然增长率：4.80‰

自然地理

- ★ 地理位置：滇中北昆明、楚雄、攀枝花三角地带中心
- ★ 经纬度：北纬 25° 23′—26° 06′ 东经 101° 35′—102° 06′
- ★ 地形地貌：低纬高原低海拔郁闭地形，凹陷盆地，四周环山，东山雄峻，西岗低迤，南嶂叠耸，北屏挺拔，中部为著名元谋热坝，气候温热，全年无冬、日照充足、光热资源丰富，素有“天然温室”之称

  最高海拔：2835.9 米

  最低海拔：898 米

  气候类别：南亚热带季风气候

  年平均气温：21.9℃

  年日照时数：2351.5 小时

  年降雨量：585.1 毫米

  水系：金沙江、红河水系

  常流河：19 条

  季节河：40 条

  地表水年径流量：2.67 亿立方米

  年过境水量：16.02 亿立方米

  年地下水平均径流量：0.36 亿立方米

  地下水可开利用：200 万立方米

  水能理论蕴藏量：89485 千瓦

  水能可利用量：11715 千瓦

  天然温泉：2 眼

  温泉水温：37.℃—44.5℃

  国土总面积：2025.6 平方千米

  耕地面积：213328 亩

  有效灌溉面积：14340 公顷

  植物种类：170 科 1297 种

  花卉种类：9 类 152 种

  野生动物种类：118 种

  矿藏种类：13 种

  非金属种类：11 种

  宝石种类：3 种

县域经济

规　模

- ★ 地区生产总值（GDP）：602343 万元
- ★ 人均生产总值：27292 元
- ★ 地方财政总收入：47370 万元
- ★ 一般公共预算收入：31676 万元
- ★ 一般公共预算支出：180579 万元
- ★ 金融机构年末人民币存款余额：860701 万元
- ★ 城乡居民储蓄存款：508895 万元
- ★ 年末人民币贷款余额：413065 万元
- ★ 城镇化率：37.94%
- ★ 第一产业增加值：161805 万元
- ★ 第二产业增加值：169170 万元
- ★ 第三产业增加值：271368 万元
- ★ 一、二、三产结构比：26.9∶28.1∶45
- ★ 规模以上固定资产投资：769348 万元
- ★ 规模以上项目实施数量：156 个
- ★ 招商引资项目：82 个
- ★ 协议总投资：205.66 亿元
- ★ 引进州外到位资金：92 亿元

农　业

- ★ 农林牧渔业总产值：276705 万元
- ★ 农业产值：195651 万元
- ★ 林业产值：4122 万元
- ★ 畜牧业产值：69030 万元
- ★ 渔业产值：3875 万元
- ★ 农作物播种面积：470576 亩
- ★ 粮食作物播种面积：250712 亩
- ★ 蔬菜种植面积：154977 亩
- ★ 蔬菜产量：423818 吨
- ★ 水果种植面积：103853 亩
- ★ 水果产量：168581 吨
- ★ 烤烟种植面积：18746 亩
- ★ 烟叶产量：2596 吨
- ★ 水产品：3100 吨
- ★ 油料种植面积：11669 亩
- ★ 油料产量：2098 吨
- ★ 全年肉类总产量：26849 吨
- ★ 猪牛羊肉：25089 吨
- ★ 禽蛋：506 吨

工　业

- ★ 规模以上工业企业数量：29 户

- ★ 规模以上工业总产值：470795.9 万元
- ★ 规模以上工业增加值：97763 万元
- ★ 轻工业实现增加值：70599 万元
- ★ 重工业实现增加值：27164 万元
- ★ 规模以上工业主营收入：468276.5 万元
- ★ 规模以上工业利税总额：53600.9 万元
- ★ 规模以上工业利润总额：43837.9 万元

国内贸易

- ★ 社会消费品零售总额：192393 万元
- ★ 城镇社会消费品零售总额：122228.2 万元
- ★ 乡村社会消费品零售总额：70164.8 万元
- ★ 餐饮住宿业收入：27414 万元
- ★ 商品批发零售收入：164979 万元
- ★ 限额以上商贸企业数量：73 户
- ★ 批发零售企业：46 户
- ★ 住宿餐饮企业：27 户

旅游业

- ★ 旅游资源
  主类：8 个
  亚类：23 个
  基本类型：64 个
- ★ AAAA 级旅游景区：1 个
- ★ AAA 级旅游景区：1 个
- ★ 博物馆：1 个
- ★ 纪念馆馆：1 个
- ★ 全年接待游客：658.55 万人次
- ★ 国内游客：656.21 万人次
- ★ 海外游客：26361 人次
- ★ 旅游业总收入：573183.53 万元
- ★ 国内旅游业收入：566597.98 万元

交通运输业

- ★ 年末公路通车里程：2279.1 千米
- ★ 等级公路：975.5 千米
- ★ 营运汽车保有量：2819 辆
- ★ 民用机动车拥有量：73990 辆
  汽车：10071 辆
  摩托车：63241 辆
  三轮汽车及低速载货汽车：643 辆
- ★ 全年客运量：167.15 万人
- ★ 客运周转量：11211.61 万人千米
- ★ 全年货运量：255.85 万吨
- ★ 货运周转量：39813.61 万吨千米

信息业

- ★ 邮电业务总量：26170 万元
- ★ 邮政业务总量：1515 万元
- ★ 电信联通业务总量：24655 万元
- ★ 报刊期发：226 万份
- ★ 收发国内邮件：16 万件
- ★ 年末固定电话及移动电话用户：22.24 万户
- ★ 固定电话：0.81 万户
- ★ 移动电话用户：21.43 万户
- ★ 电话普及率：101 部 / 百人
- ★ 年末互联网用户：5.5 万户
- ★ 数字电视用户：4.33 万户

人民生活

- ★ 农村常住居民人均可支配收入：11530 元
- ★ 城镇常住居民人均可支配收入：32749 元
  从业人员：13.96 万人
  从事农业产业人员：8.79 万人
- ★ 从事非农产业人员：5.17 万人
- ★ 全年安置就业人员：25116 人
- ★ 年末城镇登记失业率：3.12%
- ★ 居民消费价格上涨：1.5%
- ★ 参加养老保险人数：8275 人
- ★ 参加医疗保险人数：205764 人
- ★ 年末农村养老保险人数：122911 人
- ★ 新型农村合作医疗保险参合率：99.08%
- ★ 全年发放城镇最低生活保障金：2057.65 万元
- ★ 全年发放农村最低生活保障金：2368.31 万元
- ★ 年末通电行政村、社区：78 个
- ★ 年末通自来水行政村、社区：78 个
- ★ 年末通公路行政村、社区：78 个
- ★ 年末通程控电话行政村、社区：78 个

建筑业

- ★ 资质建筑企业数量：8 户
- ★ 建筑业总产值：123758 万元
- ★ 实现建筑业增加值：61211 万元

教　育

- ★ 年末各类学校：209 所
- ★ 普通高中学校：1 所
  招生：794 人
  在校学生：2116 人
  毕业生：617 人
  专任教师：144 人
- ★ 职业高级中学学校：1 所
  招生：60 人
  在校学生：330 人
  毕业生：255 人
  专任教师：49 人
- ★ 普通初中学校：11 所
  招生：2353 人
  在校学生：7293 人

毕业生：2652 人
专任教师：602 人
★ 小学学校：59 所
招生：2304 人
在校学生：13831 人
毕业生：2363 人
专任教师：989 人
★ 幼儿园：47 所
在校幼儿：5969 人
在园教职工：421 人
★ 教师进修学校：1 所
★ 成人文化教育技术培训学校：89 所

环境保护

★ 林地面积：142338 公顷
★ 森林覆盖率：43.1%
★ 全年新增造林面积：1226.7 公顷
★ 全年治理水土流失面积：52.1 平方千米
★ 自然保护区：1 个
★ 全县工业固体废物综合利用率：97.5%
★ 城市生活污水集中处理率：94%
★ 城市生活垃圾无害化处理率：96%
★ 县城元马镇空气质量：II 级

医疗卫生

★ 医疗机构：131 个
医院：7 个
妇幼保健院：1 个
疾病预防控制机构：1 个
卫生监督所：1 个
农村卫生院：11 个
个体诊所：32 个
农村卫生室：78 个
★ 医疗床位：1104 张
★ 医疗卫生专业技术人员：1046 人
★ 全年卫生事业投入资金：8930.98 万元
★ 全年业务总收入：19158 万元

文 化

★ 公共文化：91 个
● 元谋县花灯剧团：1 个
免费演出场次：90 场
观众：60000 人
● 元谋传统灯社和农村业余文艺演出队：159 支
群众演员：50000 人
演出场次：1700 场
观众：80 万人
● 县文化馆：1 个
举办培训场次：105 场
参训人员：2625 人
● 乡镇文化站：10 个
每周免费开放时间：56 小时
● 村文化室：78 个
每周免费开放时间：56 小时
● 县图书馆馆藏图书：59596 册
免费接待参观人员：10.72 万人次
● 元谋人博物馆藏文物：4100 件
免费接待参观人员：328719 人
● 金沙江红军纪念馆藏文物：108 件
免费接待参观人员：27170 人
★ 广播人口覆盖率：99.05%
★ 电视人口覆盖率：99.18%
★ 文物保护单位：99 个
国家级重点文物保护单位：5 个
省级文物保护单位：7 个
州级文物保护单位：5 个
县级文物保护单位：82 个
★ 非物质文化遗产保护与传承项目：266 个
国家级非物质文化遗产保护传承中心：1 个
★ 非物质文化遗产保护传承人：218 人
国家级非物质文化遗产保护传承人：1 人
省级民族民间传统文化保护保护传承人：6 人
州级民族民间传统文化保护保护传承人：27 人
县级民族民间传统文化保护保护传承人：184 人

科学技术

★ 独立自然科研单位：1 所
★ 科员人员：91 人
★ 全年申报科技项目：32 个
★ 全年科技项目立项：19 项
★ 获得补助项目资金：217.02 万元
★ 全年申报获得各种认定：7 个
获得云南省高新技术企业认定：1 个
获得云南省科技型中小企业认定：3 个
获得省级可持续发展实验区认定：1 个
获得省级星创天地认定：1 个
获得州级星创天地认定：1 个
★ 全年申报单位和个人专利：106 件
发明专利：15 件
实用型专利：85 件
外观设计：6 项
★ 获得实用型专利：5 件
★ 重点科技推广项目：无
★ 获奖科研项目：1 项
★ 全年举办各类科技培训班：129 期
★ 参加培训人数：1.25 万人

3 月 30 日，中共中央办公厅机关党委原书记、全国红军小学建设工程理事会副理事长李永平（左五）一行视察元马小学

3 月 1 日，省政协副主席丁绍祥（前排右三）到元谋县调研高原特色农业发展情况

4 月 27 日，省政协副主席王成才（前排中）到元谋县调研生态环境保护与绿色发展工作

8 月 23 日，省公安厅党委书记、厅长任军号（前排左二）到元谋县调研指导公安工作

10 月 16 日，州委书记杨斌（前排左二）率州级领导到元谋县调研经济社会发展工作

11 月 6 日，州委副书记、代理州长迟中华（左一）到元谋县调研工作

8月20日，州委常委、州纪委书记赵安升（右二）到元谋调研指导工作

11月14日，州委常委、楚雄军分区政委赵建华（右二）到平田乡新康村委会看望慰问老党员

12月5日，州人民政府副州长、州公安局长马闻（左三）到姜驿乡调研指导脱贫攻坚工作

9 月 26 日，州人大常委会副主任天建国（前排左二）到元谋县督察河长制推行情况

8 月 30 日，州人大常委会副主任李怡（左一）率州人大执法检查组检查元谋县贯彻实施《中华人民共和国非物质文化遗产法》和《云南省非物质文化遗产保护条例》情况

11 月 16 日，省农业厅副厅长王平华参加云南元谋蔬菜种业博览会并发表主旨演讲

11 月 16 日，州人民政府副州长邓斯云（右一）等领导视察元谋县国家农业综合开发示范园区

11 月 16 日，中国工程院院士、中国农科院蔬菜花卉研究所方智远（左一）莅临云南元谋蔬菜种业博览会

9 月 13 日，省委省政府第二环境保护督察组到元谋督察环境保护工作

1 月 6 日，中共元谋县委十三届二次全体（扩大）会议在县图书馆报告厅召开

7 月 6 日，县十七届人大二次会议开幕

2 月 24 日，中国人民政治协商会议元谋县第九届委员会第一次会议在县图书馆召开

8 月 8 日，中共元谋县委巡察工作暨第三轮巡察动员部署会召开

11 月 21 日，州委第四轮巡察第三巡察组巡察元谋县脱贫攻坚工作动员会召开

11 月 30 日，元谋县金沙江乌东德水电站建设移民搬迁安置工作动员培训会议召开

12 月 13 日，元谋县义务教育发展基本均衡国家督导检查陈述答辩会召开

5 月 31 日，县委书记习雁（中）到甘塘易地扶贫搬迁安置点检查工作

8 月 1 日，县委书记习雁（右）到新华乡调研百亩连片桃李种植基地

8 月 8 日，县委书记习雁（中）到江边乡调研走访贫困户

1 月 12 日，县委副书记、县长李林波（前排右二）到工业园区调研

1 月 13 日，县委副书记、县长李林波（右二）到现代农业科技园调研

12 月 24 日，县委副书记、县长李林波（中）到老城乡调研脱贫攻坚工作

6 月 18 日，县委副书记、代理县长吴海芬（右二）到老城乡易地扶贫搬迁安置点调研

7 月 2 日，县委副书记、代理县长吴海芬（右三）到姜驿乡杠香村实地查看泥石流灾情

8 月 12 日县委副书记、县长吴海芬（中）到老城乡走访贫困户

9 月 4 日，县人大常委会主任彭寿才（左一）到棚户区改造指挥部调研工作

11 月 26 日，县政协主席高发银（中）到新华乡走访慰问贫困户

11 月 24 日，县委副书记周海（左一）到江边乡走访贫困户

9 月 18 日，县委副书记、驻村工作队总队长夏禹（右排中）到物茂乡调研脱贫攻坚工作

3 月 22 日，县委常委、常务副县长窦小军带头参加龙川河道治理清场工作

8 月 9 日，县委常委、县委统战部长杨春茹（右二）到羊街镇调研指导工作

12 月 13 日，县委常委县委政法委书记赵光贤（后排中）到江边乡开展乌东德水电站移民界定工作

12 月 6 日，县委常委常务副县长、乌东德水电站建设项目指挥部总指挥长祖凌（左三）到江边乡开展水电移民工作

12 月 7 日，县委常委、县纪委书记杨波（右一）到江边乡丙大浪村开展水电站移民搬迁安置工作

11 月 24 日，县委常委、组织部长马吉相（左二）到平田乡走访慰问困难老党员

10 月 5 日，县委常委、县委宣传部部长李盈梅（右一）带领黑牛坡水电移民工作组进村开展水电移民工作

9月3日，县委常委、县委办公室主任刘铭波（右一）到羊街镇老悟村杨光庭贫困户家走访

3 月 31 日，举行楚雄州 2017 年一季度项目集中开工中国傈僳族第一村项目开工仪式

6 月 28 日，举行楚雄州 2017 年第二批项目集中开工元谋县工业园区项目开工仪式

10 月 16 日，举行楚雄州 2017 年第三批项目集中开工“元谋人”远古小镇项目开工仪式

元谋县“9 · 17”特大泥石流灾害民房恢复重建现场

建设中的成昆铁路复修线元谋段平田大桥

建设中的 11.4 万亩高效节水灌溉工程

县城棚户区改造一期项目

滇川重点项目楚攀天然气管道元谋段

凤凰大桥施工现场

工业园区办公楼房及部分厂房

滨江休闲绿色长廊二期工程

凤凰湖

凤凰湖公园

元谋县新城区

新城区文化馆、博物馆、图书馆、体育馆“四馆”片区夜景

12 月 23 日，2017 中国 · 元谋果蔬节开幕

2017 中国 · 元谋果蔬节期间举行招商引资项目签约仪式

2017 中国 · 元谋果蔬暨旅游商品展洽展示会

2017 中国 · 元谋果蔬节期间举行番茄大战

云南 · 元谋蔬菜种业博览会展示区

11 月 17 日，云南 · 元谋蔬菜种业博览会开幕

1 月 5 日，元谋县歌演唱大赛总决赛举办

6 月 8 日，2017 年文化和自然遗产日元谋县非物质文化遗产展演举办

6 月 30 日晚，元谋县纪念建党 96 周年表彰大会暨文艺晚会举办

6 月 29 日，元谋县 2017 年上半年重点项目建设新闻发布会召开

元谋“天籁之音”合唱团在火把节上演出

1 月 20 日，“奔向凤凰山 · 万人徒步行”全民健身活动举行

5 月 20 日，元谋县首届中华经典诵读大赛展演举办

8 月 29 日，“棚改惠民颂党恩 · 千居旧貌换新颜”专题文艺晚会举办

1 月 18 日，元谋县 2017 年文化科技卫生“三下乡”活动启动仪式在新华乡举行

7 月 1 日，元谋县 2017 年红土地之歌演讲大赛举办

7 月 12 日，中国元谋傈僳族第一村文化旅游产业发展座谈会召开

9 月 25 日，楚雄州人民医院与元谋县人民医院共建医联体签约揭牌仪式举行

目　录

特　载

大事记

元谋县概况

县情概要

国民经济和社会发展

政治建设

中国共产党元谋县委员会

元谋县人民政府

中国人民政治协商会议元谋县委员会

中国共产党元谋县纪律检查委员会

经济建设

农 业

工 业

民营经济

电　力

商业贸易

发展改革管理

市场监督管理

物价管理

审计监督

统计监督

对外开放

文化建设

文化艺术

文 物

广播电视

广电网络

图书发行

图书管理

档 案

地方志鉴编研

劳动就业

扶贫开发

卫生防疫

计划生育管理

民政事务

林木资源管理

森林执法

环保监督管理

水土保持

市政管理

林区　保护区

科学技术

科技管理

农业科技

地震科研

热区生态农业研究

法　治

政法委及综治

人民公安

人民检察

人民法院

司法行政

军　事

人民武装

人民防空

人民武警

群众团体

元谋县总工会

共青团元谋县委员会

元谋县妇女联合会

元谋县科学技术协会

元谋县工商业界联合会（总商会）

元谋县文学艺术界联合会

元谋县残疾人联合会

元谋县红十字会

乡镇概况

元马镇

黄瓜园镇

羊街镇

老城乡

平田乡

新华乡

凉山乡

物茂乡

人 物

附 录

特　载

凝心聚力　勇于担当
奋力开创元谋跨越发展新局面

——在中共元谋县委十三届二次全体（扩大）会议上的报告

2017年1月6日

中共元谋县委书记　习　雁

这次全委会的主要任务是：深入学习贯彻党的十八届六中全会、中央经济工作会议、中央农村工作会议、习近平总书记系列重要讲话和考察云南重要讲话以及省第十次党代会、州第九次党代会、州委九届二次全会、县第十三次党代会精神，全面总结2016年的工作，研究部署2017年的任务，审议《中共元谋县委关于贯彻落实党的十八届六中全会精神深入推进全面从严治党的意见》，听取县委常委会2016年党的建设专题报告和干部选拔任用工作情况报告，团结动员全县各级党组织和广大党员干部群众，凝心聚力、勇于担当，奋力开创全县经济社会跨越发展新局面。

一、抢抓机遇、真抓实干，“十三五”实现良好开局

2016年是“十三五”开局之年，也是元谋发展思路更加清晰、发展举措更加扎实、发展成效更加明显的一年。一年来，县委团结带领全县各族干部群众，努力克服经济下行压力加大的困难，积极应对各种问题和挑战，千方百计调结构、稳增长、促改革、防风险，凝心聚力抓项目、强基础、扩开放、惠民生，开创了经济较快发展、民生持续改善、社会和谐稳定、党的建设全面加强的新局面，实现了“十三五”良好开局。初步统计，全年完成地区生产总值52.3亿元，比上年增长12%；完成规模以上固定资产投资55.1亿元，比上年增长34.2%；完成财政总收入4.1亿元，比上年增长20.6%；完成财政一般公共预算收入2.82亿元，比上年增长12.3%；完成财政一般公共预算支出17.64亿元，比上年增长10.1%；社会消费品零售总额达16.97亿元，比上年增长13%；城镇常住居民人均可支配收入

和农村常住居民人均可支配收入分别达30434元、10684元，比上年分别增长10%和11%。

（一）凝聚合力取得新成效。一年来，县委充分发挥总揽全局、协调各方的领导核心作用，坚持把主要精力放在管方向、谋全局、定目标、聚合力、强保障上，充分发挥各方面作用，促进重点工作推动、重大项目实施和重大矛盾化解，全县形成了四班子凝心聚力、同舟共济，各乡镇勇挑重担、奋勇争先，各部门优化服务、提升效能，广大干部勇于担当、攻坚克难的比学赶超、争先进位干事创业环境，实现了一季度“开门红”、二季度“双过半”、三季度“上台阶”、四季度“大收官”的工作目标，圆满完成了经济社会发展各项任务。

（二）夯实基础取得新成效。以“五网”建设为重点，千方百计增投资，全力以赴抓项目。扎实抓好“构二破三”工作，着力破解融资、土地、要素保障等难题。先后与云南公投、云投、云南建投、云南能投、太平洋集团、山东菏泽交运集团、三峡公司等大企业合作，凤凰大道等一批项目顺利实施。元谋大型灌区续建配套与节水改造工程、西片区高效节水工程、挨小河水库、坛罐窑中型水库、依洒水库建设稳步推进。全年共实施项目154个，实际引进州外到位资金70.37亿元，比上年增长31.53%，为州考核任务64亿元的110%；预计完成规模以上固定资产投资55.1亿元，比上年增长34.2%；全年新增融资37.59亿元，到位资金23.1亿元；获批专项建设基金9.24亿元。

（三）产业建设取得新成效。绿色产业效益显著提升。农业产业化、农民组织化程度大幅提高，国家农业科技园区元谋核心区建设快速推进，农村电子商务加快发展。预计实现农林牧渔业总产值达25.5亿元，增长6.5%。县域工业破冰发展。园区环境不断改善，“一园三区”发展格局基本形成，新能源产业快速发展。新增规模以上企业7户，规模以上企业达26户，预计实现规模以上工业总产值35.9亿元，比上年增长25.9%。文化旅游产业迅速发展。元谋古人类历史文化旅游项目建设加快推进，乡村旅游快速发展，旅游产品更加丰富，景区景点接待能力明显提升。预计全年接待中外游客315.8万人次，旅游总收入达23.1亿元，比上年分别增长12%和25%。

（四）民生改善取得新成效。以“十件民生实事”为抓手，不断加大民生投入，民生支出占公共财政预算支出的82.5%，发展成果更多惠及全县人民。认真落实“一把手”和双组长负责制，脱贫攻坚工作扎实开展，全年减少贫困人口3200人，脱贫攻坚首战告捷。水电移民工作稳步推进。美丽宜居乡村建设初见成效。基本公共服务均等化加快推进。基础教育得到巩固，高中合作办学顺利开展，职业教育加快发展。医疗卫计服务体系建设不断完善，公共卫计服务能力明显增强。社会保障体系更加完善。“双创”政策得到落实，发放创业小额贷款4725万元，城镇新增就业3120人。公务用车和机关事业单位工资分配制度改革稳步推进。县城东南片区棚户区改造（一期）618户房屋征收拆迁工作全面完成，3300户农村危房改造项目建设圆满完成，城乡统筹成效明显。县城环境持续改善，生态建设取得实效。

（五）民主法治取得新成效。始终坚持把讲民主、促团结作为跨越发展的关键举措。坚持党的领导、人民当家作主和依法治县相统一，最大限度调动各方面的积极性、主动性和创造性，形成了凝心聚力谋发展、团结实干促跨越的良好局面。支持人大及其常委会依法行使职权，支持政府依法行政，支持政协依照章程履行职能，支持审判机关、检察机关依法独立公正行使审判权、检察权。县人大、县政协坚持在带头干事中依法监督、民主监督。工会、共青团、妇联等群团组织桥梁纽带作用进一步发挥。党的民族宗教政策全面落实。依法治县深入推进,《热坝说法》宣传成效明显。基层民主管理和农村依法自治不断加强，信访工作形成合力，积案化解取得实效。政法队伍素质得到提高，严打整治专项行动持续开展，法治元谋、平安元谋建设成效显著，公众安全感和群众满意度不断提高。

（六）党的建设取得新成效。全面从严治党主体责任全面落实,“两学一做”学习教育深入开展，党员干部思想政治水平得到提高，基层服务型党组织建设统筹推进。县、乡党委和村（社区）“两委”换届工作圆满完成。基层党组织的政治功能和服务功能有效发挥。“四千精神”和“一线工作法”有效践行。党风廉政建设“两个责任”全面落实,“四项谈话”制度扎实推进，从严从紧从细落实中央八项规定精神全面查偏纠正专项行动取得实效。专项督查形成常态,“不作为、乱作为”问题得到整治，不敢腐的震慑作用充分发挥，不能腐、不想腐的长效机制正在形成。扎实推进思想教育、引导舆论、文化繁荣，宣传思想工作迈上新台阶。

在充分肯定成绩的同时，我们也要清醒地看到，基础设施薄弱仍然是我县跨越发展的最大瓶颈，产业发展不足仍然是元谋跨越发展的最大软肋，民生保障能力弱仍然是元谋跨越发展的最大短板，全县发展道路上依然面临不少困难和问题。主要表现为：产业转型升级任务依然繁重，财税收支矛盾依然突出，脱贫攻坚任务依然艰巨，部分干部“庸懒软”等作风问题依然存在；一些群众法治意识淡薄，文明素质有待提高。这些问题，在下步工作中要认真加以解决。

二、坚定信心、乘势而上，奋力推动全县经济社会跨越发展

2017 年是迎接党的十九大胜利召开的重要一年，是供给侧结构改革的深化之年，也是全面贯彻落实省、州、县党代会精神，深入实施“十三五”规划，奋力推动全县跨越发展之年。要紧紧围绕强化“两大支撑”，突出“三大重点”，培强壮大“三大支柱产业”，加快培育“四大新兴产业”，着力打造“三大名片”，努力把元谋建设成为“一极两中心三基地”的发展目标，团结带领全县干部群众进一步坚定信心、迎难而上、真抓实干，推动全县发展再上新台阶。

主要预期目标是：全县生产总值增长 12%；地方财政一般公共预算收入增长 10%，力争达 12%；规模以上固定资产投资增长 28%，力争达 33%；社会消费品零售总额增长 13%；城镇常住居民人均可支配收入和农村常住居民人均可支配收入分别增长 10% 和 11%；城镇化率提高 2 个百分点；人口自然增长率控制在 6.5‰以内；城镇登记失业率控制在 4.5% 以内；居民消费价格涨幅控制在 3.5% 左右；单位生产总值能耗下降完成州下达目标任务。

实现以上目标，必须抓好以下八个方面的工作：

（一）基础设施实现新突破。始终坚持“大谋划、大规划、大思路、大手笔、大项目”的思路，牢固树立“抓项目、促跨越，抓项目、稳增长”的理念，扎实做好“构二破三”“调二提三”工作，坚持“五个一”工作机制和“六项制度”，严格落实重大项目指挥长负责制，实行指挥部与部门同责、与乡镇同责，指挥长与分管领导同责，高位推进项目建设。以“五网”建设为重点，不断优化投资结构，坚决打赢“五网”建设大会战。加快推进元谋通用机场、县城东西环线公路、土林旅游环线、龙川江河道治理（二期）、龙街大桥、元谋傈僳族第一村、水电移民安置等一批重点项目建设。实施好 11.4 万亩高效节水灌溉项目，全力打造全国高效节水示范县。加快推进挨小河输水管网及虎溪、鸡冠山小（1）型水库等重点骨干水源工程建设，全面做好小石门大（2）型水库、定远河、龙街河中型水库项目前期工作。

（二）产业发展实现新突破。牢固树立“兴产业，促跨越”的思想，认真实施“产业发展年”工作计划，坚持走绿色发展之路，实现产业提质增效、转型升级、融合发展。围绕发展特色现代农业、绿色食品加工业、新能源产业、文化旅游产业、养生养老新型服务业五大产业，集中力量培强大菜园、大果园、大花园、大庄园、大乐园。实施绿色发展战略，突出抓好绿色产业。按照规模化、区域化、标准化、示范化、绿色化、品牌化的思路，打造40万亩优质绿色生态果蔬基地，抓好国家农业科技示范园区元谋核心区及水果科技园、蔬菜科技园、种业科技园等“园中园”规划建设，提升元谋果蔬品牌，擦亮“冬早蔬菜之乡”名片。加快果蔬博览城建设，打造中国南方果蔬交易集散中心。加快种业园区建设，逐步培育10万亩种业基地，促进种子产业发展，打造中国南方种子繁育基地。加快形成“一乡一特、一村一品”的乡镇特色产业。加快推进农产品电子商务发展，实现线上线下同步销售，全面拓展国际国内两大市场。实施工业强县发展战略，突出抓好县域工业。进一步坚定工业强县的信心和决心，不断增强补齐工业短板的危机感和使命感，凝聚工业发展合力，在盘活、提升存量的基础上，持续开展精准招商，着力引进高附加值、高贡献率、无污染的大项目、好项目。加强园区建设，完善基础配套，促进园区集约发展。强化政策引导支持，积极培育新的主导产业。力争规模以上企业达33户以上，园区产值力争实现17亿元以上。实施全域旅游发展战略，突出抓好文化旅游产业。加快文化旅游重点项目建设和景区景点开发，全力打造“一人、一林、一区、一镇、一村”。大力发展养生养老、乡村体验、休闲度假等旅游形态，不断丰富文化旅游产品，促进旅游业转型升级，带动一产、推动二产、拉动三产，把旅游业打造成为元谋跨越发展的重要引擎和人民群众更加满意的幸福产业。2017年，力争接待中外游客354万人次，实现旅游业总收入28亿元。

（三）脱贫攻坚实现新突破。脱贫攻坚，成败在于精准。2017年是元谋脱贫攻坚任务最重的一年。全县上下务必保持啃硬骨头、攻城拔寨的劲头，坚持物质脱贫与精神脱贫并重、“输血”式脱贫与“造血”式脱贫并举，聚焦目标、精准发力，按照“六个精准”“十六个到村到户”“五个一批”的要求，严格落实帮扶责任，因乡因族制宜，因村因户施策，抢抓机遇、真抓实干、培强产业，以更大的决心、更明确的思路、更精准的举措，加快推进易地扶贫搬迁工作。继续加大金融支持力度，形成多元化投入扶贫新格局，确保姜驿乡脱贫出列，冷水箐、波亨、华竹、大河边4个贫困行政村出列，全县减少贫困人口5500人以上，坚决打赢脱贫攻坚战。

（四）民生改善实现新突破。加快幸福元谋建设，继续办好民生实事。优先发展教育，推进义务教育均衡发展，补齐学前教育、高中教育质量短板。大力发展卫计事业，全面实施“两孩”政策，进一步提高计划生育优质服务水平。加强基层卫计服务体系建设，增强居民健康意识。加快县人民医院分院、县中医院搬迁项目和县中医彝医院建设，不断提高医疗服务保障水平。实施好农村安全饮水巩固提升工程。全力推进县、乡、村路网建设，实现行政村通村路面硬化覆盖率达100%。深入开展“绿化发祥地”行动，大力推进县城东西面山植树造林工程，加快凤凰山森林公园建设步伐，不断提高城镇绿化覆盖率。加快实施生态修复工程，全力争创省级生态文明县，让元谋天更蓝水更清山更绿。

（五）改革开放实现新突破。坚定不移的全面深化改革，坚持开放创新聚资源、协同创新增能力、万众创新添活力，依靠创新驱动引领经济发展。进一步落实农村综合改革政策，激发“三农”发展新活力。加快政府职能转变，深入推进“放管服”改革，放宽市场准入，简化办事程序，毫不动摇地鼓励、支持、引导非公有制经济发展。推进财税体制和投融资体制改革，推广政府和社会资本合作（PPP）模式，引入多元投融资主体，释放市场发展潜力。加强国有资产监管。深化价格、文化体制、供销社等综合改革，统筹抓好教育、科技、医药卫生、司法、社会治理等领域改革，让发展质量更高，让人民更有获得感。进一步强化大开放、大招商意识，积极抢抓机遇，更加自觉地主动服务和融入“滇中经济圈”“一带一路”和“长江经济带”建设。始终保持招商引资的强劲势头，在招大引强上下功夫，立足发展定位、产业基础和资源禀赋，突出主导产业和新兴产业项目招商，坚持引进名企、引进资金与引进技术、引进人才并举，采取委托招商、以商招商、小分队招商等多种形式，加大央企国企和世界500强、中国500强、民营企业500强引进力度。进一步优化招商环境，多领域全方位开放，全面提升对外开放水平。力争全年引进州外到位资金85亿元以上。

（六）城乡统筹实现新突破。坚持城乡统筹发展，全面改善农村生产生活条件。以“宜居元谋”建设为重点，实施产城融合发展，坚持一手抓城乡规划和全域旅游规划，一手抓城乡人居环境提升；一手抓城市新区开发，一手抓旧城改造。坚持规划先行、景观先行、基础配套先行，高标准建设、精细化管理，走具有时代特征、元谋特色、热坝特点的新型城镇化发展路子。营造良好环境，鼓励农民进城购房，让农村群众享受优质教育和医疗条件。加快“一廊一湖三道四片区路网”建设和发祥路提升改造进度，加快地下综合管廊和海绵城市建设步伐，不断提升城市品质。加快实施棚户区改造工程。大力实施城镇“四治三改一拆一增”和农村“七改三清”环境整治行动，全面提升城乡人居环境。2017年，每个乡镇建成2个以上美丽宜居乡村示范村，加快城乡一体化发展。以乌东德水电移民安置项目建设为契机，加快交通、水利、环保、电力、电信、广电等工程项目建设，着力加快启宪、瓦渣箐、甘塘安置点和产业发展规划建设进度。

（七）文化建设实现新突破。坚持社会主义先进文化前进方向，大力弘扬社会主义核心价值观，充分发挥文化的引领作用。进一步强化意识形态工作责任，以高度的文化自觉和文化自信加快文化元谋建设步伐。大力实施文化惠民工程，推动基本公共文化服务标准化、均等化发展，不断提高公共文化产品和服务的供给能力。进一步提高文艺发展水平，不断丰富群众的精神文化生活。注重元谋文化保护与开发，加强文化人才队伍建设，深入挖掘“元谋人”文化、红色文化、民族民间传统文化，包装景区景点文化。加大县树县花栽种和县歌传唱力度，培育城市文化、激活乡村文化，讲好元谋故事，培树元谋精神，打响元谋品牌。

（八）民主法治实现新突破。进一步加强和改善党对人大、政协工作的领导。支持工会、共青团、妇联创造性地开展工作。重视发挥民主党派、工商联、无党派人士的特殊优势，巩固和发展最广泛的爱国统一战线。坚持一手抓发展，一手抓稳定。认真落实党政主要负责人履行推进法治建设第一责任人的职责，深入推进严格执法、公正司法、全民守法。加强政法队伍建设，坚持依法行政，强化对行政权力的监督和制约，强力推行法治政府建设。强化“七五”普法宣传的针对性和实效性，增强全社会学法尊法守法用法意识，提高领导干部运用法治思维和法治方式推动发展、化解矛盾、解决问题的能力。推进法治元谋、平安元谋建设，巩固拓展《热坝说法》的法律和社会效果，依法处置“三堵四闹”等违法犯罪行为，有效防范和坚决遏制重特大安全生产责任事故。切实做好信访和防邪反邪教工作，严厉打击各类违法犯罪活动，严打严防暴恐犯罪活动，继续打好第四轮禁毒防艾人民战争。

三、从严治党、务实清廉，为全县经济社会跨越发展提供坚强保证

实现跨越发展，关键在党，关键在人。必须坚持“党建引领跨越，组织保证发展”的总体思路，严格落实全面从严治党要求，把严的纪律、严的措施、严的要求贯穿于管党治党全过程，落实到党的建设各个方面，为推进全县经济社会跨越发展提供坚强的组织和纪律保证。

（一）着力加强思想政治建设。要在增强思想教育的针对性、实效性上下功夫，持续深化“两学一做”学习教育，深化党的十八届六中全会和习近平总书记系列重要讲话精神的学习教育，强化党史党性党风党纪和国史国情省情州情县情的学习，不断提高广大党员干部的理论素养，牢固树立政治意识、大局意识、核心意识、看齐意识，自觉在思想上政治上行动上同以习近平同志为核心的党中央保持高度一致。深入开展“比学习、比精神、比思路、比作风、比项目、比担当、比业绩、比亮点”的比学赶帮超主题教育活动，在全县迅速形成一心一意谋发展，齐心协力抓落实的强大合力。

（二）着力规范党内政治生活。认真贯彻落实《关于新形势下党内政治生活的若干准则》，严格执行党内政治生活准则各项规定，严格执行党的政治纪律、组织纪律、廉洁纪律、群众纪律、工作纪律和生活纪律，严格落实“三会一课”、民主生活会、领导干部双重组织生活、民主评议党员、谈心谈话等制度，从严从实教育、管理、监督广大党员干部，促进党内政治生活制度化、正常化、规范化，着力营造树正气、讲团结、聚合力、促跨越的浓厚氛围。坚持民主集中制原则，健全完善党委（党组）工作规则、议事规则和决策程序，进一步提高党委（党组）把方向、管大局、作决策、保落实的能力和水平。尊重党员主体地位、保障党员民主权利，落实党员的知情权、参与权、选举权、监督权。

（三）着力培养高素质干部队伍。坚持一手抓发展、一手抓党建，一手抓项目、一手抓干部，牢固树立“有为才有位、有位要有为、为官要为民”的用人导向，大力选拔重用“七种干部”，坚决调整和不用“七种干部”，注重把“实在实干实绩”及有信念、有思路、有激情、有办法的干部选拔出来，突出在脱贫攻坚、重大项目推动、重大矛盾化解、重点工作落实中识别培养选拔任用干部，以鲜明的用人导向引导干事导向。强化干部监督管理，健全完善领导干部谈心谈话制度和班子定期分析研判制度。加强职级干部管理，充分发挥各类干部作用。大力培养“五名人才”，充分发挥院士工作站和专家工作站的平台作用。大兴识才爱才用才容才聚才之风，着力发现和培养一批推动元谋跨越发展的优秀人才。

（四）着力加强基层组织建设。扎实开展“基层党建提升年”工作，加强基层党组织带头人队伍建设。实施“互联网＋党建”行动计划，推动基层党建创新发展。深化“双联系一共建双推进”活动，真正把农村基层党组织建设成为带领群众脱贫致富的坚强战斗堡垒。继续推进基层党内民主建设，抓好软弱涣散基层党组织整顿提升工作。深入推进扶贫开发与基层党建“双推进”，落实“党建带群建”制度，积极推进工会、共青团、妇联等群团组织改革发展。

（五）着力深化反腐倡廉建设。认真落实党风廉政建设责任制，进一步压实党委（党组）的主体责任和纪委的监督责任，推进全面从严治党向基层延伸，深入推进“四项谈话”制度落实。深化作风建设，从严从紧从细落实中央八项规定精神及县委实施办法，持之以恒纠正“四风”。认真贯彻执行《中国共产党党内监督条例》，加大巡察力度，形成监督合力。突出执纪监督问责，整合监督力量，加大对重大决策部署、重点工作、重点项目落实情况的专项纪律检查。盯紧

"关键少数"，强化对"一把手"和领导干部"八小时以外"活动的监督。充分发挥县委反腐败协调小组的作用，加强纪检监察机关与司法和行政执法部门之间的协作配合，继续保持惩治腐败高压态势，重点查处"三类重点案件"，加大对发生在群众身边不正之风和腐败问题的查处力度，坚决做到无禁区、全覆盖、零容忍惩治腐败。坚持一手抓警钟长鸣、一手抓激励干事，建立激励党员干部干事创业容错纠错机制，旗帜鲜明为敢于担当的干部担当、为敢于负责的干部负责，为推动跨越发展提供坚强的纪律保证。

同志们，让我们更加紧密的团结在以习近平同志为核心的党中央周围，在中共楚雄州委的坚强领导下，进一步解放思想、迸发激情、勇于担当，奋力开创元谋经济社会跨越发展新局面，以优异成绩迎接党的十九大胜利召开！

政府工作报告

——在元谋县第十七届人民代表大会第一次会议上

2017 年 2 月 25 日

元谋县人民政府县长　李林波

一、十六届人民政府工作回顾

本届政府任期的四年，是元谋经济社会发展经受重大考验、实现较大突破、取得较大成就的四年。四年来，在州委、州人民政府和县委的坚强领导下，全县上下认真践行科学发展观，齐心协力、真抓实干、克难奋进，战胜了"5·07"地震、"9·17"特大型山洪泥石流等自然灾害，四年时间完成了县第十六届人民代表大会第一次会议确定五年完成的主要目标任务，开创了元谋经济社会发展的新局面。

——四年来，以争先进位为目标，综合实力不断增强。县域经济综合实力由 2012 年全省第 82 位跃升到 2015 年的第 50 位。2012 年至 2016 年，地区生产总值增速分别位列全省第 94 位、第 83 位、第 24 位、第 35 位、第 7 位；地区生产总值由 30.76 亿元增加到 52.98 亿元，地方财政总收入由 2.22 亿元增加到 4.1 亿元，一般预算收入由 1.62 亿元增加到 2.83 亿元，年均分别增长 11.9%、16.6%、14.9%。

——四年来，以项目投资为支撑，基础设施不断完善。累计完成固定资产投资 147.4 亿元，

年均增长 35.8%。水利建设完成投资 16.2 亿元，完成 97% 的水库除险加固和主渠护砌工程，开工建设小（2）型以上水库 4 座，新增库容 28.4 万立方米，解决 3.9 万人的安全饮水问题，水利化程度达 66%。交通建设完成投资 10.7 亿元，新建及改造县乡公路 557 千米、村道 690 千米，除即将搬迁的 3 个行政村外全部实现路面硬化。实现光纤宽带网络乡镇及行政村全覆盖。

——四年来，以转型升级为重点，产业培植不断壮大。高原特色现代农业加快发展，获得"全国农产品质量安全示范县"荣誉称号，获国家地理标志证明商标 2 个。累计外销蔬菜 140 万

吨，农民卖菜收入40.5亿元；外销水果55.4万吨，卖果收入28亿元；粮食生产每年稳定在9万吨左右。工业经济实现新突破，新增规上工业企业14户，工业产值由45.2亿元增加到72.1亿元，年均增长12.3%。工业园区扩容升级，水、电、路等基础设施逐步完善，建成区面积5.5平方千米。建成风能、太阳能光伏电站5座，总装机容量189兆瓦，累计发电量13.7亿度。文化旅游业蓬勃发展，金沙江龙街渡红军纪念馆建成开馆，古人类历史文化旅游项目累计完成投资10.1亿元。四年累计接待中外游客1241.6万人次、实现旅游业收入65.1亿元。服务业快速发展，社会消费品零售总额由8.8亿元增加到17.1亿元，年均增长13.7%。三次产业结构比例由38.4∶26.7∶34.9调整为28.8∶26.4∶44.8。

——四年来，以城乡统筹为抓手，区域发展不断协调。县城建成区面积由6.1平方千米扩大到7.8平方千米，城镇人口由5.9万人增加到7.1万人，城镇化率34.83%，提高7.67个百分点。新建及改造城市道路15条12千米，提升改造背街小巷35条，市政基础设施累计完成投资14.6亿元。房地产业健康发展，累计完成投资13.4亿元，建成商品房6664套47.9万平方米。城市管理水平不断提升，城区绿化、亮化、美化扩面提质，市容环境更加整洁，城区保洁面积由38.2万平方米扩大到64.2万平方米，绿地养护由0.8万平方米扩大到2.3万平方米。现代村镇加快建设，建成省级重点村和美丽宜居乡村42个、民族团结示范村6个，完成危房改造7540户。新农村建设综合考核连续4年全州第一。

——四年来，以民生保障为己任，民生福祉不断增进。民生领域累计投入资金47.7亿元，占一般公共预算支出的78.9%。就业、低保、优抚、医疗救助、临时困难救助及“五险一金”等社会保障体系不断完善。文化、体育、教育、卫生计生等服务设施大幅改善，服务能力及管理水平明显提升，各项社会事业全面发展。建成保障房4156套17.3万平方米。脱贫攻坚扎实推进，累计投入扶贫资金1.9亿元，贫困地区群众生产生活条件明显改善。城镇常住居民人均可支配收入由20260元增加到30211元，年均增长10.5%；农村常住居民人均可支配收入由6526元增加到10588元，年均增长12.9%，收入数连续14年居全州第一。

——四年来，以环境保护为前提，生态文明不断加强。实施土地开发整理4.7万亩，完成投资2亿元。完成地质灾害搬迁避险515户，累计投入地质灾害治理项目资金3770万元。实施天然林保护、退耕还林、荒山造林、补植补造、低效林改造等项目9.5万亩，完成投资1.7亿元。全县森林植被状况不断改善，森林覆盖率由46%提升到46.6%。城市污水处理率、垃圾处理率分别达85%、96%。县域环境质量持续改善。

——四年来，以改革创新为动力，开放合作不断深化。政府机构、行政审批、农业、公车、财政、金融、投融资等领域改革不断深化。基本医药卫生体制改革深入推进，公共卫生服务水平不断提高。教育、文化、水务、电力、社保、殡葬等改革迈出新步伐。招商引资助推经济发展取得显著成绩，成功引进山东菏泽交运、云投集团、云南建投、云南能投、三峡集团等一批大企业大集团，累计引进招商项目194个，实际到位资金194.4亿元，年均增长43.5%。

——四年来，以和谐稳定为基础，发展环境不断优化。畅通信访渠道，化解信访积案，一些社会热点难点问题得到有效解决。社会管理创新得到加强。“六五”普法和“四五”依法治县工作圆满完成，被评定为“全国法治县（市区）创建活动先进单位”。深入开展禁毒防艾、反恐维稳等工作，严厉打击违法犯罪活动，社会治安明显好转。强化安全生产工作，安全事故得到有效预防和遏制，未发生重特大安全生产事故。完善突发公共事件应急管理体制机制，预防和处置各类突发事件的能力得到提高。民主法治进程加快，自觉接受人大及其常委会的法律监督、工作监督和政协的民主监督。四年累计办理议案10件，建议、批评和意见448件，政协提案382件。支持法院、检察院依法独立行使职权。密切与各人民团体的联系，支持工会、共青团、妇联、工商联等团体充分发挥其桥梁纽带作用。国防动员、双拥共建、民兵预备役、人防等工作得到加强，监察、审计、统计、新闻出版、地方志、档案、外事侨务、民族宗教、供销、气象、防震减灾、红十字会、科协、文联等工作取得新进步，妇女儿童、老龄老干、残疾人等事业全面发展。

过去的一年，在州委、州人民政府及县委的坚强领导下，县人民政府团结带领全县干部群众，抓早抓实、精准发力、埋头苦干、攻坚克难，积极采取有力措施，稳增长、促改革、调结构、惠民生、防风险，促进经济强劲增长，社会事业全面进步，“十三五”实现开门红。这一年，经济运行平稳有序。全县实现生产总值52.98亿元，增长12.6%；地方财政总收入和一般公共预算收入分别完成4.1亿元、2.83亿元，分别增长20.6%、12.3%；社会消费品零售总额完成17.1亿元，增长13.5%；城镇登记失业率3.1%；人口自然增长率4.1‰；城镇化率提高2.72个百分点；居民消费价格总指数为101.8%。这一年，争先进位成效显著。18项主要经济指标增速全州县（市）排名中，13项位列前三，其中7项居第一，其余多项指标绝对值和增速位次均有明显提升。这一年，重大项目加速推进。全年共实施项目154个，开展前期工作34个，完成规模以上固定资产投资55.1亿元，增长34.2%。坛罐窑中型水库、挨小河小（1）型水库大坝顺利封顶，乌东德水电站建设征地移民安置、现代种业科技园、108国道改造、永广铁路扩能改造、通村公路、依洒小（1）型水库、龙川江元谋段河道治理一期工程等重点难点项目加速推进。这一年，产业发展提质增效。农产品质量及知名度得到进一步提升和认可，“元谋青枣”获国家地理标志证明商标，“元谋葡萄”获全国名优果品区域公用品牌，年内新增绿色食品认证3个、有机食品认证1个。一产增速达5.9%，居全州第二；工业经济在全省整体下滑的趋势下逆市增长，完成规模以上工业产值35.7亿元。二产增速达24.5%，居全州第一；元谋大酒店、远古山洞主题酒店即将投入使用，古人类历史文化旅游项目年内完成投资5.5亿元。全县接待中外游客404.3万人次，实现旅游业收入24.5亿元，分别增长26.1%、41.1%。这一年，脱贫攻坚成效显著。各级财政投入脱贫资金6419万元，乐甫、雷弄2个贫困行政村达到出列标准，可减少贫困人口3200人。阿拉益、小龙潭等6个易地搬迁安置点加快推进，部分农户已迁入新居；甘塘片区易地搬迁安置点建设有序推进。这一年，城镇建设日新月异。完成市政项目投资11.8亿元，滨江休闲绿色长廊工程一期、凤凰大道、滨江大道主要设施完工投入使用，“四馆”片区、2012年保障性住房项目片区城市基础设施建设等项目加快推进，成功打造滨江休闲绿色长廊及凤凰湖等城市新地标，“一廊一湖三道四片区路网”建设成效明显。县城棚户区改造东南片区一期稳步推进，完成房屋征拆618户10万平方米，完成投资4亿元。这一年，要素保障扎实有力。全年新增融资到位资金23亿元。全年投入征地经费2.2亿元，完成土地征用9371亩，获批2119亩，供地1305亩，报批林地3000亩，土地开发整理新增耕地6405亩，用地及资金瓶颈得到有效缓解。这一年，争资跑项硕果累累。共争取上级转移支付资金14.1亿元，占一般公共预算支出的79.8%；争取国家专项建设基金项目14项，获批基金10.9亿元，位居全州前列。这一年，民生保障大幅增强。社会事业全面发展，社会保障提标扩面，8项惠民工程和10件民生实事全面落实，县、乡、村医疗服务一体化水平全面提高，元谋一中教育体制改革及县医院、县中医院公立医院改革深入推进，图书馆、文化馆建成投入使用。全年民生支出14.6亿元，占一般公共预算支出的82.5%。这一年，开放合作深入推进。供给侧结构性改革、十项专项行动、公车改革等有序推进；完成招商引资70.4亿元，增长31.5%。这一年，各项工作统筹推进。绿色元谋深入推进，年内完成城镇面山造林5000亩；“9·17”特大型山洪泥石流灾害抢险应急全面胜利，恢复重建有序开展。这一年，发展环境持续优化。“放管服”改革有序推进；一线工作法、四千精神，钉钉子精神、愚公移山精神及工匠精神在工作中得到有效落实；平安、法治元谋建设稳步推进，治安形势持续好转，信访总量同比下降38.7%。

回顾本届政府履职的四年，我们走过的道路极不平凡。四年来，第十六届县人民政府坚持以科学发展观为统领，团结和依靠全县各族人民，凝心聚力谋发展，克难奋进求突破，在全面建成小康社会的征途上迈出了坚实的步伐。

回顾四年，我们之所以能在富民强县的征程上又迈出坚实的一步，是州委、州人民政府和县委正确领导的结果，是县人大、县政协关心支持的结果，是历届县委、县人民政府打下坚实基础的结果，更是全县各族干部群众团结奋斗的结果。在此，我代表县人民政府，向全县各族人民、社会各界人士、省州驻元单位、武警官兵和公安干警，向所有关心、支持元谋发展的朋友们，致以崇高的敬意和衷心的感谢！

在充分肯定成绩的同时，我们也清醒地看到前进中面临的诸多挑战和困难。基础设施依然薄弱，交通、水利、市政等公共基础设施还适应不了元谋跨越发展的需要；产业发展不足，产业结构不优的格局仍未得到根本改变；民生保障短板突出，脱贫攻坚任务艰巨；财源单一，财税收支矛盾依然突出；城镇化水平低，城乡人居环境有待提升；少数干部“慵懒散”问题依然存在，作风建设仍需进一步加强。对此，我们必须高度重视，采取有效措施切实加以解决。

二、今后五年的工作

今后五年，是元谋抢抓重大发展机遇，打牢发展基础，打赢四大攻坚战，加快转变发展方式，破解发展难题，实现跨越发展的攻坚和关键时期。“十三五”规划、脱贫攻坚、棚户区改造等国家层面重大规划密集实施，全省“五网”建设大会战深入推进，云南高铁时代来临，一系列扶持政策叠加，效应释放，为元谋跨越发展提供了十分难得的机遇。全县基础设施夯实、产业转型升级、城镇化快速发展和重点项目攻坚推进，为我们实现经济持续健康较快发展奠定了基础、创造了条件；全县上下团结一心、思富求变、干事创业、创先争优的浓厚氛围，为我们营造了良好的发展环境。今天的元谋，发展优势进一步凸显、发展空间日益广阔、发展势头更加强劲。我们完全有信心、有能力、有条件抢抓机遇，乘势而上，跨越发展，把全县经济社会发展推向更高水平。

今后五年政府工作的总体思路是：高举中国特色社会主义伟大旗帜，以邓小平理论、“三个代表”重要思想、科学发展观为指导，深入贯彻习近平总书记系列重要讲话和考察云南重要讲话精神，全面贯彻中共十八大和十八届三中、四中、五中、六中全会及省第十次、州第九次、县第十三次党代会精神，坚持稳中求进工作总基调，牢固树立和落实“五大发展”理念，统筹推进“五位一体”总体布局和协调推进“四个全面”战略布局，强化县委“两大支撑、三大重点、三大支柱产业、四大新兴产业、三大名片”工作思路的落实，凝心聚力，攻坚克难，全力加快“一极两中心三基地”建设步伐，确保与全国全省全州同步全面建成小康社会。

今后五年经济社会发展的主要目标是：生产

总值年均增长12%以上；地方公共财政预算收入年均增长10%以上；规模以上固定资产投资年均增长25%以上，力争达30%；社会消费品零售总额年均增长12%以上；城乡常住居民人均可支配收入年均增长10%、11%以上；城镇化率达45%以上；人口自然增长率控制在6.5‰以内；城镇登记失业率控制在5%以内；单位生产总值能耗下降完成州下达目标任务，全面完成节能减排任务。

围绕上述目标任务，在全面推进各项工作的同时，今后五年要突出抓好6个方面的工作：

突出投资拉动，始终坚持以固本强基为基础。加快民生、市政、能源、通信等基础设施建设，构建功能完善、安全高效的现代基础设施体系。以“五网”建设为重点，加快推进骨干水源、五小水利、高效节水灌溉、中小河流治理等水利项目建设，建成40万亩高效节水灌溉设施，到2021年全县供水能力达1.9亿立方米，全县有效灌溉率达76%。完善综合交通运输体系，实施元大公路元谋过境段改建项目，争取立项实施古人类历史文化旅游景区—物茂土林—新华浪巴铺土林景区旅游环线公路及牟元高速公路，实现自然村通村公路硬化率达80%以上的目标。加快新能源建设步伐，实施天然气利用项目，积极争取光伏、风电项目建设指标，全力打造绿色能源产业基地。元谋通用机场建成投入使用。实施“互联网+”工程，到2021年有线宽带家庭普及率达80%以上，电子商务年销售额达7亿元以上。

突出产业培植，始终坚持以壮大实力为关键。加快发展高原特色现代农业，力争2021年农业总产值达38亿元，年均增长6%以上。坚定不移实施“工业强县”战略，增加工业总量，提升主导产业，推进园区建设，培强壮大新能源、先进装备制造、轻工制造、果蔬精深加工等产业，到2021年力争销售收入超亿元的企业达16户，工业总产值达130.8亿元，年均增长20%以上。发展壮大文化旅游业，力争2021年全年接待中外游客超过1000万人次，实现旅游业收入60亿元。大力发展现代服务业，力争2021年服务业增加值占GDP的比重达6%以上。

突出城乡统筹，始终坚持以协调发展为引领。加大统筹城乡发展力度，推进城乡一体化发展。按照城乡总体规划布局，做强县城、做特集镇、做美乡村。强化县城扩容提质，坚持新区开发与旧城改造相结合。落实提升城乡人居环境“一计划六方案”，提高城市建设、经营和管理水平，巩固“省级卫生县城”创建成果，积极争创“国家卫生县城”和“省级文明县城”。完善集镇基础设施和服务功能，打造江边、黄瓜园等特色旅游商贸集镇。坚持以工促农、以城带乡，在加快发展工业化、城镇化中同步推进农业现代化，加快社会主义新农村建设步伐，建设幸福美好家园。

突出创新合作，始终坚持以改革开放为动力。全面推进供给侧结构性改革，着力深化经济管理、行政管理、社会管理等重点领域和关键环节的改革，建立健全充满活力、有利于创新发展的体制机制。积极探索产业、基础设施、城镇建设等领域开放发展新路子，不断扩大合作交流空间，吸引更多的先进生产要素服务县域经济发展。积极融入金沙江对内开发合作经济带及楚北区域经济开发建设，构建全方位开放合作发展新格局。牢固树立招商引资是加快发展第一抓手的理念，以招大引强、招缺补链为目标，力争引进州外到位资金年均增长25%以上。

突出民生福祉，始终坚持以改善民生为核心。把和谐共享作为执政为民的根本目的，切实保障和改善民生，让全县人民共享改革发展红利，享受幸福生活。围绕脱贫攻坚“9988”目标，严格落实“8个精准”和“5个一批”要求，全力打赢脱贫攻坚战。扩大和促进就业，不断健全完善多层次覆盖城乡的社会保障体系，高度关注低收入群体。全面发展各项社会事业，注重教育资源均衡配置，大力培育优质教育品牌；着力打造文化强县，加快文体基础设施建设，促进文化大发展大繁荣，逐步提升城乡文明水平；深入推进医药卫生体制改革，增强医疗卫生服务能力；坚持计划生育基本国策，促进人口长期均衡发展。扎实推进“七五”普法和“五五”依法治县工作。加强和创新社会管理，深化“平安元谋”创建和“法治元谋”建设，确保社会和谐稳定。加强政府自身建设，切实提升政府核心竞争力。

突出生态文明，始终坚持以持续发展为主线。落实生态保护红线、环境质量底线、资源利用上线和环境准入负面清单约束，走生态立县、环境优先的路子。坚持开发与保护并重，深入推进“绿色元谋”建设，继续实施绿化发祥地行动及水土保持小流域综合治理、天然林保护、地质灾害治理等生态工程。节约集约利用资源，执行最严格水资源管理制度，大幅降低能源、水、土地消耗强度，提高利用效率和效益。支持节能低碳产业和新能源、可再生能源发展，增强可持续发展能力。切实加强生物多样性保护，持续改善生态环境，全力创建省级生态文明县，努力建设天蓝、地绿、山青、水净的美丽元谋。

三、2017 年的主要工作

2017 年是新一届政府履职担责、推动发展的开局之年，政府工作的基本要求是：深入学习贯彻中共十八大、十八届三中、四中、五中、六中全会、中央经济工作、农村工作会议精神、习近平总书记系列重要讲话和考察云南重要讲话精神，以“四个全面”战略布局和“五大发展理念”为引领，坚持稳中求进工作总基调，按照县委十三届二次全会的部署，主动服务和融入国家、省、州发展战略，以科学发展为主题，以跨越发展为主旋律，着力抓好“项目、产业、脱贫、城乡、改革、民生、生态、和谐”八项工作，为元谋跨越发展“打基础、增实力、补短板、筑载体、添动力、凝合力、优环境、强保障”，努力为元谋“十三五”跨越发展筑牢基础。

今年主要预期目标为：全县生产总值增长 12%；规模以上固定资产投资增长 34%；一般公共预算收入增长 10%，力争达 12%；社会消费品零售总额增长 13%；城乡常住居民人均可支配收入分别增长 10%、11%；居民消费价格水平涨幅控制在 3.5%以内；单位生产总值能耗下降完成州下达目标任务；城镇登记失业率控制在 4.5%以内；人口自然增长率控制在 6.5‰以内；城镇化水平提高 2 个百分点。

围绕上述目标，要着力做好以下 8 个方面的工作：

（一）抓项目促投资，为跨越发展打基础。以“构二破三”为抓手，以“调二提三”为目标，集中精力抓项目，千方百计增投资，确保规模以上固定资产投资增长 34%。积极谋划争项目。高度重视项目前期工作，及早开展项目规划勘察、设计，完备前置手续，谋划储备一批符合国家产业政策导向的重大项目。加大项目汇报对接力度，争取落实一批重点项目。全力以赴推项目。以“五网”建设为重点，突出抓好省州 4 个 100 涉及元谋重点项目及县 4 个 30 重点项目。开工建设县城东环线、通用机场、发祥路升级改造、14 万亩高标准农田建设、龙川江元谋段二期及永定河河道治理、水库清淤增效、沟库联通、麻柳水库扩容等工程；加快推进红色旅游公路、金沙江龙街大桥、挨小河水库输水管网工程、依洒小（1）型水库、东山大沟渠首段改扩建、11.4 万亩高效节水灌溉等项目；加快推进电网升级改造，着力提升县城西片区供电能力；争取实施不少于 20 个通自然村公路建设项目；积极做好元谋港、元谋空港物流园区、元大公路升级改造元谋过境段、小石门大（2）型水库、龙街河、定远河中型水库、竹棚、冷水箐、鸡冠山小（1）型水库、县城中心停车场及附属设施建设、中心城区地下综合管廊建设等项目前期工作。注重质量优项目。加大产业类项目的包装、策划、招商及投融资力度，力争产业投资和工业投资占固定资产投资的比重分别达65%和30%以上。全年实施PPP项目不少于5个，着力撬动社会资本参与项目建设，力争民间投资占固定资产投资的比重达60%以上。加大园区基础设施投入力度，完善园区配套服务功能，改善投资环境，力争园区投资占固定资产投资的比重达10%以上。整合要素保项目。用好用足土地差别化管理政策，盘活存量，扩大增量，保障建设用地需求。加大项目前期经费投入，提高资金使用效益。健全完善重点项目县级领导联系、部门联办、联合审批、跟踪督查等制度，确保项目尽快落地、快速推进、早日完工。

（二）抓产业促增长，为跨越发展增实力。落实“接二连三”“强二快三”发展思路，突出重点，全力破解“一产不优、二产不强、三产不快”的产业发展难题。提升一产。紧紧抓住2017年农业“供给侧结构性改革”这一有利政策机遇，围绕“品种、数量、质量”3个重点，紧扣为市场提供“产品更适销、数量更充足、质量更优良”的目标，以元谋大型灌区丙间片11.4万亩高效节水灌溉项目的实施为契机，以标准化、规模化示范区建设和全国农产品质量安全示范县巩固为抓手，认真落实元谋高原特色现代农业升级版“10个一”工程，加强农产品推广、种植、管理、精深加工、外销等各环节的工作，倒逼高原特色现代农业转型升级。着重推广全产业链型、“公司+合作社+农户”型、“村集体+合作社+农户”型、“合作社+农户”型等农业经营模式，根据元谋果蔬优势，打造品牌，引进一批果蔬精深加工企业，走一二产融合发展路子，把一产优势转变为二产优势。抓好“两烟”工作，完成251万千克烟叶收购及9000大箱卷烟销售任务。持续加强动植物疫病防控。坚持“产出来”和“管出来”两手发力，切实加强农业投入品、种植环境、农资质量、市场准入等管理，全力确保农产品质量安全。整合农产品资源，激活农业产销链，力争农产品电子商务年销售额达2.5亿元以上。确保2016年冬至2017年春菜季外销蔬菜达45万吨、农民卖菜收入达13亿元以上。突破二产。集中资源解决工业滞后这一最大的产业发展短板，力争规上工业增加值增长25%以上。强化四项支撑工程落实，抓好园区招商工作，力促新增产能投产达产，加快推进工业园区小雷宰聚集区供排水设施、高效节水器材及地膜生产、鸿腾酒业果酒等项目建设；确保太阳能光伏组件生产、南新管业、燃气储气罐、枕梁厂等项目于年内开工建设。加大企业帮扶力度，积极支持工业企业技改扩能，千方百计帮助停产、半停产企业尽快恢复生产，最大限度释放工业存量。有计划指导帮助企业升规达限，全年确保7户工业企业升规、8户商贸企业达限，形成新的经济增长点，增加经济总量。突出重点助企解难题，继续抓好“放管服”工作，着力提升商事服务的质量和效率，有效降低制度性交易成本、用能用地成本、物流成本、税收负担、社会保险费成本、人力资源成本、财务成本。落实民营经济扶持政策，进一步放宽准入条件，支持民营经济发展壮大，新增市场主体1100户，确保民营经济增加值占全县GDP的比重达47.6%以上。激活三产。强力推进“全国电子商务进农村综合示范县”、万汇果蔬博览城、远景商贸物流城等项目，加快发展现代物流，构建县域、乡域物流体系。实施全域旅游发展战略。以创建“省级旅游强县”为目标，以打造“一人、一林、一区、一镇、一村”为重点，借助“旅游+”发展农村新产业和旅游新业态，实现一、二、三产融合发展。强化土林景区升级改造，加快推进元谋傈僳族第一村、元马古镇等项目建设；争取早日启动金沙湖旅游度假区开发建设；确保古人类历史文化旅游项目温良水世界

5月、七色花海7月、养生养老服务项目10月完工投入使用，年内完成投资7亿元；全年争取实施养生养老产业项目3个、新建特色农庄3个。全力抓好限额以上批零住餐企业的培育发展，在注重企业数量增加的同时，更注重质量的提升。力争全年接待中外游客525万人次，实现旅游业总收入35.5亿元。

（三）抓脱贫促增收，为跨越发展补短板。把脱贫作为第一责任、首要任务和最大的民心工程来抓，确保2017年姜驿乡脱贫出列；波亨、华竹、新康、芝麻、大河边、冷水箐、中村7个贫困行政村达到出列标准；全县减少贫困人口5500人以上。强化责任抓落实。严格执行“一把手”和“双组长”负责制，深入开展“挂包帮”“转走访”工作，认真履行帮扶责任。改善农村基础设施条件。整合资金及项目，加快贫困村水、电、路等基础设施建设，全面改善贫困地区、贫困家庭生产生活条件。抓实产业扶持。把产业扶贫作为扶贫开发的主攻方向，在甘塘、启宪安置点等片区探索实施光伏扶贫产业，完善“公司+基地+贫困户”“公司+合作社+贫困户”等模式，让贫困群众更好地参与产业建设、更多地受益于产业发展。扎实抓好易地搬迁。加快推进甘塘片区易地扶贫搬迁安置点及11个乡内易地搬迁项目建设步伐，突出甘塘片区安置点“八个示范区”的打造及建设。抓好乌东德水电站移民安置协议签订及水、电、路、通信、学校、卫生院（室）、警务室、村组办公活动场所等移民基础设施建设，统筹抓好移民搬迁安置暨产业项目建设，加快推进依洒水库移民新村依洒彝村建设，在移民搬迁中落实脱贫攻坚工作任务。抓实教育助脱贫。全面提升贫困地区教育发展水平，从根本上阻断贫困代际传递；开展城乡富余劳动力转移和技术技能培训，实现“培训一人、输出一人、脱贫一户”。统筹抓好生态建设。鼓励支持和引导贫困户参与天然林保护、退耕还林等生态工程建设，在生态工程人员使用上优先选择贫困户，增加贫困户务工收入。强化政策及资金保障。统筹使用好已争取到位的各类资金，确保扶贫资金在脱贫攻坚中发挥效益。强化对特殊贫困家庭的关注及关爱，将符合条件的特殊贫困家庭纳入社会保障范围。

（四）抓城乡促统筹，为跨越发展筑载体。加快新型城镇化建设步伐，统筹推进城乡一体化建设。抓规划建设。以规划为统领，健全完善规划体系，加强重要片区、重要节点城市设计，努力将元谋建设为“多规合一”示范县。抓城镇化推进。推进市政基础设施建设，抓好凤凰大道、滨江大道、休闲绿色长廊、凤凰湖等项目收尾工作，加快推进县城西北片区城市基础设施建设项目、县城棚户区改造东南片区二期、108国道县城过境段提升改造工程项目，着力打造凤凰山公园。激活房地产市场，加快泷湖·壹号、元谋印象、建科国际城、凤凰书院、福宸财富中心、县城棚户区改造东南片区一期等项目建设步伐。强化政策保障，鼓励农民进城买房。抓人居环境改善。深入实施提升城乡人居环境五年行动计划，着力推进城镇“四治三改一拆一增”、农村“七改三清”，深入推进城乡违法违规建筑治理行动，坚决遏制城乡违法建设蔓延势头。完成2350户农村危房改造任务，每个乡镇启动3个、建成不少于2个美丽宜居乡村，除元马镇外的9个乡镇全面实施“一水两污”建设。抓城市管理。牢固树立“经营城市”的理念，不断创新城市管理机制，提升城市“造血”功能。拓宽投融资渠道，推广运用PPP模式，推进城市基础设施建设。严格落实“门前三包”责任制，继续抓好处级领导挂点、部门及科级干部包街等制度。着力提升文明素质，形成人人都是城市形象、人人参与城市管理的工作机制。

（五）抓改革促开放，为跨越发展添动力。大力推进各项改革，努力形成以大开放促大发展的良好局面。深入推进各项改革。重点推进供水价格、商事制度、农村产权制度、城市管理综合执法、改革试点项目区水权水市场、从事生产经营活动事业单位等各项改革。继续深化教育、文化、医药卫生、供销、殡葬等改革。加大政府购买服务力度。抓紧抓实供给侧结构性改革。落实“四稳”“十项专项行动”“三去一降一补”等措施，确保供给侧结构性改革取得实效。加快农业转型升级，着重在“种植结构优化、畜牧业结构调整、农产品质量安全、农业节本增效、农产品电子商务、优化业态结构、优化经营体系结构”等方面下功夫，着力推进农业供给侧结构性改革。全力抓好招商引资。落实招商责任，完善招商措施，突出精准招商、产业招商，紧盯大企业、大集团，着力招大引强，支持本土企业做大做强，确保全年引进州外到位资金86亿元以上。

（六）抓民生促福祉，为跨越发展凝合力。 认真落实8项惠民工程和10件民生实事，着力保障和改善民生，确保民生支出持续增长。推进教育事业全面发展。着力补齐“学前教育、中小学质量、高中教育”三个短板，努力实现学前教育全覆盖，力争实现“乡乡有中心幼儿园”，全面夯实中小学素质教育基础，推动高中办学质量提升和职业教育州县一体化办学。推进“全面改薄”工作，薄弱县高中项目年内备案实施。推动义务教育均衡发展，确保年底如期通过“省级评估和国家复查认定”。突出抓好医疗卫计事业。深化公立医院改革，实施乡村卫生室标准化建设工程。完成中医院搬迁建设，加快中医彝医院及启宪、甘塘等6个移民安置点卫生院（室）建设，推进县医院分院项目前期工作。抓好医疗监管，健全完善卫计队伍管理考核培训机制。进一步提高计划生育优质服务水平。推动文化事业繁荣发展。抓文化传播及体育健身，加快推进乡镇文化站、广播电视“户户通”、城市社区文化活动中心和农村体育健身工程实施。加强文物及非物质文化遗产保护。扶持民间文艺团体健康发展，广泛开展城乡群众文化活动和各类节庆活动。加强文化市场监管，净化社会文化环境。着力提升社会保障水平。始终心系群众，化解民生难题，努力让困难群众、老年群体、妇女儿童、残疾人等群体生活更有保障，让全县人民生活普遍改善。积极探索多形式就业机制，鼓励自谋职业、自主创业，多渠道开发就业岗位，新增城镇就业2500人以上。扩大各类社会保险覆盖范围，抓好城乡居民养老保险工作，进一步完善城乡最低生活保障制度和各类救助制度。完成年度保障性住房、地震安居工程及“9·17”民房恢复重建等工作任务。

（七）抓生态促环保，为跨越发展优环境。 牢固树立绿水青山就是金山银山的发展理念，实现生态与经济的持续发展。实施生态修复工程。全面启动省级生态文明县创建。继续实施“绿化发祥地行动”及“绿色家乡·美丽元谋”行动，完成城镇西面山2700亩、东面山7000亩造林工作。继续抓好天然林保护工程、低效林改造、退耕还林、陡坡地生态治理、农村太阳能建设等重点生态工程。完成雷弄、海洛、朱布3条大箐泥石流治理项目，开工建设老城河二期泥石流治理项目。提升污染防控能力。落实环境保护“一岗双责”主体责任，抓好环保督查问题整改落实。强化环境执法及巡查力度，严格执行环保“三同时”制度，依法淘汰关闭高耗能、高污染企业。加快推进城市生活污水处理厂配套管网建设，提升污水处理厂污染削减能力。大力发展绿色经济。着力发展节能环保产业，大力发展循环经济，倡导低碳绿色环保的生活方式。

（八）抓稳定促和谐，为跨越发展强保障。 强化底线思维，落实稳定责任，全力确保社会和谐稳定。推进依法治县。全面落实党政主要负责人履行法治建设第一责任人职责，深入推进依法治县进程。突出抓好安全生产。认真落实安全生产“党政同责、一岗双责、齐抓共管、失职追责”的工作要求，坚决遏制重特大事故发生。加强食品药品安全监管，确保人民群众“舌尖”上的安全。强化矛盾纠纷化解。突出法治理念，以法治思维和法治手段开展信访工作，畅通群众诉求渠道，落实社会矛盾纠纷排查化解三级分类制度，有效化解矛盾纠纷，严厉打击“三堵四闹”。扎实推进民族团结进步。加快民族团结示范区建设，促进民族和睦、宗教和顺、社会和谐。加强社会治安综合治理。全面提升群众的安全感满意度。深入推进“平安元谋”建设，严厉打击各类违法犯罪活动；健全防灾减灾体系和应急处置机制，加强应急队伍建设，全面提高应急处置能力；主动化解和处置经济领域发生的风险，主动防控和严厉打击非法集资等违法行为。做好国防教育、国防动员、人防、双拥、复退转军人安置及后备力量建设等工作，不断提高军民融合发展水平。

四、加强政府自身建设

（一）着力建设五型政府。加快法治政府建设，以法治作为政府运行的基本准则，全面提升依法行政的能力和水平；加快创新政府建设，以创新的理念和方法推动跨越发展，在改革创新中找到出路、开拓新路；加快廉洁政府建设，落实全面从严治党要求，切实履行“一岗双责”，确保干部清正、政府清廉、政治清明；加快服务型政府建设，全面推进政务服务、商事服务、公共服务等工作，切实提升政府服务水平和群众满意度；加快协同政府建设，加强政府系统上下的沟通衔接和部门之间的协同配合，统筹好各方力量，形成推动发展的强大合力，全力推进政府各项工作。

（二）着力提升行政能力。强化执行意识，始终以咬定青山不放松的精神，以不达目的不罢休的毅力，坚定不移、持之以恒抓落实。提高执行能力，强化学习的自觉性、主动性及实践性，在学中干，在干中学，既要“十指弹钢琴”，又要善牵“牛鼻子”，牢牢把握工作主动权，从容应对处置复杂问题，不断提高攻坚克难、化解矛盾、统筹兼顾、总揽全局、驾驭复杂局面等能力。增强执行效果，着力解决好“能力不足而不能为，动力不足而不想为，担当不足而不敢为”的问题，确保干一件成一件，件件落实。增强决策能力，善于集思广益、群策群力，确保决策科学化、民主化、法治化，不断开创工作新局面。

（三）着力加强作风转变。把全面从严治党的要求落实到从严治政中，严字当头，实字当先，认真落实“一线工作法”，弘扬精准、精细、精致的“工匠精神”，稳、准、狠、快的“钉钉子精神”，不畏艰难、久久为功的“愚公移山精神”和“人一我十、人十我百”的实干精神，敢破“坚冰”、敢下“深水”、敢啃“硬骨头”，转变作风抓落实，以一流的佳绩推动元谋跨越发展。

各位代表！新的征程已经开启，新的目标催人奋进，元谋的发展充满希望，元谋的前景无限美好。让我们高举中国特色社会主义伟大旗帜，紧密团结在以习近平同志为核心的党中央周围，在县委的坚强领导下，牢记使命，不忘初心，不负重托，俯下身子实干，开动脑子巧干，甩开膀子大干，迈出步子快干，撸起袖子加油干，闯出路子加速干，为与全国全省全州同步全面建成小康社会而努力奋斗。

名词解释

1. 两个责任：落实党风廉政建设责任制，党委负主体责任，纪委负监督责任。

2. 四项谈话：责任主体提醒谈话、组织提醒谈话、函询谈话和诫勉谈话。

3. 五个一：一个项目对应一名责任领导、一个工作班子、一个牵头责任单位、一个工作方案、一套督查考评工作机制。

4. **六项制度**：项目工作责任制、公示制、督查制、通报制、考评制、奖惩制。

5. **五名人才**：名师、名医、名家、名导、名厨。

6. **选拔重用七种干部**：大力选拔和重用那些理想信念坚定、心系人民、襟怀坦白的干部，依法办事、为政清廉、品行端正的干部，坚持原则、认真负责、敢抓敢管的干部，想改革、谋改革、善改革的干部，能力过硬、实绩突出、群众公认的干部，扎根基层、埋头苦干、甘于奉献的干部，公道正派、不拉关系、不走门子的干部。

7. **调整不用七种干部**：坚决调整和不用那些理想信念动摇、信仰缺失、精神迷茫的干部，不守纪律、不讲规矩、目无法纪的干部，宗旨意识淡薄、作风漂浮、弄虚作假、群众不认可的干部，投机钻营、跑官要官、买官卖官的干部，能力平庸、为官不为、不敢担当的干部，言行不一、阳奉阴违、做“两面人”的干部，律己不严、道德败坏、以权谋私的干部。

8. **三类重点案件**：在纪律审查中重点查处十八大后不收敛、不收手，问题线索反映集中、群众反映强烈，现在重要岗位且可能还要提拔使用的领导干部。

9. **四馆**：博物馆、体育馆、文化馆、图书馆。

10. **一廊一湖三道四片区路网**：一廊，滨江休闲绿色长廊；一湖，凤凰湖；三道，凤凰大道、滨江大道、108 国道提升改造；四片区路网，四馆片区路网、2012 年保障性住房项目片区路网、源达路东北片区路网、现代种业科技园片区路网。

11. **城市棚户区**：指城市规划区范围内，简易结构房屋较多、房屋质量较差、建筑安全隐患多、使用功能不完善、配套设施不健全的区域，包括集中成片和非集中成片棚户区改造、城镇旧住宅区综合整治和城中村改造等类型。

12. **供给侧结构性改革**：从提高供给质量出发，用改革的办法推进结构调整，矫正要素配置扭曲，扩大有效供给，提高供给结构对需求变化的适应性和灵活性，提高全要素生产率，更好满足广大人民群众的需要，促进经济社会持续健康发展。

13. **十项专项行动**：抓项目增投资专项行动、企业降本增效和精准帮扶专项行动、释放消费潜力专项行动、房地产去库存专项行动、精准招商专项行动、抓财税收支专项行动、创新驱动专项行动、统筹城乡规划建设管理专项行动、“互联网＋”专项行动、补短板惠民生专项行动。

14. **放管服**：简政放权、放管结合、优化服务的简称。“放”，指中央政府下放行政权，减少没有法律依据和法律授权的行政权；厘清多个部门重复管理的行政权。“管”，指政府部门创新和加强监管职能，利用新技术新体制加强监管体制创新。“服”，指转变政府职能减少政府对市场进行干预，将市场的事推向市场来决定，减少对市场主体过多的行政审批等行为，降低市场主体的市场运行的行政成本，促进市场主体的活力和创新能力。

15. **一线工作法**：决策在一线落实，问题在一线解决，成效在一线检验，干部在一线成长。

16. **双创**：大众创业，万众创新。

17. **四千精神**：走遍千家万户，说尽千言万语，想尽千方百计，历尽千辛万苦。

18. **四大攻坚战**：“五网”基础设施建设攻坚战、产业转型升级攻坚战、精准脱贫攻坚战和统筹城乡规划建设管理攻坚战。

19. **五网建设大会战**：路网、航空网、水网、能源保障网、互联网建设五年大会战。

20. **一园三区**：元谋县工业园，绿色食品加工园区，工业聚集区，绿色新能源发展区。

21. **五大发展理念**：创新发展理念、协调发展理念、绿色发展理念、开放发展理念、共享发展理念。

22. 五位一体：经济建设、政治建设、文化建设、社会建设、生态文明建设五位一体总体布局。

23. 四个全面：全面建成小康社会、全面深化改革、全面依法治国、全面从严治党。

24. 县委“两大支撑、三大重点、三大支柱产业、四大新兴产业、三大名片”工作思路：强化基础设施、重点产业“两大支撑”，突出新型工业化、新型城镇化和农业现代化“三大重点”，培强壮大高原特色现代农业、食品加工业、文化旅游业“三大支柱产业”，加快培育绿色能源、商贸物流、养生养老、新兴服务“四大新兴产业”，着力打造东方人类故乡、冬早蔬菜之乡、休闲养生之乡“三大名片”。

25. 一极两中心三基地：一极，楚雄北部重要增长极；两中心，东方古人类文化科考科普研究中心、全国绿色农产品交易集散中心；三基地，全国重要的高原特色现代农业产业基地、全国知名的文化旅游养生养老基地和全省重要的绿色能源产业基地。

26. 互联网+：指“互联网+各个传统行业”，利用信息通信技术以及互联网平台，让互联网与传统行业进行深度融合，创造新的发展形态。

27. 一计划六方案：一计划，《元谋县进一步提升城乡人居环境五年（2016—2020年）行动计划》；六方案，《元谋县城乡违法违规建筑治理行动实施方案》《元谋县乡镇集镇供水污水生活垃圾处理设施及公厕建设实施方案》《元谋县村庄污水生活垃圾治理及公厕建设实施方案》《元谋县建设“绿色家乡·美丽元谋”行动实施方案》《元谋县旧住宅区、城中村改造行动方案》《元谋县城镇“治乱、治脏、治污、治堵”行动实施方案》。

28. 9988目标：贫困乡镇九有：有通乡油路、有主导增收产业、有骨干水利设施、有带动力强的涉农龙头企业、有健全的社会保障体系、有完善的公共服务、有良好的生态环境、有稳定和谐的社会环境、有战斗力强的基层党组织。贫困行政村九有：有硬化的通村公路、有特色增收产业、有较好的生产生活条件、有良好的基本公共服务、有农民专业合作组织、有村集体经济、有合格办公活动场所、有良好的生态环境、有一套民主管村的好制度。贫困村八有：有进村入组公路、有安全保障的生产生活用水、有稳定的增收致富项目、有硬化的村内道路、有硬化的活动场所或活动室、有广播电视宽带信号覆盖、有一批会经营懂管理的致富带头人、有优美整洁的村容村貌。贫困户八有：有一套安全实用住房、有安全卫生的人畜饮水、有1口沼气池或节能灶、有1个卫生厕和新式畜厩、人均有1亩以上保浇保灌的基本农田地、人均有1亩经济林果或经济作物、年人均有1头（只）商品畜出售、年人均有粮食300公斤以上。

29. 8个精准：对象精准、目标精准、任务精准、措施精准、责任精准、投入精准、帮扶精准、考核精准。

30. 5个一批：发展生产脱贫一批、易地搬迁脱贫一批、生态补偿脱贫一批、发展教育脱贫一批、社会保障兜底一批。

31. 构二破三：构建形成“前期——开工——推进——完工——竣工——投产使用”的项目推进实施链和“周报告——旬督查——月调度——季开工”项目推进时序链，着力破解融资、要素保障、政府性资源配置三大难题。

32. 调二提三：进一步调高产业与民间投资占固定资产投资的比重，调高工业与园区投资占固定资产投资的比重，提高产业投资的有效性、提高产业项目实施的质量和效益。

33. PPP：指政府与私人组织之间，为了合作建设城市基础设施项目或是为了提供某种公共物品和服务，以特许权协议为基础，彼此之间形成一种伙伴式的合作关系，并通过签署合同来明确双方的权利和义务，以确保合作的顺利完成，最终使合作各方达到比预期单独行动更为有利的结果。

34. 接二连三：推动一产向二产和三产延伸，实现三次产业融合发展。

35. 强二快三：按照调强二产、调快三产的产业结构调整总体要求，推进二产和三产加快发展。

36. 四项支撑工程：新企业培育工程、停产企业复工开工工程、企业促销扩产及达规达产工程、质量强企工程。

37. 元谋高原特色现代农业升级版“10个一”：打好一张牌——元谋果蔬品牌；把好一个关——农产品安全质量关；建好一个区——楚雄国家农业科技示范园区元谋核心区；推进一个园——现代种业科技园；建好一座城——万汇果蔬博览城；建好一管水——元谋大型灌区丙间片区11.4万亩高效节水灌溉项目；织好一张网——电商网；办好一批社——农民专业合作社；招好一批商——强化农业招商；用活一批人——用活一批农业科技人才。

38. 一人、一林、一区、一镇、一村：元谋人、土林、金沙湖旅游度假区、元马古镇、元谋傈僳族第一村。

39. 八个示范区：易地扶贫搬迁示范区、高原特色现代农业示范区、美丽宜居乡村建设示范区、乡村旅游示范区、生态文明建设示范区、民族团结进步示范区、民族文化传承保护示范区、新能源建设示范区。

40. 多规合一：将国民经济和社会发展规划、城乡规划、土地利用规划、生态环境保护规划等多个规划融合到一个区域上，实现一个县市一本规划、一张蓝图，解决现有各类规划自成体系、内容冲突、缺乏衔接等问题。

41. 四治三改一拆一增：四治，治乱、治脏、治污、治堵；三改，改造旧住宅区、改造旧厂区、改造城中村；一拆，依法拆除违法违规建筑；一增，切实增加城市绿化面积。

42. 七改三清：七改，改路、改房、改水、改电、改圈、改厕、改灶；三清，清洁水源、清洁田园、清洁家园。

43. 一水两污：指城镇供水工程、污水处理工程和生活垃圾处理工程。

44. 四稳：稳增长、稳工业、稳投资、稳收支。

45. 三去一降一补：三去，去产能、去库存、去杠杆；一降，降成本；一补，补短板。

46. 三同时：建设项目中防治污染的设施，应当与主体工程同时设计、同时施工、同时投产使用。

大事记

1月

4日　县委召开2016年度元谋县集中检查考评工作动员暨综合汇报会。县委书记习雁主持会议并作讲话。

6日　中共元谋县委十三届二次全体（扩大）会议召开，全会听取和讨论县委书记习雁受县委常委会委托所作的题为“凝心聚力 勇于担当 奋力开创元谋跨越发展新局面”的报告，审议通过《中共元谋县委关于贯彻落实党的十八届六中全会精神深入推进全面从严治党的意见》。

同日　中共元谋县委召开2016年度县处级干部考核工作会议。县委书记习雁主持会议并作讲话。

9日　元谋县人民政府集中与上海客商在元谋注册的元谋德仁混凝土有限公司签订《年产80万立方米商品混凝土生产线项目投资合作协议》、与上海客商在元谋注册的元谋南新管业有限公司签订《新型聚乙烯管材生产项目投资合作协议》、与中石油昆仑公司在元谋注册的元谋泉海燃气有限公司签订《220万立方米LPC储配站建设项目投资合作协议》。

18日　元谋县2017年文化科技卫生“三下乡”活动启动仪式在新华乡举行。

同日　元谋县高标准农田建设工程项目开工建设。

19日　县委、县人民政府召开元谋县2017年离退休干部春节座谈会暨政情通报会。县委书记习雁主持会议并作讲话。

同日　元谋县在江边乡中村村委会举办“农村劳动力转移就业百日行动专场招聘会”，此次招聘会提供就业岗位300余个，共吸引返乡农民工400余人参加。

20日　县委、县人民政府召开元谋县2017年迎新春茶话会。县委书记习雁主持会议并作讲话。

23日　中共元谋县委召开2016年度县委常委班子民主生活会，县委常委班子全体成员参加，县委书记习雁主持，县人大常委会党组书记彭寿才、县政协主席兰松、县政协党组书记高发银，县委办公室、县纪委、县委组织部、县委宣传部相关人员及部分县第十三次党代会代表列席。州委非公有制经济组织和社会组织工委副书记、州委第八指导（考察）组组长李志娟、州纪委第三纪检监察室主任郭兴旺、州委组织部干部二科科长冯相到会指导。

2月

3日　县委、县人民政府召开全县2018年春节收假收心大会。会议以视频会议形式召开，主会场设在县委政府五楼会议室，各乡镇设分会场。县委书记习雁主持会议并作讲话。

6日　县委书记习雁深入黄瓜园镇，就镇辖

区内的重点项目建设及“9·17”特大山洪泥石流地质灾害恢复重建工作进行调研。习雁一行先后到元谋县龙鑫建材有限公司、海洛三村恢复重建安置点、朱布村恢复重建安置点进行实地走访指导。走访结束后，习雁主持召开现场办公会议，对元谋县“9·17”特大山洪泥石流地质灾害恢复重建工作进行全面的安排部署，要求：民房恢复重建要统一规划、统一设计、统一外观、统一层高，突出地方文化特色；要抓样板、抓示范、树标杆，以点带面，引领示范带动；抓实基层党组织建设，加强镇、村、组三级干部的教育培训，将之打造成一支带头干事、服务群众、服务项目建设的“铁军”；要牢固树立质量意识和安全意识，严把工程质量关，狠抓安全生产，依法合规推进各环节工作，努力把每一项工程建成精品工程、安全工程、民心工程。

7日　县委副书记、县长李林波主持召开金沙江干热河谷元谋生态循环经济暨精准脱贫试验区工作会议，专题研究金沙江干热河谷元谋生态循环经济暨精准脱贫试验区工作有关问题。

17日　召开十六届县人民政府第六次全体（扩大）会议。

24日　中共元谋县委召开县委工作会议。县委书记习雁主持会议并作讲话。

同日　元谋县成为全国第一家开通医疗保险异地联网结算的县级城市。

同日　元谋县永定河河道治理工程、元谋县蜻蛉河河道治理工程集中开工建设。

26日　召开政协元谋县九届一次会议专题协商会。县委书记习雁出席会议并作讲话。

28日　召开十七届县人民政府第一次廉政会议。

3月

1日　召开十七届县人民政府第一次全体（扩大）会议。

5日　元谋县举办2017年“春风行动”暨“转移就业百日行动”招聘会。

9日　召开中国共产党元谋县第十三届纪律检查委员会第二次全体会议。会议传达州纪委九届二次全会精神，回顾总结县纪委2016年各项工作，安排部署2017年各项工作任务。县委书记习雁出席会议并作讲话。

同日　召开2017年县委农村工作暨全县扶贫开发工作会议。会议全面贯彻落实州委农村工作暨全州扶贫开发工作会议精神，深入总结2016年全县“三农”和脱贫攻坚工作，分析当前农业农村形势，研究推进农业供给侧结构性改革政策措施，安排部署2017年农业农村和脱贫攻坚工作任务。县委书记习雁出席会议并作讲话。

15日　副州长关立彤出席元谋机场通用航空验证性飞行活动。

18日　十一届全国政协原副主席陈宗兴出席元谋县2017互联网+现代农业产业发展研讨会。

同日　元谋县人民政府与四川省富顺县人民政府举行招商项目推介洽谈会。

同日　元谋建科国际城房地产开发项目开工建设。

20日　元谋县彝医医院业务用房建设项目开工建设。

31日　中国·元谋傈僳族第一村暨生态农业示范园项目所在地老城乡甘塘安置点举行集中开工一季度项目仪式。

同日　楚雄州重点产业发展暨招商引资工作大会在元谋县召开，州委、州人民政府主要领导和州级各部门，以及元谋县委、县人大、县政府、县政协班子成员、各乡镇党委书记、乡镇长和县级各部门主要负责人参加会议。

4月

1日　召开2017年县委宣传、组织、统战工作会议。会议全面总结回顾2016年县委宣传、组织、统战工作，安排部署2017年工作任务，对2016年县级精神文明创建先进单位和先进个人进行表彰。县委书记习雁出席会议并作重要讲话。

5日　“元谋绿色果蔬”众创空间在元谋县农业开发投资有限公司挂牌。

同日　县委副书记、县长李林波在老城乡把度安置点召开现场办公会，专题研究把度易地扶贫搬迁暨美丽宜居乡村相关事宜，确保按期、按质、按量完成搬迁工作。

14日　楚雄州首支旅游警察队伍在元谋县物茂土林景区挂牌成立。

22日　元谋县北京招商引资推介会在北京慧峰集团总部成功举行，12个项目成功签约。

同日　县人民政府县长李林波在黄瓜园镇政府五楼会议室主持召开黄瓜园镇“9·17”特大型山洪泥石流灾害民房恢复重建推进会议，专题研究黄瓜园镇“9·17”特大型山洪泥石流灾害民房恢复重建推进有关事宜。

5月

6日　召开中国傈僳族第一村·甘塘片区项目建设协调会议。会议对近期中国傈僳族第一村·甘塘片区项目建设过程中的问题进行协调解决，对下一步工作进行安排部署。县委书记习雁出席会议并作讲话。

11日　元谋县颁发了首张“云南省食品生产加工小作坊登记证”。

13日　元谋县彝族（北部方言）民俗文化传承保护协会成立。

20日　召开全县开展脱贫攻坚“找问题、补短板、促攻坚”专项行动推进会暨2016年党委和政府扶贫开发工作成效考核约谈会议。会议以视频会议形式召开，主会场设在县委政府五楼会议室，各乡镇设分会场。会议安排部署开展脱贫攻坚“找问题、补短板、促攻坚”专项行动工作，并对脱贫攻坚工作中存在问题较多的单位主要负责人进行约谈。

同日　召开元谋县推进“两学一做”学习教育常态化制度化工作座谈会。会议传达习近平总书记重要指示精神和中央、省委、州委推进“两学一做”学习教育常态化制度化工作座谈会精神，回顾总结2016年全县“两学一做”学习教育开展情况，交流经验做法，就贯彻落实中央、省委、州委部署要求和元谋县推进“两学一做”学习教育常态化制度化进行安排部署。县委书记习雁出席会议并作讲话。

23日　县委书记习雁主持召开全县经济运行工作会议，专题研究全县经济运行工作情况，并对全县经济运行工作进行安排部署。

24日　县委副书记、县长李林波到老城乡主持召开老城乡脱贫攻坚工作推进会议，专题研究老城乡脱贫攻坚工作有关事宜。

6月

7日　召开中共元谋县委全面深化改革工作推进会议。会议学习贯彻中央、省州党委关于全面深化改革工作的会议精神，安排部署元谋县深化改革工作。

同日　召开元谋县城乡人居环境提升行动推进会议。会议听取平田乡、凉山乡及县城乡人居环境提升工作指挥部关于城乡人居环境提升行动的工作汇报，并对下步工作进行安排部署，县委书记习雁出席会议并作重要讲话。

12日　元谋果蔬亮相2017南亚东南亚国家商品展暨投资贸易洽谈会。

21日 召开元谋县贫困对象动态管理工作会议。会议以视频会议形式召开，主会场设在县委政府五楼会议室，各乡镇设分会场。会议全面贯彻落实习近平总书记关于“精准扶贫首先要打牢基础、做实做细建档立卡、实现动态管理”的重要指示，以及省、州贫困对象动态管理工作会议精神，安排部署元谋县贫困对象动态管理工作，实现扶贫对象“应纳尽纳”“应退尽退”“应扶尽扶”，为精准扶贫、精准脱贫打牢坚实基础。县委书记习雁出席会议并作讲话。

同日 元谋县行政审批局举行揭牌仪式，标志着元谋县“一站式办理、一条龙服务、一枚印章管审批”的相对集中行政审批权改革正式全面启动。

同日 苏宁控股集团云南苏宁云商销售有限公司到阿郎太保希望小学开展公益活动。

27日 元谋县召开2017年元谋环保世纪行活动启动会议。

28日 元谋县易地扶贫及乌东德水库移民搬迁甘塘片区学校基础设施建设项目开工建设。

29日 元谋县举行2017年上半年重点项目建设新闻发布会。

同日 楚雄军分区邀请楚雄州人民医院和楚雄现代妇产医院的医疗专家组成医疗队，到平田乡新康村委会开展“庆七一感恩党、帮贫困解忧难、送医送药送健康”义务巡诊活动。

7月

7日 元谋县举办2017年招商引资推介暨项目集中签约仪式。会上，常务副县长窦小军和副县长孙绍兴代表元谋县人民政府与北京慧峰建设集团股份有限公司等企业就中国傈僳族第一村特色小镇建设项目、元马古镇基础设施建设项目、元谋县有机农业水肥一体化高新科技立体综合建设项目等17个项目共计47.49亿元的投资完成签约。

14日 召开元谋县光彩事业促进会第一次会员代表大会。会议研究部署元谋县光彩事业发展思路，推进元谋县非公经济和非公经济人士健康成长。

22—23日 召开创建省级全域旅游示范县工作推进会议。会议进一步明确元谋县创建省级全域旅游示范区的工作思路和重点，对创建省级全域旅游示范区的工作任务、措施、步骤等进行全面安排和部署。县委书记习雁出席会议并作讲话。省、州有关部门领导及省内外专家学者、省旅游商会及部分企业负责人参加元谋县创建省级全域旅游示范县工作推进会议主题发言。

26日 中共元谋县委召开县委常委班子巡视整改专题民主生活会。会上县委书记习雁作动员讲话并代表县委常委班子作班子对照检查；班子成员逐一作个人对照检查发言，其他班子成员对其开展批评；州委督导组领导作指导讲话；习雁作总结讲话。

28日 元谋县第二批项目集中开工仪式在工业聚集区（小雷宰片区）举行。

8月

8日 召开中共元谋县委巡察工作暨第三轮巡察动员部署会议。会议深入学习习近平总书记关于巡视工作系列重要论述，学习贯彻党的十八届六中全会、十八届中央纪委七次全会、省委州委巡视巡察工作会议精神，安排部署全县巡察工作。县委书记习雁出席会议并作讲话。

同日 2017年“动感云南·我要上全运”全民健身日及全国健身气功交流展示系列活动大赛云南预赛暨云南省第四届视频大奖赛元谋县分赛区活动启动。

9日 元谋县县城东南片区（二期）棚改工

作正式启动。

15日　元谋县作协成功举办首届文学沙龙。

22日　召开元谋县贫困对象动态管理工作质量考评工作动员暨业务培训会议。会议以视频会议形式召开，主会场设在县委政府五楼会议室，各乡镇设分会场参会。会议通过查找问题、督促整改，研究部署省第三方评估机构对元谋县贫困对象动态管理质量评估相关工作。县委书记刁雁出席会议并作讲话。

9月

11日　召开元谋县棚户区改造县城东南片区（二期）工作推进会。会议通报元谋县棚户区改造县城东南片区（二期）工作情况，深入研究分析解决棚户区改造县城东南片区（二期）范围内存在的突出问题，并就加快推进元谋县2017年棚户区改造房屋征收工作作全面的安排部署。县委书记刁雁出席会议并作讲话。

15日　召开元谋县构建“亲”“清”新型政商关系工作会议。会议深入学习贯彻习近平总书记关于构建“亲”“清”新型政商关系的重要部署要求，立足元谋经济社会发展新形势，分析发展瓶颈，提振发展信心，共商发展大计，努力构建良性的新型政商关系，为推动元谋经济社会跨越发展注入新的活力。县委书记刁雁出席会议并作讲话。

21日　楚雄州人民医院与元谋县人民医院共建紧密型医疗联合体。

25日　县委常委、县人民政府常务副县长、县金沙江乌东德水电站建设征地移民安置工作总指挥部总指挥长祖凌在县金沙江乌东德水电站建设征地移民安置工作总指挥部一楼小会议室主持召开县人民政府专题会议，专题研究乌东德电站水库移民安置项目耕地占用税缴纳问题。

10月

10日　楚雄州第七届老年人运动会元谋赛区网球、乒乓球比赛开幕。

同日　在县人民政府五楼会议室召集相关部门领导召开元马镇等10个乡镇土地利用总体规划调整完善成果听证会。县人民政府副县长周应张作为听证主持人出席会议。

16日　元谋县第三批项目集中开工仪式在元马镇凤凰山元谋县“元谋人”远古小镇举行。

18日　中国共产党第十九次全国代表大会在北京隆重召开，元谋县组织全县各级各部门广大党员干部集中收看党的十九大开幕式盛况。

20日　县委副书记、县长吴海芬到元谋古人类历史文化旅游项目区进行实地调研，并召开现场推进会议，对“元谋人”远古小镇创建省级特色小镇工作进行全面安排部署。县人大常委会主任、元谋古人类历史文化旅游项目建设指挥部指挥长彭寿才、县法院、县发改局、县住建局、县国土局、县民政局、县林业局、县水务局、县供电公司、元马镇等部门的主要领导及相关人员陪同调研。

23日　元谋县测土配方施肥项目顺利通过省、州验收。

26日　元谋县农技专家服务站在县科协挂牌成立。

28日　元谋县被省委、省政府评定为全省2016年“县域跨越发展进位县”。

11月

6日　州委副书记、代理州长迟中华带领州交运局、州环保局、州河长办等部门负责人到元谋县金沙江流域（元谋段）实地巡查，落实“河长”巡查制度，对“河长制”工作开展情况进行督察指导。

8日　召开元谋县“2017—2018蔬菜上市交

易启动会”。

14 日 楚雄州 2017 年液氨泄漏事故应急处置演练在元谋利明脱水蔬菜有限责任公司举行。

同日 县委副书记、县长吴海芬主持召开会议，专题研究元马镇凤凰大道热水塘村段提升改造项目有关工作。

15 日 县委常委、县人民政府副县长祖凌主持召开会议，专题研究元谋县金沙江乌东德水电站项目移民迁建和专项设施复改建用地有关问题。

16 日 “2017 云南·元谋首届蔬菜种业博览会”在元谋县现代种业科技园举行。

23 日 元谋县召开关于中央电视台到元谋县拍摄《中国影像志·元谋篇》工作协调会。

28 日 元谋县脱贫攻坚义务诊疗服务队成立。

30 日 《楚雄彝族自治州土林保护管理条例》于 2017 年十二届人大常委会第三十八次会议批准，12 月 4 日正式公布，自 2018 年 1 月 1 日起施行。

28 日 县委副书记、县人民政府县长吴海芬到“元谋人”远古小镇项目点实地调研，县人大常委会主任彭寿才，县人民政府副县长吴春华陪同调研。

12 月

1 日 县人民政府副县长吴春华率县国土局、县民政局、县地震局、县公安局、姜驿乡人民政府、县易地扶贫搬迁甘塘片区项目建设指挥部相关领导，元谋新兴建设有限责任公司、昆明钢泰钢结构工程有限公司施工现场负责人，云南国开建设监理咨询有限公司现场负责人，实地督察易地扶贫搬迁甘塘片区 E 组团民房建设工作开展情况，并召开现场推进会议。

4 日 召开元谋县全面推行“河长制”工作推进会暨“总河长”会议。会议以视频会议形式召开，主会场设在县委政府五楼会议室，各乡镇设分会场参会。会议深入贯彻落实中央、省、州全面推行“河长制”工作要求，为实现 2017 年底全面建立“河长制”工作目标奠定坚实基础。

14 日 元谋县人民医院通过中国胸痛中心（基层版）认证。

17 日 县人民政府副县长孙绍兴在四楼常务会议室召集县经信局、县市管局、县发改局、县人社局、县地税局、县环保局、县安监局、县财政局、黄瓜园镇、元谋土林建材有限责任公司、元谋远东水泥有限公司，专题研究元谋土林建材有限责任公司淘汰退出水泥熟料产能工作。

23 日 2017 中国·元谋果蔬节开幕。

同日 “2017 中国·元谋果蔬节”招商引资推介暨项目集中签约仪式在楚雄州元谋县举行，14 个项目成功签约，总投资 21.4 亿元。

27 日 楚雄州创伤急救治疗中心元谋县分中心分别在元谋县人民医院、元谋县中医院正式挂牌成立。

28 日 县委常委、县人民政府常务副县长，县金沙江乌东德水电站建设征地移民安置工作总指挥部总指挥长祖凌在江边乡人民政府小会议室主持召开专题会议，专题研究协调金沙江乌东德水电站移民户籍相关政策。

元谋县概况

县情概要

【地理位置】 元谋县位于楚雄州北部，地处北纬25° 23′—26° 06′、东经101° 35 ′ —102° 06′，东倚武定，南接禄丰、牟定，西邻大姚、永仁，北越金沙江与四川省会理县交界。县人民政府驻元马镇龙川街，海拔1078米，南距州府楚雄市城区103千米，东南距省会昆明市城区180千米。

【历史沿革】 元谋历史悠久，汉武帝元鼎六年（前111）开越嶲郡时，名三降县，东汉改为三缝县，蜀汉因之。东晋时属求州，南朝属建宁郡。唐属縻州（一说求州），名磨豫县。大理国时期属威楚府，名华竹部。元至元六年（1269）设治五甸（今老城）即称元谋，属武定路和曲州。明代属武定府，永乐年间（1522—1566），县署由五甸迁往高坡（今马头山），后又迁回五甸。清乾隆三十五年（1770）武定改府为州。光绪四年（1878），县署迁马街，即今之元马镇。民国初年，属滇中道，继道废，直属省。

1950年元谋解放后，属武定专区。1953年，撤销武定专区，元谋县划归楚雄专区。1957年10月18日，国务院批准全体会议第58次会议决定：设置楚雄彝族自治州，元谋县属楚雄州（楚雄彝族自治州1958年4月15日正式成立）。1958年10月，元谋并入武定县。1959年11月，元谋由武定县分出，恢复县级建制。

【行政区划】 2017年末，元谋县辖元马、黄瓜园、羊街3个镇和老城、平田、新华、凉山、物茂、江边、姜驿7个乡，68个行政村和10个社区，718个自然村。全县行政区域面积2025.6平方千米。

【地　貌】 元谋东山雄峻，西岗低迤，南嶂叠耸，北屏挺拔；四周皆山，镶嵌着小盆地。地势东南高，西北低。境内最高点是江边乡大营盘山，海拔2835.9米，最低点是姜驿乡黑者村东北的金沙江出境处，海拔898米。县人民政府驻地元马镇龙川街，海拔1078米。河流属金沙江水系，长流河19条，季节河43条。金沙江、永定河北来入境，龙川江南来穿境，蜻蛉河、班果河、勐冈河西来过境，江河聚会江边龙街，纳入金沙江，东北向出境。

【气　候】 元谋县高山低谷，海拔高差大，呈立体气候：河谷、平坝干燥少雨，光热足，罕霜雪；半山区温热；山区冷寒。极端最高气温37.4℃，极端最低气温2.2℃，年平均气温21.9℃，裸地表面地面极端最高温度68.2℃，地面极端最低温度1.7℃。全年日照时数2351.5小时。全年降雨量585.1毫米。全年蒸发量1561.6毫米。年平均风速2.0米/秒。

【资源特产】 元谋县资源特产丰富，植物种类有170科、724属、1297种。河谷、平坝多草本，半山区疏灌木，山区生乔木。有番茄、洋葱、豇豆、青豌豆、四季豆、牛蒡等各类冬早蔬菜；有西瓜、葡萄、龙眼、香蕉、台湾大青枣、小枣、橙子、柑橘等亚热带水果。矿藏资源有铂钯、铂铜镍、磁铁、褐铁、菱铁、镜铁、石膏、金、银、铅、钴等矿。主要工业产品有铁矿石、铅锌矿石、沙石料、石膏矿、硅矿石、食糖、酸角糖、酒精、白酒、水泥、水泥预制件、红砖等。还有元谋凉鸡、烤小猪等名特小吃。

【人 口】 2017 年末，全县总人口 76133 户 217528 人，分别比上年减少 2173 户，增加 808 人。总人口中男性 110906 人，占总人口的 51%；女性 106622 人，占总人口的 49%；全县城镇人口 48888 人，占总人口的 22.5%，比上年增加 4469 人；乡村人口 168640 人，占总人口的 77.5%，比上年减少 3661 人。出生人口 3492 人，死亡人口 2386 人，人口自然增加 1106 人，人口自然增长率 3.8‰。

【民 族】 全县有汉族 128786 人，占总人口的 59.21%；彝族 64908 人，占总人口的 29.84%；白族 209 人，占总人口的 0.09%；哈尼族 131 人，占总人口的 0.06%；傣族 645 人，占总人口的 0.3%；苗族 1628 人，占总人口的 0.75%；傈僳族 19174 人，占总人口的 8.82%；回族 1604 人，占总人口的 0.73%；人口在 100 人以下的少数民族 25 个，共 443 人，占总人口的 0.2%。千人以上少数民族有彝族、傈僳族、回族、苗族。

国民经济和社会发展

【概 况】 2017 年全县实现生产总值（GDP）602343 万元，比上年增加 71667 万元，按可比价格计算（下同）增长 12.6%。其中：第一产业增加值 161805 万元，比上年增长 6.2%，拉动经济增长 1.8 个百分点；第二产业增加值 169170 万元，比上年增长 19.9%，拉动经济增长 5.4 个百分点；第三产业增加值 271368 万元，比上年增长 12.3%，拉动经济增长 5.4 个百分点。第一、二、三产业对 GDP 增长的贡献率分别为 14.2%、43.2% 和 42.6%，第一、二产业贡献率比上年分别下降 0.1 和 4.7 个百分点，第三产业贡献率比上年提高 4.8 个百分点。

第一、二、三产业增加值占生产总值的比重为 26.9 : 28.1 : 45。全社会劳动生产率（按全社会从业人口计算的人均 GDP）为 44316 元 / 人。按常住人口计算的人均 GDP 为 27292 元。非公有制经济增加值 288303 万元，占 GDP 的比重为 47.9%，按可比价计算比上年同期增长 14.1%。

全县居民消费价格总水平比上年同期上涨 1.5%。八类消费品中，食品烟酒类价格上涨 1.3%，其中粮食价格下降 1.1%，衣着类价格上涨 6.7%，居住类价格上涨 1.6%，生活用品及服务类价格上涨 1.2%，交通和通信类价格上涨 1.2%，教育文化和娱乐类价格上涨 0.1%，医疗保健类价格上涨 1%，其他用品及服务类价格上涨 0.4%。居民消费价格总指数中服务项目价格水平比上年上涨 1.5%。商品零售价格总水平比上年上涨 2.5%。农业生产资料价格总水平比上年下降 1%。

年末全县从业人员 13.96 万人，其中从事农业产业的 8.79 万人，占全部从业人员的 63%；从事非农产业的 5.17 万人，占全部从业人员的 37%。全年就业服务中心安置就业 25116 人，其中失业人员再就业 1996 人；年内组织就业及再就业培训 25 次，参加培训 1668 人。年末城镇登记失业率为 3.12%。城镇化率为 37.94%。

【农 业】 全县实有耕地面积 213328 亩，其中水田 97900 亩，旱地 115428 亩。有中小型水库 69 座，总库容 10873 万立方米，水利工程供水量 11905 万立方米，有效灌溉面积 14340 公顷，节水灌溉面积 14090 公顷。全年完成农林牧渔业总产值 276705 万元，比上年增加 14677 万元，按可比价格计算（下同）比上年增长 6.2%。其中，农业产值 195651 万元，增长 6.2%；林业产值 4122

万元，下降12.3%；畜牧业产值69030万元，增长7.2%；渔业产值3875万元，增长11.5%；服务业产值4027万元，增长6.3%。

2017年全县农作物总播种面积470576亩，比上年增加717亩，增长0.2%。其中，粮食作物播种面积250712亩，比上年增加258亩，增长0.1%；经济作物播种面积219864亩，比上年增加451亩，增长0.2%。全县蔬菜种植面积154977亩，比上年增加1323亩，增长0.9%；蔬菜产量423818吨，比上年增产19166吨，增长4.7%；水果种植面积103853亩，比上年增加15059亩，增长17%，水果产量168581吨，比上年增加11827吨，增长7.5%；烟叶种植面积18746亩，比上年减少814亩，下降4.2%，烟叶产量2596吨，比上年增加66吨，增长2.6%；油料种植面积11669亩，减少960亩，油料产量2098吨，比上年减少138吨，下降6.2%。全县粮食作物与经济作物种植结构为53.3∶46.7，粮食作物种植比重与上年持平。全年粮食总产量92973吨，比上年增加1076吨，增长1.2%。其中，秋粮86455吨，比上年增加1036吨；夏粮6518吨，比上年增加40吨。

2017年全县肉类总产量26849吨，比上年增长6.8%；禽蛋产量506吨，增长6.3%；水产品产量3100吨，增长11.5%。大牲畜年末存栏98620头，比年初增长3.7%；生猪年末存栏211500头，比年初增长3.9%；羊年末存栏195671只，比年初增长5.6%。

全县有效灌溉面积14340公顷。全县农业机械总动力308610千瓦特，比上年增长3%；全县农用排灌动力机械15355台，比上年增加2008台。拖拉机7264台，比上年增加235台，拖拉机驾驶员7078人。农村用电量2724万千瓦时，比上年增长2.6%；农用化肥施用量（折纯）20367吨，增长0.8%；农药使用量541吨，下降0.2%。

【工　业】 工业园区初具规模。全县有规模以上工业企业29家，全年完成规模以上工业总产值470795.9万元，比上年增长28.1%；实现规模以上工业增加值97763万元，按可比价格计算，比上年增长22.4%。其中，轻工业实现增加值70599万元，增长22.9%；重工业实现增加值27164万元，增长21%。全县规模以上工业主营业务收入468276.5万元，比上年增长28.6%，利税总额53600.9万元，比上年增长22.5%，利润总额43837.9万元，比上年增长23.8%。

【建筑业】 全县有资质建筑企业8户，全年完成建筑业总产值123758万元，比上年增长10.5%；实现建筑业增加值61211万元，按可比价格计算，比上年增长17.2%。

【国内贸易】 全年实现社会消费品零售总额192393万元，比上年增长12.8%。其中，按城乡分，城镇122228.2万元，增长13.7%；乡村70164.8万元，增长11.2%。按消费形态分，餐饮收入27414万元，增长11.4%；商品零售164979万元，增长13%。全县有限额以上商贸企业73家（含个体），其中批发零售企业46家，住宿餐饮企业27家（含个体户5户）。

【旅游业】 旅游资源有元谋人遗址、东方猿人谷、元谋人博物馆、元谋土林、金沙江红色景区、凤凰湖公园、小凉山彝族风情园、小丙岭科技示范园等。全年共接待中外游客658.55万人次，比上年增长30.58%。其中，国内游客656.21万人次，比上年增长30.66%；海外游客26361人次，比上年增长26.03%。实现旅游总收入573183.53万元，比上年增长65.95%。其中，国内旅游收入566597.98万元，比上年增长66.18%，旅游外汇收入6585.55万元（人民币），比上年增长48.27%。

【交通运输业】 年末，县内公路通车里程2279.1千米，其中等级公路975.5千米。年末全县机动车驾驶员86969人，营运汽车保有量2819辆，民用机动车拥有量73990辆。全年客运量167.15万人，客运周转量11211.61万人千米；全年货运量

255.85 万吨，货运周转量 39813.61 万吨千米。

【邮电通信业】 全年邮电业务总量 26170 万元，比上年增长 63.4%。其中，邮政业务总量 1515 万元；电信（含移动联通）业务总量 24655 万元。报刊期发 226 万份，其中报纸期发 219 万份，杂志期发 7 万份。订售报纸 1.3 万份，订售杂志 0.7 万份，收发国内信件 16 万件，函件 0.7 万件。年末固定电话和移动电话用户 22.24 万户，其中固定电话用户 0.81 万户、移动电话用户 21.43 万户。电话普及率 101 部 / 百人。年末，互联网用户 5.5 万户，数字电视用户 4.33 万户。

【固定资产投资】 全年完成规模以上固定资产投资 769348 万元，比上年增加 218049 万元，增长 39.6%。其中：城镇投资 581133 万元，比上年增长 12%；房地产投资 99914 万元，比上年增长 207.4%。全年新增固定资产 456734 万元。全年施工项目 156 个，比上年增长 1.3%，其中：本年新开工 116 个，比上年下降 4.1%；竣工项目 108 个，比上年增长 4.9%。

【财　政】 全年完成地方财政总收入 47370 万元，比上年增加 6258 万元，增长 15.2%。其中：一般公共预算收入 31676 万元，比上年增加 3396 万元，增长 12%；上划收入 15694 万元，比上年增加 2862 万元，增长 22.3%。一般公共预算支出 180579 万元，比上年增加 4123 万元，增长 2.3%。

【金融、保险业】 全县金融机构年末人民币存款余额 860701 万元，比年初增长 12.02%。其中：城乡居民储蓄存款 508895 万元，比年初增长 10.75%。金融机构年末人民币贷款余额 413065 万元，比年初增长 48.09%。年末存贷差 447636 万元。县内保险公司（人民财产保险、中国人寿保险、平安财产保险）全年保费收入 7146.94 万元。其中：人寿险保费收入 3681.94 万元；财产险保费收入 3465 万元。已决赔款 1856.76 万元，其中：财产险 1639.76 万元，人寿险 217 万元。

【教　育】 年末全县有各类学校 209 所。其中，普通高中 1 所，招生 794 人，在校学生 2116 人，毕业生 617 人，专任教师 144 人；职业高级中学 1 所，招生 60 人，在校学生 330 人，毕业生 255 人，专任教师 49 人；普通初中 11 所，招生 2353 人，在校学生 7293 人，毕业生 2652 人，专任教师 602 人；小学 59 所，招生 2304 人，在校学生 13831 人，毕业生 2363 人，专任教师 989 人；幼儿园（含附属幼儿园）47 所，在园幼儿人数 5969 人，在园教职工 421 人；教师进修学校 1 所；成人文化技术培训学校 89 所。

【科学技术】 年末全县有县级以上独立自然科研单位 1 个，科研单位人员 91 人，其中科技人员 75 人。全年科研项目立项 9 项，无重点科技推广项目，获各种奖励的科研项目 1 项。全年组织举办各类科技培训 129 期，参加培训人数 1.25 万人。

【文化体育】 年末全县有专业艺术表演团体 1 个，文化站（馆)11 个，公共图书馆 1 个（藏书量 5.94 万册），档案馆 1 个，文物陈列馆 1 个，电影放映单位 3 个，广播电台 1 个。全县广播覆盖率 99.05%，电视覆盖率 99.18%。年内全县共举办运动会 10 次，参加人数 25925 人。

【卫　生】 年末共有各类医疗卫生机构（含医务室、诊所）132 个。其中，医院 7 个，农村卫生院 11 所，妇幼保健院 1 个，个体诊所 32 个，防疫机构 1 个，卫生监督所 1 个，农村卫生室 78 个，其他卫生机构（元谋县看守所）1 个。有专业卫生技术人员 1046 人，其中执业医师及执业助理医师 384 人。医院和卫生院床位 1104 张，其中医院床位 731 张。

【人民生活】 2017 年全县城镇常住居民人均可支配收入 32749 元，增长 8.4%；农村常住居民人均可支配收入 11530 元，增长 8.9%。全县 10 个社区 68 个行政村，有 68 个村委会通自来水、通程控电话、通公路、通电。

【社会保障】 全县参加基本养老保险人数 8275

人，其中在职职工6067人、离退休职工2208人。参加基本医疗保险人数205764人。参加失业保险职工4702人，领取失业保险金377人。参加工伤保险职工13094人。参加生育保险职工3860人。年末，农村实有养老保险人数122911人，其中2017年新保人数2866人。

全年发放城镇最低生活保障金2057.65万元，发放农村最低生活保障金2368.31万元，有城镇居民6069人和农村居民14693人领到最低生活保障金。年末，全县有国家优扶补助各类供养人员1867人。年内安置退伍军人就业61人。全县有养老院5个，收养老人98人。

【环境保护】 全县森林面积142338公顷，全年新增造林面积1266.7公顷，森林综合覆盖率43.1%。全年治理水土流失面积52.1平方千米。全县工业固体废物综合利用率97.5%，城市生活垃圾无害化处理率96%，城市生活污水集中处理率94%。县政府驻地空气质量2级。全年在规模以上工业主要能源消费量中，原煤消费量26083.85吨，比上年下降11.09%；电力消费量5814.02万千瓦时，下降0.92%。规模以上单位工业增加值能耗比上年下降21.8%。

【安全生产】 全年交通事故503起，死亡18人；火灾事故64起，抢救财产损失2398.24万元；全年生产安全事故无人员死亡。

【城乡建设】 县城建成区面积7.8平方千米，城镇人口7.1万人，城镇化率34.83%，提高7.67个百分点。新建及改造城市道路15条12千米，提升改造背街小巷35条，市政基础设施累计完成投资14.6亿元。房地产业累计完成投资13.4亿元，建成商品房6664套47.9万平方米。城区绿化、亮化、美化扩面提质，城区保洁面积64.2万平方米，绿地养护2.3万平方米。建成省级重点村和美丽宜居乡村42个、民族团结示范村6个，完成危房改造7540户。新农村建设综合考核连续4年全州第一。

政治建设

中国共产党元谋县委员会

组织机构

【中共地方党组织】 2017年，中共元谋县地方组织设置为中共元谋县委员会、中共元谋县人民武装部委员会。直属机关设中共元谋县直属机关工作委员会。县级部门设中共元谋县公安局委员会、中共元谋县卫生局委员会、中共元谋县教育工作委员会、中共元谋县水务局委员会、中共元谋县经济贸易和信息化局委员会、中共元谋县教育局委员会、中共元谋县住房和城乡建设局委员会、中共元谋县农业局委员会、中共元谋县市场监督管理局委员会、中共元谋县移民开发局委员会、中共元谋县离退休干部委员会、中共元谋县交通运输局委员会、中共元谋县发展和改革局委员会、中共元谋县财政局委员会、中共元谋县林业局委员会、中共元谋县文体广电旅游局委员会、中共元谋县人力资源和社会保障局委员会。乡镇设中共元马镇、中共黄瓜园镇、中共羊街镇、中共老城乡、中共物茂乡、中共平田乡、中共新华乡、中共江边乡、中共姜驿乡、中共凉山乡10个委员会。

【元谋县委机构】 2017年，中共元谋县委设工作部门7个：纪律检查委员会、办公室、组织部、宣传部、统战部、政法委、政研室。部门管理机构6个：督查室、机关工委、老干局、文明办、保密局、编制办。垂直事业单位2个：党校、党史研究室。中共元谋县十三届委员会设书记1人，副书记3人（含挂职副书记1人）；常务委员12人。

领导调研

【州移民开发局局长李文到元谋调研】 2月15日，州移民开发局局长李文一行到老城乡花园、小丙间、公路梁子3个村实地调研移民新村建设及产业发展情况。李文就抓好老城乡3个移民新村及产业建设提出：要充分发挥农村基层党员先锋模范及村组干部带头作用，带动群众维护、治理好移民新村环境卫生，努力治理“脏乱差”顽疾，促进村容村貌整体提升；乡村组要进一步研究移民产业效益发挥机制，产业扶持不能只扶持个别移民、投资商，要以广大移民利益为根本目标，努力做到移民资金效益最大限度发挥；要做好工程项目资料收集归档、项目验收、审计等后续工作，确保项目管理规范、有序。

【州纪委常委、州监察局副局长王丽平到元谋调研】 2月16日，州纪委常委、州监察局副局长、州预防腐败局常务副局长王丽平一行到元谋县调研纪律审查工作。调研组到县纪委机关检查指导纪律审查及信访工作，与县纪委干部及相关人员座谈，对纪律审查业务工作提出具体要求。17日，调研组到姜驿乡检查党风廉政建设工作，详细了解乡纪律审查工作、扶贫领域涉嫌违纪问题信访举报、移民安置工作进度及扶贫措施落实等工作情况。

【副州长邓斯云到元谋调研】 5月3日，州人民政府副州长邓斯云一行到元谋县龙街大桥建设现场和启宪安置点调研乌东德水电站建设征地移民安置工作。邓斯云提出：针对鱼洗、大树等群众反映强烈的问题，站在讲政治、顾大局的高度，以发展的眼光解决问题，要一手抓征地移民安置工作的快速推进，一手抓问题解决；围绕责任书时间节点，进一步压实各指挥部工作责任，细化各月工作时间任务，并按月督查通报；依法依规及时推进邀请招标工作，进一步完善机制保障工作快速推进；要充分发挥高原特色、观光农业、文化旅游业优势，围绕高端化项目招商来策划、包装安置点产业项目。州移民开发局局长李文参加调研，并对做好元谋县乌东德移民安置工作提出要求。县委书记刁雁陪同调研。

【州人大法制委主任陆绍林到元谋法院调研】 5月25日，州人大法制委主任委员陆绍林一行3人，在元谋县人大常委会副主任段光显、县人民法院院长景华的陪同下，对元谋县法院执行工作进行调研。通过实地调研和听取汇报，陆绍林对元谋县法院执行工作取得的成绩给予了充分肯定，并要求继续加大案件执行力度，逐步解决执行难的问题；加大法院执行工作的宣传力度，充分发挥舆论引导作用，争取全社会对法院执行工作的理解支持；加强执行队伍建设，建设一支政治过硬，业务精通的执行队伍。陆绍林还从法律层面对拒不执行法院生效判决、裁定案件办理工作进行业务指导。

【州人大常委会副主任夭建国视察元谋提升城乡人居环境工作】 8月10日，由州人大常委会副主任夭建国带领州人大常委会办公室、州人大常委会农环资工委、州人大财经委及部分州人大代表组成的第五视察组，对元谋县提升城乡人居环境工作进行专题视察。县委书记刁雁、县人大常委会主任彭寿才等参加视察。视察组先后到黄瓜园镇腊海金村、元马镇环州驿村实地视察，到凤凰湖视察“两馆”片区城市基础设施建设情况，到元马镇能禹视察拆违治违工作开展情况。

【州级文明县城申报考评组到元谋考评】 8月17日，州级文明县城申报考评组到元谋县对州级文明城市创建工作进行考评。县委副书记周海、县委常委、宣传部部长李盈梅等陪同考评。

【州人大执法检查组到元谋进行执法检查】 8月30日，州人大常委会副主任李怡率州人大执法检查组对元谋县贯彻实施《中华人民共和国非物质文化遗产法》和《云南省非物质文化遗产保护条例》情况进行执法检查。执法检查组到元马镇小能禹太平灯社、凉山乡彝族传统文化保护区观看非物质文化遗产元谋花灯和傈僳古歌表演，查看佛教文化遗迹活佛寺的保护成果，并听取相关汇报后，对元谋县贯彻实施“一法一条例”、加强非物质文化遗产保护工作情况给予充分肯定。检查组要求：县委县政府要进一步承担起非物质文化遗产保护传承的主体责任，强化各级对非物质文化遗产保护与传承重要性的认识，切实增强“非遗”保护工作的责任感；要加强传承，想办法培养新一代的传承人，使“非遗”传承后继有人；要做好录音录像等文字资料的收集，多措并举进行挖掘、整理、保护，充分发挥广大人民群众的智慧和力量，做好非物质文化遗产的保护工作。州人大常委会教工委主任李学安、州文体局局长段福君、县人大常委会主任彭寿才、县人大常委会副主任郑武、副县长吴春华等参加执法检查。

【共建紧密型医疗联合体签约揭牌仪式举行】 9月21日，楚雄州人民医院与元谋县人民医院共建紧密型医疗联合体签约揭牌仪式在元谋县人民医院医技大楼前举行。州人民政府副州长杨虹，州人大常委会副主任李怡，州政协副主席李能，州卫计委党委书记、主任施克沛，元谋县委、县政府、县人大、县政协主要领导，县医改办领导小组成员、县卫计局全体职工，楚雄州人民医院及县人民医院领导、职工代表、各乡镇卫生院院长等150余人参加揭牌仪式。

【州人大常委会副主任天建国到元谋督查河长制工作推行情况】 9月26日，州人大常委会副主任天建国一行到元谋县督查河长制工作推行情况。督查组对元谋县污水处理厂、凤凰公园等地进行实地调研，对元谋县河长制工作取得的显著成效给予肯定。州人大常委会农业与环境资源工作委员会主任华明友、州水务局副调研员王庆龙、州水务局防汛办主任罗文鸿，以及元谋县人大常委会副主任泰焕华、县人民政府副县长张荣、县人大常委会农业与环境资源工作委员会主任杨寿先、县水务局局长雷振宇、元马镇党委书记赵海明、县政府办副主任董奎等陪同。

【楚雄军分区政委赵建华到平田乡调研脱贫攻坚工作】 11月15日，州委常委、楚雄军分区政委赵建华到平田乡了解全乡两个贫困行政村退出工作进展，以及新康村在落实相关帮扶措施等方面的情况。赵建华针对平田乡脱贫攻坚工作提出：扶贫要做到数据精准、数据真实、措施到位。要整合挂包单位、村组、项目资金和群众自身的力量，从组织上统筹，从方法步骤、时间节点上谋划。弄清困难群众需求并着重解决存在的问题。处理好脱贫攻坚与民族示范建设的关系。加大脱贫攻坚建设力度，实现可持续增收，加快民族示范建设和村级文明建设、平安建设、美丽乡村建设，把贫困行政村建设成为文明团结示范村。

【州委宣传部副部长黄玲到元谋宣讲中共十九大精神】 12月7日，州委宣讲团成员、州委宣传部副部长、文明办主任黄玲到元谋县宣讲中共十九大精神，分别在元谋供电公司和元谋金城热坝果蔬产销专业合作社，为供电公司、县公路分局干部职工和合作社的干部职工代表、部分农民理论家宣讲骨干进行了两场宣讲。县委常委、宣传部部长李盈梅主持宣讲报告会。

【州人社局局长黄云雁到姜驿乡开展宣讲活动】 12月11—12日，楚雄州委组织部副部长、州人社局局长黄云雁，在县委副书记夏禹、县委常委、县委组织部部长马吉相陪同下到姜驿乡开展“宣讲十九大、遍访贫困村、为民办实事”活动。黄云雁强调：乡、村两级作为基层组织，要结合实际学习宣传好中共十九大精神，让十九大精神家喻户晓、深入人心，进一步推进全州深度贫困地区抓党建、促脱贫攻坚工作，实现组工干部受教育、贫困群众得实惠、基层党建有推进；要加强“自强诚信感恩”教育活动，让广大人民群众自强自立，讲诚信、感党恩；要提高脱贫攻坚政治站位，工作中一定要过实过细，做到底数清、情况明、措施实，真正做到精准识别；要引导人民群众转变就业观念，在做好产业发展的同时，加大劳动力输出工作力度，利用好春节期间外出务工人员返乡时机，把党的政策宣传好，有针对性地组织好技能培训工作，进一步提升外出务工人员的能力水平，多组织年轻劳力外出务工，走好外出务工脱贫致富这条路；村党总（支）部发挥好战斗堡垒作用，宣传好党的政策，注重发展新党员，把基层党组织建强建好，党员要不忘初心，在群众中发挥先锋模范作用，以身作则，当好表率。

【副州长、州公安局局长马闻到姜驿乡水平石行政村开展脱贫攻坚调研】 12月11日，副州长、州公安局党委书记、局长马闻到扶贫联系点姜驿乡水平石行政村开展脱贫攻坚工作调研，对水平石行政村脱贫攻坚工作提出要求：要坚持问题导向，以最坚决的态度、最有力的措施抓整改、抓推进、抓落实。锁定工作目标，认真查找问题，明确整改方案，抓好贫困对象动态管理问题整改工作。坚持挂图作战，突出工作重点，强化产业发展和劳动力转移就业，着力在推进精准扶贫、精准脱贫上取得新突破。全面压实责任，加强作风建设，协同攻坚，强化教育扶贫和健康扶贫工作，加强资金监管，强化政策供给，全力做好迎检验收和审计准备。

会议、文件

【2016 年度元谋县集中检查考评工作动员暨综合汇报会】 1 月 4 日在县委政府综合楼一楼会议室召开。州检查考评工作组组长关立彤作动员讲话；县委书记习雁代表县委政府向州考核组作工作汇报，县委书记习雁、县长李林波在会上分别进行述责述廉，之后开展 2016 年度县委、政府领导班子执行党风廉政建设责任制民主测评和 2016 年度县委、政府领导班子成员述责述廉测评。

【元谋县委十三届二次全体（扩大）会议】 1 月 6 日在两馆片区图书馆（文化馆）报告厅召开。会议审议通过由县委书记习雁代表县委常委班子所作的工作报告，安排部署 2017 年的各项工作任务和工作目标。

【2016 年度县处级干部考核工作会议】 1 月 6 日在两馆片区图书馆报告厅（县体育馆南侧）召开。会议对全县处级领导干部进行测评和考核。

【十三届县委第十九次常委会】 1 月 9 日在常委会议室召开。县委书记习雁主持会议。会议研究乡镇人大、政府领导班子人事安排；研究元谋大型灌溉区丙间片 11.4 万亩高效节水灌溉项目 6000 万元专项建设棚户区改造工作目标考核奖励资金有关问题；研究中共元谋县委党校改扩建项目有关问题。

【十三届县委第二十次常委（扩大）会议暨县委党建工作领导小组会议】 1 月 17 日在县委政府综合楼五楼会议室召开。县属党工委书记进行述职，参会的县级领导对需要进一步了解的问题进行提问并作简要评议，提出意见建议。

【十三届县委第二十一次常委会】 1 月 19 日在常委会议室召开。县委书记习雁主持会议。会议审定《元谋生态文明县建设规划》；听取 2016 年度县对乡镇、县级部门党风廉政建设责任制检查考核情况汇报；审定《关于进一步加强党风廉政建设推动全面从严治党向基层延伸的实施意见（送审稿）》；审定《中共元谋县委关于建立健全容错纠错机制激励党员干部干事创业的实施意见（审定稿）》；审定政协楚雄州第十届委员会拟任人选名单；审定元谋县出席楚雄州工商业联合会（总商会）第五次会员代表大会代表建议名单；审定推荐上报元谋县担任楚雄州工商业联合会（总商会）第五届执行委员会委员人选建议名单；审定推荐上报元谋县在楚雄州工商业联合会（总商会）第五次会员代表大会上进行先进表扬初步名单；讨论确定 2016 年度县处级干部考核等次；审定《元谋县信访维稳工作责任制实施细则（试行）（送审稿）》。

【老干部座谈会暨政情通报会】 2017 年，县委共召开两次老干部座谈会暨政情通报会。1 月 19 日，在县委老干局老干部活动中心会议室召开元谋县 2017 年离退休干部春节座谈会暨政情通报会。10 月 26 日，在县老干部活动中心大会议室召开元谋县 2017 年离退休干部敬老节座谈会暨政情通报会。会议通报 2016 年全县经济社会发展情况，县委书记习雁作讲话，会议听取了老干部对县委政府工作的意见和建议。

【元谋县 2017 年迎新春茶话会】 1 月 20 日在县公安局六楼会议室召开。县委书记习雁代表全县四套班子作会议致辞。

【县委常委班子 2016 年度民主生活会】 1 月 23 日在县委三楼常委会议室召开。县委书记习雁作动员讲话；通报县委常委班子 2015 年度民主生活会整改情况；刁雁代表县委常委班子作班子对照检查；班子成员逐一作个人对照检查发言，其他班子成员对其开展批评；州委第八督导组领导作指导讲话；刁雁作总结讲话。

【全县春节收假收心大会】 2月3日在县委政府综合楼五楼会议室召开。县委书记刁雁要求全县各级各部门迅速召开春节收假收心大会，以饱满的热情和昂扬的斗志迅速投入全县各项重点工作中。县长李林波对当前各项重点工作进行安排部署。

【十三届县委第二十二次常委会】 2月9日在常委会议室召开。县委书记刁雁主持会议。会议研究县委常委工作分工调整事宜；研究关于召开元谋县第十七届人民代表大会第一次会议有关事宜；审定政协元谋县第九届常委会常务委员会委员拟任人选名单；研究关于召开政协元谋县第九届委员会第一次会议有关事宜；研究县纪委十三届二次全会相关事宜；关于对新平县农业庄园考察情况的通报。

【十三届县委第二十三次常委会】 2月20日在常委会议室召开。县委书记刁雁主持会议。会议听取贯彻落实州委政法委工作会议情况汇报；听取元谋县公众安全感满意度工作情况汇报；听取元谋县信访维稳工作情况汇报；审定《元谋县人大常委会工作报告（送审稿）》；审定元谋县选举出席楚雄州十二届人民代表大会代表候选人建议名单；审定《政协元谋县第八届委员会常务委员会工作报告（送审稿）》；审定《政府工作报告（送审稿）》；审定《元谋县2016年地方财政预算执行情况和2017年地方财政预算草案的报告（送审稿）》；审定《元谋县2016年国民经济和社会发展计划执行情况与2017年国民经济和社会发展计划（草案）的报告（送审稿）》；研究实施龙川江滨江休闲绿色长廊工程一期、二期剩余项目的有关问题；研究解决元谋县滨江大道建设项目房屋征收补偿安置资金的有关问题；研究对2016年度见义勇为先进群体进行表彰有关问题；听取关于调整下派2017年度驻村扶贫工作队员情况汇报；听取关于表彰2016年度驻村扶贫工作队优秀个人和先进挂包单位情况汇报。

【县委工作会议】 2月24日在县图书馆报告厅召开。县委书记作重要讲话，安排部署县“两会”相关工作。

【十三届县委第二十四次常委会】 2月26日在县图书馆报告厅会议室召开。县委书记刁雁主持会议。会议研究元谋县村（居）民小组活动场所建设事宜。

【十三届县委第二十五次常委会】 3月8日在常委会议室召开。县委副书记、县人民政府县长李林波主持会议。会议传达中央、省、州纪委九届二次全会精神；研究县纪委十三届二次全会相关事宜；听取州委检查考核组关于对元谋县2016年度党风廉政建设责任制检查考核的反馈意见，研究元谋县整改方案；研究召开县委政法工作会议相关事宜；审定《全面推进依法治县工作五年规划（2016—2020年）（送审稿）》；学习中组部新修订的《党委（党组）讨论决定干部任免事项守则》；审定元谋县2016年度科技公务员年度考核等次；审定元谋县2016年度基层党建和人才考核等次；传达全州宣传思想文化工作会议精神，研究元谋县贯彻意见。

【2017年县委农村工作暨全县扶贫开发工作会议】 3月9日在县委政府综合楼一楼会议室召开。会议全面贯彻落实州委农村工作暨全州扶贫开发工作会议精神，总结2016年全县“三农”和脱贫攻坚工作，分析当前农业农村形势，研究推进农业供给侧结构性改革政策措施，安排部署2017年农业农村和脱贫攻坚工作任务。县委书记刁雁作重要讲话。

【十三届县委第二十六次常委会】 4月1日在常委会议室召开。县委书记刁雁主持会议。会议审定《省道S320（元谋至三岔河）、S225（三岔河至祥云界）公路改建工程可行性研究补充报告》（东环线）相关技术指标调整事宜；审定《元谋县城市管理执法局行政执法综合管理改革实施方案》；审定《关于在“两学一做”学习教育中开展“比学赶帮超”主题活动实施方案（送审稿）》；传达学习全州组织部长会议和全州“两新”组织党建工作座谈会精神；研究干部人事问题；研究纪检案件。

【县委宣传、组织、统战工作会议】 4月1日在县委政府综合楼一楼会议室召开。会议全面总结回顾2016年县委宣传、组织、统战工作，安排部署2017年工作任务，对2016年县级精神文明创建先进单位和先进个人进行表彰，县委书记刁雁作重要讲话。

【十三届县委第二十七次常委会】 4月20日在常委会议室召开。县人民政府县长李林波主持会议。会议审定《元谋县实施全面两孩政策改革完善计划生育服务管理实施方案（送审稿）》；审定《元谋县开展相对集中行政审批权改革实施方案（送审稿）》；研究以政府购买服务方式对2012年保障性住房A1幢房屋进行装修的有关事宜；研究元谋县2016—2017年棚户区改造建设项目资本金贷款有关问题；研究县城东南片区棚改项目资本金有关问题；听取元谋县2017年一季度安全生产工作情况汇报。

【十三届县委第二十八次常委会】 4月26日在常委会议室召开。县人民政府县长李林波主持会议。会议审定《元谋县异地扶贫搬迁工作整改方案（送审稿）》；研究终止2016年度县城棚户区改造东南片区一期城中村建设项目农发行4亿元贷款相关事宜；研究实施元谋县2016年度县城棚户区改造一期城中村建设项目融资相关事宜。

【元谋县学习贯彻中共十八届六中全会精神暨县委理论学习中心组2017年第一次学习会议】 4月26—28日在县图书馆报告厅召开。会议主题：深入学习贯彻中共十八届六中全会精神和习近平总书记系列重要讲话精神，准确把握《关于新形势下党内政治生活的若干准则》基本精神和《中国共产党党内监督条例》基本要求，全面贯彻党要管党、从严治党的根本要求，进一步增强广大干部对抓好党风廉政建设、基层党建、美丽宜居乡村建设、绿色产业发展、异地扶贫搬迁、脱贫攻坚等工作重要性和必要性的认识，不断提升做好群众工作的本领，加强官德修养，规范权力行使，扎实把中央和省委、州委、县委的各项决策部署落到实处，认真谋划2017年工作，主动承接起新时代的新使命，推进全县各项事业发展取得新进展。县委书记刁雁作重要讲话。

【元谋傈僳族第一村——甘塘片区项目建设协调会议】 5月6日在甘塘指挥部大会议室召开。会议对近期元谋傈僳族第一村——甘塘片区项目建设过程中的问题进行协调解决，对下一步工作进行安排部署。县委书记刁雁作讲话。

【十三届县委第二十九次常委会】 5月8日在常委会议室召开。县委书记刁雁主持会议。会议研究脱贫攻坚工作，听取相关干部的工作检讨。

【十三届县委第三十次常委会】 5月9日在常委会议室召开。县委书记刁雁主持会议。会议分析一季度经济运行情况，研究下一步工作，听取相关干部工作检讨。

【县委工作会议暨县委理论学习中心组第二次学习会议】 5月9日召开。会议主题：通过深化对中共十八届六中全会精神的学习，不断提高党员干部的理论素养，牢固树立“四个意识”，自觉在思想上政治上行动上同以习近平同志为核心的党中央保持高度一致，深入贯彻落实《关于新形势下党内政治生活的若干准则》和《中国共产党党内监督条例》严格执行党内政治生活准则各项规定，着力营造树正气、讲团结、聚合力、促跨越的浓厚氛围，认真总结2017年一季度重点工作推进、经济运行情况，找准问题，分析原因，明确任务目标，安排部署二季度工作，确保实现二季度“双过半”的目标。县委书记刁雁作重要讲话。

【十三届县委第三十一次常委会】 5月15日在常委会议室召开。县委书记刁雁主持会议。会议研究凤凰森林公园项目建设相关事宜；研究关于成立元谋县光彩事业促进会相关事宜；传达学习全省基层党建工作重点任务推进会议精神。

【十三届县委第三十二次常委会】 5月20日在常委会议室召开。县委书记刁雁主持会议。会议听取元谋县公安局关于打击“涉菜”犯罪团伙专案情况汇报；研究元谋县公安局关于元谋应急处突大队建设相关事宜；研究脱贫攻坚相关工作；研究元谋傈僳族第一村——异地扶贫搬迁甘塘片区相关工作；审定元谋县拟上报州委表彰的全州统一战线工作先进集体和先进个人。

【全县开展脱贫攻坚专项行动推进会暨扶贫开发考核约谈会议】 5月20日，主会场设在县委政府综合楼五楼和一楼会议室，各乡镇设分会场召开。会议部署开展脱贫攻坚“找问题、补短板、促攻坚”专项行动的相关要求，并对2016年党委和政府扶贫开发工作进行成效考核，对在脱贫攻坚工作中存在问题较多的单位主要负责人进行约谈。

【元谋县推进“两学一做”学习教育常态化制度化工作座谈会】 5月20日，在县委政府综合楼一楼召开。会议传达习近平总书记重要指示精神和中央、省委、州委推进“两学一做”学习教育常态化制度化工作座谈会精神，回顾总结2016年全县“两学一做”学习教育开展情况，交流经验做法，就贯彻落实中央、省委、州委部署要求和元谋县推进“两学一做”学习教育常态化制度化进行安排部署。

【县委保密委员会全体会议】 5月26日在县委政府综合楼三楼会议室召开。会议传达相关保密工作文件精神，总结和部署全县保密工作。

【全县干部大会】 5月27日在县委政府综合楼一楼会议室召开。会议安排近期重要工作，县委书记刁雁作重要讲话。

【十三届县委第三十三次常委会】 5月27日在常委会议室召开。专题研究人事议题。

【十三届县委第三十四次常委会】 6月3日在常委会议室召开。县委书记刁雁主持会议。会议审定《关于充实力量压实责任制克期完成元谋县“9·17”特大山洪泥石流灾害民房恢复重建工作方案（送审稿）》。

【中共元谋县委理论学习中心组2017年第三次学习会议】 6月3日召开。会议主题：通过深入学习贯彻习近平总书记系列重要讲话和考察云南重要讲话精神，不断深化对党的理论创新成果的理解和把握，坚定理想信念，增强宗旨意识，树立为民情怀，坚持问题导向，把学习贯彻的成效转化为促进“四个全面”战略、推动“五位一体”布局的强大动力，以优异成绩迎接中共十九大胜利召开。深入学习贯彻中央、省委、州委全面从严治党的部署，按照“两学一做”学习教育常态化制度化的要求，对照《中国共产党章程》《中国共产党廉洁自律准则》《中国共产党纪律处分条例》，深入查找全面从严治党方面存在的问题，紧紧抓好“关键少数”，强化政治意识、把准政治方向、站稳政治立场、保持政治清醒、严守政治纪律，以上率下推动全面从严治党落实到全县各级党组织和每位党员，持续推进全县“两学一做”学习教育常态化制度化，不断提高分析解决实际问题的能力和管党治党的科学化水平，以全面从严治党的成效，坚定人民群众对党和政府的信任和拥护，为推动跨越发展、全面建成小康提供坚强的政治保障。县委书记刁雁作重要讲话。

【十三届县委第三十五次常委会】 6月7日在县委政府综合楼五楼会议室召开。县委书记刁雁主持会议。会议审议《中共元谋县委全面深化改革领导小组专项小组调整完善方案（送审稿）》；审议《中共元谋县委全面深化改革领导小组2017年改革工作要点（送审稿）》。

【中共元谋县委全面深化改革工作推进会议】 6月7日在县委政府综合楼五楼会议室召开。会议学习贯彻了中央、省州党委关于全面深化改革工作的会议精神，安排部署元谋县深化改革工作。

【元谋县城乡人居环境提升行动推进会议】 6月7日在县委政府综合楼五楼会议室召开。会议听取平田乡、凉山乡及县城乡人居环境提升工作指挥部关于城乡人居环境提升行动的工作汇报，并对下步工作进行安排部署，县委书记刁雁作重要讲话。

【元谋县贫困对象动态管理工作会议】 6月21日召开。会议全面贯彻落实习近平总书记关于"精准扶贫首先要打牢基础、做实做细建档立卡、实现动态管理"的重要指示，以及省、州贫困对象动态管理工作会议精神，安排部署元谋县贫困对象动态管理工作，实现扶贫对象"应纳尽纳""应退尽退""应扶尽扶"，为精准扶贫、精准脱贫打牢坚实基础。

【十三届县委第三十六次常委会】 6月21日在常委会议室召开。县委书记刁雁主持会议。会议研究干部人事问题；研究元谋县第十七届人民代表大会第二次会议有关事项；研究纪检案件。

【十三届县委第三十七次常委会】 6月27日在常委会议室召开。县委书记刁雁主持会议。会议传达学习省委书记陈豪、省长阮成发《致全省县（市、区）党政主要负责同志的一封信》；审定《元谋县2017年二季度集中开工重点项目建议表》《元谋县2017年"七一"建党节献礼项目建议表（新开工、竣工）》；审定《元谋县2017年机关义务植树方案》；研究"一水两污"项目有关问题；研究理顺县水务局所属水管单位管理体制有关问题；审定元谋县庆祝建党96周年表彰对象名单；研究元谋县2017年"七一"献礼工程新闻发布会相关事宜。

【中共元谋县委理论学习中心组2017年第四次学习会议】 7月3—24日召开。会议主题：彻底肃清白恩培、仇和等余毒，深刻汲取9位中管干部、昆明市委4任书记违纪违法教训。县委书记刁雁作重要讲话。

【十三届县委第三十八次常委会】 7月12日在常委会议室召开。县委书记刁雁主持会议。会议审定《元谋生态文明县建设规划（送审稿）》；听取县委2017年上半年落实全面从严治党主体责任情况汇报；听取县纪委2017年上半年落实全面从严治党监督责任情况汇报；听取县对乡镇和县级部门2017年党风廉政建设责任制半年督查情况汇报；听取巡察工作情况汇报；通报科级公务员职务与职级并行晋升考核情况；研究关于召开县社科联第二次代表大会相关事宜；研究关于召开县文联第三次代表大会相关事宜；传达中央、省、州领导相关工作批示及会议精神；审定《中国共产党元谋县委员会工作规则（送审稿）》《中共元谋县委常委会议事规则（送审稿）》《中共元谋县委常委会议题征集制度（送审稿）》和《县级领导认真贯彻落实中央八项规定精神实施办法（送审稿）》；研究关于召开县科学技术协会第六次代表大会相关事宜；传达学习习近平在深度贫困地区脱贫攻坚座谈会上的讲话精神，王岐山、陆俊华在中央纪委电视电话会议上的讲话精神，汪洋在全国易地扶贫搬迁工作会议上的讲话精神。

【十三届县委第三十九次常委会】 8月1日在常委会议室召开。专题研究人事议题。

【元谋县创建省级全域旅游示范县工作推进会议】 7月22—23日召开。会议理清创建元谋县全域旅游示范区的思路和步骤，明确全域旅游示范区创建的工作重点，探讨全域旅游示范区建设应采取的对策措施，解决元谋创建省级全域旅游示范区实际问题。

【县委常委班子巡视整改专题民主生活会】 7月26日召开。县委常委班子成员学习习近平总书记系列重要讲话精神和治国理政新理念新思想新战略及考察云南重要讲话精神，中共十八大和十八届三中、四中、五中、六中全会精神，《中国共产党章程》和《中国共产党廉洁自律准则》《中国共产党纪律处分条例》《关于新形势下党内政治生活的若干准则》《中国共产党党内监督条例》等党内规定，省第十次党代会、省委十届二次、三次全会、省党代表会议、州第九次党代会及县第十三次党代会精神，《中共云南省委关于进一步深入学习贯彻习近平总书记系列重要讲话精神和治国理政新理念新思想新战略的意见》《中共云南省委关于深入学习习近平总书记考察云南重要讲话精神闯出跨越式发展路子的决定》《中共云南省委关于深刻汲取白恩培等严重违纪违法案件教训深入推进党风廉政建设和反腐败工作的通知》以及《中共元谋县委印发关于中央第十一巡视组对云南省开展巡视“回头看”反馈意见整改细化方案的通知》等文件精神。县委书记习雁作动员讲话，并代表县委常委班子作班子对照检查；班子成员逐一作个人对照检查发言，其他班子成员对其开展批评；州委督导组领导作指导讲话；习雁作总结讲话。

【中共元谋县委巡察工作暨第三轮巡察动员部署会议】 8月8日在县委政府综合楼一楼会议室召开。会议深入学习习近平总书记关于巡视工作系列重要论述，学习贯彻中共十八届六中全会、十八届中央纪委七次全会、省委州委巡视巡察工作会议精神，安排部署全县巡察工作。

【十三届县委第四十次常委会】 8月8日在常委会议室召开。县委书记习雁主持会议。会议研究元谋县2014—2016年连续三年年度考核为优秀等次的科级及以下公务员给予记三等功奖励相关事宜；研究干部人事；审定《元谋县县城东南片区（二期）棚户区改造房屋征收干部联系服务群众工作方案（送审稿）》；听取元谋县2017年上半年意识形态工作情况汇报。

【十三届县委第四十一次常委会】 8月20日在常委会议室召开。县委书记习雁主持会议。会议传达学习《中共云南省委办公厅关于进一步加强脱贫攻坚组织保障的通知》精神；传达学习云南省推进县乡人大工作和建设经验交流会会议精神；研究县委常委工作分工调整事宜；听取全县保密工作情况汇报；传达学习州委对台工作（扩大）会议精神；研究关于召开共青团元谋县委员会第十六次代表大会和中国少年先锋队元谋县第二次代表大会相关事宜；传达学习州委常委、州纪委书记赵安升调研元谋工作座谈会讲话精神；研究案件；传达学习《中共楚雄州委、楚雄州人民政府关于进一步统一思想凝心聚力勇于担当以跨越发展的精气神推进全年各项工作的通知》精神。

【元谋县贫困对象动态管理质量考评工作动员暨业务培训会议】 8月22日在县委政府综合楼五楼召开，各乡镇设分会场参会。会议通过查找问题、督促整改，研究部署省第三方评估机构对元谋县贫困对象动态管理质量评估相关工作。

【十三届县委第四十二次常委会】 8月30日在常委会议室召开。县委书记习雁主持会议。会议听取关于做好迎接省环境保护督察工作的情况汇报；研究云南省扶贫投资开发有限公司对元谋县国有资产投资管理有限公司进行增资扩股有关问题；研究划拨县农业局等33宗行政事业单位资产给元谋县国有资产投资管理有限公司有关问题；传达全州宣传部长专题工作会议精神，研究元谋贯彻落实意见；听取楚雄州精神文明创建先进单位元谋县申报推荐、复查和文明家庭、先进个人评选考评情况汇报；研究干部人事。

【十三届县委第四十三次常委会】 9月7日在常委会议室召开。县委书记习雁主持会议。会议听取全县安全生产工作情况汇报；审定《元谋县2016—2017学年教育工作先进个人表扬名单》；

听取十九大安保维稳信访工作情况汇报；审定《元谋县脱贫攻坚责任追究办法（送审稿）》；传达学习陆俊华在全省扶贫领域监督执纪问责工作电视电话会议上的讲话精神；传达学习杨斌在州委第三十一次常委会传达学习贯彻省委书记陈豪在楚雄州调研重要讲话精神时的讲话精神；传达学习杨斌、迟中华在全州稳增长工作督查推进会上的讲话精神。

【十三届县委第四十四次常委会】 9月10日常委会议室召开。县委书记刁雁在主持会议。会议审定《元谋县棚户区改造县城东南片区（二期）房屋征收补偿安置方案（送审稿）》《元谋县棚户区改造县城东南片区（二期）房屋征收实施办法（送审稿）》《元谋县棚户区改造县城东南片区（二期）房屋征收决定（送审稿）》，听取元谋县棚户区改造县城东南片区（二期）建设项目社会稳定风险评估情况报告；审定《元谋县脱贫攻坚违纪违法案件处理工作方案（送审稿）》。

【元谋县棚户区改造县城东南片区（二期）工作推进会】 9月11日在县委政府综合楼一楼会议室召开。会议解决棚户区改造县城东南片区（二期）范围内存在突出问题，进一步加快推进元谋县2017年棚户区改造房屋征收工作。

【中共十九大安保维稳信访工作会议】 9月13日在县委政府综合楼五楼会议室召开。会议认真贯彻落实习近平总书记关于维护社会稳定工作的重要批示精神和中央关于中共十九大安保维稳信访工作的总体部署，以及省、州党委关于维护社会稳定的部署要求，安排部署元谋县十九大安保维稳和信访工作。

【元谋县构建“亲”“清”新型政商关系工作会议】 9月15日在县图书馆报告厅召开。会议深入学习贯彻习近平总书记关于构建“亲”“清”新型政商关系的重要部署要求，立足元谋经济社会发展新形势，分析发展瓶颈，提振发展信心，共商发展大计，努力构建良性新型政商关系，为推动元谋经济社会跨越发展注入新的活力。

【中共元谋县委理论学习中心组2017年第五次学习会议】 9月26日召开。会议主题：深入学习贯彻习近平总书记7月26日在省部级主要领导干部“学习习近平总书记重要讲话精神，迎接党的十九大”专题研讨班开班仪式上的重要讲话精神，全面准确把握讲话的精神实质，不断深化对讲话重大政治意义、理论意义、实践意义的认识，牢固树立“四个意识”，坚定“四个自信”，自觉用讲话精神统一思想、凝聚力量、指导工作，为决战脱贫攻坚、决胜全面小康、推动跨越发展而努力奋斗，以优异成绩迎接中共十九大胜利召开。县委书记刁雁作重要讲话。

【十三届县委第四十五次常委会】 9月29日在常委会议室召开。县委书记刁雁主持会议。会议传达全州安全生产工作会议精神；审定《元谋县公墓改造提升建设项目合作协议（送审稿）》；审定元谋县2017年第二批产业扶贫项目投资计划；研究元谋县扶贫对象动态管理工作质量考评等次评定相关事宜；审定上报州侨联第六次归侨侨眷代表大会代表人选和拟上报州委表彰侨联先进集体和先进个人名单；审定《县委巡察规划（2017—2021年）（送审稿）》；传达学习《中共中央关于修改〈中国共产党巡视工作条例〉的决定》《中共中央办公厅关于县市党委建立巡察制度的意见》《中共云南省委办公厅印发州（市）、县（市、区）党委巡察制度实施办法（试行）》；审定拟表扬元谋县第十四届“金土地”种养殖能手名单；研究案件。

【十三届县委第四十六次常委会】 10月16日在常委会议室召开。县委书记刁雁主持会议。会议听取十九大安保维稳信访工作情况汇报；传达学习《中共楚雄州委组织部印发〈关于州委管理的领导班子成员分工调整报备办法〉的通知》；研究重点攻坚工作指挥部调整规范相关事宜。

【中共元谋县委理论学习中心组2017年第六次学习会议】 10月20日召开。会议主题：深入学习贯彻习近平总书记系列重要讲话精神和关于“学哲学用哲学”的重要指示精神，认真贯彻落实省委书记陈豪在楚雄调研时的重要讲话精神，不断提高运用辩证唯物主义、历史唯物主义指导工作实践的能力，加大抓项目、促开工、增投资、稳增长工作力度，安排部署、全力冲刺四季度，认真谋划2018年工作任务，动员全县上下大力弘扬“跨越发展、争创一流；比学赶超、奋勇争先”精神，进一步激发广大党员干部的精气神，以更大的冲劲、更足的闯劲和更强的韧劲干事创业，以“愚公移山”精神、“钉钉子”精神、“工匠”精神狠抓落实，奋勇冲刺，确保实现四季度“大收官”，全面完成或超额完成全年目标任务。县委书记习雁作重要讲话。

【中共元谋县委理论学习中心组2017年第七次学习会议】 10月30日召开。会议主题：深入学习宣传贯彻中共十九大精神，在全县上下迅速掀起学习贯彻中共十九大精神的热潮，动员全县广大干部职工大力弘扬“跨越发展、争创一流；比学赶超、奋勇争先”精神，奋勇冲刺四季度，确保全面完成或超额完成全年目标任务。县委书记习雁作重要讲话。

【十三届县委第四十七次常委会】 11月7日在县委政府综合楼五楼会议室召开。县委书记习雁主持会议。会议传达学习中共十九大精神；研究全县前三季度经济运行情况，安排部署下一阶段工作；传达学习全州扶贫开发领导小组2017年第三次全体会议精神；审定《2016年度综合绩效考核结果》和《2016年综合绩效考核奖金兑现方案（送审稿）》；审定《元谋县县乡村三级脱贫攻坚工作考核办法（送审稿）》；审定《中国·元谋2017果蔬节活动方案（送审稿）》；听取县人大常委会、县政协党组工作情况汇报；传达学习2017年全州统战工作会议精神；研究关于元谋县森林公安局等3家单位新成立党组和撤销元谋县科协党组相关事宜；研究设立中国共产党元谋县教育工作委员会相关事宜；研究干部人事。

【十三届县委第四十八次常委会】 11月21日在常委会议室召开。县委书记习雁主持会议。会议听取县人民政府党组关于元谋县金沙江乌东德水电站建设征地移民安置工作情况汇报；研究元谋县公安消防大队官兵荣立集体和个人三等功有关事项；审定申报全州宗教工作先进集体和先进个人表彰名单；研究元谋县供销合作联社第一届社员代表大会相关事宜；审定《元谋傈僳族第一村——易地扶贫搬迁建档立卡贫困户甘塘片区安置点项目建设实施意见》等3个文件补充意见；研究“查缺漏补短板”浦发扶贫项目资金有关问题；研究建档立卡贫困户D级危房原址建房（购房）补助资金有关问题；研究元谋县易地扶贫搬迁建档立卡贫困户建房补助资金和安置点公建配套资金有关问题；审定《元谋县人民代表大会常务委员会专题询问实施办法（党内送审稿）》；传达学习《中共楚雄州委组织部关于不如实报告领导干部个人有关事项问题的通报》；研究关于召开元谋县残疾人联合会第七次代表大会相关事宜；审定《元谋县深化国家监察体制改革试点工作实施方案（修改稿）》；研究案件。

【十三届县委第四十九次常委会】 11月29日在常委会议室召开。县委书记习雁主持会议。会议传达学习陈豪、阮成发在省扶贫开发领导小组第七次全体会议上的讲话，研究元谋县贯彻落实意见；传达学习楚雄州2017年贫困对象动态管理工作质量考评约谈暨工作推进会议精神，研究元谋县贯彻落实意见；审定《元谋县金沙江乌东德水电站移民安置工作实施细则（送审稿）》《元谋县金沙江乌东德水电站移民安置征地补偿标准（送审稿）》《元谋县金沙江乌东德水电站移民复合安置协议书（送审稿）》《元谋县金沙江乌东德水电站建设征地移民搬迁安置工作方案（送审稿）》。

【十三届县委第五十次常委会】 11月30日在县图书馆一楼小会议室召开。县委书记刁雁主持会议。会议审定《元谋县深化国家监察体制改革试点工作实施方案（省会审修改稿）》《元谋县监察委员会转隶组建工作方案（修改稿）》《中共元谋县纪律检查委员会（元谋县监察委员会）主要职责内设机构和人员编制方案（修改稿）》；研究近期有关工作。

【元谋县全面推行河长制工作推进会暨总河长会议】 12月4日在县委政府综合楼五楼会议室召开，各乡镇设分会场参会。会议深入贯彻落实中央、省、州全面推行河长制工作要求，为实现2017年底全面建立河长制工作目标奠定坚实基础。

【十三届县委第五十一次常委会】 12月16日在常委会议室召开。县委书记刁雁主持会议。会议研究讨论州委九届三次全会《工作报告（征求意见稿）》；审定元谋县规范改革性补贴和奖励政策有关事项；审定《关于加强殡葬改革的实施意见（送审稿）》和《关于充分发挥党员干部带头作用全面深化殡葬改革的实施意见（送审稿）》；审定拟推荐上报州委州政府表扬的扶残助残先进集体、残疾人工作先进个人和残疾人自强模范名单；审定元谋县农村人居环境治理政府和社会资本合作（PPP）项目有关事项；研究浦发扶贫基金使用有关问题；审定《中共元谋县委关于实施金沙江乌东德水电站建设征地移民安置“十大工程”的决定（送审稿）》；审定《中共元谋县委、元谋县人民政府关于深化人才发展体制机制改革的实施意见》；审定《元谋县县属事业单位领导人员管理暂行办法》；审定《关于加强元谋县纪委派驻机构建设的意见》和《关于全面落实元谋县纪委向县一级党和国家机关派驻纪检机构的方案》；研究中共元谋县委关于聘请法律顾问相关事宜。

【十三届县委第五十二次常委会】 12月20日在县图书馆一楼小会议室召开。县委书记刁雁主持会议。会议研究黄瓜园“9·17”民房恢复重建工作后续矛盾化解和克期完成恢复重建工作事宜；审定《县委书记抓基层党建工作述职报告》；审定《太平洋建设集团有限公司在元谋县所做项目的情况报告》。

【中共元谋县委理论学习中心组2017年第八次学习会议】 12月24日召开。会议主题：深入学习贯彻中共十九大精神，大力弘扬“跨越发展、争创一流；比学赶超、奋勇争先”精神，深入贯彻落实国务院扶贫办2017年省交叉考核培训会议、省扶贫开发领导小组2017年扶贫开发成效考核暨贫困县退出检查评估工作视频会议、州扶贫开发领导小组2017年第六次全体会议、扶贫领域审计发现问题整改工作专题会议精神，结合州级脱贫退出考核验收，认真总结元谋县脱贫攻坚工作中存在的问题和不足，始终坚持问题导向、任务导向、目标导向，攻坚克难、补齐短板，坚决打赢脱贫攻坚战。研究部署近期重点工作，坚决把县委、县政府推进跨越式发展的各项决策部署抓细抓实。

【十三届县委第五十三次常委会】 12月30日在县委常委会议室召开。县委书记刁雁主持会议。会议传达楚雄州第十二届人民代表大会第二次会议精神；研究关于召开县委十三届三次全体（扩大）会议相关事宜；审定《县委十三届三次全体（扩大）会议报告（送审稿）》《中共元谋县委关于深入学习宣传贯彻党的十九大精神奋力谱写新时代元谋跨越发展新篇章的决定（送审稿）》；研究关于召开元谋县十七届人民代表大会第三次会议相关事宜；审定《元谋县人民代表大会常务委员会工作报告（送审稿）》；听取元谋县2016年度县级预算执行情况和其他财政收支审计查出问题整改情况报告；听取元谋县2017年地方财政预算调整方案报告；审定《关于元谋县2018年经济社会发展主要宏观调控指标建议》；审定《政府工作报告（送审稿）》《元谋县2017年国民经济和社会发展计划执行情况与2018年国民经济和社会发展计划（草案）的报告（送审稿）》《元谋县2017年财政预算执行情况与2018年财政预算（草案）的报告（送审稿）》；通报“2017中国·元谋果蔬节”受表扬企业和单位及系列评比活动获奖有关事宜；研究关于召开政协九届二次会议相关事宜；审定《中国人民政治协商会议元谋县第九届委员会常务委员会工作报告（送审稿）》；审定《县人民法院工作报告（送审稿）》；审定《县人民检察院工作报告（送审稿）》；审定《2017年党的建设专题报告（送审稿）》《2017年干部选拔任用工作专题报告（送审稿）》；研究人事事项。

【元谋县扶贫开发领导小组会议】 2017年共召开12次元谋县扶贫开发领导小组会议，会议研究部署近期脱贫攻坚相关工作，并对2017年预脱贫的各项指标进行分解落实，县委书记习雁作重要讲话。

【县委重要文件】 1月24日，印发《中共元谋县委关于建立健全容错纠错机制激励党员干部干事创业的实施意见（试行）》（元发〔2017〕1号）。

2月4日,《中共元谋县委关于印发县委十三届二次全体（扩大）会议文件的通知》（元发〔2017〕2号）。

2月21日,《中共元谋县委 元谋县人民政府关于印发〈信访维稳工作责任制实施细则（试行）〉的通知》（元发〔2017〕3号）。

6月14日,《中共元谋县委 元谋县人民政府关于印发〈元谋县实施全面两孩政策改革完善计划生育服务管理实施方案〉的通知》（元发〔2017〕4号）。

7月14日,《中共元谋县委印发〈中国共产党元谋县委员会工作规则〉〈中共元谋县委常委会议事规则〉〈中共元谋县委常委会议题征集制度〉的通知》（元发〔2017〕5号）。

7月14日,《中共元谋县委印发〈县级领导认真贯彻落实中央八项规定精神实施办法〉的通知》（元发〔2017〕6号）。

12月5日,《中共元谋县委 元谋县人民政府印发〈元谋县深化供销合作社综合改革实施方案〉的通知》（元发〔2017〕7号）。

1月9日，印发《中共元谋县委员会关于成立楚雄州政协第十届委员会委员考察组的通知》（元委〔2017〕1号）。

1月13日，印发《中共元谋县委元谋县人民政府关于调整充实重点攻坚工作领导小组及指挥部的通知》（元委〔2017〕2号）。

1月25日，印发《关于调整充实元谋县金沙江乌东德水电站建设征地移民安置工作领导小组的通知》（元委〔2017〕3号）。

2月7日，印发《关于贯彻落实党的十八届六中全会精神深入推进全面从严治党的意见》（元委〔2017〕4号）。

2月9日，印发《关于县委常委工作分工调整的通知》（元委〔2017〕5号）。

2月21日，印发《关于表扬元谋县2016年度驻村扶贫工作队优秀个人和县级先进挂联单位的决定》（元委〔2017〕6号）。

2月3日，印发《关于成立政协元谋县第九届委员会第一次会议临时党委和临时党支部的通知》（元委〔2017〕7号）。

2月24日，印发《关于成立元谋县第十七届人民代表大会第一次会议临时党委和临时党支部的通知》（元委〔2017〕8号）。

2月25日，印发《关于元谋县第十七届人大常委会委员候选人的通知》（元委〔2017〕9号）；印发《关于元谋县第十七届人大常委会主任、副主任县人民政府县长、副县长，县人民法院院长、县人民检察院检察长候选人的通知》（元委〔2017〕10号）；印发《关于出席楚雄州第十二届人民代表大会代表候选人的通知》（元委〔2017〕11号）；印发《关于中国人民政治协商会议元谋县第九届委员会常务委员会委员候选人的通知》（元委〔2017〕12号）；印发《关于中国人民政治协商会议元谋县第九届委员会主席、副主席候选人的通知》（元委〔2017〕13号）。

3月9日，印发《关于对2016年度优秀政法干警、优秀信访维稳工作者、优秀铁路护路工作者及集体三等功、集体嘉奖进行表彰的决定》（元委〔2017〕14号）；印发《关于表彰第十三届"金土地"种植养殖能手的决定》（元委〔2017〕15号）。

2月26日，印发《关于成立元谋县村（居）民小组活动场所建设工作领导小组的通知》（元委〔2017〕16号）。

3月9日，印发《关于调整充实元谋县提升城乡人居环境行动领导小组的通知》（元委〔2017〕17号）；印发《关于成立元谋县提升城乡人居环境行动工作指挥部的通知》（元委〔2017〕18号）。

3月29日，印发《关于县委第二轮巡察组组长副组长授权及巡察任务安排的通知》（元委〔2017〕19号）。

4月21日，印发《关于县处级领导挂点联系乡镇、学校和企业的通知》（元委〔2017〕20号）。

4月14日，下发《关于印发〈中共元谋县委领导班子2017年落实党风廉政建设主体责任清单〉的通知》（元委〔2017〕21号）。

5月8日，下发《中共元谋县委印发贯彻落实〈中共楚雄州委关于加强和改进保密工作的实施意见〉的实施办法的通知》（元委〔2017〕22号）。

6月3日，印发《关于调整充实元谋县"9·17"特大山洪泥石流自然灾害民房恢复重建有关人员工作安排的通知》（元委〔2017〕23号）。

6月7日，印发《关于调整充实元谋县易地扶贫搬迁工作领导小组的通知》（元委〔2017〕24号）。

6月30日，印发《中共元谋县委关于表彰优秀共产党员、优秀党务工作者和先进基层党组织的决定》（元委〔2017〕25号）。

7月5日，印发《中共元谋县委关于成立元谋县第十七届人民代表大会第二次会议临时党委和临时党支部的通知》（元委〔2017〕26号）；印发《中共元谋县委关于元谋县第十七届县人民政府县长候选人的通知》（元委〔2017〕27号）。

7月6日，印发《中共元谋县委元谋县人民政府关于成立元谋县困难职工解困脱困工作领导小组的通知》（元委〔2017〕29号）。

8月1日，印发《中共元谋县委关于余捷同志任职的征求意见函》（元委〔2017〕30号）；印发《中共元谋县委关于赵光贤等同志任免职的征求意见函》（元委〔2017〕31号）；印发《中共元谋县委关于祖凌等同志任免职的征求意见函》（元委〔2017〕32号）。

8月4日，印发《中共元谋县委关于元谋县国土资源局领导班子成员调整意见的函》（元委〔2017〕33号）。

8月7日，印发《中共元谋县委关于县委第三轮巡察组组长副组长授权及巡察任务安排的通知》（元委〔2017〕34号）。

8月8日，印发《中共元谋县委关于李江华等同志任免职的征求意见函》（元委〔2017〕35号）。

8月22日印发《中共元谋县委关于县委常委工作分工调整的通知》（元委〔2017〕36号）。

8月30日，印发《中共元谋县委关于李建宾等同志任免职的征求意见函》（元委〔2017〕38号）。

9月8日，印发《中共元谋县委　元谋县人

民政府关于表扬教育工作先进个人的决》(元委〔2017〕39号)。

10月11日，印发《中共元谋县委关于加强抓党建促脱贫攻坚工作的实施意见》(元委〔2017〕40号)。

11月7日，印发《中共元谋县委　元谋县人民政府关于进一步加强扶贫领域监督执纪问责暨五级联动工作的实施意见》(元委〔2017〕41号)；印发《中共元谋县委　元谋县人民政府关于调整重点攻坚工作指挥部的通知》(元委〔2017〕42号)。

11月14日，印发《中共元谋县委关于第四轮巡察暨脱贫攻坚专项巡察组组长副组长授权及任务安排的通知》(元委〔2017〕43号)。

11月22日，印发《中共元谋县委关于成立元谋县金沙江乌东德水电站建设征地移民安置工作总指挥部临时党委的通知》(元委〔2017〕44号)。

11月28日,《中共元谋县委　元谋县人民政府印发〈元谋县国有林场改革实施方案〉的通知》(元委〔2017〕46号)。

12月7日,《中共元谋县委印发〈元谋县深化国家监察体制改革试点工作实施方案〉的通知》(元委〔2017〕47号)。

12月25日，印发《中共元谋县委　元谋县人民政府关于表扬2017中国·元谋果蔬节做出贡献的企业和单位及系列评比活动获奖者的决定》(元委〔2017〕48号)。

12月19日，印发《中共元谋县委　元谋县人民政府关于给予2014—2016年连续三年年度考核为优秀的公务员记三等功的决定》(元委〔2017〕49号)。

12月21日，印发《中共元谋县委关于实施金沙江乌东德水电站建设征地移民安置“十大工程”的决定》(元委〔2017〕50号)；印发《中共元谋县委　元谋县人民政府关于深化人才发展体制机制改革的实施意见》(元委〔2017〕51号)。

重要活动

【楚雄军分区司令员关惜分到平田乡走访慰问困难党员】 1月18日，州委常委、楚雄军分区司令员关惜分到平田乡走访慰问困难党员、老党员，看望扶贫挂钩联系户，并送去大米、食用油、面条及慰问金。

【州委宣讲团到元谋开展学习贯彻省第十次党代会精神宣讲】 1月17日，州委宣讲团走进元马镇摩诃社区，开展学习贯彻省第十次党代会精神宣讲。州委宣讲团成员、州委党校讲师靳丽鸿从“省第十次党代会的重大意义”“省第九次党代会以来云南经济社会发展新成就”“今后五年云南经济社会发展的奋斗目标、指导原则和总体要求”“今后五年云南经济社会发展的重大部署”“坚定不移推进全面从严治党”以及“如何全面推进省党代会精神在楚雄的贯彻落实”六个方面，解读省第十次党代会精神。

【青山嘴水库工程建设管理局干部职工到凉山乡走访慰问】 1月22日，州青山嘴水库工程建设管理局全体干部职工向凉山乡贫困户捐款捐物并开展走访慰问，将春节慰问品送到帮扶贫困户家中，详细了解贫困户的家庭收入来源、上学就医等生活情况。

【县委常委、宣传部部长李盈梅到物茂乡走访慰问】 1月14日，县委宣传部全体干部职工在县委常委、宣传部部长李盈梅的带领下，到物茂乡芝麻行政村骂额、国兴2个村24户建档立卡贫困户家中开展“寒冬送温暖”走访慰问活动，给挂点联系户送去价值3600元的食用油、新春礼包等慰问品。

【县委书记习雁调研美丽宜居乡村建设安置点项目推进情况】 2月8日，县委书记习雁在县扶贫办、县民宗局等部门相关负责人的陪同下到冷水箐、活佛寺两个美丽宜居乡村建设安置点实地调研项目推进情况。习雁要求：抓好基础设施建设，结合“五网”建设，抓实群众生产生活用水、道路基础设施建设等，为实现跨越发展夯实基础；抓长远发展，解决长远发展问题，结合长短期结合，短期在特色养殖上做文章，扩大养殖规模，长期要在种植上做文章，大力发展山区特色种养殖业，增加贫困群众收入；抓好安居工程，改善群众居住条件，结合美丽宜居乡村建设、异地扶贫搬迁等机遇，认真落实各项优惠扶持政策，加强农村安居房建设，全力改善农村人居环境，助力贫困群众早日脱贫；抓好矛盾纠纷排查调处工作，确保民族团结和睦、社会稳定，认真做好排查和调处民族团结和社会稳定的突出问题，有效化解矛盾纠纷，最大限度地增加社会和谐因素，为经济社会发展营造良好的社会环境。抓实基层党建工作，强化组织保障，全乡党员干部要全力做好群众工作；强化纪律作风，防止干部违纪违法，坚决杜绝干部不作为、乱作为；要加强对村组干部的教育管理，充分发挥村组干部的作用，全力推进各项工作。

【县委副书记夏禹到芝麻村检查指导脱贫攻坚】 2月8日，县委副书记夏禹、副县长尹世勇在县脱贫攻坚指挥部及物茂乡有关领导的陪同下，到芝麻村检查指导脱贫攻坚工作。夏禹强调：要认真对照贫困行政村“9有”、贫困户“6有”标准，逐户排查，拿出问题，总结上年不足，聚焦问题整改，进行攻坚突破。要抓住产业帮扶这一关键，坚持群众自愿这一基础，解决困难这一重点，对象精准这一前提，措施精准这一要害，多措并举，确保扶出成效。要帮助群众算清收入账，让群众知晓挂包单位的帮扶措施，认同帮扶成效。要进一步加强基层组织建设，充分发挥基层党组织的战斗堡垒和先锋示范作用，工作队长、工作队员要带头讲党课，把精准扶贫的惠民政策讲深讲透。要持续关注已出列贫困户的生产生活，做到帮扶人员不减、帮扶措施同步，巩固脱贫成果，防止再度返贫。

【县委书记习雁到老城乡调研】 6月8日，县委书记习雁、副县长尹世勇一行到老城乡调研“比学赶帮超”、脱贫攻坚、信访维稳、特色产业发展等工作。县委书记习雁实地查看把度、小龙潭易地扶贫搬迁安置点和马头地辣木种植基地后，对老城乡下步工作提出要求：老城乡要以“找问题，补短板，促攻坚”专项行动为契机，把查找出来的问题毫不含糊改到位，改彻底，加快把度、小龙潭易地扶贫搬迁。关注民生，维护稳定。要大胆深入基层，直面矛盾，积极把矛盾纠纷化解在基层，化解在萌芽状态。走好绿色产业路，助力脱贫攻坚。要紧扣脱贫、摘帽、增收目标，充分挖掘资源优势，加大产业结构调整力度，发展好葡萄、火龙果、辣木等特色产业。转变作风，狠抓落实。

【县委书记习雁，县委常委、组织部长马吉相走访慰问困难老党员】 6月29日，元谋县委书记习雁在县委常委、组织部长马吉相的陪同下，走访慰问老党员和生活困难党员，给每人送去慰问金600元。习雁、马吉相先后到退休干部老党员白仕兰和邬玉松家中，了解其身体状况和家庭情况，感谢他们为党和人民事业做出的贡献。

【县委书记习雁到新华乡调研】 8月1日，县委书记习雁先后到新平行政村平地村美丽宜居乡村、易地扶贫搬迁分散安置点、省级农村危房改造和地震安居工程示范村，新平行政村新村美丽宜居乡村、地质灾害搬迁点，新平行政村团坝村桃李育苗基地，农业综合开发新华乡新平新华片区高标准农田建设项目，新华乡脱贫攻坚指挥部等地实地调研，并就进一步抓好特色新农村建设、产业发展和脱贫攻坚等工作提出要求。

【县委副书记周海对江边乡领导班子进行集体提醒谈话】 8月3日，县委副书记周海针对江边乡近期重点工作情况，对江边乡领导班子进行集体提醒谈话。要求每一位班子成员要统一思想落实责任，强化第一责任落实，严肃纪律，加强对各村工作队员的思想教育和管理力度，下村工作不能违反工作纪律，不能给村组增加负担。针对目前水库移民征地、重点工程项目征地工作，更要强化教育工作人员，要坚持原则，不为“人情”所困，既要干好工作，又不能让干部因为“人情”倒下。就目前的脱贫攻坚工作不抱怨、不埋怨、不乱发表不当言论，要攻坚克难、严格执行标准、过细完善相关工作痕迹。脱贫攻坚、易地扶贫搬迁、水库移民、其他重点项目工作、常规工作等都集中在一个时间点上，要加强工作统筹力度，发挥好督查指导的作用，确保各项工作任务圆满完成。

【县委书记习雁到凉山乡调研】 8月3日，县委书记习雁到凉山乡，进村入户调研脱贫攻坚工作。县委常委、县委办办公室主任刘铭波等人陪同调研。县委书记习雁指出，凉山乡要将民族文化旅游、高原林产业发展与脱贫攻坚有机结合，注重培育一批带动贫困户长期稳定增收的特色优势产业；尤其是作为当地村“三职”干部、致富带头人，要主动承担起社会责任，结对帮扶贫困村、贫困户，为凉山脱贫攻坚事业做出应有贡献。县委书记习雁在调研中强调，乡党委、政府要统一部署、统一调度、统一推进，加强对脱贫攻坚工作的督查指导；乡、村干部要经常深入贫困户家中，摸清家底，做到心中有数；扶贫工作队要研究政策，理清思路，琢磨走出贫困的路子，加强对扶贫工作研判和指导；要用好村党组织书记，带头服务群众，带头脱贫致富，带动全村群众共同奔小康；要充分调动有劳动能力的农民的积极性，帮助他们通过劳动走上脱贫致富的道路；要发扬中华民族优良传统，教化子女自觉履行赡养老人义务，使贫困老人生活得到应有保障；对丧失劳动能力的贫困群众实施兜底性保障政策，做到应保尽保，发挥好社会保障特别是最低生活保障等社会救助制度的兜底功能。

【县委书记习雁到黄瓜园镇调研】 8月4日，县委书记习雁一行到黄瓜园镇雷弄行政村调研脱贫攻坚贫困对象动态管理工作的开展情况。习雁一行首先听取中共雷弄村总支书记朱元彬对近期脱贫攻坚动态管理工作开展的情况汇报，随机抽查询问村委会“三职”干部、驻村工作队员对脱贫攻坚相关政策的掌握理解程度。县委办主任刘铭波就脱贫攻坚工作中重点工作环节、重点政策进行强调和解答。通过实地查看和听取汇报，习雁对黄瓜园镇脱贫攻坚工作提出要求：要抓住公示阶段的黄金期，结合群众反映的问题，再次调查核实农户收入情况，及时查偏纠错；县、镇、村、组干部一定要形成合力，压实工作责任，要能够及时抓住问题、整改问题，一定要做到对象识别精准、政策执行精准；要克服一切困难，进村入户，认真召开党员会和户主会，把调查工作做实做细，真正做到“应纳尽纳”“应扶尽扶”“应退尽退”。

【县委书记习雁到江边乡调研】 8月8日，县委书记习雁到江边乡调研脱贫攻坚工作。在江边乡阿卓行政村阿卓村，习雁走村入户，到贫困户家中实地开展调查。习雁还结合表册材料，对江边乡贫困对象动态管理工作开展情况进行现场督查，指出存在问题，并就抓好相关工作提出要求。习雁强调，江边乡要抓住对象精准核实及信息比对黄金周、数据信息录入黄金周和自评检查验收时机，进一步压实责任，务实工作；要在精准调查的基础上，进一步核准贫困信息，做好贫困档案动态管理；要突出精准，抓实贫困对象动态管理工作，做到家底更清、情况更明、更准；要加强业务指导，做细做实动态管理，准确核实正常退出户、剔除户、新纳入户和返贫户相关情况，确保情况的真实和精准。

【县委习书记习雁到华竹行政村调研指导贫困对象动态管理】 8月14日，县委习书记习雁到平田乡华竹行政村调研指导贫困对象动态管理。调研中，刁雁查看大己保村活动场所建设规划情况，了解华竹行政村各项工作开展情况，深入村组走访贫困户，了解贫困户生产生活情况，并听取贫困对象动态管理工作情况汇报，查阅档案资料。刁雁要求：平田乡切实抓好各项工作的落实。就贫困对象动态管理工作，全乡干部职工要加强脱贫攻坚政策的学习和宣传，切实抓好全乡贫困对象精准识别核对和信息比对工作，做好数据信息录入和自评检查验收准备工作，切实做到“三个表率一个确保”，必须要确保贫困对象动态管理第三方评估验收合格。

【县委书记刁雁督查元马古镇一期建设项目进展情况】 8月17日，县委书记刁雁、副县长周应张一行实地督查元马古镇一期建设项目进展情况。刁雁在督查中强调：要全力推进项目建设顺利进行，加强施工现场管理，减少施工对周围居民和环境的影响。刁雁一行在督查金马坊、中堂和禧堂项目之后，又实地勘查县委老干局、马街社区、元谋县百货大楼的建筑整体情况，并就二期建设项目规划中提出的“道路选址是否需要拆除相关建筑”的问题，组织相关部门负责人及项目设计规划公司代表召开研讨会。

【县委常委、宣传部部长李盈梅调研指导县城东南片区（二期）棚户区改造】 8月22日，县委常委、宣传部部长李盈梅到王凤明等棚改户家中，调研指导县城东南片区（二期）棚户区改造工作。李盈梅指出：转变思想观念、增强信心，想办法暂时克服眼前困难，积极支持棚改，争取元谋老城区早日实现千居旧貌换新颜。

【县委副书记、脱贫攻坚工作总队长夏禹到芝麻村调研脱贫攻坚】 9月18日，县委副书记、脱贫攻坚工作总队长夏禹，副县长、副总队长尹世勇，县扶贫办主任黄亚明一行到芝麻行政村调研脱贫攻坚。夏禹听取芝麻村近年来脱贫攻坚和动态管理的开展情况及取得的成效汇报，对芝麻村的脱贫工作给予高度的评价，并对下一步的工作提出要求。夏禹指出：要对照2017年芝麻行政村脱贫摘帽的“9有标准”和贫困户“6有标准”，做好预脱贫的44户173人的工作，列出清单，精细到户到人，找短板、促达标；要因地制宜。一户一册定点回访，咬定目标抓落实；要定期回访。定期帮扶，精准实施；提升能力显示成效，要充分发挥基层党组织作用；要强化宣传，鼓励贫困户发扬自强不息精神，对一般户也要一视同仁，有困难积极帮助解决。

【县委常委、宣传部部长李盈梅到县新广播电视台调研】 9月27日，县委常委、宣传部部长李盈梅在县文体广电旅游局副局长张利松、县广播电视台台长陈德红的陪同下，到县图书馆楼上的广播电视台新址督促检查装修情况，查看新闻中心、编辑机房、播出机房等，详细了解新设备配备后的节目制作运行情况，随后到县广播电视台看望工作人员并检查迎接十九大的广播电视安全播出工作。李梅盈对新配备的演播设备表示肯定，要求广播电视台的装修工作在保证工程质量的前提下，加快施工进度，争取10月底搬入新址，充分发挥新配备的演播设施，把人才培养得更好、节目创作得更好，努力打造全州县级一流的媒体。

【县委书记刁雁、县长吴海芬率县处级领导对部分招商引资重点项目进行集中调研】 9月27日，县委书记刁雁，县委副书记、县长吴海芬率县处级领导及县招商局、县文体广电旅游局、县住建局等有关部门的主要领导对元谋部分招商引资重点项目进行集中调研。刁雁一行先后到元谋古人类历史文化旅游项目点、凤凰湖公园、凤仪公园调研。刁雁指出：要以古人类旅游项目、凤凰湖公园、凤仪公园文化旅游项目为重点，坚持高质量、高标准，规划建设好元谋县重点招商引资项目，将元谋县文化旅游与特色小镇建设相结合，丰富文化旅游内涵。同时强调：各部门要全力协调解决好项目建设中存在的困难和问题，为投资发展创造良好的环境；要加强指挥调度及督查工作，确保重点工程、重点项目建设任务按照时间节点建成达效，切实促发展，惠民生，为建设美丽元谋做贡献。调研期间，习雁还与央企中新房矿业投资有限公司进行会谈，对企业到元谋县考察表示热烈欢迎。

【县委书记习雁到新华乡调研指导脱贫攻坚】 10月19日，县委书记习雁一行到新华乡调研指导脱贫攻坚工作。在大河边行政村，习雁详细了解该村脱贫出列和产业发展情况，与驻村扶贫工作队员进行交谈，并提出指导性意见。习雁要求：要抓实教育扶贫，认真摸底排查，抓好建档立卡贫困学生资助，确保零辍学，全面促进全县教育跨越发展；要抓实健康扶贫，认真贯彻健康扶贫政策的落实，有效解决群众因病致贫、因病返贫问题，根据病因、病情分类建卡建档，使患病群众得到更好的医疗服务，按照档案病程管理要求，开展有针对性的免费随访、指导康复等专项帮扶服务；要抓实产业扶贫，各帮扶队和驻村干部要切实增强责任感，深入研究分析贫情、发展现状和致贫原因，立足当前，着眼长远，精心研究制定扶贫工作计划，帮助群众谋划和培育致富产业，在调整农业结构、增加农民收入、解决发展难题上下功夫，切实推动扶贫村群众共同致富；要充分调动群众积极性，把扶贫脱贫工作与农村面貌改造提升、建设美丽乡村、加强基层组织建设和完善基础设施建设相结合。县委副书记周海，县委副书记、县驻村扶贫工作队总队长夏禹，县政协副主席韩庆生、段玉方和县扶贫、住建、教育、卫生等部门负责人陪同调研。

【县委副书记周海到凉山乡冷水箐村调研脱贫攻坚工作】 10月24日，县委副书记周海到凉山乡冷水箐村调研脱贫攻坚工作，乡党委书记李建勇等人陪同调研。周海强调：凉山乡要加强主动作为，形成打赢脱贫攻坚战的强大合力。对贫困户家底做到心中有数；组织发动好当地致富带头人，带头服务群众，带头脱贫致富，带动全村群众共同奔小康；发扬中华民族优良传统，教化子女自觉履行赡养老人义务，使贫困老人生活得到应有保障；对丧失劳动能力的贫困群众实施兜底性保障政策，做到应保尽保，发挥好社会保障特别是最低生活保障等社会救助制度的兜底功能。

【县委副书记周海到江边乡走访慰问贫困老党员和建档立卡贫困户】 11月22日，县委常委、县委副书记周海到江边乡龙街行政村、大树行政村的贫困老党员和建档立卡贫困户家中走访慰问。周海要求：挂包干部加强政策学习，入户宣传，帮群众算清收入账；制作政策宣传明白卡，进一步完善已享受政策明白卡、收入明白卡、挂包帮扶卡，发放健康扶贫服务卡；及时召开户长会，进一步结合本地实际开展“自强、诚信、感恩”主题实践活动和中共十九大精神宣传。

【县委常委、组织部长马吉相到华竹行政村慰问老党员和困难党员】 11月23日，县委常委、组织部长马吉相到平田乡华竹村委会慰问老党员和困难党员，向基层党员群众宣讲中共十九大精神。勉励农村党员要带头学习领会中共十九大精神，不忘初心、老有所为，继续发挥党员模范带动作用，保持好共产党员的政治本色。

【县委书记习雁到县教育局开展调研】 11月28日，县委书记习雁在县委副书记周海，县委常委、县委办主任刘铭波，副县长吴春华、周应张及县级相关部门领导的陪同下，到县教育局开展调研。县教育局领导班子成员及有关股室负责人参加调研会议。会上，习雁深入了解教育科研、教学质量、控辍保学、义务教育均衡发展、学生资助等工作的落实情况，对义务教育阶段薄弱学校和建档立卡贫困户子女就学现状给予高度关注，并对存在的问题和困难进行了指导。习雁强调：要加强领导，强化统筹协调。县级相关部门、各乡镇要形成合力，全力支持和保障好教育系统，集中支持教育系统做好义务教育均衡发展迎接国家级评估验收工作；县委督查室、县纪委要积极介入，对教育扶贫工作和乡镇、教育系统的履职情况进行督查，特别要认真落实强化“三长送学制”，确保教育扶贫工作取得实效。要全面查核，确保对象精准。采取有力措施，找出错误信息，乡镇、教育系统、挂包干部联动，摸清学生底数，统计出准确的数据。要以问题为导向，确保整改实效。着力抓好对象精准和控辍保学的整改问题、教育扶贫政策的落地问题。共性的政策要大张旗鼓地宣传，特殊的政策要让挂包干部入户宣传。

【县委书记刁雁到江边乡调研乌东德水电移民搬迁安置工作】 12月17日，县委书记刁雁到江边乡调研乌东德水电移民搬迁安置工作，实地查看江边乡移民站和政策法规咨询办公室的工作开展情况，分别听取县委常委、县人民政府副县长、金沙江乌东德水电站建设征地移民安置工作总指挥部指挥长祖凌，江边乡党委书记尹德波等关于移民搬迁工作情况的汇报。刁雁充分肯定江边乡金沙江乌东德水电站建设移民搬迁过程中人口界定阶段的工作成绩，工作过程中社会稳定、群众思想稳定，群众工作做得细实。刁雁对江边乡下一步工作提出要求：要加强移民干部的培训和教育力度，加强政策学习和政策宣传引导；要正视存在的矛盾和问题，以矛盾为导向，实事求是查找矛盾问题并进行整理和分类，客观反映矛盾，不扩大不缩小矛盾问题，寻找解决矛盾问题的办法，制定矛盾问题化解的措施，维护好社会稳定；争取项目、争取资金，整合移民政策，突出重点，确保移民搬得出、稳得住、能致富；要强化和依法打击扰乱、煽动、阻碍水电移民搬迁安置工作的违法行为；要加大和强化不同群体的培训宣传教育力度，发挥好移民妇女、共青团员、老年协会等群体的带动和宣传引导作用，推进水电移民搬迁工作；以更加务实的作风服务好移民群众，想移民群众之所想、急移民群众之所急，要耐心细致深入解答好移民政策，做好移民政策、移民政务、移民党务公开工作，确保移民工作公开、公平、公正，阳光透明。

【县委组织部长马吉相到凉山乡召开“宣讲十九大、遍访贫困村、为民办实事”活动座谈会】 12月26日，县委组织部到凉山乡召开“宣讲十九大、遍访贫困村、为民办实事”活动座谈会。会议听取凉山乡11位党政领导班子对各自思想、工作、生活等方面的汇报。县委组织部部长马吉相针对凉山乡党政领导班子建设和各项工作开展情况，给予充分肯定，并提出建议意见：坚决落实主体责任，严格履行“一岗双责”，把全面从严治党和党风廉政建设工作落到实处；党政领导班子要凝心聚力团结一致，聚焦发展，为凉山的美好明天献力；抓实党建工作，夯实战斗堡垒，做实党建和脱贫攻坚“双推进”；抓实社会稳定，筑牢发展基石；抓住重点，学懂、弄通、做实中共十九大精神。

【县委表彰奖励】 2月21日，县委研究，决定对在2016年度驻村扶贫工作中成绩突出的张强等8位优秀工作队长（负责人），罗丽娜等10位优秀工作队员，县人社局等5家县级先进挂联单位进行表扬。

3月9日，经县委、县人民政府研究，决定对陈继江等13人授予优秀政法干警荣誉称号；对杨有伟等19人授予优秀信访维稳工作者荣誉称号；对刘鸿发等4人授予优秀铁路护路工作者荣誉称号；对县公安局“1·02”专案组记集体三等功；对县信访局给予集体嘉奖。

3月9日，县委、县人民政府决定，对在2016年第十三届“金土地”种植养殖能手评选活动中评选出的文贵林等12位种植能手、阳映海等4位养殖能手进行表彰奖励。

6月30日，在建党96周年之际，经县委研究，决定对杨晓丽等30位优秀共产党员、杨天寿等20位优秀党务工作者、老城乡党委等20个先进基层党组织予以表彰。

9月8日，经县委、县人民政府研究，决定对2016—2017学年教育工作中取得优异成绩的王敬萍等120位优秀教师、孔令飞等60位优秀班主任、李建中等40位德育工作先进个人进行表扬。

12月19日，县委、县人民政府决定，对2014—2016年连续三年年度考核为优秀的21位科级及以下公务员给予记三等功奖励。

12月25日，经县委、县人民政府研究，决定对2017中国·元谋果蔬节做出贡献及系列评比活动获奖的单位、企业和个人进行表扬。

县委日常工作

【县委办机构】 2017年，中共元谋县委办公室下设综合科、综合调研科、行政科、信息综合室、县委常委办公室，县委督查室、县委保密局和县关工委办公室隶属县委办公室管理。年末，县委办公室在职干部职工29人。其中：县委书记1人、县委副书记2人、县委办主任1人、县委督查室主任1人、县委办副主任3人、县密码管理局局长、县委机要局局长1人、县国家保密局局长1人、县委督查室副主任1人、县密码管理局副局长1人；公务员22人、机关工人7人（技师1人、高级工6人）；研究生2人、大学本科12人、大专10人、中专2人、高中3人；中共党员28人。

【县委办公室文件】 1月22日，中共元谋县委办公室《关于印发〈元谋县进一步提升城乡人居环境五年行动计划（2016—2020年）〉的通知》（元办发〔2017〕1号）。

1月24日，中共元谋县委办公室《印发〈关于进一步加强党风廉政建设推动全面从严治党向基层延伸的实施意见〉的通知》（元办发〔2017〕2号）。

2月10日，中共元谋县委办公室《关于对县委十三届二次全会报告进行分解立项督查的通知》（元办发〔2017〕3号）。

2月21日，中共元谋县委办公室印发《关于调整增派元谋县2017年度驻村扶贫工作队员的通知》（元办发〔2017〕4号）。

3月8日，中共元谋县委办公室印发《关于全面推行法律顾问制度和公职律师公司律师制度的实施意见》（元办发〔2017〕5号）。

4月13日，中共元谋县委办公室《印发〈元谋县"基层党建提升年"实施方案〉的通知》（元办发〔2017〕6号）。

4月26日，中共元谋县委办公室《印发〈云岭彝州元谋热坝先锋银发志愿服务团工作实施方案〉的通知》（元办发〔2017〕7号）。

5月19日，中共元谋县委办公室《印发〈元谋县离退休干部党校工作方案〉的通知》（元办发〔2017〕8号）。

6月15日，《中共元谋县委办公室印发〈元谋县乡（镇）党校管理办法（试行）〉的通知》（元办发〔2017〕9号）。

6月21日，《中共元谋县委办公室 元谋县人民政府办公室关于印发〈元谋县贯彻落实中央环境保护督察反馈意见问题整改总体方案〉的通知》（元办发〔2017〕10号）。

7月12日，《中共元谋县委办公室印发〈元谋县关于推进"两学一做"学习教育常态化制度化的实施方案〉的通知》（元办发〔2017〕11号）。

7月26日，《中共元谋县委办公室印发〈元谋县科学技术协会第六次代表大会会议方案〉的通知》（元办发〔2017〕12号）。

8月8日，《中共元谋县委办公室印发〈元谋县社科联第二次代表大会会议方案〉的通知》（元办发〔2017〕13号）。

12月8日，《中共元谋县委办公室 元谋县人民政府办公室印发〈元谋县行业协会商会与行政机关脱钩工作方案〉的通知》(元办发〔2017〕15号)。

12月21日,《中共元谋县委办公室印发〈关于加强元谋县纪委派驻机构建设的意见〉的通知》(元办发〔2017〕16号)。

【办文办会】 全年制发县委文件207个、县委办公室文件112个、县委常委会会议纪要29期、县委专题会议纪要8期、《元情通报》24期。全年收发中央文件962份、省委文件689份、州委文件776份。全年召开县委全会、党代会、县委理论中心学习组会议、县委常委会等39场次,组织各类会议70余场次。

【信息工作】 2017年,共刊发《元谋信息》42期,《元谋今日信息》87期,共向州委办信息综合室报送信息489条,被采用138条,信息考核累计得分877分。

【督查工作】 年内,县委办公室把抓落实放在更加突出的位置,不断探索和改进督促检查工作的新机制,全力以赴抓好督查工作。制定《元谋县督查工作制度》,明确督查工作的范围、方式、程序、办理时限、表彰奖励、责任追究等。按照"督在关键处、查在实效上"的要求,制定下发《元谋县重点项目专项督查工作方案》。为进一步健全完善绩效考评的方法、步骤及考评奖惩机制,认真研究制定《2017年度元谋县综合绩效考核评价实施方案》。同时,为建立健全元谋县扶贫工作考核机制,联合县政府督查室、县委组织部、县扶贫办研究制定并下发《元谋县县乡村三级扶贫工作综合考核办法》。2017年共发出督查通知8期,下发督查通报18期,上报《督查专报》14期。

组织建设

【组织部机构】 2017年,中共元谋县委组织部内设办公室、组织一科、组织二科、干部科、人才科、干部监督科6个科室,县委党建工作领导小组办公室、县委非公有制经济组织和社会组织工作委员会与县委组织部合署办公。年末,县委组织部在职干部职工19人。其中:部长1人、副部长3人(其中1人兼党建办主任、1人兼县委非公有制经济组织和社会组织工委书记)、部务委员1人、县委非公有制经济组织和社会组织工委副书记2人;公务员17人、机关工人2人(技师1人、高级工1人);大学本科学历14人、大专学历4人、初中学历1人;中共党员18人。

【组工干部队伍建设】 以建设讲政治、重公道、业务精、作风好的模范部门为目标,注重加强干部职工能力素质培养,克服知识危机,实抓组工干部能力素质拓展提升行动计划和干部职工学习培训,编印《中共十九大精神学习材料汇编》,带头深入学习习近平新时代中国特色社会主义思想和中共十九大精神。着力推进机关文化建设,在会议室制作张贴党支部建设的相关制度和要求,在办公区域安装弘扬组工精神的组工文化格言和廉政建设宣传字画,把组工干部建设成为"政治坚定、公道正派、廉洁勤奋、求实创新"的队伍。

【党组织情况】 2017年,全县共有党(工)委28个,其中:乡镇党委10个、县级部门党(工)委15个、县委派出工委3个;村级(社区)党委6个。党总支66个,其中:村(社区)党总支52个、企事业单位党总支8个、机关党总支6个。乡镇党支部472个,企事业党支部158个,机关党支部92个。68个行政村中有党委3个,党总支45个,党支部20个,村小组党支部384个;10个社区中,有党委3个,党总支7个,居民小组党支部54个。非公有制经济组织和社会组织党组织111个,其中非公有制经济组织党组织93个,社会组织党组织18个。

【党员队伍状况】 2017年末,全县共有党员11590人,比上年增加51人,增长4.4%,党员占全县总人数的5.26%；女性党员2965人，占党员总数的25.58%；少数民族党员4300人，占党员总数的37.1%。年龄在35岁以下的有2471人，占党员总数的21.32%；36—45岁3443人，占党员总数的29.71%；46—55岁2956人，占党员总数的25.5%；56—60岁668人，占党员总数的5.76%；60岁以上2052人，占党员总数的17.7%。从文化结构上看：大专以上文化3492人，占党员总数的30.13%；中专、高中及以下学历的有8098人，占党员总数69.87%。从职业情况看：在岗职工党员3194人，占党员总数的27.56%(其中：公有制经济单位党员2773人，占党员总数的23.94%；非公有制经济单位党员421人，占党员总数的3.63%)；农牧渔民党员6884人，占党员总数的59.4%；离退休党员995人，占党员总数的8.58%；其他党员517人，占党员总数的4.46%。

【发展党员情况】 2017年，全县共发展党员196人。从职业情况看：发展在岗职工党员20人，占发展总数的10.2%；发展农牧渔民党员114人，占发展总数的58.16%。从年龄结构看：发展35岁及以下党员114人，占发展总数的58.16%。从文化结构看：大专及以上学历党员72人，占发展党员总数的36.73%；中专、高中及以下学历党员124人，占发展党员总数的63.27%。发展妇女党员74人，占发展总数的37.76%；发展少数民族党员71人，占发展总数的36.22%。发展生产、工作一线党员185人，占发展总数的94.39%。

【党员教育及管理】 2017年末，全县共有远程教育播放点89个，实现远程教育网络全覆盖。制定党员远程教育培训必修课和选修课收看计划，对播放点收看情况进行定期督查。年内共组织党员收看节目1982场次，受教育党员9.6万人次，受教育群众14.7万人次。开办“田间课堂”，提高农村党员“双带”能力。在全县10个乡镇开展农村党员田间技术培训12期，把涉农部门专家、致富能手、土专家请进田间课堂，把农村党员和群众最需要、最想学的技术直接送到家门口和田间地头，每个参训党员掌握1—2门实用技术。做好流动党员的管理服务工作，向外出流动党员发放“流动党员活动证”，建立流动党员登记制度、联系制度、谈话制度和目标管理制度，对流动党员实行动态管理、定期登记。在全县10个乡镇开展流动党员电话联系服务，在行政村（社区）建立流动党员服务点，形成县乡村网格化管理、全程化服务的流动党员管理新格局。严格执行农村困难老党员定补、关爱、救助、慰问制度，共向1396位农村困难老党员发放定期生活补助和关爱资金237120元。利用春节、“七一”和重阳等节日走访慰问困难老党员309人，发放慰问金13.7万元。

干部队伍建设

【干部队伍状况】 2017年末，全县在职干部5134人。其中：党政机关1497人，事业单位3637人。县处级干部（含非领导职务）39人，其中：少数民族干部10人，女干部7人。乡科级干部（含非领导职务）1003人，其中：少数民族干部429人，占42.8%；女干部266人，占26.5%。一般干部4092人，其中：少数民族干部1290人，占31.5%；女干部2015人，占49.2%。在职干部中，年龄在35岁以下1395人，占27.2%；36—45岁2165人，占42.2%；46岁以上的1574人，占30.7%。大专以上文化4679人，占91.1%；中专以下455人，占8.9%。

【干部选拔管理】 2017年，进一步选优配强各级领导班子，大力推进干部交流，促进干部资源优化配置，激发干部队伍活力。始终坚持把学习宣传干部政策法规作为经常性工作，将《党政领导干部选拔任用工作条例》《党委（党组）讨论决定干部任免事项守则》《云南省加强乡镇干部队伍建设的实施意见》和州委组织部编印的《干部工作规程》等作为县委常委学习的重要内容和组织人事干部业务培训的基础教材；严格执行干部选任程序；认真贯彻落实《云南省加强乡镇干部队伍建设的实施意见》和保持贫困乡镇党政正职稳定要求，切实加强乡镇干部管理，保持乡镇干部队伍特别是党政正职的相对稳定。牢牢把握党管干部原则，把好干部标准落到实处，坚持以实绩论干部，凭德才用干部的用人导向，在基层和重点项目一线锻炼、培养、选拔、考验干部，选拔重用“有信念、有思路、有激情、有办法”的干部，优先重用弘扬“跨越发展、争创一流；比学赶超、奋勇争先”精神，走在前、做出成绩的干部。制定出台《元谋县县属事业单位领导人员管理暂行办法》《关于建立健全容错纠错机制激励党员干部干事创业的实施意见（试行）》；出台争先进位奖惩办法，实行综合绩效考核末位淘汰制度，着力整治“太平官”“糊涂官”“慵懒官”，在县管媒体开设“跨越发展先锋栏”“曝光栏”表扬先进激励后进；制定下发工会、共青团、妇联改革实施方案；抓好《云南省职务与职级并行制度实施办法》的贯彻落实，组织开展2批次县管干部职级晋升工作，共有97人晋升职级，其中晋升副处级职级28人、晋升正科级职级34人、晋升副科级职级35人。

【干部监督】 坚持干部监督长效机制，着力抓好干部选拔任用四项监督制度的落实，抓好干部监督管理工作。认真做好干部选拔任用“一报告两评议”工作，加强干部选拔任用工作民主监督。全面实行干部选拔任用全程记实制度，对2017年新提拔的4批科级领导干部26人全部填写全程记实表。不断完善信访、“12380”电话、互联网“三位一体”的举报平台宣传力度，2017年共受理来信来访17件，办结率100%。充分发挥干部监督工作联席会议的阵地作用，按照兼职规定对24名科级干部在社会组织兼职进行审批，杜绝违规兼职情况出现。严格执行干部经济责任审计制度，委托县审计局对8名干部进行任期经济责任审计，对2名干部进行离任经济责任事项交接。持续强化科级干部出国（境）管理，下发《关于进一步加强元谋县科级领导干部因私出国（境）管理工作的通知》，对全县19名科级干部申请因私出国（境）护照或通行证进行审核备案，全县领导干部没有移居国（境）外的情况。按照公务员管理各项政策制度要求，完成4名定向考录公务员的录用审批、6名新录用公务员的转正定级手续，上报18名新进入公务员队伍的公务员登记材料；完成全县党群部门406名（参公管理人员）的信息采集和统计工作。开展干部人事档案专项审核工作“回头看”，按档案专审要求对50名新进入公务员队伍的干部人事档案进行审核和认定；抓好档案室日常管理，完成982名科级干部档案材料的收集、整理、装订等工作。

【干部教育培训】 年内，以深入学习贯彻习近平新时代中国特色社会主义思想和中共十九大精神为主线，以开展年轻干部培训班为重点，以县委干部教育委员会组织主体培训班次和部门、乡镇组织行业系统培训为补充，广泛开展分层分类全覆盖式培训，制定《元谋县2017年干部教育培训计划》和《关于加强元谋县优秀年轻干部教育培训工作实施方案》、出台《元谋县乡镇党校管理办法（试行）》等系列文件，先后举办机关党组织书记、入党积极分子、妇女干部、党外干部、年轻干部、乡镇干部、村（社区）干部等跨越发展系列专题培训班，培训各级各类干部1.3万余人次；组织全县911名干部参加在线学习培训和5546名公职人员在线学法；及时选调476名干部参加上级培训学习。依托资源和绿色产业发展优势，狠抓干部培训基地建设，着力打造干部培养教育平台，被确定为云南农村干部学院现场教学基地之一。

【人才工作】 着力健全人才体制机制。坚持党管人才工作原则，深入实施人才强县战略，年内整合投入各类人才工作经费1200余万元，出台《关于深化人才发展体制机制改革的实施意见》。着力加大人才引进力度。完善“一站式”人才服务机制，坚持“刚性引才”和“柔性引才”并用，持续实施《元谋县紧缺急需人才引进暂行办法》，畅通高层次人才引进服务绿色通道。引进曲靖市民族中学及4名优秀教师团队，与元谋一中开展合作办学，2017年度普通高考超额完成上级下达指标；引进上海同济医院、云南省第一人民医院等三甲医院医师团队帮助元谋同仁医院合作办医，元谋人民足不出县就能享受高水平的医疗服务，极大地提高元谋医疗卫生服务水平。以服务经济社会发展为根本出发点和落脚点，重点培养一批能够促进全县产业和经济社会发展的行业领军人才。出台《元谋县人才助推脱贫攻坚实施办法》，实施扶持一批致富能人、培养一批基础人才、选派一批对口帮扶人才、引进一批急需人才、转化一批科技成果“五个一批”人才工作项目，为决战脱贫攻坚提供坚实的人才保障。

“两学一做”学习教育

【学习教育开展情况】 州委“两学一做”学习教育常态化制度化座谈会召开后，元谋县召开座谈会，及时研究贯彻意见，制定《元谋县关于推进“两学一做”学习教育常态化制度化的实施方案》。明确以党支部为基本单位，以“三会一课”“支部主题党日”等党的组织生活为基本形式，以落实党员教育管理制度为基本依托，抓好日常、严在经常，推动全面从严治党向基层延伸。把每天坚持自学一段党章党规、每月至少组织一次集中学习、每季度开展一次专题讨论、每季度讲一次党课、半年召开一次党性分析会、组织一次“两学”知识竞赛、组织一次“增红添绿”党性教育活动暨党员义务植树活动、年底召开一次民主评议党员、立足岗位奉献做一名合格党员的“九个一”活动作为学习教育的重要抓手和工作载体，全县862个基层党组织11590名党员按照学习教育计划积极组织学习及专题研讨活动，学习教育推进有序。重点抓牢五个集中整治。锁定基层党组织不按期换届、“三会一课”制度执行不到位、党员交纳党费不规范、坚持程序标准发展党员和党员档案管理不规范、组织关系转接不及时5个重点问题集中整治。及时下发整改通知，约谈党委主要负责人，确保党组织“三会一课”制度执行到位。出台规范党费交纳相关规定，明确每月1日为“党费日”，严格落实党员发展“十六字”方针，年初制定党员发展计划，确保发展党员质量，对党员档案管理不规范问题及时进行整改。年内，县委以深入学习习近平新时代中国特色社会主义思想和中共十九大精神作为当前和今后一个时期的重要政治任务，作为推进“两学一做”学习教育常态化制度化的头等大事，成立县委宣讲团，制定周密的学习计划和方案，分层次组织党员干部深入学习。

【巡视整改民主生活会】 7月，全县各级党组织围绕全面从严管党治党，构建良好党内政治生态，以“贯彻习近平总书记系列重要讲话精神、认真做好巡视整改工作、推动政治生态明显改善”为主题，召开巡视整改专题民主生活会。领导班子成员结合思想和工作实际，聚焦政治站位、政治意识、政治纪律、政治功能发挥等方面，进行深入党性分析，开展批评与自我批评，切实从政治上看问题、查根源、找对策，对标对表对准抓好巡视“回头看”反馈意见整改，推动全面从严治党向纵深发展，营造元谋更加良好的政治生态。在县委常委班子巡视整改专题民主生活会上，县委书记习雁代表县委常委班子作班子对照检查，县委常委逐一作个人对照检查。专题民主生活会召开，增强县委常委坚决维护以习近平同志为核心的党中央权威和集中统一领导、坚决贯彻党的路线方针政策和党中央各项决策部署的自觉性坚定性，进一步深化对党中央关于政治巡视战略部署的认识，明确抓好整改、改进工作的努力方向。通过深刻反思，县委常委进一步增强彻底肃清白恩培、仇和等余毒，进一步净化元谋政治生态的紧迫感和责任感，强化推进全面从严治党的责任担当。

【专题民主生活会】 年末，全县各级党组织以学习贯彻习近平新时代中国特色社会主义思想和中共十九大精神为主题，围绕“两学一做”学习教育常态化制度化要求，重点对照《关于新形势下党内政治生活的若干准则》和《中国共产党党内监督条例》，结合思想和工作实际，精心组织学习、广泛征求意见、普遍开展谈心交心、深入进行党性分析，以严格的作风和标准筹备专题民主生活会。在县委常委班子民主生活会上，各位常委相互批评直截了当、开门见山，不以工作建议代替批评意见，不搞“一团和气”当老好人。会上，10位常委给习雁提出20条批评意见，习雁给其他10位常委提出20条批评意见，其他常委相互之间提出90多条批评意见。全县各级各部门以常委班子民主生活会为标准，认真筹备会议，县纪委、县委组织部派出人员参与指导各单位民主生活会。

（马清成）

宣传教育

【宣传部机构】 2017年，中共元谋县委宣传部下设理论股、新闻股、办公室。元谋县精神文明建设指导委员会办公室、元谋县社会科学界联合会（2017年10月31日被元谋县机构编制委员会发文撤销，并核销正科级1人、副科级领导职数1人）与县委宣传部合署办公。年末在职干部职工12人，其中：部长1人，常务副部长1人，副部长2人，县文明办主任1人，文明办副主任1人；公务员10人，机关工人2人（高级工2人）；研究生1人，本科7人，专科3人，中专1人；中共党员10人。

【干部理论教育】 全年共组织开展县委理论学习中心组会议8次16天，参学人员4800多人次；举办“云岭大讲堂·楚雄讲坛”大型公益科普讲座2场次，专题讲座5场次。对全县在职干部理论学习进行统筹安排，精心安排9个专题，推荐28种主要学习材料，全县各级党组织利用周一职工会、会前讲堂和专题辅导等形式，均开展不少于11次的集中学习，征订相关学习资料8000余册。组织县委宣讲团成员到全县各机关单位和各乡（镇）开展中共十九大精神集中示范宣讲20余场次，参学人员2000人次；邀请州委宣讲团到元谋县举行中共十九大精神宣讲报告会，做到宣讲进机关、进农村、进企业，共组织开展中共十九大精神分众化、对象化、互动化宣讲193场次，受众12100人次。6月20日，元谋县“农民理论家”宣讲团被州委宣传部评为学习习近平总书记系列重要讲话精神宣讲工作先进集体。

【宣传报道工作】 全年共策划《楚雄日报》县市新闻专版8版98篇（幅），新华网云南频道、《云南日报》、《楚雄日报》等16家中央和省、州主流媒体159名记者到元谋县，就产业发展、重点项目建设、脱贫攻坚、乌东德水电站建设等工作进行采访，中央和省、州主流媒体采用稿件434篇（幅），共播出《元谋新闻》233组1755条。投入经费19.1万元，拍摄制作《元谋全面小康的跨越之路》《尊老爱幼》《我爱元谋》等专题片。投入经费13万元与《云南日报》《楚雄日报》开展12个专版的合作。整合资源力量，对元谋宣传网等官方网站进行优化调整。组织开展6场次迎新春系列专题文艺晚会；开展“自强诚信感恩”“喜迎十九大　共筑中国梦”等专题文艺晚会，以丰富多彩的文艺节目，充分展示全县党员干部群众的精气神。以开展脱贫攻坚“自强诚信感恩”主题实践活动为契机，稳步开展村寨文化氛围营造工作，开展社会主义核心价值观、脱贫攻坚、乡风文明等宣传工作。创新媒体传播方式，“微博元谋”“美丽元谋”“元谋宣传网”“云南通元谋”党政客户端共编发图文并茂信息 252 期 1883 条，“美丽元谋”微信公众号关注人数达 9183 人，“微博元谋”关注人数达 576 人。

【新闻发布会】 6 月 29 日，在县图书馆报告厅举行元谋县 2017 年上半年重点项目建设新闻发布会，新闻发布会由县委常委、县委宣传部部长李盈梅主持。新闻发布会上，县委副书记、县人民政府代理县长吴海芬作为主发布人，介绍元谋县 2017 年上半年重点项目建设情况；县委常委、副县长窦小军，副县长吴春华，副县长丁志富，副县长孙绍兴作为联合发布人，分别就元谋在推动高原特色现代农业转型升级上采取了哪些措施、元谋如何实现一、二、三产融合发展等问题回答记者提问。新闻发布会邀请人民网新闻频道、云南网新闻频道、云南日报楚雄分社等 16 家媒体 16 名记者参加。

【文明创建】 1 月 18 日　在新华乡举行 2017 年文化科技卫生“三下乡”活动启动仪式暨集中示范活动。全县 53 个县级部门共捐款 17.8 万元，捐赠电视、电脑、药品、器械、农用物资等物资价值达 1.61 万元；喷绘社会主义核心价值观大型户外广告等宣传展板 20 余块；向州文明办报送道德模范候选人 10 人，1 人被评为楚雄州美德少年，1 人被命名为楚雄州第五届道德模范并入选中国好人榜 12 月候选人；文华荣被公安部表彰为全国优秀人民警察，在全县开展学习文华荣先进事迹报告会和演讲比赛等；在农村开展以“养老、敬老、孝老”为主题的巡回道德讲堂，带动农村道德讲堂高质量地开展。年内，元谋县城被州委州政府命名为文明城市，羊街镇被命名为文明乡镇，7 个单位被命名为文明单位，元马镇中心幼儿园等 2 所学校被命名为文明学校，元马镇红坡村等 5 个村（居）民小组被命名为文明村，杨玺兰等 4 个家庭被命名为文明家庭，李树丽等 3 人被表扬为精神文明建设先进个人。县委宣传部等 9 个单位（社区）通过复查，继续保留州级文明单位（社区）荣誉称号，1 个文明村继续保留州级文明村荣誉称号；元马镇环州驿村被评为全国文明村，实现元谋县国家级文明单位创建零的突破。4 月 24 日，组织 400 名志愿者在凤凰湖公园广场举行“文明元谋 · 你我同行”文明劝导志愿服务活动启动仪式，投入 9400 元制作志愿者服装及袖标 200 套免费提供给各志愿服务队，通过分时段分区域对凤凰湖公园、凤仪公园和元谋人广场 3 个片区进行为期 8 个月的文明劝导志愿服务活动，共制止不文明行为 500 余次，通过示范带动和劝导不文明行为，市民文明素质有了明显提升。

【党报党刊征订】 年内，共征订 2018 年度《人民日报》376 份、《云南日报》1155 份、《楚雄日报》2370 份、《经济日报》225 份、《求是》382 份、《半月谈》910 份、《新华每日电讯》342 份、《光明日报》107 份。

（普丽芳）

统一战线

【统战部机构】 2017 年，县委统战部内设办公室、县人民政府台湾事务侨务办公室（副科级机构）、非公经济及民族宗教联络股。年末，有干部职工 8 人。其中：部长 1 人（县委常委），常务副部长 1 人，副部长 3 人［其中：专职副部长 1 人，兼职副部长 2 人（县工商联党组书记、县民宗局长）］，县人民政府台湾事务侨务办公室主任 1 人；男 4 人，女 4 人；硕士研究生 1 人；本科学历 3 人，专科学历 3 人，高中学历 1 人。

【统战干部队伍建设】 年内，配置 1 位县委常委担任专职统战部部长。县委统战部荣获 2017 年度全州统战工作信息宣传工作先进单位一等奖、统战理论研究及调研成果奖二等奖，被州委、州人民政府授予民族团结进步示范区创建示范单位。

【民族团结进步示范创建】 调整充实民族团结进步示范区建设工作领导小组，5月15日召开元谋县创建州级民族团结进步示范县推进会。出台《关于建设全县民族团结进步示范区的实施意见》《关于建设全州民族团结进步示范县的实施意见》《元谋县深入开展民族团结进步创建“七进”工作方案》《元谋县深入开展民族团结进步示范县创建活动实施方案》。将民族团结进步宣传教育纳入全县宣传思想和精神文明建设的总体规划，促进党的民族政策得到全面贯彻落实；抓好与脱贫攻坚、与发展民族经济、与弘扬民族文化、与促进社会和谐稳定、与建立民族事务服务体系相结合的“五结合”；开展民族团结进步示范机关、乡村、社区、学校、宗教场所、军营、企业“七进”创建活动；抓好少数民族干部的培养和使用，全县3407位各类干部中，有1397位少数民族干部，占干部总数的41%，其中少数民族科级领导干部455人，占科级领导干部的42.7%；

【民族宗教工作】 建立完善县、乡、村层层挂钩联系民族宗教界代表人士工作机制，把矛盾纠纷化解在萌芽状态；完善和健全处理影响民族团结和社会稳定问题的预警机制，加强对各乡镇民族宗教工作的指导协调，认真开展民族宗教领域矛盾纠纷排查工作，确保民族宗教领域的团结稳定；依法整顿私设基督教活动点，全面制止和取缔一批非法宗教活动场所；对全县68处宗教活动场所的财务管理进行规范、指导和帮助；重视和加强宗教重大节日活动的安全保障工作。认真落实民族宗教工作信访件的调查处理和答复工作，办结信访件2件；积极开展全县11所非法宗教场所私设功德箱的清理整治工作；加强民族宗教工作队伍建设，实现10个乡镇均配有1名领导干部分管民族宗教工作，都有1名民族宗教工作专干，在重点村委会（社区）、寺观教堂安排民族宗教工作信息员。

【非公经济领域统战工作】 切实加强乡镇商会建设，配齐配强商会领导班子并及时强化对乡镇商会领导班子及专干的培训。组建成立元谋县民营企业法律维权投诉中心，受理有关民营企业法律维权投诉业务；积极探索兼职副主席（副会长）驻会轮值制度，并抓好贯彻落实；积极协同配合县非公经济党工委指导非公有制企业建立党的组织，推动党建工作实现“两个覆盖”。扎实开展非公经济人士理想信念教育活动，组织55家民营企业代表到姜驿乡太平村开展以“脱贫攻坚进行时·民营企业在行动”为主题的体验式教育活动；举行民营企业“百企帮百村”精准扶贫行动推进会暨村企结对帮扶协议签字仪式；召开元谋县非公有制经济人士理想信念教育实践活动体验式教育活动座谈会；组织县工商联（总商会）第八届执委、乡镇商会会长等50余人到县党风廉政教育基地等地接受“反腐倡廉及预防犯罪”警示教育；全县会员企业在脱贫攻坚产业扶持、就业结对帮扶、捐资助学、新农村建设等领域积极投身光彩事业，累计捐赠资金589.96万元。成功举办泷淇地产十周年感恩庆典暨“脱贫攻坚，光彩助力”蓝丝带公益晚会，收到捐款共计43.8万元，为姜驿乡、江边乡共30户贫困户解决建房困难问题，充分展示企业勇担社会责任的光彩精神；率先在全州制定工商联系统践行构建新型政商关系行为规范，并与34家执委企业签订《元谋县工商联系统践行构建新型政商关系行为规范承诺书》；完成非公经济代表人士综合评价工作，对38名非公经济代表人士进行评定，最终评定为A级24人、B级12人、C级2人。

【对台和海外统战工作】 8月22日召开县对台领导小组会议，传达学习省、州对台工作领导小组扩大会议精神。做好“三胞”及其眷属信访接待和节日慰问工作。年内，共接待归侨侨眷来访4人次，开具台属、侨属证明各1份；春节、中秋节前夕，共慰问15户台属、港属、归侨及侨眷，发放慰问金1万元。争取宋庆龄基金会资金看望慰问抗战老兵1人、家属3人，发放慰问金4000元。陪同州委统战部看望慰问96岁台胞，送去慰问金8000元。对县辖区内的侨界群众基本情况进行调查统计，共有侨界群众38户129人；配合做好县内外外派教师工作，协调安排元谋一中师生9人参加林君瑾基金会暑期夏令营；统计上报全县归侨侨眷中具有副高以上专业技术职务的知识分子和专家学者；推荐出8名侨眷代表参加楚雄州归国华侨联谊会第六次代表大会。

【党外人士工作】 4月10日召开新的社会阶层人士调研工作会，11月7日召开楚雄州党外知识分子联谊会元谋县分会第二次理事会和第二次会员大会，12月2日举办十九大精神及统战理论培训班。楚雄州党外知识分子联谊会元谋县分会联系州、县医疗机构分别开展“爱心之旅”和“服务百姓健康行动”义诊活动；加强联谊交友，采取交朋友、电话联系、座谈、调研等形式与新的社会阶层人士联谊。积极探索加强新的社会阶层人士管理工作的新模式，成立云南省首家有17名会员组成的元谋县网络作家协会；认真做好党外代表人士的政治安排，2017年，元谋县党政机关共有党外干部72人，比上年增加10人，增长16%；31个单位、6个乡镇配备党外干部，县人大代表中有党外代表64人，占代表总数的38.3%，县政协委员有党外委员109人，占委员总数的66%；加强无党派人士的理想信念教育，与组织部共同开展党外干部理想信念教育活动1次，组织党外干部15人到姜驿乡太平行政村开展体验式教育活动，与县工商联共同开展党外非公经济代表人士45人到姜驿乡太平行政村等地开展理想信念教育活动。

【统战宣传调研工作】 年内，认真组织统战干部、统战成员开展统战领域的调研活动，撰写《元谋县乡镇统战委员发挥作用情况调研报告》《关于基层对台工作的几点思考与建议》《新的社会阶层人士调研报告》3篇调研报告；在“元谋统一战线”微信平台上共发信息64篇；共撰写信息86篇，其中：被省统一战线微信公众号采用8篇、省委统战部网站采用31篇，名列楚雄州县市第一名；州统一战线微信公众号采用19篇、州委统战部网站采用26篇，名列县市第三名；县级刊物刊登5篇。

（吴佩毅）

政策研究

【政研室机构】 2017年，中共元谋县委政策研究室内设办公室、项目股、秘书股，增设改革协调股、改革督查股。同时在县委政策研究室加挂县农村工作领导小组办公室、县中低产田地改造暨高标准农田建设工作领导小组办公室、县加大城乡统筹力度促进农业转移人口转变为城镇居民工作领导小组办公室、县农村“五金”监管工作领导小组办公室、县“美丽乡村”示范村建设工作领导小组办公室、县委全面深化改革领导小组办公室、县农耕文化保护与传承工作联席会议办公室牌子。年末，县委政策研究室在职干部职工9人。其中：主任1人，副主任3人；公务员9人；大学本科学历5人，大专学历4人；中共党员9人。

【调查研究】 全年完成《元谋现代农业庄园考察团赴新平县学习考察报告》《对打造京昆高速公路元谋段美丽宜居乡村示范带的调研与思考》《元谋农业供给侧结构性改革工作初探》《对元谋县坚持党建引领保障跨越发展的调研与思考》《元谋地质灾害防治与易地搬迁安置工作初探》《对元谋深化农业农村改革工作的调研与思考》《对元谋实施乡村振兴战略的调研与思考》《对元谋跨越发展的调研与思考》《对元谋建设全国重要高原特色现代农业产业基地的调研与思考》等9个专题调研，编发《调查研究》9期，调研成果分别被《中国农村科技》《云南农村经济》《楚雄政研》《彝州经济研究》《楚雄社科论坛》《楚雄党史党建》等刊物全文刊载。1月，元谋县委政研室在2016年度楚雄州党委政研室农办系统优秀调研成果评选活动中再次荣获一等奖。自此，元谋县委政研室调研成果已连续五年荣获全州一等奖。1—3月，制作完成“元谋全面小康的跨越之路”宣传展板，在全州2017年一季度重点项目集中开工现场会期间，展示元谋“十二五”工作成效和“十三五”跨越发展目标。5月，编辑出版《美丽元谋调研》（卷二），收录了元谋县委政研室2015—2016年度撰写并在中央、省、州权威媒体发表的优秀调研文章24篇约30万字。同时，先后完成了全县农村工作暨脱贫攻坚工作会议、全县美丽宜居乡村建设现场推进会议、县委全面深化改革领导小组会议及推进会议等重要会议，以及省州领导到元谋调研、督查和《中共元谋县委十三届二次全会报告》《中共元谋县委十三届三次全会报告》《元谋县建州60周年成就综述》等重要文稿拟稿及会议组织落实工作。

【美丽宜居乡村建设】 围绕打造“秀美之村、富裕之村、魅力之村、幸福之村、活力之村”的要求，制定“点线面结合、城乡村联动、软硬件齐抓、集中连片推进”的工作方针，科学谋划好项目储备和选点申报，全年争取并组织实施完成黄瓜园镇朱布村和大小那别、海洛村，老城乡把度村和小龙潭村，江边乡和尚村，姜驿乡太平下村和水平石大村，凉山乡冷水箐移民新村，物茂乡洒拉木村，9个云南省美丽宜居乡村省级重点建设村，完成投资11898.95万元，受益农户790户3038人。同时，加大统筹协调力度，加快推进全县10乡镇美丽宜居乡村示范村项目建设工作。

【中低产田地改造】 全年完成投资4498.4万元，为州下达投资任务的242.95%；改造中低产田地3.62万亩，为州下达改造任务的201.81%。同时，继续组织实施2016年度物茂乡虎溪行政村虎溪村中低产田地以奖代补项目，并于2017年4月竣工验收，共投入资金102万元，项目受益农户127户513人。

【农业转移人口市民化】 印发《元谋县农业转移人口市民化工作方案》，以建立统一户籍制度为突破口、新型城镇化为载体、就地就近和分类有序为导向、保障转户居民各项权益为重点，新增城镇人口5202人，为计划任务数的145%。

【评选表彰“金土地”种养能手】 年内，完成第十三届“金土地”种植养殖能手评选，并表彰种植能手11位、养殖能手4位。同时，完成第十四届“金土地”种养能手评比活动，评选出种植能手10人、养殖能手5人。

【农村“五金”监管】 研究制定下发《关于进一步加强2017年农村“五金”监督管理的通知》，坚持“标本兼治，综合治理，惩防并举，注重预防”的方针和“严格要求、实事求是，权责一致、惩教结合，依靠群众、依法有序”的原则，确保农村“五金”使用安全、管理规范，形成农村“五金”状况明晰、监管主体明晰、监管权责明晰、监管流程明晰的农村“五金”管理体制和运行机制，做到强农惠农资金专人管理、专账核算、专款专用。

【全面深化改革】 制定印发《中共元谋县委全面深化改革领导小组2017年改革工作要点》，从9个方面分48项对2017年全面深化改革工作进行安排部署。结合工作要点，制定印发《元谋县2017年重大改革事项专项督察工作方案》。各项改革任务稳步推进：高效节水管理机制改革试点工作稳步推进。建立初始水权分配、水价形成、农业节水激励和精准补贴、引入社会资本参与建设和运营、群众参与、工程管护六项机制。11.4万亩高效节水灌溉项目一期工程已建成，完成主管道安装7.3千米，田间工程1.53万亩；二期工程完成主管道安装12.26千米，完成81.42%；三期工程完成主管道安装8.97千米，完成100%，完成各种管径管道安装195.63千米，完成71.99%；四期工程完成各种管径管道安装153.51千米，完成46.42%；累计完成投资2.66亿元。改革完善被征地农民基本养老保障政策试点工作扎实开展。制定《元谋县改革完善被征地农民基本养老保障政策试点工作方案》，开展被征地农民养老保障的参保资料收集和参保资格审核工作。相对集中行政审批权改革工作高效推进。3月底及时印发《改革实施方案》《改革重点任务分工方案》，设立元谋县行政审批局，5月18日召开全县开展相对集中行政审批权改革工作动员会议，共清理出20个县级行政部门（不含垂管部门）的177项行政审批事项，经省、州审改部门审核，拟划转到县行政审批局156项，暂不划转21项。6月21日举行元谋县行政审批局揭牌仪式，7月中旬开展审批事项划转和集中审批工作，现已划转审批事项68项，划转人员14人，办理审批件476件。农村土地确权登记颁证工作有序开展。全县10个乡镇均成立工作机构、制定工作实施方案，开展乡镇级培训13场次，村组培训319场次，参训人员12426人，张贴公告352张，发放告知书46845份，复印土地承包合同46845份，复印居民户口簿46845份，打印676个自然村的工作底图，613个村开展勘测定界工作和地块现场指界，全县完成地块现场指界率91%。电子商务进农村综合示范县项目加快推进。完成元谋县电子商务公共服务中心硬件设施的建设，已有13户创业企业和20名创业青年入驻创业孵化中心。全县10个乡镇电子商务公共服务站、40个行政村电子商务服务点的选址已完成，并在12个建档立卡贫困行政村设立电子商务公共服务点。举办2期电子商务业务技能培训班和2期机关干部电子商务知识培训班，培训2000多人次。年内，累计销售元谋果蔬8.4万吨，实现销售额2.8亿元。

【县委政研室脱贫攻坚】 年内，统筹抓好先后挂点联系的江边乡丙弄行政村、老城乡库南行政村脱贫攻坚工作，召开12次会议专题研究，组织全体干部职工入户开展走访座谈、回访和动态管理等工作30余次。选派驻村扶贫工作队员1人，拨付驻村扶贫工作队员工作经费0.5万元；为挂点的江边乡丙弄行政村出资6240元购买4套广播器材，出资1万元制作6块脱贫攻坚宣传展板，出资1700元购买2个脱贫攻坚资料档案柜；为老城乡牛筋树村解决资金6000元架设两相输电线路至新文化室，购买广播器材1套，栽种小叶榕6棵；为老城乡库南村委会征订党报党刊，价值1000元。同时，县委政研室9名干部个人出资3500元，走访慰问16户挂包的建档立卡贫困户。

（缪显茹）

机构编制管理

【机构编制工作概况】 2017年，中共元谋县委机构编制办公室以“深化改革、理顺体制、强化管理”为核心，高位推动行政审批制度改革，加强和创新机构编制管理，切实解决影响全县跨越发展的机构编制结构性失衡、重点领域专项改革难以推进等体制机制问题。围绕全县重点工作和部门职能转变情况，动态配置机构编制资源，在机构编制总量不变的前提下，加强改革办、纪检监察巡视工作力量，最大限度满足环境保护、教育、卫生、食品药品安全等民生领域编制需求，为产业结构调整提供保障。及时协调解决县级市场监管“三合一”体制改革中出现的新情况新问题，调整优化职能职责。

【政府机构改革】 2017年，中共元谋县委机构编制办公室严格按照中央和省、州有关部署和要求，批准设立县委巡察办、县委依法治县办、县行政审批局、县土林州级自然保护区管理局和管护局等机构，研究加强环境监测、监察能力建设，推进纪检监察体制改革，做好州编委下达元谋县的机关工勤编制、群团机关使用事业编制的分配工作，严格审批紧缺人才引进、人员招聘、人员调动等各类编制使用计划，做好新组建及整合部门的“三定”和涉改部门的职责、机构、编制和人员的调整划转工作。

【事业单位登记管理改革】 2017年，中共元谋县委机构编制办公室进一步完善机构编制实名制网络系统，加强机构编制实名制统计。严格事业单位分类管理和登记管理，定期组织实地核查，促进全县事业单位有效运行，认真履职。加强党政群机关和事业单位中文域名注册管理工作，确保注册率达到上级指标要求。抓好机关、群众团体统一社会信用代码赋码工作。加大对县级事业单位申请年度报告公示工作指导力度，严把年度报告提交、年度报告档案建立、法人证书换发、年度报告公示的操作流程和工作流程。年内，完成158户事业单位年度报告审核、公示和事业单位规范建档工作。

【控编减编】 2017年，中共元谋县委机构编制办公室严格执行机构编制管理政策法规，进一步规范审批程序，严格履行机关事业单位进人前编制使用审批，严格控制招考和调入新增行政人员。2017年除按照州委组织部安排使用行政编制6人用于招考村干部外，暂时冻结其他新招录公务员和县外调入公务员，加大行政超编人员向事业单位、乡镇分流力度，积极稳妥消化超编人员，确保编制总量保持在限额范围内。

【行政审批制度改革】 2017年，元谋县全面推动简政放权、放管结合、优化服务改革。认真贯彻落实国家和省、州“放管服”有关工作安排部署，抓好行政审批制度改革工作。对照《云南省行政审批事项通用目录》对元谋县各级行政部门现有的行政审批事项进行清理，进一步规范审批事项名称，全县共清理出20个县级行政部门的行政许可事项162项，减少18项。清理规范行政审批中介服务事项，不断优化投资审批中介服务工作。推行“双随机、一公开”监管工作，有效优化市场环境。开展减证便民工作，集中清理规范各类证明和盖章环节，为群众和企业办事提供便利。组织各相关单位编印行政审批事项办事指南和业务手册，推进行政审批标准化建设。实施相对集中行政审批权改革全州试点工作，组建县行政审批局，划转14个行政部门的行政许可事项126项、编制46人、工作人员31人到县行政审批局，已集中办理行政审批事项1500多件。

（白仕云）

县直机关党务

【机关党组织及党员】 2017年末，县直机关工委有干部职工3人，其中书记1人，副书记1人。设党支部1个，有党员8人，其中在职党员3人、退休党员5人。下辖5个直属党总支、56个党支部。有党组织62个，党员721人。其中：在职党员622人，离退休党员84人，其他党员15人；预备党员8人，女党员207人，少数民族党员292人；年龄在35岁以下136人，36—45岁251人，46—55岁242人，56—60岁29人，61—70岁36人，71岁以上27人；研究生7人，大学358人，大专262人，中专38人，高中、中技13人，初中及以下43人。

【发展机关党员】 年内，按照“控制总量、优化结构、提高质量、发挥作用”的总要求，实行“一预审、两公示、三票决”制度，明确目标，突出重点，严格按程序发展党员。年内，共发展党员8人，预备党员转正5人。

【工委思想政治工作】 深入学习贯彻中共十八届六中全会和习近平总书记系列重要讲话精神，强化党史、党性、党风、党纪和国史、国情、省情、州情、县情的学习，坚定理想信念，树牢政治意识、大局意识、核心意识、看齐意识。持续深化“两学一做”学习教育，以“迎接十九大，做合格党员”为载体，引导党员干部践行

“四讲四有”、做到“四个合格”，履职尽责，担当作为。县级机关61家党组织以集中测试和知识抢答等方式，组织721名党员参与“两学一做”党内法规知识竞赛学习活动。强化学习贯彻十九大精神，落实新时代党的建设总要求。年内，各直属党组织以支部会议学习、专题辅导、交流心得等方式认真学习贯彻中共十九大精神。为帮助各直属党组织开展好中共十九大精神的学习活动，购买《党的报告学习辅导百问》《十九大报告关键词》《十九大党章修正案学习问答》等学习读本132册，发放到38家直属党组织。

【服务承诺活动】 创新“热坝先锋爱心驿站”管理方式，积极宣传引导社会组织和非公企业党组织参与爱心积分活动，及时总结宣传经验，使其成为机关党建工作品牌；积极组织机关党员向热坝先锋爱心驿站捐献米、油等生活用品，价值达10.96万元。围绕脱贫攻坚工作，组织机关党组织和党员开展“挂包帮·转走访”“党员亮身份·公开践承诺”等活动，38个直属党总支、党支部承诺事项121项，在职党员487人承诺事项730项，不断增强机关党员服务群众的意识，转变机关作风。开展“千堂党课进基层”活动，结合岗位工作实际，深入党组织联系点开展“千堂党课进基层”活动，38家直属党组织为挂包联系的村组上党课41场。组织县级机关56个党组织、元马镇5个城市社区党员400多人志愿参与城区环境综合整治、大箐河河道垃圾清理、“文明元谋·你我同行”文明劝导志愿服务、108国道金殿坡至能禹岔路口路段卫生整治、元谋人广场卫生清扫等活动。组织机关党员开展县城东南片区（二期）棚改志愿服务活动，以“我为搬迁群众搬家出份力”为主题组建36支机关党员棚改搬迁志愿服务先锋队，主动为棚改群众联系拉运车辆、搬运家用物品、为高龄老人及行动不便的人群提供帮助等志愿服务，让广大棚改群众快乐无忧地搬离旧居，推动棚改拆迁工作顺利推进。组织机关党组织开展“自强、诚信、感党恩”主题党课活动，在全县全面决战脱贫攻坚期间，仅11月，全县各直属党组织深入基层开展“自强、诚信、感党恩”主题党课261场次，有力推动农村基层党员的思想政治教育。

【落实机关党建责任目标】 研究制定2017年直属机关党建工作要点和党建年度考核责任目标，制定实施工委“三定三包保”基层党建工作制度。年内，分别对所属38家党总支、支部进行3轮全覆盖督查调研，交办限期整改问题153个，对2016年党建考核后三位的党组织负责人进行组织提醒谈话。5月、11月，分两次到各党组织对支部书记履行抓党建主体责任进行一对一全覆盖提醒谈话。10月20日，对直属党组织书记抓党建责任主体进行集体提醒谈话。按期组织党组织换届，对2017年到期应换届的27家党组织进行年初下发通知提前告知，到期通知，超期通报的方式督促机关党组织按期换届，年内全部完成党组织换届工作。整治软弱涣散党组织，工委班子成员到3个软散党组织任常务副书记，结对指导党建工作，促进整改提升；规范党建工作台账，对直属各党组织的党建工作台账进行一次督促检查，对存在的问题提出整改意见，限期整改；开展机关党建“灯下黑”和“两张皮”问题整治工作，制定《关于开展机关党建“灯下黑”和“两张皮”专项问题整治的实施方案》，对各党组织开展“三会一课”、“主题党日”、“比学赶帮超”、党组织规范化建设、党员积分制管理制度落实情况进行重点整治，对专项督查中查找出的问题，实行销号管理，确保存在问题得到及时整改；完成党组织和党员基本信息采集工作，及时召开会议安排部署党组织和党员基本信息采集工作，各党总支、党支部组织精干力量，集中查阅、核对档案信息，对10项党组织和所在单位信息、16项党员基本信息进行采集，完成51个党支部、

694位党员信息采集、录入工作；抓实基层党建工作示范点建设，投入3.5万元对县法院党总支、县工商联党支部等7家直属党组织党员活动阵地、机关党建文化等进行集中打造，为机关党建工作规范化建设提供典型示范。

【建党96周年纪念活动】 6月27日，组织县属17个党工委、39个党总支（支部）、721名在职党员开展“两学一做”党内法规知识竞赛。6月28日，召开表彰大会，对3个先进基层党组织、7位优秀党务工作者、16名优秀共产党员进行表彰奖励。开展走访慰问困难党员活动，走访慰问农村困难党员47人。7月24日，县直属机关工委在政协一楼会议室举办“微党课”大赛决赛，产生一等奖1人，二等奖2人，三等奖3人，优秀奖6人。

【机关工委培训工作】 认真落实《中国共产党发展党员工作细则》，举办入党积极分子暨发展对象培训班，来自县级机关党委、县直属机关各党组织的入党积极分子、发展对象73人参加党章、党史、党纪、入党程序等内容的培训学习。探索建立网上交纳党费、网上组织关系接转，举办互联网+党建综合服务平台业务培训班，来自机关16个党委的党建工作分管领导、直属机关党组织负责人和党建工作联络员共计109人参加培训。组织县直属机关党组织书记38人参加为期3天的元谋县基层党组织党务干部培训班，进一步增强机关党务干部主动学习、主动落实十九大精神的政治自觉、思想自觉和行动自觉，规范机关党建工作业务。

【工委党风廉政建设】 强化主体责任，落实党风廉政建设责任制，做到党风廉政建设与机关党建工作同部署、同检查、同落实，制定领导班子及其成员主体责任清单，对年度党风廉政建设和惩防体系工作任务进行分解。开展党纪政纪学习教育，在职工会上组织学习纪委下发的文件精神及各级违纪违法案件通报共16次，增强干部职工遵章守纪意识。组织开展好“四项谈话”，积极开展机关党建“灯下黑”“两张皮”问题整治情况专项督查，对38家直属党组织书记开展责任主体提醒谈话。严格落实“两报告”的工作要求，如实报告个人有关事项。开展“小金库”、“吃空响”、收送“红包”和清理县级以上机关事业单位长期借调下级部门工作人员专项清理整治工作。

【新闻宣传及精神文明建设】 制定《机关工委新闻宣传奖励办法》，明确领导班子成员及干部职工信息量化考核任务，把宣传机关党建工作情况纳入责任书内容，明确宣传任务，与机关党建工作同部署、同检查、同考核。年内各直属党组织上报党建工作信息140余篇，在州直机关工委主办的《全州机关党建》上刊登1篇,《元谋信息》采用1篇,《元谋新闻》上播报本单位工作新闻10条。开通“元谋热坝先锋”微信公众号，编辑信息90余条，增强机关党建工作影响力。

【脱贫攻坚工作】 学习脱贫攻坚政策，以干部职工会、党员大会等形式集中组织学习国家、省、州、县脱贫攻坚相关战略部署、政策措施，提高干部职工的脱贫攻坚政策水平和业务能力。抓实动态管理工作，按照“应纳尽纳、应退尽退、应扶尽扶”的要求，与镇挂包干部、村干部一起到大庄连村开展贫情分析、入户核实、信息数据复核等工作，完成102户农户贫困对象精准识别入户动态管理工作任务。帮助解决实际问题，认真落实精准扶贫各项工作任务，落实好“五个一批”措施和“十六个到村到户”民生工程。年内，有3户贫困户已建新房并入住，户均养肉牛达1头以上，投入2000多元在村活动室种植绿化树3棵、购买功放机1台，积极向州级部门争取项目资金2万元，帮助6户建档立卡贫困户发展养殖业，确保3户建档立卡户2017年实现脱贫摘帽的目标。

（鲁成安）

老干部工作

【老干部局机构】 元谋县委老干部局属县委管理的正科级单位，设办公室、政治待遇股、生活待遇股、老干部活动中心。2017年末全局在职干部职工8人，其中：局长1人、副局长1人，男5人、女3人，大学本科学历6人、大专学历2人，中共党员6人。全局有国家公务员6人、机关工人2人（高级工）、公益性岗位5人。

【离退休干部状况】 2017年末，全县有离休干部13人，其中：行政离休6人、事业离休2人、企业离休5人。副处级以上退休干部33人。科级其以下退休干部1687人，其中：行政517人、事业1031人、企业139人。

【老干部政情通报会】 1月19日，县委、县政府召开2017年离退休干部政情通报暨春节座谈会。5月12日，召开离退休干部消防安全工作通报暨消防知识培训会。6月12日，召开离退休干部脱贫攻坚工作情况通报会。7月12日，召开离退休干部上半年党风廉政建设和反腐败工作通报会。10月26日，召开离退休干部政情通报会暨敬老节座谈会。

【落实老干部政治待遇】 完善各项制度，继续坚持老干部政治学习、组织生活、阅读文件、情况通报、参加重要会议、就近参观考察、走访慰问、领导联系同职级老干部八项制度。建立在职领导联系同职级离退休干部制度，县级25位领导干部与50位离退休老干部建立联系制度。全年共走访慰问老干部308人次。其中：节日走访慰问老干部222人次，看望老干部遗孀22人次，看望生病住院、过生日的老干部48人次，看望慰问异地安置离休干部1人次，看望慰问异地居住老干部15人次，发放慰问金7.32万元。

【落实老干部生活待遇】 巩固和完善离休干部“三个机制”，全面落实老干部生活待遇。年内，离休干部“三个机制”运转正常，生活待遇落实到位，无拖欠、克扣现象。县财政预算离休干部医药费35万元，足额报销医药费480人次35万元；调整提高离休干部公用经费，15人增资17400元；调整提高离休干部特需经费，17人增资11760元；调整提高无固定收入的已故离休干部配偶遗属生活补助，15人增资100152元；5月10日前补发2016年调整提高特需经费17人4760元；发放离休干部公用经费、特需经费13人2.17万元；发放已故离休干部无固定收入配偶生活补助费4人5.28万元；发放离休干部交通补助费14人次900元；办理离休干部丧葬费、一次性抚恤费3人次45.88万元。离退休金、津贴补贴和遗属生活费发放按时足额。对96位离退休干部进行特困帮扶，发放特困金5万元。

【选举产生离退休干部党委第一届委员会】 经县委批准，9月30日，在元谋县老干部活动中心召开元谋县离退休干部委员会第一次代表大会，选举产生离退休干部党委第一届委员会。

【成立离退休干部党校】 5月，经县委批准，同意成立元谋县离退休干部党校。6月2日，中共元谋县离退休干部委员会党校挂牌成立。新成立的离退休干部党校，负责全县离退休干部党员的学习教育。

【老干部活动中心建设】 活动中心室外设有门球场、羽毛球场、地掷球场、气排球场、金属球场、柔力球场，室内设有乒乓球室、阅览室、书画室、排练厅、健身室。工作人员6人专职为老干部服务。平均每天约有老年人150人在活动中心活动，大年初一除外，全年对外开放，年活动人数约5.4万人次。因活动中心处于二期棚改区，周围都在拆除旧房，由于安全原因，活动中心于11月1日关闭。

【老年大学工作】 年内，争取老年办学经费5万元。全县老年大学乡镇分校10个，乡镇分校教学点32个。其中，2017年新开办乡镇老年大学分校4所（元谋县老年大学江边乡分校、元谋县老年大学新华乡分校、元谋县老年大学平田乡分校、元谋县老年大学物茂乡分校）、新增教学点12个（元谋县老年大学江边乡分校江边村教学点、元谋县老年大学江边乡分校大树村教学点、元谋县老年大学江边乡分校盐水井村教学点、元谋县老年大学新华乡分校新村教学点、元谋县老年大学新华乡分校平地村教学点、元谋县老年大学新华乡分校班庄村教学点、元谋县老年大学平田乡分校挨相村教学点、元谋县老年大学平田乡分校大班果村教学点、元谋县老年大学平田乡分校大已保村教学点、元谋县老年大学物茂乡分校多克村教学点、元谋县老年大学物茂乡分校湾保村教学点、元谋县老年大学物茂乡分校普龙村教学点）。老年大学乡镇分校覆盖率达到100%。全县共有教学班42个，学员2155人，占全县60岁老年人总数3.17万人的6.8%，教学规模进一步扩大。

【推动老干局“四就近”工作】 落实2.35万元“四就近”服务工作经费，继续利用社区资源开展“四就近”服务工作，探索“网格化”管理模式，实现县城5个社区“四就近”服务工作全覆盖。全年组织开展学习活动20场次，学习人数700人次，社区“四就近”和“网格化”服务工作进一步巩固。

【老干局“挂包帮、转走访”工作】 年内，积极开展扶贫攻坚工作，按时完成贫困户“挂包帮、转走访”的再入户调查、再精准识别、精准帮扶等一系列工作，做到对象更加精准、措施更加精准。认真开展“十个一”活动。老城乡丙间行政村扶贫对象从2015年的121户201人，精准到2017年的76户251人；对结对帮扶28户贫困户86人开展生产生活情况调查，认真分析贫困原因，制定脱贫计划，实施脱贫措施。2018年春节前走访慰问贫困户28户，结合贫困户各家实际情况，分别给予御寒衣物、被褥、食品、用具等实物帮扶，价值5600元。

【老干局县城东南片区（二期）棚户区改造房屋征收】 8月10日老干部局召开棚改工作动员暨培训会，组建工作组，先后开展送达《房屋征收补偿安置方案（征求意见稿）》并收集整理意见和建议；帮助被征收户核对公示的土地、房屋、附属设施等实物指标的数量和面积；向被征收户送达《房屋征收补偿安置方案》《房屋征收公告》和《房屋征收决定书》；按程序组织被征收人签订《房屋征收补偿协议》，收回相关产权证件等资料，并督促联系户完成房屋腾空；根据征收补偿方案和协议对所联系的被征收户资金兑付材料报件进行初审并报送资金兑付中心；帮助联系的被征收人解决过渡安置问题；帮助联系的被征收人办理资金兑付手续；春节前开展“回访棚改群众送温暖”走访慰问活动。截至11月24日，老干局联系服务4户棚改群众，按照规定时限率先完成所有房屋征收手续。

【老干局金沙江乌东德水电站移民安置工作】 县委老干部局负责挂包江边乡丙弄行政村以进嘎村的15户46人移民安置工作。工作组成员11月30日参加元谋县金沙江乌东德水电站建设移民搬迁安置工作动员培训会议，截至12月31日，分别开展进村入户宣传水电移民搬迁政策同时收集相关资料，入户核查移民户房屋人口登记信息、移民搬迁安置方式及安置去向，收取移民人口的户口本、身份证复印件及新增人口证明材料，移民安置人口信息复核申请及审批、移民群众诉求申请登记、移民安置人口信息确认、移民人口信息公示等工作。

【老干部工作队伍建设】 5月3日举办新任组织员培训班，新任组织员、县委老干部局、县直机关工委和县委组织部全体干部职工35人参加培训。11月28日，举办元谋县2017年老干部工作专兼职干部培训班，10个乡镇、县级各有关部门老干部工作分管领导、专兼职工作人员、全局干部职工共60余人参加会议。老干部队伍建设得到加强，老干部专兼职干部为老干部服务的自觉性和工作能力得到增强。

（周应海）

党校教育

【党校机构】 2017年，中共元谋县委党校内设办公室、教研室、后勤股。全年全校在职干部职工16人。其中：常务副校长1人，副校长1人；公务员2人，专业技术人员9人（高级讲师5人、讲师2人、助讲2人），事业工人5人（高级工3人、中级工1人、初级工1人）；研究生学历1人，大学本科学历13人，中专学历1人，初中学历1人；中共党员12人。

【党校队伍建设】 年内，突出抓好教职工政治理论学习和素质提升，坚持先学一步、深学一层，结合“两学一做”学习教育常态化、制度化，采取“四个一”学习活动，确保学习实效。组织干部职工细读深学中共十八大、十八届三中、四中、五中、六中全会精神和中共十九大精神、习近平总书记系列重要讲话精神及中央、省、州党校工作会议精神等内容34场次，组织开展专题学习7场次；组织干部职工集中观看学习《理想信念·道德教育》《PPP模式解析》《亮剑》《挥泪斩马谡》《将改革进行到底》《作风建设永远在路上》《热坝说法》等专题教育片7场次。集中组织开展座谈交流学习活动4场次，撰写学习读书笔记100余篇，全体干部职工读书笔记均在1万字以上，相互学习借鉴，进一步提升理论素养。组织2名科级领导和7名专职教师参加云南省干部教育在线学习，所有参学对象学分均达80分以上，达标率100%。争取机会选送教师外出学习培训。先后选送2名教师参加全省党校系统师资培训、选送1名科级领导到中央党校参加中共十九大精神学习培训、选送6名教师参加全州党校系统中共十九大精神学习培训、选送1名教师参加全省中共十九大精神师资专题学习培训、通过多渠道的学习培训，使教师队伍素质得到新提升。

【党组织建设】 党支部不断丰富“党员服务承诺”活动、“主题党日”活动、在“两学一做”学习教育中开展“比学赶帮超”主题活动、党员入党日找党组织汇报思想、党组织和在职党员到社区报到等活动，筑牢党建基础。党组织做出承诺9项、在职党员做出承诺99项，已全部兑现。讲授校内专题党课4场次，微党课4场次；讲授校外专题党课3场次，微党课2场次。共向爱心驿站捐赠价值1600元的菜油和大米。

【党校作风建设】 严格执行相关制度规定、“三重一大”制度、民主集中制原则以及中央、省、州、县和本单位作风建设相关规定、认真落实“两报告”制度，确保干部职工严守纪律不出问题。工作纪律管理上，做到四严查。年内，共开展内部纪律作风督查12场次，开展责任主体提醒谈话5人次，整改存在问题3个。

【干教教育培训】 2017年，认真做好干部教育培训工作，扩大教育的覆盖面，提升培训的质量。年内，共举办元谋县脱贫攻坚干部素质能力提升培训班、入党积极分子培训班、村（社区）“两委”三职干部学习贯彻落实中共十八届六中全会精神培训班、科级领导干部学习贯彻落实中共十八届六中全会精神等培训班共9期1443人。

【教学工作】 教学工作突出党的理论特色和党性教育特色。始终紧紧围绕中共十八大、十八届三中、四中、五中、六中全会精神和习近平总书记系列重要讲话精神开展学习研究和宣讲。年内，机关党员干部、乡镇党员干部、农村党员干部讲授中共十八大六中全会精神、习近平总书记习系列重要讲话精神、省第十次党代会精神和中共十九大精神等内容55场次，受教育党员干部及群众4500余人，其中讲授中共十九大精神22场次2041人。

【教研工作】 2017年，重点围绕元谋综合绩效考核、脱贫攻坚、党建、党风等专题开展调研。到

15个县级机关、10个乡镇、12个行政村、13个自然村进行调研，完成科研论文19篇，完成调研专题3个，发表文章13篇，其中省级2篇、州级5篇、县级6篇，充分发挥调研成果的资政作用。

【脱贫攻坚工作】 2017年，按照县委政府的安排，县委党校共挂包建档立卡贫困户37户，为确保37户贫困户早日脱贫及脱贫后不返贫。工作中，始终做到组织领导到位、政策学习培训到位、政策宣传工作到位、开展遍访工作到位、帮扶措施更新工作到位、大数据平台数据信息核对工作到位、工作经费保障到位、缴纳责任金到位8个到位，确保工作成效。

【参与棚改工作】 2017年，在全县二期棚改工作中，县委党校共包保10户，其中宗地房4户、单元房6户。工作中，实行主要领导负总责，亲自抓、亲自动员部署、亲自研究制定工作计划；带头学习政策、带头深入棚改户家中宣传政策、带头落实工作任务、在工作落实中做表率；全员参与组成10个工作组，持续不断开展工作，把思想政治工作做在前、做上门、做到家、做到位，与棚改户交朋友，帮助排忧解难、解答疑惑，工作得到棚改户的理解和支持，率先完成棚改工作任务。

【党校基础建设】 2017年，为贯彻落实好中央、省委、州委党校工作会议精神和“大规模培训干部、大幅度提高干部队伍素质”的战略要求，满足元谋县干部教育培训需要，经县委、县人民政府研究，决定实施中共元谋县委党校改扩建项目。通过多方努力，约投资2499万元，7005.27平方米的党校改扩建项目于2017年3月开工建设，已完成项目投资900万元。

（王平美）

信访工作

【信访机构】 2017年，中共元谋县委群众工作局、中共元谋县委县人民政府信访局，内设办公室、接访室、督办室，核定编制6人。年末，全局在职干部职工9人。其中：党组书记兼任局长1人，副局长2人，督查专员1人；男8人，女1人；公务员8人，机关工人1人（高级工）；大学本科学历2人，大专学历6人，初中学历1人；中共党员8人。

【来信来访接办】 2017年，全县各级各部门共接办群众来信来访843件（批次）2050人次，与2016年相比，分别增长277件875人次，批次增长48.9%、人次增长74.5%。其中：来访657件1864人次，分别增长36.6%、91.1%（个体访577件次959人次，增长30.2%、35.3%；集体访80件次905人次，增长110.5%、240.2%），来信35件次、网上信访66件次、人民网10件次、微信40件次、视频35件次，信访总量虽有一定幅度的增长，但信访总体形势平稳。

【信访工作制度改革】 建立律师参与信访接待制度。年内，聘请2名律师参与每月县处级领导接访，促进信访接待工作的法制化进程。推进“互联网+信访”。开通“手机视频接访”，使信访渠道拓展为来信、来访、来电、电子邮件、网上信访、书记县长信箱、领导干部视频接访、手机视频信访“八车道”。

【领导接访】 全年共有40位县处级领导到信访局接待来访群众17期259批（件）582人次。其中：集体访27批214人次，个体访232批368人次；当场答复来访群众111批228人次，交办由责任部门调查处理148批354人次。实行谁接访谁跟踪督办制度，工作中变群众上访为带案下访和约访，进一步畅通群众诉求渠道，推动信访问题的有效解决。

【重大信访问题】 扎实开展化解信访积案集中攻坚。年内，深入开展矛盾纠纷排查，排查出越级上访18件，化解18件，化解率100%；对排查出来的21件积案由县党政领导包案化解，其中：省级领导包案1件，州级领导包案3件。

【特殊疑难信访问题专项资金】 年内，积极向中央、省、州申报争取特殊疑难信访问题专项资金35万元，化解7件特殊疑难信访问题。

【信访调查研究】 对元谋县经济社会发展中群众反映的热点、难点问题进行综合分析，撰写调研报告3篇，案例分析2篇。

【信访局“挂帮保”工作】 8月，扶贫挂点由江边乡盐水井行政村调整到龙街行政村阿柱河、龙街2个自然村。年内，为19户64人建档立卡贫困户建立数据库，挂上结对帮扶公示牌，分别走访慰问贫困户13户，干部职工集资为每户贫困户购买价值200元的物资、为金马村路段改道筹集资金3.2万元。

【信访干部教育培训】 年内，选送干部职工3人到重庆大学参加全州信访业务培训。全县新提拔任用的副科级干部44人、新招录公务员19人到信访局顶岗锻炼。

【信访队伍建设】 不断提高履行信访职责的能力水平和服务质量。深化在“两学一做”学习教育中开展“比学赶帮超”主题教育，推进“两学一做”学习教育常态化、制度化，通过抓班子、带队伍，强化全县信访干部教育培训，努力建设一支“理想信念更加坚定、党性原则更加坚强、纪律作风更加优良、能力素质更加过硬、工作方法更加丰富”的信访队伍，真正担负起“为党分忧、为民解难”的光荣使命。

（彭志林）

元谋县人民代表大会常务委员会

人大机构

【县级人大组织】 2017年，元谋县第十七届人民代表大会常务委员会组成人员25人。主任：彭寿才；副主任：段光显、郑武、秦焕华（女）、陈月娥（女）；委员：王建春、阳海、李永刚（傣族）、文定尹（彝族）、郭宜兵、杨寿先、彭光海、庄颐芸（女）、李红梅（女，彝族）、杞建华（彝族）、周琪智、杨刚红（女，回族）、严汝政、杨吉福、管建波、吴永彬、李雪梅（女）、张凤琼（女）、刘芳（女，回族）、杨长凤（女，白族）。元谋县第十七届人民代表大会设立财政经济委员会，常委会下设办公室、选举联络工作委员会、法制工作委员会、民族工作委员会、教科文卫工作委员会、农业与环境资源工作委员会、预算工作委员会。县人大常委会机关在职干部职工38人，公务员32人、工人6人，其中主任1人、副主任4人、实职正科8人、实职副科3人、正处级干部1人、晋升副处级职级干部7人、主任科员2人、副主任科员4人、副科级职级1人，科员1人；研究生学历2人，大学本科学历25人、大专学历4人、中专学历6人、初中学历1人；中共党员29人。

【乡镇人大机构】 全县10个乡镇分别设乡镇人大主席团，各设主席团主席1人，主席团成员分别由7—9人组成。10个乡镇人大主席团各设办公室主任1人。

重要会议

【元谋县第十七届人民代表大会第一次会议】 2月24—28日，元谋县第十七届人民代表大会第一次会议在县城召开，县第十七届人大代表167人出席会议，列席人员、旁听人员等258人参加会议。会议听取和审查通过县人民政府县长李林波作的《政府工作报告》，审查通过《元谋县2016年国民经济和社会发展计划执行情况与2017年国民经济和社会发展计划（草案）的报告》《元谋县2016年地方财政预算执行情况和2017年地方财政预算（草案）的报告》，听取和审查通过《元谋县人大常委会工作报告》《元谋县人民法院工作报告》《元谋县人民检察院工作报告》。会议依法选举元谋县第十七届人大常委会主任、副主任、委员，县人民政府县长、副县长，县人民法院院长，县人民检察院检察长；选举元谋县出席楚雄州第十二届人民代表大会代表；通过元谋县第十七届人民代表大会财政经济委员会主任委员、副主任委员、委员人选。

【元谋县第十七届人民代表大会第二次会议】 7月5—7日，元谋县第十七届人民代表大会第二次会议在县城召开，县第十七届人大代表167人出席会议，列席人员、旁听人员等156人参加会议。

【县十七届人大常委会会议】 2017年，县十七届人大常委会共举行8次会议。

第一次会议。3月28日在县人大常委会五楼会议室召开。县人大常委会主任彭寿才，副主任段光显、郑武、泰焕华、陈月娥及组成人员共25人出席会议。县人大常委会正处级干部张自忠，县人民政府副县长田光华，县政协副主席马江芝，县人民法院院长景华，县人民检察院代理检察长马季，县委办杞志聪，县政府办李强武，县政协办文娥，县档案局李靳云。县人大常委会实职副科级以上干部，10个乡镇人大主席团主席列席会议。会议由县人大常委会主任彭寿才主持。会议听取元谋县人民代表大会财政经济委员会《关于元谋县2017年县级部门预算编制的审查情况报告》，书面审议县人民政府贯彻实施《中华人民共和国档案法》情况的执法检查报告。

第二次会议。4月28日在县人大常委会五楼会议室召开。县人大常委会主任彭寿才，副主任段光显、郑武、泰焕华、陈月娥及组成人员共25人出席会议。县委副书记周海，县人民政府副县长吴春华，县人大常委会正处级干部张自忠，县政协副主席杨祥敏，县人民法院院长景华，县人民检察院检察长马季，县委办、县政府办、县财政局、县招商局、县住建局、县开投公司、县发改局、县经信局、县国土局、县林业局、县市场监督管理局、县环保局领导各1人，县人大常委会实职副科级以上领导干部，10乡镇人大主席团主席列席会议。会议由县人大常委会主任彭寿才主持。会议听取和审议县人民政府《关于提请审议实施龙川江滨江休闲绿色长廊工程一、二期剩余项目的有关问题的议案》《关于提请审议2016—2017年棚户区改造建设项目资本金贷款的议案》。会议审议确认县人大常委会主任会议提请县人民政府《关于提请审议元谋县2016年度县城棚户区改造东南片区一期城中村建设项目政府购买服务协议资金列入财政预算的议案》的决定。听取和审议县人大常委会主任会议提请的《关于提请设立元谋县第十七届人大常委会代表资格审查委员会的议案》。书面听取县人大财经委提交的《关于元谋县2016年度招商引资项目落地情况专项工作检查报告》。

第三次会议。5月27日在县人大常委会五楼会议室召开。县人大常委会主任彭寿才，副主任段光显、郑武、泰焕华、陈月娥及组成人员共25人出席会议。县委书记习雁，县委副书记吴海芬，县委常委、县人民政府常务副县长窦小军，县政协副主席杨祥敏，县人民法院院长景华，县人民检察院检察长马季，县人大常委会正处级干部张自忠，县委办公室副主任杨华川，县人民政府办公室主任李强武，县人大常委会实职副科以上干部，10个乡镇人大主席团主席列席会议。会议决定元谋县第十七届人民政府副县长、决定为代理县长人选。

第四次会议。6月30日在县人大常委会五楼会议室召开。县人大常委会主任彭寿才，副主任段光显、郑武、泰焕华、陈月娥及组成人员共25人出席会议。县人民政府副县长尹世勇，县人民检察院检察长马季，县人民法院副院长余兆林，县人大常委会正处级干部张自忠，县委办公室、县人民政府办公室、县政协办公室领导各1人，县人大常委会实职副科级以上干部，10个乡镇人大主席团主席列席会议。会议由县人大常委会主任彭寿才主持。会议听取《关于元谋县第十七届人民代表大会代表资格审查和代表变动情况的报告》《元谋县第十七届人民代表大会第二次会议筹备工作情况报告》。会议决定元谋县第十七届人民代表大会第二次会议于2017年7月5—7日在县城召开，会期2天半。

第五次会议。8月11日在县人大常委会五楼会议室召开。县人大常委会主任彭寿才，副主任段光显、郑武、泰焕华、陈月娥及组成人员共25人出席会议。县人民政府县长吴海芬，县政协副主席马江芝，县人民检察院检察长马季，县人大常委会正处级干部张自忠，县委办周兴春，县政府办李强武，县发改局罗绍亮，县财政局黄宁，县经信局杨爱茹，县民政局骆国强，县司法局文显富，县环保局李江华，县农业局李飞，县卫计局杨志豪，县审计局杨明春，县统计局文增斌，县地税局、县国税局领导各1人，县人大常委会实职副科以上干部，非县人大常委会组成人员的乡镇人大主席团主席列席会议。会议邀请县十七届人大代表薛会红、解艳春、罗光荣、金向华、廖志强5人列席会议。批准公民高政宏、起艳葵、张云花3人旁听会议。会议由县人大常委会主任彭寿才主持。会议审议了人事事项，听取和审议县人民政府《关于提请审议元谋生态文明县建设规划（2016—2020年）的议案》，审查县人民政府《关于元谋县2016年地方财政决算情况的报告》，听取和审议县人民政府《关于元谋县2017年上半年国民经济和社会发展计划执行情况的报告》《关于元谋县2017年上半年地方财政预算执行情况的报告》《关于元谋县深化医疗卫生体制改革工作情况的报告》，书面审议县人民政府贯彻实施《中华人民共和国税收征管法》《中华人民共和国婚姻法》《中华人民共和国农业法》情况的执法检查报告，书面审议部分省、州、县人大代表视察报告，书面审议县人大常委会制定出台和新修订的《元谋县人大常委会工作规则（草案）》等10个规范性文件。

第六次会议。9月28日在县人大常委会五楼会议室召开。县人大常委会主任彭寿才，副主任段光显、郑武、泰焕华、陈月娥及组成人员共25人出席会议。县人民政府副县长尹世勇，县政协副主席杨祥敏，县人民法院院长副院长余兆林，县人大常委会正处级干部张自忠，县委办、县政府办、县发改局、县财政局、县教育局、县公安局、县环保局、县住建局、县国土资源局、县交运局、县农业局、县水务局、县卫计局、县审计局、县安监局、县扶贫办、县移民局、县地税局、县开投公司、县残联、县农开办、县自来水公司、县电力公司、县地方公路管理段等23个部门的主要领导，县人大常委会实职副科以上干部，非县十七届人大常委会组成人员的5位乡镇人大主席团主席列席会议。邀请县十七届人大代表程贤根、陈永华、王学萍、马庆华、姜绍刚5人列席会议。批准公民顾明琼、李学玲、周绍云3人旁听会议。会议由县人大常委会主任彭寿才主持。会议听取和审议县人民政府《关于元谋县2016年度县级预算执行和其他财政收支审计情况的报告》《关于元谋县视频监控系统建设情况的报告》并作出决议，书面审议县人民政府贯彻实施《云南省楚雄彝族自治州龙川江管理条例》情况的执法检查报告。

第七次会议。11月27日在县人大常委会五楼会议室召开。县人大常委会主任彭寿才，副主任段光显、郑武、泰焕华、陈月娥及组成人员共25人出席会议。县人民政府副县长张荣，县政协副主席马江芝，县人大常委会正处级干部张自忠，县人民法院院长景华，县委办公室、县人民政府办公室领导各1人，县财政局、县住建局、县国投公司、县棚改指挥部主要领导，县人大常委会实职副科级以上干部，非县人大常委会组成人员的乡镇人大主席团主席列席会议。会议由县人大常委会主任彭寿才主持。会议审议确认县人大常委会主任会议提请关于县人民政府《关于提请审议元谋县2016年度县城棚户区改造东南片区（二期）项目委托代建政府购买服务资金列入财政预算的议案》的决定，听取和审议《元谋县人民代表大会常务委员会专题询问实施办法（草案）》，并作出决议。书面审议《元谋县2017年下半年人大代表视察报告》。

第八次会议。12月31日在县人大常委会五楼会议室召开。县人大常委会主任彭寿才，副主任段光显、郑武、泰焕华、陈月娥及组成人员共25人出席会议。县人民政府副县长张荣，县政协副主席杨祥敏，县人大常委会正处级干部张自忠，县人民检察院检察长马季，县人民法院副院长余兆林，县委办领导1人，县政府办、县财政局、县发改局、县审计局、县扶贫办、县住建局、县水务局、县移民开发局、县农业局、县教育局、县卫计局、县交运局、县委政研室（县农办）、县农开办、县地税局、县科技局、县开投公司、县地方公路管理段、县残联、县保障性住房管理中心、县妇幼保健院主要领导，县人大常委会实职副科以上干部，非县人大常委会成员的乡镇人大主席团主席列席会议。会议由县人大常委会主任彭寿才主持。会议审查县人民政府《关于元谋县2017年度地方财政预算调整方案的报告》并作出决议，听取县人民政府《关于元谋县2016年度县级预算执行和其他财政收支审计查出问题整改情况的报告》，听取和审议县人民政府《关于对县第十七届人大一次会议代表提出的议案办理情况的报告》并作出审议意见，听取和审议县人民政府《关于对县第十七届人大一次会议代表提出的建议、批评和意见办理情况的报告》并作出审议意见，审议确认县人大常委会主任会议《关于提请确认对元谋县第十七届人大代表严汝政采取强制措施并暂时停止其执行代表职务的议案》并作出暂时停止其执行代表职务的决定。会议听取县人大常委第十七届人大常委会代表资格审查委员会作《关于元谋县第十七届人民代表大会代表变动情况的报告》，听取县人大常委会办公室作《关于元谋县第十七届人民代表大会第三次会议筹备工作情况的报告》，听取县人大常委会办公室作《元谋县人民代表大会常务委员会工作报告（讨论稿）》的起草情况说明，会议表决通过关于召开县十七届人民代表大会第三次会议的有关事项。

重要活动

【人大执法检查】 3月21—27日，县人大常委会对县人民政府贯彻实施《中华人民共和国档案法》情况进行执法检查；5月2—8日，县人大常委会对县人民政府贯彻实施《中华人民共和国税收征收管理法》情况进行执法检查；5月9—20日，县人大常委会对县人民政府贯彻实施《中华人民共和国农业法》情况进行执法检查。6月12—22日，县人大常委会对县人民政府贯彻实施《中华人民共和国婚姻法》情况进行执法检查。9月12日—22日，县人大常委会对县人民政府贯彻实施《楚雄彝族自治州龙川江管理保护条例》情况进行执法检查。

【专项工作检查】 4月10—13日，县人大常委会对元谋县2016年度招商引资项目落地情况进行专项工作检查；4月10—20日，县人大常委会对各乡镇“代表之家”“代表工作站”建设运行情况进行专项工作检查；7月12—21日，县人大常委会对元谋县食品安全工作进行专项工作检查；7月13—25日，县人大常委会对县人民检察院刑事侦查监督工作进行专项工作检查，9月12—22日，县人大常委会对元谋县易地扶贫搬迁工作进行专项工作检查。

【专项工作调研】 4月24—28日，县人大常委会对元谋县民办学前教育情况进行工作调研；6月19—23日，县人大常委会对元谋县山区半山区经济社会发展情况进行工作调研；6月20—30日，县人大常委会对元谋县中医医院医疗业务发展和整体搬迁项目及资产处置情况进行工作调研；6月27—30日，县人大常委会对元谋县城市公交运营情况进行工作调研；7月21—24日，县人大常委会对元谋县易地扶贫搬迁点元谋傈僳族第一村建设进展情况进行工作调研；9月12日，县人大常委会对元谋县高中办学情况进行工作调研；9月12—22日，县人大常委会对元谋县创建省级生态县工作开展情况进行工作调研；10月16—26日，县人大常委会对元谋县庄园经济发展情况进行工作调研；11月20—22日，县人大常委会对元谋县融资情况进行工作调研。

【专项工作汇报】 4月28日，县人大常委会召开第四次主任会议，听取县人民政府关于元谋县防范和处理邪教工作情况的专项工作汇报。9月1日，县人大常委会召开第十二次主任会议，听取县人民政府关于元谋县高原特色农业发展情况的专项工作汇报、听取元谋县“两院”司法改革工作情况的专项工作汇报。9月17日，县人大常委会召开第十四次主任会议，听取县人民政府《关于元谋县乡村公路建设情况的报告》审议意见整改落实情况的专项工作汇报，听取县人民政府关于元谋县工业园区小雷宰聚集区建设情况的专项工作汇报。11月24日，县人大常委会召开第十五次主任会议，听取县人民政府关于元谋县脱贫攻坚工作情况的专项工作汇报，听取县人民政府关于元谋县棚户区改造工作情况的专项工作汇报；听取县人民政府关于元谋县义务教育均衡发展情况工作汇报。

【专项活动】 上半年政情通报会。7月31日，县人大常委会召开2017年上半年政情通报会，县人大常委会主任彭寿才，副主任段光显、郑武、泰焕华、陈月娥，县人民政府副县长孙绍兴，县政府办、县发展和改革局、县财政局、县经济贸易和信息化局、县统计局相关领导，部分常委会组成人员、县人大代表及机关实职副科以上干部参加会议。会议由县人大常委会主任彭寿才主持。副县长孙绍兴通报元谋县2017年上半年经济运行情况。

部分州县人大代表视察全县重点项目建设。6月8日，县人大常委会组织部分省、州、县人大代表开展2017年上半年代表视察活动。县第十七届人大常委会组成人员、驻元谋部分省、州人大代表、县人大代表共计50多人参加视察。视察组一行到元谋县易地扶贫搬迁甘塘片区集中安置点项目、元谋万汇果蔬博览城项目以及元谋古人类历史文化旅游项目，实地了解项目推进情况，观看项目展板及音视频资料。州人大代表、县委书记习雁，州人大代表、县人大常委会主任彭寿才，州人大代表、县人大常委会副主任段光显，县人大常委会副主任郑武、陈月娥，县人大常委会正处级干部张自忠参加视察，县人民政府副县长孙绍兴陪同视察。11月3日，县人大常委会组织部分州、县人大代表，以实地查看、召开座谈会听取汇报等形式对龙川江河道治理二期项目、元谋县凤凰山林业生态园建设项目、县城东南片区（一期）棚户区改造项目进行视察。州县人大代表、县人大常委会主任彭寿才，副主任段光显，县人大代表、县人大常委会副主任郑武、泰焕华、陈月娥参加视察，县人大代表、县人民政府副县长张荣参加视察。

新当选的县人大代表履职业务培训。2月23日下午，县人大常委会组织县第十七届人民代表大会代表进行履职业务培训，167位县人大代表参加了会议。培训会由县人大常委会选联工委主任就如何当好代表作专题授课。会议从代表的权利和义务、代表在人民代表大会会议期间的工作和闭会时的活动、代表执行职务的保障、对代表的监督四大方面作专题培训。

财经委、预算工委委员履职业务培训。4月21日，县人大常委会组织新一届工委委员在县人大常委会五楼会议室开展为期一天的履职业务培训。培训会议由县人大常委会副主任郑武主持，县人大常委会副主任段光显、泰焕华、陈月娥及县人大常委会正处级干部张自忠出席培训会议，县人大常委会机关全体干部职工及各工委委员共计 70 多人参加动员会。县人大常委会副主任段光显作培训动员讲话。培训动员会结束后，各工委到指定地点组织工委委员开展培训。

乡镇人大主席团主席座谈会。11 月 3 日，县人大常委会在机关三楼会议室召开 2017 年乡镇人大主席团主席座谈会。县人大常委会主任彭寿才，副主任段光显、郑武、泰焕华、陈月娥，县人大常委会正处级干部张自忠，常委会各专工委主任、副主任和 10 乡镇人大主席团主席共 27 人参加会议。会议由县人大常委会主任彭寿才主持。各乡镇人大主席团主席围绕“如何做好新形势下人大代表工作，推动元谋经济社会跨越发展”分别作交流发言。

“比学赶帮超”主题活动。10 月 25 日，县人大常委会召开以中共十九大精神为指引，大力弘扬“跨越发展　争创一流　比学赶超　奋勇争先”精神，以崭新的精神状态推动既定目标任务圆满完成的教育活动动员会议。县人大常委会机关全体干部职工 32 人参加会议，会议由县人大常委会党组书记、主任彭寿才主持。彭寿才就省委陈豪书记到楚雄调研时，提出的“十六字”精神，如何贯彻好“十六字”精神提出了要求。

【理论学习中心组学习会议】 2017 年共召开党组理论学习中心组学习会议 4 次。

第一次党组理论学习会议。5 月 11 日，县人大常委会党组理论学习中心组第一次学习会议在机关三楼会议室召开。县人大常委会主任彭寿才，副主任段光显、郑武、泰焕华、陈月娥，县人大常委会实职科级以上干部参加会议。县人大常委会主任彭寿才主持会议。彭寿才传达了十三届县委第二十九次、第三十次常委会议精神和县委工作会议暨县委理论学习中心组第二次学习会议精神，段光显副主任重点围绕县人大常委会如何做好精准扶贫工作，陈月娥副主任重点围绕发祥路提升改造项目工作，办公室主任陈海君重点围绕提升办公室统筹协调能力和服务水平分别作交流发言。

第二次党组理论学习。6 月 30 日，县人大常委会党组理论学习中心组第二次学习会议在机关三楼会议室召开。县人大常委会主任彭寿才，副主任段光显、郑武、泰焕华、陈月娥，县人大常委会机关全体干部职工及退休党支部全体党员参加会议。县人大常委会主任彭寿才主持会议，县人大常委会副主任郑武围绕元谋县农村公路建设作交流发言；县人大常委会主任彭寿才讲授党风廉政建设暨“两学一做”学习教育专题党课。

第三次党组理论学习。10 月 25 日，县人大常委会党组理论学习中心组第三次学习会议在机关三楼会议室召开。县人大常委会主任彭寿才，副主任段光显、郑武、泰焕华、陈月娥，县人大常委会机关实职副科以上干部参加会议。县人大常委会主任彭寿才主持会议。彭寿才作《以中共十九大精神为指引，大力弘扬“跨越发展　争创一流　比学赶超　奋勇争先”精神，以崭新的精神状态推动既定目标任务圆满完成》动员讲话。

第四次党组理论学习。11 月 17 日，县人大常委会党组理论学习中心组第四次学习会议在机关三楼会议室召开。县人大常委会主任彭寿才，副主任段光显、郑武、泰焕华、陈月娥，县人大常委会党组成员外的所有干部职工，10 个乡镇人大主席团主席参加会议。县人大常委会主任彭寿才主持会议。会议主题：深入学习宣传贯彻中共十九大精神，进一步动员机关全体干部职工，坚定不移高举习近平新时代中国特色社会主义思想伟大旗帜，奋力谱写新时代人大工作新篇章。县人大常委会副主任郑武、泰焕华、陈月娥，县人大常委会副处职级干部杨发华、法工委主任阳海、民工委主任文定尹、教工委主任庄颐芸，围绕会议主题和学习内容，结合工作实际作交流发言。

【“挂包帮、转走访”工作】 年内，对己波龙行政村新纳入的29户100人建档立卡贫困户，进行逐一访谈，详细摸清家底，听取发展意愿，帮助制订脱贫计划。按照“整户6有”“村9有”脱贫出列的目标和要求，制订村组发展规划和行政村脱贫攻坚实施方案。对标对表集中精力抓好己波龙行政村引水工程、活动场所建设、产业扶持等工作。落实25户贫困户5万元的小额信贷和29户贫困户5000元产业扶贫资金参与企业合作经营，25户贫困户每年有3600元的收益，4户每年有600元的收益；对5户贫困户的C级危房进行修复加固；帮助居住在地质灾害点上的3户贫困户申请到县城易地搬迁安置。帮助5户建档立卡贫困户子女申请“雨露计划”职教资金补助，解决读书难的问题。开展县人大机关党支部和己波龙行政村党总支委员会结对共建活动，县人大机关党支部28位党员同己波龙行政村党总支委员会74位党员结对联系，帮扶干部在入户座谈时，与结对党员座谈沟通交流，听取他们对脱贫攻坚工作的意见和建议，鼓励他们支持工作，发挥好先锋模范作用。参与己波龙村委会新办公地点搬迁建设工作，帮助协调资金5.5万元，盖了40多平方米的厨房；协调资金1万元，购买办公桌椅。

【人事任免】 2017年，县人大常委会依法任免国家工作人员91人次。其中：任命县人大机关工作人员38人；任命县政府系列工作人员34人，免职8人，接受辞职3人；任命县法院工作人员4人，免职4人。

2月24日，召开元谋县第十七届人民代表大会第一次会议。会议依法选举彭寿才为元谋县第十七届人大常委会主任，段光显、郑武、泰焕华、陈月娥为副主任，王建春、文定尹、庄颐芸、刘芳、阳海、严汝政、杞建华、李永刚、李红梅、李雪梅、杨长凤、杨吉福、杨刚红、杨寿先、吴永彬、张凤琼、周琪智、郭宜兵、彭光海、管建波为委员；李林波为县人民政府县长，窦小军、杨春茹、吴春华、丁志富、周应张、孙绍兴为副县长；景华为县人民法院院长，马季为县人民检察院检察长；选举元谋县出席楚雄州第十二届人民代表大会代表28人；通过元谋县第十七届人民代表大会财政经济委员会主任委员、副主任委员、委员人选，李永刚为财政经济委员会主任委员，彭光海、李红梅为财政经济委员会副主任委员，杞建华、杨吉福、刘芳、姜绍刚为财政经济委员会委员。

7月5—7日，召开元谋县第十七届人民代表大会第二次会议。依法选举吴海芬为元谋县第十七届人民政府县长。

3月28日，县人大第十七届第一次常委会议决定任命梁建明、姚楚俊、李志松、张春梅、吴云光、张云松为县人大常委会民族工作委员会委员，决定任命起德平、李玉明、余兆林、李利云、杨树强、文桂超为县人大常委会法制工作委员会委员；决定任命阮震海、张坚、文自民、姚世友、李光发、杨斯翔为县人大常委会选举联络工作委员会委员；决定任命杨美仙、管文明、熊福仁、段继龙、张玉翠为县人大常委会教科文卫工作委员会委员；决定任命周国华、严全洪、李从富、段光春、杨薇、史亮涛为县人大常委会农业与环境资源工作委员会委员；决定任命杨昌琼、张波、陈金华、申泽勇、马俊文、李晓微为县人大常委会预算工作委员会委员。

4月28日，县人大第十七届第二次常委会议决定任命尹世勇任县人民政府副县长（挂职），宋巍任县人民政府副县长（挂职），杨阳任县人民政府副县长（挂职），田光华任县人民政府副县长（挂职），段玉方任县教育局局长，李强武任县人民政府办公室主任，罗绍亮任县发展和改革局局长，李跃鸿任县经济贸易和信息化局局长，陈彩任县民族宗教事务局局长，丁志富任县公安局局长，胡加英任县监察局局长，骆国强任县民政局局长，文显富任县司法局局长，黄宁任县财政局局长，张发春任县人力资源和社会保障局局长，李江华任县环境保护局局长，李建勋任县住房和城乡建设局局长，赵海明任县交通运输局局长，李飞任县农业局局长，李勇任县林业局局长，雷振宇任县水务局局长，吴俣任县文体广电旅游局局长，白忠任县卫生和计划生育局局长，杨祥敏任县审计局局长，普文荣任县安全生产监督管理局局长，黄亚明任县人民政府扶贫开发办公室主任，李玉聪任县市场监督管理局局长，文增斌任县统计局局长。陈月娥免去县住房和城乡建设局局长职务，周应张免去县发展和改革局局长职务，刘铭波免去县财政局局长职务，黄宁免去县统计局局长职务。根据县人民法院院长景华提请，决定李孔俊免去元谋县人民法院副院长、审判委员会委员、审判员职务，普爱淑免去元谋县人民法院民事审判第二庭副庭长、审判员职务。

5 月 27 日，县人大第十七届第三次常委会议决定任命吴海芬为元谋县第十七届人民政府副县长、决定为代理县长；接受李林波辞去元谋县人民政府县长职务。

9 月 28 日，县人大第十七届第六次常委会议决定任命郭金华为县交通运输局局长。

11 月 27 日，县人大第十七届第七次常委会议决定李江华免去县环保局局长职务，董奎任县环保局局长；根据县人民法院院长景华提请，和跃英免去元谋县人民法院刑事审判庭庭长职务，聂华免去元谋县人民法院民事审判第一庭副庭长职务，王明刚任元谋县人民法院审判委员会委员、副院长，李大荣任元谋县人民法院审判委员会委员，聂华任元谋县人民法院刑事审判庭庭长、审判委员会委员，张汝晶任元谋县人民法院民事审判第一庭副庭长。

宣传、信访、建议案督办

【宣 传】 坚持正确的舆论导向，健全完善管理制度，加强人大宣传工作，及时安排部署和量化分解任务，推动宣传工作创新发展。2017 年共编发《元谋人大简讯》13 期，用稿 76 篇；积极向省、州媒体投稿，采用 7 篇。

【信 访】 2017 年，共接待群众来信来访 41 件 115 人次，全部信访件均及时转交有关部门办理。县人大常委会在认真做好信访接待、登记、领导批示、转交办等工作的基础上，加大对信访件办理过程的跟踪检查和督办力度，提高信访办理质量。全年信访件办结率 95% 以上。

【督办人大代表议案，建议、批评和意见】 县十七届人大一次会议收到代表 10 人以上联名提出的议案 87 件，经大会表决，其中 2 件作为议案办理，其余 85 件议案转为建议办理；收到建议、批评和意见 27 件。闭会后，及时将县十七届人大一次会议确定的 2 件议案和 107 件建议、批评、意见交县人民政府办理，5 件交县委组织部承办。在办理过程中，加大督办力度，代表议案、建议、批评和意见办理质量得到不断提高，代表面商率 100%，办结率 100%。

人大调研、检查工作

【全国人大代表杨甫旺到元谋凉山调研彝族民间文化】 5 月 8 日，全国人大代表杨甫旺一行到元谋县调研凉山乡彝族民间文化。县委常委、县委宣传部部长李盈梅等陪同调研。

【云南省人大法制委员会副主任杨祖龙等领导到元谋实地调研】 6 月 28—29 日，云南省人大法制委员会副主任委员杨祖龙、常委会法工委副主任向明等领导，在楚雄州人大常委会副主任夭建国、元谋县人大常委会主任彭寿才等领导的陪同下，到元谋县物茂乡虎跳滩土林、湾保土林、新华乡浪巴铺土林等进行实地调研，听取土林保护范围规划情况、起草工作情况汇报，对起草《元谋土林保护管理条例》作指导。

【州人大财经委周雷、预算工委付永新到元谋专题调研安全生产】 4 月 6 日，州人大财经委主任委员周雷、州人大常委会预算工委主任付永新、州安监局副局长宋兴洪等一行9人对元谋县安全生产工作进行专题调研，县人大常委会副主任郑武、县人民政府副县长尹世勇陪同调研。调研组充分肯定元谋县安全生产工作取得的成绩。

【州人大常委会选联工委郭孝益到元谋调研乡镇召开人代会工作】 4月6日，州人大常委会选联工委主任郭孝益带领调研组一行4人到元谋县就乡镇一年召开两次人代会工作进行调研，县人大常委会副主任泰焕华陪同调研。调研组要求：代表之家、代表工作站要做好巩固提升，进一步扩大乡镇一年召开两次人代会工作的覆盖面，人大代表议案、建议办理要在解决实际问题、抓好落实上下功夫，提高代表的参政议政、提议案建议的积极性。

【楚雄州人大常委会到元谋作“营改增”试点调研】 6月12日，受省人大的委托，州人大财经委员会主任委员周雷、州人大常委会预算工委主任付永新、州国税局、地税局负责人等一行7人，到元谋县对“营改增”试点推进工作情况进行专题调研，县人民政府副县长尹世勇、县人大财经委、人大常委会预算工委、县国税、地税及财政部门主要领导陪同调研。调研组一行到山东联通建工集团元谋分公司和元谋泰华经贸有限公司，仔细了解企业生产经营状况和“营改增”后企业税负情况，结合面临的困难和存在的问题以及下一步工作措施，提出具有针对性的意见和建议。周雷主任指出：继续抓好政策宣传，县国、地税在“营改增”试点工作中，要无条件提供好相应优质服务，进一步提高财税管理水平，强化对财税干部队伍自身建设。

【州人大常委会副主任夭建国到元谋调研林业产业工作】 7月12日，州人大常委会副主任夭建国带领州人大常委会农环资工委副主任华明友、州林业局副局长文萧翰一行，到元谋县调研林业产业工作。在县人大常委会副主任陈月娥及县人大常委会农环资工委、县林业局、老城乡党委政府相关领导的陪同下，调研组一行到元谋县老城乡元谋全新农建公司珍贵用材林基地进行实地调研。夭副主任一行对元谋县的林业产业发展给予充分肯定。希望元谋继续做大做强经济林果产业、珍贵用材林产业，让绿水青山真正变成能使群众增收致富的金山银山。

【县人大常委会主任彭寿才到凉山乡检查指导脱贫攻坚工作】 4月20日，县人大常委会主任彭寿才、县扶贫办主任黄亚明一行到凉山乡检查指导脱贫攻坚工作。县人大常委会主任彭寿才到活佛寺搬迁点、冷水箐行政村搬迁点和所挂包的贫困户家中调研，对搬迁点的工作给予指导，对所挂包贫困户的安居房建设、收入、医疗、享受扶贫政策帮扶等进行深入了解。对凉山乡的脱贫攻坚工作提出要求：进一步明确责任，加强督促，加快项目工程实施进度。深入农户，增进交流，力促精准施策和精准脱贫。严守纪律，强化督查，确保各项工作落到实处。

【县人大常委会副主任段光显调研防范和处理邪教工作】 4月21—26日，县人大常委会副主任段光显带领县人大常委会法工委、民工委、县防邪办、县公安局国保大队负责人深入物茂乡虎溪行政村、黄瓜园镇龙山行政村、老城乡波亨行政村、元马镇禾阳行政村调研防范和处理邪教工作。段光显副主任对存在的困难和问题提出工作意见：深化对邪教反人类、反社会、反科学本质的认识，进一步宣传发动群众，筑牢防邪反邪“防火墙”。进一步加强村组基层组织建设、领导班子建设、思想文化阵地建设，筑牢思想防线，巩固基层政权，严防邪教渗透破坏。

【县人大常委会副主任陈月娥检查安全工作】 4月24日，县人大常委会副主任陈月娥到县机关幼儿园、元马镇中心幼儿园检查安全工作。陈月娥副对幼儿园的安全工作提出要求：加强安全宣传教育工作，适时开展安全应急演练。重视食品安全工作，保证幼儿饮食安全。加强安全教育、社会公德教育，提升教育教学的社会效果，提高学生校外安全意识。

【县人大常委会副主任郑武到姜驿检查调研农村公路建设和校园安全工作】 5月23—24日，元谋县人大常委会副主任、元谋县通村公路建设项目指挥部指挥长郑武率领常务副指挥长李自扬、闻忠武、县人大常委会预算工委主任彭光海、县交通运输局思春明一行5人，到姜驿乡对正在实施的直过民族通村公路建设项目进行实地检查巡查。通过对5个路段的检查巡查，结合施工现场情况，郑武指出项目推进中存在的不足，并就做好下步工作提出了整改意见，对项目施工中的安全生产工作提出要求。同时，郑武还到姜驿乡贡茶完小对校园周边安全和食品安全进行实地检查，详细了解学生和教职工生活情况、学习情况以及工作情况，对学校安全工作提出具体要求。

【县人大常委会副主任段光显到己波龙行政村调研指导脱贫攻坚工作】 5月26日，县人大党组副书记、常委会副主任段光显到羊街镇己波龙行政村调研指导脱贫攻坚工作。段光显先后到田坝、罗纳、上己波龙村等地，走访脱贫户、详细了解贫困户的收入生活情况，与贫困户一道分析致贫原因、研究脱贫举措，实地查看村委会在建实施项目。段光显要求，全面进行深入排查，切实做到精准识别。创新方法、打破常规、灵活施策，用足用好政策，科学配置资源，切实增强贫困群众获得感。依托丰富森林资源等新优势，因地制宜，大力发展林下生态特色养殖和经济林果种植，想方设法把自然资源和森林资源转化为经济优势，千方百计增加群众收入。统筹谋划做好安居房建设、生活、就业、脱贫等配套工作。

【县人大常委会副主任段光显带队开展婚姻法执法检查】 6月12—22日，县人大常委会副主任段光显带领执法检查组一行到县人民法院、县民政局等5家单位及羊街镇、新华乡2个乡镇，以实地走访、召开座谈会方式，对元谋县贯彻实施《中华人民共和国婚姻法》情况进行执法检查。段光显副主任认真听取工作情况汇报、深入了解存在的困难和问题后，提出加大婚姻法的宣传教育力度、婚姻家庭矛盾纠纷的调处力度、养老基础设施建设力度的意见。

【县人大常委会副主任泰焕华调研指导乡镇“人大代表之家”】 7月23日，县人大常委会副主任泰焕华带领县人大常委会民工委主任文定尹、选联工委主任郭宜兵一行3人到物茂乡调研指导乡镇“人大代表之家”的巩固提升建设工作。调研中，泰焕华副主任对物茂乡人大主席团在提升“家”“站”功能、发挥“家”“站”作用方面所做的工作给予充分肯定。要求乡人大主席团进一步健全完善“人大代表之家”“人大代表工作站”运行机制，使“人大代表之家”真正成为代表学习履职的平台、联系选民的平台、交流经验的平台、展示形象的平台。在工作上支持代表履职尽责，在生活上为代表排忧解难，使人大代表真正成为人民群众的贴心代言人。

【县人大党组副书记段光显带领人大机关部分党员“七一”送温暖】 6月29日上午，县人大党组副书记段光显带领人大机关党支部部分党员走访慰问羊街镇己波龙行政村的老党员和困难党员。县人大党组副书记段光显为己波龙行政村56位党员讲授题为“话发展、感党恩、强意识”的党课。党课由己波龙村党总支书记彭增宇主持，全体党员在党旗前重温入党誓词，为段光显、张志洋、彭增宇3位在工作中涌现出的优秀共产党员颁发证书。

（文荣先）

元谋县人民政府

政务管理

【政府机构】 2017年末，元谋县人民政府工作部门24个：人民政府办公室、发展和改革局、经济贸易和信息化局、教育局、民族宗教事务局（列入政府工作部门序列，不计入政府机构个数）、公安局、监察局（与县纪委合署办公，不计政府机构个数）、民政局、司法局、财政局、人力资源和社会保障局、国土资源局、环境保护局、住房和城乡建设局、交通运输局、农业局、林业局、水务局、文体广电旅游局、卫生和计划生育局、安全生产监督管理局、统计局、市场监督管理局、人民政府扶贫开发办公室。县人民政府直属事业单位7个：供销合作社、地方志办公室、地震局、档案局（副科级）、招商局、移民开发局、保障性住房管理中心。其他机构2个：行政审批局、森林公安局。

【政府全会】 2月17日，召开十六届县人民政府第六次全体（扩大）会议。2月28日，召开十七届县人民政府第一次廉政会议。3月1日，召开十七届县人民政府第一次全体（扩大）会议。

【政府常务会】 十六届县人民政府第八十次常务会议。2月13日召开。审定《元谋县金沙江乌东德水电站建设征地移民安置项目施工总承包协议》；研究解决农产品电子商务整体托盘运营基础服务费、拨付硕红公司品牌推广补助费的有关问题；审定《元谋县滨江大道、源兴路建设项目房屋征收补偿安置方案》《元谋县滨江大道、源兴路建设项目房屋征收决定》等20项重要事项。

十六届县人民政府第八十一次常务会议。2月16日召开。审定《县人民政府关于元谋县2016年地方财政预算执行情况和2017年地方财政预算（草案）的报告（送审稿）》；审定《元谋县2016年国民经济和社会发展计划执行情况与2017年国民经济和社会发展计划（草案）的报告（送审稿）》；审定《元谋县人民政府关于政协八届四次会议政协提案办理情况的报告》等21项重要事项。

十六届县人民政府第八十二次常务会议。2月17日召开。专题研究讨论《政府工作报告（讨论稿）》。

十七届县人民政府第一次常务会议。3月28日召开。审定《元谋县规范行政审批中介服务改革实施方案（送审稿）》；审定《元谋县推进综合执法管理体制改革实施方案》；研究元谋愚公石业有限责任公司等2个采矿权协议出让的有关问题；研究解决拨付省道S227线凤仪村至京昆高速元谋收费站公路二期工程征地拆迁资金的有关问题；研究《省道S320（元谋—三岔河）S226（三岔河—祥云县界）公路改建工程可行性研究补充报告》相关技术指标的有关问题等14项重要事项。

十七届县人民政府第二次常务会议。4月20日召开。审定《元谋县开展相对集中行政审批权改革实施方案（送审稿）》；研究解决原元谋县房地产综合开发公司欠缴税款资金的有关问题；审定《元谋县县级过桥专项资金管理办法（暂行）》；研究调整机关事业单位职工死亡后遗属生活困难补助标准的有关问题等15项重要事项。

十七届县人民政府第三次常务会议。4月26日召开。审定《元谋县易地扶贫搬迁工作整改方案（送审稿）》；研究终止2016年度县城棚户区改造东南片区一期城中村建设项目农发行4亿元贷款的有关问题；研究实施元谋县2016年度县城棚户区改造东南片区一期城中村建设项目融资有关事宜等3项重要事项。

十七届县人民政府第四次常务会议。4月28日召开。研究凤凰山森林公园项目建设的有关问题；研究调整完善元谋县龙川江河道治理二期项目征地工作方案的有关问题；研究2017年一季度经济运行分析及二季度经济指标预测的有关事宜等3项重要事项。

十七届县人民政府第五次常务会议。5月11日召开。研究解决干部教育培训经费、换届工作经费、“两新”组织党组织工作经费和人才开发工作经费等有关问题；审定《元谋县“十三五”人力资源和社会保障事业发展规划》；审定《元谋县“十三五”水务发展规划》；研究解决2017年度向上游水库购水资金的有关问题等41项重要事项。

十七届县人民政府第六次常务会议。5月12日召开。研究解决工业聚集区小雷宰片区基础设施建设部分前期费和附属工程款的有关问题；研究解决楚雄州2017年一季度项目集中开工仪式和重点产业发展暨招商引资工作大会会议经费的有关问题；研究解决永广铁路元谋西客站拆迁奖励费和临时租房补助费缺口资金的有关问题；研究元谋现代种业科技园项目公益小广场道路等建设用地的有关问题等27项重要事项。

十七届县人民政府第七次常务会议。5月20日召开。听取《关于打击涉菜犯罪团伙专案的情况汇报》；研究元谋县应急处突大队建设的有关事宜；研究脱贫攻坚工作的有关问题；研究元谋傈僳族第一村——易地扶贫搬迁安置甘塘片区建设的有关问题等4项重要事项。

十七届县人民政府第八次常务会议。6月22日召开。传达学习州人民政府党组理论学习中心组2017年第四次学习会议暨全州上半年经济运行分析会议精神，研究元谋县贯彻落实意见；研究解决黄瓜园镇“9·17”特大型山洪泥石流灾害民房恢复重建缺口资金及点连行政村朱布村和海洛、大那别、小那别村地质灾害搬迁安置点建设项目等有关问题；审议《2017年机关义务植树方案》；审议《元谋县2017年二季度集中开工重点项目建议表》《元谋县2017年“七一”建党节献礼项目建议表》等5项重要事项。

十七届县人民政府第九次常务会议。6月27日召开。研究元谋县农业开发投资有限公司与元谋万汇天达果蔬开发运营有限公司共同出资成立有限责任公司的有关事宜；研究解决元谋县城市建设开发投资有限公司补缴土地出让金的有关问题；研究将能禹蔬菜批发市场两宗土地划拨给县农业开发投资有限公司的有关事宜等3项重要事项。

十七届县人民政府第十次常务会议。7月14日召开。组织学习《政府合同法律风险防控》；审议《元谋县全面推行河长制实施意见（送审稿）》；审议《元谋大型灌区丙间片11.4万亩高效节水灌溉项目展示区建设方案》；研究永广铁路元谋西火车站拆迁安置地完善基础设施配套工程的有关问题；研究解决太平洋建设集团元谋华佗工程投资有限公司部分工程款的有关问题等8项重要事项。

十七届县人民政府第十一次常务会议。8月10日召开。审议《关于元谋县深化医疗卫生体制改革工作情况报告》；审议《关于元谋县2017年上半年国民经济和社会发展计划执行情况的报告》；审议《关于元谋县2016年地方财政决算的报告》和《关于元谋县2017年上半年地方财政预算执行情况的报告》；研究保障曲靖市民族中学对口帮扶元谋县第一中学办学支教团队待遇的有关问题等6项重要事项。

十七届县人民政府第十二次常务会议。8月28日召开。组织学习行政诉讼法；研究退还元谋县工贸市场11户个体户房屋租金的有关问题；听取《关于做好迎接省环境保护督察工作的情况报告》；研究元谋县人民医院与楚雄州人民医院建立紧密型医疗联合体的有关事宜；研究元谋县易地扶贫搬迁国家贴息中长期政策性贷款政府购买服务资金列入财政预算的有关问题等8项重要事项。

十七届县人民政府第十三次常务会议。9月4日召开。审议《元谋县2016—2017学年教育工作先进个人表扬名单》；研究元谋傈僳族第一村——易地扶贫搬迁甘塘片区安置点村民小组编制的有关问题等2项重要事项。

十七届县人民政府第十四次常务会议。9月

10日召开。审议《元谋县棚户区改造县城东南片区（二期）房屋征收补偿安置方案（送审稿）》《元谋县棚户区改造县城东南片区（二期）房屋征收实施办法（送审稿）》；审议《元谋县棚户区改造县城东南片区（二期）建设项目社会稳定风险评估报告》；审议《元谋县棚户区改造县城东南片区（二期）房屋征收决定（送审稿）》3项重要事项。

十七届县人民政府第十五次常务会议。9月19日召开。组织学习《中华人民共和国环境保护法》；审议《关于元谋县2016年度县级预算执行和其他财政收支审计的工作报告》；审议《关于元谋县视频监控系统建设情况的报告》；研究元谋县2012年保障性住房A1幢房屋装修资金的有关问题；研究龙川江元谋县段河道治理江石驳岸景观建设等项目缺口资金的有关问题6项重要事项。

十七届县人民政府第十六次常务会议。9月20日召开。审议《楚雄彝族自治州元谋土林保护管理条例（草案）》和《元谋土林保护总体规划（初期成果）》；审议《关于楚雄彝族自治州元谋土林保护条例（草案）的修改意见（送审稿）》2项重要事项。

十七届县人民政府第十七次常务会议。9月28日召开。组织学习《信访条例》；审议《元谋县2017年第二批产业扶贫项目资金计划》；研究元谋县贫困对象动态管理工作质量考评等次评定有关事项；审议《元谋县骨灰公墓改造提升建设项目合作协议（送审稿）》；研究解决楚雄州规划展示馆元谋展室布展经费的有关问题等6项重要事项。

十七届县人民政府第十八次常务会议。11月5日召开。组织学习《中华人民共和国统计法实施条例》；研究2017年复员转业士官安置的有关事项；研究元谋县城市棚户区改造工作指挥部办公经费的有关问题；审议《元谋县健康扶贫精准实施方案（送审稿）》；审议《元谋县县乡村三级脱贫攻坚工作考核办法（送审稿）》；审议《2016年度综合绩效考评结果》及《2016年综合绩效考核奖金兑现方案（送审稿）》等9项重要事项。

十七届县人民政府第十九次常务会议。11月17日召开。组织学习《中华人民共和国招标投标法》；研究表扬残疾人工作先进个人和残疾人自强模范的有关事项；审议元谋县供销合作社联合社第一届社员代表大会会议方案（送审稿）；研究元谋县公安消防大队官兵荣立集体和个人三等功的有关事项等12项重要事项。

十七届县人民政府第二十次常务会议。11月28日召开。组织学习领导干部任期经济责任审计知识；审议《元谋县教育精准扶贫实施方案（送审稿）》；审议《中共元谋县委　元谋县人民政府关于深化人才发展体制机制改革的实施细则意见（送审稿）》；审议《元谋县金沙江乌东德水电站移民安置工作实施细则（送审稿）》；审议《金沙江乌东德水电站移民安置征地补偿标准（送审稿）》等7项重要事项。

十七届县人民政府第二十一次常务会议。12月15日召开。组织学习《云南省重大行政决策终身责任追究办法（试行）》；研究元谋县第一中学水路电路改造资金有关问题；研究文晓松户、李家美户国有建设用地同地类等面积置换有关问题；研究县城“多规合一”规划编制工作经费的有关问题等11项重要事项。

十七届县人民政府第二十二次常务会议。12月26日召开。组织学习《中国共产党纪律处分条例》；研究表扬2017中国·元谋果蔬节做出贡献的企业和单位及系列评比活动获奖者的有关事宜；研究购买警用车辆的有关问题；研究县城一、二、三期人居环境提升改造工程回购资金的有关问题；研究滨江大道、凤凰大道及公园水电费的有关问题等9项重要事项。

十七届县人民政府第二十三次常务会议。12

月28日召开。审议《关于政协九届一次会议提案办理情况的报告》；审议《元谋县2018年经济社会发展主要宏观调控指标建议（送审稿）》；审议《元谋县2017年国民经济和社会发展计划执行情况与2018年计划草案的报告（送审稿）》；审议2018年《政府工作报告（送审稿）》等5项重要事项。

政务活动

【政府专题会议】 1月3日，县人民政府副县长孙绍兴在县政府常务会议室，召集县发改局、县国土资源局、县林业局、县公安局、县环保局、县经信局、县市场监督管理局、县安监局、黄瓜园镇负责人，专题研究云南龙川江生物开发有限公司10万吨生物质纤维素燃烧乙醇技改项目搬迁进入工业聚集区有关工作。

1月13日，县人民政府副县长杨春茹在县政府四楼会议室，主持召开县中医院（彝医医院）建设项目工作专题会议，专题研究部署项目建设有关工作。

1月22日，县委常委、县人民政府常务副县长窦小军在县政府四楼会议室，主持召开上海市外延蔬菜生产基地（元谋）建设项目相关问题的专题会议。

2月7日，县委常委、县人民政府常务副县长窦小军在元谋现代种业科技园项目建设现场，主持召开元谋现代种业科技园项目建设相关问题的专题会议。

2月7日，县人民政府县长李林波在县委政府综合楼四楼常务会议室主持召开会议，召集相关单位专题研究金沙江干热河谷元谋生态循环经济暨精准脱贫试验区工作有关问题。

2月8日，县委常委、县人民政府常务副县长窦小军在平田乡华竹行政村大已保村项目建设点现场，召开元谋县大已保垃圾处理厂项目建设相关问题的专题会议。

2月8日，县委常委、县人民政府常务副县长窦小军在元谋县金沙江乌东德水电站建设征地甘塘移民安置点现场，召开甘塘移民安置点项目推进会议，专题研究甘塘安置点项目推进相关问题。

2月17日，受县人民政府县长、县城乡规划委员会主任李林波委托，县人民政府副县长、县城乡规划委员会副主任吴春华在县政府四楼会议室，主持召开元谋县城乡规划委员会2017年第一次会议，研究当前城乡规划工作中的若干重要事项。

3月6日，县委常委、县人民政府常务副县长窦小军组织县安监局、县水务局、羊街镇主要领导到依洒水库检查安全生产工作，并召开现场工作会议，专题研究和安排有关工作。

3月13日，县人民政府副县长吴春华在办公室召开会议，专题研究泷淇房地产项目安置地15户安置户办理土地使用证的有关问题。

3月14日，县人民政府副县长吴春华在县政府四楼会议室，召开专题会议。对2012年保障房片区、源达路东北片区、种业科技园片区路网建设项目涉及征地迁坟和输电、通信等线路迁改有关问题进行研究。

3月27日，县人民政府副县长杨阳召集县政务服务管理局、县发改局等部门相关领导，在县政府四楼小会议室召开会议，专题研究县便民服务中心建设的有关事宜。

4月5日，县委副书记、县人民政府县长李林波在老城乡把度安置点召开现场办公会，专题研究把度易地扶贫搬迁暨美丽宜居乡村相关事宜，确保按期、按质、按量完成搬迁工作。

4月7日，县委常委、县人民政府常务副县长窦小军在县政府四楼会议室，主持召开元谋金龙果蔬有限公司在邮储银行担保贷款逾期相关问题的专题会议。

4月7日，县长李林波在县政府四楼常务会

议室，召集元谋县昊远物资实业有限公司系列项目建设指挥部、元谋县通村公路路面硬化工程建设指挥部、县经信局、县安监局、县国土资源局、县环保局、县林业局、县交运局、平田乡人民政府主要领导，专题研究平田乡新昌行政村通畅工程建设临时采石点选址有关工作。

4月13日，县人民政府副县长杨春茹在县政府四楼会议室，主持召开元谋县文化馆、图书馆及报告厅装修工程和县非遗中心、县广电中心搬迁工作专题会议，专题研究解决装修工程及布展投入使用存在问题，并对文化馆、图书馆申报国家一级馆及尽快投入使用相关事项进行研究。

4月14日，县委常委、县人民政府常务副县长窦小军在县委政府综合楼四楼会议室，主持召开电子商务进农村综合示范县工作相关问题的专题会议。

4月17日，县委常委、县人民政府常务副县长窦小军在政府四楼常务会议室，召集县水务局、县教育局、县安监局、县国土资源局、县公安局、县丙巷河水库管理所、元马镇相关领导，专题研究“4·15”事件调查处置工作。

4月22日，县人民政府县长李林波在黄瓜园镇政府五楼会议室，主持召开黄瓜园镇“9·17”特大型山洪泥石流灾害民房恢复重建推进会议，专题研究黄瓜园镇“9·17”特大型山洪泥石流灾害民房恢复重建推进有关事宜。

4月25日，县人民政府县长李林波率县委政府部分班子成员及县国土局、老城乡人民政府、元谋北斗现代农业开发有限公司、云南地质工程勘察设计研究院、云南地质工程第二勘察院等单位负责人对老城乡老城等两个村土地整治（补充耕地）项目进行督查调研，并在项目指挥部主持召开现场推进会议。

5月1日，县委常委、县人民政府常务副县长窦小军在县委政府综合楼四楼会议室，主持召开了元谋县棚户区改造项目（二期）涉及的17宗国有房屋处置相关问题的专题会议。

5月5日，受县人民政府县长、县城乡规划委员会主任李林波委托，县人民政府副县长、县城乡规划委员会副主任吴春华在县政府四楼会议室，主持召开元谋县城乡规划委员会2017年第二次会议，研究当前城乡规划工作中的若干重要事项。

5月9日，县委常委、县人民政府常务副县长窦小军在县委政府综合楼四楼会议室，主持召开云南省建设投资控股集团有限公司缴纳农民工工资保证金有关问题的专题会议。

5月18日，县委常委、县人民政府常务副县长窦小军在县委政府综合楼四楼会议室，主持召开元谋县城供水改扩建工程有关问题的专题会议。

5月18日，县委常委、县人民政府常务副县长窦小军在县人民政府四楼会议室，主持召开元谋万汇果蔬博览城项目建设相关问题的专题会议。

5月23日，县委书记刁雁以电话会议形式召集县政府在家的班子成员，专题研究全县经济运行工作，会议对相关问题进行安排部署。

5月24日，县人民政府县长李林波在老城乡政府五楼会议室，召开老城乡脱贫攻坚工作推进会议，专题研究老城乡脱贫攻坚工作有关事宜。

6月2日，县委副书记夏禹、县人民政府常务副县长窦小军、副县长孙绍兴在县人民政府四楼常务会议室，召集县水务局、县国土资源局、县环保局、县国投公司、黄瓜园镇人民政府、江边乡人民政府主要领导，专题研究雷布大箐口至大树村上水坝河段进行疏浚治理相关工作。

6月14日，县人民政府副县长丁志富、孙绍兴在县人民政府常务会议室，召集县市场监督管理局、县经信局、县环保局、县安监局、县水务局、县住建局、县人社局、县供电公司、黄瓜园镇、元谋土林建材有限责任公司负责人，专题研究元谋土林建材有限责任公司无证生产销售水泥产品有关工作。

6月15日，县委常委、常务副县长窦小军在元谋土林建材有限公司黄瓜园第二生产线会议室召集县经信局、县发改局、县财政局、县市场监督管理局、黄瓜园镇人民政府、元谋土林建材有限责任公司、元谋远东水泥有限公司负责人，专题研究水泥行业置换过剩产能现场核实工作。

6月23日，县人民政府副县长周应张在县委政府综合楼五楼会议室，主持召开专题会议，研究元谋县拆违治违工作中涉及单位及个人违法搭建屋顶彩钢瓦（石棉瓦）拆除整治相关问题。

6月26日，县委常委、常务副县长窦小军在县政府综合楼四楼会议室，主持召开元谋万汇果蔬博览城项目区办理相关许可有关问题的专题会议。

6月27日，县委常委、县人民政府常务副县长窦小军在县人民政府四楼会议室，召集相关单位负责人，专题研究非煤矿山转型升级工作。

6月30日，县人民政府副县长周应张在县政府四楼会议室，召集县国土局、元谋北斗现代农业开发有限公司相关领导，召开老城乡老城等2个村土地整治补充耕地项目推进协调会。

7月4日，县人民政府副县长孙绍兴在县人民政府四楼常务会议室，召集县经信局、县住建局主要领导，专题研究元谋县小雷宰工业聚集区标准厂房及综合服务中心建设项目有关工作。

7月7日，县人民政府副县长周应张在元谋大酒店开元厅，召集县发改局、县财政局、县住建局、县国土局、县交运局等部门和元马镇相关领导，召开永广铁路元谋西客运站建设相关工作专题会议。

7月20日，县委常委、常务副县长窦小军在县政府综合楼四楼会议室，主持召开云南楚雄国家农业科技园区元谋核心区建设验收工作有关问题的专题会议。

7月27日，县委常委、常务副县长窦小军在县政府综合楼四楼会议室，主持召开元谋县乌东德水电移民4家工程总承包单位在元谋县成立公司等相关问题的专题会议。

8月3日，县委常委、县人民政府党组副书记祖凌，县人民政府副县长周应张，在县政府综合楼四楼会议室，主持召开元谋县城乡规划领导小组会议。

8月14日，县人民政府副县长吴春华在办公室主持召开会议，专题研究源达路片区保障性住房幼儿园使用权移交的有关问题。

8月18日，县人民政府副县长周应张在县政府四楼政府常务会议室，召集县国土局、县住建局等部门相关领导召开专题会议，研究2016–ym–32–1号、2016–ym–32–2号宗地规划经济技术指标出具相关工作。

8月22日，县人民政府副县长周应张在元谋万汇果蔬博览城工程建设指挥部会议室，召集县国土局、县住建局、元马镇、果蔬博览城工程建设指挥部相关领导，主持召开专题会议，研究解决元谋万汇果蔬博览城项目一期安置地相关问题。

8月23日，县人民政府副县长孙绍兴在平田乡人民政府二楼小会议室，召集县经信局、县环保局、县安监局、县林业局、县国土局、平田乡人民政府、友联采石场主要负责人，专题研究平田友联采石场升级改造有关工作。

8月29日，县人民政府副县长杨阳在县政府四楼会议室，召集相关单位，专题研究县委党校改扩建项目施工单位招投标工作。

9月18日，县人民政府副县长孙绍兴在县人民政府常务会议室召集县经信局、县环保局、县安监局、县财政局、县市场监督管理局、县发改局、黄瓜园镇人民政府、元谋土林建材有限责任公司主要负责人，专题研究元谋土林建材有限责任公司粉磨站试生产有关工作。

9月21日，县人民政府副县长周应张在县发改局四楼会议室，主持召开专题会议，研究楚雄浦发扶贫发展基金姜驿乡整乡推进项目资金使用整改的相关事项。

9月25日，县委常委、县人民政府常务副县长、县金沙江乌东德水电站建设征地移民安置工作总指挥长祖凌在县金沙江乌东德水电站建设征地移民安置工作总指挥部一楼小会议室，主持召开县人民政府专题会议，研究乌东德电站水库移民安置项目耕地占用税缴纳问题。

10月10日，在县人民政府五楼会议室，召集相关部门领导召开元马镇等10个乡镇土地利用总体规划调整完善成果听证会。县人民政府副县长周应张作为听证主持人出席会议。

10月12日，县人民政府副县长张荣在县交运局二楼会议室，召集国道108公路元谋过境段改造工程建设指挥部、县交通运输局、县国土局、县住建局、县水务局、元马镇等单位负责人，专题研究国道108公路元谋过境段改造工程项目建设工作中存在的困难，并就有关问题达成一致意见。

10月16日，县人民政府副县长孙绍兴在四楼常务会议室，召集县经信局、县财政局、县妇联、县人社局、县市管局、县工商联、团县委、县农业局、县信用联社、邮储银行、富滇银行负责人，专题研究2017年微型企业培育有关工作。

10月17日，县人民政府副县长周应张，县人大副主任、县果蔬博览城工程建设指挥部指挥长段光显在县委政府综合楼三楼常委会会议室，主持召开专题会议，研究元谋万汇果蔬博览城项目区办理相关许可证等有关问题。

10月20日，县人民政府县长吴海芬，县人大常委会主任、元谋古人类历史文化旅游项目建设指挥部指挥长彭寿才率县法院、县发改局、县住建局、县国土局、县民政局、县林业局、县水务局、县供电公司、元马镇政府、古人类项目办、云南凤凰文旅集团有限公司等部门主要领导及相关人员对“元谋人”远古小镇创建全省一流特色小镇工作进行实地调研，并召开现场推进会议。

11月14日，县人民政府县长吴海芬在县委政府综合楼四楼常务会议室，主持召开会议，召集相关部门负责人，专题研究元马镇凤凰大道热水塘村段提升改造项目有关工作。

11月15日，州质量技术监督局副局长陈春富、县人民政府副县长孙绍兴在县市场监督管理局三楼会议室，召集楚雄州质量技术监督综合检测中心、元谋县市场监管局、元谋县蔬菜有限责任公司、元谋县元马阮爱云果蔬保鲜用冰加工厂、元谋县利明脱水蔬菜有限责任公司、云南元谋闽中食品有限公司负责人，专题研究元谋县蔬菜有限责任公司、元谋县元马阮爱云果蔬保鲜用冰加工厂、元谋县利明脱水蔬菜有限责任公司、云南元谋闽中食品有限公司涉氨制冷安全隐患整改有关工作。

11月15日，县委常委、县人民政府副县长祖凌，县人民政府副县长周应张，在县政府四楼会议室主持召开会议，专题研究元谋县金沙江乌东德水电站项目移民迁建和专项设施复改建用地有关问题。

11月28日，县委副书记、县人民政府县长吴海芬，县人大常委会主任彭寿才，县人民政府副县长吴春华，实地调研“元谋人”远古小镇项目推进情况并召开现场推进会，专题研究“元谋人”远古小镇项目推进工作。

12月1日，县人民政府副县长吴春华率县国土局、县民政局、县地震局、县公安局、姜驿乡人民政府、县易地扶贫搬迁甘塘片区项目建设指挥部相关领导，元谋新兴建设有限责任公司、昆明钢泰钢结构工程有限公司施工现场负责人，云南国开建设监理咨询有限公司现场负责人，实地督查易地扶贫搬迁甘塘片区E组团民房建设工作开展情况，并召开现场推进会议。

12 月 17 日，县人民政府副县长孙绍兴在四楼常务会议室，召集县经信局、县市管局、县发改局、县人社局、县地税局、县环保局、县安监局、县财政局、黄瓜园镇、元谋土林建材有限责任公司、元谋远东水泥有限公司负责人，专题研究元谋土林建材有限责任公司淘汰退出水泥熟料产能工作。

12 月 28 日，县委常委、县人民政府常务副县长、县金沙江乌东德水电站建设征地移民安置工作总指挥部总指挥长祖凌在江边乡人民政府小会议室，主持召开专题会议，专题研究协调金沙江乌东德水电站移民户籍相关政策。

【政府重要活动】 1 月 9 日，元谋县人民政府集中与上海客商在元注册的元谋德仁混凝土有限公司签订《年产 80 万立方米商品混凝土生产线项目投资合作协议》、与上海客商在元注册的元谋南新管业有限公司签订《新型聚乙烯管材生产项目投资合作协议》、与中石油昆仑公司在元注册的元谋泉海燃气有限公司签订《220 万立方米 LPC 储配站建设项目投资合作协议》。

1 月 18 日，元谋县 2017 年文化科技卫生“三下乡”活动启动仪式在新华乡举行。

1 月 18 日，元谋县高标准农田建设工程项目开工建设。

1 月 19 日，元谋县在江边乡中村村委会举办“农村劳动力转移就业百日行动专场招聘会”，本次招聘会提供就业岗位 300 余个，共吸引返乡农民工 400 余人参加。

2 月 17 日，上海江桥公司党委书记葛金德一行 5 人到元谋进行投资考察。考察团一行分别对宏旭果蔬有限责任公司、东方红葡萄基地、小丙令科技示范园、能禹蔬菜批发市场等进行考察。此次对元谋进行考察，旨在寻求建设果蔬外援基地，为公司提供稳定且高品质的果蔬。

2 月 24 日，元谋县成为全国第一家开通医疗保险异地联网结算的县级城市。

2 月 24 日，元谋县永定河河道治理工程、元谋县蜻蛉河河道治理工程集中开工建设。

3 月 5 日，元谋县举办 2017 年“春风行动”暨“转移就业百日行动”招聘会。

3 月 15 日，关立彤副州长出席元谋机场通用航空验证性飞行活动。

3 月 18 日，十一届全国政协原副主席陈宗兴出席元谋县 2017 互联网 + 现代农业产业发展研讨会，副州长马闻深入元谋县指导相关工作。

3 月 18 日，元谋县人民政府和富顺县人民政府在元谋举行招商项目推介洽谈会。

3 月 19 日，元谋建科国际城房地产开发项目开工建设。

3 月 20 日，元谋县彝医医院业务用房建设项目开工建设。

3 月 22—23 日，州安委会督查组到元谋检查督查工作。督查组由州交运局牵头，组织了交通、运政等专家一行 6 人。深入交通、住建、交警、运政、消防、客运站等部门和元谋古人类历史文化旅游项目建设工地、108 国道改造工程、江边水上交通安全现场检查督查，并提出了有关整改要求。

3 月 28 日，2016 年度全省综合考评第三考评组到元谋县实地考评“三农”综合发展和全面深化改革工作。考评组一行在县委副书记周海，县委副书记、县驻村扶贫工作队总队长夏禹，县委常委、常务副县长窦小军，副县长、县驻村扶贫工作队副总队长尹世勇及县农办、县委改革办相关负责人的陪同下，深入乡镇及各项目点进行了实地考评。通过实地检查和查阅档案资料，省考评组充分肯定了元谋县“三农”综合发展和全面深化改革工作取得的成效。

3 月 31 日，在元谋傈僳族第一村暨生态农业示范园项目所在地老城乡甘塘安置点举行元谋县一季度集中开工项目仪式。州委书记带队的第 1

组（全体州级领导）和州长杨斌带队的第2组（9名县市领导）出席开工仪式。一季度项目集中开工仪式结束后，州级领导前往元谋县古人类历史文化项目调研点督查元谋县已开工项目。

3月31日，楚雄州重点产业发展暨招商引资工作大会在元谋县召开。州委副书记、州长杨斌主持会议。

4月5日，“元谋绿色果蔬”众创空间在元谋县农业开发投资有限公司挂牌。

4月10日，省政府旅游文化产业发展督导组到元谋县调研督导元谋古人类历史文化旅游项目。在副县长吴春华及相关部门负责人陪同下，督导组一行深入元谋古人类历史文化旅游项目建设现场，详细了解项目建设推进情况。通过实地调研和听取工作汇报后，督导组充分肯定元谋古人类历史文化旅游项目建设所取得的成绩。

4月14日，楚雄州首支旅游警察队伍在物茂土林风景区挂牌成立。

4月22日，元谋县北京招商引资推介会在北京慧峰集团总部成功举行，成功签约12个项目。

5月11日，元谋县颁发了首张“云南省食品生产加工小作坊登记证”。

5月13日，元谋县彝族（北部方言）民俗文化传承保护协会成立。

6月9日，科技入楚考察团到元谋县考察调研。在副县长周应张及县级相关部门负责人的陪同下，考察团先后到云南浙滇农业开发有限公司、县农业综合开发科技示范园及云南元谋现代种业园区进行实地考察。详细听取各企业相关情况介绍，了解企业在科技投入、技术创新、产品研发等方面情况。考察团表示，将不断深化与元谋县的合作交流，把更多资源集聚到元谋，共同推动元谋县经济社会又好又快发展。

6月9日，州稳增长等重点工作督查组到元谋县督查相关工作。副县长周应张就元谋当前重点工作、重点项目建设情况进行了汇报。针对督查中发现的问题，督查组要求，在推进稳增长工作中，研判要精准、预警要及时、对策措施要有针对性，经济运行分析要全面细致，要进一步强化责任意识和攻坚意识，切实把思想和行动统一起来，扎实推进五大攻坚工程和十大专项行动工作的落实。

6月11日，云南省大坝建安中心专家组洪世兴一行到元谋县坛罐窑水库检查大坝安全蓄水工作情况，并在现场召开业主、监理、各施工单位参加的首次碰头会。专家组一行到大坝、溢洪道、检修闸、工作闸、大坝内外护坡、水情测报系统测站、大坝观测设施等工程部位的施工现场进行检查，并就工程建设情况与施工单位进行沟通和了解。

6月12日，元谋县农业局组织3家农业企业参加在昆明滇池国际会展中心举行的2017南亚东南亚国家商品展暨投资贸易洽谈会。

6月21日，元谋县行政审批局举行揭牌仪式、标志着元谋县“一站式办理、一条龙服务、一枚印章管审批”的相对集中行政审批权改革正式全面启动。

同日，苏宁控股集团云南苏宁云商销售有限公司到阿郎太保希望小学开展公益活动。

6月22日，昆明市委农办副主任魏乾带领由市委农办、市农业局、市扶贫办和东川区、禄劝县、寻甸县、倘甸和轿子山区农办、农业局、扶贫办负责人组成的考察团，到元谋县考察农业产业发展情况和脱贫攻坚推进情况。考察团一行在州委政研室、农办副主任李继云和县委副书记、县驻村扶贫工作队总队长夏禹以及县农办、农业局、扶贫办相关负责人的陪同下，到元谋县易地扶贫搬迁指挥部老城乡甘塘片区——元谋傈僳族第一村、老城乡王丙庄火龙果示范种植基地、黄瓜园镇东方红千亩葡萄连片示范基地、元谋电商运营中心开展实地考察。通过实地调研和听取相关情况介绍后，昆明市考察团对元谋农业产业发展和脱贫攻坚工作给予高度评价。

6月27日，元谋县召开2017年元谋环保世纪行活动启动会议。

6月27日，州政府检查组就元谋县2017年度地震应急准备工作进行检查。在副县长周应张及相关部门负责人的陪同下，州检查组先后深入到元马镇幼儿园、县民政局、消防大队及泷淇·紫溪苑就防震减灾知识宣传、救灾物资储备、应急队伍和救援装备、应急逃生通道及避难场所等情况进行实地检查。实地检查和听取汇报后，检查组对元谋地震应急准备工作给予充分肯定。要求在下步工作中，加强各部门间的应急演练、加强专业应急救援队伍建设、地震应急预案修订、地震应急信息报送和应急知识宣传教育。

6月28日，元谋县易地扶贫及乌东德水库移民搬迁甘塘片区学校基础设施建设项目开工建设。

6月29日，元谋县在县图书馆报告厅召开2017年上半年重点项目建设新闻发布会。

同日，楚雄军分区邀请楚雄州人民医院和楚雄现代妇产医院的医疗专家组成医疗队，深入平田乡新康行政村开展“庆七一感恩党、帮贫困解忧难、送医送药送健康”义务巡诊活动。

7月7日，元谋县举办2017年招商引资推介暨项目集中签约仪式。常务副县长窦小军、副县长孙绍兴代表元谋县人民政府与北京慧峰建设集团股份有限公司等企业就元谋傈僳族第一村特色小镇建设、元马古镇基础设施建设、元谋县有机农业水肥一体化高新科技立体综合建设等17个项目共计投资47.49亿元，完成签约。

7月23日，省、州有关部门领导及省内外专家学者、省旅游商会及部分企业负责人代表参加元谋县创建省级全域旅游示范县工作推进会议，并作主题发言。

7月28日，第二批项目集中开工仪式在工业聚集区（小雷宰片区）举行。

8月8日，2017年“动感云南·我要上全运”全民健身日及全国健身气功交流展示系列活动大赛云南预赛暨云南省第四届视频大奖赛元谋县分赛区活动启动。

8月9日，元谋县县城东南片区（二期）棚改工作正式启动。

8月15日，元谋县作家协会举办首届文学沙龙。

9月21日，楚雄州人民医院与元谋县人民医院共建紧密型医疗联合体。

9月29日，省中低改办副处长赵家洪一行在州中低改办农村经济发展科科长廖向刚、县人民政府副县长张荣和县中低改办负责人的陪同下，到物茂乡物茂行政村督查土地整治占补平衡项目建设情况和黄瓜园镇点连青枣种植园区查看效益发挥情况。在督查过程中，县人民政府副县长张荣对元谋县物茂乡芝麻等2个村土地整治项目工作做汇报。督查组一行通过看现场、与当地干部交流后，对元谋县中低产田地改造工作给予充分肯定。表示下步将邀请省级新闻媒体到元谋拍摄一期中低产田地改造专题片，把元谋的典型经验及做法进行推广。

10月9—10日，州安委会明察暗访组由州安监局副局长符洪彩带队，到元谋明察暗访安全生产大检查工作。明察暗访组按有关要求，采取“四不两直”方式，深入楚雄鹿城大厦实业有限公司元谋商场、发祥加油站、元谋愚公石业有限责任公司香水箐石料供应站、元马镇、元谋县交通运输局，对安全生产大检查工作进行明察暗访。在工作检查中，明察暗访组不打招呼，直奔单位、直插现场，不听汇报，通过认真察看现场、仔细查阅资料、详细询问情况，深入查找问题、检查隐患；同时按照曝光一批重大事故隐患和严重违法违规行为的要求，邀请元谋电视台一同进行了检查曝光。

10月12日，省公安厅交警总队副总队长刘刚带领总队事故处副处长李加勇、交警总队高速公路交巡警支队副支队长李晓宇深入元谋督导检查十九大安保维稳工作。楚雄州公安局十九大安保工作督导组组长李珉等领导陪同检查，县公安局党委班子成员、交警大队、国保大队及县局十九大安保指挥部工作人员参加督导检查反馈会。通过督导检查交警大队、刑侦大队工作、听取汇报和查阅相关工作台账的方式，刘刚对元谋县十九大安保维稳工作的开展情况给予了高度的肯定和评价。

10 月 16 日，第三批项目集中开工仪式在元马镇凤凰山元谋县“元谋人”远古小镇举行。

10 月 23 日，元谋县测土配方施肥项目顺利通过省州验收。

10 月 26 日，元谋县农技专家服务站在县科协挂牌成立。

10 月 28 日，元谋县被省委省政府评定为全省 2016 年“县域跨越发展进位县”。

11 月 6 日，州委副书记、代理州长迟中华带领州交运局、州环保局、州河长办等部门负责人深入元谋县金沙江流域（元谋段）实地巡查，落实河长巡查制度，对河长制工作开展情况进行督察指导。

11 月 8 日，元谋县召开“2017—2018 蔬菜上市交易启动会”。

11 月 14 日，楚雄州 2017 年液氨泄漏事故应急处置演练在元谋利明脱水蔬菜有限责任公司举行。

11 月 16 日，2017 云南·元谋首届蔬菜种业博览会在元谋县现代种业科技园举行。

11 月 23 日，元谋县召开关于中央电视台到元谋县拍摄《中国影像志·元谋篇》工作协调会。

11 月 28 日，元谋县脱贫攻坚义务诊疗服务队成立。

11 月 30 日，省十二届人大常委会第三十八次会议批准《楚雄彝族自治州土林保护管理条例》，12 月 4 日正式公布，自 2018 年 1 月 1 日起施行。

12 月 14 日，元谋县人民医院通过中国胸痛中心（基层版）认证。

12 月 23 日，2017 中国·元谋果蔬节开幕。同日，“2017 中国·元谋果蔬节”招商引资推介暨项目集中签约仪式在元谋县举行，14 个项目成功签约，总投资 21.4 亿元。

12 月 27 日，楚雄州创伤急救治疗中心元谋县分中心分别在元谋县人民医院、元谋县中医医院正式挂牌成立。

政务决策

【上行报告】 1 月 11 日，县人民政府向楚雄高速公路路政管理大队上报《元谋县人民政府关于 G5 京昆高速元谋联络线增设平交道口等有关问题的情况报告》。

1 月 24 日，县人民政府向州财政局上报《元谋县人民政府关于报送 2016 年度财政决算报表的报告》。

1 月 25 日，县人民政府向省人民政府教育督导委员会办公室上报《元谋县人民政府关于义务教育经费下拨情况的报告》。

2 月 24 日，县人民政府向省发改委稽察组上报《元谋县人民政府关于对省稽察 2014—2015 年社会事业项目发现问题整改落实情况的报告》。

2 月 27 日，县人民政府向州特大洪涝泥石流滑坡灾害恢复重建工作统筹协调督促领导小组办公室上报《元谋县人民政府关于“9·17”特大型山洪泥石流灾害灾后民房恢复重建规划增减调整情况的报告》。

3 月 9 日，县人民政府向州审计局上报《元谋县人民政府关于元谋县 2016 年保障性安居工程实施情况审计报告（征求意见稿）回复意见的报告》。

3 月 10 日，县人民政府向州人民政府上报

《元谋县人民政府关于财政预决算真实性情况自检自查的报告》。

3 月 20 日，县人民政府向州人民政府上报《元谋县人民政府关于义务教育均衡发展督导评估自查情况报告》。

4 月 1 日，县人民政府向州人民政府教育督导室上报《元谋县人民政府关于义务教育发展基本均衡县督导评估自评情况的报告》。

4 月 7 日，县人民政府向国务院扶贫开发领导小组办公室上报《元谋县人民政府关于脱贫攻坚工作开展情况的报告》。

4 月 7 日，县人民政府向州财政局上报《元谋县人民政府关于全面清理规范收费政策情况的报告》。

4 月 10 日，县人民政府向州财政局上报《元谋县人民政府关于申报 2017 年村级“四位一体”建设试点项目的报告》。

4 月 12 日，县人民政府向州财政局上报《元谋县人民政府关于申报 2017 年新增债券项目资金需求的报告》。

4 月 12 日，县人民政府向省国土资源厅上报《元谋县人民政府关于元谋县平田乡挨昌村建筑用花岗岩矿采矿权办理有关问题的情况报告》。

4 月 20 日，县人民政府向州特色小镇发展领导小组办公室上报《元谋县人民政府关于上报特色小镇创建方案的报告》。

4 月 20 日，县人民政府向州审计组上报《元谋县人民政府关于 2016 年保障性安居工程审计存在问题整改情况报告》。

5 月 12 日，县人民政府向州特大洪涝泥石流滑坡灾害恢复重建工作统筹协调督促领导小组办公室上报《元谋县人民政府关于未按时完成元谋县“9 · 17”特大型山洪泥石流灾害民房恢复重建规划的情况报告》。

5 月 17 日，县人民政府向州人民政府上报《元谋县人民政府关于〈2016 年度相关县市大中型水库移民后期扶持规划实施情况稽查整改的意见和稽查报告〉中指出问题整改情况的报告》。

6 月 3 日，县人民政府向州信访联席办上报《元谋县人民政府关于老城乡库南行政村牛筋树村村民刘德仓信访事项的办理情况报告》。

7 月 2 日，县人民政府向州安全生产监督管理局上报《元谋县人民政府关于尾矿库问题整改情况的报告》。

7 月 21 日，县人民政府向州财政局上报《元谋县人民政府关于进一步规范政府举债融资行为整改工作的报告》。

8 月 18 日，县人民政府向州审计局上报《元谋县人民政府关于 2016 年特大洪涝泥石流滑坡灾害恢复重建和生活救助资金专项审计调查存在问题整改的报告》。

8 月 22 日，县人民政府向州非煤矿山转型升级工作联席会议办公室上报《元谋县人民政府关于调整非煤矿山转型升级四个一批的报告》。

8 月 30 日，县人民政府向州人民政府上报《元谋县人民政府关于元谋县医疗保险基金筹集管理使用情况和 2016 年度保障性安居工程审计查出问题整改落实情况的报告》。

9 月 5 日，县人民政府向州老年人体育协会上报《元谋县人民政府关于承办 2017 年楚雄州第七届老年人运动会网球、乒乓球比赛项目的报告》。

9 月 13 日，县人民政府向中国长江三峡集团公司移民工作局上报《元谋县人民政府关于缴纳 2017 年度金沙江乌东德水电站耕地占用税的报告》。

9 月 22 日，县人民政府向州财政局上报《元谋县人民政府关于政府购买服务情况全面摸底排查整改的报告》。

9 月 26 日，县人民政府向州财政局上报《元谋县人民政府关于财政专项扶贫资金结余结转整改情况的报告》。

10月11日，县人民政府向州财政局上报《元谋县人民政府关于上报姜驿乡贡茶等三个行政村为2018年村级“四位一体”建设试点项目的报告》。

10月11日，县人民政府向州人民政府上报《元谋县人民政府关于2016年度省级预算执行和其他财政收支审计查出问题整改落实情况的报告》。

10月24日，县人民政府向州教育局上报《元谋县人民政府关于全面改善贫困地区义务教育薄弱学校基本办学条件自检自查报告》。

11月16日，县人民政府向州财政局上报《元谋县人民政府关于申报2018年地方政府债券需求的报告》。

11月16日，县人民政府向州财政局上报《元谋县人民政府关于申报2018年地方政府债券需求的报告》。

12月4日，县人民政府向州教育局上报《元谋县人民政府关于普通高中建档立卡贫困户减免学杂费和助学金国家审计署反馈情况核实和整改工作情况报告》。

12月15日，县人民政府向州人民政府上报《元谋县人民政府关于元谋县金沙江乌东德水电站建设征地移民安置工作维稳形势的报告》。

12月19日，县人民政府向州人民政府上报《元谋县人民政府关于元谋县金沙江乌东德水电站建设征地移民安置工作开展情况的报告》。

12月22日，县人民政府向州农业局上报《元谋县人民政府关于元谋现代冬早蔬菜及热带水果产业园建设项目实施方案的报告》。

12月15日，县人民政府向州人民政府上报《元谋县人民政府关于元谋县金沙江乌东德水电站建设征地移民安置工作维稳形势的报告》。

【专项请示】 1月5日，县人民政府向州人民政府上报《元谋县人民政府关于给予元谋县政务服务中心信访接待场所建设项目审批立项的请示》，请求州人民政府帮助协调给予元谋县政务服务中心信访接待场建设项目审批立项。

1月5日，县人民政府向州人民政府上报《元谋县人民政府关于中共元谋县委党校基础设施建设项目可行性研究报告评审的请示》，请求州人民政府委托职能部门对中共元谋县委党校基础设施建设项目可行性研究报告组织专家评审。

1月6日，县人民政府向州人民政府上报《元谋县人民政府关于解决元谋县项目前期工作经费的请示》，请求州人民政府给予帮助解决元谋县项目前期工作经费1000万元。

1月6日，县人民政府向州人民政府上报《元谋县人民政府关于帮助协调解决元谋县11.4万亩高效节水主管道横穿G5京昆高速桥洞和108国道的请示》，请求帮助协调解决元谋县11.4万亩高效节水主管道横穿G5京昆高速桥洞和108国道。

1月6日，县人民政府向楚雄州惠彝城乡建设投资有限公司上报《元谋县人民政府关于向楚雄州惠彝城乡建设投资有限公司借款的请示》，申请流动资金借款800万元，借款期限2年，按季结息，到期后按时还本付息。

2月6日，县人民政府向州人民政府上报《元谋县人民政府关于元谋县土地利用总体规划（2010—2020年）调整完善方案的请示》，请求给予审查，并给予转报省人民政府审批。

2月9日，县人民政府向州人民政府上报《元谋县人民政府关于帮助解决姜驿街至四川黎洪交界公路路面改造资金的请示》，请求帮助协调解决路面改造缺口资金924万元。

2月9日，县人民政府向云南省公路开发投资有限公司上报《元谋县人民政府关于G5京昆高速（元谋县城段）跨龙川江桥进行亮化和彩绘的请示》，请求同意元谋县对G5京昆高逗（元谋县城段）跨龙川江桥进行亮化和彩绘，并对申报项目审批费用给予减免。

2月10日，县人民政府向云南电网有限责任公司楚雄供电局上报《元谋县人民政府关于请求尽快协调落实元谋县古人类历史文化旅游项目区供电项目的请示》，请求帮助向省公司汇报加快新建10千伏供电线路项目审批和前期工作进度，争取项目计划早日下达，早日建成投运。

2月10日，县人民政府向中国农业发展银行楚雄州分行上报《元谋县人民政府关于请求调整元谋县2016年度县城棚户区改造东南片区一期城中村建设项目融资资金使用用途的请示》，申请调整元谋县城棚户区改造东南片区一期城中村建设项目融资贷款资金使用用途，将已通过省农发行贷审会批准的4亿元贷款由安置房建设调整为元谋县城棚户区改造东南片区城中村建设项目货币化安置。

2月17日，县人民政府向省扶贫开发领导小组办公室上报《元谋县人民政府关于请求将元谋县江边乡盐水井行政村列为贫困行政村的请示》，请求将盐水井行政村列为贫困行政村实施精准帮扶。

3月1日，县人民政府向州林业局上报《元谋县人民政府关于请求实施2017年度州级机关义务植树项目的请示》，请求将2017年度州级机关义务植树项目安排在元谋县凤凰山森林公园主景区243亩地块实施。

4月1日，县人民政府向州林业局上报《元谋县人民政府关于请求解决2017年度州级机关义务植树项目建设资金的请示》，请求帮助解决2017年度州级机关义务植树项目建设资金818.39万元。

4月1日，县人民政府向州人民政府上报《元谋县人民政府关于楚雄至攀枝花天然气管道工程勐冈河跨越工程建设有关问题的请示》，请求州人民政府帮助元谋县与中石油集团、川港燃气股份有限公司对接、协调、沟通，力争勐冈河跨越工程建设能够满足当地群众出行和车辆通行需求。

4月1日，县人民政府向州政府教育督导室上报《元谋县人民政府关于对县域内义务教育基本均衡县复评的请示》，请求对元谋县义务教育基本均衡发展工作进行督导复评。

4月10日，县人民政府向州人民政府行政审批改革办公室上报《元谋县人民政府关于审定元谋县城市管理综合行政执法体制改革实施方案的请示》，请求审定《元谋县城市管理综合行政执法体制改革实施方案》。

4月10日，县人民政府向州人民政府行政审批改革办公室上报《元谋县人民政府关于审定元谋县规范行政审批中介服务改革实施方案的请示》，请求给予审定《元谋县规范行政审批中介服务改革实施方案》。

4月20日，县人民政府向州人民政府行政审批改革办公室上报《元谋县人民政府关于划转县人民政府行使行政审批事项的请示》，请求给予审定《元谋县人民政府关于划转县人民政府行使行政审批事项》。

4月20日，县人民政府向州人民政府行政审批制度改革办公室上报《元谋县人民政府关于审定元谋县开展相对集中行政审批权改革实施方案的请示》，请求给予审定该实施方案。

4月27日，县人民政府向州人民政府上报《元谋县人民政府关于请求转报特色小镇创建方案的请示》，请求给予审查，并请给予转报省特色小镇发展领导小组办公室。

5月10日，县人民政府向云南红塔集团楚雄卷烟厂上报《元谋县人民政府关于请求帮助解决姜驿乡脱贫攻坚帮扶资金的请示》，请求帮助解决脱贫帮扶资金100万元。

5月12日，县人民政府向州人民政府上报《元谋县人民政府关于调整划定火化区的请示》，请求对元谋县火化区调整划定方案进行审查并上报省级审批。

5月24日，县人民政府向州人民政府上报《元谋县人民政府关于请求解决元谋县姜驿脱贫攻坚乡至四川黎洪交界公路路面改造工程建设资金的请示》，请求帮助协调解决路面改造工程建设资金924.43万元。

6月4日，县人民政府向州人民政府上报《元谋县人民政府关于请求帮助协调解决元谋县凉山乡至武定县白环公路连接线路面工程建设资金的请示》，请求帮助协调解决项目建设资金780万元。

6月6日，县人民政府向州财政局上报《元谋县人民政府关于上报2017年扶持村级集体经济发展试点项目实施方案的请示》，请求给予审核该实施方案。

6月25日，县人民政府向州人民政府上报《元谋县人民政府关于帮助解决元谋县乌东德水电站建设移民迁复建项目新增城乡建设用地指标的请示》，请求帮助协调解决，元谋县金沙江乌东德水电站建设项目涉及元谋县移民迁建和专项设施复（改）建用地规划新增城乡建设用地指标123.58公顷，并纳入本轮土地利用总体规划调整。

6月29日，县人民政府向省移民开发局上报《元谋县人民政府关于帮助解决金沙江乌东德水电站建设Ⅱ类移民项目缺口资金的请示》，请求帮助协调解决项目缺口资金7.44亿元。

7月10日，县人民政府向省林业厅上报《元谋县人民政府关于请求解决元谋绿电新能源开发有限公司河外二期农光互补并网光伏电站项目占用元谋县林地指标的请示》，请求帮助解决项目林地使用指标30.7公顷。

7月10日，县人民政府向省林业厅上报《元谋县人民政府关于请求解决元谋惠光光伏发电有限公司物茂乡芝麻村农牧综合利用并网光伏电站项目占用元谋县林地指标的请示》，请求帮助解决并网光伏电站项目林地使用指标97.51公顷。

7月16日，县人民政府向州人民政府上报《元谋县人民政府关于举办首届云南·元谋蔬菜种业博览会有关事项的请示》，请求同意云南省农业厅和楚雄州人民政府共同作为主办单位，联合主办首届云南·元谋蔬菜种业博览会。

8月4日，县人民政府向州扶贫开发领导小组办公室上报《元谋县人民政府关于请求对元谋县涉及乌东德水电站建设移民安置村组暂不列入脱贫考核的请示》，请求在对元谋县进行脱贫退出考核评估时，对涉及乌东德水电站建设移民搬迁安置的28个自然村暂不纳入贫困退出考核范围，待2019年6月完成移民安置后再列入考核评估范围。

8月4日，县人民政府向州扶贫开发领导小组办公室上报《元谋县人民政府关于请求调整元谋县姜驿乡整乡贫困退出时间的请示》，请求将元谋县姜驿乡整乡贫困退出时间调整为2018年底。

8月12日，县人民政府向州人民政府上报《元谋县人民政府关于报请审查"元谋人"远古小镇发展总体规划和修建性详细规划的请示》，请求州人民政府给予审查。

8月25日，县人民政府向州统计局上报《元谋县人民政府关于协调省统计局将元谋县金沙江乌东德水电站建设征地移民安置工程投资额划拨给元谋县统计的请示》，请求州统计局向省统计局协调将金沙江乌东德水电站项目在元谋县境内建设投资情况（移民安置工程投资43.5亿元）按每月实际完成投资额划拨给元谋县。

9月8日，县人民政府向州统计局上报《元谋县人民政府关于将楚雄至攀枝花天然气管道元谋段投资额划拨给元谋县统计的请示》，请求将工程项目在元谋县境内建设投资情况（工程投资1.71亿元）按每月实际完成投资额划拨给元谋县统计。

9月8日，县人民政府向州统计局上报《元谋县人民政府关于将永广铁路元谋段投资额划拨给元谋县统计的请示》，请求将永广铁路项目在元谋县境内建设投资情况（工程投资 28.18 亿元）按每月实际完成投资额划拨给元谋县。

9 月 25 日，县人民政府向州烟草公司上报《元谋县人民政府关于入库烟叶税收的请示》，请求继续帮助支持入库烟叶税收 1000 万元。

9 月 29 日，县人民政府向州农村工作领导小组办公室上报《元谋县人民政府关于上报备选 2017 年美丽宜居乡村建设村项目的请示》，请求同意将元马镇清和社区长安村等 86 个村为元谋县 2017 年美丽宜居乡村建设项目村。

10 月 9 日，县人民政府向州人民政府上报《元谋县人民政府关于 2017 年至 2018 年冬春灾民生活救助资金的请示》，请求帮助解决元谋县今冬明春灾民口粮、衣被、取暖、其他生活救济救助资金 600.45 万元。

10 月 16 日，县人民政府向州人民政府上报《元谋县人民政府关于报请审批元谋土林保护总体规划（2017—2026）的请示》，请求州人民政府予以审批。

10 月 18 日，县人民政府向州人民政府上报《元谋县人民政府关于帮助解决元谋县人武部整体搬迁建设项目缺口资金的请示》，请求帮助解决元谋县人武部整体搬迁建设项目缺口资金 150 万元。

10 月 30 日，县人民政府向州人民政府上报《元谋县人民政府关于报请审查批准元马镇等 10 个乡镇土地利用总体规划调整完善成果的请示》，请求批准实施元谋县元马镇等 10 个乡镇土地利用总体规划调整完善成果（2010—2020 年）。

11 月 7 日，县人民政府向州扶贫开发领导小组办公室上报《元谋县人民政府关于元谋县姜驿乡调整扶贫整乡推进项目的请示》，请求同意变更调整部分项目。同时，请求批准将专项扶贫结余资金 685.7 万元用于特色产业、基础设施项目、人居环境项目的调整优化。

11 月 7 日，县人民政府向州农业综合开发办公室上报《元谋县人民政府关于报请审定 2018 至 2019 年云南省楚雄州元谋县国家农业综合开发现代农业示范区项目的请示》，请求予以审核，并给予转报省农业综合开发办公室。

11 月 15 日，县人民政府向州发展和改革委员会上报《元谋县人民政府关于协调将云南龙川江生物开发有限公司列为车用燃料乙醇生产企业的请示》，请求向省级部门协调将云南龙川江生物开发有限公司列为车用燃料乙醇生产企业。

11 月 16 日，县人民政府向州人民政府上报《元谋县人民政府关于报请审查云南红色旅游公路楚雄州元谋县 G5 京昆高速至龙街段工程项目用地的请示》，请求对工程项目用地给予审核，并转报省人民政府审批。

11 月 22 日，县人民政府向州财政局上报《元谋县人民政府关于审定 2017 年村级“四位一体”建设试点项目实施方案的请示》，请求对项目实施方案给予批复。

11 月 22 日，县人民政府向州政府行政审批制度改革办公室上报《元谋县人民政府关于协调解决元谋县行政审批局审批工作人员（专业技术人员）申报评聘专业技术职务问题的请示》，请求帮助协调省州相关部门批准划转到元谋县行政审批局的 11 位审批工作人员（专业技术人员）在 2017 年 12 月 1 日至 2020 年 12 月 31 日三年内从原划转工作单位申报评聘专业技术职务。

11 月 23 日，县人民政府向州财政局上报《元谋县人民政府关于调整楚雄浦发扶贫发展基金融资贷款项目的请示》，请求批准同意项目及投资调整。

11 月 27 日，县人民政府向州人民政府上报《元谋县人民政府关于请求解决永广铁路压覆县级发证采矿权补偿资金的请示》，请求帮助解决县级发证两个采矿权补偿资金 571.68 万元。

11 月 27 日，县人民政府向州人民政府上报

《元谋县人民政府关于请求解决永广铁路阿郎隧道施工截断群众生产生活用水修建永久和临时结合管道供水项目资金的请示》，请求帮助解决老城乡丙令哨村群众生产生活用水工程资金201.31万元。

11月27日，县人民政府向州人民政府上报《元谋县人民政府关于追加永广铁路元谋西火车站拆迁安置地基础设施配套建设资金的请示》，请求追加项目补助资金235万元。

12月7日，县人民政府向州人民政府上报《元谋县人民政府关于请求下拨元谋县元马镇清河村等三个州级土地开发整理占补平衡项目指标流转费的请示》，请求下拨3个州级投资占补平衡项目县级指标流转费1939.28万元。

12月7日，县人民政府向州人民政府上报《元谋县人民政府关于请求归还元谋县元马镇丙华等3个村土地开发整理占补平衡项目指标的请示》，请求给予协调归还广通至大理铁路扩能改造工程建设项目占用元马镇丙华等3个村土地开发整理占补平衡项目指标93.93公顷。

12月7日，县人民政府向州国土资源局上报《元谋县人民政府关于请求下达元谋县2017年度地质灾害搬迁避让州级补助资金的请示》，请求给予尽快下达元谋县2017年度1000户地质灾害搬迁避让州级补助资金3000万元。

12月11日，县人民政府向州扶贫开发领导小组办公室上报《元谋县人民政府关于审计发现贫困人口识别不精准须在2017年度动态管理中剔除的请示》，请求将识别不精准的人员名单在2017年度动态管理中给予删除。

12月12日，县人民政府向省林业厅上报《元谋县人民政府关于给予解决元谋县光伏电站项目征收林地定额的请示》，请求帮助解决征收林地定额指标并给予审核审批。

12月18日，县人民政府向州国土资源局上报《元谋县人民政府关于元谋县2018年易地扶贫搬迁进城安置用地规划修改的请示》，请求给予批准编制预留指标规划修改方案。

12月25日，县人民政府向州人民政府上报《元谋县人民政府关于元谋县土林州级自然保护区总体规划评审的请示》，请求对元谋土林州级自然保护区总体规划文本进行州级评审，并给予批准实施。

12月28日，县人民政府向州易地扶贫搬迁工作推进协调小组办公室上报《元谋县人民政府关于元谋县调整云南省易地扶贫搬迁信息管理平台录入信息的请示》，请求同意元谋县在云南省易地扶贫搬迁信息管理平台删减、补录全国扶贫开发信息系统调整标注的搬迁对象。

【通知指示】 1月11日，县人民政府发出《元谋县人民政府关于下达2017年固定资产投资目标任务的通知》，要求各乡镇人民政府、县级各部门认真贯彻落实。

2月1日，县人民政府发出《元谋县人民政府2017年森林防火高火险令》，要求各乡镇人民政府、县直各部门认真贯彻执行。

2月13日，县人民政府发出《元谋县人民政府关于印发〈元谋县滨江大道、源兴路建设项目房屋征收补偿安置方案〉的通知》，要求元马镇人民政府、县直有关部门认真执行。

2月21日，县人民政府发出《元谋县人民政府关于下达2017年争取上级补助任务的通知》，要求各乡镇人民政府、县级有关部门认真贯彻执行。

2月21日，县人民政府发出《元谋县人民政府关于安排2017年财政收支计划的通知》，要求各乡镇人民政府、县级有关部门认真遵照执行。

2月23日，县人民政府发出《元谋县人民政府关于2017年"两烟"生产经营工作的意见》，要求各乡镇人民政府、县直各部门认真贯彻落实。

2月28日，县人民政府发出《元谋县人民政府关于做好2017年大春农业生产的意见》，要求各乡镇人民政府、县级有关部门认真贯彻执行。

2月28日，县人民政府发出《元谋县人民政府关于下达2017年招商引资目标任务的通知》，要求各乡镇人民政府、县级有关部门认真贯彻执行。

3月1日，县人民政府发出《元谋县人民政府关于分解立项督查2017年重点工作和重点项目的通知》，要求各乡镇人民政府、县级有关部门认真贯彻落实。

3月1日，县人民政府发出《元谋县人民政府关于2017年提升城乡人居环境工作目标任务分解的通知》，要求各乡镇人民政府、县直有关部门认真贯彻落实。

3月3日，县人民政府发出《元谋县人民政府关于加强成品油市场监督管理的通知》，要求各乡镇人民政府、县级有关部门认真贯彻落实。

3月9日，县人民政府发出《元谋县人民政府关于分解下达2017年全县教育发展主要指标的通知》，要求各乡镇人民政府、县级有关部门认真贯彻落实。

3月9日，县人民政府发出《元谋县人民政府关于分解下达2017年全县卫生计生工作主要目标（指标）的通知》，要求各乡镇人民政府、县级有关部门认真贯彻落实。

3月15日，县人民政府发出《元谋县人民政府关于印发〈元谋县2017年旅游文化体育重点工作及重点项目推进工作方案〉的通知》，要求各乡镇人民政府、县级有关部门认真贯彻落实。

3月17日，县人民政府发出《元谋县人民政府关于指定项目实施机构的决定》，要求各乡镇人民政府、县直各部门认真履行职责。

3月24日，县人民政府发出《元谋县人民政府关于印发元谋县防灾减灾救灾工作实施方案的通知》，要求各乡镇人民政府、县直各部门认真贯彻执行。

3月29日，县人民政府发出《元谋县人民政府关于印发2017年"十大专项行动"方案的通知》，要求各乡镇人民政府、县级各部门认真贯彻落实。

4月1日，县人民政府发出《元谋县人民政府关于公布实施元谋县城及黄瓜园镇基准地价的通知》，要求元马镇、黄瓜园镇人民政府，县级相关部门认真贯彻执行。

4月14日，县人民政府发出《元谋县人民政府关于印发招商引资中介奖励办法（试行）的通知》，要求各乡镇人民政府、县级各部门认真贯彻落实。

4月28日，县人民政府发出《元谋县人民政府关于印发元谋县乡村教师支持计划（2016—2020年）的通知》，要求各乡镇人民政府、县级有关部门认真组织实施。

5月9日，县人民政府发出《元谋县人民政府关于印发元谋县开展相对集中行政审批权改革实施方案的通知》，要求各乡镇人民政府、县级有关部门认真贯彻实施。

5月21日，县人民政府发出《元谋县人民政府关于印发"十三五"教育事业等13个发展规划的通知》，要求各乡镇人民政府、县直各部门认真贯彻执行。

5月24日，县人民政府发出《元谋县人民政府关于印发元谋县2017年市场主体培育攻坚工程实施方案的通知》，要求各乡镇人民政府、县级有关部门认真贯彻实施。

5月26日，县人民政府发出《元谋县人民政府贯彻落实州人民政府关于优化建设工程防雷许可文件的通知》，要求各乡镇人民政府、县级有关部门认真贯彻实施。

7月10日，县人民政府发出《元谋县人民政府关于认真抓好2017年工商企业申规达限工作的通知》，要求各乡镇人民政府、县直有关部门认真贯彻落实。

7 月 17 日，县人民政府发出《元谋县人民政府中共元谋县人民政府党组关于贯彻落实中共元谋县委关于中央第十一巡视组对云南省开展巡视“回头看”反馈意见整改细化方案实施方案的通知》，要求各乡镇人民政府、县直各部门认真贯彻落实。

7 月 28 日，县人民政府发出《元谋县人民政府关于印发元谋县农村信用体系建设创建实施方案的通知》，要求各乡镇人民政府、县级有关部门认真贯彻执行。

8 月 6 日，县人民政府发出《元谋县人民政府关于印发元谋县易地扶贫搬迁整改工作存在问题整改方案的通知》，要求各乡镇人民政府、县级有关部门严格按照工作要求认真整改落实。

8 月 15 日，县人民政府发出《元谋县人民政府关于印发县人民政府领导成员工作分工的通知》，要求各乡镇人民政府、县直各部门按通知联系工作。

10 月 30 日，县人民政府发出《元谋县人民政府关于下达元马镇等 10 个乡镇调整完善土地利用总体规划指标的通知》，要求各乡镇人民政府认真贯彻实施。

11 月 14 日，县人民政府发出《元谋县人民政府关于做好全县易地扶贫搬迁相关工作的紧急通知》，要求各乡镇人民政府、甘塘指挥部认真贯彻落实，扎实抓好元谋县易地扶贫搬迁工作。

11 月 22 日，县人民政府发出《元谋县人民政府关于抓紧做好易地扶贫搬迁产业发展规划编制工作的通知》，要求各乡镇人民政府、甘塘指挥部、县级各有关部门遵照执行，确保搬迁对象有稳定的收入渠道，实现稳定脱贫的目标。

11 月 24 日，县人民政府发出《元谋县人民政府关于做好第二次全国污染源普查工作的通知》，要求各乡镇人民政府、县直有关部门认真贯彻落实。

11 月 30 日，县人民政府发出《元谋县人民政府关于印发土壤污染防治工作方案的通知》，要求各乡镇人民政府、县直有关部门认真贯彻落实。

12 月 22 日，县人民政府发出《元谋县人民政府关于完善规范机关事业单位改革性补贴和奖励政策的实施方案》，要求各乡镇人民政府、县直各部门遵照执行。

12 月 28 日，县人民政府发出《元谋县人民政府关于印发元谋县人民政府工作规则的通知》，要求各乡镇人民政府、县直各部门遵照执行。

【政府表彰奖励】 1 月 4 日，县人民政府发出《元谋县人民政府关于表彰 2016 年度烤烟生产工作先进集体先进个人并兑现相关奖励的决定》，对在 2016 年现代烟草农业建设工作中做出突出成绩的凉山乡人民政府等 6 个先进集体、杨占军等 20 位先进个人进行表彰奖励。

2 月 21 日，县人民政府发出《元谋县人民政府关于命名表彰 2016 年度元谋县见义勇为先进群体的决定》，对 2 个见义勇为先进群体、张世文等 10 人，予以表彰奖励，并授予“元谋县见义勇为先进群体”荣誉称号。

3 月 23 日，县人民政府发出《元谋县人民政府关于表彰 2016 年度消防安全责任制考核先进单位和个人的决定》，对新华乡人民政府等 10 个单位、王正团等 20 人，予以表彰奖励，并授予“先进单位”和“先进个人”的荣誉称号。

5 月 18 日，县人民政府发出《元谋县人民政府关于表彰奖励 2016 年度地质灾害隐患点先进监测员的决定》，对黄瓜园镇地质灾害监测员靳显昌、黄会武、花显林、杨启荣 4 人予以表彰奖励。

州级领导视察调研

【副州长天建国到元谋检查指导安全生产】 1 月 18—19 日，州政府检查督查组由州人民政府副州长天建国带队，一行 11 人到元谋检查春节和“两会”期间安全生产工作。检查组先后到元谋县金坤采石场、烟花爆竹批发公司仓库、元谋客运站、元谋县重点建设工程古人类历史文化旅游和凤凰湖项目建设工地、发祥加油站、元谋液化石油气储备站和州政府挂牌督办的元谋恒强氧气、元华气体2个经营部检查。检查组认真听取各检查点汇报情况，仔细察看现场安全设施、查看安全管理、查阅资料，全面查找问题，并针对存在的问题和隐患，提出现场整改要求。

【州招商合作局到元谋开展“依托招商引资加强人才引进”调研】 2月23日，楚雄州招商合作局副局长彭金富率调研组到元谋开展依托招商引资加强人才引进工作调研。调研组深入元谋云南凤凰文化旅游实业有限公司进行实地调研，企业负责人向调研组介绍项目建设情况、企业发展理念，对人才引进和培养方面进行交流，并建议组织州级的招聘会，为企业解决部分用工需求。

【州政务服务管理局局长周有奇到元谋检查指导】 3月30日，楚雄州政务服务管理局、公共资源交易管理局局长周有奇，率州政务服务中心、公共资源交易中心主要领导及相关科室主要负责人到元谋县政务服务管理局检查指导工作。周有奇一行实地查看县政务服务大厅和公共资源交易中心，并到部分乡镇、社区服务网点调研指导工作，听取工作情况汇报，查看相关资料。

【州人社局局长黄云雁检查指导江边乡中村行政村脱贫攻坚】 4月1日，州人社局局长黄云雁带领州人社局领导班子成员，到挂点联系的扶贫点江边乡中村行政村检查指导脱贫攻坚工作。在听取县乡两级的工作情况汇报后，黄云雁对如何做好下步的脱贫攻坚工作提出要求。

【州扶贫办主任罗文慧到元谋指导脱贫攻坚】 5月10日，在中共元谋县委工作会议暨县委理论学习中心组第二次学习会议上，州扶贫办主任罗文慧从脱贫攻坚工作的总体要求、政策解读、脱贫成效考核退出要点和易地扶贫搬迁政策四个方面为参会人员做专题培训。

【州调研组到元谋开展政府与社会资本合作（PPP）运行专题调研】 6月8日，由州委农办、州财政局、州发改局组成的州调研组到元谋开展政府与社会资本合作（PPP）运行专题调研。调研组一行在副县长尹世勇的陪同下，与县大型灌区高效节水灌溉工程建设指挥部、县易地扶贫搬迁安置甘塘片区建设指挥部、县工业园区基础设施建设指挥部、县城乡人居环境提升改造建设指挥部，县委政研室（县农办）、县水务局、县发改局、县财政局、县林业局和大禹节水集团股份有限公司、云南能投水保环保建设工程有限公司、县医院、中医院有关负责人，以及元马镇、老城乡分管领导交流座谈。充分听取参会部门和项目实施企业在开展政府与社会资本合作（PPP）项目工作中存在的问题和对下步工作的意见建议。调研组一行在副县长尹世勇和县委政研室（县农办）、县水务局、县财政局等部门负责人的陪同下，分别到元谋县易地扶贫搬迁安置（甘塘片区）土地整理开发项目施工现场、元谋大型灌区丙间片11.4万亩高效节水灌溉项目元马镇清和项目区、龙川江元谋县段河道综合治理二期工程项目施工现场进行实地调研。通过实地查看和召开座谈会，调研组对元谋县开展政府与社会资本合作（PPP）工作做法和成效给予充分肯定，并指出存在的问题，要求元谋县在下步工作中加快PPP项目建设，带动社会资本投资增长，确保政府与社会资本合作（PPP）工作取得更大实效。

【副州长杨虹到元谋调研教育、卫生计划生育】 6月9日，副州长杨虹到元谋县调研教育、卫生计划生育工作。调研座谈会上，副县长杨春茹就元谋县教育卫计工作的开展情况作汇报，县政协副主席、县教育局局长段玉方作补充汇报。

【州政府安全生产督查检查组到元谋督查检查安全生产】 6月13—14日，由州发改委副主任罗志清担任组长的州人民政府安全生产督查检查组一行到元谋县开展安全生产督查检查工作。检查组到老城乡、县住建局、县交通运输局、县烟花爆竹公司、元谋愚公石业有限责任公司香水箐石料供应站、昆明交运集团元谋客运公司及龙湖1号房地产开发施工工地进行实地查看和听取情况汇报。督查检查组对元谋县安全生产工作给予充分肯定，对元谋县及时妥善处置危化品运输车自燃起火事故给予表扬。指出元谋县部分企业工作场所职业病危害防治措施不力，乡镇研究安全生产工作少、消防设备使用不善，“道路运输平安年”活动未开展、应急演练开展次数少等方面存在的问题。

【州住建局局长刘建云到元谋调研】 6月15日，州住建局局长刘建云到元谋县调研提升人居环境、棚户区改造、地下综合管廊建设、海绵城市建设、农村危房改造及城乡规划编制工作推进情况。在副县长田光华的陪同下，刘建云一行先后深入到源达路公租房建设项目、元马古镇金马坊建设项目及城市棚户区改造等项目建设现场进行实地调研。通过实地检查和听取相关工作情况汇报，刘建云一行对元谋县在提升人居环境、棚户区改造、地下综合管廊建设、海绵城市建设、农村危房改造及城乡规划编制工作所取得的成绩给予充分肯定。希望在下一步的工作中，县住建局要抓规划管理，城乡并重谈建设，提升人居环境、地下综合管廊建设、海绵城市建设、农村危房改造、拆违治违工作。

【副州长邓斯云到元谋对河长制工作进行调研】 8月2日，副州长邓斯云带领州农业局、州工商局、州河长办等部门负责人到蜻蛉河元谋县段实地巡河，落实河长巡查制度，对河长制工作进行调研。在县委副书记周海的陪同下，邓斯云一行先后查看蜻蛉河物茂乡多克大桥河段、蜻蛉河和永定河交汇口河段、蜻蛉河与龙川江交汇口河段河长制开展情况，以及朱布堰塞体河段应急处置情况。经过听取汇报和实地考察，副州长一行对元谋县河长制工作开展情况给予肯定。邓斯云指出，下一步，各级河长工作必须主动抓、提前抓，各相关责任部门要形成合力、综合施策，沿线各镇乡要各守一段，全面履职，确保效果。各责任单位要明确工作机构和机制、树立工作目标、坚持问题导向、确保全面履职。同时，要加强宣传、注重环保教育，提高群众参与环境保护意识；要未雨绸缪、加强治污监管，科学规划沿河的生产、生活设施，充分考虑排污等环保问题，把河长制工作落到实处，基本实现河畅、水清、岸绿、景美目标。

【州人社局副局长李琼会到元谋调研就业创业工作】 8月17日，州人社局副局长李琼会在县委副书记夏禹的陪同下到元谋县人社局就业中心调研就业创业工作。在听取局长张发春关于元谋县“两个专项行动”和“贷免扶补”创业担保贷款工作情况的汇报后，李琼会对元谋县的“两个专项行动”及“两贷”工作给予肯定。会后，李琼会一行在夏禹的陪同下实地考察甘塘易地扶贫搬迁安置点创建元谋县农民工返乡培训基地及创业园，对创业园前期工作给予高度评价。

【州国土资源局副局长赵江到羊街检查指导地质灾害防治】 9月25日，州国土局党组成员、副局长赵江带领检查组一行到元谋县羊街镇检查指导地质灾害防治工作。羊街镇人民政府镇长栾永富，县国土局党组成员、副局长段光春等陪同。检查组一行到平安行政村得呆足村，查看地质灾害整体搬迁工作进展情况。随后检查组来到得呆足滑坡点实地查看地质灾害防治情况，详细翻看监测记录本。

【州审改办到元谋调研指导审改工作】 10月10日，州审改办主任赵良和州政务服务管理局局长周有奇一行到元谋县调研指导审改试点工作。州调研指导组深入县行政审批局审批服务大厅了解行政审批成立以来工作开展情况。指导组强调，县审改办要进一步加大事项和人员划转力度，不断优化和精简审批程序，最终实现提速增效和“一枚印章管审批”的改革目标。

【副州长马闻到元谋督导检查十九大安保】 10月19日，副州长、州公安局党委书记、局长马闻带领反恐、国保、督察、治安等部门负责人，到元谋县对十九大安保各项工作开展督导检查。马闻副州长一行到元双公路卡点，实地检查道路交通安检、反恐处突、路地联勤联防等安保措施落实情况，详细了解卡点勤务模式、警力设置和警用装备配备情况。马闻一行对元谋县110接处警工作、民警出警情况进行抽查，民警均能做到出警及时、装备齐全、执法规范；对街面警力部署及“红袖套”平安志愿者工作开展情况进行巡查；对旅店业实名制登记，汽车客运站实名购票及安检措施，加油站散装汽油销售监管措施是否落实到位进行明察暗访。针对查检出的情况，马闻对2家严格执行实名制登记的旅店业业主给予表扬。随后，马闻一行听取元谋县副县长、县公安局局长丁志富汇报“十九大”安保工作开展情况，对全县民警为十九大安保付出的辛勤努力和取得的成绩给予充分肯定。检查结束后，马闻一行实地参观110指挥中心，仔细询问平安城市监控系统建设情况，听取110接处警服务平台、可视化指挥调度系统、视频结构化系统，车辆特征、人像识别等大数据应用系统的实时演示。

【州委审改督查组到元谋督查审改】 11月14日，州委审改督查组到元谋县就相对集中行政审批权改革试点工作进行专项督查。督查组深入审批服务大厅，就事项划转、人员到位、窗口设置及审批工作开展情况进行详细了解，在听取县委常委、常务副县长祖凌对元谋县相对集中行政审批权改革试点工作开展情况的汇报后，州委督查组就如何开展好下步工作提出要求：元谋的审改工作要全面体现“实”和“特”，要统筹协调、一鼓作气将审改工作向新的高度推进，为全县经济社会的跨越发展提供强有力保障。

【州统计局党组书记周霏到元谋调研重大投资项目建设情况】 11月23日，州统计局党组书记周霏一行到元谋县调研重大投资项目建设情况。在元谋县副县长孙绍兴和县统计局局长文增斌的陪同下，先后到凤凰山“元谋古人类历史文化旅游建设项目”“凤凰湖公园建设”及“元谋万汇果蔬博览城一期”三个重大投资项目建设进行实地调研，在认真听取项目建设单位的详细汇报后，对元谋县的重大项目建设给予充分肯定，同时对元谋县近几年来日新月异的发展变化给予高度评价。周霏指出：元谋要继续抓实抓好重大投资项目建设，进一步夯实统计基层基础工作，为元谋实现跨越式发展提供有力的统计保障。

县政府领导调研指导

【副县长尹世勇到物茂乡芝麻行政村调研】 2月8日，县委副书记夏禹、副县长尹世勇在脱贫攻坚指挥部及乡党委书记杨金祥等人陪同下到物茂乡芝麻行政村就脱贫攻坚工作开展调研。尹世勇指出：要务必压实责任，对目标任务要清楚明白；要抓紧抓实工作，措施上要稳、准、狠，倒排时间表，以时间倒逼任务措施落实。夏禹强调：要强化领导，坚决杜绝厌战、心烦等不良情绪，乡党委政府挂包单位同责。对照标准认真排查，贫困行政村9有、贫困户6有，总结上年不足认真对照，逐户排查拿出清单找准问题咬定目标。

【副县长孙绍兴到县供销社调研供销工作】 2月10日，副县长孙绍兴到县供销社调研，在调研过程中，县供销社党组书记、理事主任文建辉就供销社系统基本情况、2016年度州社下达目标任务完成情况、供销合作社综合改革、粮食烘干一体化建设、农资调供、食用菌产业发展、招商引资工作、社有资产盘活、合作社和流通网络体系建设等工作做详细汇报。孙绍兴认真听取汇报及2017年工作计划后，对元谋县供销社近年来的工作给予充分肯定。

【县长李林波到甘塘指导重点项目建设开工仪式】 3月11日，县委副书记、县人民政府县长李林波带领县级相关部门主要领导一行到元谋傈僳族第一村——易地扶贫搬迁安置甘塘片区项目建设现场进行调研指导。与会领导首先到开工仪式现场实地查看项目开工及场地平整情况，在认真听取主管部门和项目施工单位开工仪式前期筹备工作情况后，李林波对楚雄州第一季度重点项目集中开工仪式工作进行专题部署，要求科学统筹好项目资金、质量标准、宣传口径等，筹备好项目开工仪式各项工作。各职能部门要加强沟通协调，积极做好开工仪式后勤保障工作。

【副县长吴春华督查调研“9·17”特大型山洪泥石流灾害民房恢复重建】 3月15日，县人民政府副县长吴春华到黄瓜园镇朱布安置点和旦劳田安置点督查调研“9·17”特大型山洪泥石流灾害民房恢复重建工作，并提出要求：指挥部、黄瓜园镇党委政府和县级包保部门要集中领导力量和工作精力，增加工作人员力量，压实工作责任，确保群众按时搬入新居；要进一步做好群众工作，搞好宣传教育，提高群众对自然灾害的认知，引导群众加快建房进度；加强对资金的管理和使用，严格按照补助资金的程序，切实做到专款专用、专人专账管理。抓紧抓实质量工程质量。

【常务副县长窦小军到平田乡调研重大项目建设情况】 3月16日，县委常委、县人民政府常务副县长窦小军到平田乡调研2017年一季度重大项目开工建设情况。窦小军一行实地查看大已保村垃圾处理厂项目开工建设和优质果蔬基地建设情况，听取乡党委领导对该项目进展的情况汇报。在与村委会干部、村民交谈后，窦小军对一季度开工建设项目提出指导性意见：要宣传好建厂的目的意义，让群众真正清楚在大已保村建垃圾处理厂好处，克难攻坚，狠抓落实，确保项目建设顺利完工；扎实推进优质果蔬基地项目建设，积极协调解决项目实施中存在的困难和问题，确保各重点项目工程保质保量按期完成。

【副县长杨春茹到元谋一中调研项目建设】 3月20日，杨春茹副县长到元谋县第一中学调研项目建设工作，组织召开县教育局、元谋一中、施工方、监理方共同参与的协调推进会。县教育局工程办主任杨朝胄对项目建设推进情况作详细汇报，元谋一中执行校长顾培松代表学校对项目建设提出要求，施工方对项目建设过程中存在困难和问题作说明，监理方作表态。杨春茹要求：县教育局、元谋一中、施工方、监理方同要共抓好工程质量、工程进度、安全管理、项目协调工作。

【常务副县长窦小军到甘塘检查重点项目开工仪式】 3月20日，县委常委、常务副县长窦小军率乌东德水电站移民搬迁指挥部、易地扶贫搬迁甘塘片区建设指挥部、云南能投水保环保建设工程有限公司和施工单位总负责人一行，到元谋傈僳族第一村——易地扶贫搬迁安置甘塘片区A组团安置点，检查开工仪式筹备工作进展情况。检查中，窦小军首先肯定开工仪式前期筹备工作，对开工仪式筹备工作进行详细安排。

【副县长孙绍兴到重点企业开展调研】 3月21日，副县长孙绍兴带领县政府办、县经信局等部门负责人，部分农产品加工重点企业就工业经济发展进行调研。孙绍兴一行到元谋金沙绿色食品有限责任公司、元谋聚元食品有限公司、楚雄源谋仁食品有限公司3家企业进行实地调研。在听取企业负责人对各自企业的生产经营情况及存在的问题困难等情况汇报后，针对企业提出的问题，孙绍兴表示将尽快协调相关部门解决。

【副县长周应张到老城乡调研春耕备耕工作】 3月24日，副县长周应张到老城乡调研春耕备耕工作，老城乡副乡长田文兴陪同。在调研中，周应张了解烤烟育苗和土地整理情况，询问存在问题，并安排下一阶段工作。周应张强调，要向烟农详细解释2017年烤烟种植计划的政策，严格合同管理，并严格按合同约定种植，稳定烟叶种植面积，确保圆满完成各阶段烤烟生产任务。同时，各村委会要宣传好、落实好扶持政策，紧紧抓住当前有利时机，采取各种有效措施，扎实做好春耕备耕工作。

【县长李林波到政务服务管理局调研】 4月14日，县长李林波到政务服务管理局对政务服务、公共资源交易、中介超市工作进行调研，实地察看交易中心建设，深入了解交易情况、中介超市运行管理、便民服务中心建设推进等情况。李林波要求：要尽快解决硬件问题，优化服务流程，要尽快作准备，理清思路，确保按照省州实施方案顺利开展工作。

【副县长杨阳开展“六一”儿童节慰问活动】 5月31日，副县长杨阳带领县委政研室、县水保办负责人，在羊街镇党委负责人的陪同下，到羊街镇己波龙小学、花同中心小学，看望慰问少年儿童，为孩子们送上节日祝福。结合羊街镇己波龙小学提出的3个亟须解决的困难和问题，杨阳副县长要求县委政研室、县水保办认真研究，制定解决方案，协同羊街镇党委、政府加强资源配套服务，统筹规划、规范管理，保障适龄儿童接受有质量的义务教育。在羊街镇花同中心小学，杨阳要求，羊街镇党委主要负责人和学校负责人，要高度重视学校安全教学工作，教育工作要突出创新和特色，强化教师队伍建设，着力打造高素质专业化的教师队伍。

【副县长尹世勇到物茂乡召开脱贫攻坚工作培训会】 6月1日，副县长尹世勇到物茂乡召开脱贫攻坚工作培训会，乡、村干部、驻村工作队员、挂包单位共90余人参加培训。培训会上，尹世勇要求：在发展上扶持，引导贫困群众树立主体意识，发扬自力更生精神，激发改变贫困面貌的干劲和决心。教育引导贫困群众转变思想观念，转变落后的生产方式和生活方式，提高文明素养。扩大贫困群众在扶贫项目各个环节的参与程度，把一些帮扶政策和贫困群众参与情况挂钩，产业扶贫项目、资产收益扶贫项目等要尽可能多地带动贫困群众参与市场，鼓励、支持和带动贫困群众光荣脱贫、勤劳致富，变“要我脱贫”为“我要脱贫”，增强内生动力。通过提供扶贫贷款、技术指导，推行农业保险等政策措施，降低产业门槛，增强抵御风险能力，从而提高贫困群众的参与度和脱贫成功率。大力加强脱贫致富带头人培养，鼓励各类人才扎根贫困地区，引导乡村本土人才回流。

【代理县长吴海芬到黄瓜园镇调研“9·17”民房恢复重建】 6月2—3日，县委书记刁雁，县委副书记、代理县长吴海芬到黄瓜园镇调研“9·17”民房恢复重建工作。刁雁和吴海芬深入民房恢复重建一线，边看边问，并与下派工作组进行座谈，听取副县长吴春华关于6月1日县委“9·17”特大型山洪泥石流灾害黄瓜园镇民房恢复重建工作专题会议精神贯彻落实情况汇报。座谈会上，刁雁针对恢复重建中存在的问题，提出针对性强、操作性强的解决问题思路和工作措施，吴海芬对推进民房恢复重建的工作提出要求。会议强调，县、乡工作组要密切配合，全力以赴，攻坚克难，化解风险，化解危机。工作要由点及面，要按照时间进度要求，强化措施和方法，全力抓好“9·17”民房恢复重建工作，确保按期实现目标任务，安全度汛。针对民房恢复重建中存在的问题，施工单位要进一步强化责任意识，认真研究解决。工作组要积极协调配合，做好服务保障工作。要全力以赴做好教育引导，做深做细群众工作，全力保障施工进度。要积极教育引导群众，继续履行合同，与施工单位合作建设，加快建设进度，认真做好工作。要尽快组织开展群众宣传培训教育，围绕做深做实做细群众工作，快速推进民房恢复重建。组织、纪检监察、民政、共青团、妇联、工会、红十字会等部门要强化对民房恢复重建工作的组织保障、纪律保障和后勤保障，全力做好保障工作。要以目标为导向，实现两个确保。要以问题为导向，分类施策，逐一解决。要勇于担当，不辱使命，攻坚克难，强化沟通联系，采取有力措施，优化方案，共同解决存在问题，共同推进民房恢复重建。坚持工作节奏，进度不变，力度不减，克期完成“9·17”民房恢复重建工作。

【代理县长吴海芬到老城乡检查指导】 6月18日，县委副书记、代理县长吴海芬一行到老城乡调研指导工作。吴海芬一行先到丙月、尹地慰问困难老党员李顺平、罗治荣，并个人出资看望慰问患白血病女童小云艳。之后，吴海芬调研丙令哨“互联网+党建+金融”开展情况、二季度开工和“七一”献礼宏晶新型建材混凝土砌块建设项目、11.4万亩高效节水灌溉项目、麻柳水库扩容工程，小龙潭、把度易地扶贫搬迁安置工作，全新农建黄檀、黄花梨稀有树种种植基地以及欣田果蔬种植基地发展情况。吴海芬详细了解老城乡产业布局、资源优势、重点项目和中心工作推进等情况，并就做好下一步工作提出意见：要落实领导责任，做到协同作战，挂包单位、乡村组干部真抓实干，集中时间、集中人力、集中资金，持续加大精准扶贫攻坚力度，特别是加快把度、小龙潭两个易地扶贫搬迁安置工作。要时刻把安全生产和社会稳定工作摆在重要位置，按照“党政同责、一岗双责”的要求，认真做好信访稳定和安全生产工作，把各种矛盾纠纷和安全隐患化解在萌芽，解决在一线，确保社会和谐稳定。充分发挥农业资源优势，在规模化发展、特色种养业、农业深加工等方面积极探索，促进现代农业快速发展。对照年初任务目标，认真开展“回头看”，对于推进慢的工作，要分析差距，找准不足，强化举措，解决问题，确保完成全年任务目标。

【代理县长吴海芬到姜驿乡杠香村实地查看灾情】 7月2日，代理县长吴海芬，县政府副县长周应张，县政府办公室主任李强武一行到姜驿乡杠香村实地查看灾情。吴海芬向乡党委书记吴云强及受灾群众详细了解灾情，实地查看几个存在安全隐患的险情点，检查受灾群众安置情况，并慰问受灾群众。吴海芬对此次应急抢险工作提出四点要求：乡、村、组“三级”要认真履职，及时制定应急抢险方案，对灾情险情要进行认真仔细排查，及时处理安全隐患，不允许任何人员伤亡情况发生；要安置好、保障好、服务好受灾群众，做到受灾群众有饭吃、有衣穿、有地方住、有干净水喝、能够及时就医；要加快工程进度，争取尽早通车，保障抢险救灾物资运输；做好受灾群众安抚工作，鼓励村民积极开展生产自救，争取早日恢复正常生产生活。

【副县长丁志富到县信访局调研】 7月10日，县人民政府副县长、县公安局局长丁志富到县信访局调研信访工作。丁志富要求县信访局要坚持分级负责、属地管理的原则，压实乡镇、部门的责任。严格按照《信访条例》的规定及时督查督办，做到“急事急办、小事快办、大事联办”，把问题化解在基础，把人员吸附在当地。

【副县长丁志富看望慰问参战老军人】 8月2日，副县长、县公安局党委书记、局长丁志富到元马镇乐甫行政村小法旦村，看望慰问参战老军人李正学，送去慰问品和慰问金。慰问中，丁志富向参战老军人介绍元谋县经济社会发展的状况和元谋县社会治安状况，向老人表达元谋县公安局党委对他的关心和问候，对他为党的事业做出的贡献表示感谢。

【县长吴海芬深入县城东南片区棚户区改造二期走访调研】 8月11日，县委副书记、县长吴海芬，副县长周应张一行深入县城东南片区棚户区改造二期实地走访调研，深入了解棚改一期过程中的突出问题和棚改二期居民生产生活现状以及居民住房信息公示、查询等工作开展情况。吴海芬指出：棚改指挥部和县级各包保单位要在熟悉掌握政策的基础上，充分总结和继续弘扬棚改一期的好经验、好做法、好作风。吴海芬要求：各棚改工作人员在入户调查和政策解答过程中要树立“细心、耐心、责任心”的“三心”意识；棚改指挥部要完善居民住房信息公示，信息要以醒目的标识按街道进行分区域公示，同时要完善相应的服务措施，切实为前来查询、复核的群众营造轻松舒适的服务环境。

【县长吴海芬到老城乡调研指导脱贫攻坚】 8月12日，县长吴海芬、副县长尹世勇一行到老城乡调研指导脱贫攻坚工作。县长吴海芬到老城乡波亨、波支、老者格等村群众家中走访调查，详细询问贫困户的家庭成员情况、收入来源、致贫原因等。调研过程中，吴海芬对脱贫攻坚动态管理表册资料的完善进行现场督查，指出存在的问题，并就如何规范填写表格资料提出具体要求。调研结束后，在县政府四楼常务会议室召开老城乡贫困对象动态管理工作紧急会议。会上，吴海芬提出：要牢牢抓住动态管理“精准识别黄金周”阶段的工作，集中火力打好脱贫攻坚战。县级挂包单位主要领导要组织精兵强将、压实责任，确保动态管理工作落地见效；各单位要认真学习动态管理相关要求，加强业务培训，做实做细动态管理工作，做好挂包群众的贫情分析，准确核实退出户、纳入户和返贫户的相关情况，确保规范、准确，做到口、表一致、有理有据；做好户籍调查工作，弄清家庭人员真实情况，牵好动态管理数据精准这一“牛鼻子”，确保户口簿人口与家庭实际人口的一致。

【县长吴海芬到物茂乡调研脱贫攻坚动态管理】 8月15日，县委副书记、县长吴海芬，县委常委宣传部部长李盈梅，副县长尹世勇一行到物茂乡芝麻行政村调研脱贫攻坚动态管理工作。调研中县长吴海芬强调动态管理工作中，要紧紧抓住“精准”这个核心，做好贫情分析工作，确保“零错评、零漏评和零错退”，真正做到扶贫对象应纳尽纳、应退尽退、应扶尽扶。驻村扶贫工作队员和村组干部要准确把握中央、省、州、县脱贫攻坚政策，积极向贫困户和广大群众做好宣传，建立健全台账资料，对不完善的要尽快补齐。

【副县长孙绍兴到元谋规模以上企业调研】 8月17日，副县长孙绍兴率县经信局、108国道改造建设指挥部、县自来水公司等部门到元谋县规模以上企业进行调研，了解企业生产经营状况、需要协调解决的困难和问题，征求企业搬迁入园的意见等，并提出要求：县自来水公司、县经信局、108国道改造建设指挥部要认真研究分析，尽早恢复源谋仁公司、林峰公司的正常供水，同时在源谋仁公司大门附近增加减速带，确保企业职工及附近群众生命安全。要素保障部门认真服务县域企业，确保元谋县稳增长、中介招商引资奖励办法及政府担保贷款等政策被县域企业熟知，确保企业正常生产。县市场监督管理局要全力配合企业申报商标、注册专利，切实保护企业知识产权。同时，加大检查监督力度，确保食品安全万无一失。

【县长吴海芬到县城东南片区（二期）棚户区调研】 8月20日，县委副书记、县长吴海芬，副县长周应张一行到县城东南片区（二期）棚户区走访看望棚改户。调研走访中，吴海芬要求，各级各有关部门要认真贯彻落实县委、县政府的决策部署，做实做细群众工作，切实维护和保障广大棚改户的合法权益，让棚改群众搬得放心、搬得安心。

【县长吴海芬调研易地搬迁、龙街大桥及“9·17”泥石流灾害民房恢复重建】 8月24日，县委副书记、县长吴海芬，常务副县长祖凌，副县长宋巍、杨阳一行到项目现场调研易地搬迁、龙街大桥及“9·17”特大型山洪泥石流灾害黄瓜园镇民房恢复重建等重点项目。县移民局、农业局主要负责人陪同调研。吴海芬要求：龙街大桥项目指挥部要高度统筹，江边乡、县移民局、县交通局、龙街大桥施工方要强化沟通协调，各相关部门要指导协助施工方尽快完善相关手续，特别是弃土场林地手续报批；施工方要加大项目推进力度，科学组织施工，确保按时、按质、按量完成工程建设任务；“9·17”特大型山洪泥石流灾害黄瓜园镇民房恢复重建指挥部、黄瓜园镇党委政府、县级包保部门要认真履行职责，特别是黄瓜园镇党委政府要切实履行主体责任，加大群众工作力度，想方设法破解群众资金交纳、观望情绪严重等难题，确保项目序时推进；县委常委、常务副县长祖凌要高度统筹好4个水电移民搬迁、易地扶贫搬迁指挥部及县级相关部门的力量，统筹抓好几个安置点生产用地征地收尾工作，尽快完成全部征地工作任务。要做好首批安置房屋建设的各项准备工作，确保按照县委、县政府时序要求完成易地搬迁安置任务；要继续做好项目建设的要素保障工作，确保项目的顺利推进；要高度重视工程质量及进度要求，确保工程质量及移民的按时搬迁；在规划建设中，要认真研究安置点产业的定位、发展思路和分区布局等，为移民后续产业脱贫打好基础。

【副县长吴春华调研“元谋人”远古小镇项目】 8月25日，县人民政府副县长吴春华实地调研“元谋人”远古小镇项目，并提出要求。各有关部门要充分认识特色小镇建设的极端重要性，进一步加强组织领导，结合工作职责，认真研究制定具体方案，分解落实工作任务；部门之间加强协调配合，层层压实责任，科学引导特色小镇培育创建，建立工作推进机制，搞好规划建设。

【常务副县长祖凌到中兴行政村开展“自强、感恩、诚信”主题培训】 9月4日，在县委常委、常务副县长祖凌带领下，招商局局长张碧翠及招商局全体职工到中兴行政村开展“自强、感恩、诚信”主题培训，全村73户建档立卡贫困户户长参加会议。会后，祖凌组织县、乡挂点队员和村委会干部召开近期脱贫攻坚专题会议。祖凌要求：县、乡挂点队员和村委会干部务必以负责任的态度做好迎接评估检查工作，决不能出现任何漏洞和瑕疵。再次审核完善档案资料。逐户进行查漏补缺，认真做好“一户一档”档案资料整理工作，并对贫困户档案严格实行专室、专柜、专人保管。明确各级责任。县、乡挂点工作队、村干部要按照“一级对一级”负责的要求，密切配合，确保脱贫攻坚有序推进。

【吴海芬县长带队外出招商考察】 9月7—10日，县委副书记、县长吴海芬带领由副县长孙绍兴、田光华和县文体广电旅游局、县招商局局长组成的招商小分队赴上海、浙江开展为期3天的招商考察活动。吴海芬一行先后到上海同济大学、浙江省海亮教育学院、远东建材涂料厂、天猫神集团、诸暨绿康生物科技有限公司等企业参观考察并开展招商项目洽谈活动，并前往云南大惠陵园开发有限公司上海总部新华商金控参观考察。通过实地参观考察企业、与企业负责人开展座谈等形式，大力宣传和推介元谋县的投资环境、招商引资优惠政策等。

【副县长张荣到新华乡检查指导烤烟收购】 9月12日，副县长张荣到新华乡检查指导烤烟收购工作。在全面了解新华乡烤烟收购情况后要求在控制质量、价格的前提下，保证每日收购进度。做好烟农剩余烟量摸底调查，引导烟农做好烟叶交售，按签订合同应交尽交。乡镇与烟叶站要强化协作，共同做好烤烟收购工作。乡镇人民政府、派出所强化联合执法检查，加强堵卡巡逻；县市场监督管理局、县公安局、县烟草公司（烟草专卖局）抽调人员参与烤烟流动执法检查工作，加大打击涉烟违法犯罪力度，最大限度保障烟农的合法权益。

【常务副县长祖凌率队精准招商促推元谋产业发展】 9月15日，常务副县长祖凌率县财政局、县移民局、县国土局、县地税局、县招商局等部门负责人到四川新光优盟生物科技有限公司进行实地考察，并开展项目招商洽商会。祖凌对元谋县情、全县农业产业发展状况及甘塘移民安置点规划布局等进行详细介绍。希望公司尽快到元谋实地参观考察、投资兴业。新光优盟负责人侯奎介绍公司发展历程和在元谋投资项目的具体规划。

【县长吴海芬到县行政审批局调研指导】 9月22日，县委副书记、县人民政府县长吴海芬到县行政审批局调研指导。吴海芬认真听取行政审批局局长肖应清对审批权相对集中改革工作开展情况的汇报，并到审批服务大厅与窗口工作人员亲切交谈，详细了解相对集中行政审批权改革试点工作推进中存在的困难和问题。吴海芬指出：行政审批局全体工作人员要积极探索改革经验，优化发展环境、不断提高工作效率和服务水平。强调：行政审批局要统筹好改革试点工作与中心工作和本职业务工作的关系、统筹协调与县级各部门之间的关系，相互配合、相互理解、相互支持，为实现“一窗式受理、一站式办结、一条龙服务、一枚印章管审批”的改革目标努力。

【副县长吴春华检查“十九大”安全播出工作】 9月29日，县人民政府副县长吴春华对“十九大”期间安全播出进行调研，在实地检查县电视台、广播接收站、广电网络公司等信号接收传输设备运行情况后，要求县文体广电旅游局、各有线电视站等相关部门要进一步规范机房管理、值班备勤、安全管理、供配电管理、维护检修、技术档案管理等一系列制度，完善应急协调、突发事件应急、事故处置等应急预案和安全播出指挥系统。深入查找问题，针对排查出的安全隐患和问题，对症下药，不留死角。广播电视播出机构要建立人员管理和24小时值班巡查制度，对各播出机房、前端机房、发射机房、供配电机房等重点区域广播电视设施加强管理，确保安全播出。

【县长吴海芬带队检查中秋、国庆期间安全生产落实情况】 9月30日，县委副书记、县长吴海芬带领有关部门深入重点企业、重点行业检查“两节”期间安全生产工作落实情况。吴海芬一行到汽车客运站、鹿城大厦、农贸市场和“元谋人”远古小镇等进行逐一检查，听取有关负责人关于交通运输、食品卫生、安全生产措施、安全隐患排查等工作落实情况的汇报。吴海芬强调：县安监局、市场监督管理局、公安局和消防大队等部门要高度重视，切实加强安全生产的监督检查，特别对重点企业、重点行业等要重点监管。发现问题要明确责任人及整改时限，并加强跟踪督办，确保整改到位、不留隐患，全力做到安全生产“零”事故。

【县长吴海芬到羊街镇调研指导】 10月5日，县委副书记、县长吴海芬到羊街镇滇城牧业万头猪养殖场、元谋世纪农业科技千亩沃柑种植基地、依洒水库移民搬迁安置点、烟叶收购站、润露山泉、宏兴经贸等地实地调研指导，并就“两节”期间安全生产和综治维稳工作进行检查。以安定和谐的社会氛围迎接中共十九大胜利召开。吴海芬要求：羊街镇要全面认识羊街现状，大力发展优势产业，促进农村发展、农业增效和农民增收，镇村干部群众要勇于创新、真抓实干创造条件推动羊街发展。各相关部门要高度重视各个环节的安全生产，健全和完善安全责任制度，提高安全意识，加强安全监管和检查。确保“两节”期间万无一失。进一步培强企业，扩大知名度。要用好微小企业项目帮扶政策，为企业发展设好“安全阀”，让帮扶政策的红利落实到企业主的身上，力求使帮扶更加精准，更加深入；进一步加大招商引资力度，找准定位，集中化、规模化发展休闲农业、观光农业等富民产业，实现农业与旅游产业深度融合、全域发展，带动群众增收致富。

【县长吴海芬到“元谋人”远古小镇调研】 10月20日，县委副书记、县长吴海芬，县人大常委会主任、元谋人古人类历史文化旅游项目指挥长彭寿才，副县长吴春华、田光华一行到“元谋人”远古小镇调研，并就项目存在的困难和问题召开现场协调会。吴海芬要求：要全力推进“元谋人”远古小镇项目建设。强化产业布局，加快项目带动，围绕问题强化管理。县级各要素部门要提高认识，切实做好相应的服务及要素保障工作，全力打响“元谋人”这一品牌；企业和部门之间、部门和部门之间要加强沟通交流、互通有无，协同配合，确保项目顺利推进。

【县长吴海芬慰问老干部】 10月26日，县委副书记、县长吴海芬慰问百岁老人唐黄氏及部分退休老干部，送去党和政府的关心及节日的问候。吴海芬到百岁老人唐黄氏的家中，详细询问了老人家的身体状况。随后，又到退休老干部李炳国和起春富家中。吴海芬感谢老领导们对元谋跨越发展的关心和支持，希望老领导一如既往地发扬“离岗不离党、退休不褪色”的优良本色，为元谋跨越发展积极建言献策、鼓劲加油，与全县各族干部群众一起努力，共同谱写“十三五”元谋新篇章。

【县长吴海芬到民营企业调研】 10月31日，县委副书记、县长吴海芬，副县长孙绍兴一行到和益泡沫塑料制品、林峰绿色食品、元谋蔬菜公司、金沙绿色食品等民营企业实地调研，与各企业负责人进行面对面交流，全面了解民营企业生产经营情况和企业存在的困难和问题。吴海芬指出，元谋民营经济进入到转型发展的关键阶段，民营企业和民营企业家要抓住机遇，从容应对挑战，着力降成本、去库存、强管理、稳生产，发挥好全县稳增长的生力军作用。吴海芬强调，各级各部门一定要从全局和战略高度深刻认识民营经济在推动元谋县跨越发展中的战略地位，进一步增强责任感和紧迫感，要聚焦问题，拿出硬招、实措，着力破障解难，提供优质服务，创造优良环境，推动民营经济更快更好地发展，为全县稳增长多做贡献，让民营经济成为推动元谋跨越发展的重要力量。

【副县长孙绍兴到县招商局检查指导】 11月6日，副县长孙绍兴到县招商局检查指导工作，就招商工作作专题研究部署，县招商局局长及招商局机关全体人员参加了座谈。会上，孙绍兴指出要着力抓好以下工作：要形成对各乡镇、各部门招商工作完成情况的月通报制度和约谈制度，并在通报文件中增加指导性意见，加强对各乡镇、各部门的指导工作；以小分队的形式，瞄准目标，主动出击，引进企业到元发展，并对引进的重点项目落实情况进行督查和通报。提前做好2018年项目策划工作。

【县长吴海芬到元马镇中心完小、机关幼儿园和源达路中小学调研】 11月9日，县委副书记、县长吴海芬，副县长吴春华，县政协副主席、县教育局局长段玉方一行到元马镇中心完小（以下简称镇小）、机关幼儿园和源达路中小学实地调研，全面了解元谋县建成区中小学和幼儿园在校学生就学和校园建设等方面的基本情况，并听取元马镇中心完小和机关幼儿园规划情况，特别是对因棚改而造成部分小学、幼儿园教学用房紧张等困难和问题进行沟通、交流。调研中，吴海芬对镇小和机关幼儿园积极支持棚改工作表示感谢，并指出：镇小作为元谋130多年的名校，承载着元谋的很多“记忆”，校园建设过程中在满足教学需求的同时也应该注重校园文化的传承和建设。吴海芬强调：县级各部门，要加强沟通协调，全力推进校园建设，确保师生能尽早回迁到新的学校。同时县教育局在校园规划设计中要充分分析、论证，规划设计要具有一定的前瞻性，能满足一定时期内城市建设和经济社会发展的需求，同时积极同省、州相关部门协调对接，争取上级部门对校园建设的更多支持和帮助。

【县长吴海芬到元谋电子商务产业园区调研】 11月14日，县委副书记、县长吴海芬，副县长孙绍兴，县政协副主席韩庆生一行在县经信局负责人陪同下，到元谋县电子商务产业园区，了解电子商务进农村综合示范项目建设情况，听取项目基本情况和推进实施情况汇报，对存在的困难和问题进行指导。吴海芬一行先后对电子商务产业区中的元谋县电子商务公共服务中心、县级物流仓储配送分拣中心进行实地察看，指出：要紧抓项目机遇，发挥好项目资金的导向作用，同步提升县、乡、村电商的效益，使电子商务真正成为带动农村经济发展和促进县域经济增长的有力手段。

【常务副县长祖凌到调研乌东德水电站建设甘塘安置点移民搬迁安置】 11月16日，县委常委、常务副县长，县金沙江乌东德水电站建设征地移民安置工作总指挥长祖凌在县移民开发局相关人员的陪同下，到甘塘移民安置点进行实地调研，并在安置点组织召开移民工作座谈会。在实地调研和听取工作情况汇报后，祖凌要求：在下一步的移民安置工作中，甘塘安置点要加快推进项目工程进度。以完成投资为主要目标，采取有效措施，整合用好用实移民资金，加快安置点基础设施项目建设，做好后续产业项目研究，心系移民群众，不断提升移民的生活水平和质量，着力解决移民长远发展问题，真正做到为移民谋发展。在时间节点上实现施工单位完成安置点基础设施工程建设进度；建立好协调机制，加强对移民搬迁安置工作的领导，履好职，做到让移民依法和谐搬迁。集中力量继续抓好移民安置点的完善工作，用好用活政策，协调环保、交通、水利、水电等部门，做好安置点道路整治和引水等工作，确保征地移民搬迁安置工作按期顺利完成。

【县长吴海芬到凉山乡调研脱贫攻坚】 11月22日，县委副书记、县人民政府县长吴海芬到凉山乡调研脱贫攻坚工作。乡党委书记李建勇，乡党委副书记、乡人民政府乡长杨惟等人陪同，到凉山乡活佛寺美丽宜居乡村建设安置点、冷水箐易地扶贫搬迁安置点等地调研指导。吴海芬听取乡党委书记李建勇对冷水箐克期脱贫工作的进展情况及存在困难的汇报，并提出工作要求：针对现在贫困户建房的资金难题县委政府将及时给予协调解决，在给予资金保障的同时要加快施工进度，让贫困户早日住上新房；精准“滴管”，培育可持续发展产业，激发贫困户“造血”功能，因村因户因人精准施策，抓紧抓实抓好农业产业扶贫工作；加强对扶贫资金的管理，严守扶贫资金“四道防线”，确保每一分扶贫资金都用在刀刃上；抓实抓好抓紧在建项目，放长眼光谋项目规划。

【县长吴海芬走访慰问老城乡困难群众】 11月23日，县委副书记、县人民政府县长吴海芬深入老城乡挨小、苴那等5个行政村，走访慰问贫困群众和生活困难党员。走访慰问过程中，吴海芬要求老城乡党委政府要紧盯脱贫攻坚任务，扎实推进脱贫攻坚工作，严格落实帮扶制度，确保各项扶贫措施落实到位。同时，科学制定发展规划，用活项目资金，加强完善水电路等基础设施建设，发展壮大村级集体经济；坚持以贫困户为主体，发展好种植养殖产业；精准帮扶，把一户一策措施搞实，把一项项支持政策转化为脱贫攻坚的实际效果，让贫困群众早日脱贫。

【县长吴海芬到元谋傈僳族第一村调研】 11月27日，县委副书记、县长吴海芬深入到元谋傈僳族第一村——易地扶贫搬迁安置甘塘片区调研指导，听取涉及搬迁的姜驿乡、江边乡主要领导及易地扶贫搬迁安置指挥部、施工方相关负责人的情况汇报，详细询问各组团搬迁群众安置情况、项目建设进度以及推进中存在的问题，并在指挥部会议室召开专题会议。吴海芬对下步工作提出具体要求：要精准把握政策。认真领会省、州关于易地扶贫搬迁相关文件精神，严守“四条红线”，禁碰“高压线”，对搬迁户的建房面积、补助资金等政策要熟悉掌握，尤其是建档立卡贫困户，要坚守建房底线，避免因建房返贫或积债的情况，要加快推进民居建设，确保年底前迁入新居。加强对施工队的管理。强化施工方、监理方、建房联建小组等多方主体的沟通交流，及时化解矛盾纠纷，确保施工安全和工程质量，规范有序、稳步推进民居建设工作。加强对群众的宣传教育。强化搬迁群众对搬迁意义、搬迁政策的认知度与参与度，加大对联建小组建房监管的技术培训，分阶段、分内容、分批次、分对象做好宣传培训工作。加强档案资料的规范整理。县易地扶贫搬迁指挥部要规范档案管理标准，制定统一资料模板，各挂包单位主要领导要高度重视，统筹好本单位人员做好搬迁群众信息资料的收集整理，确保前期资料的规范完善。加快对G组团的场平启动工作。易地扶贫搬迁安置甘塘片区建设指挥部要发挥统筹协调作用，尽快制定G组团实施方案，加快推进林地报批、土地整理、地勘等前期工作，确保项目克期完工。

【县长吴海芬到县统计局、县经信局调研指导】 11月28日，县委副书记、县长吴海芬，副县长孙绍兴一行到县统计局和县经信局调研指导。在县统计局召开座谈会。吴海芬详细听取县统计局领导班子及各科室干部职工的工作情况汇报，并对各项统计工作取得的成绩给予充分肯定，针对下步统计工作，吴海芬要求：加强对数据的统计分析、调查研究，切实履行好统计部门信息、咨询、监督职能，为县委政府决策提供数据支撑；统计工作责任重、压力大、专业性强，要认清形势、找准问题、对症施策；认真当好“记分员、监测员、服务员”角色，建立健全逐级培训、逐层分析、逐月预警的工作机制，强化业务技能提升。针对经信局下一步工作，吴海芬要求班子成员要以身作则、以上率下，干部职工要严以律己、宽以待人，营造良好的工作氛围，增强团队凝聚力和向心力；要坚定信心、压实责任，工作推进中要抓重点、抓主要、抓关键，围绕重点产业抓好招商引资，积极拓展对外市场，引进新项目、注入新血液，抓好增量，守好存量，为未来发展积蓄动力；不找客观，不推诿退缩，勇担重任、迎头赶上，坚定不移地完成州下达的各项目标任务。

【副县长周应张到黄瓜园镇督促指导“9·17”泥石流灾害民房恢复重建】 11月28日，县人民政府副县长周应张到黄瓜园镇督促指导“9·17”特大型山洪泥石流灾害民房恢复重建工作。县水务局、县国土局、县农业局有关领导参加会议。周应张听取黄瓜园镇党委书记昝智明和镇长韦志光的工作情况报告，要求黄瓜园镇要深入一线，组织和指导恢复重建工作。县级责任单位要结合行业部门工作抓好技术指导工作。县、镇、村、组四级干部认真落实“三包”责任制，实行一包到底，层层抓落实，直到恢复重建工作全面完成。黄瓜园镇和县级有关部门要结合工作实际，制定各安置点民房恢复重建工作计划，细化具体工作方案。引导广大受灾群众牢固树立自力更生、艰苦奋斗、重建家园的信心和决心，坚决克服“等”“靠”“要”思想。各工作组要严肃政治纪律、组织纪律、工作纪律、群众纪律、生活纪律、廉洁纪律，压实责任严格职能职责。

【副县长张荣到羊街镇调研森林防火】 12月11日，副县长张荣到羊街镇调研森林防火工作，召开会议听取羊街镇森林防火工作的安排部署情况。张荣要求，羊街镇要牢固树立“绿水青山就是金山银山”的理念和责任意识，认真总结上年森林防火工作的经验和教训，切实增强森林防火工作的责任感和紧迫感。要多措并举，保障全县森林防火工作顺利推进；压实责任，确保森林防火工作落到实处，严格执行24小时值班和领导带班制度，保持通讯畅通，确保全年无重大火灾事故发生。

【县长吴海芬到江边乡调研江边乡乌东德水电移民搬迁】 12月21日，县委副书记、县长吴海芬到江边乡调研江边乡乌东德水电移民搬迁工作。吴海芬听取县委常委、常务副县长、县金沙江乌东德水电站建设征地移民安置工作总指挥部总指挥长祖凌，江边乡党委书记尹德波关于乌东德水电站建设移民搬迁人口界定工作开展情况、存在的困难及下一步工作汇报后，吴海芬强调：所有参与工作的人员要坚定做好移民工作的信心和决心，加强政策的学习，统一思想，抓好政策执行和工作的落实，根据工作情况，加快推进移民搬迁协议签订力度。同时要求江边乡党委政府要在推进移民工作的同时，统筹抓好其他方面的工作，确保各项工作稳步推进。

行政事务

【县政府办公室机构】 2017 年，元谋县人民政府办公室下设综合科、调研科、应急管理办公室（元谋县人民政府总值班室）、督查室、议案科、法制办公室、信息技术科、实施四项制度办公室、行政科、保卫科、车队 11 个科室。年末，县人民政府办公室在职干部职工 36 人。其中：县长 1 人、副县长 5 人，县政府办公室主任 1 人、副主任 4 人，县政府督查室主任 1 人，县政府法制办公室主任 1 人；公务员 24 人，机关工人 12 人（高级工 8 人、中级工 4 人）；研究生学历 3 人、大学本科学历 18 人、大专学历 9 人、中专学历 1 人、高中学历 1 人、初中学历 4；中共党员 22 人。

【筹办文会】 全年制发各类公文 878 份，处理省、州、县、乡镇等各级各部门各类公文 4081 份。其中：收处上级来文 3017 份，办理乡镇、部门请示报告 1013 份，来信来访 51 件。

【政务督查】 全年共组织开展督查 50 余次，整理编报《督查通报》32 期、《督查专报》4 期。对县人民政府 2017 年度县委、县政府的中心工作和重点项目进行督促检查。

【政务信息】 全年编辑《元政信息》41 期、《政情通报》13 期，上报信息被云南省人民政府办公厅采用 15 条，被楚雄州人民政府办公室采用 64 条，超额完成省、州考核任务。1 月 23 日，县人民政府办公室被省人民政府办公厅表彰为“2016 全省政府系统政务信息工作先进单位二等奖”。3 月 30 日，县人民政府办公室被州人民政府办公室表彰为“2016 年度全州政府系统政务信息工作先进单位二等奖”。

【办理建议议案提案】 全年共完成政府系统办理的人大代表议案 2 件、建议 107 件，政协提案 121 件，完成州政府交办的政协委员提案 2 件、州人大代表建议协办 1 件，办复率和满意率均达 100%。

（杨茂利）

接待工作

【公务接待】 2017 年，元谋县接待办坚持“热情、周到、安全、节俭，促进全县经济社会发展”的理念，准确把握中央和省、州、县党委政府关于改进工作作风、密切联系群众实施办法和国内公务接待管理的各项规定要求，坚持以规范化、精细化、个性化服务为标准，立足体现地方特色，用心做好各项接待服务工作。全年共接待来宾 364 批次。其中：副国级领导 1 批次，省部级领导 32 批次，国家、省州部门检查指导工作组 201 批次，来自北京、山东、台州等各地招商引资客商 130 批次。圆满完成“2017 年互联网 + 现代农业（中国 · 元谋）研讨会”“楚雄州 2017 年一季度项目集中开工仪式和重点产业发展暨招商引资工作大会”“楚雄州 2017 年二季度、三季度项目集中开工仪式”“2017 云南 · 元谋蔬菜种业博览会”和“2017 中国 · 元谋果蔬节”等各类重要活动的接待工作。

【接待办内部管理】 2017 年，元谋县接待办认真贯彻执行《楚雄州贯彻〈党政机关厉行节约反对浪费条例〉实施办法》和《元谋县党政机关国内公务接待管理实施细则》等各项规定要求，结合部门工作实际，认真落实公务接待报批和领导牵头负责制，完善公务接待清单制度和一事一结算制度，明确公务接待内控标准和要求，规范公务接待管理和操作流程。坚持公务接待领导批示、费用开支清楚明了，并填报接待任务清单，切实增强公务接待工作的规范化和透明度，有效避免超范围、超标准接待。采取公开邀标和竞争性谈判的方式确定公务接待服务单位，按年度与宾馆酒店签订合作协议，在接待过程中坚持使用本地特色产品，严格执行相关规定，有效降低接待成本。不断健全完善财务管理制度和审核报销流程，从严管控接待费用开支，公务接待经费支出逐年下降。

（龚　瑞）

机关事务管理

【县级党政机关办公用房清理】 2017年，元谋县机关事务管理服务中心认真开展办公用房清理调剂工作，优化办公用房及资产配置。完成县城棚户区改造（二期）涉及拆迁、调整的22家单位办公用房分配安置工作，完成全县81家单位年度办公用房统计。做好清理整治后办公用房资产利用情况的调查工作，保证国有资产的高效利用。

【公共机构节能】 2017年，在全县召开公共机构能源直报系统培训会议，印发《公共机构能源资源消费统计制度及直报系统有关内容介绍》，将公共机构能源资源定额管理要求及方法有效、及时传达至县级各部门。认真组织参加"全国节能宣传周"系列宣传活动，开展公共机构节水型单位建设，积极配合县统计局做好公共机构节能统计等相关工作。

（龚　瑞）

行政监察

【行政监察机构】 2017年年末，元谋县监察局在职干部职工3人。其中：局长1人、副局长2人；公务员3人；大学本科学历2人、大专学历1人；中共党员2人。2017年12月15日，元谋县监察局被撤销。

【政府廉政工作会议】 2017年2月28日，召开第十七届县人民政府第一次廉政工作会议。县委副书记、县长李林波总结2016年政府系统廉政建设和反腐败工作，并对2017年政府系统廉政建设工作进行安排部署。县委常委、县纪委书记杨波应邀出席会议并作讲话；县政府副县长，县政府党组成员出席会议；10个乡镇乡镇长，县政府组成部门、县政府部门管理机构和直属机关及省州驻元单位主要负责人，县50个重点攻坚工作指挥部常委副指挥长及相关部门领导参加会议。

【专项纪律检查】 认真履行党章赋予的职责，对全县重点项目、脱贫攻坚、提升城乡人居环境行动、"9·17"特大山洪泥石流灾害民房恢复重建、县城东南片区棚户区（二期）改造、乌东德水电站移民搬迁安置等工作开展专项纪律检查32次，发出各类通报200余期，问责干部20人，确保县委政府的重大决策部署得到有效落实。

【监察建议】 认真贯彻执行监察法，针对各乡镇在执行低保政策落实中存在优亲厚友、雁过拔毛、吃拿卡要，以及审核把关不严、监督管理不到位等突出问题，县监察局于10月19日发出2017年第1号监察建议书，督促10乡镇对低保政策执行情况认真开展自检自查，彻底整改存在的突出问题；督促县民政局认真履行监管职责，严格审核把关低保评定各个环节，切实加强对低保政策执行情况的监督检查。

（杨永馨）

行政审批管理

【行政审批管理机构】 2017年，根据《云南省人民政府关于同意楚雄州开展实行相对集中行政审批权试点改革的批复》和《楚雄州人民政府关于开展相对集中行政审批权改革试点的实施意见》文件精神，成立元谋县行政审批局，加挂元谋县政务服务管理局、公共资源交易管理局两块牌子，为正科级行政单位，履行行政审批、政务服务、公共资源交易工作职能，设定人员编制数为58人，建立“一局三中心”的机构格局，内设综合股、组织人事股、政策法规股、投资服务股、社会事务股、市场服务股、督查股、信息网络股8个股室。年末，在职干部职工44人。其中：局长1人，副局长3人；公务员16人，专业技术人员15人（小学高级教师1人），事业工人9人（高级工2人、中级工2人），机关工人4人；大专以上学历43人；中共党员24人。

【政务服务】 进一步推进元谋县行政审批中心、政务中心和公共资源交易中心的规范化建设。并加大对基层政务服务工作的督促检查和调研力度。建立审批中心、帮办服务区、商事服务区、审批服务区、公共服务区四个区域。政务服务中心全年受理各种服务事项49.9万件，办结49.9万件，日均办件量1789件，办理承诺时限内办结率100%，群众满意率100%，年内无投诉举报现象。

【投资项目并联审批】 优化政务服务大厅窗口设置，加强与相关部门的沟通协调，理顺内部协调运行机制，积极推进行政审批许可事项“一站式”服务及项目审批帮办及代办服务平台建设，明确和细化“一站式”审批服务实施的部门、窗口职能职责、基本原则、对象、范围、内容和工作流程，并就帮办及代办服务工作具体执行作出明确规定。年内，投资项目并联审批中心共受理投资项目370个，投资概算169.3亿元，按时办结率100%，群众满意率100%。

【行政审批网上服务】 梳理元谋县政务服务事项，全力推进政务服务、行政审批事项的平台录入，共梳理录入服务事项5714项，进一步推进服务事项网上办理，规范行政审批网上服务大厅应用平台系统的应用和审批服务信息的管理与发布、网上大厅来件的预审、接件、受理、办理、取件及异常件的操作处理、咨询投诉件的回复等，完善网上服务与实体大厅服务、线上与线下服务相结合的一体化政务服务型模式。年内，网上大厅共受理各种审批服务事项1889件，办结1889件，办结率100%，群众满意率100%。

【公共资源交易】 2017年5月完成电子化交易平台建设，投入资金52万元，建成电子开、评标室各1间，与省、州同步实现全程电子化交易；积极组织业主部门、行政监管部门、招标代理机构和潜在投标人及时办理CA证书30份。制定完善各类交易项目交易规则和程序，进一步明确交易各方在交易过程中的交易职责和纪律要求，规范交易活动的场地预约、费用收取、信息发布、投标报名、开标、评标、中标公示等操作流程。全年公共资源交易中心共组织建设工程招投标、政府采购、医疗器材、土地交易等交易项目333个。其中：建设工程招投标269件，累计交易额9889万元，累计节约资金1863.81万元，节约率2.27%；政府采购42件，累计交易额6425.74万元，累计节约资金559.97万元，节约率8.02%；矿业权、国有产权、国有土地出让22件，累计交易额2.814亿元，增加收益金365.91万元，增值率16.54%。

【中介服务管理】 建立元谋县中介机构信息库，实行分类和开放式管理，建立入库中介机构代理业绩档案，加强对元谋县公共资源交易中介代理机构的管理，进一步规范中介代理机构从业行为，促进招标代理机构依法代理、规范操作、公平公正、诚信经营，实现代理市场公平竞争。年内，共受理中介超市服务事项276个，其中无效项目9个，已选取73个，预算资金2055.52万元，成交额1498.63万元，节约资金556.9万元，节约率27.9%。

【集中行政审批】 7月，根据相对集中行政审批权制度改革要求，从14个部门划转工作人员31人、审批许可事项130项，统一集中到审批局办理，全年共受理各种审批、许可件2016件，办结2016件，其中投资类339件，商事类812件，社会类865件，法定时限内按时办结率100%，减少审批环节，大大缩短审批时限，审批提速率67%以上。

【挂点扶贫工作】 行政审批局挂点联系新华乡新华行政村36户贫困户，严格按照省州县工作要求，积极深入了解贫困户的生产生活情况，认真做好贫情分析，制定脱贫方案和措施，帮助贫困户找准脱贫致富的产业发展路子，宣传法律条规、树立群众脱贫志向。全年为挂点联系户捐资4.38万元，协调联系集体扶持项目2个，协调解决24户贫困户每户5000元的养殖扶持资金，10户贫困户每户6万元的异地扶贫搬迁插花安置建房补助。年内，29户脱贫出列。

（李晓燕）

中国人民政治协商会议元谋县委员会

政协机构及人员

【政协第九届委员会委员】 九届一次会议期间共有165人，界别19个。其中：中国共产党5人，无党派人士12人，妇联4人，工商联界21人，科学技术协会3人，文化艺术界6人，科学技术界6人，经济界16人，农业界9人，教育界11人，医药卫生界8人，社会福利保障9人，少数民族界8人，宗教界4人，特邀界33人，社会科学界4人，总工会2人，归侨暨台侨联谊会2人，共青团2人。

【政协第九届委员会常务委员】 共24人：高发银（彝族）、马江芝（女，回族）、韩庆生、段玉方、杨祥敏（女）、李正春、阮曙光（瑶族）、张华（彝族）、白玉高（彝族）、李建红（女，傈僳族）、杨永红（女）、杨发光、杨昌琼（女）、梅加瑞、王坤、肖亚军（彝族）、胡翠仙（女）、蒋平（女）、秦雯、石纾婧（女）、焦鸿雁（女）、郭清、郭有伦、雍海文（傈僳族）。其中，中共党员7人。主席：高发银。副主席：马江芝（女，回族）、韩庆生、段玉方、杨祥敏（女）。

【县政协机构】 2017年，元谋县政协机关下设办公室、提案委员会、经济工作委员会、教文卫体文史资料委员会、民族宗教联络委员会、社会法制委员会。年末，县政协机关在职干部职工32人。其中：处级干部10人（正处级1人，副处级4人，享受正处级职级干部4人，享受副处级职级干部1人；本科学历7人，大专学历3人）；科级干部13人（正科级6人，晋升副处级职级干部3人，正科职级干部1人，主任科员1人，副科级1人，晋升正科级职级干部1人；本科学历5人，大专学历8人）；科员2人（晋升副科级职级干部1人，科员1人；本科学历1人，大专学历1人）；工勤人员7人（高级工6人，中级工1人；大专学历3人，高中学历1人，初中学历3人）；中共党员19人。

重要会议与重要活动

【安徽省芜湖市政协主席胡邦明到元谋调研】 6月14日，安徽省芜湖市政协党组书记、主席胡邦明率考察组到元谋县考察传承和保护地方历史文化工作。州政协副主席李能，县政协副主席马江芝、韩庆生陪同考察。

【政协八届二十次常委会议】 2月17日召开。政协常务委员出席会议，会议审议通过《政协元谋县第八届委员会常务委员会工作报告（征求意见稿）》和《提案工作报告（征求意见稿）》；协商决定政协元谋县第九届委员会第一次会议召开的时间、地点和协商通过《政协元谋县第九届委员会常务委员会工作报告》和《提案工作报告》报告人建议名单（草案）；协商讨论政协元谋县第九届委员会第一次会议议程（草案）和协商提名政协元谋县第九届委员会第一次会议秘书长、副秘书长建议名单（草案）；协商决定政协元谋县第九届委员会第一次会议分组办法和各组召集人建议名单（草案）；协商决定政协元谋县第九届委员会第一次会议日程（草案）；协商决定政协元谋县第九届委员会第一次会议特邀人员名单、列席单位人员名单（草案）。

【政协九届一次全委会议】 2月23—28日在元谋县城召开。县委、县政府、县人大、县纪委、县法院、县检察院领导和驻元谋州政协委员，离任的历届县政协主席、副主席，在职调研员，享受处级待遇领导，非八届县政协委员的乡镇政协小组长，老干部代表共44人应邀参加会议；县级各部门、各事业单位、人民团体、省州直属单位、驻元部队领导和部分企业负责人，协会会长共86人列席会议。应到会295人，实到会283人。会议听取县委书记习雁所作的开幕讲话；听取和审议政协主席兰松所作的《八届常委会工作报告》、听取刘从有所作的《八届提案工作报告》；听取县人民政府县长李林波所作的《政府工作报告》，县人民政府副县长吴春华所作的《元谋县人民政府关于政协元谋县八届四次会议提案办理情况的报告》；召开专题协商会，听取九届一次会议期间提案审查情况报告；通过《政协元谋县第九届委员会第一次会议决议》；听取政协主席高发银闭幕讲话。会议期间，部分代表列席县第十七届人民代表大会第一次会议，听取并协商讨论《政府工作报告》、"两院"报告和其他报告。

【县政协九届一次会议专题协商会】 2月26日在县政协一楼会议厅召开。研究落实县政协九届一次会议相关事宜，县委书记习雁作讲话。

【政协九届一次常委会议】 4月24日召开。县委常委、统战部部长赵光贤，县人大常委会副主任泰焕华，县人民政府副县长田光华应邀到会；县委办、县人大办、县政府办的主要负责人，各乡镇政协小组长，政协机关实职副科以上领导干部列席会议。会议传达学习中央、省、州"两会"精神和《中共中央关于加强和改进人民政协民主监督工作的意见》；协商通过县政协2017年工作要点；协商决定有关人事事项。

【政协九届二次常委会议】 5月23日召开。政协常务委员参加会议。协商决定有关人事事项。

【政协九届三次常委会议】 6月29日召开。县委副书记夏禹，县人大常委会副主任陈月娥，县人民政府副县长田光华应邀到会。县委办、县人大办、县政府办等县级部门负责人，各乡镇政协小组长，县政协机关实职副科以上领导列席会议。会议听取县人民政府副县长田光华通报元谋县山区半山区产业发展工作情况；听取县政协经济委主任张华作《关于元谋县山区半山区产业发展工作情况的调研报告》；协商讨论元谋县山区半山区产业发展工作。

【城区县政协委员政情通报会】 7月25日召开。县政协退休老领导，驻县州政协委员，城区县政协委员，各乡镇政协小组长，县政协机关全体干部职工、县工商联全体干部职工参加会议。会议听取县委常委、县人民政府常务副县长窦小军通报上半年全县经济社会运行情况及下半年工作要点。

【政协九届四次常委会议】 8月31日召开。县委副书记夏禹，县人大常委会副主任郑武，县人民政府副县长丁志富应邀到会；县委办、县人大办、县政府办、县发改局等县级部门负责人，各乡镇政协小组长，县政协机关实职副科以上领导列席会议。会议听取县教育局、县住建局汇报工作开展情况；听取县人民政府副县长丁志富通报元谋县宗教活动场所建设管理情况；听取县政协副主席韩庆生作《关于我县宗教活动场所建设管理情况的调研报告》；协商讨论元谋县宗教活动场所建设管理工作；协商决定有关人事事项。

【政协九届五次常委会议】 11月8日召开。县委副书记夏禹，县人大常委会副主任郑武，县人民政府副县长吴春华应邀到会；县委办、县人大办、县政府办等县级相关部门负责人，各乡镇政协小组长，县政协机关实职副科以上领导列席会议。会议听取县林业局、县交通运输局汇报2017年工作情况；听取县人民政府副县长吴春华通报元谋县养老养生产业发展情况；听取县政协社法委主任阮曙光作《关于我县养老养生产业发展情况的调研报告》；协商讨论元谋县养老养生产业发展工作；协商决定有关人事事项。

【政协九届六次常委会议】 12月27日召开。县委副书记夏禹，县人大常委会副主任秦焕华，县人民政府副县长吴春华应邀到会；县委办、县政府办、县农业局等县级部门负责人，各乡镇政协小组长，县政协机关实职副科以上领导列席会议。会议听取县人民政府副县长吴春华通报元谋县金沙江沿岸资源保护与开发推进元谋全域旅游工作情况；听取县政协文史委主任李建红作《保护开发金沙江沿岸旅游资源　助推元谋全域旅游创建专题调研报告》；协商讨论元谋县保护开发金沙江沿岸旅游资源助推元谋全域旅游创建工作。

【政协九届七次常委会议】 12月30日召开。九届县政协常委出席会议。会议协商决定政协元谋县第九届委员会第二次会议召开的时间、地点；协商讨论县政协九届委员会常务委员会《工作报告（征求意见稿）》及《提案工作报告（征求意见稿）》；协商决定政协元谋县第九届委员会第二次会议关于第九届常委会《工作报告》及《提案工作报告》报告人建议名单（草案）；协商讨论政协元谋县第九届委员会第二次会议议程（草案）；协商讨论政协元谋县第九届委员会第二次会议日程（草案）；协商决定政协元谋县第九届委员会第二次会议特邀人员名单（草案）；协商决定政协元谋县第九届委员会第二次会议列席人员名单（草案）；协商讨论政协元谋县第九届委员会第二次会议分组办法和各组召集人名单（草案）；协商讨论政协元谋县第九届委员会第二次会议秘书长、副秘书长建议名单（草案）；协商讨论《关于授权主席会议审定政协元谋县第九届委员会常务委员会第七次会议未尽事宜的决定（草案）》。

【农村孤儿助养与贫困学生资助】 年内，配合云南省政协办公厅智力支边扶贫办公室和云南省扶贫基金会争取到救助贫困学生资金，救助在校学生孤儿12人，每人每年1340元，合计1.61万元；救助贫困小学生100人，每人每年295元，合计2.95万元；全县“亲亲禾苗、营养一餐”救助200人，每人每年1080元，合计21.6万元；捐赠课桌椅700套，每套150元，合计10.5万元。

政协日常工作

【政协视察调研】 2017年，政协开展专题调研4次。4—12月，县政协经济委、文史委、社法委、民宗委牵头，分别组织部分县政协委员、有关单位领导和专业人员组成4个专题调研组，由县政协副主席马江芝、韩庆生、段玉方、杨祥敏带队，对元谋县山区半山区产业发展情况、元谋县宗教活动场所建设管理情况、元谋县养老养生产业发展情况、元谋县金沙江沿岸资源保护与开发推进元谋全域旅游工作情况等有关问题进行专题调研。各调研组到各乡镇、县级有关部门，通过实地察看、走访群众和召开座谈会掌握情况，认真分析研究，写出《元谋县山区半山区产业发展情况的调研报告》《元谋县宗教活动场所建设管理情况的调研报告》《元谋县养老养生产业发展情况的调研报告》《元谋县保护开发金沙江沿岸旅游资源助推元谋全域旅游创建专题调研报告》。调研报告分别提交县政协九届三次、四次、五次、六次常委会专题协商讨论后，报送政府及有关部门采纳落实。

【政协专委活动】 年内，政协各专门委员会组织专委成员和界别委员开展专委活动共10次。其中，经济委1次，通报2017年工作要点，协商讨论专委调研报告《关于元谋县山区半山区产业发展情况的调研报告（送审稿）》；社法委2次，专题学习县政协2017重点工作计划，确定专题调研课题“元谋县养老养生产业发展情况的调研”；专题研究养老养生产业发展；文史委2次，安排部署2017年县政协教文卫体文史资料委员会工作任务，讨论研究2018年调研课题及工作计划；民宗委2次，组织委员视察老城乡水库移民后扶项目、甘塘易地搬迁项目建设情况、研究安排2017年县政协民宗委工作，讨论征询《元谋县宗教活动场所建设管理情况的调研报告》的意见；提案委3次，审查县政协九届一次会议期间的提案，审定2017年提案委工作计划、安排收集社情民意、传达提案工作会议精神，总结2017年提案工作、筹备县政协九届二次全会的提案工作、安排九届二次全会委员交流发言。

【政协提案】 年内，共提交提案129件，经审查立案127件，立案率98.4%。经济建设方面41件，占立案总数的32.3%；教科文卫体方面24件，占18.9%；政法社会保障方面62件，占48.8%。从办理的情况看，提案所提问题已经解决和采纳的A类提案45件，占办复总数的35.4%；列入计划拟解决的B类提案64件，占50.4%；因受目前条件限制或者其他原因列入下步解决的C类提案18件，占14.2%。

【政协宣传】 年内，采写了新闻信息稿件18篇，编发《政协简报》4期，制发《政协工作》4期，印发调研报告4篇，向州政协撰写报送交流发言材料17篇，调研报告4篇，向各级各类媒体投送宣传稿件20篇，被《云南政协报》刊登7篇，被《楚雄日报》《楚雄政协》等州级媒体选登10篇，荣获州级好新闻1篇。同时，充分发挥县级媒体作用，加强与县委宣传部、县广播电视局联系，在《元谋新闻》栏目中，播出26条政协履职工作的新闻。

（李　倩）

中国共产党元谋县纪律检查委员会

纪检机构及人员

【县级纪检监察机构】 2017年，中国共产党元谋县纪律检查委员会内设办公室、组织宣传部、党风政风监督室、信访室、案件监督管理室、案件审理室、第一纪检监察室、第二纪检监察室、第三纪检监察室；下设元谋县纪委监察局第一、二、三、四、五、六纪工委监察分局，属正科级派出机构，每个纪工委监察分局设书记1人、副书记1人（兼任监察分局长）。年末，县纪委监察局在职干部职工51人（含纪工委监察分局18人）。其中：县纪委书记1人、副书记3人（其中1人兼任元谋县监察局局长）、县纪工委书记6人、实职副科18人；公务员48人、机关工人3人（高级工、中级工、初级工各1人）；大学本科学历38人、大专学历12人、中专学历1人；中共党员45人。

【基层纪检监察组织】 2017年，10个乡镇纪律检查委员会各设纪委书记1人、副书记1人、纪检监察专干1人。县公安局、经信局、住建局、市管局、卫计局、教育局、水务局、农业局、移民局9个部门设立纪委，法院、检察院、信访局3个部门设立纪检组，配备纪委书记和纪检组长共12人。

党风廉政建设

【中共元谋县十三届纪委第二次全会】 2017年3月9日，召开中国共产党元谋县第十三届纪律检查委员会第二次全体会议。县处级领导干部，县纪委委员，乡镇党委书记、乡镇长、纪委副书记、纪检监察专干，县级部门、企事业单位及省州属单位主要负责人和纪委（纪检组）负责人，县纪委监察局全体干部职工共200余人参加会议。会议传达了州纪委九届二次全会精神，县委副书记、县长李林波出席会议并作讲话。全会审议通过了县委常委、县纪委书记杨波代表县纪委常委会作《强化监督执纪，推进从严治党，为奋力开创元谋跨越发展新局面提供坚强保证》的工作报告和全会《决议》。回顾总结县纪委2016年各项工作，安排部署2017年各项工作任务。

【党风廉政建设责任制执行】 修订2017年六类党风廉政建设责任书，对2017年度党风廉政建设和反腐败工作任务进行细化分解，制定出台《中共元谋县委领导班子2017年落实党风廉政建设主体责任清单》，层层压实责任。

【权利监督制约】 认真落实党风廉政建设“两报告”、述责述廉、提醒谈话、个人有关事项报告、民主生活会监督指导、婚丧喜庆事宜报告、廉政意见回复等党内监督制度，进一步强化对权力运行的监督制约。对158位科级领导干部进行任前廉政谈话，组织20位县管党政领导班子主要责任人向县纪委全会述责述廉，办理廉政审查118批次，26位科级干部报告个人重大事项变化情况，20位科级干部报备婚丧喜庆事宜。

【党风廉政宣传教育】 制定《全县纪检监察系统学习宣传贯彻中共十九大精神工作方案》，编印《中共十九大精神学习资料汇编》，确保习近平新时代中国特色社会主义思想和中共十九大精神深入贯彻落实。组织全县实职处级领导干部和部分县级综合部门主要负责人共51人到省廉政警示教育基地接受警示教育，组织全县3000多位在职党员开展“两学一做”党内法规知识竞赛，坚持节假日向全县副科级以上干部发送廉政提醒短信。

【巡察工作】 出台《县委巡察工作规划（2017—2021年）》，印发《中共元谋县委2017年巡察工作要点》，严格执行巡视工作条例和巡察相关制度，全面推进党内政治巡察。巡察工作开展以来，共分四轮对全县12个县级部门和10个乡镇进行全方位、无死角巡察，共发现问题175个，问题线索42个，建立相关制度86个，清退收缴违规违纪款62.7万元，谈话函询15人，立案3人，给予党纪处分3人，部分问题线索正在调查核实中。认真抓好中央第十一巡视组巡视云南“回头看”反馈意见整改工作，配合做好州委第三巡察组巡察元谋脱贫攻坚相关工作。

信访与案件查处

【群众来信来访】 全年全县纪检监察机关共受理信访举报136件，处置问题线索90件，立案61件。

【案件查处】 坚持问题线索集体排查和集中管理，认真落实“日清、周转、月报、季结”问题线索处置机制，严格按“四类方式”处置线索。认真落实查办案件以上级纪委领导为主的要求，转变执纪理念和执纪方式，突出审查重点，持续保持惩治腐败高压态势，“不敢腐”的震慑作用进一步凸显。运用监督执纪“第一种形态”开展“四项谈话”1536人次。给予党政纪处分61人（其中科级干部16人），移送司法机关1人，挽回经济损失51.46万元。

【扶贫领域监督执纪问责】 认真落实扶贫领域监督执纪问责五项工作机制，对扶贫领域问题线索进行大起底大排查。加大扶贫领域监督执纪问责工作宣传力度，制作宣传展板132块，永久性标语72条。举办脱贫攻坚监督执纪问责“五级联动”监督平台诉求录入培训班，共录入诉求1181件，办结1181件。深入开展扶贫领域遵守纪律提醒谈话和承诺践诺活动，共开展提醒谈话80场次2158人次，10位领导干部主动向组织说明问题。制定出台《元谋县脱贫攻坚工作责任追究办法（试行）》和《元谋县脱贫攻坚工作违纪案件处理办法（试行）》，对4个乡镇和2个县级部门开展脱贫攻坚专项巡察，严肃整治查处扶贫领域不正之风和腐败问题。全县共排查扶贫领域问题线索82件，立案查处11件11人，通报曝光典型案件7件。

作风建设与纪检队伍建设

【干部作风建设】 深入贯彻落实中央八项规定精神和县委实施办法，坚持在抓“常”和“长”上下功夫，盯紧元旦、春节、端午、中秋、国庆等重要节点，持续开展经常性纪律作风督查20余次。严肃查处不收手、不收敛、不知止、顶风违纪的行为，通报曝光违反中央八项规定精神典型案例3件3人。持续深入开展“小金库”清理整治、公款违规购买消费高档白酒集中排查整治、“六个严禁”专项整治、“红包”专项整治等工作，1位领导干部主动上交“红包”6000元。认真贯彻楚雄州“禁酒令”，向全县所有公职人员和村“三职”干部发放“禁酒令”便携卡。

【纪检干部队伍建设】 积极推进派驻机构改革工作，争取解决行政编制54个，采取单独派驻和综合派驻的方式，向59个县级单位派驻20个纪检监察组（纪工委），实现派驻监督全覆盖。稳步推进国家监察体制改革试点工作，对涉及两项改革的干部开展谈心谈话，推进改革后机构、人员、思想、队伍的深度融合。注重队伍能力建设，坚持机关“日周月季年”五有工作法，严格执行“三会一课”、理论学习中心组会议、主题党日活动、在线月考等制度，认真开展机关“周一课堂”、业务工作大家谈、“两学一做”学习教育等学习活动，不断提升监督执纪能力和水平。坚持严管厚爱，认真落实《纪检监察干部监督管理办法》，严格执行纪检监察干部个人有关事项报告、外出报备、纪律督查等制度，从严从紧从细抓好纪检监察干部的监督管理。统筹抓好机关党建、老干部、脱贫攻坚、精神文明创建等工作，委局机关连续五年被县委政府综合绩效考核为优秀等次。

（杨永馨）

经济建设

农　业

农业管理

【农业管理机构】 根据元谋县人大常委会关于批准《元谋县人民政府职能转变和机构改革方案》的决定，2015年6月26日，元谋县畜牧兽医局机构编制及职能划入元谋县农业局，组建成立新的元谋县农业局，为元谋县人民政府工作部门，正科级，在元谋县农业局加挂元谋县畜牧兽医局牌子。元谋县农业局内设办公室、计财股、人事股、法规股、农产品质量安全监管股、种植业管理股、农业产业化发展办公室、市场与信息管理股、农业机械化管理股、渔业管理股、蔬菜水果外销管理办公室、畜牧股、兽医股、草山饲料股14个股室；下辖农产品质量检测站、农业行政综合执法大队（种子管理站）、农村经营管理站、农业技术推广服务中心、植保植检站、经济作物工作站、农机安全监理站、农机推广站、农机培训学校、中央农业广播电视学校元谋县分校、农村能源工作站、动物卫生监督所、动物疫病预防控制中心13个事业站所。2017年末，全局在职干部职工134人。其中：党委书记、局长1人，纪委书记1人，副局长4人，检测站站长1人；国家公务员24人，专业技术人员98人（农业推广研究员1人、高级农艺师11人、高级工程师1人、工程师6人、农艺师23人、经济师4人、助理农艺师24人、助理经济师2人、助理工程师1人、技术员1人、高级兽医师3人、畜牧师4人、兽医师8人、助理兽医师9人），机关工6人（高级工5人、中级工1人），事业工人6人（高级工4人、中级工2人）；研究生学历1人、大学本科学历51人、大专学历74人、中专及以下学历8人；中共党员81人。

【农业机械】 2017年，全县农业机械总动力30.86万瓦，比上年增长3%，全县投入拖拉机、脱粒机、排灌机械、起垄机、联合收割机、水稻插秧机等农机作业机械共47057台（套），完成机耕耙作业面积36552公顷，比上年增长3%；完成机械排灌面积11155公顷，比上年减少7%；完成机收面积4090公顷，比上年增长8%；完成机械植保面积6348公顷，比上年减少1%。农业机械运输作业量7.9737万吨千米。

【农机管理】 全县有专职农机监理员6人。全年排查一般安全生产隐患360个，微耕机擅自加挂拖斗上路营运造成重大安全隐患1项，全县未发生重特大农机安全生产事故。全年办理拖拉机注册登记237台，办理拖拉机年检5923台，年检率94.27%、持证率97.3%、挂牌率96%，换发拖拉机驾驶证468套。全年举办各种农机培训班3期，累计参训189人。开展委托执法道路巡查和执法检查27场76人次。开展农机安全宣传教育活动，发放宣传材料25110份，张贴标语112条；发送安全生产信息6条；开展街头宣传3轮，召开安全会118场次，累计参会20168人次。全县拥有拖拉机7248台、微耕机18950台、拖拉机驾驶员7152人。2017年发放农机购置补贴项目资金79.29万元，受益户26户，购置补贴机具41台（套）。

【农村经济管理】 全县农林牧渔业生产持续快速发展，全年实现现价农林牧渔业总产值276705万元，比上年增加14677万元，增长6.2%。其中：农业产值195651万元，比上年增加11945万元，增长6.2%；林业产值4122万元，比上年减少582万元，减少12.3%；畜牧业产值69030万元，比上年增加2702万元，增长7.2%；渔业产值3875万元，比上年增加306万元，增长11.5%。全县农民家庭经营收入231538.011万元，比上年增长8.8%。其中：农业收入137579.62万元，比上年增长6.9%。全县农民人均可支配收入11530元，比上年增加842元，增长8.9%。

【农业行政执法】 县农业局农业行政综合执法大队有执法人员10人，全年整顿农资市场6个次，检查企业（门市）407个次，出动执法人员353人次，立案查处违法违规经营农药案件23起，查获假劣农药产品753.37千克，收缴罚款8.22万元。渔政执法稳步推进，渔业秩序良好。全年出动执法人员184人次、执法车辆26辆次，租用快艇13艘次，取缔违禁渔具3件，现场教育6人。严厉打击各种违反禁渔规定的违法行为，震慑了破坏渔业资源的违法分子。同时，还遏制了电、炸、毒鱼等非法捕捞的势头。

【农村沼气建设项目】 年内，对2011年500口户用沼气和5个沼气服务网点、2012年10个沼气服务网点、2013年400口户用沼气、2014年4个50立方米养殖小区沼气工程项目进行审计。完成2011年、2012年、2013年、2014年四个年度项目各类资料装订、档案完善归档工作。全年开展沼气安全生产大检查，发放户用“沼气常见故障与排除方法”“户用沼气安全生产要点”“沼气池日常管理”等宣传材料6250份；组织沼气技术员进村入户为沼气户疏通输气管路1082户，沼气吸运车出料换料1320口，修理灶具、沼气饭1060件次。

【职业教育】 制定培训方案，编印培训教材，全年共完成各种农业实用技术培训300期2.42万人次，发放资料9.74万份，张贴公告1684张，书写标语160条，出黑板报53期，发送手机短信50期，技术问答500册，广播宣传115场次，开展田间学校培训1期60人次，现场会10期850人，开展新型农民职业培训36期1120人，开展科普宣传2次500人，完成农村劳动力转移培训16期1200人，转移就业1140人，完成农村中专函授教育招生50人，完成农民田间学校挂牌2个，组织2016年生产经营型职业农民440人外出考察学习现代农业。全年共组织了三批生产经营型职业农民、专业技能型和社会服务型职业农民、专业技能型职业农民（农业工人）共计340人外出考察学习现代农业示范区、农业专业合作社和农业观光园等，学员深受启发。

种植业

【耕地面积】 2017年初，全县耕地总面积211943亩，其中水田97745亩、旱地114198亩。年末，全县实有耕地面积213328亩，比上年增加1385亩，其中水田97900亩、旱地115428亩。

【农作物种植】 全县农作物总播种面积47.1万亩，比上年增加0.8%。其中：粮食播种面积25.07万亩，比上年减少0.5%；经济作物播种面积18.57万亩（蔬菜15.5万亩、烤烟1.9万亩、油料1.17万亩），比上年减少14.4%。粮食作物与经济作物种植结构比为53.28∶46.72，粮食作物种植比重比上年略有增加。全年粮食总产量9.3万吨，比上年增长2.19%。全县种植水果13.2万亩，比上年增加4.8万亩。

【农产品检测】 全年抽检生产基地种植和蔬菜批发市场销售的蔬菜、水果样品12684个，检测合格率99.96%。通过县乡检测机构严格检验检测，全县外销蔬菜产品质量安全得到有效监管，为推进全县高效、优质、生态、安全农产品生产提供强有力的技术保障。

【农作物病虫害防治】 全年共发布专题监测预警信息10期，指导农户进行科学防控246.1万亩次，有效预防重大农业有害生物的发生危害，切实把粮食作物的危害损失率控制在3.4%，经济作物的危害损失率控制在6.8%。开展科学用药和绿色防控技术培训2期，培训农资经营人员和种植户100人。组织11个村委会169人、533人次开展红火蚁统防统治工作，共用药3.6吨，投入防控资金61221元。向全县4.6万户农民群众累计发布适用信息2732.4万条。

【元谋无公害蔬菜】 全县种植无公害蔬菜20.4万亩，比上年增加1.68万亩，增长8.9%。全年外销蔬菜48.58万吨，比上年增加6.78万吨，增长16.2%；农民卖菜总收入15.22亿元，比上年增加2.55亿元，增长20.13%，外销蔬菜平均价格每千克3.13元。完成绿色食品首次认证4个、绿色食品续展认证5个、绿色食品年检20个，截至2017年末，全县累计获无公害农产品认证27个，绿色食品认证42个，有机转换认证10个，有机转换产品认证1个，“元谋番茄”“元谋青枣”地理性证明商标和“元谋蔬菜”“元谋水果”集体商标获国家工商总局注册。全县无公害农产品产地认定面积20.28万亩，绿色食品产地环境质量达标面积15.6万亩，出口蔬菜质量安全管理示范区面积21.05万亩。

【植物检疫】 开展种子市场植物检疫编号清查150份，开具植物检疫证书2616份，开展制繁种产地检疫6200亩，检疫合格种子3.86吨，苗木10万株，检疫合格植物产品4.8万吨。均未发现检疫性有害生物。

（李明丽）

畜牧业

【畜牧业管理机构】 2015年12月，根据《元谋县人民政府职能转变和机构改革方案》和《元谋县人民政府办公室关于印发元谋县农业局主要职责内设机构和人员编制方案的通知》，元谋县畜牧兽医局机构编制及职能划入元谋县农业局，在元谋县农业局加挂元谋县畜牧兽医局牌子。农业局局长兼任畜牧兽医局局长，由一位副局长具体分管畜牧兽医工作。2017年，元谋县农业局内设14个行政股室中含畜牧股、兽医股、草山饲料股3个畜牧兽医方面的行政股室；下辖13个事业站所中含动物卫生监督所、动物疫病预防控制中心（加挂县畜产品安全检测中心和县畜牧科技推广站牌子）2个事业站所。同时，细化了上述“3股、1所、1中心”各自的职能职责，以保障各项畜牧兽医工作有序开展。

【畜牧兽医队伍状况】 2017年末，全县畜牧兽医系统在职干部职工65人。其中：县级专业技术人员27人（大学本科学历11人、大专学历13人、中专学历3人；高级兽医师4人、高级畜牧师3人、畜牧师2人、兽医师14人、助理兽医师3人、助理经济师1人）；10个乡（镇）畜牧兽医站在职畜牧兽医科技人员38人（大学本科学历16人、大专学历19人、中专学历3人；高级兽医师6人、兽医师20人、助理兽医师7人、技术员5人）。全县78个行政村（社区）中有民办公助的村级动物防疫员118人。

【动物疫病防控及病情应急处置】 认真贯彻落实《楚雄州中长期动物疫病防治规划（2014—2020年）》、省州动物疫病防控会议精神，把重大动物疫病防治工作作为确保畜牧业发展，增加农民收入的重要工作来抓，实现全年无重大动物疫情发生的工作目标。抓实重大动物疫病免疫工作。全年共调储各类防疫疫苗301.8万毫升，累计免疫：猪口蹄疫42.94万头，免疫牛口蹄疫16.23万头，免疫羊口蹄疫43.28万只，免疫禽流感140.62万羽，鸡新城疫131.83万羽，免疫猪瘟42.94万头，免疫高致病性猪蓝耳病42.94万头，免疫密度分别为97.22%、97.2%、102.83%、97.18%、97.91%、97.22%、97.22%，防疫免疫期间共发生免疫反应死亡68头（只）（其中猪17头、牛6头、羊45只）。在组织做好重大动物疫病防疫免疫的同时，有计划地组织开展其他动物疫病的免疫，年内免疫犬类狂犬病4786只，小反刍兽疫27848只，羊痘81752只，仔猪副伤寒520头，牢固建立动物疫病防疫免疫屏障。定期组织开展免疫抗体水平检测工作，为动物防疫工作的开展提供技术支撑。年内共采集血清及样品1910份开展血清学检测，猪瘟、高致病性猪蓝耳病、猪口蹄疫、牛口蹄疫、羊口蹄疫、羊小反刍兽疫、H5（Re-6）和H5（Re-8）禽流感、鸡新城疫免疫抗体水平检测合格率分别为90.63%、93.75%、96.25%、85.83%、83.75%、100%、93.33%、97.11%、82.44%，均达省州70%以上的要求。强化措施，严防H7N9疫情。下发《元谋县人民政府办公室关于人感染H7N9禽流感防控工作的实施意见》《元谋县重大动物疫病防治指挥部办公室转发楚雄州农业局关于转发云南省农业厅办公室关于切实加强H7N9防控工作的紧急通知》等文件，对防控H7N9疫情做出具体安排部署。及时组织人员对市场销售的活禽随机抽样70份样品进行病原学和血清学监测，未收到阳性检测报告。在10个乡（镇）规模养殖场及8个活禽交易市场排查禽17.3万羽，未发现家禽有大批死亡情况，全面落实禽类交易市场“1110制度”（一日一清洗、一周一消毒、一月一休市，过夜零存栏），市场检疫禽类白条鸡1.5万只。通过采取综合措施，成功阻击H7N9疫情传入。组织做好家畜布鲁氏菌病流行病学调查工作。根据《云南省农业厅办公室关于印发云南省家畜布鲁氏菌病流行病学调查方案的通知》《楚雄州农业局关于开展全州布鲁氏菌病流行病学调查的通知》精神，按计划和要求组织开展了布鲁氏菌病流行病学调查和监测采样工作，全县完成了11320户，160785只羊调查统计工作，采样羊血清17936份进行反复排查监测，共计检测出现阳性羊23只，涉及11户养羊户，按照布病处置规程，对所有阳性羊只进行了净化处理。强化应急能力建设，确保疫情得到及时处置。一年来，以组织开展春、秋两季集中免疫为契机，不断加强乡村两级应急队伍人员的培训教育，严格村级动物防疫员管理办法，积极争取村级动物疫情报告网络点建设，现全县118个村级动物疫情报告网络点已配齐，同时坚持24小时应急值守工作制度，确保动物疫情早发现、早处置。

【畜牧兽医行政执法监管】 创新监管模式，抓好从养殖环节到屠宰环节全链条的兽医行政执法监管。围绕《农业部2017年兽医工作要点》和《2017年云南省动物卫生监督执法工作意见》的安排部署，年初制定《2017年元谋县动物卫生监督所工作计划及岗位安排》，明确全年工作计划及工作目标，明确责任人员和责任岗位，将全所工作任务层层分解压实，工作目标任务落实到人，形成层层有人抓，事事有人管的工作格局，确保各项动物卫生监督执法工作有效推进。确保全县不发生区域性重大动物疫病和不发生畜产品安全事故。

加强人员队伍的教育管理，着力提升动物卫生监督执法队伍能力和工作水平。按照省动物卫生监督所“提素质强能力”和畜牧兽医行政执法“六条禁令”的要求，着力打造一支政治硬、作风正、业务精、纪律严的动物卫生监督官方兽医执法队伍，树立动物卫生监督机构为民、务实、清廉、高效的良好形象。利用各种会议及业务培训，进一步加强县所及乡镇执法人员的业务培训，强化思想教育，提高业务技能，将依法行政、依法执政的法制理念植根于每个执法人员的脑海中，切实将习近平总书记的依法治国理念贯彻落实到动物卫生监督执法工作中，有效推动全县动物卫生监督执法队伍的制度化、规范化建设，进一步提升动物卫生监督执法队伍的履职能力和工作水平。利用全省屠宰检验检疫骨干培训、省州动物卫生监督案卷评查工作培训、全省兽药 GSP 检查员培训、全州牛羊屠宰检疫培训等专题学习机会，组织县乡两级动物卫生监督执法人员参加省州举办培训班，为扎实做好动物检疫、动物卫生监督执法及畜牧生产投入品监管工作打下坚实基础。

抓好动物疫病防疫监督。认真履行防疫监督职能，确保动物疫病防控措施落实到位。督促开展重点区域的定期消毒灭源工作。对规模养殖场、畜禽交易市场等重点区域进行消毒，有效阻止有害病毒、细菌对畜禽的侵袭，减少疫情的发生。抓好“六类”场所的监管。将六类场所的监管纳入重点工作范畴，促进各项管理措施有效落实。严格落实动物防疫条件准入制度，对从事养殖、屠宰加工、动物产品贮藏等相关行业的单位和个人，认真审核相关场所的动物防疫条件，建立健全相关管理制度，完善动物防疫措施，并加以督促落实，推动行业管理迈向制度化、规范化，进一步提升动物疫病防控能力。继续落实各种生产安全承诺制度，与全县规模养殖场签订《动物防疫责任书》《元谋县规模养殖场（小区）养殖安全承诺书》《元谋县动物出栏保证书》《元谋县养殖企业安全使用兽药饲料承诺书》等责任书，将行业的社会责任和诚信意识有机衔接，进一步增强畜牧兽医各行业的社会责任感和自律行为；将国家明令禁止的各项管理要求制作成告知书的形式在养殖、屠宰加工等经营场所进行宣传张贴，将明令要求深入千家万户，家喻户晓，形成人人参与监督的良好社会氛围。强化各类场所的监督检查，定期不定期地对各类场所进行专项检查，特别是牲畜交易市场的监督检查，提高应急反应和处置能力。督促养殖户做好病死畜禽的无害化处理工作。结合养殖环节病死猪只无害化处理补助政策的推行，督促规模养殖户全面做好染疫或病死畜禽的无害化处理，有效防止动物疫病扩散传播和进入流通环节，在源头筑起了第一道安全防线。加强畜牧投入品经营使用的监管。

认真履行兽药、饲料监管职责，对动物养殖、兽药饲料的生产经营各环节按照分类监管、分段治理的原则，采取“集中整治与日常监管，严格执法与科学管理、打假治劣与扶优扶强相结合”的工作机制，规范有序地推进兽药饲料的监管，确保畜产品生产源头的安全。以开展投入品市场的日常监督检查为工作突破口，以完善监管措施、规范经营行为工作出发点，全面有序推进兽药饲料市场的安全整治工作。全年共出动执法人员 198 人次，出动执法车辆 50 台次，累计检查饲料及饲料添加剂经营户 136 户，兽药经营户 56 个，兽医诊所 38 个，规模养殖场 324 个次。狠抓各类违法案件的查处。年内立案查处动物卫生违法案件 4 件，罚没金额 4400.85 元，立案查处经营假劣兽药案件 8 件，罚没金额 3218 元，立案查处经营过期饲料案 1 件，罚没金额 2000 元，通过违法案件的查处，规范市场经营秩序，维护广大群众的合法利益。

加强动物产品的检测，确保肉品质量安全。加强对“瘦肉精”“莱克多巴胺”“沙丁胺醇”的检测工作，在养殖环节和屠宰环节进行“瘦肉精、莱克多巴胺、沙丁胺醇”三联检测 432 批次，所抽样品均为阴性。全面落实动物卫生监督信息化管理。争取财政资金 12.52 万元，购置电脑、打印机等设备，与全省同步实现检疫电子出证，进一步规范了检疫监督和实现检疫出证的有效追溯。

推进动物及动物产品的可追溯体系建设。按照动物疫病可追溯体系建设工作的要求，将动物免疫工作和动物疫病可追溯体系建设工作有机衔接起来，确保溯源体系建设工作同时部署同步落实。在春防开始前就与省、州业务主管部门做好对接，做好二维码动物耳标网上申购、审核、签收、发放管理及同步录入信息工作，有力保障了全县重大动物免疫工作和动物疫病可追溯体系建设工作顺利推进。共申购猪二维码耳标15万套，羊二维码耳标8.5万套，牛二维码耳标3万套，为全面推进动物疫病可追溯体系建设工作，实现动物疫病可追溯夯实基础。

强化畜产品安全知识和法制宣传。为加强畜产品安全知识宣传，营造社会参与的浓厚氛围，充分利用“3·15”、病死畜禽无害化处理宣传月、食品安全宣传周、法制宣传日等重大活动，组织人员走上街头，进乡村，采取现场咨询和发放宣传资料相结合的宣传方式，向群众广泛宣传畜产品安全知识和法律法规，从养殖、购买、食用等环节加强指导和宣传，强化责任主体意识、依法经营意识和社会诚信意识，积极引导广大群众不购买、不食用死因不明和无检疫印章的动物产品，不食用生肉、不生食动物内脏，不随意丢弃病死动物尸体等相关知识，利用宣传图片和发放资料等通俗易懂的宣传方式开展食品卫生安全知识宣传，不断提高广大人民群众的自我防范意识。

做好畜牧兽医行政许可事项的办理。按照畜牧兽医的各种行政许可条件，对从事动物养殖、屠宰经营和兽药的经营企业或经营人员，严格审查办理“动物防疫条件合格证”“兽药经营许可证”，切实将动物疫病防控和畜产品安全生产措施落到实处。年内受理新办“动物防疫条件合格证”5份，年审“动物防疫条件合格证”13份，受理新办“兽药经营许可证”1份，年审换证“兽药经营许可证”12份。

【动物及其产品检疫监管】 狠抓动物产地检疫、屠宰检疫、市场检疫和动物及其产品流通环节监管，筑牢畜产品质量安全屏障。持之以恒地抓好动物产地检疫。产地检疫是动物、动物产品调离饲养地或出售之前进行的检疫，按照动物产地检疫“全程监管、过程监控，风险评估、区域化管理”的工作要求，扎实稳步推进动物产地检疫工作，不断增强养殖源头的重大动物疫病防控能力，提高畜调运、屠宰动物的安全。全面强化产地检疫员的业务技能和责任意识，加强对村级协检员进行法律条规、产地检疫的知识培训，着力提升产地检疫工作技能，提高检疫质量。严格落实动物检疫管理措施，不断加强动物产地检疫工作的监督管理。督促各乡镇检疫员认真按照《动物检疫管理办法》等相关法律条规要求，认真落实检疫申报和动物“一证一标”制度，强化动物临栏检疫和到点、到场检疫的工作要求，确保动物临栏检疫、到指定场所（到点）检疫率和到位操作率100%，杜绝检疫不合格或未经检疫的动物进场屠宰、上市交易和向外运输。年内产地检疫生猪47031头，牛3643头，羊3519只，禽170828羽，马属及其他动物454匹（只）；市场监督检查畜类140083头，禽类392256羽，动物产品1691.95吨；开展出省运输检疫牛190头，肥猪269头。规范有序地抓好动物屠宰检疫和动物产品检疫。动物屠宰检疫工作是杜绝动物疫病扩散、蔓延的最后一道防线，是保证“放心肉”工程顺利实施的有效措施。为实现定点屠宰动物检疫率100%，检疫合格动物产品出证率100%，不合格动物（或产品）无害化处理率100%的目标，在全县四个生猪定点屠宰场严格实施驻厂检疫，对检疫员实行定岗定责，严把动物进场关、宰前检疫关、同步检疫关、无害化处理关，杜绝无耳标无检疫证动物进场屠宰，实现头头检疫，头头出证的监督管理目标，促进动物免疫和动物产地检疫的顺利开展。年内共实施屠宰检疫猪肉产品1750.32吨（27799头）。按照“痕迹管理，责任倒查”的检疫工作要求，规范检疫工作程序和检疫痕迹的档案管理，确保工作过程有记录，工作质量有依据，工作责任可追究，有效提高检疫效率和质量。加强屠宰环节病害动物的无害化处理。在提高检疫质量的同时，对检出的不合格动物或产品严格监督屠宰场方进行无害化处理，确保问题动物不入场，问题产品不出场。年内无害化处理不合格猪肉产品21.94吨（其中高温无害化处理21.75吨，焚烧销毁0.17吨），销毁处理不合格猪内脏1.95吨。强化市场检疫。对未实行定点屠宰的牛、羊、白条鸡等动物产品开展市场检疫，确保检疫工作不留空白、盲点，保证广大人民群众的肉品消费安全。年内检疫牛肉产品177.02吨（1274头），检疫羊肉产品168.5吨（羊3416只），驴10.36吨（41头），白条鸡55.93吨（32880只）。

【养殖废弃物资源化利用】 从源头上加强畜禽养殖污染防治，促进养殖废弃物的无害化处理及资源化利用，实现畜牧业生产和生态环境全面协调发展，是建设美丽元谋的要求。通过举办培训、广播、张贴宣传标语等形式加强对《国务院办公厅关于加快推进畜禽养殖废弃物资源化利用的意见》精神的宣传，形成养殖废弃物资源化利用的舆论氛围。按照《楚雄州人民政府办公室关于印发楚雄州畜禽养殖禁养区限养区划定及整治工作方案》的要求，根据《环保部办公厅农业部办公厅关于印发畜禽养殖禁养区划定技术指南》，结合元谋实际，通过广泛调研和意见征询，制定并印发《元谋县畜禽养殖禁养区限养区划定及整治工作方案》，禁养区划定相关工作正按工作流程有序推进。强化养殖污染防治。通过测算，全县39585户养殖户饲养的畜禽，年排污量73.3万吨，将25户规模养殖大户的排污、养殖废弃物无害化处理及资源化利用情况纳入治理和监管，层层落实责任制，确保养殖污染防治工作措施落实，不发生养殖污染事件，不对生态环境和居民生活造成危害。全县累计建设沼气池3.2万口，实施种养结合养殖废弃物无害化处理有机肥还田资源化利用面积24万亩，规模养殖粪便污水综合利用率75%以上。强化养殖污染监管。加强养殖污染执法，与环保部门联合执法，立案查处降低环保等级养殖户5户，处理群众网上信访养殖场污染案件1件。

【畜牧业项目建设】 项目编制申报。年内组织编制、上报《元谋县2017年牧草良种补贴项目实施方案》《元谋县2017年中央草原生态保护补助奖励机制绩效评价奖励资金畜牧业发展方式转变项目实施方案》《元谋县"十三五"云岭牛产业发展实施方案》《元谋县肉牛规模养殖建设实施方案》等畜牧业项目材料。

项目建设。组织实施《元谋县2016年中央草原生态保护补助奖励机制绩效评价奖励资金畜牧业发展方式转变项目》，项目总投资604万元，其中财政补助资金300万元，项目业主自筹304万元，项目于2017年2月获省州批复后开始建。该项目管理方式为：先建设完成项目内容及规模，验收合格后再拨付资金。建成标准化牛舍3457.8平方米，为项目批复建设任务的98.8%；青贮窖6316.8立方米，为项目批复建设任务的106.9%；储草棚1174.5平方米，为项目批复建设任务的117.4%；草山改良5000亩，为项目批复建设任务的76.9%；由于划区轮牧围栏1.5万米的建设任务和草山改良任务没有完成，牧草改良种植密度达不到项目验收条件，项目年度未验收。

做好《元谋县2015年中央草原生态保护补助奖励机制绩效评价奖励资金草原畜牧业发展方式转变项目》扫尾验收。该项目于2016年3月正式启动实施，到2016年10月底，经元谋县农业局、元谋县财政局组织，邀请州草原饲料工作站、县发改局、县林业局等单位派人参加，于2016年11月4—18日对该项目进行现场验收，2016年12月1日又到现场进行了复核。该项目批复的建设内容完成情况为：（1）完成标准化羊圈建设2849.6平方米，为项目批复建设任务的105.6%;（2）完成青贮窖建设501.6立方米，为项目批复建设任务的100.32%;（3）完成贮草棚建设1010.74平方米，为项目批复建设任务的126.34%;（4）完成草场围栏7004米，为项目批复建设任务的100.06%;（5）完成草场改良6879亩，为项目批复建设任务的101.16%。但牧草种植成活率（9个样点平均）成活仅为121.11塘/亩，为项目批复要求200塘/亩的60.56%。验收组经过评议，认为：从整个项目建设来看，除改良草场牧草种植成活率偏低外，项目批复的建设内容已全面完成，同意项目通过县级验收，但提出如下建议:（1）羊圈建设、青贮窖建设、贮草棚建设和草场围栏建设按实际建设内容兑付补助资金，但兑付资金的建设内容不能超过项目批复的各户社员的项目建设数量。（2）草场改良补助按实际改良面积乘以牧草种植成活率兑付资金，其余资金在项目通过审计和在2017年补植补种并通过县级项目主管部门验收后再兑付，2016年已拨付该项目补助资金140万元。通过2017年项目再实施，项目验收意见提出的整改内容已全部实施完毕，顺利通过县级验收，牧草种植密度及成活率达283.6塘/亩（7个样点），为项目批复要求210塘/亩的135%，2017年拨付项目46.605万元。

完成《元谋县2015年新型农业社会化服务体系试点工作项目》后续工作。2015年上报项目，2016年实施新型农业社会化服务体系试点项目中的建设内容:（1）畜牧产业发展科技服务体系建设。完成省级畜牧养殖产业专家工作室建设、人员聘请、设施设备采购，深入乡镇开展畜牧养殖科技推广专题培训10期1000人。（2）良种繁育体系建设。完成县猪人工授精中心和乡镇猪人工授精站点的采精、精液处理、保存、输精设备的采购以及种猪采购；完成县级肉牛冻精改良物资配送中心的改造维修和全县冻精改良的物资采购；收集汇总和核实了生猪、肉牛、肉羊以奖代补的情况。（3）生猪生产示范场建设。新建建设标准化猪舍1030.4平方米，饲料仓库90.09平方米，消毒室23.4平方米，合计1143.89平方米，为项目批复建设内容的105.92%；购置安装母猪产床20个，为项目批复建设内容的100%；购置安装保育床22个，完成项目批复建设内容20个的110%；建设粪污处理池108.08立方米，为项目批复建设内容的108.8%；完善饲料基地70亩的灌溉设施，架设滴灌或喷灌，种植优质牧草60亩，为项目批复种植优质牧草50亩的120%。全面完成项目批复的建设内容，通过县级验收。（4）肉羊生产示范场建设。新建标准化羊舍2幢，共1756.15平方米，为项目批复建设内容的87.8%；建设青贮窖408.7立方米，为项目批复建设内容的102.2%；种植多年生木豆9.4亩，仅为项目批复建设内容的2.35%。由于没有全面完成项目批复的全部建设内容，该项目未通过县级验收。通过2017年项目的再实施，良种繁育体系建设部分，汇总和核实兑付了生猪、肉牛、肉羊以奖代补资金，完成县猪人工授精中心建设任务，建成标准化种公猪舍1幢，308.56平方米，其中采精室29.04平方米，消毒室22.09平方米，操作室24平方米，种公猪舍174.24平方米，饲料用通道及其他59.19平方米，为项目批复建设任务的152.78%；购买种公猪4头，杜洛克2头，为项目批复建设任务的100%。肉羊生产示范场项目部分，建成标准化羊舍3幢、隔离羊舍1幢，合计2264.44平方米，为项目批复建设任务的113.22%；建成青贮窖409立方米，为项目批复建设任务的102.25%；种植多年生牧草189.8亩（GPS测算），为项目批复建设任务的47.45%。项目整体通过县级验收，共拨付项目资金164.64万元。

对2014年实施的三个标准化生猪养殖场建设的项目验收。三个标准化生猪养殖场总投资150万元，其中中央预算内资金65万元、项目业主自筹85万元，2015年底已实施完毕，由于各种原因，一直没有组织验收。2017年农业局会同财政局、发改局对项目进行了验收。三个标准化生猪养殖场实际完成投资 218.32 万元，为项目计划总投资的 145.55%，实际建设内容和资金使用情况为：改扩建混凝土排污沟 548.5 米，为计划内容的 68.56%，完成投资 8.23 万元；改扩建直径为 30—40 厘米 PVC 排污管 395.7 米，为计划内容的 87.93%，完成投资 7.91 万元；改扩建混凝土堆粪池 42.39 立方米，为计划内容的 52.99%，完成投资 3.18 万元；改扩建混凝土化粪池、沼气池 539.44 立方米，为计划内容的 215.78%，完成投资 28.052 万元；标准化猪舍建设完成投资 103.96 万元，其中改扩建标准化母猪舍 1026.65 平方米，为计划内容的 135.09%，完成投资 55.23 万元；改扩建仔猪保育舍 348.8 平方米（带仔猪保育床），为计划内容的 145.33%，完成投资 23.1 万元；改扩建标准化肥猪舍 1190.63 平方米，为计划内容的 156.7%，完成投资 25.62 万元；水、电、路、防疫等配套设施建设完成投资 66.99 万元，其中供水管道 1303.8 米，为计划内容的 162.98%，完成投资 6.52 万元；蓄水池、水塔 377.25 立方米，为计划内容的 628.75%，完成投资 18.86 万元；自动饮水器等设备 775 套，为计划内容的 103.33%，完成投资 3.1 万元；供电线路 854 米，为计划内容的 106.75%，完成投资 4.27 万元；电器设备 180 套，为计划内容的 120%，完成投资 3.6 万元；混凝土道路 692.82 平方米，为计划内容的 125.97%，完成投资 5.99 万元；消毒室、兽医室、档案室等 176.07 平方米，为计划内容的 251.53%，完成投资 17.61 万元；消毒及疫病防控设备 6 套（3 个养殖场各 2 套），为计划内容的 100%，完成投资 3 万元；饲料加工设备 3 套（3 个养殖场各 1 套），为计划内容的 300%，完成投资 3 万元；进场消毒池 20.76 平方米，为计划内容的 103.8%，完成投资 1.04 万元。该项目 2014 年已拨付资金 40 万元，其余 20 万元，待县财政返回后拨付项目业主。

【草原生态保护补助奖励机制建设】 根据《元谋县财政局　元谋县农业局关于下达 2017 年中央草原禁牧补助和草畜平衡资金的通知》，元谋县草原生态保护补助奖励资金 339.6 万元，根据新一轮草原承包及草原生态保护补助奖励机制，元谋县可利用草原面积 107.88 万亩（其中草原禁牧面积 13.98 万亩、草畜平衡面积 93.9 万亩）作为新一轮草原承包及草原生态保护补助奖励的对象，按禁牧每亩补助 7.5 元、草畜平衡面积每亩补助 2.5 元的标准，对承包经营草原的农户进行补助奖励，年底前已将 2017 年度草原承包及草原生态保护补助奖励资金通过一折通的形式直接兑补到承包草原的农户，合计补助奖励资金 339.6 万元。

【畜牧业招商引资】 年内完成畜牧业招商引资项目 2 个，项目总投资 2.07 亿元。其中，元谋滇城农业科技有限公司年出栏 5000 头生猪养殖项目，总投资 0.57 亿元，地方政府投入 300 万元，已完成项目征地 527 亩及水电路等配套设施建设，建成猪舍 7000 平方米，管理用房 4030 平方米，沼气池 400 立方米，已饲养基础母猪 300 头；元谋华跃农业发展有限公司年出栏 1 万头生猪养殖项目，总投资 1.5 亿元，项目一期年出栏 5000 头生猪养殖场已建成投产，完成 2600 亩项目建设用地征用，250 千伏高压输电线路架设，建成标准化猪舍 3 幢 4000 平方米及配套自动喂料系统，管理用房 600 平方米，粪尿无害化处理设施 1200 立方米，已饲养肥猪 1600 头，项目二期年出栏生猪 5000 头及种植 2000 亩桃李正推进中。

【畜牧产业扶贫】 发挥农业产业在扶贫攻坚中的基础性作用，采取“部门协作、聚集项目、捆绑资金、集中投入”的方式投入扶贫产业建设，大力发展种、养殖业，制定出台《加快山地牧业跨越发展实施意见》《元谋县产业扶贫实施方案》，在保持现有投入的基础上，每年安排山地牧业发展专项资金 200 万元，用于加快发展现代畜牧业。在 2016 年下达产业扶贫资金 1113.94 万元的基础上（9个乡镇3163户），2017年按照建档立卡贫困户每户5000元的标准，下达产业到户扶持资金1160万元（9个乡镇2989户），用于建档立卡贫困户发展生产，脱贫致富。畜牧系统职工每人至少联系帮扶1户建档立卡贫困户，按照县、乡对扶贫工作的要求，开展扶贫攻坚工作。

【畜牧科技推广】 家畜品种改良。全县70个猪改良点，饲养种公猪113头，共完成生猪杂交改良27678胎（其中人工授精14855胎、本交改良12823胎），为任务数的115.33%；全县8个牛冻精改良点共完成牛冻精改良5551胎（其中黄牛4033胎、水牛1518胎），为任务数的111.02%；县内1个努比亚黑山羊纯种羊场和4户个体努云杂种羊扩繁场共选育调供优质种公羊153只，为任务数的102%。种草养畜和饲草加工利用技术推广。年内推广种植利用紫花苜蓿2578亩、多花黑麦草4801亩、印度木豆3146亩、饲用银合欢3186亩、坚尼草217亩、青贮玉米146亩、其他牧草1333亩。推广利用氨化饲料21442吨，为任务数吨的107.21%；推广青贮饲料104585吨，为任务数的104.59%；推广粮经作物套种青饲料48795亩，推广饲料熟改生喂128158头，年末有饲料切碎机24934台。

【主要畜禽生产】 2017年全县出栏肉猪229243头，比上年增加14243头，增长6.62%；出栏牛22590头，比上年增加1533头，增长7.12%；出栏羊105511只，比上年增加9036只，增长9.37%；出栏家禽806188只，比上年增加52607只，增长6.99%。肉类总产量26849吨，比上年增加1860吨，增长7.44%。禽蛋产量506吨，比上年增加30吨，增长6.3%。全县畜牧业产值69353万元，比上年增加3025万元，增长4.56%。年末存栏生猪211500头，比上年增加8109头，增长3.99%。大牲畜存栏98620头（匹），比上年增加3534头（匹），增长3.72%。其中：牛存栏74621头，比上年增加4559头，增长6.51%；马存栏4312匹，比上年减少595匹，下降12.1%；驴存栏8628头，比上年增加303头，增长3.64%；骡存栏11059头，比上年减少733头，降低6.21%。年末羊存栏195671只，比上年增加10385只，增长5.6%。年末家禽存栏698765羽，比上年增加39695羽，增长6.02%。

【规模养殖示范】 采取“聚集项目、捆绑资金、集中投入”的方式，重点扶持规模化养殖。通过组织实施生猪、牛、羊标准化建设项目，扶持标准化规模养殖场发展生猪、牛、羊规模化养殖，2017年新增规模养殖户217户，总数达701户，为州下达任务的217%。

【畜牧兽医科技培训】 年内举办县、乡畜牧科技人员和养殖大户参加的畜牧兽医人员素质培训班1期3天，参训人员101人；举办家畜品种改良、种草养畜、畜禽无公害饲养、动物防疫、养殖保险等专业技能培训会4期，参训人员486人次。

（永树光）

渔　业

【渔业管理机构】 2017年，农业局渔业管理股在职职工3人。其中：大学学历2人，中专学历1人；中级技术职务1人，初级技术职务2人。

【渔业管理股职能】 元谋县农业局渔业管理股，研究拟定元谋县渔业行业的中长期发展规划和年度计划，制定渔业资源保护利用目标、规划和措施，提出渔业发展战略和政策、重大技术措施；制定水产科研、技术推广的规划，管理水产科技成果；承担着元谋县渔业行业的中长期发展规划和年度计划的拟定，提出渔业发展战略和政策、重大技术措施；制定水产新品种养殖技术的引进和推广；负责保护管理渔业资源、珍稀水生野生动植物和渔业环境；负责渔业质量管理工作，承担水产品质量和水产苗种、渔用饲料、药物及渔机渔具等渔业生产资料的监督管理；指导渔业标准化生产、健康养殖和产业化经营；指导水产品加工、流通和渔业专业合作社组织建设；组织指导水产良种引进和科技推广，组织水生动植物病害防控；组织指导全县水产抗灾救灾；开展水生动植物防疫检疫；承担上级交办的其他工作。

【元谋县渔业行政执法大队职责】 贯彻执行有关渔业的法律条规；协调全县渔业行政执法；指导渔业执法体系建设，开展渔业法律条规的宣传教育；组织实施有关渔业特许证制度；指导渔业安全生产；代表县人民政府行使渔业行政执法，维护国家和本县管辖水域的渔业权益，水域的安全秩序，协调处理渔事纠纷；查处重大渔业纠纷案件和渔业污染案件，维护渔业生产秩序；监督实施渔船、渔机、网具的建造规范和技术标准；负责水产品质量安全监督管理工作；行使渔船检验和渔政监督管理等工作。

【渔业养殖条件】 金沙江从元谋县北部穿境而过，境内还有龙川江、蜻蛉河、勐冈河等主要河流常年流淌，渔业水资源相对丰富。2017 年，全县共有中型水库 5 座，小（1）型水库 7 座，小（2）型水库 58 座，小坝塘 1246 座，总养殖水面达 11200 亩。渔业产品除满足元谋本地市场外，还销往昆明、楚雄、攀枝花、西昌、成都等大中城市。

【渔业现状】 2017 年全县水产品产量 3100 吨。其中：养殖产量 3050 吨，内陆捕捞产量 50 吨。全县渔业总产值 3875 万元，比上年增加 306 万元，增长 8.57%。

【渔业科技】 强化池坝塘精养殖高产技术和水库养鱼高产综合配套技术推广，大力推广使用增氧机、投料机等渔业机械，广泛推广应用诱捕网具，使用光合细菌、碳铵、尿素、普钙等化肥来改良水质，培育浮游生物，增加鱼类天然饵料。通过探索与实践，库塘养鱼完全改变了自然放养的局面，对无人饮用水可进行养殖的库塘基本实现了投饵和施肥养殖，养殖产量得到提高。

【渔业养殖结构】 2017 年，渔业工作重点和核心是加大水产养殖品种的结构调整，推广名优水产品种养殖，提高水产品品质，改革传统养殖结构。在稳步发展草鱼、鲢鱼、鲤鱼、单性罗非鱼的基础上，大力引进、推广以淡水白鲨、斑点叉尾鮰、大口鲶、银鱼、鳝鱼、泥鳅、罗氏沼虾、黄鳝等为主的名优水产品养殖，发展特色水产品，形成科学化、集约化养殖，打造具有元谋特色的“品牌鱼”，优化养殖品种结构，带动渔业结构的不断调整和优化，促进渔业发展。

【金沙江禁渔】 2017 年，全县参加春季禁渔执法人数共 184 人次，出动渔政宣传执法车辆 26 辆次、渔政执法船 13 艘次，取缔违禁渔具 3 件，现场教育 6 人。加大宣传力度，充分利用广播、电视等新闻媒体，采用张贴标语、悬挂横幅、出墙报、竖立标志牌、发放宣传材料、渔政车巡回宣传、渔民座谈会等多种形式，把宣传工作做到江边、村里、码头、船头、水产品市场和餐馆饭店，节假日和赶街日到乡镇宣传春季禁渔的目的和意义，禁渔期间在金沙江和龙川江下游所涉及的乡（镇），共印发禁渔宣传单 5800 份、禁渔通告 500 份，电台宣传 13 次，出黑板报 8 期，刷石灰标语 15 条。召开渔民座谈会 4 场次，参会渔民达 640 人次。通过宣传，沿江群众已家喻户晓，为渔政执法工作创造良好的社会环境，使禁渔工作得到健康有序开展。

【渔政执法】 2017 年，全县进一步加大渔业宣传和渔政执法力度，严格执行“以法兴渔，强化管理，公正严明，服务渔业”的方针，严厉打击电鱼、炸鱼、毒鱼等违法捕捞破坏渔业资源的行为。在各部门密切配合下，通过加大渔业执法力度，严厉打击违法行为。积极开展执法护渔，严打生产、销售及使用违规渔具、鱼药专项行动，保护了渔业自然生态环境，为鱼类创造良好的生长空间。2017 年，集中对全县渔资市场进行拉网式检查，出动执法人员 35 人次，出动宣传、执法车辆 5 辆次，租用快艇 2 艘次，发放违禁鱼药宣传单 150 份，检查渔具销售店 5 家，鱼药及饲料门市5家，抽检鱼饲料3家。严厉打击各种违反禁渔规定的违法行为，震慑破坏渔业资源的违法分子，同时还遏制电、炸、毒鱼等非法捕捞的势头，净化元谋渔需物资经营市场秩序。

【开展渔业增殖放流活动】 为深入贯彻《中华人民共和国渔业法》和《中国水生生物资源养护行动纲要》精神，保护长江水域生态环境，恢复渔业资源，巩固禁渔成果，进一步增强全社会养护资源与爱护水域环境的意识，11月8日和10日，元谋县农业局在勐连水库和河尾水库举办以“增强资源再生能力，构建元谋绿色渔业”为主题的2017年渔业资源增殖放流活动。此次增殖放流活动共向水库投放了规格为8—13厘米的鲢鱼、鳙鱼60万尾，合计投入资金15万元。通过人工增殖放流活动，使金沙江鱼类种群资源得到有效补充和恢复，对促进和保护金沙江水域的生态平衡将起到积极的作用。

（姜　丽）

元谋县农民专业合作组织

【组织概况】 2017年，全县10个乡镇新发展农民专业合作组织35个，新增成员507人（户）。其中：农民专业协会4个，会员325人（户）；农民专业合作社31个，社员182人（户）。合作社成员出资3283.5万元。全年全县发展农民专业合作组织累计598个，成员45518人（户）。其中：农民专业协会272个，会员38581人（户）；农民专业合作社326个，成员6937人（户）。

【农民专业协会培训】 9月，配合县经信局，组织元谋县绿源无公害蔬菜产销协会、元谋县绿色青枣产销协会、元谋县金诚优质番茄产销协会、元谋县种业协会和元谋县黄瓜园优质米葱协会5家协会，开展农村电子商务普及培训4场次、培训农民会员400人次。

【农民专业协会表彰奖励】 6月，创建楚雄州科普惠农“六位一体”示范协会2个：元谋县陈氏葡萄产销协会、元谋宏旭果蔬产销协会，分别获得楚雄州科协奖补资金5万元。元谋金诚优质番茄产销协会技术主管陈仕城，被州科协评为农村科普带头人，获得楚雄州科协补助资金0.5万元。

（张艳琼）

水　利

【水务机构】 元谋县水务局为元谋县人民政府工作部门，承担辖区内的水利建设、水资源管理、水土保持、水利工程安全质量监督管理、防汛抗旱、河道管理、供水排水、水政监察等职能。2017年，元谋县水务局机关内设办公室、组织人事股、资产财务股、水政水资源股、防汛抗旱股、水土保持股、供水排水股7个机构；下辖元谋灌区管理局（正科级）、规划计划站、供水排水站、龙川江河道管理站、建设管理站、农村水利站、水工程监管站、安全与质量监督站、丙巷河水库水利管理所、麻柳水库管理所、丙间水库水利管理所、丙间大沟管理所、东山大沟水利管理所、河尾水库水利管理所、弯腰树水库水利管理所、丙令水库管理所、鼠街水库管理所、新河水库管理所、卡莫水库管理所、冲莫水库管理所、秧田箐水库管理所21个事业单位。2017年末，元谋县水务局在职干部职工122人。其中：局长（兼党委书记和灌区管理局局长）1人，纪委书记1人，副局长（含灌区管理局副局长1人）6人；国家公务员15人，机关工人2人（高级工2人），专业技术人员57人（高级技术职务10人、中级技术职务25人、初级技术职务22人），事业工人48人（技师2人、高级工38人、中级工8人）；大学本科学历36人、大专学历67人、中专学历8人、高中及以下学历11人；中共党员80人。

【抗旱防汛保民生】 2017年年全县农作物受灾面积6.4万亩，因旱造成1.2万人和1.6万头大牲畜的饮水困难。按照上级相关工作要求，县水务局积极组织发动旱区群众开展生产自救，累计投入抗旱人数3.2万人次，投入抗旱应急资金149.8万元。进入汛期后，进一步明确2017年防汛工作目标任务，调整补充县防指成员单位，并要求各乡镇及时成立防汛安全工作领导小组，坚持防汛工作24小时值班制度。在县10个乡镇分别进行山洪灾害防御知识培训，并邀请云南禹科实力有限责任公司专家授课，参加培训人员共680余人。同时，储备帆布手套60双、抓钉30000棵、铁锤40把、雨鞋60双、雨衣60套、编织袋25000条、斧头10把、十字镐50把、板锄50把、铁铲62把、麻绳10捆、应急灯20盏、救生衣100件、旱地龙2吨、木桩457根、挖机1台、钻机6台、移动式水泵9台、无人机1架。在防汛安全管理方面，制定完善各工程度汛计划和应急预案，并组织县级相关部门及各乡镇开展防汛安全集中大检查，调整充实防汛应急抢险专家库，明确县水务局领导班子成员包保全县重点水利工程和各乡镇的防汛安全责任，做到防汛安全有人抓、有人负责、有人落实。

【农田水利改革】 自元谋被列为全省农田水利改革试点县以来，坚持习近平总书记提出的“节水优先、空间均衡、系统治理、两手发力”的治水方针，按照“先建机制，后建工程”的水利改革发展思路，以农业水价综合改革为牵引，以大型灌区为载体，以体制机制创新为动力，以灌区建设、高原特色农业现代化为重点，在坚持农民主体地位的基础上更大范围、更深程度引入社会资本，基本形成与高原特色农业现代化和农村经济跨越发展相适应的农田水利投入、建设、运营、管理机制，为元谋高原特色现代农业发展提供坚强的支撑和保障，促进改革向纵深拓展，加快全县经济社会发展。结合农业水价综合改革、水权水市场改革、水利投融资改革、小型水利工程管理体制改革等改革内容，已建立初始水权分配、水价形成、农业节水激励和精准补贴、引入社会资本参与建设和运行、群众参与、工程管护六项机制，抓好元谋大型灌区丙间片11.4万亩高效节水灌溉项目建设，努力打造全省、全国的示范工程。改革项目实施后，通过成本测算和成本监审，灌区执行水价为承包地0.9元/立方米，非承包地1.4元/立方米。灌区按每亩承包地353.9立方米的用水量确权颁证到户，亩均用水成本由1258元降至350元，亩均增收5000元以上；企业年均收益率7.95%；灌区每年可节约水量2158万立方米。

【水利设施建设】 2017年，全县共入库上报固定资产投资重点水利工程项目14个，其中：续建项目5个，新开工项目9个，批复总投资98866.88万元，合计完成水利固定资产55461万元，占下达任务数的85.4%；扣除依洒水库投资5450万元，合计完成投资50011万元，占县级下达任务数的100%。争取上级补助资金8459万元，占下达任务数的31%。完成招商引资项目申报2个，完成招商引资任务10000万元，占下达任务数100%。新增高效节水灌溉面积5.37万亩，占下达任务的190.43%；完成水土流失综合治理面积52.1平方千米，占下达任务的118.41%；巩固提升农村饮水安全人口1.6万人，占下达任务的1600%；建设山区“五小水利”1.46万件，占下达任务的486.8%；征收水资源费41万元，占下达任务的102%；完成小（2）型病险水库除险加固竣工验收15座，占下达任务的100%；治理河道10千米，占下达任务的123%，新增堤防16.9千米；完成库塘蓄水9278万立方米，完成下达任务的103%。2017年新增农场及农业园区30处，全县总数达342处；流转土地面积新增0.3万亩，总面积达3.3万亩。新增农村集中式供水工程13处，总数达503处；新增受益人口0.27万人，总数达15.02万人。2017年，县自来水公司合计供水量268万立方米，水费收入780万元。5座中型水库管理及小（1）型水库所共向灌区供水8235万立方米，灌区合计总收入581.74万元。全县水利工程供水量12153万立方米。新增耕地灌溉面积2.14万亩，年末全县耕地有效灌溉面积21.51万亩，节水灌溉面积21.14万亩。

【重点水利项目前期工作】 配合上级部门开展小石门大（2）型水库项目前期工作。龙街河中型水库工程已完成了可研、初设的招标工作，2017年8月17日与中标单位签订合同，设计单位正在开展可行性研究。定远河中型水库可行性研究阶段的勘察设计招标工作2016年12月26日已经完成，楚雄欣源水利电力勘察设计有限责任公司正在开展项目的可研工作，计划于年内完成可研的编制上报。虎溪小（1）型水库的可行性研报告已编制完成，并已通过州发改委的审查待批复，现正在进行其他报件的编制工作。竹棚小（1）型水库的可行性研究报告已编制完成，2017年6月13日通过州级审查正在修改完善。鸡冠山小（1）型水库项目可行性研究报告已完成，待上级审查。冷水箐小（1）型水库前期工作已全面启动，设计招标工作已完成，于2017年8月28日与中标单位签订合同，全面开展可行性研究的编制工作。元谋县龙川江牛街至黄瓜园大桥段河道治理10.74千米，概算总投资2.6亿元，拟采取PPP模式建设。按照PPP项目推进的工作要求已完成全部前期工作。开展了中小河流治理工程7条河道8段重点段的可研报告编制。勐连中型水库除险加固工程安全鉴定已上报省厅审查。完成11座小（2）型病险水库除险加固工程的安全鉴定报告和初步设计报告编制，并全部审查通过。元谋大型灌区20万亩高效节水项目中11.4万亩已开工建设。平田、物茂灌区8.6万亩高效节水项目已完成可行性研究报告、机制建设方案（初稿）、工程实施方案（一期），并报州级评审。东山大沟沿线集中连片供水项目（二期）正在组织设计招标。

【坛罐窑水库建设】 元谋县坛罐窑水库工程，计划总投资17803.42万元，2013年11月28日大坝工程正式动工，主要建设内容为：新建水库大坝1座，坝高42.5米，坝顶长354.7米、宽5米，坝型为黏土心墙石渣坝。2017年末，完成进库公路、房屋建筑、导流泄洪输水隧洞、输电线路架设、通信光缆架设、拦河坝、溢洪道、龙街河隧洞、进库公路路面硬化、库区植被恢复、新华输水干渠、水库水情测报及大坝安全监测系统等工程项目；移民安置完成了搬迁居民点场地平整、移民安置区土地开发整理、移民搬迁点村集体活动房、公厕、丙令搬迁居民点室外附属设施建设、石坡坡出行道路及桥梁建设，大平地、牛厩房饮水管道改复建等工程项目。累计完成投资18425万元，其中：中央投资8901万元，地方投资9524万元。工程建成后，将解决新华乡4562人、2638头大小牲畜饮水安全问题和元谋西片灌区1.13万亩农田灌溉问题。

【挨小河水库建设】 元谋县挨小河水库工程，计划总投资14532.36万元，2014年4月10日水库主体工程正式动工，主要建设内容为：新建水库大坝1座，坝高57米，坝顶长282.6米、宽6米，坝型为黏土心墙风化料坝壳坝。2016年4月12日，挨小河水库大坝填筑顺利封顶；2016年10月完成输水管道安装；2016年12月20日完成大坝内坝坡铺筑。截至2017年12月底，完成大坝外坝坡整形、水保工程、溢洪道浇筑工程，现主体工程已基本完成。累计完成投资15777.09万元。

【依洒水库建设】 元谋县依洒水库工程，计划总投资14157.77万元，2015年7月14日动工，主要建设内容为：新建水库大坝1座，坝高45.4米，坝顶长140米、宽5米，坝型为黏土心墙风化料坝壳坝。2016年4月28日已按期完成大坝度汛坝高程的填筑任务。2017年末，管理房工程已完工并交付使用；导流隧洞工程正开展扫尾工程建设；大坝填筑工程已实现封顶，现正开展溢洪道边坡喷锚及浇筑工程；输水隧洞工程于2017年7月19日贯通，完成底板浇筑748.8米，边墙拱顶

483.6 米。移民搬迁安置工程涉及洒洒依行政村进的咪、洒洒依上下村、新民村四个村，涉及确定搬迁安置人口 23 户 99 人。年末，移民安置点供水管道工程、土地开发整理工程已经完工投入使用，移民安置点公共基础设施建设工程正在进行，移民户的房屋建设工程大部分已经完工，仅有 1 户即将完工，已经有 4 户搬迁入户。累计完成固定资产投资 13651 万元。

【姜驿乡农村饮水安全巩固提升工程】 元谋县 2016 年农村饮水安全项目巩固提升工程，计划总投资 1780.7 万元。该工程于 2016 年 12 月初完成项目招标工作，2016 年 12 月 20 日正式开工建设。工程设计架设配水主管 2 条，长 24.39 千米，支管 42 条，长 62.09 千米，村内管网 86.6 千米，20—200 立方米调节池 24 个，新建加压泵站 8 个。2017 年，工程已全部完工并投入使用。合计完成投资 1570 万元。通过该项目的实施，有效解决姜驿乡姜驿、画匠、半箐、贡茶、水平石、糯拉鲊 6 个行政村 41 个自然村、3 个"美丽宜居"安置点以及学校 11590 人和 3140 头大牲畜的饮水安全问题。

【东山大沟沿线集中连片供水巩固提升工程】 元谋县东山大沟沿线集中连片供水巩固提升工程计划解决东山大沟沿线老城乡、元马镇、黄瓜园镇、江边乡 4 个乡镇 123 个自然村 6.43 万人（含甘塘、瓦渣箐、启宪 3 个元谋县移民搬迁安置点）和 1.75 万头牲畜的生活供水问题。项目分二期实施。一期工程设计从水厂到元马镇南溪村，覆盖老城、元马 2 个乡镇，计划总投资 3152 万元。二期工程设计从元马镇南溪村至江边启宪结束，覆盖黄瓜园、江边 2 个乡镇，计划总投资 1500 万元。一期工程于 2017 年 9 月开工建设，重点实施新建规模 8000 立方米 / 日水厂 1 座，架设主管总长 18.95 千米，架设支管 19 条长 38.6 千米，分支管 21 条长 23.5 千米，新建调蓄水池 35 个，新建、改造项目区内 77 个自然村村内管网 285.52 千米。已完成工程投资 1450 万元。

【高效节水灌溉工程】 元谋大型灌区丙间片 11.4 万亩高效节水灌溉项目，计划总投资 30778.52 万元。工程建设的主要内容为：取水工程、输水工程、配水工程和田间工程 4 部分组成。该项目采取 PPP 模式进行建设管理，工程于 2016 年 9 月 6 日正式开工建设，截至 2017 年 12 月底，一期工程已改造完成开始试运行，完成智能水表更换 666 套；二期、三期主管工程完成主管道安装 24.89 千米，主管道共计 32.27 千米已全线贯通，完成分水房建设 26 座，闸阀房 2 座；三期、四期田间工程除两个移民安置点以外的田间干支管全部完成，完成各种管径管道安装 607.42 千米，智能水表安装 1700 套。工程累计完成投资 2.89 亿元。

【城市供水改扩建工程】 元谋县城供水改扩建工程，计划总投资 6659.06 万元。建设内容及规模为：新建原水输水管 DN600–500 总长 10.24 千米及配套阀门及阀门井等官网附属设施；扩建处理能力为 1.0 万吨 / 日净水厂 1 座；新建 DN500–110 配水管线 59644 米及配套阀门、阀门井等管网附属设施。改建 DN250–110 配水管线 8307 米及配套阀门、阀门井等管网附属设施。一期工程于 2017 年 4 月正式开工建设，已完成 2275 平方米办公综合楼、机修间、加药间主体工程；日处理 1 万立方米的反应沉淀池、虹吸滤池和 2000 立方米清水池等工程的土建施工及工艺管道安装。实施了丙间水库取水口沿途经过老城乡、元马镇到达资源圃后山水处理厂的原水输水管线工程建设，合计完成管道安装 5320 米，完成投资 1915 万元。

【麻柳水库改扩建工程】 元谋县麻柳水库改扩建工程属乌东德水电站外部供水项目之一，计划总投 7927.85 万元。建设内容及规模为：大坝加高 6.4 米，增加兴利库容 1147 万立方米；改造上坝道路；改造沙沟输水隧洞闸门竖井；改造泄洪输水隧洞出口消力池；对库岸局部覆盖层透水及地形不足部位进行防渗及加高处理。工程于 2017 年 11 月 18 日正式开工建设，已完成生活营地场地平整场地 C20 混凝土硬化，完成生活营地、仓库临时服务建设 974 平方米；完成大坝左岸临时道路开挖 750 米；完成大坝新建棱体块石填筑 3644.23 立方米；完成大坝棱体脚 C20 混凝土截水墙浇筑 9.42 立方米；完成弃渣场排水管沟开挖 98.7 米，安装 DN300PE 管 98.7 米；完成支砌弃渣场挡墙长 21.83 米，M7.5 浆砌石 76.95 立方米，完成库岸防护工程岸坡清表 9336 平方米，完成岸坡土方开挖 2000 立方米，岸坡浆砌石挡墙 336 立方米和部分征地工作，累计完成投资 2345.54 万元。

【东山大沟上段改扩建工程】 元谋县东山大沟上段改扩建工程属乌东德水电站外部供水项目之一，计划总投 25473.5 万元。建设内容及规模为：改扩建东山大沟上段 28.8 千米，新建一条输水渠道，渠首流量由 5.0 立方米 / 秒增加到 7.5 立方米 / 秒，新建输水隧洞总长 17.4 千米，其中 5 条隧洞总长 16.68 千米、倒虹吸 1 座长 589 米、明暗渠道 120.5 米，整治原渠道 1.78 千米，施工支洞 4 条，长 2036 米。建设规模：新建隧洞设计流量 5.5 立方米 / 秒。工程于 2017 年 11 月 28 日正式开工建设，已完成施工驻地房建设、征用 4 号隧洞出口及 5 号隧洞进口处土地 12 亩、4 号隧洞出口、5 号隧洞进口的施工临时道路、边坡开挖 2 千米。完成投资 350 万元。

【启宪蓄水塘工程】 元谋县江边乡启宪蓄水塘工程属乌东德水电站外部供水项目之一，计划总投 5011.94 万元。建设内容及规模为：调节蓄水塘，兴利库容 38.3 万立方米，蓄水塘的开挖、碾压回填、铺设土工膜防渗，砼护坡及附属建筑，引水管、输水管、溢流明渠、放空冲砂管。工程于 2017 年 6 月 18 日正式开工建设，已完成前期工作并协助乡政府完成了征地工作，组织施工单位进场工程开工建设现完成施工便道、表土清理、临时驻地、150 米填方试验段、土方开挖 66326 立方米、土方回填 34350 立方米。现工程累计完成投资 1778.69 万元。

【挨小河水库工程——管网建设项目】 挨小河水库管网工程属乌东德水电站外部供水项目之一，计划总投资 6059 万元，建设内容及规模为：新建水厂 1 座，日供水规模 1 万立方米；新建配水干管 1 条长 43.62 千米，新建 100 立方米调压水池和高位蓄水池；从干管上设 3 条支管，第一条支管为那能支管，第二、三条支管分别供至甘塘、瓦渣箐移民安置点。工程于 2017 年 4 月 1 日开工建设，已完成管道安装 36 千米，完成投资 3400 万元。

【泥石流灾害恢复重建】 受“9 · 17”特大山洪泥石流灾害影响，开工建设了元谋县丙间灌区“9 · 17”洪灾田间水利设施恢复重建工程，项目总投资 1149.28 万元，工程于 2017 年 5 月 2 日开工建设，工程已经完工。实施完成小黄瓜园水文站至雷弄大箐下游段河道疏浚工程，共开挖主河槽梯形断面的泄洪通道长 900 米，底宽 30 米，口宽 61 米，开挖土方 11588.6 立方米，开挖石方 81120.2 立方米，清除淤泥 23177.2 立方米，工程合计完成投资 345 万元。年末，该段河道最大过流能力为 550 立方米 / 秒，达到 5 年一遇的洪峰过流量标准。积极开展黄瓜园镇民房恢复重建工作，根据县委政府下达的工作任务，县水务局包保海洛村 52 户的民房恢复重建任务。民房的主体工程已全部完成，并完成外墙的粉刷，正在开展室内装修前准备；公建部分正在铺设雨水污水管网，准备开展村巷道硬化。

（王世华　文丽华）

工　业

工业经济管理

【经信局机构】 2017 年 7 月 13 日，因机构调整，元谋县工业园区管理委员会职能、人事、财务并入元谋县经济贸易和信息化局，为经信局工业园区股。年内，元谋县经济贸易和信息化局加挂元谋县中小企业局的牌子，内设办公室、政策法规股、能源交通股，经济运行股、中小企业股、工业经济发展股、工业园区股、信息化与无线电管理股、市场流通股、外经贸发展股10个股室。年末，在职干部职工30人，其中党委书记、局长1人，副书记、纪委书记1人，副局长4人；公务员21人、机关工人5人（高级工5人）、专业技术人员4人；大学本科学历14人、大专学历14人、中专学历2人；中共党员18人；退休职工29人。

【工业经济综述】 2017年，面对经济发展新常态下工商业转型升级带来的压力，努力克服市场销售不畅、产品价格低迷、企业融资困难等不利因素带来的影响，紧紧围绕年初确定的工作目标，扎实推进“四项支撑工程”实施和“三进企业”活动，着力破解企业难题，千方百计帮助企业发展。工业经济在总体经济下行的背景下仍保持高增长，增速已从全州跟跑方阵进入了领跑方阵。2017年规模以上工业实现总产值470795.9万元，比上年增长28.1%；实现工业增加值97763万元，按可比价计算，增长22.4%，增速位列全州第一；实现主营业务收入468330.5万元，为州责任目标的130.1%，比上年增长28.1%；利税总额53340.3万元，为州责任目标的130.1%，比上年增长22.3%。

【服务企业工作】 扎实推进“四项支撑工程”实施和“三进企业”活动，加强工业经济运行分析，准确研判发展形势。继续抓好《关于加快产业转型升级促进经济平稳较快发展的实施意见》《“两个10万元”微型企业培育工程实施方案》《关于鼓励企业发展电子商务的实施意见》等一系列政策措施的宣传和落实工作，对症下药提出对策措施，及时向县人民政府汇报促进工业经济平稳增长的相关对策，取得县人民政府支持。确保扩产促销、达规奖励、融资、微型企业培育、上市培育各项措施及时发力、取得成效。兑现工业企业奖励资金161.26万元，真正把政府红利发到企业手中，激发企业参与稳增长的积极性和主动性。加强品牌建设增强竞争力，申报工业技改项目11个，完成技术改造投资6.19亿元，申报认定州级技术认定企业进行跟踪对接，9户企业获得州级技术中心认定；抓好新旧动能接续转换增能，重点加大对停产半停产企业的复产帮扶力度，引导元谋土林建材有限责任公司淘汰落后水泥产能47万吨，获专项奖补资金670万元，支持改建水泥粉磨站投产，转型升级，优化工业存量。继续抓好县级领导挂点联系重点企业（项目）制度，配合好州级领导深入企业一线开展调研帮扶，积极争取各级财政对工商业发展的支持。年内，完成非电工业投资项目33个，累计完成投资104733万元，为州责任目标的116.37%。

【生物医药】 不断加大对生物医药产业工作的宣传和扶持力度，狠抓责任目标的落实，加大招商引资工作力度，充分挖掘生物医药产业发展潜力，努力克服宏观经济环境带来的严峻挑战，围绕目标，创新思路，狠抓落实，全县中药材种植面积2080亩，为州下达药材种植面积的104%。

【节能降耗】 加大太阳能、风能、水能产业等绿色环保能源的开发，优化全县工业产业结构；抓好重点高耗能企业的节能工作，加强跟踪检查和指导服务，按照“减量化、再利用、资源化”的原则，积极鼓励资源综合利用，认真开展能源审计、清洁生产审核和新建项目及技改项目节能评估审查工作。年内，全县单位GDP能耗下降6.9%，超额完成州人民政府下达2.5%的节能降耗目标。

【盐业管理】 强化市场监管，严厉打击食盐违法行为，整顿和规范盐业市场秩序，进一步强化和规范配送服务，保障食盐市场的正常供应和食盐安全。加强食盐质量安全宣传，全年共发放宣传资料1265份，其中:《消除碘缺乏危害健康教育》

宣传手册665份,《食用海藻碘盐更健康》宣传扇100个,《防控高血压食用低钠盐》宣传资料500份，让广大群众充分认识碘缺乏病危害，掌握碘缺乏病防治知识，广泛动员社会共同参与碘缺乏病防治工作；加强与相关部门联合行动，综合整治食盐市场，重点以食品加工用盐为主，整治区域以城乡接合部、集贸市场、工业用盐企业、中小学校、餐饮企业为重点。严厉打击食盐违法行为，整顿和规范食盐市场。年内，牵头组织相关部门检查市场4次，出动车辆4台次，出动检查人员20人次，检查食盐经销店及消费单位61个。通过加强食盐市场日常监管，专项整治，食盐经营者进一步提高了对依法经营，诚信经营认识，食盐市场秩序稳定。

【经信局安全生产管理】 切实加强对安全生产工作的领导，严格执行“党政同责，一岗双责”安全工作责任制，定期不定期开展行业安全生产隐患排查和专项检查，重点对29户规模以上工业企业、78户限额以上商业企业、14个水电站和15座加油站成品油市场进行安全检查，确保各项安全生产责任落实到位。抓好挂点联系乡镇汛期地质灾害、安全生产工作开展情况督查检查，积极配合相关部门抓好节日期间的食品安全、食盐安全检查，维护正常的市场秩序，多年来未发生重特大安全事故。

工业园区

【工业园区管理机构】 县工业园区管理委员会并入元谋县经济贸易和信息化局，为经信局工业园区股。县工业园区管理委员会在职干部职工6人。其中：副主任（经信局副局长代）1人；公务员4人；专业技术人员2人；大学本科学历4人、大专学历2人；中共党员4人；借出在县金沙江乌东德水电站建设征地移民安置工作总指挥部上班的有1人。年内，县工业园区管理委员会向共青团元谋县委员会申请大学生志愿者1人，大学本科学历；向元谋县人力资源和社会保障局申请公益性岗位工作人员1人，大专学历。

【工业园区管委会职能】 元谋县工业园区管理委员会的主要职能是贯彻落实县委政府和上级主管部门关于工业园区工作的方针、政策，牵头组织协调处理园区征地和建设过程中的相关问题；按照规定权限和授权负责工业园区内项目审批和申报；组织协调公安、工商、安监等部门对园区内的综治维稳、安全生产、消防、劳动服务、打假走私等工作进行管理和查处无证照经营行为；加强对园区内企业的管理，组织协调有关部门依法查处园区各类污染环境的违法行为；负责园区内企业的税务、工商、环保年审和新入园企业注册登记的初审工作；坚持管理与服务相结合，为园区内企业立项、转型升级、招商引资、供水、供电等提供优质的跟踪服务；监督管理园区内的市容市貌和环境卫生，逐步完善园区内市政基础设施和园林绿化；完成中共元谋县委、元谋县人民政府及元谋县工业园区建设领导小组交办的其他工作任务。

【工业园区总体规划】 2012年8月31日，新一轮元谋县工业园区总体规划通过评审。元谋县工业园区分为一园三区，一园指元谋县工业园，三区指特色农产品加工区、工业聚集区和新能源发展区。其中工业聚集区分为2个片区，即小雷宰片区和小那别片区。

【特色农产品加工区】 特色农产品加工区规划范围南至金殿坡、北至能禹108国道两侧200米进深用地为主要规划区，规划面积2.5平方千米。功能定位为云南省内集蔬菜水果特色农产品精深加工、储藏保鲜、包装交易和生产实验为一体的特色农产品加工园区，省内特色菜果产品的集散中心、技术开发中心、信息传递中心和价格形成中心。

【工业聚集区】 工业聚集区分为2个片区，即小雷宰片区和小那别片区。小雷宰片区规划范围位于黄瓜园镇西北面的金雷行政村，东至该片区制高点、南至小新村、西至黄瓜园镇与物茂乡界线、北至蜻蛉河边，规划面积5.84平方千米。小那别片区位于黄瓜园镇北面的海洛行政村，东至东山脚、南至黑石头箐、西至小那别后山、北至席草箐村，规划面积3.23平方千米。工业聚集区总面积9.07平方千米。功能定位以绿色食品精深加工为主，其他轻工和先进装备制造为辅的产业基地。

【新能源发展区】 新能源发展区由太阳能光伏电站区和风电场区组成。规划范围：太阳能光伏电站区大多位于县城以西，南北向带状分布，场址用地面积约33.05平方千米；风电场区大多位于县城东部海拔较高的雷应山一带，同样呈南北向带状分布，场址用地面积约7.5万平方米。功能定位以发展太阳能、风能为主导的新兴能源发展区，建成清洁环保、无污染、技术含量高、利用清洁能源的示范基地。

【工业园区经济指标完成情况】 2017年，工业园区实现主营业务收入39.6亿元，为州下达任务的100%；基础设施投资2.7亿元，为州下达任务的100%；工业企业投资（含标准化厂房投资）8.3亿元，为州下达任务的100%；新入园企业2户为州下达任务的100%；新建标准化厂房1.1万平方米，为州下达任务的110%。

【工业聚集区小雷宰片区征地拆迁】 为确保工业聚集区各个项目顺利实施，保障企业生产建设用地需求，共收储土地3217亩，报批建设用地1648亩，报批永久性使用林地1436亩，迁坟64家，房屋拆迁2户，共兑付土地征收及地上附着物补偿款4120.81万元。

【工业聚集区小雷宰片区基础设施建设】 2017年，工业聚集区小雷宰片区基础设施建设主要实施了园区路网硬化、升级改造项目、园区供排水项目及场地平整建设项目。元谋县工业聚集区小雷宰（那化梁子）片区一号路工程于2016年1月16日开工。项目建设内容包括道路工程、涵洞工程、排水工程、交通工程、道路照明工程、道路绿化工程共六个子项目，项目概算总投资6594.26万元。截至2017年12月31日，已完成项目的道路工程、涵洞工程、排水工程、交通工程、道路照明工程、道路绿化工程，完成投资3800万元，为工程总量的88%。元谋县小雷宰工业聚集区基础设施建设（二号路升级改造、盐地箐片区场地土地平整）工程，其中二号路升级改造工程于2016年7月1日开工建设。项目建设内容包括道路工程、涵洞工程、排水工程、交通工程、道路照明工程、道路绿化工程共六个子项目，项目概算总投资7695.74万元。截至2017年12月31日，已完成道路工程、涵洞工程、排水工程、交通工程、道路照明工程、道路绿化工程，完成投资5000万元，为工程总量的88%。盐地箐土地场地平整工程于2016年7月1日开工建设。项目概算总投资891.02万元，项目建设内容包括平整场地244.9亩、土石方开挖59.82万立方米、回填土石方59.82万立方米，碾压面积5.39万平方米，防护沟渠5条1350.52米。工程已完工，等待初验。元谋县工业聚集区小雷宰片区供排水设施建设项目，项目概算总投资2.6亿元，项目按照“一次性规划，分步实施”的原则分阶段实施。现阶段实施一期项目，总投资8000万元，新建日供水5000立方米自来水厂一座，日处理3000吨污水处理厂一座。截至2017年12月31日，已完成项目可研、立项，建设用地征收、施工图设计、图审、拦标价编制、水保方案、林地使用已经取得批复，环评和建设用地报批以及报省州审批，项目“一方案两报告”已经通过云南省PPP项目库专家评审，《财政承受能力报告》《物有所值报告》已经财政局审查通过，项目投资人政府采购招标工作已经完成，正在进行PPP合作协议谈判。待协议谈判完成并签订合作协议后，即可组建SPV公司对该项目进行建设和运营。园区内雨污水管铺设，完成投资1380万元。

【工业聚集区招商引资】 工业聚集区已入驻元谋县茂源实业有限公司、元谋鸿腾酒业有限公司、元谋南都牧业科技有限公司、元谋南新管业有限公司、元谋泉海燃气有限公司共5户企业。元谋茂源实业有限公司主要生产塑料管材及彩印包装箱，新建胶框生产线2条，地膜生产线3条，已建成投产。元谋鸿腾酒业有限公司已完成生产车间修筑4幢8000平方米，果酒生产线已经投产，饮料生产线正在建设当中，完成投资2500万元。元谋南都牧业科技有限公司由于企业资金链断裂，项目建设已停工。元谋南新管业有限公司新型聚乙烯管材生产项目，已完成项目前期工作，厂房主体钢结构正在施工，完成投资300万元。元谋泉海燃气有限公司LPG储配站建设项目，已完成地勘审查、环保、土地摘牌，正在做施工图设计、办理消防、招投标等手续。

（张景飞）

民营经济

【民营经济指标】 全县有民营经济户数10159户，与上年相比，增加992户，增长10.8%。其中：个体工商户8302户，比上年增加743户，增长9.8%；私营企业（法人企业）1857户，比上年增加249户，增长15.5%。从业人员36687人，为州责任目标的100%，比上年增加2727人，增长8%。其中：个体工商户从业人员13290人，比上年增长8.5%；私营企业从业人员23397人，比上年增长7.8%；实现民营经济增加值288303万元，与上年相比，增加36686万元，按可比价计算，增长14.1%；上缴税金12739万元，为目标任务的100.4%，比上年增长6.5%。

【元谋县规模以上工业企业】 有元谋县蔬菜有限责任公司、云南元谋闽中食品有限公司、元谋利民脱水蔬菜有限责任公司、元谋金沙绿色食品有限责任公司、楚雄源谋仁食品有限公司、元谋农美丽食品有限责任公司、国电云南新能源有限公司、元谋供电有限公司、元谋兴舟绿色农产品加工有限责任公司、元谋艾莱克食品有限责任公司、元谋林峰绿色食品有限责任公司、元谋聚元食品有限公司、元谋县丰钰农业产业发展有限责任公司、三峡新能源元谋发电有限公司、元谋县土林建材有限公司、元谋欣欣绿色食品有限公司、云南龙川江生物开发有限公司、元谋县大远矿业有限公司、三峡新能源元谋发电有限公司。

【元谋县省级龙头企业】 云南元谋闽中食品有限公司，总经理潘则斌。元谋利民脱水蔬菜有限责任公司，董事长奉孝斌。云南龙川江生物开发有限公司，经理胡械科。元谋县蔬菜有限责任公司，法人代表李明。元谋金沙绿色食品有限责任公司，总经理刘实。云南思农蔬菜种业发展有限责任公司，董事长、总经理杨长楷。元谋县顶顶瓜有限责任公司，法人辛学镇。楚雄源谋仁食品有限公司，总经理李学峰。元谋金龙果蔬有限公司，法人牟锡彪。元谋康氏绿色食品有限责任公司，法人康庆国。元谋聚元食品有限公司，经理梁志。云南浙滇农业发展有限公司，法人郭峰。元谋铭扬农业开发有限公司，法人王文强。元谋农天下农业科技有限公司，法人林荣辉。

【元谋县州级龙头企业】 云南元谋金穗科技经贸发展有限责任公司，法定代表人杨丕兴。元谋县红提葡萄园艺场，法定代表人阮坤龙。元谋林峰绿色食品有限责任公司，法定代表人何忠明。元谋果润园艺科技发展有限公司，法定代表人陈福泉。元谋绿艳果蔬经纪有限责任公司，法定代表人李明艳。元谋兴舟绿色农产品加工有限责任公司，法定代表人穆峰。元谋欣欣绿色食品有限公司，法定代表人党坤令。元谋艾莱克食品有限责任公司，法定代表人黄钰婷。元谋锦泰绿色食品有限公司，法定代表人胡世军。元谋朝阳牧业有限公司，法定代表人靳理江。元谋云吉农产品有限责任公司，法定代表人杨怀孝。元谋健之脯食品有限责任公司，法定代表人李祥彩。元谋金孔雀食品有限公司，法定代表人谭华颖。元谋农美丽食品有限责任公司，法定代表人辛学镇。元谋县源泉农业科技开发有限责任公司，法定代表人周国兵。元谋永丰粮食经贸有限公司，法定代表人永树泽。元谋县宏兴经贸有限公司，法定代表人李建能。元谋全新农建生物研究有限公司，法定代表人祖延霞。元谋宏旭果蔬有限责任公司，法定代表人杨跃奎。元谋顺畴农产品开发有限责任公司，法定代表人杨志刚。元谋绿泰果蔬科技有限责任公司，法定代表人郭宝金。元谋县丰钰农业产业发展有限责任公司，法定代表人焦鸿雁。元谋热坝果蔬产销专业合作社，法定代表人武成勇。元谋县万紫红农业开发有限公司，法定代表人潘彩萍。元谋金玉龙农业科技发展有限公司，法定代表人郭忠明。元谋县民喜果蔬产销有限公司，法定代表人周喜保。元谋原生源农业科技有限责任公司，法定代表人陈福生。元谋县牧展种养殖专业合作社，法定代表人罗鹏。元谋芊润种养一体化专业合作社，法定代表人杨红艳。元谋县果然好农业科技有限公司，法人代表陈万全。元谋县程老根农业开发有限公司，法人代表程子娥。元谋县常娥农业发展有限公司，法人代表李海燕。云南欣田农业开发有限公司，法人代表徐镖。元谋汇泉农业科技有限公司，法人代表文建国。元谋龙泽果疏有限公司，法人代表朱泽龙。元谋利民农产品经贸有限公司，法人代表李贵兰。元谋县农业开发投资有限公司，法人代表康永林。云南荣泽农业开发有限公司，法人代表李永平。元谋绿缘农业发展有限公司，法人代表曲陆胜。元谋碧丰果业有限公司，法人代表谢超良。

（尹如斌）

元谋县个体私营经济协会

【机　构】 2017年，元谋县个体私营经济协会设会长1人、副会长4人、秘书长1人，协会理事会理事17人。常设办事机构1个（县个私协会办公地点设在县市场监督管理局一楼），协会中建立有个体党支部2个（党员35人），协会聘请法律顾问1人，为会员提供法律服务、维护会员的合法权益。全县有个体工商户8357户，从业人员13772人，注册资金52566.21万元，当年新发展1526户。私营企业2384户（含分支机构），私营企业从业人员23874人，注册资金422923.15万元，当年新发展私营企业322户。协会配备适应工作需要、业务能力强的干部队伍。下设元马、老城、黄瓜园3个分会，姜驿、江边、物茂、羊街、新华、平田、凉山7个工作站，聘用专（兼）职工作人员17人，在县协会常务理事会的领导下开展日常工作，经费和会费能够保证协会的正常开支，单独建账、管理规范，为全县个体私营经济协会会员服务。

【队伍建设】 元谋县个体私营经济协会理事会按照“做实传统服务，拓展新型服务”的工作思路，进一步充实和丰富协会经营指导、法律维权、培训教育等传统服务内容，开展好有代表性的、会员广泛参与的个私文化宣传活动。同时，积极拓展新型服务内容，切实为微型企业、中小企业发展服务，帮助他们做大做强，积极营造个私协会关心、支持和帮助个私企业发展的良好氛围。2017年，全县个私协会继续把推进商事制度改革新政学习掌握作为协会工作的重中之重来落实。结合市场监管部门年报公示、公示信息抽查、“五证合一、一照一码”工作部署，积极配合市场监管部门采起多途径、多形式、全方位强化对会员进行宣传培训，以及通过短信平台放送手机短信，向企业联络员、负责人发送电子邮件等多形式，强化商事制度改革新政的广泛宣传，通过短信平台发送年报公示催报提醒近7000人次。组织召开企业信息公示专题培训会，根据市场监管部门年报公示、即时信息公示抽查等工作部署，个私协会分片、分行业、分类型及时召集会员企业开展专题培训，讲解不如实、按时公示信息会给会员企业及法定代表人、负责人产生的不良影响及信用约束，切实提高企业法定代表人、负责人对信息公示重要性认识。组织私营企业会员培训4次，参加培训500人次。在个私服务大厅设置年报公示上网平台、张贴年报公示流程宣传材料等，为会员企业及时公示信息提供便利。设立大学生创业就业绿色通道窗口，指定专人负责，为高校毕业生创业提供开业指导、注册登记、跟踪服务等一条龙服务。对高校毕生办理个体工商户、农民专业合作社、公司登记注册咨询等业务始终坚持做到一口清、一次性告知、一次性发放表格，缩短办照时限，提高办事效力，实现对高校毕业生自主创业登记的“三零”服务。宣传讲解工商注册资本登记制度改革涉及的《企业法人登记管理条例施行细则》《个体工商户登记管理办法》《企业信息公示暂行条例》等政策、法律条规、职业道德培训12期、960人次。积极发挥政府部门的助手作用，配合市管局和有关部门做好食品安全监管、打击传销、“禁毒、防艾”等市场执法和维护社会稳定工作及建立定点联系服务民营企业等创建活动。组织会员收听收看中国共产党第十九次全国代表大会开幕式直播，激励、鼓舞广大会员，利用好政策搞好经营发展，为决胜全面建设小康社会、争取新时代中国特色社会主义做出新贡献。

【党建工作】 县个私协会建立有个体党支部2个（县个体经济协会党支部和物茂党支部），党员35人，有10位会员参加入党积极分子培训班。“七一”前夕，有4位会员成为中共预备党员，4位预备党员按期转为正式共产党员，3位党员被县市管局党委表彰为优秀共产党员；县个私协会党支部被县市管局党委表彰为2016年先进基层党组织。组织全体党员集中观看中共十九大开幕式，个私协会还以专题讲座、以会代训、集中学习等形式，深入宣讲中共十九大报告新思想、新论断、新提法、新举措，习近平新时代中国特色社会主义思想的历史地位和丰富内涵，对中共十九大报告中关于激发和保护企业家精神，鼓励更多社会主体投身创新创业和支持民营企业发展，激发各类市场主体活力等内容进行重点解读。通过集中讨论的方式，会员企业党员负责人结合当前的营商环境和企业生产经营状况，畅谈中共十九大报告关于坚持“两个毫不动摇”、支持民营企业发展、建设现代化经济体系、深化供给侧结构性改革、加快完善市场经济体制、构建“亲”“清”新型政商关系等内容学习体会。更加坚定党员理想信念，增强看齐意识，在思想上政治上行动上与以习近平为总书记的党中央保持高度一致，严守党的政治纪律和政治规矩。

【开展贷免扶补微型企业培育】 认真贯彻落实《云南省鼓励创业贷免扶补实施办法的通知》精神，广泛宣传“贷免扶补”相关政策；在县市管局注册大厅、各所注册厅设咨询点，发放宣传资料，在全县营造“自主创业、艰苦创业、全民创业”良好的舆论氛围，确保各项政策落实和各项服务措施“不变形”“不走样”。建立落实好“贷免扶补”的“1+3”跟踪服务机制，确保任务完成率、大学生创业比例不低于10%、还贷率不低于96%、带动就业人数等指标的完成。协会对有创业意向的10位申请人进行了创业培训（其中大学生2人、失业人员8人），发放创业贷款100万元，带动就业人员30人，积极稳妥地将鼓励创业“贷免扶补”工作落到了实处。积极配合市场监管部门大力扶持微型企业发展，着力推进产业转型升级为大力扶持微型企业发展，根据《楚雄州人民政府办公室关于做好2017年“两个10万元”微型企业培育工程工作的通知》及相关规定，按照要求积极配合县市管局完成2017年“两个10万元”微型企业培育工程工作目标任务数30户。

【配合市管部门做好年报换照】 协会各分会（站）充分利用走访之际向会员宣传《中华人民

共和国食品安全法》《中华人民共和国消费者权益保护法》《无照经营查处取缔办法》和《中华人民共和国商标法》等法律条规，利用广播、电视、手机短信等媒体发布《企业信息公示条例》《个体工商户年度报告暂行办法》《农民专业合作社年度报告暂行办法》，以出黑板报、宣传栏，张贴公告等形式在全县辖区乡镇集市进行广泛宣传。在个私服务大厅设置年报公示上网平台、张贴年报公示流程宣传材料等，为会员企业及时公示信息提供便利。在全县各级个私协会积极配合努力下，会员企业年报公示率位居全州前列。配合市管部门组织开展“遵法守信宣传教育活动”，宣传讲解工商注册资本登记制度改革涉及的《企业法人登记管理条例施行细则》《个体工商户登记管理办法》《企业信息公示暂行条例》及“五证合一、一照一码”工作部署的宣传，个体会员、企业负责人受训近1500人。根据省局企业名称全程电子化改革部署，采取有效措施宣传、引导、推广企业名称全程电子化。在登记窗口显著位置张贴通告，在窗口设置电脑设备，引导企业进行网上企业名称申请。把企业注册登记全程电子化作为2017年深化商事制度改革的重要工作，以全省工商信息化系统为支撑，认真分析研究，找准突破口，积极探索推进登记注册全程电子化。

【开展“光彩服务日”活动】 按照中个协和省个私协关于开展2017年“光彩服务日”活动的部署要求，县个私协会高度重视、统一部署，积极行动，紧紧围绕“不忘服务初心，助力光彩双创”活动主题，于10月18日当天，在全县范围组织开展了形式多样、内容丰富的“光彩服务日”活动。活动坚持“为民、利民、便民”的指导思想和“优质服务、优惠服务、义务服务”的基本要求，在加大宣传“光彩服务日”活动影响力的同时，认真组织服务活动，充分激发会员企业回馈社会的使命感。个私协会充分发挥职能作用，广泛开展政策解答和宣传商事制度改革中的“多证合一、一照一码”登记制度、企业信用信息公示、企业全程电子化以及“两个10万元”微型企业培育等有关政策。组织20户个体工商户会员走上街头，免费开展理发、免费修理、测量血压等义务服务活动，以此引导和教育广大私营企业主致富不忘国家、致富不忘社会。组织开展诚信经营和优惠让利活动，万家兴广场家电部、鹿城大厦元谋商场、博爱医院等会员企业开展诚信经营和优惠让利活动，让利1000余人次，发放宣传资料3000份，义务解答1000余人次，参加人员60多人。通过把“光彩服务日”活动与争创“光彩之星”“先进个体工商户、私营企业”和“遵法守信宣传教育活动”“创建青年文明号”等活动结合起来，开展多种形式的宣传和服务活动，树立了会员致富思源、回报社会良好的社会形象，扩大了“光彩服务日”活动的知名度和影响大。广大会员用文明诚信的行动，创建和谐的社会环境，牢固树立社会主义荣辱观，增强社会责任意识和职业道德意识、弘扬无私奉献的精神，向社会传递正能量，为社会和谐进步、早日实现中国梦做出积极贡献，积极推进元个体私营经济协会工作再上新台阶。

（徐　东）

电　力

【电力机构】 2017年，元谋供电有限公司设办公室、计划建设部、人力资源部、财务部、生产设备管理部、市场营销部、安全监管部、监察审计部、党群工作部（含工会、团总支）9个部门；下辖电力调度控制中心、输变电管理所、物资仓储配送站、元马供电所、黄瓜园供电所、平田供电所、羊街供电所7个二级机构；另设防范和打击涉电违法犯罪办公室和客户服务中心2个挂靠机构。

【电力队伍】 2017年末，元谋供电有限公司在职职工228人。其中：执行董事、总经理1人，党委书记1人，纪委书记1人，副总经理3人，退养人员3人，管理人员32人，专业技术人员51人（工程师3人、助理工程师29人），专业技能人员142人（高级技师5人、技师11人、高级工48人、中级工46人、初级工2人）；大学本科学历41人，大专学历111人，中专及以下学历76人；中共党员76人。公司员工平均年龄39岁。

【电力队伍建设】 坚持党管干部、党管人才原则及规定，完成中层干部轮岗24人、重点岗位调整89人次、推选后备干部15人。推进员工能力提升工程，9人取得高级工、技师等证书。班子成员及中层干部32人培训计划完成率100%。将述职述廉、综合测评、"四项谈话"、履责评价等结果运用到人事任免、推优评先中，年内提拔使用8人，降职使用1人。招聘入职大中专应届毕业生9人，开展标准制度学习41场次7516人次，完成培训64项166期，参加职业技能鉴定员工6人。

【电力主要经济指标】 按照元谋县委政府的发展新要求，坚持全面从严治党、稳中求进总基调，以《南网总纲》为引领，围绕五个目标、重点抓好七项工作，守住底线稳增长、彰显服务促创新，抢抓新机遇、应对新挑战、实现新发展，各项工作取得新突破。2017年，全县供电量2.8亿千瓦时，比上年增长6.95%；完成售电量2.56亿千瓦时，比上年增长6.49%；综合电压合格率98.77%，比上年上升0.45个百分点；综合供电可靠率99.67%，比上年下降0.1个百分点；综合线损率8.81%，比上年上升0.95个百分点。终端数据完整率95.03%，同比增长0.03个百分点。农村用电量5029.76万千瓦时。全员劳动生产率18.38万元/人·年。2017年实现主营业务收入11510.96万元，实现利润87.76万元，全年上缴国家各种税费954.02万元。2017年末，全县共有110千伏变电站3座，主变压器5台，总装机容量150兆伏安。35千伏变电站7座，主变压器12台，总装机容量61.3兆伏安；35千伏线路10条20段，总长188.65千米；10千伏配电变压器2081台，总装机容量204.71兆伏安；10千伏线路60条，总长1298.86千米。

【电力电网建设】 完成"十三五"配电网规划和农村电网规划修编，将供电能力提升、低电压台区治理、行业扶贫项目纳入"十三五"配电网规划和农村电网修编规划。完成5个批次共13个单项配网基建项目前期可研工作，取得可研批复，下达投资计划1489.11万元。开展6个批次电网基建项目建设，总投资1969.18万元。其中小城镇、中心村农网项目（第一批）18个单项，投资809.75万元。小城镇、中心村农网项目（第二批）10个单项，投资623.08万元。易地扶贫搬迁安置点10千伏及以下项目（第二批）5个单项，投资143.63万元。农村电网改造升级自筹项目2个单项，投资57.69万元。第一批次10千伏及以下配电网应急项目2个单项，投资290.29万元。第三批次10千伏及以下配电网应急项目1个单项，投资44.74万元。

【电力党风廉洁建设】 承接"大监督"体系和"四种形态"工作要求，以90项具体任务分解落实"两个责任"。建成机关及供电所廉洁文化走廊4个，宣讲案例19场次、警示教育21场次、集体廉政谈话1次。举办预防职务犯罪讲座暨检企联席会2场次。召开大监督委员会4次，组织督查898项次，重点监督供电所12项业务及事项公开、巡视及审计整改"回头看"、五个专项治理。修编和发布岗位廉洁风险数据库，开展廉洁风险识别和防控。建立日常费用月监察机制，开展专项监督2项。运用监督执纪"四种形态"，开展警示类谈话603人次、问责类谈话18人次。

【电力群团组织建设】 抓党建带工建、带团建，通过组织迎新运动会、文艺晚会、"楚电杯"篮球运动会、四项技能评比等技能竞赛、文体活动提振员工精气神，开展“员工关爱”活动，开展困难职工、生病住院职工、一线值班员工、重点工程等各种慰问1190人次。通过“一学一做”主题教育、青年志愿服务活动、扶贫助学等，充分发挥青年员工生力军作用。

【电力精神文明建设】 把学习贯彻中共十九大精神作为首要政治任务来抓，制定学习宣贯计划5项78条，收看开幕式1场次、全员专题宣讲3场次、听上级宣讲3场次，撰写体会228篇，班子带头专题学4场次、带头讲14场次、专题研讨3场次。紧抓意识形态及文化建设，开展中心组理论学习10次、周一政治理论及企业文化学习20周次，领导干部上讲台讲形势、讲文化、讲案例41次。组织竞赛活动16次、主题教育11场次，信息宣传排楚雄电网第三名，顺利完成州级文明单位“保牌”任务。以身边人身边事为榜样，组织开展“道德讲堂”1期。实施“机关建设年”推进计划51项，常态开展纪律作风、文明办公督查50次，被通报问责人员比上年下降52.9%。

【电力安全】 2017年共执行作业现场安全监督1302场次，参与监督人员2864人，累计发现问题和违章634项。对195个施工、检修、技改和基建现场进行观察，及时纠正不安全行为36项。严肃违章查禁及“两票”查处工作，查处A、B类违章各1起，C、D类违章177起，扣分261分。抽查“两票”3442份，合格率98.77%。抓实各类安全大检查问题整改，检查共发现问题262项，完成整改259项。紧紧围绕核心体系建设，将系统化管控风险思路融入电网、设备、人身等专业管理工作中，2017年安全生产风险管理体系审核绩效71.68%，完成上级下达指标。强化人身安全风险防范，建立生产作业管控清单及关键任务清单，严格落实作业风险管控计划15项、管控措施53项，完成作业2296项，确保作业风险可控、在控。开展变电设备巡视检查597次，发现设备缺陷30项，其中紧急、重大缺陷13项，消缺率100%；一般缺陷17项，消缺率94%。开展输电线路巡视25条次，巡线里程485千米，发现线路缺陷隐患46起，消缺43起，消缺率95.56%。修编、印发公司应急预案17个、现场处置方案52个，进一步完善应急预案体系。圆满完成两会、元旦、春节、高考、中共十九大、果蔬节等保供电任务19次，累计投入2693人次，499车次。

【电力营销服务】 全年低压集抄覆盖率100%，比上年上升20.85个百分点，专变数据完整率88.12%，公变数据完整97.32%，低压数据完整率94.51%，专变抄表成功率88.04%，公变抄表成功率97.42%，低压抄表成功率94.51%，与上年相比均有明显上升。通过全面宣传非柜台缴费渠道，非柜台缴费率99.36%，比上年上升14.18个百分点，稳居楚雄电网前列，其中客户银行代扣、支付宝及微信缴费占56.47%，预付款抵扣占29.92%，自助缴费终端缴费占12.97%，柜台缴费占比仅为0.17%，超额完成上级下达90%的目标值。全年参与交易客户141户次，比上年增加47户次，成交电量2113.25万千瓦时，比上年增加1359.25万千瓦时，增幅为188.27%，为客户节约用电成本253万元，为客户降本增效、助力地方经济社会发展提供了强大助力。扎实开展营销专项检查，发现问题109项，其中业扩67项、计量32项，抄收及电费3项、客户服务4项，客户侧安全隐患整治3项，督促责任部门完成了自查整改。

【电力党建】 承接网省公司党组1号文及局党委“大党建”工作要求，分解落实313项党的建设重点任务，完成13位支部书记调整及4位党务人员选聘。修订公司章程党建条款，健全党委议事决策规则。召开党建工作会2次、党委会22次、党群例会4次，通过月度看板管理、书记述职、支部分类定级、主责约谈等工作，倒逼责任落实，营造从严管党治党浓厚氛围。落实“两学一做”学习教育常态化制度化推进计划73项，提升广大党员的“两性两力”，表彰先进组织8个、先进个人19人。推进“党建精益行动”，羊街供电所“1233路径”特色做法初步形成。公司党委听取3位驻村队员工作汇报11次，帮助解决问题10个。组织入户调查53次，完成11户建档立卡，制定“帮扶手册”11本，投资3.6万元扶持挂点贫困户开展种养殖，4户21人可脱贫摘帽。11项易地扶贫搬迁项目建设，投资183.64万元。投资20万元完成县内最后一个贫困村通动力电项目。

【电力表彰奖励】 2017年4月，元谋供电有限公司被云南电网公司表彰为“2016年度教育培训先进集体”。2017年4月，元谋供电有限公司被楚雄供电局表彰为“2016年度新闻宣传先进集体”。2017年4月，元谋供电有限公司团支部被楚雄供电局表彰为“2016年度五四红旗团支部”。2017年5月，元谋供电有限公司参加元谋县首届中华经典诵读大赛并获得成人组三等奖。2017年10月，元谋供电有限公司被云南省楚雄彝族自治州国家税务局评定为纳税信用A级企业。2017年12月，元谋供电有限公司被元谋县委政府表彰为“2017年中国·元谋果蔬节”先进单位。

（曾小庆）

商业贸易

商务管理

【商务管理机构】 2017年，元谋县经济贸易和信息化局设市场流通股、外经贸发展股2个商务工作股室，设有分管商务工作领导（县经信局副局长）1人，工作人员5人。

【社会消费品零售总额】 州政府考核社会消费品零售总额目标任务190999万元，比上年增长12%。其中：批发业销售额比上年增长15.5%；零售业销售额比上年增长20%；住宿业营业额比上年增长22%；餐饮业营业额比上年增长22%；租赁和商务服务业营业收入比上年增长30%；现代商贸物流业增加值比上年增长8%以上。年内，社会消费品零售总额完成192393万元，为州下达任务数的100.7%，比上年增长12.8%，增速位列全州第一。其中，批发业销售额比上年增长14.5%，零售业销售额比上年增长15%，住宿业营业额比上年增长17%，餐饮业营业额比上年增长18%。

【外贸出口】 年内，完成外贸出口578万美元，为州下达任务数的57.8%，比上年增长163.93%。其中：元谋利民脱水蔬菜有限责任公司完成69万美元，元谋闽中食品有限公司完成89万美元，元谋静冉贸易有限公司完成420万美元。

【商务项目】 黄瓜园农贸市场建设改造项目已竣工并通过县级验收；黄瓜园大牲畜交易市场建设项目已竣工并通过县级验收；2016年楚雄州流通创新试点项目社区便利店1家，实施企业元谋锐捷科技经贸有限公司已按时序进度完成验收。电子商务进农村综合示范县项目争取到中央补助资金1500万元，元谋县电子商务进农村综合示范县项目稳步推进。制定、公布元谋县电子商务进农村综合示范工作实施方案和项目承办企业。县级公共服务中心于2017年5月初进行试运营，已对外开放，且有13户创业企业和部分创业青年入驻创业孵化中心。元谋县电子商务公共服务信息综合平台正在开发建设中，平台建成后将与省商务厅和商务部进行数据对接，并为全县电商服务，实现数据统计分析、信息发布、推广策划等多种功能。完成全县10乡（镇）电子商务公共服务站、40个行政村电子商务服务点的选址布点建设。在12个建档立卡贫困行政村建设了电子商务公共服务点，将电子商务与精准扶贫结合起来。加快推进县乡村三级物流体系建设。县乡村三级物流体系建设工作分为县级物流仓储配送分拣中心、县—乡—村物流运输配送体系、农村物流信息服务管理平台建设等。

【电子商务】 年内，全县纳入电商统计的企业已增至12户，建立电子商务销售平台17个（其中：自建平台1个，网店16个）。据统计，1—12月全县累计实现电子商务销售额2.65亿元，比上年增长1.4倍。其中销售额500万元以上的企业有4户：元谋县农业开发投资有限公司实现电子商务销售额23875万元，元谋县万紫红农业开发有限公司实现电子商务销售额794万元，元谋金沙绿色食品有限责任公司实现电子商务销售额769万元，元谋锐捷经贸科技有限公司实现电子商务销售额503万元。

【经信局申规达限工作】 认真宣传省、州、县对批零住餐行业的扶持政策，调动企业申规积极性，加强企业基础管理工作的指导；在对全县达到限额以上统计的批零住餐企业进行全面调查摸底的基础上，制定申报计划，县人民政府下达新增8户限额以上企业的申报任务；按照申报限额以上企业的流程和要求，积极引导企业组织申报，做大经济总量支撑点；帮助企业解决各种困难和问题，达到申规标准，确保申报一批、成功一批。年内新增达限企业13户。

【商务其他重点工作】 抓好市场运行监测工作，做到节假日和特定日期按时上报居民生活必需品、重点流通企业、重要生产资料监测数据。2017年4月底按时组织企业完成全县加油站的年检工作。抓好流通企业及成品油安全生产工作，加强日常监管，落实安全措施，杜绝流通企业安全事故的发生。完成2017年脱贫攻坚及二期棚改工作。圆满完成2017中国·元谋果蔬节暨旅游商品展洽展示会，并荣获优秀单位荣誉奖，展洽会上元谋县10乡镇及20家农业龙头企业和规上工业企业的50多种旅游商品展示，得到广大人民群众和外来客商们的青睐。同时协助配合县市场监督管理局圆满完成果蔬节“舌尖上的元谋”——元谋美食烹饪大赛及香飘十里——寻根火之源活动。

（赵加娥）

供销合作社

【供销社机构】 2017年，元谋县供销社设办公室、合作指导股、社有资产管理股、人事教育股、综合股5个职能股（室）。年末，社机关在职干部职工12人。其中：理事主任1人、监事主任1人、理事副主任2人；公务员11人、机关工人1人（高级工）；大学本科学历4人，大专学历8人；中共党员9人。

【供销合作社综合改革】 根据《中共楚雄州委 楚雄州人民政府关于深化供销合作社综合改革的实施意见》精神，县供销社认真组织学习，第一时间领会改革要求，及时向县政府领导汇报，并组成调研组，针对元谋县供销社综合改革专题展开了多次调研，草拟完成《元谋县深化供销合作社综合改革实施方案》，已于12月5日出台。

【新型供销合作社社员代表大会】 按照上级供销部门关于“开放办社”的工作安排，县供销社积极寻求支持，并组织草拟县、乡召开社员代表大会的相关材料，分别于12月17日、12月30日在老城乡、平田乡召开新型基层供销合作社第一届社员代表大会。

【供销合作社建设】 年内，新发展农民合作社14个，创建农民专业合作社示范社1个，新发展农民合作联合社1个，改造提升基层供销社2个。

【供销教育培训】 县供销社培训各类人员803人次，其中：政策理论培训17人次，项目管理工作培训20人次，社有企业经营管理培训15人次，合作社组织建设培训23人次，农产品经纪人培训111人次，合作社经营管理培训131人次，农村电子商务培训117人次，特色农业产业培训137人次，农业科技培训232人次。

【供销系统经营业绩】 年内，全县供销社系统实现经营总额11.94亿元，比上年增长30.02%；实现销售总额11.3亿元，比上年增长29.7%；农副产品购进4.5亿元，比上年增长169.44%；农副产品市场交易额 6204 万元，比上年增长 35.9%；销售各种化肥 3.6 万吨，比上年下降 2.72%；有机肥销售 0.38 万吨，比上年下降 43.26%；连锁销售额 9002 万元，比上年增长 71.17%；电子商务销售额 344 万元，比上年增长 81.05%；实现利润 2252 万元，比上年增长 12.54%；实现净利润 2246 万元，比上年增长 12.86%。基层社实现利润 2226 万元，比上年增长 13.86%。全资、控股企业实现利润 81 万元，比上年增长 6.58%。全县供销社系统资产总额 1.57 亿元，比上年增长 15.44%；基层社资产总额 1.49 亿元，比上年增长 16.41%；实现所有者权益 9629 万元，比上年增长 12.03%；营业收入 2.71 亿元，比上年增长 19.38%；基层社营业收入 2.42 亿元；比上年增长 16.35%。

【供销招商引资】 按照县政府年初下达的招商引资目标任务，结合供销工作实际，以农民专业合作社为平台，创新了一套“公司 + 合作社 + 基地 + 农户”的新型土地流转模式。通过多次实地考察，依托元谋金发光果蔬种植农民专业合作社，采用“土地流转”方式承包平田行政村户郎村的农业用地及荒坡地进行改土改地，配套相应的现代水利设施，连片种植 700 亩热带亚热带有机水果蔬菜。项目投资实际引进州外到位资金 2000 万元，完成县政府下达的招商引资任务。

【农业生产资料供应】 县供销社充分发挥农资供应的主渠道作用，多次深入农资市场调研，积极组织农资经营企业及早行动，做好农资储备、调供工作，做到保障服务到位。年内，全县供销系统购进各种化肥 26025 吨，农药 303 吨，农用薄膜 91 吨；全县供销系统销售各种化肥 36003 吨，农药 270 吨，农用薄膜 113 吨。

【供销蔬菜经营】 元谋县供销社土产有限责任公司利用能禹蔬菜批发市场这一交易平台，开展蔬菜购销业务。2017—2018 年菜季，元谋县供销社土产有限责任公司共外销蔬菜 2.2 万吨，销售额 2700 万元，实现利润 26 万元。

【烟花爆竹经营】 元谋县供销社烟花爆竹有限责任公司担负着烟花爆竹的专营业务，在确保烟花爆竹安全的前提下，认真做好烟花爆竹的供应工作。年内，批发销售烟花爆竹 74 万元。

【供销食用菌产业】 县供销社依托元谋县利民野生菌产销专业合作社和元谋宏兴高原特色专业合作社，采取“专业合作社 + 公司 + 订单”的发展模式，扎实抓好食用菌产业发展工作。年内，食用菌总产值 5367 万元，其中人工栽培菌产值 38 万元，野生菌加工产值 1833 万元，野生菌市场交易额 3496 万元。

【供销脱贫攻坚】 为保障建档立卡贫困户早日脱贫出列，县供销社紧紧围绕挂点联系的老城乡尹地行政村 40 户贫困户生产生活实际，采取有力措施，积极为贫困户出谋划策，引荐老城乡尹地行政村与元谋县葡萄产销专业合作社合作，组织建档立卡贫困户加入专业合作社，开启“专业合作社 + 建档立卡贫困户 + 基地 + 企业”的扶贫模式，助推贫困户早日脱贫致富。年内，县供销社给予尹地行政村扶持资金 1.2 万元。

【供销参与棚户区改造】 在县委政府的领导及工作要求下，县供销社积极参与县城东南片区（二期）棚户区改造工作，及时抽调精干人员，分成 4 个工作组，包保 7 户棚改户。为全力推进棚户区改造工作，县供销社干部职工认真践行“一线工作法”，发扬“四千精神”“5+2”“白加黑”的工作作风，深入棚改户家中耐心细致的讲解棚改政策，苦干实干，切实履行好包保工作职责。在规定的时间节点内，县供销社包保的 7 户棚改户全部签订房屋征收补偿协议和腾空验收房屋。

【供销党风廉政建设】 认真履行主体责任，把党风廉政建设工作纳入全年工作总体安排，建立廉政风险防控机制，与班子成员和各股室签订党风廉政建设工作责任书，组织干部职工签订廉洁自律承诺书。加强廉政制度建设，严格控制“三公经费”，清理会员卡，开展“小金库”、“吃空饷”、离退休干部聘用、兼职问题专项清理整治工作。加强干部作风建设，坚持每周一干部职工学习日制度，经常性地开展督查检查，着力改进工作作风，进一步强化党风廉政建设工作。年内，全县供销社系统无违法、违纪现象发生。

（杨云芝）

粮油经销

【粮油机构】 2017年，元谋县发展和改革局设粮食流通监督检查股、粮食调控股。年末从事粮食工作干部职工5人。其中：分管副局长1人；公务员5人；大学本科学历4人、大专学历1人。下辖元谋县粮食储备有限公司1个，在职员工8人。

【粮食政策宣传】 紧紧围绕深化国有粮食企业改革和贯彻落实粮食政策措施，做到深化改革、积极收购、拓展销售、加强管理，有效推进粮食购销市场化改革进程。利用《粮食流通管理条例》颁布实施14周年之际，积极开展宣传活动，发放各种宣传材料1800余份，使广大农民了解粮食政策措施，从而进一步稳定粮食种植面积，发展粮食生产。全县种植粮食面积25万亩，粮食总产量93673吨，比上年增长1.4%。

【粮食部门支农】 春耕时节，发改局组织粮食干部职工深入乡、村、农户，配合农业部门做好春耕生产服务工作，引导农民调整种植结构，按市场需求种植优质、高产、适销对路的粮食品种。抽调1位干部驻姜驿乡姜驿行政村开展脱贫攻坚工作，进行扶贫挂点，指导和引导当地干部群众转变观念，调整种植结构，脱贫致富，局机关5位粮食干部职工为每户扶贫挂钩联系户捐资200元以上。

【粮油购销】 县粮食储备有限公司全年收购大米92.3万千克，收购食用植物油12.2万千克。全年销售大米78.9万千克，销售食用植物油11.8万千克。实现粮油销售收入536.1万元，上缴各项税金9.6万元，盈利10.4万元。

【粮油安全保管】 按照“以防为主，综合防治”的保粮方针，在仓库设备差、气候炎热、粮食库存量大、保管任务重的情况下，进一步完善安全管理制度，制定和完善《安全生产规划》等制度。定期不定期地对粮食储藏、消防安全、安全生产、危险化学品等进行检查。坚持每月检查3次和平时抽查制度。经检查达到“一符四无”粮仓标准。

【粮食企业改革】 在经营管理、用工制度、减员增效、分配制度、费用管理上加以改革和完善，提高服务质量、扩大学生粮和民政救灾粮的粮食供应，粮食储备有限公司实行定岗定员、自筹资金、自主经营、自负盈亏、自我发展。

【粮食调控与监管】 针对年初粮食市场价格上涨幅度大的情况，积极做好粮油价格信息监测，及时向州主管部门和县委、县政府汇报粮食价格涨幅情况，提出稳定市场粮价措施，完善粮食供应应急预案，指导粮食企业搞好销售，不脱销粮食，平抑粮食市场。认真抓好县级储备粮及成品粮储备大米的轮换储存管理工作，确保粮食安全。开展粮食库存检查，确保粮食库存账实、账账、账表相符。开展粮食流通监督检查，切实抓好社会粮油质量和经营活动的监督管理，确保粮食市场放而不乱、活而有序。加强食品安全监督检查，确保各个节假日期间粮油食品安全。

【开展多种经营】 发改局指导粮食储备有限公司在加强和巩固原已开展的粮油购销、民政救灾救济粮供应、中小学食堂粮油配送、门店出租等项目的前提下，进一步引导拓展业务，全年实现多种经营利润8.7万元。

【粮油会计统计工作】 认真贯彻执行《中华人民共和国会计法》和《中华人民共和国统计法》，严格遵守财会制度和财经纪律，做到账、表、物三相符，会计核算及时、准确。按时、按质上报会计报表和统计报表，为促进企业发展、提高经济效益及领导决策当好参谋。

（起会荣）

果蔬营销

【蔬菜营销机构】 2017菜季，元谋县外销蔬菜经营单位有元谋县蔬菜有限责任公司、元谋早春绿色食品有限公司、元谋县安康绿色果蔬有限责任公司、元谋县供销社土产有限责任公司、元谋绿艳果蔬有限责任公司、元谋绿生有限公司、元谋绿通果蔬产销有限责任公司、元谋鑫源恒绿色果蔬有限责任公司、元谋鑫农果蔬产销专业合作社。

【果蔬购销】 2017/2018菜季，外销蔬菜667896吨，比上年增加182071吨，增长37.48%；农民卖菜收入159279万元，比上年增加7097万元，增长4.66%；外销蔬菜平均价格2.38元/千克，比上年减少0.75元/千克，下降23.96%。

【蔬菜发运】 2017菜季蔬菜外运全部依靠汽车运输，全县共发运汽车26557车，比上年菜季增加7124车。汽车外运蔬菜主要发往成都、重庆、广州、北京、郑州、西安、上海、保定、南宁、寿光、常州、武汉、安丘、乌鲁木齐、高密、连云港、荆州、贵阳、昆明、石家庄、杭州、沈阳、深圳、海口、温州、苏州、牡丹江、阜阳、宁波、海口、喀什、阿克苏等200多个大中城市。

【市场管理】 做好蔬菜信息服务。一方面及时掌握和了解全国各地蔬菜市场的供求变化，通过各种渠道收集全国各地蔬菜产销信息，把握市场动态，分析市场供求关系，通过整理和加工，形成比较完整的市场变化趋势分析，作为全县蔬菜种植计划编制的依据，达到产销对路、均衡上市、稳定价格、延长菜季的目标。另一方面，是搞好县内蔬菜水果价格信息服务。安排专人对县内及全国主要蔬菜批发市场的蔬菜价格信息进行收集、整理，并及时、准确报送相关部门，通过电视、网络、广播、手机短信的方式进行发布，让菜农、菜商及时了解蔬菜价格信息，引导菜农种好菜、卖好菜，也为客商的经营决策提供准确的市场信息依据。坚持标准，突出抓好蔬菜产品质量安全工作。在2017/2018菜季开始，外销办与检测、植保、执法大队等所站联合行动、共同监管，严格执行农产品市场准出制度，形成横向到边、纵向到底，职责明确，协调配合，运转有序的农产品质量安全监管体系，着实提高全县各级干部和广大菜农对发展无公害蔬菜生产的必要性、重要性的认识，让全国广大消费者吃上优质、安全、放心的元谋蔬菜，让全县农民从发展优质无公害蔬菜产业中得到实惠，保证蔬菜产业可持续健康发展，提高元谋菜果在市场上的知名度和竞争力。突出实效，开展蔬菜外销市场综合整治。为规范全县蔬菜交易秩序，确保国道108线及主干道道路交通畅通，坚决扭转蔬菜交易秩序混乱、群众出行难的局面，解决农民群众反映强烈的突出问题，代县人民政府草拟并制定《元谋县2017/2018菜季综合整治工作方案》《规范蔬菜水果交易行为的公告》。按照“长短结合”和“属地管理”的原则，抽调各相关部门的精干力量组成工作组，集中时间，深入国道108线及蔬菜临时交易混乱点集中开展综合治理，规范交易秩序。严厉打击强买强卖、欺行霸市、缺斤少两、坑农害农的违法犯罪行为，坚决取缔沿路交易、以路为市、占道经营的违法行为，引导菜商和菜农进入能禹蔬菜批发市场或到指定的临时交易地点进行交易，确保全县道路交通安全畅通，交易秩序良好，人民群众满意。加强市场交易秩序管理。按照交易规则及市场管理工作的要求，坚持依法行政，文明执法，加强对市场及周边的巡查力度，严厉打击欺行霸市、强买强卖、缺斤少两、表里不一等行为，发现一宗，打击一宗，维护正常的蔬菜交易秩序，始终做到“管而不死，活而不乱”，为交易双方创造良好的交易环境和平台；

在市场内设立警务室，实行24小时值班和市场巡逻制度；在加强治安防范、维持交通秩序的同时，对欺行霸市、强卖强买以及打架、斗殴、偷摸、扒窃等治安违法行为进行严厉打击，以保障菜农和客商的人身、财产安全。力求突破，加强品牌创建工作。为树立元谋无公害及绿色蔬菜品牌的形象，提高元谋蔬菜的知名度，增强市场竞争力，成功申报“元谋番茄”“元谋蔬菜”“元谋水果”“元谋青枣”地理标志证明商标。通过抓品牌建设，树立元谋无公害蔬菜品牌的形象和声誉，促进蔬菜的销售和出口。做好服务，为菜商搭建便捷高效的经营平台。一方面做好协调工作，提供运力保障。为确保蔬菜得到及时外运，着力抓好公路运输协调工作。在积极做好汽车货运信息部的发展、管理、扶持工作的同时，各部门工作人员24小时值班，为菜商和运输人员提供便捷的检疫、检测和办证服务，受到广大客商一致好评，整个菜季公路运输没有发生因配套服务不到位，影响蔬菜外运的现象。另一方面做好市场运行监测工作。通过安排专人负责、及时上报、科学反映、提高监测报表质量和报送率、撰写分析材料等措施，取得较好成绩，受到商务部门的表彰奖励。创新服务手段，提升服务水平。通过协调，成立市场综合调解，切实保护菜商、菜农合法权益，维护社会公平正义，提升服务水平。

【元谋县县果蔬行业商会】 元谋县果蔬行业商会是在元谋县工商联指导下的非营利行业商会，由元谋县内生产、经营果蔬的企业、个人和管理者自愿组成，是果蔬行业的自律组织，致力于元谋蔬菜、水果的规范经营与发展，以促进果蔬行业的健康发展为目标。2010年7月成立元谋第一届果蔬行业商会，商会会员60人。2013年4月召开第二届第一次果蔬行业商会代表大会，选举产生第二届行业商会会长1人、常务副会长1人、副会长8人、理事5人，聘任秘书长1人，发展商会会员91人。

【果蔬行业商会工作】 积极主动向上级争取工作经费15万元，为元谋果蔬的品牌化发展做出了贡献，增加了农民收入，提高了商会的影响力。成功注册元谋番茄地理标志性证明商标2件、元谋蔬菜集体商标1件、元谋水果集体商标1件。由于在商标注册和地理标志认证方面贡献突出，商会获得楚雄州委、州人民政府及县委、县人民政府表彰奖励，得到省、州、县相关奖励及奖金35万元。以商会名义组织各企业会员和个人会员筹集资金35万元，硬化近1千米的混凝土路面，改善企业及客商、群众出行难的问题；发动商会会员及企业捐资6.8万元，购买净水设备，解决凉山乡冷水箐村的人畜饮水问题。引领会员加强与外县、外省的交流合作、加强学习，为元谋县的绿色产业发展带来良好契机，并在外省、外县市发展种植基地4500多亩，带动产业的发展，帮助商会会员获得较好的经济效益。为会员及客商协调解决各类纠纷，维护市场秩序，保障会员及客商的合法权益。元谋县果蔬行业商会积极主动承担政府与客商、会员之间的桥梁纽带作用，充分发挥行业示范引领作用，引导行业健康有序发展。协助政府部门宣传绿色产业的相关指示和精神，并收集和反馈客商、会员对元谋县绿色产业发展建言献策。

（鲍学芹）

医药购销

【医药机构】 元谋县医药有限公司成立于1961年，为国有企业，于1997年改制为民营企业。公司占地面积1600平方米，建筑面积5600平方米、公司从事药品、医疗器械的批发、零售。经营药品品种9820种。仓库面积1501平方米。公司设有党支部、女工委、董事会、人力资源部、质量管理部、财务部、零售部、采购部、物价部、信息部、批发部。公司的整个质量管理体系健全、负责全县的药品批发，设有零售药店26个，所有药店已通过国家 GSP 认证。经营网络覆盖全县各个乡镇。有诊所 2 个，非处方药药店覆盖到乡村，所有药品、货物都是公司统一采购、统一配送、统一核算。

【医药人员构成】 公司现有职工 152 人。大学本科以上学历 35 人，中专学历 64 人，高中学历 24 人，其他学历 29 人。拥有专业技术职务的人员 62 人，其中，执业药师 8 人，执业医师 7 人，药师 6 人，药士 33 人，药师协理 8 人，所有员工都有经考试合格颁发的上岗合格证。

【医药经营范围】 中药饮片、中药材、中成药、化学药制剂、生化药品、抗生素、蛋白同化制剂、生物制品（不含疫苗、不含血液制品），医疗器械、保健食品等，经营药品 9800 种，纳税 160 万元。

【医药设施建设】 2017 年，药品市场竞争激烈。为适应市场，公司大力改造扩建药店面貌。公司在不断提高员工药学技术水平和自身素质，配合教育部门开展质量意识和质量工作的教育培训，突出质量认证管理，加强新版 GSP 相关政策学习。

【医药经营管理】 元谋县医药公司的质量方针为药品合格、服务规范、创新发展；质量目标为客户投诉有效处理 100%，无违反药品经营法律条规的行为，无重大质量事故，内审不符合项整改达标 100%，采购品种满足率 90%，客户资质符合率 100%，药品收货验收合格率 100%，抽样合格率 100%，药品养护储存率 100%，配送准确率 100%，配送及时率 99.9%，销售每年上升 15%，运输药品安全率 100%。公司严格按照《中华人民共和国药品管理法实施条例》《中华人民共和国药品经营质量管理规范》要求，严把药品质量关。履行董事长全面负责制，建立质量管理体系，从药品采购、验收、冷链药品管理、药品养护、储存、出库复核、运输等环节由各科室分管负责人全权把好药品质量关，保证药品安全有效、保护合法者权益，不坑害消费者。所有药品明码标价。以诚相待，公平交易，对药品零售价格严格管理，在公司各店内设举报电话、投诉箱、意见簿，专人负责消费者的投诉。

【医药队伍素质建设】 一年来，除公司内部培训外，元谋县市场监督管理局的干部也经常到公司进行 GSP《药品经营质量管理规范》相关知识培训、还聘讲师到公司为员工进行营销、管理、岗位技能、创新、法律条规、药品专业知识培训，保健食品、医疗器械等多方面健康知识讲座的培训 42 次，参训人员 3600 人次。

【医药公司党组织建设】 元谋医药有限公司党支部，设党支部书记 1 人，党支部委员会由支部书记、组织委员、宣传委员、纪检委员共 5 人组成，有正式党员 18 人。公司党支部把加强党员干部职工的政治理论学习和职业道德教育作为党支部工作的重点来抓，着力抓好党员干部职工在党性、党风、党纪方面的教育。组织全体党员干部职工以集中学习和个人学习的形式，掀起互相学习、互相交流、互相提高的学习热潮，每位党员结合科学发展观活动写了心得体会。公司把业绩考核和年度民主评议党员活动有机结合，不断提高党员的政治素质、思想素质和道德素质，增强服务意识和廉洁自律意识。公司党支部以构建活力和谐企业为目标，全力营建和谐发展，积极开展文明单位创建活动，努力培育企业文化。

【医药公司扶贫攻坚】 深入挂钩点扶贫村村组和群众家中访贫问苦，解决实际问题。结合当地适合发展养殖的实际情况，对挂包 8 户建档贫困户，为保障养殖扶持措施落实到位，公司专门聘请 1 位当地养殖技术员为贫困户提供技术培训、养殖咨询，每月付给该名技术员 1000 元工资，直至贫困户脱贫（2020 年）。同时，坚持每月不少于 2 次入户走访建档立卡贫困户，帮助他们解决困难逢年过节以实际行动送温暖、献爱心，密切与贫困户的感情，把贫困户当作自己的亲人。

（岳杨宁）

烟草营销

【烟草公司机构】 2017年末，元谋县局（分公司）共有党员28人，经州局党委批准，成立中国共产党元谋县烟草专卖局总支部委员会，党总支书记1人，分设第一、第二两个支部，设支部书记2人。年初，元谋县烟草专卖局（分公司）根据国家局机构改革精神，将原来所属机构设置的科室更改为股室，设置办公室、财务管理股、烟叶管理股、卷烟销售股、专卖管理股、监察审计股、基础设施建设办公室、安全保卫股8个股室，下辖羊街、老城、姜驿3个烟叶站7个收购点。年末，元谋县烟草专卖局（分公司）共有在岗干部职工47人，其中：书记、局长、经理1人，副书记、纪检委员、工会主席1人，副局长1人，副经理1人；管理人员16人（含班子成员）、专业技术人员11人、职员20人；文化结构，研究生学历1人、大学本科学历23人、大专学历16人、中专学历1人、高中学历4人、初中学历2人；专业技术结构：高级会计师1人、助理工程师1人、助理农艺师15人、助理政工师4人。

【烟叶生产】 在各级党委政府和上级烟草主管部门的大力支持帮助下，元谋县局（分公司）牢固树立大局意识和责任意识，圆满完成全年各项目标任务。全县2017年共种植烤烟1.86万亩，收购烟叶5.12万担（含丰产烟0.1万担），上等烟比例68.37%，收购均价29.18元/千克，烟农售烟收入7471.16万元，实现烟叶税收1643.66万元，烟农户均收入3.46万元，比上年增加1900元。烟叶生产在计划调减、市场逆转、气候多变等多重困难挑战下实现平稳发展，为全县社会经济发展做出积极的贡献。

【卷烟营销】 元谋卷烟营销工作围绕“卷烟上水平”战略方针，打牢网建基础、狠抓规范经营、打造现代终端、提升客户服务水平及营销队伍素质建设，积极稳步开展工作。2017年全县累计销售卷烟9008.99箱，为年度销售计划的100.1%，较上年增加157.39箱，增幅1.78%；实现含税销售收入25635.37万元。

【烟草专卖管理】 2017年烟草专卖局共查处违反烟草专卖法案件69起，其中大要案4件，查获涉案卷烟3264条，涉案烟叶7.85吨，案值67.85万元，查获8户零售户销售的假冒伪劣卷烟2407.5条，公安机关刑拘烟叶案件当事人6人；全年共依法依规审验办理烟草专卖行政许可业务950户，其中新增184户，责令停业整顿3户，依职权收回8户，有效地维护市场的经营秩序。全年专卖执法管理，有效地打击违法违规经营行为，维护广大消费者的利益，创造良好的市场环境。

【现代烟草农业建设】 2017年元谋烟草投资124万元，修建水窖310个，缓解山区乡镇部分烟农的用水问题；投资60万元，新建立式烤房20座，安排在姜驿乡的新村沟、画匠村，羊街镇的德理康、己波龙4个自然村各5座，为烟农解决烟叶烘烤的难题；投资4.78万元，在姜驿烟农合作社购置苗盘清洗机、装盘播种机、烟苗剪叶机设备，提高了集中育苗工作效率。

（周德宾）

石化经营

【石油公司机构】 元谋石油分公司为中国石化销售有限公司的下属子公司，主要从事成品油的零售、直销和批发业务，集“储、运、销”于一体，是元谋县成品油流通主渠道企业。2017年，中国石化销售有限公司云南楚雄元谋石油分公司下辖6座加油站和1座油库，即发祥加油站、G5京昆高速公路元谋服务区加油站A站、G5京昆高速公路元谋服务区加油站B站、金殿加油站、杨柳村加油站、黄瓜园第一加油站和元谋油库。年末干部职工61人，其中：经理1人；正式职工

9人、劳务合同工52人；以文化结构分，本科学历2人、大专学历18人、中专学历15人、技校学历10人、高中学历13人、初中学历3人；有党员15人；未列入职工编制的非全日制岗位员工6人，未列入职工编制的保洁员6人；结算中心有劳务合同工1人；楚雄直销批发中心元谋片区有正式职工1人。

【石油公司经营状况】 2017年，元谋石油分公司调入配置成品油26576吨，其中汽油10322吨、柴油16254吨。加油站销售成品油24065吨，其中汽油9703吨、柴油14362吨，全年实现销售收入2.27亿元。直销批发中心元谋片区直销批发成品油2509吨，其中汽油618吨、柴油1891吨，实现销售收入0.15亿元。2017年元谋石油分公司上缴国家税金240.9万元，其中增值税202.5万元、城市维护建设税10.1万元、教育费附加10.1万元、印花税1.2万元、房产税3.5万、土地使用税13.5万元。

【石油公司经营管理】 在上级公司的领导下，坚决贯彻落实总部“守住市场底线”的指示要求，认真落实销售公司和省公司的决策部署，以新发展理念为引领，积极应对市场变化，适时调整营销策略，主动参与市场竞争，抓优化、降成本、拓市场、调结构、促改革、强基础、防风险，有效扭转经营被动局面，圆满完成公司的各项任务指标。坚持安全绿色发展，以“识别大风险、消除大隐患、杜绝大事故”为主线，结合销售企业特点，稳步推进QHSSE责任落地、加大风险防控及隐患治理、加强QHSSE管理队伍建设，持之以恒、砥砺前行，全年未发生安全环保上报等级事故和经营管理恶性事件。继续推广使用集成平台管理系统和电子账表册管理系统，进一步强化了加油站管理规范化。严格执行内控制度，提高内控执行能力，努力提升企业内控管理水平。继续推行ERP、二次物流优化及加油IC卡工作，使数据采集信息化、业务流程规范化、管理决策科学化进一步提升。年内，以提升IC卡发卡量和持卡消费比例促进销售，强化开口营销，提高办卡效率，缩短客户现场办理业务时间，大力推广网厅充值业务，加强发卡人员培训及现场对客户的引导，积极通过微信营销培养“粉丝”。扎实开展了微信营销、“多卖一吨油”、“电子券”、“加油送礼促销及加油卡充值营销”、“点对点营销”、柴油联名卡推广等活动，实现了油非互促，量利齐增。进一步优化商品品类结构，以“一站一策”为导向，在便利店设置进口商品、特色商品、烟草、粮油商品等销售专柜，突出核心商品销售，提高基础品类销售规模，开展精准营销。健全QHSSE管理体系，层层落实安全管理职责，全面梳理销售企业安全环保风险管控机制，通过聚焦风险控制节点、制定防控措施，逐级明确QHSSE风险防控重点。深入学习中共十九大精神，切实贯彻党要管党、全面从严治党的要求，把管党治党主体责任牢牢扛在肩上、抓在手上、落在行动上，促进党的建设和经营管理深度融合，推动政治优势转化。深入开展“党员身边无事故”活动和“我为安全做诊断”活动，提高全员安全意识。结合经营实际开展“转观念、勇担当、创效益”全员燃油宝竞赛活动，营造“比学赶帮超”的良好氛围。

【非油品业务】 根据中国石化销售有限公司业务发展要求，年内在发祥加油站、G5京昆高速公路元谋服务区加油站A站、G5京昆高速公路元谋服务区加油站B站、金殿加油站、杨柳村加油站、黄瓜园第一加油站6个便利店继续大力推广非油品业务，进一步深化非油品经营管理，树立中国石化“易捷”品牌形象，2017年非油品实现销售收入798.5万元，比2016年增长17.6%。

【石油公司机制改革】 2017年，云南石油分公司继续推行加油站委托管理，把中国石化销售有限公司云南楚雄元谋石油分公司杨柳村加油站委托给元谋华鑫源企业管理服务有限公司，法人文涛涛；把中国石化销售有限公司云南楚雄元谋石油分公司黄瓜园第一加油站委托给元谋鑫宏企业管理服务有限公司，法人李有超；把中国石化销售有限公司云南楚雄元谋石油分公司发祥加油站委托给元谋东盛企业管理服务有限公司，法人思华东；把中国石化销售有限公司云南楚雄元谋石油分公司金殿加油站委托给元谋弘实企业管理服务有限公司，法人李梅；根据石化股份公司《关于云南石油分公司对外投资设立合资公司的批复》，中国石化销售有限公司云南楚雄元谋石油分公司G5京昆高速公路元谋服务区加油站A站、G5京昆高速公路元谋服务区加油站B站继续与云南公路开发投资有限公司合资设立云南中石化高速石油有限责任公司，法人李绍玉。

【石油公司队伍建设】 年内13位员工分四期参加楚雄石油分公司举办的新员工培训，并取得合格证；4—8月，根据《关于云南石油分公司加油站员工五项技能培训与考核实施方案（试行）的通知》，元谋公司10人参加了加油服务技能、便利店服务技能、加油站财务技能、加油站安全设备技能、加油站数质量技能五项技能的培训学习并考试，均顺利通过；6—10月，8人参加楚雄石油分公司组织的技能鉴定，经过理论与实际操作考试，有1人获得高级工资格，6人获得初级工资格；8月，张洪升等15人参加元谋县安监局举办的安全资格培训，经考试，15人获得安全员资格证。10月，举办元谋石油分公司职工运动会，开展篮球、跳绳、扑克双抠、加油“八步法”等比赛项目；发祥加油站获楚雄石油分公司万吨加油站奖，获非油品零售百万元便利店奖，在“多卖一吨油”销售竞赛活动中被评为年度明星加油站，员工何健溶被楚雄石油分公司评为2017年度柴油专用联名卡推广标兵；范春华、文涛涛、严汝强荣获中共楚雄石油分公司委员会“2017年度优秀共产党员”称号。

（张洪升）

旅游业

【旅游设施】 2017年，元谋县有旅行社门市部3家，AAAA级景区1个，AAA级景区1个，三星级酒店2家，二星级酒店3家。

【旅游经济】 2017年，全县旅游主要经济指标增幅位居全州前列。共接待海外游客26361人次，位居全州首位；接待国内游客687.85万人次，位居全州第三；实现旅游业总收入62.32亿元，位居全州第二。比上年增长26.03%、36.7%、80.87%。三大经济指标增幅均位居全州首位。其中，土林风景区接待游客59.91万人次，实现门票收入2077万元，比上年增长3.58%和21.18%。

【旅游行业管理】 按时报送旅游投诉和星级饭店摆放安全套情况月报表，及时协调处理旅游投诉。开展元谋县旅游市场秩序整治专项行动工作。督促旅游企业按时按质上网报送旅游经营情况。规范全县农家乐服务标准，组织申请评定星级农家乐。开展元谋县“一部手机游云南”一期数据采集和相关工作。星级饭店安全套摆放率100%。组织消防知识培训和应急演练。2017年4月14日，楚雄州首支县级旅游警察机构“元谋县公安局旅游警察中队”在物茂乡土林景区挂牌成立。文体广电旅游局、公安局、物茂乡政府、土林景区联合组织开展旅游景区反恐应急演练。做好安全生产工作，制定旅游行业安全生产工作计划，与旅游企业签订安全生产责任状。修订2017年元谋县重（特）大旅游安全事故应急反应预案。2017年内未发生旅游安全事故。

【旅游宣传促销】 继续做好元谋县旅游的宣传促销工作。2017年，在利用广播、电视、互联网、报纸杂志、旅游宣传折页等各种形式进行全方位宣传的同时，采取走出去、请进来、户外广告牌设置宣传等多种方式进行宣传。编纂《自驾七彩云南·落地彝乡楚雄》、《文化楚雄·元谋》旅游文化丛书，制作元谋县旅游文化产业宣传展板；结合中宣部、国家旅游局“重走长征路”红色旅游精品线路方案，对全县红色旅游资源进行全面摸底调查，形成《“重走长征路”红色旅游精品线路项目库》；协助完成七彩云南风情楚雄精品环线游、情动元谋温暖之旅、梦回元谋等旅游宣传片摄制工作；在2017年6月南亚东南亚国家商品展暨投资贸易洽谈会现场，发放《元谋旅游指南》1000余份；制定暑期旅游景区优惠活动方案；出资1.2万元，利用《假日旅游》（2017·秋）这一媒体平台，编辑出版《2017年中国国际旅游交易会云南专辑插页》，向海内外旅行商和业界推介和展示元谋县旅游独特魅力；在重点景区景开展2017年度元谋县旅游统计抽样调查工作。

（杨茜雅）

信息产业

邮　政

【邮政机构】 2017年，中国邮政集团公司云南省元谋县分公司设综合部、市场部2个职能部门；县城内设邮储银行元谋县龙川街营业所、邮储银行元谋县发祥路营业所、胜利街邮政支局3个经营班组以及封发转运投递1个生产车间；能禹、黄瓜园镇、物茂乡、老城乡4个乡镇设置邮政支局（所）及邮储银行营业所。羊街镇、平田乡、新华乡、江边乡和姜驿乡5个乡镇设置邮政业务服务机构。在职员工56人，其中合同用工44人、劳务派遣用工12人，退休退养人员59人。

【邮政工作思路】 元谋邮政在州公司党委以及县委、县政府的正确领导和关心支持下，认真贯彻落实楚雄州邮政工作会议精神，围绕“坚持科学发展，勇担历史重任，深化改革创新，扎实推进‘两学一做’学习教育，坚持从严治党固基础，从严治企强管理，从严执纪提素质，做到依法合规经营，为实现楚雄邮政平稳协调发展而努力奋斗”的工作思路。按照“抓县强州优网点”的经营理念，坚定不移地坚持科学发展，坚定不移地推进改革创新，坚定不移地强化科学管理，牢固树立以客户为中心的服务理念，增强服务功能、完善服务标准，努力提升邮政品牌形象；加快转变经济发展方式，切实推进专业化经营机制的创新和改革，切实推进精细化管理，切实推进企业文化建设。邮政经营保持着稳中有升的发展态势，企业转型发展成效显著，把服务地方、融入地方作为邮政工作的出发点和落脚点；进一步创新发展思路，按照现代企业制度要求，大力推进机制体制改革，积极推进邮政业务市场化和商业化运作；着力提升企业经营管理水平，企业保持平稳较快发展态势，邮政改革扎实推进，企业管理能力建设成效显著；切实按照“紧扣一个主题，强化两个意识，抓实四项工作，实现三大板块（金融、速递、邮务）联动发展”的工作思路，圆满完成州公司党委及县委、县政府赋予的各项工作任务。

【元谋邮政金融】 元谋邮政金融业务于1986年11月恢复开办。2017年末，邮储银行居民储蓄存款7.4亿元，7个邮政金融网点实现全国联网，承担着普惠金融“最后一千米”的义务。金融业务品种丰富，人民币理财产品、国债、基金均在所有网点联网销售。开通股票证券开户，客户办理股票开户、转账、购买基金、国债及人民币理财产品等业务足不出户，即可随时随地、轻松完成。

【元谋邮政邮务】 新华、平田、羊街、姜驿成功上线邮政便民服务站，实现购买飞机票和汽车票、汇款、缴电费、缴通信费等邮政便民业务。全县各乡镇网点实现全国各地航空客票的实时销售，有火车票代售点2个。函件业务含国内、国际信件、明信片、印刷品、盲人读物、中邮广告、账单等业务。开展爱心包裹、校园包裹、军营包裹专项收寄业务，对元谋县驻地官兵、退役军人上门服务。全年邮发全国各类报刊8125种，其中报纸类1466种、杂志类6659种，全县征订发行党报党刊5699份。定制设计专题形象册，出售纪念邮票、特种邮票、集邮用品等。全年，机要通信未发生机要邮件丢失、损毁、被盗、泄密等事故。

【邮政速递物流】 2017年，元谋邮政特快专递业务进一步完成速递物流分部的管理体制、考核方式、分配方式，加大揽投力量。拓展元谋邮政物流业务，加快服务三农连锁店建设步伐。

【邮政网络服务建设】 开通"昆明—元谋—永仁"省内自办干线邮运路线1条，实现全国一线城市次日递。委办邮运路线5条，负责县域内的邮件转运工作。全县共设置投递段道25条，投递线路单程总长度1277千米，覆盖全县各行政村、自然村。城区投递邮路3条75千米，郊区、乡镇及农村坝区班、步班投递邮路29条，累计1463千米。按固定班期投递邮件的乡镇10个，保持城区每日平均投递1—2次，乡村每周平均投递3次。共有投递员20人。

（思鉴珂）

元谋县集邮协会

【机　构】 2017年元谋县集邮协会设名誉会长1人、会长1人、秘书长1人，常务理事会7人。协会办公室设在县邮政分公司市场营销部，有1人兼职负责日常事务，有会员57人。

【集邮协会工作】 年内，预订2017年年册套票210册套，大版票5版。选派会员代表1人参加楚雄州集邮协会会员代表大会，全年通过会议的方式组织员工学习集邮知识3次，会员学习集邮知识1次，开展专业业务培训1期；通过个人联系的方式对一些集邮客户、协会会员及有潜力的集邮爱好者进行交流和沟通，交流心得与信息，从而延续和传承优良的集邮传统。

（周忠蔚）

电　信

【电信机构】 2017年，中国电信股份有限公司元谋分公司设办公室、销售服务部、网络部和政企客户中心。销售服务部设立城区运营中心和农村运营中心。城区分设东社区支局、西社区支局、行业客户、商业客户、开放渠道5个划小承包运营团队，农村运营中心设黄瓜园、老城2个支局，黄瓜园支局管辖黄瓜园、物茂、苴林、平田、新华、江边、姜驿7个农村网格，老城支局管辖能禹、老城、禾阳、清和、羊街、花同6个农村网格。在职职工24人。其中：经理1人、副经理1人；管理人员4人、专业技术人员10人（工程师3人、助理工程师4人、技术员3人）、工人10人；大学本科学历5人、专科学历7人、高中学历12人。

【电信党建工作】 2017年，中国电信股份有限公司元谋分公司党支部共有党员16人。其中：在职党员9人，退休退养党员6人，托管党员1人；女性党员6人，男性党员10人；支部委员3人。党支部以党建统领抓实企业管理和经营发展各项工作，推进"强基提质"工程，开展"两学一做"主题实践活动，组织每月"主题党日"活动，加强党员日常学习教育，建立党员信息台账，规范党费收缴工作。开展"先锋工程"主题实践活动。发挥党组织核心作用、党支部战斗堡垒作用和党员先锋模范作用，建立党员责任区，建立党员攻坚队，树立党员示范岗，党员带头参与重大项目攻关、重要业务发展突破、重要通讯保障，圆满完成2017年各项工作任务。宋昱莹、盛光林荣获中国电信股份有限公司楚雄分公司党委优秀共产党员表彰，盛光林荣获楚雄州国资委优秀共产党员表彰。

【电信管理转型】 中国电信股份有限公司元谋分公司围绕集团公司的战略举措，持续推进企业转型升级，精心组织开展划小承包，公开竞聘团队长。加强各支局团队的营销组织，强化机制牵引、过程帮扶和目标管控，深入推进划小承包经营。共选聘7位划小承包经营团队长。层层落实责任，优化绩效考核办法，建立经营工作对接制度，狠抓工作作风转变。以MSS系统应用为契机，规范财务报账、采购、合同管理等业务流程，实施职工住宿区30户住户“三供一业”水电分户改造，加强后勤、物资供及管理等内部支撑工作。全年未发生安全生产事故，未发生违法违纪事件。

【电信经营发展】 中国电信股份有限公司元谋分公司围绕预算目标，以互联网+各行业信息化应用引领，强化销售组织管控，提升渠道运营和服务能力，提高移动业务和光纤宽带业务市场份额。2017年主营收入累计完成全年预算值的102.05%，预算执行全州排名第七位，比上年增长11.22%，同比增长全州排名第七位。其中，移动业务收入完成全年预算值的124.07%，市场份额提升3.41%；新建渠道共36家，其中城市专营渠道6家，农村专营渠道6个，开放渠道24家。与元谋县人民政府签订的互联网+战略合作协议。中标元谋县平安城市监控系统三期700个点建设项目，“行车卫士”项目顺利实施实现物联网规模发展。结合“清铜行动”的开展重要区域光网建设覆盖，带动互联网专线发展。全力做好基础通信服务，积极推进电子政务、教育、卫生、金融等行业信息化应用。

【电信网络建设】 2017年，围绕经营发展开展宽带网络和无线网络的建设优化，全年累计完成FTTH建设项目181项，实施800M重耕计划，完成LTE800M基站建设88个，完成“清铜行动”退网关电目标，退出设备379台。完成平安城市三期700个摄像头视频专网建设任务。实现公安局无线布控球及无人机视频回传，启用发祥路新建的MSE设备，龙川街老局汇聚交换机割接到MSE设备，带宽从原来的4个GE扩展至10个GE，FTTH用户承载能力大幅提升。完成能禹和黄瓜园2个节点宽带网络扩容，扩容后带宽提升10倍。年末，全县行政村光网覆盖率100%，自然村光网覆盖率69%；无线网行政村覆盖率100%，自然村覆盖率98%。完成万汇果蔬博览城建设光缆迁改和3个移民安置点项目指挥部的网络接入、县城棚户区改造二期范围内主干光缆和光交的迁移工作，完成乌东德水电站建设元谋库区淹没区网络建设规划及搬迁方案的制定、建设投资的预算编制。维护人员转变职责，通过优化KPI考核，严管装维服务指标，维护支撑工作效率和装维人员薪酬双提升。

【电信队伍建设】 2017年，持续开展学习型组织创建活动，组织城市支局实战营销培训和商客创值营销大赛，结合岗位实际开展业务发展PK赛、装维末位淘汰大比武。订阅党报党刊及各类学习宣传刊物1万余元。全年，组织员工学习培训达50余场次，送40余人次参加省州公司组织的各类培训。公司领导与支局团队结对帮扶，开展新员工起航计划，启动新员工导师制。在中国电信股份有限公司楚雄分公司2017年度表彰活动中，西社区城区支局荣获优秀划小团队表彰，外包员工栗明富荣获优秀“小CEO”表彰，汤艳敏、汤子文、盛光林荣获“先进生产者”表彰。

【电信社会责任】 打赢脱贫攻坚战。加快通信基础设施建设，改变贫困地区信息闭塞面貌。落实“挂包帮、转走访”挂钩帮扶工作，2017年，中国电信股份有限公司元谋分公司脱贫攻坚挂包村由江边乡鱼窝行政村调整到羊街镇木溪悟行政村，10户建档立卡贫困户，指派1位员工驻村扶贫，拨付扶贫工作经费5000元，捐赠2320元桌椅。开展综治维稳、禁毒、反恐、打击通信诈骗和非法传销等工作，荣获元谋县人民政府2017年度综治维稳信访工作先进集体表彰。

（罗开友）

移动通信

【移动通信机构】 2017年，中国移动通信集团云南有限公司元谋分公司设综合部、市场部、网络部和政企客户服务中心。职工31人。

【移动通信党建】 年内，公司分别与2位副总经理及4位部门经理签订《党风廉政建设主体责任书》，和12位关键岗位人员签订廉洁从业承诺书；组织召开党风廉政建设工作专题会议2次、支委会18次、党员大会21次、党小组会18次、讲党课4次，开展中共十九大精神全员学习宣传贯彻2次、专题党课1次、专题学习研讨1次、撰写学习心得17篇。由支部书记、纪检委员分别和党员进行廉政提醒谈话24人次，采购工作组成员集体谈话10人次，员工结婚宴请提醒谈话1人次，新入职员工亲属业务提醒谈话2人次，员工违规办理公司自有回馈类业务提醒谈话7人次，关键岗位人员节假日节前廉洁自律提醒谈话4人次；开展部门经理人员主体责任提醒谈话8人次，工作调整员工谈心谈话1人次，分管领域主要负责人廉洁提醒谈话11人次。组织参观元谋县廉政警示教育基地活动和法院庭审观摩警示教育活动，共36人次。组织开展警示教育专题培训自学活动，员工学习覆盖率100%。组织集中学习活动2次，共58人次参加学习。7月，元谋分公司党支部被州公司党委授予“先进基层党组织”称号，党员被省公司党委授予“优秀共产党员”称号1人，3被州公司党委授予“优秀共产党员”称号3人。

【移动通信脱贫攻坚】 年内，指派1位扶贫工作队员驻黄瓜园镇安定行政村开展脱贫攻坚工作。开展慰问活动2次，投入慰问资金3000余元；组织2次同吃家常饭、干农家活活动；开展1次讲“自强、诚信、感恩”专题党课活动，组织全体挂包责任人深入挂钩联系村开展入户摸底、政策宣传工作13次，挂钩联系的安定行政村上淇柳、下淇柳、四家村、班发和新村的10户建档立卡贫困户已有8户脱贫出列；与县扶贫办沟通协调开展贫困户移动信息化终端扶贫工作。订阅党报党刊880元。

【移动通信业务】 年内，通信服务收入完成率125.12%，比上年增长17.89%；信息化收入完成率78.71%。

【移动通信基础设施建设】 年内，共投资2000多万元建设4G基站，城区覆盖率100%，乡镇覆盖率100%，农村覆盖率80%；2G城区覆盖率100%，乡镇覆盖率100%，农村覆盖率85%；宽带城区覆盖率90%，乡镇覆盖率80%，行政村覆盖率55%；生产调度楼建设项目已完成征地项目资本开支659.73万元，完成率96.51%，已完成建设项目固定资产投资1184.8万元，完成率82.4%。

【移动公司精神文明建设】 2017年，公司和4个部门签订精神文明建设目标责任书。组织参加“阅读，让人生更精彩”元谋县首届中华经典诵读大赛，荣获“最佳创意奖”，2位员工参加全州移动通信系统“弘扬良好家风，引领时代风尚”“立足本岗做奉献，爱党敬业创佳绩”为主题的“红土地之歌”演讲比赛，均荣获二等奖；开展“职工之家”建设工作，12月19日被楚雄州总工会命名为“楚雄州职工书屋示范点”。

（毕建国）

建筑业

【建设机构及人员】 2017年，元谋县住房和城乡建设局内设办公室、计划财务股、人事股、法规科技股、房地产市场和物业管理股、住房保障股、建筑市场监管股、城乡建设股、村镇建设股、招标投标管理股、工程质量安全监管股、抗震防震股、规划建设管理股、规划监察股、人民防空股、城市管理综合行政执法大队16个行政股室。年末在职干部职工67人。其中：局长1人、副局长4人；国家公务员19人，专业技术人员25人（工程师7人、助理工程师14人、技术员4人），事业工人18人（技师1人，高级10人、中级工7人），事业管理人员3人，机关工人2人（高级工2人）；大学本科学历19人、大专学历37人、中专学历6人、高中及以下学历5人；局党委下设机关党支部、退休党支部、城管党支部、泷淇党支部。共有党员80人。设党委委员5人，其中党委书记1人、党委副书记1人。

【城乡规划修编】 以《元谋县城总体规划修改（2015—2030）》为纲领，编制县域“多规合一”规划、元谋县城道路专项规划、元谋县城排水专项规划、县城老城西片区控规等12个规划。其中，县域“多规合一”规划纲要已通过省州审查，正在编制成果；元谋县城道路专项规划、元谋县城战略性规划、特色风貌规划、绿地系统规划已经完成阶段性成果；县城排水专项规划、县城防洪防涝专项规划、县城防灾减灾专项规划、县城综合交通规划已完成初步规划方案；综合交通规划、防洪防涝专项规划已完成第一次方案汇报；县城三个片区的控制详细规划完成初步方案。2017年办理《建设项目选址意见书》3份、“建设用地规划许可证”20份、“建设工程规划许可证”163份、“乡村建设规划许可证”20份。开展规划执法巡查260余次，排查出违法建设、违法建筑193起，共拆除违法建筑面积共2.32万平方米，发出停工通知112份，责令改正通知193份。开展立案调查35件，作出处罚决定27件，收缴罚款2.1万元。

【城市基础设施建设】 2017年，元谋县龙川江滨江休闲绿色长廊工程（西起龙川江振兴坝，东至摩诃铁路桥），占地面积2200亩，工程概算总投资为29557.5万元。项目一期（凤仪公园）、二期（凤凰湖公园）除跨龙川江步行桥以外的全部工程外均已完工，并组织项目初步验收。累计完成投资2.3亿元。元谋县滨江大道建设项目（南起元双公路、北接凤凰大道），道路全长1940.24米，规划红线宽度40米，项目估算总投资为1.51亿元。项目已全部完工，并组织初步验收，累计完成投资1.38亿元。元谋县热水塘至京昆高速元谋收费站（凤凰大道）工程道路长1.61千米，红线宽度48米。该项目已全部完工并通车，累计完成投资1.59亿元。

【建筑市场管理】 2017年，发放施工许可证48份，其中房屋建筑工程43份、市政工程5份，办理建筑总面积38.08万平方米，合同价1568.49万元。年内办理拦标价备案42份，合同价备案43份，结算价备案20份。清理建筑施工工地44次，针对检查中存在的问题发出整改通知14份。发布《工程建设材料设备价格信息》11期。2017年全县建筑业完成总产值12.37亿元，完成年初与州住建局签订建筑业产值任务数11.5亿元的107.5%。全年建筑业增加值增速24.6%。

【建筑工程质量安全管理】 全年办理建筑工程质量监督、安全报监65项，总建筑面积68.81万平方米，总投资164877.11万元。全年竣工验收建筑工程24项，建筑面积6.3万平方米，实际完成投资12895.46万元。全年排查出安全隐患400余条，发出整改通知160份、停工通知13份，督促施工单位对安全隐患进行整改。年内受理工程质量投诉1起，办结1起，办结率100%。全年开展工程质量安全培训4次，发放建筑工程安全宣传资料300余份，培训341人次。年内未发建筑工程质量安全事故。

【房地产开发】 2017年，元谋县开发建设房地产项目13个，其中续建项目8个、新建项目5个。全年销售商品房（含期房、现房）总建筑面积21.03万平方米，为全年目标任务的100.14%；全县房地产从业人员759人，为全年目标任务的100%；房地产从业人员劳动报酬1717.1万元，为全年目标任务数的100%。销售商品房（含期房、现房）总建筑面积、房地产从业人员、房地产从业人员劳动报酬等三个指标排列全州第一。

【房产管理】 2017年，办理商品房项目备案17个项目，审核发放商品房预售许可证28个，批准预售面积54.66万平方米；办理商品房购销合同备案13385份，备案房屋13385套，成交金额602303.9万元，面积1493637.34平方米，其中住宅面积88374.32平方米，非住宅面积1405263.02平方米；办理商品房购销合同变更注销登记68份；办理商品房购销合同作废手续12份；办理二手房网上签约审核备案293份，成交面积39555平方米，其中住宅273套34173平方米，非住宅20套5382平方米；出具房改证明116份；查核房产信息1115份；出具各类告知书总计1318份，其中变更登记告知书65份；存量房转移告知书293份；商品房转让告知书730份，首次登记告知书230份；拨付预售资金226次29642.24万元；专项维修基金存入金额20846442.83元；启用维修基金使用小区1个，拨付资金11.09万元。

【城市棚户区改造】 元谋县棚户区改造分两期、两个年度实施。其中：一期改造项目于2016年度实施，涉及房屋征收范围占地面积约200亩，改造户数630户，房屋征收总面积12.55万平方米（含建筑物、构筑物及附属设施）。自2016年11月16日开启房屋征收补偿协议签订至12月15日一个月时间内，完成房屋征收协议签订并腾空移交验收房屋630户，实现了棚改政策第一时段100%签约腾房和100%货币化安置的目标，实现了零上访，零强拆。二期改造项目于2017年度实施，房屋征收范围占地面积约390亩，涉及改造户数1107户，房屋征收总面积约23万平方米（含建筑物、构筑物及附属设施），在征收期限65天内，共签订房屋征收协议并腾空移交验收房屋1104户，签约率99.73%，货币化安置率100%。截至2017年12月31日，共兑付房屋征收补偿资金1713户134490.1万元，房屋拆除1478户。

【行业扶贫】 2017年，楚雄州下达元谋县农村危房改造及地震安居工程任务487户，年内已竣工487户，竣工率100%，信息录入487户，录入率100%。省住建厅批准元谋县羊街镇平安行政村放毛则、得呆足，姜驿乡水平石行政村阿拉益新村3个村为2017年农村危房改造省级示范村。年底3个示范村的规划及项目可研已通过省州审查并完成补助资金申报工作。2017年6月以政府购买服务的方式，按程序委托具有房屋检测鉴定资质的专业机构（云南思欧工程鉴定检测有限公司）对元谋4类重点对象危房户进行精准识别等级鉴定。共鉴定6063户，其中：建档立卡贫困户3559户、低保户733户、农村分散供养特困人员127户、贫困残疾人家庭737户、边缘贫困户907户；D级危房656户、C级危房2223户、AB级安全住房3184户。

（王　林）

交通运输

【交通运输管理机构】 2017年，元谋县交通运输局设办公室、资产财务股、基本建设管理股、运输安全法规股、路政管理股、综合规划股、农村公路工程质量监督站、元谋县地方海事处，下辖元谋县地方公路管理段。年末在职干部职工35人。其中：党委书记、局长1人，副局长3人；公务员11人、专业技术人员13人、工人11人；大学本科学历11人、大专学历19人、中专学历1人、高中学历2人、初中学历2人；中共党员31人。

【公路运输业务】 全县拥有道路客运企业2户，客运站经营户5户，出租汽车公司1户，普通货运企业2户，个体普通货运经营业户2629户，机动车维修经营业户159户，机动车驾驶员培训机构3户，机动车综合性能检测站1户。2017年末，全县有客运车辆225辆3278座，其中：班线客车45辆1241座、微型车22辆176座、公交车78

辆1461座、出租汽车80辆400座；客运线路34条，其中：省际1条、市际3条、县际7条、县内23条，城乡公交线路27条；货运车辆3002辆（含个体经营2580辆），核定载质量8143.99吨。全县10个乡镇、68个行政村实现乡镇通班车率100%，行政村通客车率74%；农村客运站9个，正常投入使用4个。全年完成营业性公路运输客运量141.58万人次，比上年下降7.83%，客运周转量11125.55万人千米，比上年增长18.58%；货运量236.85万吨，比上年增长25.61%，货运周转量39773.58万吨千米，比上年增长25.25%。

【公路春运】 2017年1月13日至2月21日春运期间，累计投放客车1863辆次，投入客位95278座（位），其中加班107辆次，完成客运量7.15万人次（未包含城乡公交车、城市出租汽车、农村客运个体经营户完成客运量），比上年春运期间下降4.92%；实现客运收入260.84万元，比上年春运期间增长0.91%。加强货运市场管理，保障节日期间重点物资运输，确保旅客“走得及时、走得安全、走得有序、走得满意”。

【公路运输安全监管】 依法审批行政许可事项，全年审批客运经营1项、货运经营414项、机动车维修经营2项；新增营运车辆232辆，车辆报废退出市场及过户转籍129辆；核发道路运输业经营许可证673证，核发客、货运输经营车辆道路运输证764证，核发机动车驾驶培训机构教练车证36证。建立三级监控平台，全县所有9座以上班线客车均安装使用GPS监控系统，保障客运动态安全监管。严格执行营运客车例保、报班、查验、放行登记制度和“三不进站、五不出站”的安全管理制度，细化实化“三优三化”服务措施，加强客运站及其周边社会治安综合治理工作。对道路运输企业进行安全例行检查107户次，出动工作人员520人次，发现一般隐患共计11项，督促道路运输企业完成整改11项，确保客运企业将“三关一监督”、GPS监控、安全告知制度、途径高速公路系（装）安全带、三级（含三级）以下山区公路夜间安全禁行规定落实到位。

【直过民族自然村公路硬化工程】 2017年6月，投资3546万元实施直过民族自然村公路硬化项目23个，全长50.71千米，2017年12月完工。

【通村公路路面硬化工程】 投资228万元实施老城行政村通畅工程，全长2.7千米，2016年12月开工，2017年3月完工。投资45万元实施那能行政村通畅工程，全长1.5千米，2016年12月开工，2017年3月完工。投资420万元实施华丰行政村通畅工程，全长5千米，2016年12月开工，2017年5月完工。投资150.3万元实施龙山行政村通畅工程，全长4.83千米，2016年12月开工，2017年5月完工。投资203万元实施牛街行政村通畅工程，全长6.7千米，2016年12月开工，2017年5月完工。投资1504万元实施新昌行政村通畅工程，全长12.3千米，2017年2月开工，2017年12月完工。

【交通专项扶贫公路硬化工程】 投资198万元实施洒拉木至回塘村公路硬化工程，全长5.6千米，2017年3月开工，2017年5月完工。投资125万元实施坛罐窑水库凹底里进村道路硬化工程，全长3千米，2017年3月开工，2017年4月完工。投资553万元实施贡茶至新房至石板河进村道路硬化工程，全长11.09千米，2017年7月开工，2017年10月完工。投资620万元实施水平石公路窄路基改造工程，全长7.38千米，2017年11月开工，计划2018年3月完工。投资650万元实施芝麻公路路面升级改造工程，全长9.3千米，2017年12月开工，计划2018年3月完工。

【危桥改造工程】 投资323万元实施普龙桥危桥改造工程，2017年2月开工，2017年12月完工。投资180万元实施朱布桥危桥改造工程，2017年5月开工，2017年9月完工。

【农村公路安全生命防护工程】 投资35万元在县道龙姜公路安装波形钢护栏1075米。投资27

万元在县管省道一羊公路安装波形钢护栏780米。争取资金14万元在元大公路（元谋至大姚）弯腰树水库邻水临崖路段安装波形钢护栏400米。投资12.64万元在大河边公路安装波形钢护栏400米。

【甘塘安置点外交通工程】 投资2871万元实施甘塘安置点外交通工程。甘塘移民安置点由A、B、C、D、E五条道路作为其对外交通连接道路，全长5.91千米，按四级公路标准建设，路基宽6.5米、路面宽6米，2016年12月开工，年内完成A线、C线路基工程。投资1300万元实施老城至甘塘安置点外交通工程，全长3.87千米，按四级公路标准建设，路基宽8米、路面宽6米，路面为沥青混凝土路面，2017年5月开工。

【108国道县城过境段改造工程】 108国道县城过境段改造工程分为两个路段：小能禹进站路口至金殿坡段，全长3.13千米，公路等级设计为一级公路标准，路基宽20米，其中农机学校至金殿坡头580米按城市道路工程宽40米建设；佳和酒店至沙地加油站段，全长837米，路基宽10米，两侧人行道各2.5米，改造后路面总宽度15米，沙地沟改造885米。该工程计划总投资17327.89万元，其中中央补助2504万元、地方自筹14823.89万元。2016年3月开工，2017年10月完工。

【重点公路建设项目】 实施云南红色旅游公路楚雄州元谋县G5京昆高速至龙街段公路路基土建工程，全长21.7千米，总投资4.43亿元，2015年10月开工。至年末，扒蒿箐桥、启宪干河箐桥已完工，路基土建工程有序建设中，年内完成投资1.81亿元。实施省道S227（原S214）元勐线（元谋至西双版纳州勐腊县）凤仪村至G5京昆高速元谋收费站公路建设项目，总投资1.52亿元，2016年4月开工，2017年2月完工。实施省道S227（原S214线）元勐线凤仪村至G5京昆高速元谋收费站公路二期工程项目（简称西环线），总投资1.56亿元，2017年1月开工，年内完成投资1亿元，计划2018年3月完工。实施金沙江乌东德水电站建设征地交通工程龙街大桥项目，总投资1.57亿元，2017年5月开工，计划2019年8月完工，年内完成投资3000万元。

【燃油补贴发放】 根据云南省、楚雄州关于石油价格改革财政补贴政策规定，认真做好客运车辆、客运船舶燃油补贴资金的申报和兑付工作。经宣传和公示分配方案，全年兑付公交车、出租汽车及客运船舶燃油补贴198.43万元。

【公路养护管理】 年末，全县列养农村公路286条1253.37千米，其中：省道2条171.62千米、县道17条248千米、乡道42条293.57千米、村道225条522.19千米，专用道4条17.95千米，公路大中小桥梁65座1783延米，涵洞699道。全年投入农村公路养护资金126.7万元，对老羊公路、元大公路、大凉线、黄江公路、龙姜公路等沥青路面和水泥砼路面进行灌缝93400米，修补沥青路面坑塘6490平方米，路基换填826立方米，清除垃圾2600平方米；清理疏通公路边沟118.5千米，铲除路肩边坡杂草11300平方米。投入资金50万元进行大空桥加固处治。投入资金2.5万元对机场环线公路进行路面再次修复。投资240万元对13条93.17千米县、乡、村道进行绿化美化，种植攀枝花树200余棵、樱花树150棵、小叶榕200棵、凤凰树3025棵、蓝花楹1170棵、相思树2700棵、夹竹桃4000余棵等共计1.14万株。经查评，县道优良中等路率82.2%、乡道优良路中等率74.1%、村道优良中等路率66.3%，实现了“通、平、美、绿、安”的养护目标。

【路政管理】 围绕“依法行政，维护路产路权，确保道路安全畅通”主线，执法人员加强公路巡查，对占用、利用、破坏公路等行为依法查处。年初以来，共清除路面障碍物53处，拆除非公路标志、标牌4块，摊点8处，制作安装路政宣传牌17块，书写宣传标语12条。会同相关部门对非煤矿山、水泥厂、砂石料场等重点货运源头集散地进行排查，与货运源头企业签订治超责任书12份，督促企业认真履行治超职责任，从源头杜绝超限超载车辆上路行驶。联合路政、运政等部门对重点路段开展治超，查处超限车辆1314辆，卸载和劝反1281辆，处罚53辆，罚款9600元。

【水路运输业务】 2017年末，元谋县境内56千米金沙江六级航道共设置江边龙街、二月八、小湾子、以里古、丙弄、黑者、杠香、万得勒8道渡口。拥有各类船舶115艘，其中：运营船舶27艘（含2艘餐饮船）、单机自用快艇27艘、单机自用铁船15艘，人力自用铁、木质船46艘。全县有水路运输企业3户、个体船舶经营业主12户，水上从业人员65人，其中持有机动船舶适任证船员54人。全年完成水路运输客运量30.79万人次，客运周转量104.03万人千米，货运量18.87万吨，货运周转量39.71万吨千米。

【水路运输监管】 加强现场监督检查，每天对进出江边渡口码头的船舶进行现场签证。年初及时与航运公司、运输船舶签订《安全生产责任状》。开展安全巡江检查活动，县交通、海事部门与姜驿、江边两乡人民政府联合行动，深入鱼窝、丙弄、白马口、黑者开展巡江安全检查3次，出动海事执法艇3艘次、海事执法车12台次、海事执法人员132人次，检查船舶150余艘次，发现问题隐患109项、督促整改109项。按照《云南省乡镇运输船舶安全管理责任承包试行办法》的要求，完成2个乡、6个行政村、17个自然村、81名船主安全生产责任状、责任书的签订工作，共签订安全生产责任状、责任书23份，签订率100%。开展水上交通安全宣传教育活动3次。结合“春运”“安全生产月”“黄金周”活动要求，深入到沿江有船村、航运公司、个体运输户，组织群众、船员、渡工、船主开展水上交通安全宣传教育活动。全年组织召开各种安全宣传会议28场次，累计参会900人次，发放《云南省乡镇船舶和渡口安全管理办法》300本、《水上交通安全常识》800余份。

（金　玲）

元谋县道路交通安全协会

【“机构”】 2017年，元谋县第五届道路交通安全协会设会长1人、副会长1人、秘书长1人，理事会理事24人，常务理事7人。下设42个分会，其中乡（镇）分会10个、单位会员分会29个、驾驶员之家分会3个。全县机动车保有量73990辆，其中摩托车63241辆、汽车10071辆、三轮汽车及低速载货汽车643辆；全县有会员80733人，其中汽车驾驶员27250人、摩托车驾驶员53326人。

【道路交通安全协会健全规章制度】 完善财务管理制度，设专职出纳1人，会计1人。协会以章程为纲，完善各岗位责任制，使各岗位责权明确、管理清晰。完善机动车、驾驶员台账，做到底数清、不漏管、不失控，完善档案管理制度和目标考核制度。

【道路交通安全协会工作】 积极配合交警部门加强农村道路交通安全防控网络体系建设，开展道路交通安全宣传教育活动，开展驾驶人体内血液乙醇含量鉴定。组建工作组对各分会进行考评，对工作中的薄弱环节加强业务指导。坚持每月定期组织驾驶员开展安全教育学习，及时传输交通安全法规知识，并在学习中采用实例讲解、观看录像、宣传展板、发放交通安全宣传材料，利用图片、文字等多种形式有目的有针对性地学习。不定期邀请县交警大队民警到安全会上进行道路交通安全知识讲解，剖析道路交通事故案例，阐述事故危害，使驾驶员知情知境、提高警惕。县道路交通安全协会积极到各分会的边远山区进行驾驶员安全教育宣传活动，组织边远山区的驾驶员进行集中教育学习，以减轻驾驶员的路费负担与奔波之苦。协会全年召开安全生产会议29场，参会38580人次，参会率65%。各分会为“五小”车辆代办年检、审验、签证、新车落户、车辆改装改型、转籍、过户等各项车管业务提供咨询和服务，帮助会员填写各类表格1万余份，协助车管分所工作人员到乡（镇）组织摩托车驾驶员培训、驾驶人互联网用户注册、摩托车年检33场次。全年办理初次申领摩托车驾驶证3762人次，换证业务3451本，补领驾驶证457本，检验摩托车4600余辆，受到广大驾驶员的好评。

（文红渭）

金　融

人民银行

【人民银行机构】 2017年，中国人民银行元谋县支行下设办公室（监察室）、金融管理部、国库会计发行部、保卫部4个部门。年末，人民银行元谋县支行在职干部职工25人。其中：行长（党组书记）1人、副行长2人（1人兼任纪检组长和工会主席、1人兼任党支部书记）；管理人员9人、专业技术人员10人、机关工人2人（高级工1人、初级工1人）、合同工3人、见习期人员1人；大学本科学历20人、大专学历4人、初中学历1人；中共党员15人。

【金融综述】 中国人民银行元谋县支行在上级人民银行的领导下，紧紧围绕楚雄中支党委“严纪律、抓落实、保安全、促发展”的工作思路，紧扣地方县委政府提出的发展目标，认真贯彻落实中共十八届五中、六中全会和中共十九大会议精神。始终把实现“业务工作零差错、亮点工作有成效、目标管理有进位”作为支行全年工作目标，以“夯实基础促发展，创新业务促突破，严守纪律保安全，营造环境树形象”为工作措施，努力推动全年各项重点亮点工作取得显著成效，日常工作稳步推进，队伍活力不断增强，内控管理更加规范，全面从严治行氛围不断形成，金融服务管理水平得到全面提升，为地区经济社会平稳健康发展做出积极贡献。全县金融机构年末各项存款余额860701万元，比上年末增加92352万元，增长12.02%，占全州总存款7%，比上年末增长速度全州排名第一位。全县金融机构年末各项贷款余额413065万元，比上年末增加134138万元，增长48.09%，占全州总贷款5.63%，比上年末增长速度全州排名第一位。全年辖内金融运行平稳，金融秩序良好。

【贯彻货币信贷政策】 认真贯彻落实稳健中性的货币政策，为供给侧结构性改革创造良好的金融环境，紧紧围绕《元谋县2017年信贷指导计划》，开展对辖内地方性法人金融机构的宏观审慎评估工作，探索以云南元谋现代种业园区为核心的金融支持精准扶贫新模式，做到精准放贷、精准扶贫。严格执行地方法人金融机构新增贷款的调控管理，按照新增贷款“总量控制、按季控制、适时调整”的原则，综合考虑地方法人金融机构年度考核情况、综合评价情况、综合执法检查情况等因素，严格做好新增贷款的管理，确保各项调控目标的顺利实现。认真做好利率监测和存款准备金管理工作。在完善利率监测报备分析的基础上，进一步提高报备质量，加强对利率报备的实证研究分析，不断提高利率政策执行情况的分析质量。认真做好征信服务宣传管理工作，年内共办理个人征信查询业务5429笔，办理企业征信查询业务107户。统筹部署征信知识宣传和普及，集中开展“3·15”征信专题宣传活动、“6·14”信用记录关爱日宣传等活动。完成个人信用报告自助查询机的调试投入工作，制作使用流程为客户提供便利。推进中征应收账款推广工作，全年开通用户2户，业务成交2笔，金额2620万元。

【人民币发行】 严格执行发行业务制度，认真做好发行基金投放回笼工作，保证永仁、元谋两县现金供应充分。积极开展反假货币宣传，提升公众识假防假能力，全年共组织开展集中宣传6次。

加大执法检查力度，规范商业银行业务操作，全年共完成对辖内 5 家金融机构的现场检查。积极推动小面额人民币供应长效机制建设，完成 2 台纸硬币兑换一体机的布放工作。

【经理国库】 积极协调财税和金融部门，先后完成了税收收入自收汇缴无纸化业务推广、二代国库信息处理系统上线、国库业务系统突发事件应急演练、退更免抵调业务无纸化建设等工作，确保了各项财政政策的有效贯彻落实。

【支付结算管理】 严格按照《人民币银行结算账户管理办法》等规定，严格做好账户开立、撤销、变更工作。按照“全省统一业务模式、统一终端程序、统一终端界面、统一功能、统一管理”的原则，扎实开展惠农支付服务点升级改造和普惠金融服务站建设工作，完成惠农点升级改造 135 个，推广建设普惠金融服务站 20 个。

【人行金融亮点】 为切实改善农村金融生态环境，更好地发挥金融服务三农作用，元谋支行把农村信用体系建设工作作为全年工作重点。全面统筹协调，强化与元谋县委县政府及县级各经济部门的联手合力，积极牵头组织辖内金融机构制定《元谋县农村信用体系建设创建实施方案》，并以元谋县政府的名义印发，形成有效工作合力。按照上级行的指导意见和文件精神，结合元谋实际，开展以创建“信用户”“信用村”“信用乡镇”为主要内容的农村信用体系建设工作，做好农村农户信息采集建档和信用评级工作。被评定为 AAA 级的信用农户 1704 户，AA 级的信用农户 4721 户，A 级的信用农户 3604 户。率先开展信用村、信用乡镇的授牌工作，完成物茂乡、羊街镇等 5 个“信用乡（镇）”、水平石村等 17 个“信用村”的授牌命名工作。年末，辖内信用乡镇已占全县所有乡镇的 50%，标志着元谋县农村信用体系建设工作取得阶段性成果。

【金融支持精准扶贫示范区建设】 认真做好金融精准扶贫示范区建设，牵头县农村信用社结合元谋制繁种产业的优势和特点，积极加强与县委县政府的汇报沟通，做好组织协调，探索创新金融扶贫服务方式。金融精准扶贫以云南元谋现代种业园区为核心，以元谋种业协会为纽带，以人民银行支农再贷款为支持，信用社创新产融结合模式，辐射带动贫困户就业增收，进而促进产业与金融的深度融合，建立优质商户与贫困户良性互动的金融扶贫园区。元谋支行向元谋县农村信用社发放支农再贷款 4000 万元，元谋县农村信用社严格按照要求开展向园区及与园区对接农户的发放工作，发放过程突出向精准帮扶的建档立卡贫困户倾斜。元谋金融扶贫示范园的创建，一方面支持云南元谋现代种业园区这一重要的农业产业龙头企业，另一方面又带动从事蔬菜种植及制种的农户增收致富，尤其是带动建档立卡贫困户的脱贫致富，达到“输血式扶贫”向“造血式扶贫”的转变，为金融精准扶贫、精准脱贫探索出一条新路子。

【人行党建】 按照上级行推进“两学一做”学习教育常态化制度化的意见，支行将“两学一做”学习教育常态化制度化作为加强党建工作的一项基础工程，先后印发《元谋支行党支部“党建+品牌”创建实施方案》《元谋支行党支部“一亮三带”活动方案》等 7 个工作制度方案，进一步细化全年党建工作措施。认真落实“三会一课”制度，不断加强痕迹化管理，定期组织开展学习笔记记录情况等检查，全面提升全体党员的行动自觉。加强阵地建设管理，进一步充实支行党员活动室在“两学一做”、中共十九大会议精神等方面的藏书量，形成学习宣传贯彻中共十九大会议精神的浓厚氛围。

【人行党风廉政建设】 认真学习上级行党风廉政建设工作会议精神，按季召开党组会议专题研究党风廉政建设和反腐败工作。突出作风建设永远在路上，做好重大传统节假日期间对干部职工的廉政提醒，做到警钟长鸣。加强对干部职工“八小时工作以外”的监督管理，防范发生违纪违法行为。紧盯中央八项规定精神，层层传导压力，及时纠正干部职工不良作风。加强对财产物资、三公经费等的管理，扎实开展违反中央八项规定精神专项整治自查工作。强化执纪问责，使“咬耳扯袖、红脸出汗”成为工作常态。

【平安人行建设】 进一步加强安全保卫基础设施建设，为支行办公楼加装防盗栅栏和红外对射防盗装置，更换支行围墙上的防盗铁丝网，提高安全保障能力。强化安全检查，有效排除安全隐患，全年共开展安全检查24次。严格加强出入库业务人员及车辆管理，按时注销库区专用证件2人次，新增6人次，有效保证发行业务的顺利办理。扎实开展消防安全应急演练工作，组织全行干部职工开展了应急疏散和救火灭火的安全演练。组织6家金融机构业务人员及保安公司押运人员开展出入库业务安保工作培训，进一步强化业务人员对发行库管理、发行库守卫、公务用枪管理等制度的学习。扎实做好中共十九大期间安保维稳工作，确保支行安全稳定。全年没有发生安全责任事故。

（段海坤）

农业银行

【农业银行机构】 2017年，中国农业银行股份有限公司元谋县支行内设综合管理部、运营财会部、客户部、风险管理部；下辖支行营业室、元马分理处、城西分理处3个对外营业机构及离行式自助银行7个。年末，农行元谋县支行在职干部员工54人。其中：行长1人、副行长3人；大学本科13人、大专28人、中专12人；专业技术人员54人（经济师10人、助理经济师20人、助理会计师7人、经济员5人、会计员12人）；中共党员25人；职员29人。

【农行存款业务】 2017年末，全行各项存款为196920万元，比年初增长8726万元，为州分行计划的34.31%。其中：单位存款89446万元，比年初减少1480万元，为州分行计划的−8.79%；个人存款107474万元，比年初增长10205万元，为州分行计划的118.67%。人民币日均核心存款增量101673万元，为州分行计划的105.2%。

【农行市场份额】 各项存款存量市场占比23.06%，比年初减少1.92个百分点，增量占比8.68%。其中：个人存款存量市场占比为21.12%，比年初减少0.05个百分点，增量占比为20.66%；对公存款存量市场占比25.93%，比年初减少5.01个百分点，增量占比为−2.89%。各项贷款存量市场占比32.76%，比年初上升13.8个百分点，增量占比为62.03%。其中：个人贷款存量市场占比13.66%，比年初下降5.58个百分点，增量占比为−20.37%；对公存款存量市场占比62.59%，比年初上升44.8个百分点，增量占比92.09%。市场竞争能力不足，核心存贷款市场份额连续下降趋势没有得到有效遏制，制约发展。

【农行贷款业务】 2017年12月末，各项贷款余额137896万元，较年初增加83881万元，为州分行任务的294.67%。其中：个人贷款余额35044万元，较年初减少7365万元，为州分行计划任务的−671.38%；对公贷款余额102852万元，比年初增91246万元，为州分行任务的336.22%。各项贷款稳步增长，个人贷款持续下降，个人资产业务萎缩，影响全行业务经营。

【农行中间业务收入】 2017年末，全行共实现中间业务收入451万元，完成全年计划任务的63.61%。其中：代理保险收入31万元，为全年计划任务的32.63%；信用卡业务收入124万元，为计划的79.48%；电子银行业务收入146万元，为计划的93.59%。

【农行经营效益】 2017年全行共完成营业收入5543万元，比上年增收201万元，为州计划的97.25%。全年共完成拨备前利润4102万元，为计划的97.67%。拨备后利润−4309万元，为计划

的 -126.73%。净利润 -2919 万元，为全年计划的 -114.47%。

【农行“服务三农”】 补“三农服务”短板，全面提升市场竞争能力。扎实做好“三农”和金融扶贫工作。着力抓好重点领域金融服务。围绕高原特色农业、省州级以上农业产业化龙头企业、规模经营户、农民合作社、专业大户（家庭农场）等重点，加大对现代农业服务力度。加强与住建部门的沟通协调，积极办理农村危房改造贷款、抗震安居工程建设贷款，做好元谋县新型城镇化和“美丽宜居乡村”建设金融服务。加大金融精准扶贫工作力度，2017 年累计发放扶贫贷款 375 户、金额 1875 万元，比年初增加 375 户，金额 1875 万元，为计划的 125%。围绕地方优势产业和重点客户，着力加强重点企业和重点项目的营销拓展，全年新增联合贷款客户 2 户，发放联合贷款 83000 万元，其中中国三峡集团有限公司 70000 万元、滇西铁路有限责任公司 13000 万元。主要投向水电、铁路基础设施建设项目。

【农行风险管理】 严格落实风险管控责任。从纵、横两个方面落实责任，客户部负责高风险客户、不良贷款客户的风险化解，风险管理部负责政策指导、做好政策服务，形成风险管控合力，主动积极作为，多管齐下，突出抓好风险客户的提前化解。对生产经营明显恶化且短期内预计不会出现好转，或已形成事实风险的客户，果断退出，处置抵押物清偿债权，必要时采取依法诉讼清收，达到法律的震慑作用和化解风险的良性互动。依法诉讼清收成效明显，年末不良贷款占比 1.71%，比 2016 年末减少 2.87 个百分点。

【农行营业机构管理】 推广实施网点运营优化，提高服务效能。增强网点服务能力，促进全行业务有效发展，提高网点效能，元谋支行 2017 年三个网点作为第三批二次优化网点。因地制宜，一点一策，减高增低，充实营销。机具分流，提升效能，增加三台超级柜台对外办理业务办理开卡、开通个人消息服务、电子银行业务（K 令、K 宝、签约）、修改安全认证手机号码与个人短消息手机号码、签约掌上银行、理财业务、基金业务、外汇业务、转账汇款业务、特殊业务（账户激活、账户解锁）、身份审核等业务，引导客户逐步适应机具操作业务，分流低柜业务向自助机具转移，逐步缓解客户长时间排队等待情况。按照“逐步实现柜员走出高柜充实低柜、柜员走出低柜服务大堂、网点负责人走出大堂外拓营销”的“三出”理念，坚持能机具做的不人工做、能集中做的不分散做、能后台做的不前台做，统筹推进优化工作，全力为基层减负、为柜员减压；通过网点优化运营体系、提高网点效能取得实效，进一步强化服务质量和业务营销能力的提升。加快改善支付环境，不断提升服务质量。全年新增电子银行客户 4395 户，其中：个人掌上银行客户新增 4332 户，为州分行计划任务的 124.48%；企业网银客户新增 63 户，为州分行计划任务的 78.75%。

【农行“三线一网格”管理】 2017 启动“三线一网格”推广实施工作，夯实“双基”管理基础，党委高度重视、统筹部署。纪委主动作为、勇于担当，牵头抓好贯彻落实，紧密配合、协调分工，压实责任、强力推进，广大干部员工积极响应、广泛参与，全行“三线一网格”管理模式推广实施工作达到了预期目标。按照“清单制”工作要求，明确“党建线”“纪检线”“运营线”三张责任清单。进一步明确和细化 3 个条线和相关部门的工作职责和工作内容。每一位员工成为“格主”“格员”，履行相关“网格”职责。“全行成网、网中有格、格中定人、人负其责”的局面将全面建成，没有任何一个人例外。“三线一网格”管理模式的核心要义是拓宽案件防控的视野，开辟发现问题的渠道，扫除案件防控的死角，重点是加强员工之间的相互监督和关爱。员工既可以向上监督领导、也可同级监督同事，还可以向下监督基层；既可以跨格反映，也可越级报告，打造全天候、全流程的监督网。员工之间既要报告又要反映异常行为，这是核心；报告和反映是员工的责任和义务，也要加强相互之间的关心、关爱和帮助，这是根本。通过“三线一网格”管理模式，一方面，进一步明确上级对下级的管理监督责任、员工之间的相互监督责任，促使全行员工入网、上网、用网。领导干部管人、管事、管思想的责任意识明显提高，广大员工监督意识明显增强，既做到自律，又要他律，还要律他，全行上下逐步将履行监督管理职责作为一种日常行为方式，员工对自身网格内的人员思想和行为的相互监督意识显著增强，通过系统反映情况、监督他人的行为习惯初步形成。另一方面，通过家访、谈心等活动，了解员工的思想状况、生活状况、精神状况，进而达到员工之间相互关心、相互帮助的目的，突出对员工的关爱、关怀和关心。

【农行执纪问责】 2017以来，在信贷业务、不良贷款控制、贷款审查、信用卡、柜台业务操作、业务印章管理、现金调拨、内控管理、系统往来对账、现金调拨等业务操作环节违规的员工进行责任追究。纪律处分2人次、分别停发绩效工资3个月。经济处理56人次，扣发绩效工资46596元。通报批评6人次；建立元谋支行责任追究工作台账、移送处理问题台账，并对责任类型、责任事实、违反制度、条款、处理档次等进行登记，按月上报州分行监察室。通过加强基础管理，违规违纪等行为有所减少，基础管理工作逐步提高，操作风险、案件防控等得到有效在控制。

【农行党建】 元谋支行以党建统领工作全局，切实把“党要管党，从严治党”要求落到实处。牢固树立“四个意识”，全面贯彻中共十九大精神，拥抱新时代，践行新思想，实现新作为，在服务“三农”和实体经济，以永不懈怠的精神状态和一往无前的奋斗姿态，把中共十九大精神落到实处、见到实效。制定学习宣传贯彻工作方案，明确学习宣传贯彻工作的目标、任务和阶段安排，将学习宣传贯彻中共十九大精神落实到每个党支部、每一位党员。深入推进“两学一做”学习教育常态化制度化，按照中央和总分行的安排部署，在全行开展“不忘初心、牢记使命”的主题教育。创新推进基层党建工作，以提升组织力战斗力为重点，突出政治功能，把基层党组织建成为宣传党的主张、贯彻党的决定、推动农行改革发展的坚强战斗堡垒。坚持不懈抓好正风肃纪和作风建设，毫不动摇推进全面从严治党。加强党的组织建设，发挥支部的战斗堡垒作用和党员的先锋模范作用。2017年支行本部成立综合管理部党支部、客户部党支部、运营财会部联合党支部；党支部建设营业网点、支行本部全覆盖。全行共成立7个党支部，把党支部建到各部室、各基层营业网点，各支部选举产生新一届党支部委员，把年轻有为的党员领导干部充实到业务一线和党支部书记岗位上来，把“业务骨干培养成为党员，把党员培养成为业务骨干”，充分发挥基层党组织战斗堡垒作用和先锋模范作用。

【农行扶贫攻坚】 帮助贫困地区脱贫是元谋县党政机关、企事业单位及广大党员干部和社会力量都义不容辞的责任。积极教育引导广大干部员工转变扶贫观念，凝聚一个共识，即脱贫攻坚是全党的事，全社会的责任，不能把脱贫攻坚只当作是政府的事、干部的事，需要发动社会力量、多方面的力量共同来做，进一步大力拓展专项扶贫、行业扶贫、社会扶贫“三位一体”的大扶贫格局。落实脱贫攻坚“挂包帮”“转走访”干部进村工作持续有效开展，充分调动广大员工深入了解民情县情，增强社会责任感和金融“服务三农”意识，积极为“挂包帮”“转走访”工作贡献力量。元谋支行挂点黄瓜园镇领庄行政村，帮扶结对农户13户，严格按照县委、县政府的要求，坚持公正、公开、公平的原则，严格工作流程，认真对贫困户进行摸底排查，通过民主评议并进行公示，对扶贫帮困户结合农行实际，分解落实任务，全行中层以上干部人人结对帮扶，“干部到户，责任到人”，帮扶对子结成后，工作队和责任人对贫困户进行精准识别，了解贫困状况、分析贫困原因，逐村逐户理清思路、制定规划，细化措施，重点为帮扶对象找准产业发展路子，完成精准扶贫建档立卡户。2017年元谋支行为领庄行政村解决扶贫工作经费1万元，春节前对13户结对贫困户进行走访，结对帮扶员工捐款、捐物6300元，送去食用油、大米等物品进行慰问，向贫困农户表达了关心关爱之情。

【农行“送温暖”活动】 开展帮扶慰问困难员，做好人文关怀。坚持开展一年一度的敬老节、春节慰问以及对员工重大家庭事项的关爱，敬老节、春节前夕，党委、工会共同组织对退（离）休员工进行家访慰问。做好困难员工帮扶工作，充分了解员工家庭情况，建立《困难员工帮扶台账》，关心关爱困难员工。2017年在州分行党委、工会办的关心、关怀下，帮扶慰问困难员工8人，发放慰问资金42000元。看望慰问生病住院、老职工病故家属抚慰15人次，慰金6400元。春节慰问离退休人员33人次，发放慰金32100元。两位长期生病住院的员工不仅得到州分行、县支行的关爱帮助，还得到了县总工会的关心慰问。积极组织开展工会小组活动、兴趣小组活动、女职工活动，充分活跃员工的业余文化生活，增进员工之间的了解，增强凝聚力。

（李进初）

农村信用社

【农村信用联社机构】 2017年，元谋县农村信用合作联社内设综合部、党群工作部、信贷部、财务会计部、统计部、业务发展部、科技信息部、审计监察部、安全保卫部；下辖联社营业部和元马、能禹、黄瓜园、羊街、老城、平田、新华、物茂、江边、姜驿10个信用社及大沟分社、凉山服务点。年末，县农村信用联社在职职工116人。其中：理事长1人，主任1人，监事长1人，副主任1人；高层管理人员4人，中层管理人员33人，普通员工73人，派遣工6人；研究生学历1人，大学本科学历59人，大专学历45人，中专学历9人，高中学历1人，初中学历1人；政工师1人，助理会计师1人，助理经济师25人，经济员8人，会计员1人；中共党员65人。

【农信业务经营概况】 年末，各项存款余额45.76亿元，新增存款6.14亿元，增速15.49%；各项贷款余额21.42亿元，比年初净增3.93亿元，增速22.5%；全年累计发放贷款19.97亿元，比上年多投3.84亿元，存贷款规模居于全县金融机构首位。全年实现营业总收入2.25亿元，上缴地方财政各类税费1809万元，有力地支持和促进县域经济发展。

【农信信贷服务】 紧紧围绕服务地方“三农”、支持中小微企业发展的市场定位，主动适应经济发展新常态，按照省联社打造“一体两翼”经营格局决策部署及“有扶有控”的原则，把有限的信贷资金重点投放到“三农”领域，敢于担当，主动承担县委、县人民政府赋予的支农惠农重任。加大对涉农、贷免扶补创业贷款、基层党员带领群众创业致富贷款的投放力度，确保各项惠农政策落到实处。年内净增涉农贷款3.26亿元，余额17.56亿元，涉农贷款占比达82.75%；净增小微企业贷款1.1亿元，小微企业贷款余额达5.85亿元。完成银监局涉农“一个高于”小微企业“三个不低于”考核目标。依托县委政府银政共同推进农村信用体系建设，扎扎实实开展信用村、信用乡镇建设，将评级授信工作作为提升农村金融服务广度、深度及优化农村信用环境的重要工作来抓。至2017年末，元谋县联社共评定信用乡镇3个：姜驿乡、物茂乡、平田乡。评定信用行政村10个：姜驿乡姜驿行政村、糯拉鲊行政村、半箐行政村、水平石行政村；物茂乡物茂行政村、罗兴行政村、虎溪行政村；平田乡平田行政村、新昌行政村、华竹行政村。对14436户农户进行授信，授信金额182316万元。创新服务方式，提高申贷效率，与县委组织部门首创借助“云岭先锋”综合服务平台受理农户贷款申请，打通服务群众最后1千米，拓宽贷款申请渠道，让农户足不出村即可申请贷款，全县农信社的农户贷款受理渠道有效延伸，受理窗口增加78个。联社严格贯彻国家关于支持小微企业发展的重要精神，认真执行银监会关于推进小微企业金融服务的相关要求，继续推进“阳光信贷”“限时办结制”，开通“网上银行及手机银行自助贷款”“自助还款”，小额农贷绿色通道等一系列服务措施，切实提高服务效率，以优质、高效、简洁的服务提升支持服务地方经济发展的水平。

【农信金融扶贫措施】 始终紧盯全县脱贫攻坚大局，向上争规模，向下调结构，发挥点多面广、经营灵活的优势，全方位做好全县脱贫攻坚工作各项金融服务工作。强化扶贫攻坚责任担当，创新金融扶贫机制，大力投放扶贫民生贷款，支持贫困群众尽快脱贫致富。“危改贷”撬动住户脱贫。全年完成全县106户“危改贷”走访任务，发放危房改造贷款106户528万元，帮扶农户建盖新居，改善居住环境。“双十万元”微型企业培育贷款初具雏形。全年发放“微型企业培育贷款”69户1448万元。“贷免扶补”促进创业带动就业。全年发放“贷免扶补”创业贷款352户3513万元。基层党员致富先锋有效发挥。全年发放“基层党员带领群众创业致富贷款”401户3399万元。精准扶贫力度持续加大。全年发放扶贫小额信贷贷款1212户6014万元。支持积极贷款参与“9·17”泥石流灾害灾后的恢复重建，至12月末，共帮助268户农户集中建房恢复重建，发放了各类型贴息贷款458笔、金额2282万元。探索金融扶贫新路，充分发挥人民银行支农再贷款对金融扶贫的支持和引导作用，联社与县人民银行按照金融扶贫的工作部署，结合元谋制繁种产业的优势和特点，以云南元谋现代种业科技园为核心，以元谋种业协会为纽带，建立“产融结合金融精准扶贫示范园”。实现该示范园产业与金融的深度融合、优质商户与贫困农户的良性互动、政策性金融与商业金融的相互借力，为金融精准扶贫探索出一条新路。向人民银行申请到支农再贷款4000万元，用于云南思农种业园区入驻商户、下游育种农户帮扶，分批次发放，项目实施后有效形成“金融助推优势产业扩散，产业聚焦精准扶贫”的地方金融扶贫模式，通过“信用社支持商户、商户带动贫困农户”为产业扶贫路径，为脱贫攻坚工作注入更多的活力，助推元谋农业产业现代化发展。充分发挥点多面广的优势，代理国家惠农补贴、退耕还林、草原生态补贴、新农保、新城保及烟草配送、烟叶收购资金代理业务，及时为农户兑付各项补贴，促进农业生产。年内累计发放财政综合直补、产业补助、农保补贴、退耕还林和草原补贴、抗震安居、农村危房等，惠农惠民补贴211627笔，代发金额9280万元；并以高度的使命感做好新农保、新城保资金的代发和代缴工作，全年累计代扣缴养老保险96075笔，代扣缴金额1139万元：代发城乡居民养老金366721笔，代发金额2885万元，各网点专门配置惠农终端机及大堂业务引导员，通过自助设备无须排队就能取到和缴存自己的养老保险金。

【农信电子化业务】 全辖建成自助银行17个，在行式10个，离行式7个，安装自助设备79台，存取款交易金额55亿元，自助服务替代率93.38%。实现全县9个乡镇自助银行服务全覆盖。2017年末，电子银行交易160万笔，交易额56亿元。累积发行具有社保功能的金融IC卡186639张，已激活使用104562张，激活率

56.02%，全州排名靠前；网上银行、手机银行、微信银行等电子化服务实现无卡预约取款、党费缴纳、手机座机及宽带缴费、电费缴费、交通罚款缴费、非税收入缴款、学费、社保缴费、加油卡充值等，支付结算渠道不断拓宽，服务方式多元化，搭建起遍布城乡7×24小时无盲区服务网络，金融服务能力不断提升。

【农信党建工作】 年初以来，联社党委积极贯彻落实省联社党委工作要求，在群众路线教育实践活动基础上，深入推进“两学一做”专题活动常态化教育，贯彻学习中共十九大精神及习近平总书记系列讲话，充分发挥党在基层的战斗堡垒作用，辐射带动群团工作，发挥党员、团员带头模范作用，沉身子、接地气，服务好业务发展大局。通过联社领导班子集中讲课，周例会统一学习、邀请县委党校授课等多种形式开展专题教育实践活动，切实提高了全体干部职工的党性修养，增强了宗旨意识。狠下重手转变工作作风，严格按照《中央关于改进工作作风“八项规定”》的要求，开展员工八小时外走访排查和自查自纠工作，有效提高全社工作效能。认真贯彻落实“中央八项规定”和省委十条措施，坚决反对“四风”，以建立健全惩治和预防腐败体系各项制度为重点，以制约和监督权力为核心，从提高制度执行力入手，认真落实党委党风廉政建设和反腐败工作的主体责任和纪委监督责任，着力解决党风、社风方面存在的突出问题，扎实推进党风廉政建设和反腐败工作的进程，为各项业务经营持续健康发展提供强有力的政治保障。同时认真抓好“一章二法三规四业务”学习，严格执行《廉政准则》8个严禁、52个不准的相关规定，全年无违规违纪行为发生。

【农信企业文化建设】 贯彻“诚信服务、合作共赢”的宗旨，以党建带群团，加强指导，充分发挥工、青、妇的组织作用，广泛搭建与员工交流平台，凝集合力助发展。加大岗位技能培训及业务技术练兵比赛，延伸人才培养渠道，激发广大员工爱岗敬业，苦练技能，自学业务知识的热情。推荐员工外出学习、借调锻炼，增强本领，开阔视野。关注员工身心健康，家庭和谐，工会及时看望慰问生病职工，帮助解决家庭困难。办好全县员工食堂，解决员工后顾之忧。参加了县委、县政府组织的党章、党规知识竞赛及省联社组织的“红土地之歌”演讲比赛，参加了全州信用社职工运动会，获得了篮球第一名、排球第二名的优异成绩；组织发动党员深入一线、率先带头，在敢于担当、勇于尽责、推动发展、维护和谐等方面开展“比学赶超”，有力推动了全社各项工作的落实，为业务发展奠定坚实基础。

（罗华春）

富滇银行

【富滇银行机构】 2014年7月24日，富滇银行股份有限公司楚雄元谋支行正式开业。住址元谋县发祥路元谋县财政局一楼。截至2017年末，设立自助银行网点2个，自助存取款机6台。2017年末在职正式员工12人，均具备大学本科学历。具有初级专业技术职务2人，无技术职务10人，党员3人。设管理人员2人，其中行长1人、副行长1人。

【富滇存款业务】 2017年12月8日，富滇银行存款余额突破10亿元大关。年末，富滇银行全口径存款余额114717万元，比上年增加12355万元，增长12.07%。其中：公司类存款余额74751万元，较上年减少1078万元；个人类存款余额39966万元，较上年增加13434万元。

【富滇贷款业务】 2017年12月，富滇银行1周内发放小额扶贫贷款211户，超额完成县委政府下达的200户小额贷款发放任务。年末，富滇银行各项贷款余额39216万元，较上年减少3877万元，下降9%。其中：公司类贷款余额25300万元，较上年增加1400万元；个人贷款余额13916

万元，较上年下降 5278 万元。截至 2017 年 12 月 31 日，存贷比为 34.18%。

【**富滇经营业绩**】 2017 年资产总额 30244.44 万元，负债总额 28889.75 万元，实现营业收入 1254.69 万元，利息支出 123.04 万元，全年账面净利润 1131.65 万元，人均实现利润 87.05 万元，缴纳税金 74.65 万元。

【**富滇银行获奖情况**】 2017 年，富滇银行获得集体奖项为：2017 年度元谋县脱贫攻坚工作先进单位，2017 中国 · 元谋果蔬节贡献奖，2017 年度零售存款新增双过亿标杆二级支行，“六有”工会建设达标单位。个人奖项：劳乾春被评为“元谋县优秀驻村扶贫工作队员”，王能被评为“富滇银行优秀管理人员”，文平、常开明被评为“富滇银行优秀员工”。

【**内控制度**】 2017 年，紧紧围绕依法合规经营的工作思路，结合“两加强、两遏制专项检查、回头看”的契机，通过晨会认真学习总行和银监的相关文件、各类情况通报、违规通报、会计监督月报等文件，认真做好自查自纠，同时结合本行新员工较多的实际情况，要求事后复核员严格把控、加强监督，杜绝和减少业务差错的发生，最大限度的防范风险，强化内控管理，促进依法合规经营。根据中央省委和总行党委的要求，围绕“三严三实”和“忠诚干净担当”这一主题，教育和引导党员干部深刻认识“三严三实”要求，加强修养、改进工作作风，对全行党员干部身上存在的顽疾进行大排查、大检修、大扫除，对存在的突出问题进行重点整治，使党员干部的党性、品格、境界和素质得到进一步提升，争做“三严三实”的好干部，树立“忠诚干净担当”的新形象。支行领导积极参加分行党委理论学习中心组开展的专题学习研讨，每次专题学习研讨安排集中学习、重点发言、交流探讨等多种形式，促使每个参与人员围绕专题认真思考，踊跃发言，积极开展思想互动，达到互相启发、共同提高、形成共识的目的。领导采取和员工谈心的方式，了解员工在生活和工作中遇到的困难，确实加以帮助和解决。认真组织员工学习“三严三实和忠诚干净担当”的精神实质，要求党员在工作中要起到先锋模范带头作用，以点带面，使全行形成积极向上，勇争第一的氛围，促进员工作风的转变。继续抓好案件防范工作责任制的落实。根据总行《案件防范工作责任制》，细化各级人员的责任，并切实抓好责任分解、责任考核、责任追究等环节的工作，确保案防责任落到实处。继续开展重要风险点的防范工作，把治理责任分解到相关专业人员，落实到具体岗位和人员，做到责任明确、过程清晰，实现安全经营。组织全行员工学习有关安防事故案例，提高大家的安全防范意识，积极开展安全教育，落实好各层次人员的日常安全检查，加强安防设施硬件建设，实现安全达标，做到自开业以来安全经营无事故。组织开展员工行为排查、员工行为专项排查、员工行为集中排查和员工行为管理自查等活动，认真落实党风廉政建设责任制及惩防体系建设各项工作措施，建立健全内部管理制度，加大员工执行力的建设，做到政令畅通，从而推动各项工作健康有序开展。

【**企业文化建设**】 按照“内强素质，外树形象”的要求，加强员工业务知识的培训，认真组织员工学习各类规章制度，形成以制度办事和以制度指导实际业务的良好氛围，使临柜人员和信贷人员的业务水平与富滇银行业务发展的步调相一致，促进各项业务的健康有序发展。以服务客户为中心建设人民满意的地方银行。利用富滇银行新成立的契机，加强柜面人员服务礼仪以及业务操作的培训，规范化服务，加强作风建设，不断提高员工的服务质量以及业务素质，努力实现政府满意、企业满意、居民满意。践行“资产优质”“服务优良”“文化优秀”的管理创新型现代商业银行的发展战略。认真抓好教育培训工作，提升广大员工爱岗敬业的工作意识。认真组织员工参加各类主题学习及活动，以“三严三实”和“忠诚干净担当”为主题，突出员工行为正面引导。开展各个层次的谈心谈话活动，工会小组活动、员工体检、业务比赛等，努力提升员工的归属感；继续加强干部员工队伍建设和管理，认真做好人文关怀工作。

（文梓丞）

邮政储蓄

【邮政储蓄银行机构】 2008 年 6 月 12 日，经中国银行业监督管理委员会楚雄监管分局批准，成立中国邮政储蓄银行股份有限公司元谋县龙川街支行。2013 年 1 月 31 日，楚雄银监分局核发金融许可证。2013 年 8 月 26 日，邮政储蓄银行元谋县发祥路支行正式开业。2015 年，邮政储蓄银行元谋县发祥路支行内设信贷营业部、个人储蓄存款营业网点各 1 个。2017 年末，邮政储蓄银行元谋县发祥路支行在职员工 10 人。其中：支行长 1 人，业务主管 1 人，客户经理 4 人，综合柜员两人；研究生学历 1 人，大学本科学历 2 人，大专学历 2 人，高中学历 1 人；中共党员 3 人。

【邮政储蓄银行经营范围】 2017 年，中国邮政储蓄银行股份有限公司元谋县发祥路支行在楚雄州分行和元谋县党委、政府的正确领导下，在监管部门和社会友好单位的指导帮助下，以中共十八大，十八届五中、六中全会和中央经济工作会议精神为指引，以全面从严治党为统领，全面贯彻落实省分行 2017 年工作会议精神，准确把握银行业面临的形势，抓住楚雄州面临的战略机遇，立足“服务三农、服务小微”和大型零售银行的战略定位，按照“找准方向、保持定力，转变作风、抢抓机遇”的工作思路，全面融入和服务元谋经济社会发展。邮政储蓄银行主要经营传统小额贷款、个人商务贷款、消费类贷款、扶贫贷款、“再就业小额担保贷款”等批量贷款业务和“中小微企业贷款”“助保贷”等业务。

【邮政储蓄负债业务】 2017 年末，邮政储蓄银行元谋县发祥路支行个人储蓄存款余额 4516.88 万元，比上年末增加 968 万元，增长 27.27%。

【邮政储蓄资产业务】 全年累计发放各类贷款 782 笔、金额 6244 万元。年末个人贷款余额 7675 万元，比上年末增加 1187.48 万元，增长 18.3%。小企业贷款结余 2400 万元，较上年增长 2400 万元。

【邮政储蓄中间业务】 全年累计发放信用卡 472 张，新增网银客户 493 户。全年销售人民币理财产品 1337.47 万元。

【邮政储蓄服务“三农”】 认真贯彻落实省、州县委县政府扶贫文件精神及工作要求，把金融扶贫的责任扛在肩上，措施落实在行动上，主动与县扶贫办、乡政府等部门对接，及时交换精准扶贫的政策动态、贫困户信息和贷款发放等情况，协商解决扶贫贷款发放中存在的问题和难点。以完善服务功能为主线，鼎力支持精准扶贫。为了方便群众服务到田间地头，取得了较好的工作成效。2017 年邮政储蓄银行主要负责元马镇、黄瓜园、老城乡 3 个乡镇的扶贫贷款发放。截至 2017 年 12 月 31 日，发放扶贫贷款 587 笔 2916 万元，其中产业扶贫 188 笔 940 万元（5 家带动型企业），完成县委县政府下达的目标任务，占全县 5 家金融机构累放总额的 24.58%。发放再就业小额担保贷款 1000 万元。

（李　艳）

中国人寿保险

【机　构】 中国人寿保险股份有限公司元谋县支公司位于元谋县元马镇发祥路（元双路口），内设经理室、综合部、个险部、团险部、银行保险部、客户服务中心、财险互动部。下设能禹营销服务部、老城营销服务部、黄瓜园营销服务部等乡镇营销服务部。2017年年末，公司有从业人员 127 人。

【经营概况】 2017年，中国人寿元谋县支公司认真贯彻落实省、州公司战略部署，全面加强党的建设，以“稳中求进、服务大局、转型升级、协同发展、防控风险”为工作方针，以“务实、高效、勤奋、担当、突破”的工作热情，践行“勤奋、创新、敢于成功”三大理念，对标对表，全年实现保费收入3681.94万元，比上年增长17.47%。其中：新单保费1267.64万元，短险保费498.1万元，续收保费1915.75万元。全年承保各类人身保险3万多人次，处理各类理赔案件2000多件，给付满期、养老、伤残、死亡、医疗保险金1200多万元。

【构建多层次的风险防御体系】 保险让生活更美好，元谋县支公司认真贯彻《国务院关于加快发展现代保险服务的若干意见》精神，充分利用《新国十条》和省政府《关于加强保险服务经济发展的指导意见》等政策依据，发挥优势，与元谋县年度重点民生工程有机结合，积极推进计划生育家庭意外伤害保险、小贷险、公安民警补充意外伤害保险、农村小额人身意外伤害保险、老年人保险等，给各类人群构建多层次的人身风险防御和管理体系。

【人寿2017年荣誉】 中国人寿连续十五年入选“世界500强”排行榜，2017年位列第51位，连续4年进入前100强行列；在由国家质检总局、中国质量万里行促进会、中国服务学院、中国服务点评数据中心联合举办的“2017中国质量万里行3·15消费维权”大会上，被组委会授予“2016年度诚信服务突出贡献奖”；在由《21世纪经济报道》委托、美国加州大学富乐顿分校保险研究中心受托研发的《亚洲保险竞争力排名研究报告》中，位列亚洲寿险公司竞争力榜单第一名；由《21世纪经济报道》委托，美国加州州立大学富乐顿分校保险研究中心受托研发的《2017亚洲保险公司竞争力研究报告》，被评为2017年度亚洲最佳寿险公司，在亚洲寿险十强和中国寿险十强中均占据榜首；2017年11月30日，2017“金紫荆”香港国际金融周——香港国际金融论坛暨中国证券金紫荆奖颁奖典礼在香港举行，中国人寿集团董事长杨明生获本届金紫荆奖最高人物奖——“最具影响力上市公司领袖奖”，中国人寿保险公司同时获得“最具投资价值上市公司奖”；在由《21世纪经济报道》主办的“2017年中国资产管理年会”上，荣获“2017最佳保险资产管理公司金贝奖”。

（张兆军）

中国人保财险

【机　构】 2017年，中国人民财产保险股份有限公司元谋支公司下设综合部、营销一部、电销中心、理赔部、农网部、直销/三农部、银保/中介部。农网部下设元马营销服务部、黄瓜园营销服务部、物茂营销服务部、平田营销服务部、老城营销服务部、羊街营销服务部。覆盖元谋县大部分人口密集乡镇，公司位于元马镇龙川街。年末有固定职工15人，其中：经理1人，副经理1人，经理助理1人，客户经理6人，综合部职工3人，三农营销服务部经理3人；本科学历3人，专科学历12人；中共党员4人。招录保险代理营销员24人，其中：中专学历10人，高中学历12人，初中学历3人，中共党员1人。

【人保财险经营范围】 公司主要经营车险、财产损失保险、责任保险、信用保险、意外伤害保险、短期健康保险、保证保险等人民币保险业务；与上述业务相关的再保险业务；各类财产保险、意外伤害保险、短期健康保险及其再保险的服务与咨询业务；代理保险机构办理有关业务；国家法律条规规定的或国家保险监管机构批准的其他业务。

【财险业务发展与理赔】 2017年，公司在省、州分公司级县委、县人民政府的领导下，以树立保险形象，坚持“三个代表”重要思想和科学发展观为指导，为全县经济建设和人民的财产安全保障思路出发，不断扩大服务领域，大力开办服务性险种，为全县人民创立放心的保险环境，做好保险服务工作。2017年，元谋支公司保费收入1861万元，各类机动车约2.2万辆实收保费1310万元，货物运输保险28.9万元，责任保险22万元，意外伤害险、健康险240万元；承保政策性保险（水稻、玉米、能繁母猪保险）保费260万元，支付政策性险种赔款49.1万元。全年处理各类案件4500余件，支付赔款740万元，综合赔付率40.67%。全年上缴国家各项税款67.5万元，代扣车船税119万元。

【财险文化队伍建设】 年内公司订阅各种报纸和学习刊物2万元，加强干部、职工理论学习。组织文化活动2次，工会活动5次，开展网点党风综治5次，技能业务培训5次，保险代理人资格考试通过5人。完成“党风综治”“反洗钱自查”“普法教育”“普通话普及”等学习教育活动各项任务，鼓舞员工士气，收到较好的成效。公司党组织建立了积极分子培养档案，选送1位入党积极分子参加培训班培训，结合员工的要求，组织各种各样的群众文体活动，活跃了公司文化生活。

【财险企业建设】 2017年，公司坚持以“三个代表”重要思想和科学发展观为指导，以构建社会主义和谐社会为工作主线，为全县的经济建设和人民的财产安全保障为出发，强化管理、提高质量，不断扩大服务领域。加强对各种车辆的承保工作，积极采取优惠政策，促进车辆的保全保足，使得事故发生后保户获得足够的经济补偿。大力发展校园方责任险，有效规避教育行业发展和办学规模扩大所带来的风险。助力脱贫攻坚，在派驻驻村工作队员完成扶贫任务的同时，积极配合政府加强涉农保险基层服务体系建设，全面推动“乡村金融保险服务站”（普惠金融试点）建设，作为公司重点日程全面推进。树立保险形象，大力推进“以德经营、诚信为名”服务工作进程，认真贯彻并长期执行把人保品牌做好的工作目标。

（文小南）

中国平安财险

【机　构】 中国平安财产保险股份有限公司元谋支公司是隶属于平安总公司的州级全资四级子公司，属中国平安财产保险股份有限公司楚雄中心支公司直辖管理，是经中国保监会批准成立的州（市）级保险营业机构。公司位于元谋县元马镇发祥路。2017年，平安财产保险元谋支公司下设经理室、运营组、理赔作业组、标准出单作业组，在职职工10人。其中：经理1人，管理人员1人，综合客户经理1人，业务员5人，查勘理赔员1人，出单员1人；大学本科学历4人，大专学历6人；中共党员1人。

【平安财险经营范围】 平安财产保险元谋支公司主要经营财产损失保险、责任保险、信用保险等保险业务；办理上述业务的再保险业务；办理各种法定财产保险业务；办理短期健康保险和意外伤害保险业务；代理国内外保险机构检验、理赔、追偿及其委托的其他有关事宜；依照有关法律条规从事资金运用业务；办理经中国保监会批准的其他业务。平安保险特色产品主要有平安机动车辆保险、“平安福”、“成长动力”、团体人员意外伤害保险、“家财宝”、平安“吉祥三保”、“合家欢”家庭综合保险等。

【平安财险经营业绩】 2017年，平安财产保险元谋支公司实现保费收入1600万元，比上年增长32%。其中：承保机动车辆保险7860辆，实现保费收入1285万元；承保个人财产保险25人，实现保费收入25万元；承保团体财产保险48个单位，实现保费收入242万元；承保个人、团体意外保险16个单位1258人，实现保费收入48万元。

【平安财险发展概况】 平安财产保险元谋支公司以“快易免”服务在业内率先改变传统理赔流程，即先赔付、再修车。向社会各界公开“从报案到赔款的全流程时间”承诺。率先推出伤人案件“省心调解”服务和“贴心在线”服务。客户可享受“足不出户，赔款到家”的上门代收索赔资料服务。2014 年，平安理赔升级，推出“新高铁”车险理赔服务，意为客户带来简单、便捷、准确的“高铁”式车险理赔服务体验。客户可通过电话、APP、微信等多种渠道自主完成理赔报案及支付，平安财险员工依托后台数据平台，根据不同的事故现场和不同的客户出险记录，为客户提供差异化、多元化的理赔服务，让理赔变得更简单、更快捷、更方便。2015 年，平安理赔创新科技再度升级，快速精准的卫星定位系统，简单快捷的“口袋理赔”服务，提高客户满意度。2017 年平安产险再度推出“平安好车主”APP，实现客户轻松在线咨询业务，大大减少客户烦琐的咨询服务，更好的服务顾客；实时监控自身行车安全和动态。2017 年实现客户投保单线上化。

（余建美）

住房公积金管理

【住房公积金管理机构】 楚雄州住房公积金管理中心元谋县管理部属楚雄州住房公积金管理中心派驻元谋县的一个副科级单位，专门负责元谋县住房公积金的归集、提取使用和住房公积金贷款的发放与回收等管理监督工作，核定编制 4 人。2017 年，元谋县住房公积金管理部内设主任、信贷员、归集员、提取员、会计 5 个岗位。年末在职干部职工 4 人。其中：主任 1 人；事业单位管理人员 1 人、事业工人 1 人、职员 2 人；大学本科学历 2 人、大专学历 1 人、中专学历 1 人；房地产经济师 1 人；中共党员 3 人。年内聘用劳务派遣人员 2 人。

【住房公积金归集】 2017 年新增缴存单位 4 家。继续严格执行住房公积金“限高保低”的缴存政策，认真做好缴存入账工作。2017 年元谋县建立住房公积金制度的单位 176 个，缴存职工 6601 人，年内归集住房公积金 12615.28 万元，为年初归集计划的 132.79%。

【住房公积金提取】 2017 年，全县提取使用住房公积金 3465 人次、8033.01 万元。其中：用于购建住房提取 4151.37 万元，偿还住房贷款提取 1626.25 万元，房租超出家庭年工资收入规定比例提取 59.56 万元，危重疾病提取 15.96 万元，离退休提取 529.41 万元，解除劳动合同、调离本辖区等提取 145.51 万元，死亡提取 43.38 万元，支付物业管理费提取 124.17 万元，系统冲抵贷款 258.95 万元，公积金系统代扣 1068.79 万元、司法扣划 9.66 万元。

【住房公积金贷款】 认真贯彻落实国家和省、州因城施策措施，积极支持元谋城镇化建设。积极与多家房地产开发商签订协议，大力支持房地产市场的发展，改善缴存职工的住房条件。认真贯彻执行楚雄州住房公积金 2017 年最新贷款政策应对贷款供需矛盾：住房公积金个人住房贷款最高限额由原来的 40 万元降为 30 万元（其中双职工家庭最高贷款额度 30 万元，单职工家庭最高贷款额度 15 万元）；继续延长贷款还款期限，贷款年限延长至法定退休后 5 年（男性 65 岁、女性 60 岁），最长期限不超过 30 年；职工连续足额缴存住房公积金须满 12 个月才可申请住房公积金贷款；住房公积金个人住房贷款最低首付比例提高至 30%；取消异地贷款政策。继续积极与受托银行开展组合贷款业务，在充分满足缴存职工申请住房公积金贷款以外，不足部分组合商业银行贷款，满足不同需求的贷款职工。2017 年共为 191 户家庭发放住房公积金个人住房贷款 4552 万元，为年初计划的 182.08%，比上年增长 634 万元，有力地支持全县缴存职工解决住房困难和改善住房条件。

【住房公积金风险防控】 严格执行个人住房贷款三级审批制度和个人住房贷款审核操作规程，强化风险意识和责任意识。加强未按时还款的催收力度，建立贷款催收台账，与房地产开发商形成贷款催收联动机制，形成合力，通过电话催收、上门催收等手段催收未按时还贷的借款人并做好相应记录，努力降低住房公积金个人住房贷款风险，元谋县管理部2017年贷款逾期率为零。与开发商随时对接，及时掌控楼盘进度、施工进度和交房入住情况，对楼盘风险早预见早预防，及早采取应对措施。与法院建立住房公积金执行协作联动机制，加强对按揭贷款保证金账户的监管，完善了监管漏洞。开展每月一次的业务互查，查找问题，防范风险，积极整改，扎实提升管理水平。

【加强法制教育】 元谋县住房公积金管理部召开专题会议，安排部署法治教育工作，树立依法治国理念，认真组织学习楚雄州住房公积金管理中心最新政策新规，认真组织在线学法，按法宣在线的要求时限学法普法，认真组织考试，确保每位干部职工都考到80分以上，认真参加云南省干部在线学习。对相关政策、法规以及具体业务办理的解释、说明准确合法，没有出现任何一起因执法引起的信访案件。在行政执法过程中，将文明执法、热情服务作为切入点来抓，严格按照岗位执法责任书正确履职，正确执法，确保各项任务指标提前完成。

【创新便民服务】 在为民服务过程中，不断创新便民服务举措，充分利用住房公积金业务QQ群及政务平台，及时宣传政策，在线为住房公积金缴存职工释疑解惑。狠抓窗口服务质量，推行窗口服务人员“每月之星”评比。对住房公积金缴存、提取、贷款、业务咨询等服务事项向社会公开，公开监督举报电话，设立投诉意见箱。开通便民绿色通道，简化办事流程，支持县城东南片区棚改工程。成立“元谋县住房公积金学雷锋志愿服务队”开展文明环境行动，利用休息时间为提升城乡人居环境尽绵薄之力。

【政务信息宣传】 将住房公积金缴存、提取、贷款、业务咨询等服务事项制作成宣传展板，向社会公开。针对职工多样化的政策需求，开展住房公积金政务信息“进社区、进企业”系列宣传活动，深入非公企业宣传住房公积金制度，让更多的群体了解住房公积金惠民政策。创新观念把宣传服务窗口前移，利用休息时间到合作的楼盘进行政策解读及业务讲解，零距离倾听群众之所需，减少缴存职工往返办理业务的次数，通过政策宣传，积极引导群众依法合规办理业务，不信谣不传谣，不信小广告，从源头上坚决杜绝骗提、骗贷的不法行为。加强信息报送，针对管理部工作亮点和群众关心的热点，及时报送有价值的信息，取得明显成效，全年上报楚雄州住房公积金管理中心发布政务信息15条。

（刘海元）

财　政

【财政机构】 2017年，元谋县财政局下设办公室、法制税政股、绩效评审管理股、社会保障股、企业股、预算股、经济建设股、行政政法（教科文）股、综合股、非税局征收管理股、非税局票据稽查股、行政事业单位资产管理股、国库股、金融（涉外）股、信息股、会计股、农业股、监督检查股（政府采购办公室）、农业综合开发办公室、农村综合改革领导小组办公室。年末全局在职干部职工59人。其中：局长（书记）1人、副局长4人、农业开发办主任1人（正科级）；国家公务员47人、机关工人12人（高级工10人、中级工1人、事业人员1人）；本科学历23人、大专学历34人、中专学历2人；会计师4人、助理会计师4人、会计员12人；中共党员32人。

【财政收支执行】 2017年，全县地方财政总收入47370万元，为年初预算数47927万元的98.8%，比上年增收6258万元，增长15.2%。一般公共预算收入完成31676万元，为年初预算数31108万元的101.8%，比上年增收3396万元，增长12%。其中：税收收入完成21441万元，为年初预算数的96.9%，比上年增收1262万元，增长6.3%；非税收入完成10，235万元，为年初预算数的114%，比上年增收2134万元，增长26.3%。国税部门完成17634万元，比上年增收6424万元，增长57.3%；地税部门完成20006万元，比上年减收2131万元，下降9.6%；财政部门完成9730万元，比上年增收1965万元，增长25.3%。

【地方财政收支平衡】 一般公共预算收入31676万元，上级补助收入141303万元，上年结转1083万元，调入资金1894万元，债务转贷收入9480万元，收入总计185436万元。一般公共预算支出180579万元，上解支出3374万元，债务还本支出550万元，补充预算稳定调节基金568万元，结转下年支出365万元，支出总计185436万元。收支相抵，预算收支平衡。

【地方基金收支管理】 全县政府性基金预算收入27057万元，比上年增收7282万元，增长36.8%。政府性基金预算支出29950万元，为年初预算数的118.8%，比上年增支3190万元，增长11.9%

【财政收入管理】 以优化收入结构、提升收入质量为重点，积极组织收入，使财政收入实现平稳增长。财税部门在征管过程中抓好重点税源精细化管理，加强对重点企业、重点税源的跟踪调查，有针对性地改进工作措施。同时抓大不放小，收好零散税源，加大欠税清缴力度，确保应收尽收。加强收入分析，加大国、地税治税协作力度，强化乡镇和部门的协税责任，形成齐抓共管的工作合力。

【财政民生保障】 全年完成一般公共预算本级支出180579万元，为年初预算数的95.6%，比上年增支4123万元，增长2.3%。按照补短板、保基本、兜底线的原则，财政部门不断优化支出结构，优先保障民生项目资金需求，全县一般公共预算民生类支出完成149711万元，占比达到82.9%。加大财政专项扶贫资金的投入，2017年统筹整合财政资金和政策性贷款资金投入39344万元，解决贫困地区、贫困群众面临的突出问题，如期实现了5027位贫困人口和三个贫困村的脱贫出列。投入55105万元，支持完善社会保障制度和城乡医疗机构综合改革，提高医疗卫生和社会保障水平，提高城乡低保和优抚对象补助水平，落实职业技能培训、创业培训、小额担保贷款贴息等就业政策。投入31566万元，加大“三农”支持力度，支持农村基础设施建设和美丽乡村建设，保障元谋县冬早蔬菜及热带水果产业园区建设，贯彻落实农业保险保费补贴政策，使全县签单保费达到89637万元，财政配套保费补贴达到289万元。统筹整合财政资金和政策性贷款资金投入83290万元，支持棚户区改造和农村危房改造年度任务的顺利完成。投入3302万元，加强生态文明建设，落实退耕还林生态保护补助奖励政策，加大淘汰落后产能力度，深入贯彻落实节能减排政策，加快推进生态文明建设。投入3108万元，支持文化体育事业发展。支持博物馆、图书馆、体育馆等公益性文化设施的免费开放，鼓励公益性文化活动的举办，提升基层文化服务水平。

【财政支持教育】 完善教育投入机制，认真补齐教育短板。投入38350万元，优先保障教育事业发展，支持教育薄弱学校改造及中小学校舍维修改造，巩固义务教育“三免一补”城乡全覆盖，实施全县义务教育薄弱学校改造，改善学校办学条件，巩固完善义务教育经费保障机制改革成果，推动义务教育均衡发展。家庭经济困难学生资助体系和政策得到继续完善，农村贫困家庭寄宿学生生活补助费实现全覆盖，中等职业学校、普通高中国家助学金资助的政策全面实施，免费教科书及免费教科书循环使用的发放、管理工作全面落实。

【财政农业综合开发】 农业综合开发项目是跨年度实施，严格按照项目管理办法和批复，积极认真组织实施好项目建设工作。实施2016年农业综合开发项目8个，即土地治理项目4个（高标准项目）、产业化财政补助项目2个、产业化贷款贴息项目2个。实际完成总投资2970.6万元，为计划数的102.24%。完成土地治理面积1.23万亩，衬砌渠道6.82千米，新建拦河坝3座，埋设管道5.24千米；改扩建土坝10座；滴灌安装500亩，新建田间路14.18千米，改良土壤（增施有机肥）1300亩；技术培训700人次，示范推广优新品种250亩。项目于2017年7月通过省、州验收。认真组织实施2017年度农业综合开发项目，2017年度上级批准元谋实施的农业综合开发项目共7个，项目计划总投资1848万元。其中：财政资金1394.2万元，自筹资金453.8万元。开发项目中，土地治理高标准农田建设项目计划总投资432万元，财政资金428万元（含科技项目30万元）。建设高标准农田0.1万亩。改良土壤822亩，修建田间道路3.12千米。产业化财政补助项目计划总投资807万元，财政资金357.2万元，自筹资金449.8万元。产业化贴息项目争取贴息资金168万元。编制上报争取2018年度元谋县农业综合开发项目，已经通过省级评审进入项目库，计划总投资2625万元。其中：财政资金2475万元，自筹资金150万元。建设高标准农田1.65万亩；通过以上农业综合开发项目的实施，有效加强元谋县农业基础设施，改善项目区农业生产条件，提高农业综合生产能力，保护农业生态环境，着力推进元谋县农业和农村经济结构调整，提高农业综合效益，增加农民收入。

【财政监督】 为切实履行财政部门法定会计监督职责，充分发挥会计监督服务宏观调控和财务管理、保障财税政策执行，提升会计信息质量的重要作用，根据《楚雄州财政局关于开展2017年度会计监督检查工作的通知》要求，财政局据此依法开展该项工作，委托云南华振会计师事务所有限公司对元谋县公安局、元谋县文体广电旅游局、元谋金沙绿色食品有限责任公司3个单位2017年度的会计信息质量的实地检查。根据《财政部关于深入推进地方预决算公开工作的通知》《楚雄州财政局转发关于深入推进地方预决算公开工作的通知》要求。监督股积极做好预算信息公开工作，通过检查，2017年元谋县政府总预算和各部门预算、“三公经费”预算已按照要求公开，公开率100%；全县除涉密单位外117个部门和单位全部录入云南省预算公开平台系统，逐一向社会公开。2017年，共审批各单位进入元谋县公共资源交易中心集中公开招标采购活动42次，采购品种29种。全年各单位采购预算采购金额141160万元，实际采购金额12520.9万元，节约财政资金1595.1万元，节约率11.3%，批复由各部门实行分散采购251批次，采购品种31种，采购金额2377.2万元。采购领域由货物类延伸到服务类、学生营养早餐类和公路机械设备和城市监控等，创造良好的社会效益和经济效益。

【深化财政改革】 2017年元谋县财税部门围绕深化财税体制改革的总体要求，进一步完善机制，规范管理，加快现代财政制度建设。贯彻落实《中华人民共和国预算法》中关于各部门要按照功能分类和经济分类编制预算的规定，改进预算编制方法，于2018年1月1日起正式实施支出经济分类科目改革。推进预算绩效管理，选择有代表性的项目和单位，开展预算绩效管理试点，狠抓事前、事中和事后三个预算管理环节。强化基本支出、项目支出分类管理，建立基础信息数据库，推动项目滚动预算编制，提高预算编制的前瞻性和准确性，2017年通过省对下项目库储备项目97个，向上申报资金5600万元。加大预决算及“三公”经费公开力度，督促各部门按照预算法和各级财政部门对预算公开的相关要求，进一步细化预决算公开内容，扩大信息公开范围，努力打造阳光财政，2017年全县除涉密单位外117个部门和单位公开了预决算及“三公”经费情况，公开率100%。规范各部门财政财务管理，把财政财务工作纳入政府综合绩效考核，不断建立健全部门内控制度建设，促进资金使用管理规范化、制度化和科学化。加强预算执行管理，定期通报部门支出预算执行情况，督促部门加快资金支付；开展全县行政事业单位资产清查，积极推进权责发生制政府综合财务报告制度改革。

【财政队伍建设】 抓实作风建设，着力推进服务型党组织建设。大力弘扬“跨越发展、争创一流；比学赶超、奋勇争先”精神，开展“比学赶超、争先进位”主题实践活动，深入学习贯彻中央“八项规定”精神和省州实施办法及县委作风建设“六严禁”等相关规定，扎实开展“不作为乱作为”和“六个严禁”专项整治，坚决杜绝财政部门干部职工不作为乱作为问题发生，进一步增强党员干部守纪律、讲规矩、履职尽责意识，提高工作效率，树立党员良好形象。坚持完善党员干部直接联系和服务群众制度，认真开展承诺践诺、“挂包帮转走访”活动。34位党员共列出承诺事项38项并逐一兑现，深入开展脱贫攻坚“挂包帮转走访”活动，开展走访送温暖活动达45人次，看望慰问困难党员及群众、本单位退休干部共58户、146人。选派干部2人参与驻村扶贫工作，拨付驻村经费2万元，全局干部职工59人结对帮扶姜驿乡贡茶村建档立卡贫困户174户，为挂点村党员讲党课2场次。深入开展机关党组织和在职党员联系服务社区工作，开展党员积分管理工作。2017年，34位党员积极参与环境综合整治及卫生维护工作，5位党员参加党员服务社区服务，认真落实党员积分管理制度，增强党员创先争优意识，取得较好效果。全局党员向热坝先锋爱心驿站捐赠价值3000元的爱心物品。

【财政宣传工作】 2017年共编写上报县委、县政府及省州财政部门各类信息稿件76篇，被县级有关部门采用16篇、州级采用24篇；财政收支执行及部门预算13期；明确机关收发文件的具体要求和规定，实现办文自动化和标准化，认真履行好政务公开、信息平台维护工作；共采集财政重大工程建设、财政干部精神风貌、财政所建设等相关图片百余张；共制作党务、政务信息公开宣传栏目6期。

【财政党组织建设】 元谋县财政局党委设党委书记、局长1人，党委成员5人，下设党支部2个，分别是机关第一党支部和机关第二党支部。机关第一党支部支部委员3人，党员16人：本科学历3人、大专学历13人；党员领导干部3人，股长（主任）党员干部6人，普通党员7人。机关第二党支部支部委员3人，党员16人：本科学历2人、大专学历12人、中专及高中学历2人，党员领导干部2人，股长（主任）党员干部5人，普通党员9人。党组织建设以推进“两学一做”学习教育为抓手，加强思想建设提升党员干部政治素质，不断增强党性和凝聚力。始终把加强党员政治思想教育摆在党建工作的首要位置，通过建立健全学习制度，促进干部职工学习，推动财工作发展。2017年，多形式组织深入学习贯彻落实中共十八届五中、六中全会和中共十九大精神、习近平总书记系列重要讲话精神及省、州财政工作会议精神、县委十三届二次全会精神。以纪念建党96周年为契机组织开展“八个一”活动，进一步增强党员党性，突出重点学习《中国共产党章程》《中国共产党廉洁自律准则》《中国共产党纪律处分条例》和习近平总书记系列重要讲话精神，扎实开展跨越发展、比学赶帮超活动，不断加强党员干部的纪律作风、理想信念教育和思想道德建设，不断增强党组织和党员政治意识、大局意识、核心意识、看齐意识。加强基层党组织建设，为推进工作落实提供组织保障。严格落实“三会一课”、主题党日活动，坚持领导班子成员带头，党委书记授课，把建设学习型党组织的活动和财政中心工作有机结合，坚持推行学习工作化、工作学习化，妥善处理和解决好工作与学习的矛盾，做到“两不误，两促进”。一年来，党政主要领导共为党员上党课3场次；认真落实“基层党建提升年”工作部署，加强基层党组织规范化建设，提升基层党组织的凝聚力。建立党建经费保障机制，进一步加大对党组织活动场所、党员教育设施等投入力度。抓制度建设，筑牢工作基础，不断提高科学化管理水平。建立完善党委各项议事规则，巩固和完善基层党组织“三会一课”制度，建立健全组织生活会、民主评议党员、党员活动日、党员党性分析、党务公开、党课教育、党建述职和党员联系服务群众等制度。认真贯彻落实制度，进一步提高党委班子集体领导的科学化民主化管理水平。遇重要事项党委班子及时召开会议讨论研究并抓落实，通过领导带头、党员积极参与，各项制度得以充分落实，保障机关党建工作任务的圆满完成。积极探索推进党建工作的有效载体和办法。抓牢廉政建设，不断提高干部队伍廉洁从政意识；明确分工，落实责任。年初召开系统党风廉政工作会议部署全年廉政建设工作，将党风廉政建设和反腐败工作纳入财政工作的整体格局，把党风廉政建设和反腐败工作任务分解到领导班子成员和各股室，层层签订党风廉政建设责任书，制定主体责任清单，真正做到党风廉政建设工作与业务工作同起点、同布置、同安排、同落实、同考核。进一步强化制度建设和落实。修订《元谋县财政局“三重一大”事项集体决策制度（试行）》《元谋县财政局工作作风和工作纪律检查督查制度》《元谋县财政局运用监督执纪第一种形态对党员干部开展责任主体和组织提醒谈话制度》等制度，使党风廉政建设工作有章可循，有纪可遵。加强廉洁从政教育，财政干部廉洁自律意识不断增强。组织党员认真学习《中国共产党章程》《中国共产党廉洁自律准则》《中国共产党纪律处分条例》《关于新形势下党内政治生活的若干准则》，牢固树立纪律意识、规矩意识，维护中央、县委权威，确保政令畅通。充分利用发生在身边的各类反面典型和发生在本系统、行业的腐败案件，上廉政党课、参观廉政教育基地和爱国主义长廊、开展警示教育，让党员干部受警醒、明底线、知敬畏，筑牢党员干部拒腐防变思想防线。加强社会公德、职业道德、家庭美德、个人品德和中华传统美德教育；加强精神文明建设，培育和践行社会主义核心价值观；强化社会主义法治宣传教育，引导党员干部牢固树立法治意识，自觉学法守法用法。深入开展廉政风险点防控，开展“廉政文化进机关”、落实责任主体提醒谈话、推行党务、政务公开等工作，有力地推进了党建工作有序开展。

（范仕明）

税　务

国家税务

【国税机构组成】 元谋县国家税务局内设办公室、监察室、机关党总支办公室、人事教育科、征收管理科、税政管理科、收入核算科、办税服务厅8个科室，内设直属局稽查局，下设派出机构元马税务分局。2017年，元谋县国税局党组书记、局长为罗泓深；党组成员、副局长为马俊文、管建芹、孙永忠；党组成员、纪检组长为雷泞骏。全局有干部职工71人，其中：在职人员51人，退休干部20人。

【国税税收收入】 严格落实“四个坚决”征税原则，多措并举强化征管、团队攻坚突破困难，高位推动统筹发力，确保税收收入及时入库，在收入任务艰巨、减税力度加大、重点税源较少较弱等情况下，实现收入平稳增长，有力地支持全县经济社会发展。2017年，共组织税收收入19354.64万元，与上年入库相比，增收7158.69万元，增长58.69%，完成县委、县政府“三税”收入任务17921万元，完成一般公共预算收入8083万元，为县政府下达考核的税收收入任务的100.94%。

【依法治税】 明确工作目标，落实工作责任。制订《“十三五”时期元谋县国家税务局全面推进依法治税工作规划》和《“十三五”时期元谋县国家税务局全面推进依法治税重点工作任务分解实施方案》。制定落实学法用法实施方案和年度学法计划，推动元谋县国家税务局干部学法用法常态化，积极组织全局50位在职公务员在线学习并参加普法考试，取得证书。充分发挥公职律师在辅助领导决策、处理法律案件、提供执法意见等方面的积极作用，推行法律顾问制度，聘请法律顾问1人，并在此基础上探索建立重大执法决定法制审核制度及重大事项决策法律咨询论证和合法性审查制度。不折不扣落实一系列结构性减税政策和税收优惠政策。全县享受增值税备案类政策2580户次，征前减免增值税6102.96万元；为国电云南新能源有限公司元谋分公司办理风力发电增值税即征即退税款1267.93万元；为涉及出口货物的2户纳税人办理出口货物劳务退（免）税71.73万元；为1337辆1.6升及以下排量乘用车减征车购税178.03万元；为40辆城市公交企业购置的公共汽电车、3辆设有固定专置免税车、2辆新能源车办理免税手续，合计免征车购税49.14万元。并积极做好车辆购置税电子档案管理，车辆购置税电子档案扫描率100%。持续深入做好“营改增”后续工作。积极开展营改增“四大行业”纳税人专门专项辅导工作，共组织3次培训，159人次参训；认真做好1791户营改增纳税人身份界定工作，其中一般纳税人103户，小规模纳税人1725户；及时推行月销售额超过3万元（或季销售额超过9万元）的建筑业增值税小规模纳税人自行开具增值税专用发票试点工作，共向13户纳税人发售专票。较好完成年度企业所得税汇算清缴工作。强化国地税合作，抓好前期测算和培训，全县2016年度所得税登记户894户，应汇算782户，通过汇算应补所得税187.27万元，减免企业所得税4266.7万元，小型微利企业所得税优惠政策享受面100%。严厉打击税收违法犯罪。全面贯彻执行《全国税务稽查规范（1.0版）》和总局新修订的稽查工作制度，健全完善公安派驻税务联络机制，进一步落实国地税联合进户稽查，推动稽查工作科学化、规范化、标准化。积极推进全县稽查对象随机抽查和日常稽查工作开展，完成13户纳税人检查，查补税款、滞纳金、罚款113.66万元；抓好行业和区域税收专项整治工作，与公安部门地税部门协同开展了建材行业税收清理工作，清理入库税款、滞纳金、罚款25.16万元；抓好打击发票违法犯罪活动工作，检查各类发票756份，查补入库税款、滞纳金、罚款39.77万元；抓好发票协查工作，协查发票5份，查补税款、滞纳金、罚款16.55万元，及时完成了4起21份发票的受托协查调查及回复工作。

【纳税服务】 进一步提升办税服务水平。认真落实开展“便民办税春风行动”系列活动，推进机关自身的职能转变，着力解决税收管理和纳税服务中存在的突出问题，打造高效便捷的服务体系。优化办税服务厅资源整合和软硬件改造升级，全面提速涉税办理、提速发票领用、提速多元办税提速涉税审批，切实减轻纳税人负担。深层次推动国地税合作。按照省、州局工作要求，按月召开国税地税联席会议，通报各部门合作事项落实的进展情况，全年已落实51项合作事项。在认真落实办税厅分类管理的同时，以合作为导向，服务深度融合为重点，深化国税、地税合作办税，巩固提升“一窗通办”推行成果和“前台一家受理、后台分别处理、限时办结反馈”的服务模式，截至2017年11月30日，“一窗一人一机”业务量为4152笔。国税局代地税局累计征收税款8.88万元，地税局代国税局累计征收税款48.32万元。持续推进商事制度改革。积极与市场监督管理局、地税、质监、民政、编办沟通协调，注重协同管理，稳步提高市场主体“三证合一”、“两证整合”纳税人税务登记信息补录率、发票用票率、申报率、有税申报率，推进放管服改革。全年完成存量户2032户换证工作，换证率100%。同时，与元谋县发展和改革局等10家单位签订《第三方涉税信息共享和利用协议》。利用大数据进行比对分析，抓实纳税评估、专项核查和风险监控，确保房地产及建筑行业税收及时足额入库，维护好税收征管秩序。加强数据治理工作。以问题为导向，国地税各业务部门之间加强沟通协调，制订合作方案，上报领导审批后落实方案，形成“协商—上报—落实”机制，共同完成改革任务。在数据清理工作中，元谋县涉及14项，共6371个数据，根据任务清册，采用“分开加集中”的方式，将数据分为国地税各自修改数据和共同治理数据，同时抽调国地税人员组成数据治理小组，加班加点，全力清理数据，有效提高数据修改质量。深化推行电子税务局。围绕州局已推行的电子税务局等系统，主动作为，积极开展运行情况调查，现已绑定纳税人78户，国税地税通过电子税务局办理各类业务275次。

【**信息管税**】 致力于“互联网+税务”行动计划落地。探索电子税务局建设。有计划、有步骤开展电子税务局建设探索，稳步推进“互联网+税务”行动计划在元谋落地生根，及时开通税务微信微博，宣传推广“码上知道”等税收二维码扫码服务，切实构建微信微博、二维码税收宣传、纳税服务集群；加强税控服务单位管理，做实外购技术免费为纳税人服务措施，构建税务机关、税控服务单位和外购技术服务单位“三位一体”服务矩阵，切实提高纳税人网络办税、信息办税质量和效率。健全风险管理机制。统筹做好风险分析识别、等级排序、风险推送、风险应对、绩效考评工作。按照团队化应对的要求认真完成好省局、州局推送的风险任务，全年共接收省局、州局推送的风险任务20期，应对户数290户，风险应对率90.07%。规范征管档案管理。制定《元谋县国家税务局税收征管档案工作措施》，并在资金较紧的情况下，压缩其他开支，购买密集型档案架、设置专门档案室，进一步规范国税局税收征管档案管理，保证税收征管档案的安全完整，提高税收征管信息资源的利用效率。网络安全管理不断深化。严防死守杜绝违规外联，做好中心机房及关键网络设备状态监控管理，严防网络入侵，加强与网络运营商的协调配合工作，保障骨干网运行正常，确保网络可通率高于99%。认真做好日常病毒监控分析通报，确保终端安全管理系统安装率100%，病毒季度爆发率低于全州平均指标，全年没有发生违规外联事件和大规模病毒爆发事件。运维工作得到保障。及时做好电脑的故障排查和安装调试，做好新增人员及岗位变动人员的系统授权及设备维护工作，积极组织金税工程运维服务管理平台的培训，由专人负责处理金三运维平台，及时监控并解决平台上提交的问题，有效地维护了国税局金三运维平台的正常运转。全年通过运维平台已经提交工单678条。同时，认真对在用IT类固定资产进行了初步清理，完善相关台账及报废手续。

【**国税队伍建设**】 加强干部队伍建设。认真贯彻落实党的干部路线方针政策，坚持党管干部原则，按照好干部标准选拔干部，严格干部选拔任用工作程序和规定，加大年轻干部培养力度，干部队伍建设得到加强。加强干部教育培训。分类开展干部教育培训，突出干部的理想信念教育、党性教育、法纪教育、职业道德教育和业务培训。关注干部的思想状况、心理健康、身体健康和成长成才，结合实际开展好经常性思想工作，增强队伍凝聚力、向心力、战斗力。进一步强化国税文化建设，培育和践行社会主义核心价值观，弘扬税务精神，认真开展“传承好家风好家训”“爱岗敬业模范”“遵章守纪典型”“优质服务之星”等活动，及时发现身边同事的闪光点、评选先进、选树模范，传播干事创业、凝心聚力的正能量。2017年，国税局干部牛云兰在全省营改增试点工作成绩突出被总局表彰记二等功一次。

【国税系统党风廉政建设】 进一步完善从严治党工作机制。年内，共制定《党员积分制管理实施办法》《创先争优公开承诺践诺实施办法》《四亮四创四评实施办法》《2017年党建工作责任清单》《推进“两学一做”学习教育常态化制度化实施方案》等11个党建工作制度，进一步明确党组书记负总责、分管领导分工负责、机关党办推进落实、部门主要负责人履行“一岗双责”的党建工作格局。将主体责任落实情况列入绩效管理进行严格考核。针对基层党建工作的薄弱环节集中开展整治，规范“三会一课”和党费收缴工作，落实每月1日“党费日”制度，形成教育靠制度来保证，监督靠制度来落实，作风靠制度来规范的良好局面。认真开展“两学一做”学习常态化制度化教育。把学党章党规、学系列讲话纳入全年学习计划，贯穿于党员领导干部日常思想教育和政治教育的全过程。把“两学一做”内容纳入“岗位大练兵、业务大比武”活动，把《中国共产党问责条例》作为落实党建工作责任制的重要内容，纳入党组书记抓基层党建工作述职评议，纳入领导班子、党员干部考核管理中。加强权力运行监督制约。进一步完善内控机制建设，加强对重点领域、重点工作、重点环节的监督制约，全局层层签订责任书共45份，签订“两个责任”公开承诺14人次；党组会研究党风廉政建设工作9次；召开领导小组会议2次；开展责任主体提醒谈话43人次；严格落实党组书记与纪检组长会商机制。

【国税党建工作】 管党治党全面从严。压紧压实管党治党“两个责任”，纵深推进“两学一做”学习教育，深入学习宣传贯彻中共十九大精神，持续抓好基层党建工作，切实加强党员干部的教育管理，严明纪律规矩，严肃执纪监督问责，中央八项规定精神和管党治队的各项纪律要求得到全面从严落实。坚持党建带工建、带团建、带妇建、带扶贫。充分发挥群团组织的优势和作用，积极开展“献爱心、送温暖”、志愿者服务、走访慰问和帮扶困难职工等活动。按照县委、县政府安排部署，认真做好凉山乡冷水箐行政村和调整后的平田乡新康行政村扶贫工作，扎实推进党建扶贫“双联系一共建”工作。

【国税行政管理】 加强各类安全防范管理，全力推进综治维稳工作。认真落实“人防、物防、技防”措施，开展平安建设创建活动。逐级签订“综治维稳工作目标管理责任书”，明确各自责任和工作目标，主动参与联防联控，确保系统平安稳定。

（黄　睿）

地方税务

【地税机构】 2017年，元谋县地方税务局设办公室、人事教育股、计划财务股、监察室、法规股、税政股、征收管理和纳税服务股、规费股、科技信息股、稽查局、税侦中队；下辖一分局（征收分局）、二分局、三分局、四分局、五分局（黄瓜园镇）。年末，全局在职干部职工65人。其中：局长1人、副局长2人、纪检组长1人；公务员61人、机关工人4人（高级工2人、中级工2人）；大学本科学历27人、大专学历34人、中专学历4人；中共党员41人。

【地方税收收入】 及时分解任务指标。深入分析税源情况，将州局和县政府下达的税收计划指标全面分解，落实到各分局、税收管理员，形成“人人有责任、个个有指标、层层抓落实”的组织收入格局。强化税收分析与预测。加强对重点税源、重点行业和重点企业的分析，做好经济税源的调查研究，摸清全县辖区内税源情况。强化任务目标考核。继续实行税收收入月份目标责任制，按月下达各分局收入任务，按月通报任务完成情况。实行局领导、机关股室挂点联系基层分局的工作制度，与分局责任捆绑、奖惩挂钩，加大考核力度，形成合力抓收入。强化重点税源管理。健全完善重点税源监控台账，及时掌握重点企业生产经营情况、重点税源变化情况，由专人负责跟踪管理。强化税收检查。积极开展税收专项检查和组织收入巡查。每月组织开展一个税种或一个行业的专项清理检查取，对全县各行业开展税收专项清理检查，深挖潜力，堵塞漏洞，进一步规范地方税收秩序和行业税收管理，促进依法治税，实现以查促收、以查促管。全年完成地方税收收入20048.82万元，比上年减收2918.22万元，下降12.71%。其中，耕地占用税收入7910.24万元，比上年减收1609.14万元，下降16.9%；营业税收入77.76万元，比上年减收3392.94万元，下降97.76%；个人所得税收入2958.5万元，比上年增收644.34万元，增长27.84%；企业所得税收入1377.91万元，比上年减收411.82万元，下降23.01%；烟叶税收入1643.66万元，比上年减收53.67万元，下降3.16%；契税收入1607.54万元，比上年增收401.98万元，增长33.34%；城市维护建设税收入845.00万元，比上年增收318.17万元，增长60.39%；房产税收入574.64万元，比上年增收105.89万元，增长22.59%；城镇土地使用税收入579.35万元，比上年增收165.35万元，增长39.94%；车船税收入473.42万元，比上年增收76.16万元，增长19.17%；土地增值税收入736.70万元，比上年增收372.48万元，增长102.27%；印花税收入313.70万元，比上年增收113.63万元，增长56.79%；教育费附加收入504.24万元，比上年增收169.16万元，增长50.48%；资源税收入186.21万元，比上年增收51.38万元，增长38.11%；改征增值税收入254.77万元，比上年增收130.33万元，增长104.74%；税务部门罚没收入1.19万元，比上年增收0.47万元，增长65.86%。分别完成州局和县政府下达的收入任务。

【地方税费政策执行】 坚持依法治税，规范税收执法。加强税收规范性文件的管理，做到依法决策。严格规范性文件制定程序，及时对失效的涉税规范性文件进行修改和废止，制定出台的涉税规范性文件按规定予以公告，严格把关。加强政务公开工作。进一步深化政务公开工作，通过电子触摸屏、电子显示屏、门户网站的形式，将机构设置、工作职责、执法权限、办事依据和程序、举报投诉途径、税收相关法律条规和税收政策等内容向社会公开。畅通群众诉求渠道，对纳税人反映的问题依法及时处理并反馈。认真落实《云南省地方税务局关于进一步加强领导干部学法工作的意见》，加强税务法治建设，不断增强党员领导干部学法、用法、守法意识。加强行政审批工作。严格办事程序、办理期限，优化服务、精简行政审批项目、缩短办理时间，提高办事效率和服务水平，加强与政务服务中心的对接，实现资源共享。坚持重大税务事项集体审批制度，加强审批监督管理。加大税法宣传力度。积极开展税收政策宣传辅导，特别是2018年1月1日起开征的环境保护税，确保税收政策贯彻落实到位，提高纳税人税法遵从度。强化依法治税，努力提高税收征管质量和效率。进一步夯实征管基础，狠抓“五个到位”，即税收管理员职责落实到位、户籍管理到位、纳税评估到位、税收分析到位、互动机制落实到位。严格贯彻落实国家各项税收政策，在执行中结合具体情况，制定分税种、分行业的税收管理办法，把政策的贯彻执行和税收征管紧密结合起来。严格落实税收优惠政策。2017年，全局落实税收优惠政策依法减免各项地方税收共计1851.44万元，有力促进了地方经济社会的和谐发展。

【地方税收征管】 国地税合作稳步推进。2017年，按照国家税务总局、国地税合作规范的要求，联合办理设立登记3205户、联合采集财务报表192户、联合开展培训辅导5次（220人参加）、联合开展税收宣传4次、联合开展纳税信用评价310户（其中A级2户、D级62户）、联合开展以需求为导向的满意度调查1次、协同开展定期定额户的定额核定7536户、联合稽查4户（查补税款61.51万元）、共享双方内部涉税信息7693条、联合采集第三方涉税信息条5620条、协同管理建筑企业报验登记753户（协同管理增加税收926.73万元）、实联合开展干部培训45人次。互派人员进驻对方办税服务厅，已实现“一窗一人一机”一窗通办国地税业务，地税局代征收增值税306.52万元，国税局代征收地方税费39.69万元。重点税源管理不放松。紧紧抓住全县基础设施和重点项目建设持续推进、招商引资力度不断加大等有利因素，强化重点税源、重点建设项目的监控和管理。加强与环保、国土、林业、移民、住建、工商等部门的沟通协调和信息交换，实行跟踪管理。建立健全收入分析预测机制，加强税源分析，精准掌握税源情况，做好税款入库时序进度安排，确保税款及时足额入库。纳税检查不间断。通过案头分析和实地核查，认真分析日常税收征管中存在的短板，分税种和行业进行清理排查，积极开展分行业、分税种的专项清理检查，深挖潜力，抓实抓细小税种管理，促进税收收入稳步增长。欠税清缴不错漏。认真清理、核实欠税，加大欠税追缴力度。将全局欠税逐项明确责任部门、责任领导、责任人，确保欠税清缴工作取得实效，切实增强执法刚性和税法的震慑力。推进税收征管改革。整合征管和人力资源，积极研究探索基层分局征管和人力资源配置问题，对人力资源、征管职责范围进行重新整合，按岗位、行业、规模、税种等划分，深入分析调整各部门职责职能，降低成本、优化结构、补齐短板，实现征管效能最大化创新实践。

【地税税务稽查】 加大税务检查和稽查力度，进一步整顿和规范税收秩序，做到以查促管、以查促收。2017年，共开展稽查检查5户，入库税款、滞纳金、罚款5.32万元；督导自查32户，入库税款、滞纳金409.79万元，收入合计415.11万元。与公安、国税联合开展打击发票违法犯罪工作，完成发票检查3户，检查发票206份，查出代替发票使用的凭证12份，涉及金额82.47万元，查补入库税款6.53万元、滞纳金1.02万元、罚款0.20万元。与国税部门共同进驻、共同稽查、信息共享联合开展稽查4户，通过开展自查和重点检查，查补入库税款、滞纳金、罚款共计40.94万元。从3月起每月组织开展一个税种或一个行业的税收专项检查，全年共对248户企业开展纳税检查，涉及补税43户，共查补税款、滞纳金和罚款416.39万元。大力开展欠税追缴工作，全年共对6户欠税企业追缴欠税240.87万元。

【地税优化纳税】 做好规范服务。全力推行“首问责任、服务承诺、限时服务、告知服务、预约服务、提醒服务”的服务制度。不断加强办税服务厅软硬件设施建设，创新服务手段，丰富服务内容，拓展个性服务，全力打造优化纳税服务的良好品牌。加强政务信息公开和网上办税服务工作。建立健全纳税服务网站、“96128”政务信息查询专线，健全纳税咨询、宣传辅导、申报纳税等服务内容，积极为纳税人办理纳税事项提供便利。做好维权服务。大力推行税收执法责任制和执法过错责任追究制，加强对税收执法人员日常执法行为的监督和考核，依照有关法律和政策，切实维护纳税人的合法权益。做好科技服务。及时做好各种系统软件的安装、升级服务，提高办税效率。积极推行电子纳税服务平台、网络申报等缴税方式，全面推广应用“电子税务局”“房地产一体化管理平台”系统，为纳税人提供更多方便、快捷、高效的服务方式。结合税务总局“便民办税春风行动”开展民营企业发展帮扶活动，对“走出去”企业云南龙川江生物开发有限公司、元谋昊远物资实业有限公司等企业进行走访，对元谋泛泰房地产开发有限公司、元谋九州无同旅游地产开发有限公司等新办民营企业重点开展了税收政策宣传、纳税申报辅导等工作，深入贯彻落实全国税务机关纳税服务规范，进一步规范纳税服务，提升服务水平。

【地税信息化建设】 加强数据质量管理，提升应用水平。规范数据采集、录入、审核工作，按时检查分析疑点数据、错误数据，督促相关人员及时整改，使数据质量逐步提高；充分发挥金税三期税收管理系统的优势，加强各功能模块应用，努力实现“两个减负”。深化信息系统应用，充分发挥信息系统效能。按照省、州局的工作部署，做好企业所得税汇算系统、房地产一体化管理平台等专业系统的应用推广工作。全面拓宽第三方涉税信息交换渠道，挖掘内部数据潜力，拓展分析应用空间，努力提高应用水平。抓好电子税务局上线工作。将电子税务局推广应用作为进一步优化纳税服务的手段，采取有效措施，努力提高系统应用覆盖率，提高纳税人办税质效。加强信息网络安全管理，确保信息系统安全、稳定运行。认真开展信息安全教育培训，加强信息安全防范管理，进一步完善网络安全技术防范措施，构建安全、稳定、高效的网络环境，严防信息泄密事件发生。

【地税规费征管】 加强社会保险费、工会经费和残疾人就业保障金的征管工作。牢固树立税费并重的理念，坚持税费“同布置、同征管、同考核、同检查”的要求，实行“一把手”负总责、分管领导具体抓、业务股室协调配合的工作机制。强化费源监控。加强社会保险费收入分析，做好缴费户的信息监管工作，对不同类型的欠费单位实行有区别的动态监管，加大欠费清理力度，采取切实可行的措施进行欠费追缴，提高清欠率。加大宣传力度。充分利用广播、会议、宣传栏、LED 显示屏等方式，协同人社、总工会、残联等部门，坚持不懈的开展“五费统征”以及地税部门代收工会经费和建会筹备金、残疾人就业保障金的宣传工作，营造良好的规费征缴氛围。强化沟通协调。加强与县总工会、县残联、社保、财政等部门的协作配合，不断理顺规费征收管理工作关系。2017 年，全局共组织规费收入 32310.67 万元，比上年增收 14556.77 万元，增长 82.98%。其中：“五险”收入 14541.43 万元，比上年增收 2622.47 万元，增长 22.00%；机关事业单位养老保险和职业年金收入 16445.65 万元，比上年增收 11645.01 万元，增长 242.57%；代收工会经费 924.29 万元，比上年增收 267.06 万元，增长 40.63%；征收残疾人就业保障金 187.91 万元，比上年增收 22.24 万元，增长 13.42%；征收地方水利建设基金 211.38 万元，从 2017 年 1 月 1 日起征收。

【地税税收宣传月活动】 紧紧围绕环境保护税开征，深入开展第 26 个税收宣传月活动。在电视台刊播环境保护税相关问题的公告及致纳税人的公开信。充分利用网络、QQ 群、微信等多形式、多渠道开展日常宣传和专题税收宣传。12 月 3 日，组织 4 位业务骨干参加县普法办在县城文化小广场举行的“12·4”法制宣传日活动，发放宣传册 500 份，活动期间共为 56 位纳税人解答涉及棚改方面的税收优惠政策，大力宣传环境保护税的相关政策，为环境保护税的顺利开征做准备。把税收宣传月活动与开展“蹲企服务”活动相结合，深入企业走访，与纳税人面对面沟通，心贴心交流，增进广大纳税人和社会各界对税收工作的理解和支持，提高纳税人税法遵从度。

【地税“两学一做”专题教育】 认真抓好“两学一做”学习教育常态化、制度化，认真落实学习任务和要求，坚持每周一集中学习制度，深入开展党章党规、习近平总书记系列重要讲话和考察云南重要讲话精神的学习教育，坚定理想信念，深刻领会精神实质，用理论武装头脑，做到知行合一。突出抓好正反两方面“活教材”的教育，使全体党员干部对标先进典型，查找差距和不足，明确努力方向，以反面典型为鉴，增强廉洁自律意识和遵规守纪自觉性。认真分析全县地税系统在税收征管、税收执法、作风纪律、后勤管理等方面存在的问题，结合省局、州局开展的税收执法督察、巡视整改、经济责任审计、明察暗访及整治“不作为、乱作为”等工作中发现的问题，制定整改措施，健全完善相关制度。严格执行中央八项规定坚决纠正“四风”，严格控制“三公经费”支出。2017 年，全局公务接待费同比下降 15.58%，车辆运维费同比压缩 44.1%，因公出国、出境费实现零增长。

【地税党建工作及队伍建设】 加强领导班子建设。认真贯彻干部选拔任用工作条例，注重抓好班子成员理论修养和综合素质的提高，不断加强领导班子的思想和作风建设。坚持民主集中制和党组议事规则，对人事、财务、基建等重大问题由领导班子集体讨论决定。落实干部直接联系群众工作制度，深入开展与干部职工交心、谈心活动。落实从严治党要求。认真开展机关党建“灯下黑”和“两张皮”问题专项整治工作和“两学一做”专题教育，结合实际制定《元谋县地税局“两学一做”学习教育计划》，教育和引导干部职工坚定理想信念和政治立场，提升干部的纪律规矩意识，强化责任担当，促进工作质量和工作效率提高。强化学习教育。认真学习贯彻中共十九大精神、十八届六中全会精神、习近平总书记系列重要讲话精神和考察云南重要讲话精神、省第十次党代会精神，坚决同与习近平同志为核心的党中央保持高度一致。加强精神文明建设工作。高度重视精神文明建设和意识形态工作，积极争创省级文明单位。把地税文化建设作为精神文明建设的重要内容，扎实推进环境综合提升整治工作，打造干净整洁、统一规范、环境优美、秩序优良的办公和生活环境。加强党建工作。2017 年 6 月，通过县直机关工委批准，成立元谋县地税局党总支，下设县局机关和基层分局两个支部，进一步加强党的基层组织建设工作，为进一步充分发挥党支部的战斗堡垒作用提供了组织保障。

【地税扶贫攻坚】 按照省、州、县扶贫开发工作相关要求，认真开展精准扶贫、精准脱贫工作。2017 年，全局干部职工 65 人挂点联系新华乡华丰行政村 119 户贫困户，贫困人口 498 人，2014 年脱贫出列 15 户，36 人；2015 年脱贫出列 22 户，30 人；2016 年脱贫出列 10 户，37 人；2017 年脱贫出列 37 户，146 人。明确目标任务，制定脱贫计划。结合华丰村委会及贫困户的实际情况，协助村委会制定了到村、到组、到户脱贫计划，切实将脱贫攻坚工作任务细化到各家各户，细化到每位帮扶干部。加强组织保障，落实挂包责任。成立了脱贫攻坚工作领导小组，扎实做好扶贫攻坚“挂包帮、转走访”包村包户结对帮扶工作，实现户户有帮扶责任人，形成整体联动的扶贫工作格局。2017 年，共办理惠及民生的好事实事 5 件，解决群众最急最盼的问题 4 个，帮助解决脱贫攻坚工作中的困难问题 4 个，解决帮扶资金 14 万元。精准帮扶到户，推动产业发展。通过多次深入贫困户走访、调查、了解，根据贫困户实际，因地制宜确定实施项目，按照户户有产业、措施帮到位的要求，认真把脉、细致算账，完善帮扶措施，确保年底人均收入有所增收。2017 年，共投入人力 1 万余人次深入贫困户开展走访帮扶活动；协调扶贫资金 7 万元，发动职工捐助 7 万余元；开展文化教育扶贫，订阅报纸杂志 3041

元，购置电脑设备6台共1.2万元，向华丰中心完小投入教育扶贫资金0.8万元，精准扶贫工作成效明显。

【地税系统党风廉政建设】 认真落实主体责任。建立“一把手负总责，分管领导各负其责，一级抓一级，层层抓落实”的工作格局，把党风廉政建设与税收业务工作和党的建设相统一，做到同部署、同落实、同检查、同考核。党组坚持每季度召开1次党风廉政建设专题会议，按季召开思想动态分析专题会议。加强廉政教育。把廉洁自律教育纳入“每周一学”的内容之一，加强对《中国共产党廉洁自律准则》《关于新形势下党内政治生活的若干准则》《中国共产党党内监督条例》《中国共产党问责条例》等党规党纪的学习，切实加强干部的廉洁自律能力。认真开展专题教育。以“两学一做”和“不作为乱作为”专项整治活动为抓手，加强作风建设，教育和引导党员领导干部践行“为国聚财、为民收税”的宗旨，着力提升地税系统的政风行风工作。加强监督检查。把监督执行中央“八项规定”精神作为改进工作作风、密切联系群众的一项经常性工作来抓，不定期开展监督检查，强化责任管理，做到过程有督查，结果有奖惩。

（聂　玮）

发展改革管理

【发展改革管理机构】 元谋县发展和改革局为元谋县人民政府工作部门，正科级，加挂元谋县粮食局和元谋县科技局牌子。主要承担国民经济和社会发展战略规划，经济合作发展规划，宏观经济预测预警和信息引导，节能减排的综合协调、项目申报、资金争取，固定资产投资项目节能评估、审查，市场价格预测预警和应急，政府定价、政府指导价的商品和服务价格审批，县级预算内投资公益性项目和粮油管控等实行代建制的组织管理职能，指导推行代建制工作。2017年，元谋县发展和改革局设办公室、综合协调规划股、固定资产投资股、农村经济股、能源股、社会事业发展股、财政金融股、基础产业股、资源节约和环境保护股、经济体制改革和政策法规股、价格和收费管理股、粮食流通监督检查股、粮食调控股、科技项目股、科普及成果管理股、知识产权股、政务服务审批管理股共17个股室，核定编制46人，其中：行政编制22人、事业编制16人（含科技局、粮食局在内）、工勤编制2人。年末，全局在职干部职工42人。其中：局长（兼党委书记）1人、副局长3人；公务员34人、专业技术人员5人（技术员5人）、机关工人3人（技师1人、高级工1人、中级工1人）；大学本科学历15人、大专学历25人、高中学历1人、初中学历1人；中共党员31人。

【固定资产投资】 认真贯彻落实“抓项目增投资”专项行动，加快推进供给侧结构性改革，全力实施投资拉动战略。全年上报投资项目156项，其中新开工项目116项，竣工项目108项。全年完成规模以上固定资产投资76.94亿元，比上年增长39.6%，增幅位居全州第一，为州调整下达责任目标的100.3%。

【重点项目建设】 围绕优势资源和特色产业、产业政策、投资政策，共筛选上报2017年重点建设项目79个，争取到位项目前期工作经费5390.84万元，其中省州级补助1407万元、县级补助3983.84万元。全年组织上报云南省“4个100”重点项目4项，项目计划总投资31.43亿元，上报楚雄州“4个100”重点项目38项，项目计划总投资122.63亿元。重点推进县城棚户区改造工程、乌东德水库建设移民搬迁安置项目、易地扶贫搬迁、元谋通用机场、金沙江元谋港项目、金沙江龙街大桥、永定河河道治理、县城污水处理厂管网配套建设、古人类项目区凤凰大道污水管网配套工程、高标准农田、大型灌区丙间片11.4

万亩高效节水灌溉、养老服务中心、城市供水改扩建、滨江大道、凤凰大道、源达路片区及元谋体育馆片区路网、天然气管道、元谋古人类历史文化旅游项目、工业园区小雷宰聚集区基础设施建设、南繁种业科技园区、鸿腾酒业、南都牧业、小石门大（2）型水库、元谋至大姚至祥云公路改造提升工程等项目建设工作，促进规划项目及早落地开工建设。小河口水电站、虾蟆井风电场、小西村太阳能光伏发电站、天子山太阳能光伏发电站、河外村太阳能光伏发电站等重点能源项目相继建成投产初见成效。全年组织集中开工重点建设项目3批79个。

【新能源建设】 年内，建成投产风电场2个（雷应山49.5兆瓦、虾蟆井49.5兆瓦），总装机99兆瓦，累计发电14.29亿千瓦时，产值8.71亿元；建成投产光伏电站3个（小西村20兆瓦、河外一期50兆瓦、天子山20兆瓦），总装机90兆瓦，累计发电3.57亿千瓦时，产值3.46亿元。班果山农光互补建设项目（50兆瓦）、芝麻农光互补建设项目（50兆瓦）、河外二期（20兆瓦）发电站项目，已争取到2017年度规模性建设指标，准备开工建设，计划2018年6月底建成投产；鸡冠山风电场（49.5兆瓦）、龙海古风电场（49.5兆瓦）国电云南新能源有限公司已完成前期工作，等待省发改委核准建设。

【投资项目审批】 开展行政审批制度改革，继续深化权力清单、责任清单的清理落实。加强非行政许可审批事项的管理，持续推进投融资体制改革。完善投资项目在线审批监管平台，实行新的网上并联核准制度。按照《元谋县项目审批“一站式”审批办法和代办办法》的要求，简化审批程序，改善投资环境，提高服务效能，认真做好建设项目的审批、备案和招投标方案审批工作。全年集中办理各类投资项目审批事项365项，办结365项，项目计划总投资169亿元。其中：审批类项目242项，项目计划总投资73.9亿元；备案类项目120项，项目计划总投资95.31亿元；核准类项目3项，项目计划总投资0.06亿元。

【公务用车制度改革】 积极开展公务用车制度改革，及时制定《元谋县推进公务用车制度改革工作方案》。积极稳妥推进车辆封存停驶、喷涂“公务用车”标识、车辆的调剂和公务交通补贴的发放等工作。2017年全县公务用车制度改革涉及单位69个、公务用车244辆、人员1646人。改革后，全县公务用车保留174辆、拍卖46辆、报废24辆。

（周爱林）

市场监督管理

【市场监督管理机构】 2017年，元谋县市场监督管理局设办公室、人事股、监察室、计划财务室、注册登记管理股、政策法规股、市场规范管理股、质量与商标广告监管股、食品安全委员会办公室、食品安全监督管理股、药械保化监督管理股、标准化计量认证认可股、特种设备安全监察股、消费者权益保护股（申投诉举报中心）、非公有制经济组织党建工作办公室15个内设机构和行政执法大队（副科级）1个直属机构，下辖元马、黄瓜园、羊街、老城、平田、新华、凉山、物茂、江边、姜驿10个市场监督管理所。年末，全局在职干部职工77人。其中：党委书记、局长1人、副局长4人、纪委书记1人、行政执法大队长1人、市场监督管理所所长10人；公务员71人、机关工人6人（高级工5人、中级工1人）；大学本科学历47人、大专学万27人、中专学历2人、高中学历1人；中共党员52人。局党委设委员7人，其中党委书记1人，下设党支部18个，年末有中共党员182人。下辖非公有制经济基层党支部14个，年末有中共党员94人。设中国共产党元谋县小微企业个体工商户专业市场委员会，属元谋县市场监督管理局党委下设的基层党委，设党委书记1人、副书记2人。

【市场监管法制建设】 成立普法工作领导小组、依法治县工作领导小组和案件审理领导小组，制定《元谋县市场监督管理局2017年普法工作意见》《元谋县市场监督管理局2017年度依法治理工作计划》《元谋县市场监督管理局开展法治宣传教育第七个五年规划》《元谋县市场监督管理局全面推进依法治理工作五年规划（2016—2020年）》和《元谋县市场监督管理局重大疑难行政处罚案件、行政审批事项集体讨论决定制度》。编制15项行政许可事项办事指南（完整版）和业务手册标准模板。充分利用"3·15"消费者权益日等特殊纪念日、每季度一次的个体私营经济协会会员活动等重点时段开展法制宣传活动。全年开展普法宣传活动18场次，发放宣传材料2万余份。组织干部职工11人参加行政执法岗位培训。全局干部职工77人，有73人持有行政执法证。

【市场监管党风廉政建设】 狠抓党风廉政建设责任制落实。成立领导机构、分解落实工作任务，党风廉政建设党委主体责任、纪委监督责任全面落实。与班子成员、内设股室和10个乡镇监管所层层签订责任书共计29份。严格落实中央八项规定精神，全面开展各项查偏纠正专项行动。全年开展作风纪律督查15次，发现苗头倾向性问题5个，发出针对性的文件通知2个，下发督查通报6期，开展集体责任主体提醒谈话2次、个别责任主体提醒谈话7人次，组织开展责任主体提醒谈话157人次，进一步促进重点工作落实和干部作风持续好转。

【小微企业个体工商户专业市场党建】 中国共产党元谋县小微企业个体工商户专业市场委员会下辖14个非公支部，覆盖57户企业，有94名非公党员，党建工作覆盖率达到100%。鼓励各支部党员积极开展共产党员经营户（店）、共产党员示范户（店）创建活动，营造公平竞争市场环境，评定共产党员经营户（店）11户、共产党员示范户（店）5户。年内，完成10个非公党支部阵地规范化建设。常态化开展"学示范、创示范，学典型、创典型"活动，组织工贸街联合党支部、物茂个私协分会党支部等10家支部共计169人次到示范点参观交流学习。

【市场监管信息宣传】 将宣传报道和政务信息工作纳入全年综合绩效考核，加大宣传经费投入，为宣传市场监管工作提供物质保障。全年上报信息、稿件470条（篇），被各级媒体采用信息、稿件228条（篇）。

【商事登记制度改革】 深化商事制度改革，扎实推进"五证合一、一照一码""两证整合""多证合一"等工作。全县换发企业"五证合一、一照一码"营业执照1185户，农民专业合社137户，核发"两证整合"个体工商户营业执照2198户，办理企业、个体工商户、农民专业合作社"多证合一"营业执照3520户。向相关部门推送双告知信息38期。开展双随机抽查市场主体309户。运用简易注销程序办理个体工商户简易注销14户。9月20日，元谋县人民政府成立了元谋县"多证合一"改革领导小组，9月29日组织召开了"多证合一"改革领导小组会议，建立了"多证合一"改革工作推进联席会议制度。11月1日全面推行企业注册登记全程电子化，商事登记制度稳步推进。

【企业注册登记监管】 年内，全县新发展企业452户，新增从业人员2001人，新增注册资本17.43亿元。其中：新发展农民专业合作社31户，成员出资总额1.85亿元。年末，全县有企业3199户，注册资金142.1亿元。其中：有农民专业合作社317户，有成员1970人，成员出资总额77.92亿元。完成全县微型企业的资格预审130户，其中完成县市场监督管理局负责的微型企业培育资格预审30户。完成"贷免扶补"工作任务10户。

【个体工商户监管】 年内，全县新发展个体工商户1682户，新增从业人员1548人，新增注册资金2.04亿元。年末，全县有个体工商户8302户，从业人员1.38万人，注册资金6.15亿元。

【企业信用信息公示】 认真贯彻执行“双随机”抽查机制，抽查检查市场主体309户，并将抽查检查信息进行公示。依法将结案的84件案件的行政处罚信息及时准确地在全国企业信用信息公示系统、行政执法与刑事司法衔接信息共享平台、元谋县市场监督管理局政府信息公开网站进行公开，行政处罚信息公示率100%。截至6月30日，企业年度报告需报送2482户，已报送2392户，年报率96.37%。农民专业合作社年度报告需报送279户，已报送269户，年报率96.42%。个体工商户年度报告需报送7254户，已报送6960户，年报率95.95%，完成年初既定目标。

【商标管理】 全年申请商标注册11件。年末全县有有效注册商标196件，其中涉农商标72件。全县拥有地理标志证明商标2件、集体商标2件、云南省著名商标10件、楚雄州知名商标12件。商标拥有量逐年上升，品牌意识不断增强。

【广告监管】 指导企业建立广告从业人员和广告审查人员的管理制度、广告业务的承接登记、审核、档案管理制度、公益广告发布制度、统计报表制度。全年监测、巡查药品、保健品、医疗、房地产等广告263条次。开展非法集资广告、互联网金融广告及以投资理财名义从事金融活动风险专项整治活动。

【市场专项整治】 结合全县市场秩序实际，先后组织开展了无照（证）经营、节日市场、计划生育避孕药具、体外诊断试剂、无菌及植入类医疗器械、毒性中药材、化妆品、学校及校园周边环境、调味料、农村食品市场、婴幼儿配方乳粉、进口食品、日本核辐射区问题食品、蔬菜市场、城乡环境综合整治、农资市场、儿童用品市场、地条钢、打击传销规范直销、“双打”、打击走私综合治理、“缉枪治爆”、涉氨企业危险化学品、电梯回头看、安全隐患大排查、产品质量、非法集资广告、互联网金融广告及以投资理财名义从事金融活动风险、旅游市场、人感染H7N9禽流感、网络市场、消防安全、建材市场、汽车市场、文化娱乐等市场、工业产品生产企业执行标准、强制性认证产品等专项整治活动，压实企业主体责任、乡镇属地管理责任和行业部门监管责任。对经营范围涉及“五金、小五金”的企业244户、个体工商户441户实地逐一核查并登记造册加强监管。组织开展各类培训53场次，参加培训学习人员5476人次，发放宣传资料15.25万份，发布预警公告20期，出动执法人员4359人次、执法车辆1442辆次，检查各类市场主体1.28万户次，发出监督意见书102份、责任改正通知书291份、监察指令书11份、市场检查告知书693份。全年查处各类违法案件84件，其中简易程序案件10件，一般程序案件74件。

【食品安全综合协调】 推行食品安全委员会成员单位挂点联系乡镇及食品生产经营企业工作制度，食品安全委员会成员单位按照挂点联系工作职责分别挂点联系10个乡镇和10户食品生产企业。将食品安全工作纳入地方政府工作目标责任考核，县人民政府与各乡镇、食品安全委员会成员单位签订食品安全工作责任书，层层落实食品安全监管责任。全年组织召开食品安全委员会联席会议3次、食品安全办公工作会议15次，研究部署2017年食品安全监管重点工作。根据《元谋县村级食品药品安全协管员管理及考核办法（试行）》对聘用的村级食品药品安全协管员日常工作情况进行年度考核，兑现2016年度全县79位农村食品药品协管员工作补贴9.48万元，对工作踏实、业绩优良、榜样作用明显的13位优秀村级食品药品安全协管员进行奖励。组织学校食堂食品安全管理员、25家食品生产企业开展食品安全监管知识培训2期，参训人员90人。组织新华、物茂、黄瓜园、平田、凉山等片区食品从业人员、食品安全管理员、学校食堂食品安全管理员、学校食堂从业人员开展食品安全监管知识培训6期，参训人员1100人。

【食品药品安全监管】 年末，有食品生产企业24户、小作坊5户、食品经营户3029户。有药品经营企业77户。有药品、医疗器械使用单位132户。有医疗器械经营企业60户。有登记经营保健食品店93户。有化妆品经营使用单位218户。药品GSP认证检查抽调率95%，药品批发企业跟踪检查覆盖率100%，药品零售企业跟踪检查覆盖率25.6%，医疗机构规范药房建设达标率比上年增加33.33%，监管所人员及协管员培训率100%。全县已有320户餐饮单位完成“明厨亮灶”改造。深入推进餐饮服务食品安全监督量化分级管理工作，全县共有餐饮单位772户，已评定餐饮单位740户（三个月内未评定32户），量化分级评定率100%。350户市场主体已开通并加入食品安全监管网。规范学校食堂经营行为，学校食堂持证率100%。发放《中华人民共和国食品安全法》等宣传资料6万份，接待咨询2000人。利用企讯通等多种媒体发布预防食物中毒预警公告20期；开展重大活动食品安全保障15次，保障人数7390人次；全年共受理食品经营许可申请763户，初审生产许可17户，动员113户小作坊送检产品，办理小作坊登记证5户，农村自办宴席备案登记760场次，督促5个市场落实食用农产品销售市场质量责任，推广食品安全监管网350户。开展白酒小作坊和散装白酒等专项整治，出动执法人员583人次，检查食品生产经营单位6733户次；立案查处食品违法案件7件，没收不合格食品53.8千克。成功组织开展全州食品安全应急演练和元谋县药品安全突发事件应急处置演练。在“2017中国 · 元谋果蔬节”期间成功组织“舌尖上的元谋——元谋美食大赛”和“香飘十里——不夜城美食街”活动。

【药品及医疗器械购销】 年内，全县药品购销机构全年购进药品及医疗器械12.59万种，购进总金额6218.26万元。其中：购进药品12.02万种、总金额6076.41万元，购进医疗器械0.57万种，总金额141.85万元。全县药品购销机构全年销售药品及医疗器械12.52万种，销售总金额6093.17万元。其中：销售药品12.2万种，总金额6670.07万元，销售医疗器械0.32万种，总金额323.1万元。

【产品质量监督管理】 全年完成国家级食品安全监督抽检与风险监测42批次、省级食品安全监督抽检与风险监测75批次、州级食品安全监督抽检与风险监测19批次、食用农产品抽检240批次、学生粮油监督抽检15批次、小作坊小摊贩抽检113批次、发布抽检信息52期。完成省级药品监督抽验16批、州级药品监督抽验27批、完成药品快速鉴别检测84批、国家化妆品监督抽检6批次、国家保健食品安全监督抽验2批次、医疗器械监督抽检1批次。完成食品安全监督抽检504批次；监测评价上报药品不良反应113例。抽检红砖11批次、化肥37批次、农用薄膜5批次、钢管20批次、PE管9批次、成品柴汽油9批次，钢筋20批次。

【特种设备安全监察】 年末，全县有特种设备单位121家，固定式特种设备602台（液化气钢瓶350只除外），其中：锅炉47台、起重机械157台、压力容器179台、电梯204台、压力管道3871.7米、大型游乐设施2台，场（厂）内机动车13台。与2016年相比，使用单位净增加19家，增长率18.63%；特种设备净增加48台，增长率8.66%。成功组织承办楚雄州液氨泄漏事故应急救援演练。认真落实特种设备安全监管“党政同责”“一岗双责”制度。县市场监督管理局与121家特种设备使用单位分别签订《特种设备安全责任书》《特种设备使用安全管理责任承诺书》，签订率100%，明确安全生产责任主体。坚持全面检查与严格执法相结合、企业自查与政府督查相结合、属地负责与部门督导相结合，集中开展安全生产大检查、电梯大会战、涉氨制冷企业隐患排查等整治，彻底治理一批重大事故隐患。严格落实各项安全防范责任和措施，有效防范和坚决遏制重特大事故。全年检查特种设备使用单位107家、特种设备560台，下发监察指令书11份，排除安全隐患45起。特种设备登记注册率、检验检测率、持证上岗率、隐患整改率均达100%。

【标准化计量器具管理】 全年检定500型台秤38台、检定元马农贸市场、西城村农贸市场计量器具127台，免收检定费2.03万元。检定混凝土搅拌站2个、配料线4条、配料秤21台、电子汽车衡4台、烤烟收购点计量器具17台。引导6户检验检测机构在规定时限内完成统计直报工作，填报率100%。检验检测机构事中事后监管率100%。

【质量强县】 年末，全县有通过管理体系认证企业2户、绿色食品认证企业10户、危害分析与关键控制点认证企业1户、有机产品认证企业1户、良好农业规范认证企业1户。大力实施品牌发展战略，积极引导企业争创名牌。组织2户企业开展云南名牌产品到期复审续展工作，1户企业开展2017年度云南名牌产品申报工作。组织2户企业参加楚雄“质量走廊”州级示范单位创建申报，1户企业参加云南省“质量走廊”省级示范单位创建申报。组织5户企业参加2017年第二届州政府质量奖评审申报。全面开展“诚信计量自我承诺示范单位”创建活动，创建示范户7户。复查7户州级和县级诚信商场、平安商场、文明商场。创建州级诚信商场、平安商场、文明商场各1户。积极筹备启动全国知名品牌创建示范区（元谋县冬早蔬菜水果产业区）创建工作。

【市场监管消费维权】 年内，扎实推进“12315”“五进”工作，畅通、融合“12315”“12331”“12365”申投诉（举报）渠道。全年受理投诉举报96件，办结96件，办结率100%。争议金额147.63万元，为消费者挽回经济损失20.36万元，加倍赔偿3167元，兑现举报奖励2件、奖金300元。

【市场监管扶贫攻坚】 建立领导班子成员包村、干部包户的全局干部职工结对帮扶贫困户责任制。全局在职党员干部职工77人，共结对帮扶贫困户74户、贫困群众249人。年末有贫困户11户贫困群众40人实现脱贫目标。

【市场监管基层规范化建设】 围绕市场监督管理职能职责，扎实开展基层规范化建设工作。年内，投资4.69万元为局机关和基层市场监管所购置计算机3台、打印机2台、多功能一体机1台、碎纸机2台。投资10.98万元完成局机关办公区、元马市场监督管理所办公区、发祥路99号原工商局住宿小区彩钢瓦（石棉瓦）顶车棚、罚没物资仓库拆除、改造工作。

（田仁富）

物价管理

【价格管理】 年内，在开展市场调研及成本监审的基础上，对元谋县生猪定点屠宰加工费收费标准进行适时调整，收费标准由50元/头提高到75元/头。积极推进农业水价综合改革，充分发挥价格杠杆在水资源优化配置、调节用水需求等方面的作用。在县水务局的积极配合下，组织召开了“元谋县水利工程供水价格改革方案听证会”。

【收费管理】 年内，取消了县级相关部门收取的价格鉴定费、房屋转让手续费、卫生检测费、婚姻登记费，收养登记费等15项行政事业性收费，降低商标注册收费标准50%，全年预计减轻企业和群众负担约500万元。

【依法治价】 年内，开展涉企收费专项检查、电力价格专项检查和旅游门票价格专项检查。共查处价格违法案件2件，清退价格违法所得19.48

万元。年内共受理价格咨询、价格举报6件，办结率100%。

【价格鉴证】 年内，认真开展涉案财物价格鉴证工作。共受理并办结公、检、法部门价格认证委托82件，鉴定金额累计251.77万元。鉴定标的涉及房屋、机动车、家电、电力设备、农作物、大牲畜等。全年所出具的价格鉴定结论全部被司法部门采用。

【价格监测】 年内，每周定期不定期加强对城区主要农贸市场和各大商场进行巡查，调查了解市场价格运行情况，掌握市场行情，疏导价格矛盾，防止哄抬物价、串通涨价、捏造散布涨价信息等各种价格违法行为的发生。做好乌东德水电站征地区、安置区的价格调查工作。重点对包括农副产品类、建筑材料类和交通运输类共计87个商品和服务价格开展调查，每月于5日、15日、25日三天进行采价，调查数据每个季度按时汇总上报国家发改委价格监测中心，全年此项工作开展顺利。

【农业生产成本调查】 年内，针对近年来调查户在登记中存在的一系列问题，积极采取座谈、培训等措施，最大限度地避免在成本登记过程中漏登、登记不全等现象，保证农本资料的真实性、完整性。全年按质按量完成7个调查点19户调查户7个调查品种的资料汇总及上报工作。认真完成调查户种植意向专项调查、存粮情况专项调查和农资购买情况专项调查工作，为省州制定粮食最低保护价政策提供一定参考依据。

（李庆伟）

审计监督

【审计机构】 2017年，元谋县审计局设办公室、经济责任审计股、固定资产投资审计股（政府投资审计中心）、行政事业经贸审计股、农业与资源环保审计股、法制股。年末，全局在职干部职工20人。其中：党组书记1人、局长1人、副局长2人；公务员14人、专业技术人员3人、机关工人2人（技师1人、高级工1人）、事业工人1人（高级工）；大学本科学历11人、大专学历7人、中专学历2人、高中学历1人；高级审计师3人、审计师7人、会计师3人；省审计厅计算机中级证6人、预算员资格证6人；中共党员11人。

【审计项目】 2017年，完成审计项目66项，其中：财政管理7个、专项资金5个、环境资源1个、经济责任8个、固定资产投资竣工决算41个，数字化（信息系统审计）2个，经济责任交接事项2个，为楚雄州审计局下达任务的100%。审计查出违规金额3086万元，管理不规范金额5324万元，收缴财政1075万元，减少财政拨款848万元，审计固定资产投送审金额35518万元，核减工程投资775万元，审计专项资金56059万元，公告审计结果55篇，提交审计工作（调查）报告74篇，提交审计专报11篇，提出审计建议46条，被采纳31条。

【重大政策措施贯彻落实跟踪审计】 年内，开展地方政府债券资金管理使用情况跟踪审计及“五网”建设中的水网部分工程项目的审批全过程专项审计调查，充分揭示示债券资金未及时拨付，项目实施进度慢；“五网”建设项目部分未开工、项目建设不合规、手续不完善、已建成污水处理厂日处理量未达设计要求等问题，提出审计建议6条。

【财政预算执行审计】 2017年，开展县级财政预算执行、地方税收征收管理和对元谋县发改局、县住建局、县扶贫办等3个部门进行预算执行审计。重点关注财政资金分配、管理、使用情况，预算编制的细化上；注意从体制、机制和管理层面研究财政问题和提出审计建议，注重审计的整体性、效益性和建设性，进一步强化财政管理，提高财政资金使用效益。重点揭示年初预算编制不科学、准确；财务核算及管理不规范；违规发放津贴补贴，扶贫资金使用效益不明显；税款未及时入库等方面的问题。及时向县人大和县人民政府上报2016年度县级预算执行情况与其他资金审计工作报告、审计结果报告、审计整改报告。

【领导干部任期经济责任审计】 年内，对王薇任元谋县科技局局长、周汉忠原任元谋县城投公司经理和保障性住房主任、任和原任元谋县文体广电旅游局局长、文建辉任元谋县供销社主任、汤正琼原任元谋县统计局局长、白忠任元谋县卫计局局长、李跃鸿任元谋县经信局局长、吴云强任姜驿乡乡长期间，开展经济责任审计；对元谋县原科协主席陈海君、元谋县原残联理事长杨秀丽2位干部进行任期经济责任交接工作；对姜驿乡开展自然资源资产管理和生态文明的责任试点审计。审计查出违规金额106.3万元，管理不规范金额822.67元，提交审计报告16篇，提交审计专报8篇，提出审计建议19条，被采纳15条。发现主要问题有：应缴未缴非税收入、应缴未缴税费问题；挤占、挪用专项资金，收入未入账、私存私放公款资金、坐支现金，虚列支出、扩大支出范围、套取资金问题；项目结余、结转资金长期闲置未处理；个别单位仍然存在无依据发放奖金、劳保及实物问题；会计核算及管理不规范，往来款长期挂账等问题。

【固定资产投资审计】 2017年，积极向社会购买投资审计服务，引进6家审计中介参与审计。利用中介1300多个工时，开展政府投资审计项目41个，送审资金3.61亿元，核减工程投资758万元。投资审计揭示部分建设项目未严格执行国家基本建设程序，超规模、超标准、超计划、增加工程审批手续不全；挤占拉用项目资金；多付工程款；部分工程项目预算编制不够明细，擅自调整建设内容等问题，提出加强工程管理的审计建议，收缴县财政项目结余资金1010.6万元。

【专项资金审计】 年内，对元谋县2016年度农村公路养护资金使用情况、元谋县2016年贫困地区劳动力转移培训项目资金、元谋县2016年新型农村合作医疗基金划转清算情况、元谋县2016年特大洪涝泥石流滑坡灾害恢复重建和生活救助资金4项专项资金进行审计（调查）。审计结果表明：专项资金基本严格按项目规定管理，会计核算进一步规范，但还仍存在挤占专项资金、多报补贴、捐赠资金未及时安排等问题。

【资源环境审计】 2017年，继续探索开展资源环境审计，促进绿色发展。以推动领导干部守法守纪守规尽责，切实履行自然资源资产管理和生态环境保护责任，促进自然资源资产节约集约利用和保护生态环境安全为目标。在开展姜驿乡乡长吴云强任中经济责任审计同时，对该乡乡长2012年3月至2015年土地、水资源、森林和草地资源等资产管理和执法情况进行审计试点工作。向县人民政府专题报告自然资源资产责任审计试点工作，受到县委、县人民的充分肯定。

【信息系统化审计】 2017年，对元谋县中医院、元马镇卫生院信息管理系统进行审计。通过检查和评价被审计单位信息系统的安全性、可靠性和经济性，揭示信息系统存在的问题，提出完善信息系统控制的审计意见和建议。向州审计局上报以上两个单位信息系统审计案例。

【财务专项检查】 2017年，为加强日常监管，促进体制机制不断完善，联合财政、监察等部门组织对发改、国土、农、林、水等30多家县级预算单位进行财政财务检查，重点关注融资资金，发放奖金、津贴、补贴、补助和“三公”经费的管理使用情况。通过审阅、询问、复核等工作方法进行检查，全面揭示各部门在财政资金、融资管理使用、公务接待、财务核算过程中存在的问题和不足，向县人民政府上报《财务检查报告》。

【审计机关管理改革试点】 积极稳妥推进审计机关人财物管理改革试点工作。加强对改革后出台的各项政策措施的贯彻学习，积极配合省州审计机关做好各项数据的上报工作，编制好部门中期财政规划，按时间节点要求完成资产上划各项工作，研究改革推进过程中遇到的困难和问题，主动沟通、形成合力，确保改革有序推进。抓好各项改革措施的落实。切实理清工作思路，突出工作重点，把改革试点工作做严、做实、做出成效，实现改革成果的最大化。

【审计发现问题整改】 切实维护审计监督的严肃性，进一步加大审计查出问题的整改力度，健全完善审计整改的长效机制，县人民政府出台《元谋县人民政府关于进一步加强审计整改工作的意见》。及时召开审计查出问题整改工作专题会议，明确工作任务，严肃工作要求，全面安排部署审计查出问题的整改工作，层层分解落实责任，使整改工作得到有效落实。2017年，县人民政府继续将审计整改工作列入综合绩效考核内容之一，对19个县级部门及10个乡镇审计发现问题整改进行目标管理考核。年内，由县政府督查室牵头，抽调纪委、财政、审计部门相关人员参加，组成2个督查组对2016年9月至2017年8月审计查出的问题整改落实情况开展督查，针对审计查出的主要问题没有及时整改的，由县人民政府分管领导对所分管单位的主要负责人进行约谈，督促整改。年内，县人大审议的《审计工作报告》中反映应整改问题145个，涉及19个县级单位和10个乡镇，已整改到位139个，占应整改问题的95.86%，正在整改的问题6个，占4.14%。

【审计队伍建设】 2017年，选送9人次参加州审计局组织的厦门大学、南京审计大学审计综合素质提升班学习；2人次参加省审计厅举办计算机中级班培训学习；2人次参加州委党校无党派人士中青班学习；3人次参加州审计局信息系统、全省脱贫攻坚跟踪审计、姚安县县长任期自然资源资产审计以审代训，1人次到州审计局信息科顶岗学习，16人次参加楚雄州审计局举办的行政执法学习；86人次参加全州视频审计案例交流培训；2人次参加审计、会计类职务考试。全局有本科学历11人，有高级审计师3人，审计师7人，会计师3人。有省审计厅计算机中级证6人，占总人数的30%；有预算员资格证6人，占总人数的30%；具有中高级专业技术职务人数占总人数的61%，实现省审计厅提出的“具有中高级专业技术职务人数达到50%”的目标。

【重点工作】 2017年，抽出1人长期参与乌东德电站移民搬迁工作、1人长期参与扶贫工作队员、6人次参加县委巡查工作、6人次参加县纪委、县财政局、县人社局组织的“小金库”和“吃空饷”清理工作，167人次参与元谋县县城东南片区（二期）棚户区改造联系服务13户征收包户工作，56人次参与乌东德电站水电移民工作。

【审计志编纂工作】 年内，成立元谋县审计志编纂工作领导小组，把编纂工作落实到分管领导、责任办公室、具体岗位和编写人员。明确工作责任。按照职责分工，认真做好相关内容的资料收集和志稿初稿的编纂等工作，如期完成征稿任务。坚持高起点、高标准、高质量，把质量精品意识贯穿到编纂的全过程和各个环节，实事求是，取舍得宜，论事精当，全面、客观地反映元谋县30年审计工作发展的历程、取得的成就及经验教训，力求志书内容达到思想性、科学性、资料性与可读性统一，使审计志质量经得起历史和实践的检验。年内，元谋县审计志已经州审计局审定。

（罗杰林）

统计监督

【统计机构】 2017年，元谋县统计局设办公室、法规股、综合股、城乡调查股、工商基建股、普查办公室。年末，全局在职干部职工17人。其中：局长兼党组书记1人、副局长3人；公务员10人、专业技术人员6人、事业工人（中级工）1人；大学本科学历9人、大专学历7人、中专学历1人；畜牧师1人、助理兽医师1人、助理工程师1人、助理农艺师2人、享受助理级待遇1人；中共党员10人。

【统计队伍建设】 县统计局注重提高干部职工的整体素质，把统计队伍建设作为提高统计工作水平、促进统计事业发展的大事来抓。坚持“用数据说话、为决策服务”的统计工作方针，打造一支“廉洁、团结、务实、高效、活力”的统计队伍。组织全局干部职工深入学习贯彻中共十九大精神、习近平新时代中国特色社会主义思想，大力弘扬“跨越发展、争创一流，比学赶超、奋勇争先”精神，做到学习与工作相互促进。加强统计法律条规和统计业务知识的学习，增强依法行政、依法统计的自觉性。积极参加上级业务主管部门举办的业务培训，年内组织统计人员参加省州统计局举办的统计业务培训62人次。加强内部管理，领导班子成员带头抓作风建设，每个月轮流带队督查工作完成情况和遵守纪律情况，聘请监督员参与监督，督查结果在局内通报。全年开展工作纪律督查14次，充分调动职工争先创优的积极性，促进各项工作的顺利开展。

【统计服务】 树立主动服务意识，紧紧围绕县委、县人民政府工作重点，创新统计服务方式，拓展统计信息服务的范围和内容，为元谋县经济社会发展提供优质服务。全年组织编印《统计工作简报》15期，提供统计工作动态和经济社会发展动态信息52条，被云南省统计局采用5条，被楚雄州统计局采用7条，被《元谋信息》和《元政信息》采用22条。紧紧围绕县委、县人民政府工作思路开展调查研究，撰写统计分析14篇，发布《元谋县国民经济主要指标快报》11期，及时发布《2016年元谋县国民经济和社会发展情况统计公报》。组织编印全面反映元谋县经济、社会发展情况的统计资料《元谋县领导干部经济工作手册（2017）》500册。全年申报“升规达限”企业22户，通过国家统计局终审22户。

【统计执法】 落实“七五”普法规划，抓好《中华人民共和国统计法》的学习与宣传。认真学习贯彻中央《关于深化统计管理体制改革提高统计数据真实性的意见》《统计违纪违法责任人处分处理建议办法》和《中华人民共和国统计法实施条例》等新规，强化统计人员的责任意识，提高社会各界及统计调查对象的统计法律意识，树立政府统计部门数据权威。加大统计执法力度，积极开展规模以上工业企业、资质等级建筑业企业、限额以上批发零售住宿餐饮企业、限额以上服务业企业4类企业统计执法检查。加强对统计联网直报单位的业务指导和监督检查，2017年深入企业指导28次。持续开展“数据造假、以数谋私”专项治理工作，要求全县统计系统人员严格遵守政治纪律和政治规矩，营造“人廉数实、效能进取、风清气正、服务大局”的统计廉政理念。把依法统计、不出假数作为重大的政治纪律和政治规矩，守纪律、讲规纪，把“统计法”规定的党政领导干部和统计机构、统计人员“六个不得”作为“带电的高压线”，严守红线。不断夯实统计基础，确保各项统计数据真实、准确、可靠。

【统计挂图监测】 开展“挂图监测”，认真落实经济运行研判、预警、应策、推动、问效五个制度，印发《统计工作知识读本》100册，坚持对标对表，一月一研判一分析，精准监测经济发展预期目标和实现进程，及时及早发现经济运行中存在的问题，提出解决问题的意见建议，及时向政府领导和相关行业主管部门提供预测情况，并发出预警信息。全年撰写经济运行分析材料18篇。

【第三次全国农业普查】 组建普查机构，落实普查经费、人员、办公地点。对全县选聘的普查指导员 106 人、普查员 573 人开展扎实有效的普查业务培训，精心组织清查摸底，扎实推进农业普查现场登记和遥感测量，科学谋划普查数据处理和数据质量控制工作，完成全县 78 个普查区、554 个普查小区的入户调查登记工作，完成全县农业普查数据的审核、验收、上报工作。共上报 47457 户普查对象资料，其中：农户普查对象 46173 户、规模农业经营户 587 户、农业生产经营单位 697 户；行政村普查表 78 份、乡镇普查表 10 份。

【统计成果】 2017 年全县统计工作取得好成绩，主要经济指标增速全州排名中，全县有 12 项位列全州前三。其中 10 项全州第一：地区生产总值 60.23 亿元，增长 12.6%，位居全州第一；固定资产投资 76.93 亿元，增长 39.6%，位居全州第一；规模以上工业增加值 9.78 亿元，增长 22.4%，位居全州第一；社会消费品零售总额 19.24 亿元，增长 12.8%，位居全州第一；财政一般公共预算收入 3.17 亿元，增长 12%，位居全州第一；金融机构人民币贷款余额 41.31 亿元，增长 48.1%，位居全州第一；商品房销售面积增速达 76.4%，位居全州第一；房地产单位从业人员增速达 45.1%，位居全州第一；房地产单位从业人员劳动报酬增速达 56.4%，位居全州第一；其他营利性服务业营业收入增速达 30%，位居全州第一。

（李　香）

对外开放

投资融资

【投融资机构】 2017 年，元谋县开发投资有限公司暨元谋县城市建设开发投资有限公司内设办公室、财务部、项目部、工程部。元谋县保障性住房建设管理中心内设政策与管理股、规划建设股。县保障性住房建设管理中心与县开发投资公司、县城市建设开发投资有限公司合署办公。年末，县开发投资有限公司、县城市建设开发投资有限公司、县保障性住房建设管理中心 3 个单位共有干部职工 13 人。其中：公司总经理 1 人，副总经理 1 人，建管中心主任 1 人（开投公司总经理兼任）；公务员 5 人，专业技术人员 7 人，机关工人 1 人（高级工）；大学本科学历 13 人；中共党员 7 人。

【元谋县“两馆”片区城市基础设施建设项目】 项目内容为建设市政道路 3 条（包括道路、排水、交通、照明、绿化、综合管廊 6 个子项目），道路全长 2.32 千米。其中：源昌路路长 1295 米，红线宽 34 米；源兴路路长 826 米，红线宽 30 米；源达路延长线长 201 米，红线宽 40 米。项目估算总投资 50652 万元，工程直接投资 8726.11 万元。项目于 2016 年 5 月动工，截至 2017 年 12 月底，项目除源昌路与联络线交叉口加油站西北出中处尚未完成拆迁外，其余道路已全部竣工预验收。开展竣工结算工作。累计完成投资 50652.51 万元。

【元谋县种业科技园区城市基础设施工程建设项目】 建设内容为新建市政道路 3 条（包括道路、排水、交通、照明、绿化 5 个子项目），道路全长 1.09 千米。其中：1 号路路长 409.49 米，红线宽 30 米；2 号路路长 347.37 米，红线宽 18 米；4 号路路长 333.23 米，红线宽 15 米。项目估算投资 10899 万元，工程直接投资 1904.99 万元。项目于2016年12月动工实施，截至2017年12月底，除 2 号路与 108 国道交叉口加油站未完成征地拆迁外，已完成 1 号路、4 号路主体工程，2 号路雨水、污水、照明、沥青混凝土路面铺筑及铺筑人行道面砖工程。累计完成投资 7210 万元。

【元谋县源达路东北片区城市基础设施建设项目】 项目主要建设市政道路 5 条（包括道路、桥、排水、交通、照明、绿化 6 个子项目），道路全长 2.28 千米。其中：1 号路 A 段路长 889.74 米，红线宽 36 米；1 号路 B 段路长 163.07 米，红线宽24米；2号路路长139.17米，红线宽24米；3号路路长138.42米，红线宽15米；4号路路长121.48米，红线宽24米；6号路路长829.37米，红线宽15—18米。项目估算总投资24023.53万元，工程直接投资约9207.15万元。项目于2016年12月动工，截至2017年12月底，已完成2号、3号、6号路，路面铺筑及排水工程；1号路（B段）k0+120中桥桥面混凝土铺装。累计完成投资9072万元。

【元谋县源发路工程前期工作】 项目估算投资3740.77万元，主要建设1条市政道路，道路全长608.03米、道路红线宽24米。截至12月底，已完成可行性研究报告、环评及水保方案编制、地质勘查、施工图设计、项目选址意见、建设用地规划许可证、建设工程规划许可证、项目地勘及施工图设计审查合格证申领等行政审批工作。

【2012年保障性住房周边配套基础设施建设项目】 建设内容为新建市政道路4条，全长1598.9米，项目估算投资8584.6万元，工程直接投资3151.36万元。项目于2016年5月动工实施，2017年8月完工。

【开投公司项目融资】 紧紧围绕县委政府重点工作、重点项目的安排部署，多渠道融集项目建设资金。截至12月底，公司重点融资工作有3项（元谋县2016—2017年棚户区改造项目、元谋县挨小河水库建设项目和元谋县依洒水库工程、元谋县2016年度县城棚户区改造东南片区一期城中村建设项目），计划融资72510万元。获批资金62510万元。融资项目拨付工作。到2016年底，公司共获批项目31个。项目涉及文化、教育、卫生、水利、交通、农业及扶贫、旅游、养老、棚改、抢险救灾应急工作等方面。2017年，重点为资金拨付工作。截至12月底，到位356680万元，已拨付282786万元，已使用244691万元，已偿还本金803866万元。

【保障房管理】 认真贯彻落实省、州县住房保障相关文件精神，积极开展保障性住房申请、分配、管理工作，确保保障性住房管理工作有序推进。年内剩余房源1255套。截至12月底，已分配入住1255套，为指标任务数的100%。其中：社会公开报名申请分配783套，二期棚改分配472套。年内共收缴房屋租金525万元。迎接国家审计署、省第三房检查组跟踪审计检查。及时制定整改方案，明确时间节点，责任到人。完善255户资料，腾退2户。完成2012年保障房临街商铺三年经营权招租。共收缴租金198.25万元。解决该片区无商业配套设施的情形。极大方便入住群众的生活。谈判选定物业管理服务公司。制定小区物业管理实施细则和管理规定，确保物业管理责任。加强物业公司的监管力度，责令物业公司将分摊给住户不合理的停车费、水电费进行清退。年内，对永康小区、2012年保障房小区进行修缮。修理不锈钢水塔26个，更换2个；修缮房屋487套，确保住户居住安心。按照“上为政府分忧，下为百姓解愁”的宗旨，对于保障房相关的来信来访，认真阅读及时回复。年内，共接待政策咨询1278起，信访件21件。

（余俪珊）

招商引资

【招商引资机构】 2017年，元谋县招商局下设办公室、招商合作股、项目信息股、投资服务股4个职能股室，核定编制11人。年末，全局在职干部职工10人。其中：局长1人，副局长2人；公务员6人，机关工人2人（高级工1人、中级工1人）、专业技术人员2人；大学本科学历5人、大专学历4人，初中学历1人；中共党员8人。

【招商引资目标任务完成情况】 全县共引进实施招商项目82个，项目协议总投资205.66亿元，实际引进州外到位资金92亿元，为州考核目标任务的107%，比上年增加21.63亿元，增长30.7%。其中：引进省外到位资金77.75亿元，为州考核目标任务的111.6%，比上年增长36.1%；引进产业项目到位资金70.45亿元，为州考核目标任务的126%，比上年增长30.6%。

【招商引资重点项目】 山东菏泽交通集团有限公司计划投资85亿元，在元马镇建设元谋古人类历史文化旅游项目，年内实际完成投资6.43亿元。阳光电源股份有限公司计划投资5.6亿元，在平田乡实施元谋县班果山并网光伏电站建设项目，年内实际完成投资1.8亿元。四川投资商邵帝计划投资7.5亿元，在元马镇实施元谋南都牧业公司万头高原生态肉牛养殖及精深加工项目，年内实际完成投资5000万元。四川投资商李勇计划投资1.4亿元，在羊街镇实施元谋县世纪农业科技有限公司羊街镇4600亩林果基地建设及家畜养殖项目，年内实际完成投资1.2亿元。昆明投资商杨长楷计划投资3000万元，在元马镇实施藏区青稞育种元谋繁基地建设项目，年内实际完成投资1000万元。四川投资商李昌建计划投资6.9亿元，在元马镇实施元谋建科国际城建设项目，年内实际完成投资5.4亿元。浙江投资商黄天财计划投资6亿元，在元马镇实施云南泷淇房地产开发有限公司泷湖壹号建设项目，年内实际完成投资4.77亿元。四川投资商陈学军计划投资8000万元，在老城乡实施元谋县聚源甜椒产销合作社老城乡公路梁子1500亩果蔬种植基地建设项目，已完成投资。昆明投资商龚联英计划投资9000万元，在老城乡实施元谋元博农资商贸有限公司老城乡南门山1800亩葡萄基地建设项目，已完成投资。曲靖投资商刘见兵计划投资1.2亿元，在老城乡实施元谋县青禾农业开发有限公司老城乡王丙庄村2000亩火龙果种植基地建设项目，已完成投资。上海投资商王叶昌计划投资3500万元，在黄瓜园镇实施元谋德仁混凝土有限公司黄瓜园镇牛街村年产80万立方米商品混凝土生产线建设项目，已完成投资。山西投资商李永刚计划投资1.5亿元，在新华乡实施元谋新华万头猪场建设项目，已完成投资。四川投资商姜文渊计划投资4900万元，在物茂乡实施元谋县文渊热带果蔬有限公司物茂乡多克村1500亩四季蜜芒实验示范种植基地建设项目，已完成投资。深圳市万汇国际投资发展有限公司计划投资10亿元，在元马镇实施元谋万汇果蔬博览城建设项目（一期），年内实际完成投资5亿元。甘肃大禹节水集团水利水电工程有限责任公司计划投资30777万元，在元马镇实施元谋大型灌区丙间片11.4万亩高效节水灌溉项目，已完成投资。四川投资商蓝浚计划投资9850万元，在羊街镇实施元谋县滇诚农牧科技有限公司羊街镇木资海村12600头高原生态猪养殖及500亩沃柑种植项目，已完成投资。浙江投资商郭峰计划投资9200万元，在平田乡实施元谋县平田乡帕地村3500亩柑橘种植基地建设项目，已完成投资。浙江投资商刘旭芳计划投资9600万元，在平田乡实施元谋县八方葡萄有限公司平田乡班皂利村3100亩葡萄种植基地建设项目，已完成投资。四川投资商祖光恩计划投资1.7亿元，在黄瓜园镇实施元谋县南方枣业有限公司苴林片区4500亩大棚小枣基地建设项目，已完成投资。浙江投资商蒋春辉计划投资9800万元，在黄瓜园镇实施元谋县雨农果蔬产销专业合作社果蔬专用塑料包装箱生产线建设项目，已完成投资。四川投资商何燕飞计划投资1.3亿元，在黄瓜园镇实施元谋纵横矿业开发有限公司黄瓜园镇龙山村2万吨铜矿开采及尾矿回收利用生产线建设项目，已完成投资。四川投资商孙应利计划投资1.63亿元，在姜驿乡实施元谋县姜驿乡7000亩蜜桃种植基地建设项目，已完成投资。福建投资商杨华琼计划投资9200万元，在物茂乡实施元谋县金华果蔬产销专业合作社2500亩亚热带水果基地建设项目，已完成投资。福建投资商张秋平计划投资9850万元，在物茂乡实施元谋县那火山采石场年产30万方建筑石料生产线建设项目，已完成投资。浙江投资商张小均计划投资12500万元，在物茂乡实施元谋恩公石业有限责任公司年产50万立方米石料生产线扩建项目，已完成投资。江西投资商刘勇计划投资9700万元，在江边乡实施元谋热带水果产销专业合作社江边乡丙大浪特色水果种植基地建设项目，已完成投资。浙江投资商杨林华计划投资8900万元，在江边乡实施云南可深商贸有限公司江边乡龙街特色果蔬种植基地建设项目，已完成投资。云南大理洱宝实业有限公司计划投资8500万元，在元马镇实施楚雄源谋仁食品有限公司年产5000吨酸角汁饮料生产线建设项目，已完成投资。四川投资商王礼杰计划投资1.6亿元，在黄瓜园镇实施元谋茂源实业公司年产32000吨PE管材及配件生产线建设项目，已完成投资。浙江投资商夏德梁计划投资9860万元，在平田乡实施元谋县冬丰果蔬有限公司平田乡领莱村3260亩果蔬基地建设项目，已完成投资。安徽投资商徐生贵计划投资9540万元，在平田乡实施元谋县映山红葡萄种植专业合作社在平田乡挨昌村3000亩葡萄种植基地建设项目，已完成投资。四川投资商刘贵全计划投资6000万元，在姜驿乡实施元谋县万林果蔬产销专业合作社在姜驿乡2628亩红梨种植基地建设项目，已完成投资。四川投资商李有才计划投资9000万元，实施元谋有才核桃种植有限责任公司在凉山乡旧村3800亩核桃种植基地建设项目，已完成投资。江苏投资商王明中计划投资5500万元，在老城乡元谋县闽福新型墙体材料有限公司在上班发村年产1亿块新型墙体材料砖改扩建项目，已完成投资。浙江投资商叶根度计划投资8500万元，实施元谋县根度果蔬产销农民专业合作社在老城乡禹门村1500亩土地农业综合开发建设项目，已完成投资。玉溪投资商纳继圣计划投资9600万元，实施云南诚德农业发展有限公司在老城乡松树湾村2000亩土地农业综合开发建设项目，已完成投资。浙江投资商叶长康计划投资1.2亿元，实施元谋县百贸商贸有限公司物茂乡农村商贸物流建设项目，已完成投资。昆明投资商王崇亮计划投资1.3亿元，实施云南元谋旅游经营有限公司物茂土林景区基础设施升级改造一期建设项目，已完成投资。浙江投资商郭峰计划投资1.8亿元，实施云南浙滇农业发展有限公司海洛片区4500亩葡萄基地建设项目，已完成投资。重庆投资商唐腾飞计划投资9800万元，在黄瓜园镇实施元谋鸿腾酒业公司年产3000吨瓶装白酒生产线建设项目，已完成投资。昆明投资商舒兴金计划投资1.56亿元，在元马镇实施楚雄跃鑫房地产开发有限公司元谋印象房地产开发经营项目，已完成投资。昆明投资商何树林计划投资2500万元，在元马镇实施楚雄通晟房地产开发有限公司元谋县凤凰书院小区建设项目，已完成投资。四川投资商谭启术计划投资11300万元，在元马镇实施元谋九州无同旅游地产开发有限公司元马古镇一期建设项目，年内实际完成投资8500万元。四川投资商丁明华计划投资1亿元，在平田乡实施元谋县华建长石开发有限公司平田乡年产5万吨钠长石矿开采加工项目，已完成投资。浙江投资商郑式藏计划投资3500万元，在新华乡实施元谋石染商贸有限公司新华乡百贸超市建设项目，已完成投资。四川投资商孟翔野计划投资8800万元，在江边乡实施元谋县亚克果蔬专业合作社江边乡盐水井村670亩特色果蔬种植基地建设项目，已完成投资。昆明投资商飞建国计划投资8650万元，在江边乡实施元谋步壹食品有限公司江边乡那旧村680亩真材料基地建设项目，已完成投资。四川投资商蒋天银计划投资1亿元，在老城乡实施元谋清风花道花卉发展有限公司老城乡2000亩花卉基地建设项目，已完成投资。浙江投资商杨跃奎计划投资2亿元，实施元谋县腾飞文化旅游有限公司汽车自驾游营地建设项目（一期），年内实际完成投资7100万元。昆明投资商杨育丽计划投资5000万元，在老城乡元谋县跃华果蔬有限公司老城乡小丙间800亩果蔬种植基地建设项目，已完成投资。广东投资商陈万全计划投资1.5亿元，在老城乡实施元谋县果然好农业科技有限公司老城乡丙间村2000亩果蔬种植基地建设项目，已完成投资。山东省投资商龚新勇计划投资9700万元，在黄瓜园镇实施云南凤凰文旅集团有限公司牛街年产90万立方米商品混凝土搅拌站建设项目，已完成投资。四川投资商张勇灵计划投资1.9亿元，在黄瓜园镇实施元谋牛街新型墙体材料有限公司年产1.2亿片页岩环保砖生产线建设项目，已完成投资。浙江投资商林碎汇计划投资30126万元，在元马镇实施楚雄温商农业科技发展有限公司元谋县1500亩现代农业生态园建设项目，年内实际完成投资24026万元。广东省投资商陈万全计划投资5840万元，在元马镇实施元谋县果然好农业科技有限公司元马镇400亩特色农业种植示范基地建设项目，已完成投资。法国投资商DABILLY MARTIN，SIMOM计划投资4500万元，在物茂乡实施元谋美鸣农业有限公司物茂乡230亩树莓种植项目，已完成投资。祁阳长顺矿业贸易有限公司计划投资4900万元，在羊街镇实施祁阳长顺矿业贸易有限公司元谋分公司元谋县羊街镇老金山铜矿勘探项目，已完成投资。昆明投资商王从金计划投资6000万元，在新华乡实施元谋浪巴铺土林景区有限公司新华乡800亩特色林果生态园建设项目，已完成投资。昆明绿电科技有限公司计划投资1.43亿元，在物茂乡实施楚雄州元谋县河外二期20兆瓦农光互补并网光伏项目，年内实际完成投资1.45亿元。广东投资商陈万全计划投资1.45亿元，在物茂乡实施元谋县果然好农业科技有限公司2800亩软籽石榴种植基地建设项目，已完成投资。四川投资商刘维旗计划投资4215万元，在姜驿乡实施元谋县姜驿乡5030亩花椒种植及初加工项目，已完成投资。江苏投资商宗兵计划投资782万元，在元马镇实施元谋兴福村镇银行建设项目，已完成投资。昆明投资商李啸泉计划投资4200万元，在凉山乡实施元谋县凉山乡年出栏2500头生态野山猪养殖场建设项目，已完成投资。浙江投资商张小均计划投资3600万元，在黄瓜园镇实施元谋南新管业有限公司新型聚乙烯管材生产项目，已完成投资。四川投资商何生计划投资3.2亿元，在黄瓜园镇实施云南久大轨道有限公司年产100万根混凝土轨枕生产线建设项目，年内实际完成投资27000万元。内蒙古投资商刘建军计划投资1.9亿元，在黄瓜园镇实施元谋县福领果蔬产销有限公司黄瓜园镇龙山村5000亩水果基地建设项目，已完成投资。四川投资商张晓英计划投资1.3亿元，在黄瓜园镇实施元谋海洛河砂加工有限公司龙川江黄瓜园段砂石开采加工项目，已完成投资。吉林投资商祖延霞计划投资1.02亿元，在老城乡实施元谋全新农建生物研究有限公司老城乡万亩珍贵树种种植项目，已完成投资。昆明投资商李卫庭计划投资7000万元，在元马镇实施元谋天城房地产开发有限公司天城花园二期建设项目，已完成投资。浙江投资商杨林华计划投资4100万元，在江边乡实施云南可升商贸有限公司元谋县江边乡盐水井村200亩辣木种植项目，已完成投资。河北投资商许海刚计划投资4650万元，在元马镇实施元谋县润泰农庄有限责任公司家庭农庄开发项目，已完成投资。曲靖市投资商左发卜计划投资9100万元，在平田乡实施元谋县丰悦果蔬种植有限公司平田乡挨相村3200亩橙子种植项目，已完成投资。四川投资商何如帜计划投资1.4亿元，在黄瓜园镇实施元谋县普乐图农业生物科技有限公司年产20万吨生物菌肥生产线建设项目，年内实际完成投资820万元。昆明投资商李明方计划投资8500万元，在物茂乡实施元谋县湾宝种养农民专业合作社1500亩精品林果种植基地建设项目，已完成投资。重庆投资商蔡华计划投资10020万元，在物茂乡实施元谋县物茂乡800亩可视化溯源高原特色农产品种植项目，年内实际完成投资6100万元。湖南投资商陈彰毅计划投资4.32亿元，在新华乡实施元谋县新华乡大河边水电站及土地综合开发项目，年内实际完成投资500万元。安徽投资商王波深计划投资1.2亿元，在物茂乡实施元谋县物茂乡1840亩有机蔬菜种植基地建设项目，年内实际完成投资6000万元。广西投资商朱泽龙计划投资4900万元，在平田乡实施元谋县平田乡2800亩果蔬种植基地建设项目，年内实际完成投资200万元。广西投资商朱泽龙计划投资4300万元，在江边乡实施元谋县江边乡那旧村610亩园世果蔬种植基地建设项目，年内实际完成投资300万元。昆明投资商朱联云计划投资3000万元，在老城乡实施元谋县老城乡花园村600亩果蔬种植基地建设项目，已完成投资。寻甸宝利来矿业商贸有限公司计划投资2400万元，在姜驿乡实施元谋县姜驿乡尾矿废渣资源综合利用年产3000万块环保砖生产线建设项目，年内实际完成投资1800万元。云南惠光新能源投资有限公司计划投资4.28亿元，在物茂乡实施元谋县芝麻村农牧综合利用光伏电站建设项目，年内实际完成投资3000万元。

（何永琴）

文化建设

文化艺术

【文体广电旅游机构】 2017年，元谋县文体广电旅游局（加挂元谋县新闻出版版权局牌子），设办公室、计财股、产业股、人事教育股、文化市场股、旅游行业管理股、宣传与传媒管理股等16个内设机构。有广播电视台（副科级）、非物质文化遗产保护传承和展演中心、博物馆、电影事业管理站、图书馆、文化馆、青少年业余体校、旅游事业管理局8个下属事业单位。按照《元谋县人民政府办公室关于印发元谋县文体广电旅游局主要职责内设机构和人员编制规定的通知》和《元谋县文体广电旅游局事业单位清理规范方案》的规定，年末，在职在编人员93人。其中：局长兼党委书记1人、副局长4人；行政编制8人，机关工勤编制2人，核定事业编制88人（其中元谋县文体广电旅游局机关行政编制8人、机关工勤编制2人，下属事业单位广播电视台事业编制35人；非物质文化遗产保护和传承、展演中心事业编制25人；文化馆事业编制5人；图书馆事业编制4人；元谋人博物馆事业编制7人；青少年业余体校事业编制5人；县电影事业管理站事业编制5人）。

【城乡群众精神文化生活】 年内，共完成送戏下乡、专题文艺演出活动90场次，服务群众6万多人次。创作演出剧目25个。组织群众文化活动70场次，参与群众3.5万余人。组织培训活动105场次，培训人员2625人。组织全县文艺队演出1700场次，参与群众5万余人。组织农村业余文艺演出队开展元旦、春节、“三八”、“五四”、国庆等节日的文艺展演。举办“金沙情·元谋梦”乌东德水电站移民专题文艺晚会，并到江边、老城、黄瓜园等乡镇巡演。在首届云旅四季论坛暨元谋县创建省级全域旅游示范县推进工作会议的宣传中，到昆明花之城进行非物质文化遗产及民族特色文化展演。举办“万汇果蔬杯·唱响元谋”县歌大赛，来自省内各地的优秀歌手45人参加比赛。参加“七彩云南2017民族赛装文化节”楚雄州赛装活动荣获一等奖。联合楚雄州文化馆举办“中国梦·金沙情”美术摄影创作培训班，共有54位州内美术摄影专家、老师及爱好者参加。举办“元谋县第十七届人民代表大会第一次会议专场文艺晚会”。举办元谋县城东南片区棚户区（二期）“棚改惠民颂党恩·千居旧貌换新颜”专题文艺晚会。在新华乡举行“文化·科技·卫生三下乡”启动仪式演出。与县总工会联合举办元谋县2017年“中国梦·劳动美”“五一”文艺晚会，共演出节目13个，近100位演职人员参加。举办“五四”文艺展演，4支农村业余文艺队共展演16个节目，观众3000余人。举办“2017年文化遗产日花灯专场演出”。举办“元谋县首届中华经典诵读大赛”。“七一”前夕，联合县委宣传部、县教育局等单位举办“阅读·让人生更精彩”元谋县首届中华经典诵读大赛，全县42家企事业单位参加了诵读大赛。举办“元谋县庆祝建党96周年表彰大会暨文艺晚会”。举办“欢度国庆·情满中秋”文艺晚会。在“楚雄州第七届老年人运动会元谋赛区”的迎宾晚会上，进行非物质文化遗产节目展演。深入元谋县建档立卡贫困乡姜驿乡、建档立卡贫困村大河边村、华竹村等12个贫困村开展“自强、诚信、感恩”主题送戏下乡活动。深入江边乡、姜驿乡、物茂乡、黄瓜园镇等涉及乌东德水电站移民的3乡1镇，14个行政村，43个自然村开展乌东德水电站移民专题文艺演出。完成元谋县“红土地之歌”演讲比赛的文艺演出。在“2017年全民健身日”进行戏曲健身操表演。组织举办2017中国·元谋果蔬节开幕式文艺演出及果蔬节文艺巡演。非物质遗产展演中心人员还利用业余时间在凤凰湖公园教授群众戏曲健身操。

【文化市场管理】 年内，全县文化市场经营户有音像制品出租零售20户，图书报刊零售点17个，印刷厂2家，打字复印店27户，卡拉OK厅7户，电子游戏室2户，网吧27户，水吧30户，照相馆8户，艺术培训5户，台球6户，茶室103户，共计249户。继续做好行政审批和许可证年检工作。组织开展歌舞娱乐场所集中整治专项行动。开展“清源2017”专项行动、“固边2017”专项行动、“秋风2017”专项行动、“净网2017”专项行动和开展“护苗2017”专项行动等“扫黄打非”专项行动。4月26日，参加以“创新改变生活为主题”的世界知识产权宣传日活动。开展禁毒防艾宣传及检查。组织和参与境外网络电视接收设备检查专项行动。年内全局共出动执法检查250人次，检查300家次，责令整改5家。

文　物

【文化遗产保护】 利用“文化遗产保护日”在凤凰湖公园向广大群众发放《中华人民共和国文物保护法》《中华人民共和国非物质文化遗产保护法》等宣传资料计5000余份，并开展非物质文化遗产展演，共计有4000人观看演出。楚雄州文化体育局拨付40万元文物保护修缮经费，对凉山乡活佛寺天王殿进行修缮。排查安全隐患，在县消防大队的帮助下为州级文物保护单位“凉山乡活佛寺”“羊街镇安龙寺”完善消防设施。认真做好文物保护工作，使元谋正在建设的各个工程项目规划设计避开文物保护单位，全面确保文物保护单位不被人为破坏。两次对元谋县境内文物古建筑进行安全检查，严格落实文物安全巡查制度，确保文物古建筑安全。

【元谋人博物馆】 位于京昆高速公路（永武段）入元谋县城联络线南侧，总占地面积32亩，总建筑面积5389.6平方米，建筑外形为提篮式双层全框架结构，寓意元谋为人类的摇篮。博物馆系全国为数不多的以古人类、古生物文化及其史前文明为常设陈列展示的自然科技类专题馆，馆藏各类文物、化石4000多件（枚）。1997年4月被省委、省政府命名为省级爱国主义教育基地、科普教育基地。2012被云南省旅游局评定为AAA级旅游景区。元谋人博物馆设序厅、人类起源、元谋古猿、元谋人及其文化、元谋旧石器和细石器文化、大墩子新石器文化、恐龙七个展厅。元谋人博物馆于2017年11月成功申报“云南省社科教育基地”，争取到每年5万元的基地维护费。接待来自云南师范大学、攀枝花市小学、元谋一中、元马幼儿园等学校师生5万余人，组织开展学习活动57场次。接待来自法国、俄罗斯、英国、柬埔寨等外宾1100余人，接待马来西亚“寻根之旅”学生团队50余人。深入开展送展览进基层活动。全年共开展宣传活动14场次，发放资料1万余份，接待群众5000余人。元谋人博物馆全年共接待游客328719人，其中成年人245277人，未成年81805人，海外游客1637人，讲解395场次。

广播电视

【广播影视行业管理】 2017年，严格执行《广播电视管理条例》《广播电视设施保护条例》《卫星电视广播地面接收设施管理规定》《卫星电视广播地面接收设施管理规定实施细则》等法律条规，加大对广播电视法律条规宣传力度和执法力度，坚持不懈地做好地面卫星设施安装、接收管理工作，杜绝在有线电视网络覆盖地区个人私自安装地面卫星接收设施情况的发生，确保广播电视安全播出。

【广播影视宣传】 年内，认真做好县上安排的领导人活动以及各种会议、常规工作的宣传。同时围绕县委政府中心工作，举全台之力做好脱贫攻坚、提升城乡人居环境行动、重点项目建设、棚棚户区改造、乌东德水电移民安置等重点工作的新闻宣传报道以及政策宣传工作。年内，共在《元谋新闻》节目中播出新闻248组1914条，播出《一周要闻》38组247条。《元谋故事》人物专题栏目播出一期,《热坝风》栏目播出节目两期。《天气预报》《今日菜市》《影视剧场》以及各种公告、通告正常播出。年内被云南电视台采用稿件13条，被楚雄州电视台采用稿件125条。年内共放映故事片922场，科教片440场，观众91150人次。

【直播卫星覆盖工程建设】 认真做好“户户通”工程维护工作。年末，全县有线电视网络没有覆盖的边远山区已建有广播电视“村村通”“户户通”工程27621户，工程惠及全部边远地区自然村，绝大部分群众可以收听收看到46套以上高质量的广播电视节目。投资38万元建设无线覆盖工程（发射台）基础设施建设项目。发射台正式播出中央12套数字标清电视节目，包括中央电视台综合频道、新闻频道、农业频道在内的节目信号覆盖全县70%左右人口，覆盖区群众免费收视，基本实现元谋县“十三五”广播电视公共服务计划。完成元谋广播电视台数字节目信号无线播出，方便广大群众了解县委政府方针、政策。建设完成州级广播电视节目、中央广播电视节目、县级广播电视节目无线数字覆盖工程，可收视到15套由政府免费提供的广播电视公共服务节目。做好元谋县中央广播电视节目无线数字覆盖工程的检测验收工作。做好户户通后续工作，维修、调试直播卫星设备77台次，完成420户2017年后续户户通任务。

【安全播出管理】 年内，安全播出电视自办节目4380小时，安全转播中央电视台第一套节目4380小时。安全播出广播自办节目540小时。安全转播中央、云南、楚雄广播电台的广播节目8100小时，完成春节及全国、省、州、县“两会”等所有重要播出期的安全播出任务，从未发生过广播电视安全播出事故。

广电网络

【广电网络机构】 2017年，云南广电网络集团有限公司元谋支公司设办公室、运营维护部和市场营销部3个部门，辖老城、黄瓜园、苴林、物茂、平田5个广电网络维护管理站。年末，在职员工26人（其中：“事转企”员工17人，“非事转企”员工9人）。公司设经理1人、支部书记1人、副经理1人；专业技术人员23人（其中工程师4人、助理工程师19人）、工人3人；本科学历1人、大专学历18人、中专学历2人、高中学历5人；中共党员9人。

【广电网络主营业务】 云南广电网络集团有限公司元谋支公司主要经营：广播电视信息网络的建设、开发、经营管理和维护；广播电视宽带综合信息网的设计、建设、开发、经营、管理、维护、接入服务和收费；对电影、电视剧、新闻、纪录片、电教、政务信息视频点播业务的有线传送；广播电视节目制作经营；直播卫星接收设施销售、安装和售后服务；业务涵盖有线数字电视、数据专网、高清互动、宽带、本地信息化平台、广告资讯等。传输标清、高清的中央、省、州和地方电视节目218套，传输中央、省州广播节目32套。以服务为宗旨，开通数字电视互动点播平台，同时增设了“阳光政务”“人社之窗”“便民服务”“数字楚雄”等公告查询窗口。加大广播电视有线网络、地面卫星接收“户户通”工程的建设，全县有8个乡镇政府所在地区域有线数字电视实现全覆盖，2个乡镇使用“户户通”覆盖。全县广播电视实现有线数字电视和“户户通”全覆盖。

【广电网络社会效益】 云南广电网络集团有限公司元谋支公司积极参与全县棚户区改造，圆满完成一期、二期拆迁过程中线路拆迁和用户服务工作，做好县城凤凰湖片区工程建设广电网络线路的迁改工作。遵循“客户至尊、服务至上”的宗旨，向社会公告了六项服务承诺。倡导公司“依法经营，诚信服务”理念，以“党建+经营”的模式促进公司的发展。继续做好“小广场·大喇叭”“智慧酒店”“屏屏通”等社会公益事业。

【广电网络光纤网络建设】 加快“五网”建设，尤其是互联网建设。2017年，元谋支公司完成城区双向网络升级改造工程和全县农村有线电视用户网络的升级改造工作。公司投资700余万元对县城及农村光纤干线网络进行梳理改造，对分配网络支干线进行光纤化改造，对新建小区全面实现光纤入户建设。

【广电节目安全传输与安全播出】 牢固树立“天天都是重保期”的工作原则，做好安全播出运行、维护和管理等各项工作。为确保在重要节点不发生安全播出事故，建立快捷、有效、准确的安全播出指挥体系和工作机制。实施应急预案，加强突发事件的应急演练，保障广播电视节目安全、高效、优质地传输，未发生广电节目重大安全播出事故。2017年元谋县广播电视节目安全传输与安全播出工作受到上级公司的表彰。

【广电网络精神文明建设】 一年来，云南广电网络集团有限公司元谋支公司以倡导诚信服务、规范服务、文明礼仪、高效服务为主要内容，提升员工综合素质、服务效率和服务水平。坚持文化体育活动常态化、制度化，打造“团结、紧张、严肃、活泼”的广电网络人文环境和广电网络氛围，共建和谐文明广电网络。荣获云南广电网络集团有限公司和云南广电网络集团有限公司楚雄分公司“十九大”期间安全传输与安全播出“先进集体”奖。

【广电网络扶贫攻坚】 打好脱贫攻坚战。云南广电网络集团有限公司元谋支公司成立精准扶贫工作领导小组，投入扶贫工作经费2.3万元，选派扶贫工作队员到丙间行政村驻村，确保精准扶贫工作顺利推进。组织开展对老者格行政村和丙间行政村贫困家庭调查、走访慰问28次，完成入户调查走访贫困户55户（老者格行政村34户、丙间行政村21户），填写各类调查统计表册3630份，拍摄调查走访现场照片770张，组织开展扶贫政策考试2次。走访贫困户，交心谈心，共商脱贫发展之路，树立贫困户早日脱贫致富的信心。

（李应珍）

图书发行

【新华书店机构及人员】 2017年，楚雄新华书店有限公司元谋分公司下设财务部、教材部、图书经营部。年末，楚雄新华书店有限公司元谋分公司在职员工14人。其中：经理1人、职工13人；大专学历13人、中专学历1人；中共党员3人。

【图书销售及服务】 年内，元谋分公司实际完成主营销售1304.5万元。教育销售23万元，中小学免费教材陪送124万元，实现主营利润201

万元。4月25日，元谋分公司、元谋县图书馆在元谋县凤凰湖举行2017年元谋县全民阅读启动仪式。同时，对2016年全县中小学生开展“爱读书、读好书、好书相伴假期”读书活动获得省级5位先进个人、州级2个先进集体和15位先进个人进行表彰，为2017年开展“爱读书、读好书、好书相伴度假期”读书征文活动打下坚实的基础。5月21日，元谋分公司同其他单位联合开展2017年“爱读书、读好书、好书相伴度假期”读书征文活动。通过学校组织、学生参与、新华书店评奖的方式，展开暑期读书征文活动。年内暑期读书活动共销售图书21445册，码洋45.8万元。此次读书活动覆盖了全县1所高中、10所初中、59所小学教学点。年内，一卡通累计发卡金额为102560元，一卡通的销售促进了一般图书销售的增长。3月，由元谋分公司精心设计打造的元马中学学校图书室向昆明公司采购书架，实现销售22.47万元。提升服务质量，做好中小学教材、教辅的发行。2017年，元谋分公司特别重视春、秋两季的中小学教材、教辅的发行。坚持分配到校、送书到校，做到“课前到书，人手一册”，保证学校按时开课。元谋分公司紧紧围绕“提升服务质量，努力做好中小学教材的发行是我们的职责”，“竭诚服务好学校，促进元谋县教育的快速发展是我们的心愿”的经营宗旨，做到征订到校、送书到校、退书到校、结算到校。元谋分公司认真分析中小学教辅市场的需求，小学采取“政策+市场”的搭配到学校销售（政策教辅+市场教辅）、中学采取“政策同步类+市场测考类”的搭配进行征订，到校销售。元谋分公司两季教辅，寒、暑两假作业都要组织员工深入全县69个中小学教学点到校销售，满足学校的需求。年内，通过各方面协调努力，发行“五好小公民”《阳光校园　我们的好伙伴》26896册。

（苗家和）

图书管理

【图书馆机构及人员】 元谋县图书馆隶属于文体广电旅游局下属的事业单位。馆内设有读者服务台、电子借阅区、采编室、少儿益智阅览室、视障阅览室、过刊借阅室、综合阅览室（成人阅览区、少儿阅览区）、基本书库、多媒体培训教室、书吧、基层业务辅导室、自修室、地方文献室、电子阅览室、恒温古籍室、资料室、办公室17个服务窗口，在职人员4人。其中：本科学历2人，专科学历2人；专业技术人员3人（副高职称1人、中级职称1人、初级职称1人），高级工1人。

【图书馆基础设施建设】 第二批国家公共文化服务体系示范区创建项目2015年投资2000多万元，在元谋人博物馆南面新建3587.34平方米的图书馆办公楼和954.79平方米的报告厅，于11月18日正式开工建设，办公楼2016年10月竣工，报告厅2016年12月竣工。为充分发挥新图书馆各功能室的职能作用，在装修问题上经过省、州两次专家组讨论会审议通过，2017年6月底装修完毕，2017年7月1日新馆正式对外开放。年内继续实施“农家书屋”工程，建成“农家书屋”82个点，实现全覆盖；继续实施“全国文化信息资源共享工程”建设项目，建成县级支中心1个、乡镇“农文网培学校”10个、“农文网培学校分校”78个，实现全覆盖。建成元谋县图书馆网站、数据库及网上图书馆，对馆内图书进行数字化加工，全部图书已经录入数据，为自动化、网络化、数字化的图书馆搭建了一个平台，启动数字图书馆推广工程，实现无纸化借阅。年内投资12万元，增加2台移动图书馆电子借阅机、1台报刊阅读机、1台少儿学习一体机。

【藏书建设】 总藏书量59596册，其中古籍书895册、外文图书486册、少数民族图书（彝文对照）66册、盲文图书115册、工具书586种2032册、地方文献1028册、历年装订报刊资料

121种3326册、普通图书51568册、试听文献1526件。年内新增图书4983册，投资12万元。订阅报刊266种230份，共3.15万元。

【图书借阅】 年内办理借书卡345份，接待读者10.72万人次，流通图书16.64万册次；电子阅览室接待上网读者12960人；馆外图书流动服务点服务36场次，服务1.26万人次、借阅6180册次。每天开放时间10小时，每周开放时间70小时，天天开馆。

【业务培训】 为向广大中老年读者普及电脑网络基础知识，图书馆特意新开办公益培训项目，宣传文化共享工程的优秀文化资源，丰富中老年读者的业余文化生活。针对中老年读者零基础等特点，图书馆制定适合中老年读者学习的方案，向中老年读者教授如何浏览网页、看新闻、使用聊天工具、下载文件、在线听歌、播放电影等操作。7月20—22日，元谋图书馆在县城举办“中老年人电脑培训”培训班，共参训38人次。全年共举办5次网络培训。

【开展流动服务活动】 2017年1月1日和7月31日，元谋县图书馆流动图书车开进武警元谋中队和公安消防大队，为战士们送去精心挑选的300多册政治、军事、人文、历史等方面的图书和期刊，让官兵们在军营内浏览丰富的文化资源。部队官兵可以根据自己对图书的实际需求，提供书目，由图书馆进行统一配置送书上门，充分发挥图书馆文化传播的作用，将“文化拥军”落到实处，进一步提升公共文化活动服务形式和拓展服务能力，此次活动共服务官兵60多人。1月23日，元谋县文联、图书馆、书法家协会、纪委联合到棚户区改造过渡房——阳光小区，开展“送文化进万家”现场免费写春联、送春联活动。为棚改群众现场免费写春联、送春联600多对，写福字100多个。开展世界读书日及图书馆服务宣传周，推广“全民阅读”活动。4月22日，在凤凰湖边举行“全民阅读”系列读书活动启动仪式，图书馆以“阅读让人生更精彩”为活动主题，每周五、周六19：00—22：00，在凤凰湖边以流动服务的形式为读者提供图书借阅、现场为读者办理借阅卡、解答读者咨询等服务，并作为常态化工作。为认真贯彻落实省委文明办《关于印发〈云南省推进未成年人课外阅读实践基地建设的设施方案〉的通知》，推动全民阅读，引领广大未成年人“多读书、读好书、会读书”，继续全面推进未成年人课外阅读基地建设。图书馆以流动图书进校园的服务方式，精心挑选少儿文学经典、连环画、科普读物800多册丰富的图书资源，于5月25日走进黄瓜园希望小学，6月1日走进新华中心完小，为师生们提供阅读服务，服务师生1200多人次。6月19日晚，由县委宣传部、教育局、文体广电旅游局、图书馆、新华书店共同办办元谋县首届中华经典诵读大赛，有观众800多人。为庆祝中国人民解放军建军90周年，元谋县图书馆8月1日在文化馆小广场、8月2日在马街社区播放“庆祝中国人民解放军建军90周年”阅兵式展播，观众达600多人次。

【其他中心工作】 积极参与县委政府的中心工作，选派5位工作人员参与脱贫攻坚工作。通过各级部门组织培训，多次进村到联系户家了解致贫原因，制定帮扶措施，每人为贫困户捐赠产业扶贫资金500元。通过政策扶持、产业帮扶、就业帮扶，最终达成2017年人均纯收入3300元的脱贫目标。积极参与县委政府的中心工作，选派4位工作人员参与第二区东南片区棚户区旧城改造工作。通过各级部门组织培训，多次到棚改户家宣传棚改政策，所包保的4户棚改户均在第一时段签约，完成率100%。

【评估定级工作】 5月，在上级领导的关心支持和全馆工作人员的共同努力下，完成第六次全国县级以上公共图书馆评估定级准备工作及后续工作。分别派出3人参加两次评估定级工作培训；制定评估定级工作方案；对评估定级的三大部分共30个大项102个指标进行逐一任务分解；对评估定级的服务效能、业务建设、条件保障三大部分30个大项、102个指标在平台上逐一上报，并通过省、州评估，最后被文化部评为国家一级图书馆。

（李玉华）

档　案

【档案机构】 2017年，档案局属县政府参照公务员管理的直属事业单位，行使政府行政管理职能，下设办公室、业务指导法规宣教股、档案管理信息编研股。定编7人，实有8人。其中：局长1人；公务员6人，工勤人员1人；大学本科学历4人，专科学历4人。

【档案队伍建设】 切实加强档案队伍思想政治建设，引导干部职工树立正确的世界观、人生观、价值观，发扬艰苦奋斗、爱岗敬业、开拓创新精神。为提高全县档案人员的整体业务水平，根据不同的岗位和业务需要，加强业务工作人员自身的业务学习，不断提高业务水平和工作能力，积极参加云南省档案局组织的全省档案专业基础知识培训班。通过集中和分散式进行培训档案兼职人员。年内，共举办6期培训班，培训专兼职档案员486人次。其中：到元谋县异地扶贫搬迁安置甘塘片区指挥部进行异地扶贫移民搬迁档案整理培训，培训人数35人次；到江边乡扶贫办进行脱贫攻坚档案整理培训，培训人数23人次；到平田乡华竹行政村进行脱贫攻坚档案整理培训，培训人数27人次；在元谋县农村土地承包经营权确权登记颁证工作启动暨业务培训会议上进行培训，培训人数300人次；到元谋县水务局对坛罐窑水库建设项目档案整理进行培训，培训人数43人次；到金沙江乌东德水电站建设征地移民安置工作甘塘安置点指挥部、瓦渣箐安置点指挥部对移民项目档案整理进行培训，培训人数58人次。通过培训，参训人员的档案业务知识有不同程度的提高。

【档案馆基础业务建设】 结合全县实际制定并印发《关于做好到期档案进馆工作的通知》《元谋县档案馆接收档案范围的实施细则》《关于开展档案征集工作的通知》，加强对全县各种门类档案的征集和移交进馆工作。年内档案馆共接收18个全宗的档案2476卷56727件，新增6个全宗档案，馆藏档案达135个全宗。同时，对馆藏档案的保护和管理，安排专人负责，对馆藏档案进行分批消毒。定期对库房内温湿度调控器和防雷设施进行检查，确保档案库房温湿适宜，档案无霉烂变质，保证库房整体安全。对库房进行科学管理，按照合理分类原则对馆内档案下架进行重新摆放，设立指示牌，方便查找。对所有全宗号进行核对方便馆内档案的查找和利用。坚持“安全第一”，加强对档案安全工作的领导，切实落实“十防”措施，实行一把手负责制，层层分解责任，做到责任明确，人员到位。定期对档案库房情况进行全面细致的安全检查，认真做好检查记录，及时掌握馆藏档案数量和馆内的硬件设施状况，发现问题及时整改到位，及时排除存在的安全隐患，确保档案安全。全面开展馆（室）藏档案资料清查工作。通过对馆（室）藏各种门类、载体档案资料的全面核查清点，建立健全档案资料“明细账”，确保馆（室）藏档案编目准确、安全无损。建立健全档案信息安全保密制度，制定计算机管理、信息上网审批等制度，并抓好制度落实。指定专人负责档案信息的管理工作，定期对档案信息存储情况进行检查，实行异机、脱机方式多套备份，使档案信息安全得到有效保障。做好查阅利用服务工作。全局干部职工始终树立窗口意识，热情、礼貌接待查档群众，对没查找到的群众耐心做好解释工作。全年共接待利用者1627人次，提供利用档案1454卷541件，为利用者复制档案3569页，扫描档案220676页。开展档案数字化工作，完成馆藏6个全宗179465

条目录 1170117 页档案数字化及民国文件级目录 16362 条加工任务。

【档案业务指导】 抓好机关年度文件材料立卷归档指导。为确保案卷质量，根据各单位档案员的具体情况，有针对性地采取分别指导、集中指导相结合等方式。按照年初计划，做好对各单位档案规范化管理的指导工作，在实际工作中，根据省、州关于开展档案工作规范化管理认定的要求，业务指导人员深入各乡镇、部门、机关、企事业单位进行业务指导和督促。先后到老城乡、物茂乡、江边乡、发改局、组织部、总工会、扶贫办、水务局、水保办、农业局、交运局、地税局、住房公积金管理中心等 30 多家单位进行业务指导，通过实地业务指导、电话咨询答复等方式做好全县档案立卷归档工作。认真开展好档案规范化管理认定工作。根据楚雄州档案局关于完成 2017 年档案工作规范化管理认定任务要求，积极深入各机关单位指导开展档案规范化管理工作，完成 5 个党政机关档案规范化管理认定工作，按时完成上级下达的任务。

（邹　丽）

地方志鉴编研

【元谋县地方志编纂委员会】 2015 年 1 月 13 日，根据《中共元谋县委办公室关于调整部分县级议事协调机构的通知》，元谋县地方志编纂委员会与元谋县党史工作领导小组合并调整为元谋县党史和地方志编纂工作委员会。主任：李林波（县委副书记、县人民政府县长）。副主任：彭寿才（县委副书记）、李盈梅（县委常委、县委宣传部部长）、祖凌（县委常委、县委办公室主任）、马吉相（县委常委、县委组织部部长）、吕忠（县人大常委会副主任）、杨春茹（县人民政府副县长）、秦焕华（县政协副主席）、李强武（县人民政府办公室主任）。成员单位：县委办、县人大办、县政府办、县政协办、县纪委办、县委组织部、县委宣传部、县委统战部、县委党校、县委党史研究室、县志办、县国家保密局、县档案局、县财政局、县教育局、县民宗局、县统计局、县文体广电旅游局。委员会下设党史工作办公室于县委党史研究室，下设地方志编纂工作办公室于县志办。

【地方志办公室机构】 元谋县人民政府地方志办公室为县人民政府直属正科级参公管理事业单位。2017 年，元谋县人民政府地方志办公室内设秘书股、史志研究室和年鉴编辑部。2017 年末，全办在职干部职工 9 人。其中：主任 1 人、副主任 2 人；国家公务员 8 人、事业工人 1 人（中级工）；公益性岗位 1 人。大学本科学历 4 人、大专学历 5 人；中共党员 7 人。

【《元谋年鉴（2017）》出版】《元谋年鉴（2017）》的编纂工作以“突出时代特色，记述发展历程”为主线，从不同角度总结 2016 年元谋县各条战线、各项事业的发展变化，涵盖农村经济、工业生产、城镇建设、交通水利、文化教育、社会保障、民主法制等各方面内容，真实再现元谋县 2016 年物质文明、政治文明、精神文明建设的巨大成就。全书为双色印刷，封面主题以“元谋人”为标识，表明 170 万年前的“元谋人”是迄今为止中国乃至亚洲最早的人类，元谋是东方人类故乡。封面背景以元谋凤凰新城及热坝田园为主图，展示绿色元谋和城市建设取得的丰硕成果，彰显进入新时代，元谋新作为、新面貌、新景象。

【省、州年鉴供稿】 年初，按照省、州志办的要求，将《云南年鉴（2017）》《楚雄州年鉴（2017）》中的“元谋县概况”等材料的供稿任务落实到人。完成《云南年鉴（2017）》“地州县（市）概况——元谋县概况”撰稿 0.49 万字，搜集筛选上报图片 6 张，于 3 月初按时报送云南年鉴社并通过验收。完成《楚雄州年鉴（2017）》

中的“元谋县概况”撰稿 0.8 万字，按时上交州地方志办公室。

【方志资料赠阅与查询】 年内，赠阅《元谋年鉴（2016）》370 册；为元谋县全县各项重大工程建设提供各年《元谋年鉴》及《元谋县志》（1993 年版）、《元谋县志（1978—2005）》等史志书籍共 40 册。充分利用政府网站开发地情资料，实现地方志资源共享，不断提高读者群和公众查阅率、知晓率、利用率，为服务全县经济建设和宣传、投资提供科学决策依据。年内，共接待县内各学校、民政、党史、旅游等部门的相关人员到县志办查阅、摘录史志资料 29 人次；接受个人咨询 30 余人次。用《元谋县志》《元谋年鉴》《华竹新编》等志书与州内 9 县（市）史志办、州外的县（市）交换交流史志书刊共 29 册。

【地方志事业发展规划】 年内，制定《元谋县地方志事业发展规划（2016—2020 年）》，并由县政府办公室印发，对未来五年来地方志工作作出全面部署。《规划》明确未来五年地方志工作的指导思想、基本原则、总体目标、主要任务和保障措施。提出要全面落实“一纳入、八到位”，把地方志工作纳入国民经济和社会发展规划，纳入各级政府工作任务之中，做到认识到位、领导到位、机构到位、编制到位、经费到位、设施到位、规划到位、工作到位，至 2020 年，基本形成地方志编修体系、理论研究体系、质量保障体系、资源开发利用体系、工作保障体系“五位一体”的地方志事业发展综合体系。《规划》提出未来五年地方志工作的十项任务：大力推进地方综合年鉴工作，坚持一年一鉴；编纂各类专志、地情书籍，有序开展乡镇志、部门志等具有浓厚地方特色的志书编修；坚持“质量第一”，加强地方志质量建设；全面总结第一轮、第二轮修志工作的经验教训，筹备第三轮修志；有序开展旧志整理工作；规划建设方志馆，加强地情资料库建设；配合“中国知网”和元谋县公众信息网，实现志鉴和地情资料数字化；增强服务功能，加大依法搜（征）集地情资料力度，提高地方志资源开发利用水平；加强地方志理论研究；加强方志人才队伍建设。

【地方志成果】 全县地方志事业呈现良好发展态势和取得明显成绩，编修成果日益丰富。在存史、育人、资政等方面发挥重要作用。截至 2017 年底，第一轮、第二轮《元谋县志》编修已全面结束，第三轮《元谋县志》编修已进入收集整理阶段。已编纂出版《元谋县志》、专业（部门）志 34 部；编纂出版《元谋年鉴》25 部；收集整理“乡镇志”资料 13 册；整理元谋馆存旧志 4 部，校注 4 部；公开出版《康熙元谋县志》、乾隆《华竹新编》；编辑出版《元谋史志文集》《元谋风物志》《天马寻踪》《元谋改革与实践》《光彩之路》《悠悠大箐河》《热坝军魂》《元谋民族风俗与文化》《元谋县舆地志》等地情书 16 部；为 30 部《云南年鉴》、28 部《楚雄州年鉴》、11 部《云南小康年鉴》撰写入鉴资料 61 万字；组织撰写《中国县市经济·元谋县》《元谋县在巨变》《热坝第一村》《元谋历史沿革》《元谋县情》《中国元谋人类祭祖坛呈报资料》《人类发祥地，绿色新元谋》及《中国政区大典》（云南·楚雄元谋分卷）等稿件和专题文章 20 余万字。总计 2861 万字的地情文献，构成元谋县的地方志资源宝库。

（李洪梅）

党史征编

【党史征研机构人员】 2017 年，中共元谋县委党史研究室内设办公室、党史征研宣教室两个机构，编制 4 人、在职 5 人。年末有干部职工 5 人。其中：主任 1 人、副主任 1 人；副处级职级 2 人、正科级职级 1 人；大专以上学历 5 人；中共党员 5 人。设党小组 1 个。

【党史工作简述】在县委的正确领导和上级党史部门指导下，深入贯彻中共十八届六中全会、中共十九大精神，按照“一突出、两跟进”的要求，以存史、资政、育人为着眼点，在转变作风、解放思想、敢于担当、创新发展上下功夫，全面履行“存史鉴今、资政育人”职能，推动党史征集、研究、编辑、宣传和遗址保护工作，全面完成各项任务，并取得新成绩。组织编撰完成《中共楚雄州委执政纪要》元谋综述上报工作；编纂出版发行《中共元谋县委执政纪要（2016）》500册；编撰出版21万字的《中共元谋县地方历史大事记》300册。积极向中共楚雄州委党史研究室争取资金5万元，对13处革命遗址碑和红军标语进行修缮，超额完成县政府下达县委党史研究室的争取上级补助资金任务。

【党史业务学习调研】结合开展“两学一做”教育，持续深入学习贯彻落实习近平总书记系列重要讲话和考察云南的重要讲话精神，特别是关于中国共产党的历史和中共党史工作的重要论述，全面贯彻落实中共十八届六中全会、十九大会议、省州县党代会精神，全国、省州党史研究室主任工作会议精神，切实强化理论武装，统一思想认识，把握发展大势，明确前进方向，推进工作发展，确保党史工作的正确方向。组织干部职工到周边县市的红色基地、红军纪念馆、爱国主义教育基地、廉政教育基地开展党史党性教育。动员干部职工积极关注“中国政府网”“云南省人民政府网”“点赞云南”“共产党员网”“美丽元谋”“元谋热坝先锋”“元谋脱贫攻坚”等微信公众号，第一时间了解各级党委政府的重要信息、重要工作和突发事件信息。参加党章党规知识竞赛网络考试、干部在线学习、在线学法考试，纪念建党96周年和红军长征81周年党的知识竞赛等活动。通过形式多样的学习活动，开阔视野，增长知识面，让党史干部保持思想常新，业务常新，为党史研究工作营造心往一处想、劲往一处使、和谐干事的氛围，树立党史干部良好形象。

【党史征编工作】年内，党史研究室发扬克难攻坚、积极进取、有为有位精神，突出主业，努力做好党史资料征编研究工作。按时完成《中共楚雄州委执政纪要》“元谋综述”上报工作。完成70万字的《中共元谋县委执政纪要（2016）》编撰出版工作。完成21万字的《中共元谋县地方历史大事记》编撰出版工作，努力推出一批有深度、有新意、有影响的资政成果。继续加强对元谋各个历史时期重要党史资料挖掘、抢救工作，做好涉及党史重大事件、重要人物和口述历史资料、历史图片资料的征集和整理。

【党史阵地建设】做好中共党史遗址修缮保护利用工作。积极向中共州委党史研究室争取资金5万元，对13处革命遗址碑和红军标语进行修缮，发挥党史党性教育基地的重要作用，超额完成县政府下达县委党史研究室的争取上级补助资金任务。继续做好维护和义务讲解工作，充分发挥教育长廊作为中共党史教育基地、爱国主义教育基地、党员党性教育基地和青少年理想培训教育基地的重要作用。

【党史宣教活动】与县教育局共同做好《中共楚雄历史常识读本》进校园工作，把中共党史教育纳入教学计划。与全国红军小学建设工程理事会对接，8月“元马革命英烈红军小学”正式挂牌，标志着元马小学进入“全国红军小学”行列，红色党史在青少年中薪火相传。为党校、县民政局提供党史和革命遗址资料。参与宣传部编撰《文化楚雄》丛书之《文化元谋》的红色历史部分，提供红色文化栏目资料1.5万字。参与中央电视台《中国影像志·元谋篇》影像素材和文稿资料的供稿工作。参与州志办和州委党史研究室编撰出版的《滇北曙光》供稿工作。继续面向学校、企业、社区、乡村发放《红军长征过元谋》《元谋县爱国主义教育长廊——展览资料集》，推进党史“六进”工作。在“全州党史学习宣传日”配合县委组织部门开展党史知识竞赛和党史宣讲活动，扩大党史教育覆盖面，营造全县党员干部群众和青少年学习党史、学习元谋历史的氛围，促进党史知识普及。抓好党史外宣工作，及时对“元谋党史网”的“最新动态”栏目内容进行更新，保持党史网站常编常新。

【服从大局　服务中心】 年内，党史研究室5位干部职工有4人被县委政府分别抽调到县城东环线项目建设指挥部、龙川江河道治理项目建设指挥部、县委第三轮巡察第三巡察组、县精准扶贫精准脱贫指导督察工作组参与专项工作。单位克服人少事多的困难，在做好本职业务的同时，服从县委安排，全力抓好挂点村脱贫攻坚、县城棚户区改造、龙川江河道治理、易地扶贫搬迁甘塘片区5户搬迁户动迁安置、乌东德水电站移民搬迁安置、提升人居环境违规建筑拆除等中心工作。抓好脱贫攻坚工作。先后30多人次深入挂点联系村组群众家中开展入户遍访、动态管理、考核评估等工作，按要求落实整改措施，按时上报各种报表、总结。主要领导以中共十九大精神和自强诚信感恩教育等专题为挂点行政村党员上两堂廉政党课，为村委会解决贫困户科技培训经费5000元，解决脱贫攻坚宣传展板经费4000元，为村委会订阅党报党刊904元。年内对困难户走访慰问2次，慰问困难户20户，送去食用油大米等物资，价值4000元。帮助8户建档立卡D级危房户争取危房改造资金48万元新建住房，5月底全部搬入新居。20户贫困户产业扶持补助资金实现全覆盖。为挂点的那能行政村马头山村向县扶贫办争取资金60万元，新建三面光沟渠1080米，硬化进村路面800米，新建党员活动室2个180平方米，全面完成县政府办公室下达的“老城乡脱贫攻坚工作县级单位帮扶项目任务分解”。历时两个月参加龙川江河道治理二期征地补偿兑款工作，按时完成黄瓜园镇金雷行政村金河水大村的征地工作任务。抓好棚改二期工作。先后30多次深入3户挂包棚改户家中做好房屋征收政策宣传和搬迁兑款、签订补充协议。抓好易地扶贫搬迁安置工作。负责姜驿乡石榴地村5户搬迁户动迁安置和建房工作。抓好江边乡鱼洗村10户乌东德水电站移民搬迁安置工作。

【党史办廉政建设】 坚持领导班子带头，落实党风廉政建设“一岗双责”责任制。认真贯彻民主集中制原则，落实班子议事规则，严格执行领导班子民主生活会、个人重大事项报告、廉政承诺、廉政风险防控、党务公开、“两报告”等制度，加强领导班子廉洁自律，强化工作责任，防范单位腐败风险。强化内部督查，注重制度落实。继续推进“四项谈话”工作，定期开展责任主体提醒谈话和重点岗位廉政提醒谈话。制定《党史研究室干部职工遵守纪律情况督查（抽查）登记表》《季度督查表》《考勤登记表》《临时外出办事登记表》等，不定期抽查督查，确保本单位职工不出事、不违纪。强化党史干部“四个意识”思想教育，层层压实工作责任，严格落实全面从严治党要求，全面加强党史研究室自身建设和党史队伍建设，建立以党史研究成果为主要内容的激励机制，调动干部职工学习、思考和研究的积极性、主动性，推进内强素质，外树形象，打造一支学习型、研究型、服务型的党史工作队伍，为各项工作的顺利开展提供坚强纪律保障。

（吴彭珍）

延安精神研究

【延安精神宣传】 年内，延安精神研究会（以下简称延研会）坚持将县政府大门右侧的“延安精神永放光芒”宣传专栏，作为向社会宣传延安精神的阵地和窗口。每月出一期，每期7—9篇文章，内容为政治时事、延安精神、红军长征精神、抗战精神、党中央的重大方针政策和决定、老一辈革命家的优良品德、新时期先进模范人物事迹、敬老爱老、关爱青少年、历史借鉴、全县党风廉政建设、公民道德规范、县委政府的重大经济建设等。做到面向群众，面向现实，面向青少年，使之成为传承延安精神，高扬理想风帆，向社会传递正能量的坚强阵地。2017 年共出刊 12 期，登载文章 89 篇。群众经过专栏都留步观看，少数群众还摘抄。专栏给人民群众提供精神食粮，深受群众的欢迎。全年订阅《中国剪报》1 份，《中华魂》6 份，供离退休干部会员小组学习。

【延研会学习研讨】 7 月 6 日，在老干部活动中心组织离退休干部会员集体学习，53 位会员参加学习。副会长朱映华向会员们介绍元谋 2016 年以来跨越发展重大建设项目的进展情况。传达了元谋县提升城乡人居环境行动工作指挥部的文件。会长王贵华作了题为“大力弘扬延安精神，为元谋跨越发展凝聚正能量”的学习辅导。全体会员表示要做到遵纪守法，讲究社会公德、家庭美德，自觉维护社会稳定，民族团结，为营造良好的社会环境为元谋跨越发展充分发挥余热。11 月 1 日上午，县延研会在县老干部中心组织离退休干部会员学习中共十九大报告。传达省委书记陈豪 8 月 8 日出席中国延安精神研究会、云南省延安精神研究会共同举办的“推进延安精神研究会建设与发展研讨会”时代表中共云南省委发表的重要讲话，在元谋县城区的 66 位离退休会员参加学习。会员们对举世瞩目的中共十九大精神加深理解，表示虽然退休了，要退休不脱色，与习近平同志为核心的党中央保持高度一致。

【办学育人活动】 年内，与县教育局、县关工委紧密配合共同协商，齐抓共管，积极深入开展用延安精神办学育人活动，各中小学把《窑洞春秋》《革命故事》《中华精魂》作为新生学习延安精神的教材，利用课堂和课外活动，学习传承延安精神。注意总结经验，培英中学、能禹完小出席 2017 年 11 月楚雄州第十次用延安精神办学育人经验交流会，培英中学代表还在大会上作交流发言。元谋县延安精神研究会被云南省延研会评为“2011—2016 年度弘扬延安精神先进集体”。

【延研会自身建设】 年内，认真组织会员学习中共十八大、十九大精神和习近平新时代中国特色社会主义思想、各级“两会”精神，离退休干部会员每两个月学习一次，在职会员每季度学习一次。做到依法依章办会，重视组织建设巩固工作，延研会认真总结四届以来所做的工作，为换届做好准备。截至年底，全县共有 12 个分会，66 个会员小组，有会员 4126 人。会长：王贵华；副会长：王广明、起泽云、朱映华、白从章、鲁甜；秘书长：文炳和。

（文炳和）

社会建设

教 育

【教育机构】 2017年，中共元谋县教育工作委员会、元谋县教育局与元谋县人民政府教育督导室合署办公，设教育工委办公室、行政办公室、教育督导室办公室、教育工会、人事股、计财股、中小学校舍安全工程领导小组办公室、教研室、招生办、基础教育股、职成教股、安全管理股、教师培训办公室、青少年校外活动中心、学生资助中心。年末，全局在职干部职工80人。其中：教育工委书记1人，局长1人，教育督导室主任1人，教育工委副书记兼纪委书记1人，副局长3人；公务员14人；中共党员42人。

【教育概况】 年末，元谋县有各类学校209所。其中：普通高中1所，招生794人，在校学生2116人，毕业生617人，专任教师144人；职业高级中学1所，招生60人，在校学生330人，毕业生255人，专任教师49人；普通初中11所，招生2353人，在校学生7293人，毕业生2652人，专任教师602人；小学59所，招生2304人，在校学生13831人，毕业生2363人，专任教师989人；幼儿园（含附属幼儿园）47所，在园幼儿人数5969人，在园教职工421人；教师进修学校1所；成人文化技术培训学校89所。

【教师队伍建设】 制定并印发实施《元谋县教育系统工作人员管理实施办法（试行）》《元谋县学校校园长选拔聘任实施办法（试行）》《元谋县教职工末位分流实施办法（试行）》《元谋县义务教育学校校长教师交流轮岗实施方案》4个规范性文件。做好教师资格认定和教师职称评审工作，年内获得高级教师职务任职资格235人、获得一级教师职务任职资格53人，办理教师资格认证7人。继续与曲靖民族中学联合办学，引入专家管理团队4人分别担任元谋一中校长、执行校长、教务主任和教科室主任，夯实元谋一中发展后劲。创办元谋县甘塘小学，面向全县公开选拔甘塘小学校长1人、普通教师10人、傈僳族教师2人。面向全县公开选拔小学校长2人。面向全县公开竞聘元谋一中初中部教师7人、元马幼儿园教师3人。全县教师交流轮岗总人数230人，教师交流轮岗比例达到14.3%。全县中小学法人校长交流轮岗使用4人，法人校长交流轮岗比例达到17.4%。全县村完小校长交流轮岗使用15人，村完小校长交流轮岗比例达到33.3%。分别从城区和坝区选拔6位优秀教师到薄弱学校任教。8月，到云南师范大学引进高中紧缺教师7人，面向社会公开招考教师15人，从县外调入优秀教师8人。推荐上报州教育局表扬彝州名校长3人、彝州名教师15人、彝州名班主任20人，上报县委县人民政府表扬优秀教师120人、优秀班主任60人、优秀德育工作先进个人40人。组织县级骨干教师培训42人、中小学校长后备人才跟岗学习培训9人，组织38位中小学校长教师赴上海知名学校学习培训，先后组织71位中学校长、教师到对口帮扶学校曲靖民族中学跟岗学习培训，元谋一中胡诗龙老师被州委组织部选派到云南师范大学参加为期1年的基层人才对口培养培训，全年累计组织教师参加国培计划培训、双语教师培训、艺术教师培训、信息技术应用能力提升培训、特殊教育教师培训等1906人次。2017年起，对63所乡村学校的1373位教职工按照7个档次发放乡村教师生活补助每人每月300—1000元。

【教育资助】 全力实施农村义务教育阶段中小学生"营养改善计划"，年内全县共发放营养餐补助资金1502.74万元，春季学期资助中小学生20336人，秋季学期资助中小学生20330人，实现"农村义务教育阶段学生营养改善计划"农村户口学生全覆盖目标。认真落实国家"两免一补"惠民政策。年末，补助义务教育阶段中小学生26021人，共发放贫困学生生活补助1471.43万元，提供价值233.73万元的免费教科书。发放"寒窗助学"资金20.78万元，救助家庭贫困学生514人。为资助家庭经济困难的学生读完高中，全年发放普通高中国家助学金和免学杂费1437人次，共计137.35万元（其中发放建档立卡贫困学生免学费和国家助学金36.63万元），发放建档立卡贫困户学生生活费补助27.75万元。元谋县教育局学生资助管理中心与符合贷款条件的在校大学生722人签订《国家开发银行生源地助学贷款合同》，帮助在校大学生共争取助学贷款524万元，发放大学生优秀学子奖励资金109人次54.5万元，发放大学生少数民族奖励资金25万元。

【教育督导】 以2017年实现全县义务教育基本均衡发展目标为抓手，认真贯彻落实《楚雄州关于贯彻落实国家和云南省中长期教育改革和发展规划纲要的实施意见》，以办人民满意的教育为目标，进一步完善教育督导制度，努力推动教育事业稳步发展。坚持督政与督学并重，监督与指导并举，充分发挥教育督导的职能作用。认真做好县域义务教育均衡发展督导评估工作，义务教育均衡发展工作于2017年12月13日顺利通过国家督导评估。开展责任督学挂牌督导、学校安全督导，扎实推进学校依法办学进程，组织开展现代教育幼儿园督导评估，抓好教育目标管理，做好教育行政执法业务管理等工作。

【学校安全管理】 全面加强学校安全管理的规范化、制度化建设工作，落实安全教育长效机制，促使中小学生牢固树立"珍爱生命，安全第一，遵纪守法，和谐共处"的安全意识。全力打造平安校园建设，深入推进"平安校园"创建，形成完善的安全制度，制定安全预案和防范措施，构建完备的安全教育体系。认真开展安全大检查，排除安全隐患，确保师生员工有一个安全的工作学习环境。定期召开全县中小学校（园）长会议，传达国家、省、州、县有关安全管理工作精神，全面安排部署学校安全工作。把安全工作列为重点，全县30所中小学、直属学校与县教育局签订学校安全工作目标管理责任书，强化措施，明确责任，健全制度。各学校认真开展安全常识、"禁毒防艾"、防邪教、打击传销、道路交通安全、食品卫生安全、防水防火、疾病预防等教育活动，并通过"小手牵大手"，广泛开展安全宣传教育。"三防"建设见成效，全县所有学校都安装校园视频监控系统，安装率100%，安装校园报警系统共70套，配备急救箱共135套。建成校园警务室12个。各学校制作推广救生杆。全县学校平安志愿者服务队伍1030人，共有39所学校，达到县级平安校园标准，创建了25所州级"平安校园"，5所省级"平安校园"。截至年末，全县教育系统未发生重大安全事故。

【学校德育】 认真贯彻落实《中共中央　国务院关于进一步加强和改进未成年人思想道德建设的若干意见》《云南省教育厅关于进一步加强和改进教师职业道德建设的意见》精神，认真监督

《中小学教师职业道德规范》《楚雄州教职工七条禁令》的实施，加强教师职业道德建设。落实省州关于未成年人思想道德建设工作的安排部署，坚持把立德树人作为教育的根本任务，充分发挥课堂主渠道和校园文化功能作用，加强革命传统教育，加强中小学学生诚信教育和养成教育，认真开展弘扬和培育民族精神宣传教育活动。各学校、幼儿园结合实际认真开展中华经典诵读、雷锋精神进校园、青少年志愿服务、社会主义核心价值主题团队日、民族文化进校园、中小学生“爱读书、读好书、好书相伴快乐假期”读书征文活动等德育实践活动，不断加强德育学科渗透工作。认真开展校园周边环境社会治安综合治理，切实抓好预防和减少未成年人犯罪工作。积极推进中小学聘任法制副校长工作。组织推荐、表彰三好学生省级16人、州级23人、县级674人、优秀学生干部省级4人、州级6人、县级119人，先进班集体省级1个、县级79个。组织全县中小学生参加全国青少年五好小公民“红旗飘飘引我成长”主题教育读书活动，表彰学生136人，教师42人。上报作品获国家级、省级、州级奖励23人；组织开展“阅读让人生更精彩”元谋县首届中华经典诵读活动，全县25所中小学、县直属学校积极参赛，在全县中小学掀起了阅读高潮；组织开展“家校关爱成长”家庭教育讲座15场次，培训家长5100人次；组织申报省级文明学校1所，州级文明学校1所；组织复查认定州级文明学校6所，组织申报州级绿色学校两所。组织申报、评选认定县级文明校园5所。开展民族团结示范学校创建工作，抓好全县11所省级民族团结示范学校、3所州级民族团结示范学校的示范带动作用，扎实开展民族团结教育工作。在庆祝第33个教师节之际，报请中共元谋县委、元谋县人民政府对40位德育工作先进个人、60位优秀班主任、120位优秀教师进行表彰奖励。年末，全县创建省一级学校4所（园）、二级学校21所，创建省州县文明校园13个、文明学校70所，创建省州绿色学校36所。

【教育科研】 2017年度教育科研工作紧紧围绕“提高教育教学质量”这一工作主题，坚持科研先行、以研促教、以研促学、提高质量的工作方针，大力加强师资队伍建设，认真开展教育教学常规指导工作，积极推进课堂教学改革，为提高全县教育教学质量、促进义务教育均衡发展做出新的贡献。以教学质量为中心。下发《元谋县义务教育教学质量考评奖励办法（试行）》《元谋县教育局关于下达2016—2017学年各中小学教学质量目标预测的通知》《元谋县教育局关于印发元谋县教学质量提升工作指导意见（试行）的通知》，突出教学工作的核心地位，明确目标导向。举行课堂教学大练兵。秋季学期组织初中语文、数学、英语等9个学科，小学语文、数学、道德与法治等7个学科及幼儿教育共17个学科课堂教学大练兵竞赛活动。春季学期组织初中语文、数学、英语，小学语文、数学5个学科课堂教学大练兵竞赛活动。全县教师全员参与校级初赛，255位教师参与县级竞赛，110位学科教师参与县级评委活动。开展送教下乡强化示范引领。4月14日，组织秋季学期初中课堂教学大练兵活动中荣获一等奖的18位学科教师到物茂中学开展“送教下乡”活动。3月23日至6月2日，组织秋季学期课堂教学大练兵活动中荣获小学语文、数学学科一等奖的4位教学骨干教师到花同已波龙完小、凉山那迪完小、平田新昌完小等薄弱学校开展“送教下乡”活动。4月10—14日，教学专项指导工作小组深入黄瓜园中学开展为期一周的教学专项指导工作。完成黄瓜园中学82位教师的推门听课和教学交流反馈工作，课堂教学大练兵竞赛活动获一等奖的9个学科18位教师和黄瓜园中学9个学科的9位教师的开展同课异构活动。同时召开教学专项指导工作反馈会，对学校的教学和管理进行针对性的指导。10月17—27日，教育局教师发展中心分别深入江边中学和江边小学开展教学专项指导工作。开展推门听课、交流反馈、常规检查，并组织全县课堂教学大练兵竞赛活动荣获一等奖中小学学科教师与2所学校的教师开展同课异构活动。关注教育科学研究。3—4月，三次组织九年级学业水平考试科目部分骨干教师到昆明、楚雄参加省、州的学业水平考试研讨会。5月12日，组织元谋县2017年学业水平考试备考研讨会，县教育局教研室与楚雄天人中学在元马中学开展中考研讨交流活动，县教育局副局长管文明，教研室中学教研员、楚雄天人中学副校长罗建华等11人及全县初级中学9个中考科目任课教师232人全程参与了活动。12月15—16日，受州规划办的委托，元谋县教育科研课题评审专家组分别对元谋一中的州规划的3个课题和元马中学的州规划的3个课题进行会议结题鉴定，12月20日，经州教育科学规划领导小组审核，6个科研科课题已顺利结题。6月20日已向州规划办申报9个课题。9月18—22日，教育局教研室完成全县中小学“爱读书、读好书、好书相伴快乐假期”暑假读书活动征文840篇评选工作。10月31日至11月10日，配合云南课程教材教学研究杂志社举办2017年教育科研论文竞赛，完成全县参赛论文1361篇初评工作。与名校携手教研提质量。11月12—13日，邀请上海进才实验小学校长赵国弟一行10人专家团队到元谋县开展教育教学指导活动。元谋县教育局全体干部职工、全县小学校长、中层管理干部及骨干教师280多人聆听两场专家精彩报告；90多位骨干教师聆听6位青年骨干教师的展示课。小学阶段教学质量稳步提升。初级中学教学质量开创全县最高水平，九年级学业水平考试参考率81.8%，居全州十县市第一。全州前100名学生总数由上年的3人增至10人、前1000名学生总数由上年63人增至106人，达到楚雄一中上线学生总数由上年49人增至97人，优生人数大幅提升。高中教学质量大有起色，全部完成州教育局预测目标。在楚雄州“一师一优课　一课一名师”评选活动中，6位教师荣获州级二等奖，5位教师荣获州级一等奖。

【教育信息化建设推进项目】 年内累计投入资金1245.31万元改善全县70所中小学办学条件，其中投入120.3万元采购15万册中小学图书；投入137.29万元采购1271个器材柜、438个图书柜、24个实验药品柜；投入129.86万元采购3248套桌椅，715张学生用高低床；投入417.09万元采购1042台学生用云计算机，24台教师用计算机；投入440.76万元补充采购中小学理、化、生、音、体、美、数、地等科目的教学仪器设备及实验器材。全县70所中小学按照云南省教育技术装备Ⅰ类标准配齐各科教学仪器装备及实验器材。为全面完成基础教育阶段的中小学校教育信息化“三通两平台”，实现全县70所中小学信息互联互通及教育教学、管理职能一体化，以高速网络建设和互联网接入为依托，全面推进70所学校协同办公、全县“1+70”视频会议系统和教育教学应用平台（云文档存储、流媒体点播、直播、资源存储）建设，“互联网＋教育”工作取得新成效，有力提高全面教育系统的整体工作质量和效率。

【教育改革】 进一步加强和推进教育体制改革，健全和完善教师评价体系，全面加强教师队伍建设，加快城乡一体化进程，全面提升学校德育美育建设，加快学前教育发展，实施校园精细化管理。制定和完善《元谋县学校校（园）长选拔聘任实施办法（试行）》《元谋县教育系统工作人员管理实施办法（试行）》《元谋县中小学学生学籍管理办法》《元谋县义务教育学校校长教师交流轮岗实施方案》《元谋县教职工末位分流实施办法（试行）》等规章制度，制定和落实《元谋县加强和改进学校美育工作实施方案》《元谋县加快学前教育改革与发展实施方案》《元谋县统筹推进县域内城乡义务教育一体化改革发展的实施方案》《元谋县校园精细化管理实施方案（试行）》。为进一步更新全县小学教师的课堂教学理念，深化课堂教学改革，立足高效课堂建设，优化学生学习方式，传递“优化课堂教学，构建高效课堂”的教育正能量，11月12—13日，上海进才实验小学10人专家团队应邀到全县开展教育教学指导活动。元谋一中与曲靖市民族中学进一步深化合作办学，采取“请进来、走出去”的方式加大师生培养力度。定期邀请曲靖民中的专家团队到元谋一中指导教学教研工作，有计划地安排学校领导和教师到曲靖民中轮岗学习，进一步更新全体教师的教学理念，改进管理和教育教学方法，全面提高管理效率和教育教学质量。同时，元谋一中改进学生培养模式，开办实验班，加大优生培养力度；选派一定数量的优秀学生到曲靖民中进行委培，拓宽优生的培养渠道。年内元谋一中派到曲靖民中委培的学生共33人（其中高二年级6人，高一年级23人，初二年级2人，初一年级2人），为优生培养提供了有力保障。

【教育设施建设】 年内上级下达给元谋县项目共有五类，共计98个单体，总投资7373.42万元，建设面积72700.5平方米。年末已经完工项目85个（其中包含新建成的元谋县易地扶贫及乌东德水库移民搬迁甘塘片区学校甘塘小学教学综合楼及风雨操场建设项目，总投资1733万元，总建筑面积6489平方米），主体完工项目5个（元马镇大沟完小学生宿舍、黄瓜园镇金雷完小综合楼、老城乡阿郎完小学生宿舍、老城乡阿郎完小综合楼、平田乡新康完小综合楼），主体施工项目5个（元马镇龙泉完小学生宿舍、黄瓜园镇苴林完小学生宿舍、凉山乡中心完小学生宿舍、物茂乡中心完小综合楼、甘塘幼儿园综合楼），基础施工项目1个（羊街镇中心幼儿园综合楼）。

【学前教育】 认真贯彻落实全国教育工作会议精神和《国家中长期教育改革和发展规划纲要（2015—2020年）》《国务院关于当前发展学前教育的若干意见》《元谋县学前教育管理办法》精神，抓住机遇，积极发展学前教育，着力解决“入园难”问题。全县有幼儿园48所（含公办幼儿园20所、民办幼儿园28所）、小学附属幼儿园34所，在园（班）幼儿5969人，其中公办幼儿园在园幼儿2636人，有教职工396人（民办幼儿园教职工216人），其中专任教师266人（民办幼儿园专任教师116人），学龄前儿童毛入园（班）率92%，学前一年儿童毛入园（班）率98.59%，学前三年儿童毛入园（班）率82.75%。

【义务教育】 稳步推进义务教育均衡发展，财政投入不断加大。通过创新办学机制、深化内涵发展、优化学校布局结构调整等多种措施，义务教育阶段薄弱学校改造不断加快，教育管理体制机制不断创新，教育管理水平不断提高，教师校际交流制度、校长公开招聘制度不断完善，教育资源得到有效整合，“两基”工作持续巩固，城乡之间、学校之间教育差距拉大的势头得到有效遏制，县域内义务教育初步均衡发展已实现，农村义务教育教学质量切实得到提高。按照“缺什么补什么”的原则，为整体缩小农村学校与当地城镇学校资源配置的差距，着力解决生均占地面积、生均绿化面积、生均校舍建筑面积、生均体育场地面积、音体美器材及实验仪器设备、计算机台数、生均图书、教职工不足等问题，2017年12月顺利通过国家义务教育均衡发展检查验收。通过全县共同努力，“普九”人口覆盖率、适龄儿童入学率和适龄少年入学率分别达到100%、99.98%和99.86%，青壮年人口非文盲率99.8%，小学毕业生升学率99.58%以上。小学教育质量稳步提高，初中教育质量逐年提升。年内，全县共有2649人参加中考，被楚雄一中录取88人，其他州属高中录取523人，元谋一中录取1073人。

【高中教育】 积极采取有效措施，通过“聘任知名校长、坚持‘三长’送学制、全返非税收入、加大政府投入、解决历史欠账、提高教师待遇、给予学校依法办学的自主权和决策权”等一系列举措，积极同曲靖民族中学商谈并结成教育教学结对关系，成功引进曲靖民族中学教育专家管理团队驻元谋一中开展教育教学管理改革。到知名大学毕业生就业招聘会现场招聘优秀毕业生到元谋一中任教。年内普通高考共有考生898人（含三校生），达到专科录取线以上的共有839人，高考上线率93.4%，其中一本录取线以上20人、二本录取线以上327人，本科上线率38.6%。

【职业教育】 深入落实《楚雄州人民政府关于加快发展现代职业教育的实施意见》，积极推进州县一体化办学，充分发挥职业高级中学劳务输出职业技能培训基地效益，不断提升办学水平和质量。全面加强招生工作的领导，实行目标任务管理考核，认真落实“三长送学”制度，年内全县累计完成中职招生1171人，全面完成招生任务数1054人的111.1%，有力地促进全县高中毛入学率的提高。认真落实《教育部办公厅关于印发职业教育东西协作行动计划滇西实施方案（2017—2020年）》《云南省教育厅关于印发云南省2017年职业教育东西协作行动计划滇西实施方案招生章程的通知》和《楚雄州职业教育东西协作行动计划实施方案》等精神，精准动员31位建档立卡贫困家庭“两后生”到上海接受优质职业教育，发挥职业教育在精准扶贫和实施“五个一批”过程中的重要作用，助推脱贫攻坚工程，实现教育精准扶贫。

【成人教育】 积极推进“三教”统筹和“农科教”结合，以服务“三农”为宗旨，以提高农民科技致富能力和农民转岗能力为重点，配合有关部门共同开展农村实用技术培训工作，促进农民增收致富。全县有乡镇成人文化技术学校11所，其中省级示范性成人文化技术学校2所，州级合格成人文化技术学校1所，村级成人文化技术学校78所，年内共举办各种实用人才培训594期，参加学习培训36425人次。

【年内教育大事】 1月21日至2月3日，在元谋一中、元马中学举办元谋县2017年中学生运动会暨青少年校园足球联赛。来自全县各中小学24支代表队700多位运动员分别参加篮球、足球、乒乓球、迎面接力、田赛、径赛等12项集体项目和16项个人项目的角逐，共产生团体奖41个、集体道德风尚奖4个、优秀组织奖4个，个人奖项96个，评选优秀教练员24人、优秀裁判员16人、优秀工作人员20人。年内，各级投入“全面改薄”、长效机制项目资金3641万元，实施农村义务教育学校新建改扩建校舍工程，县委、县政府在依法保障义务教育经费投入“三个增长”的基础上，再投入资金1600万元补齐义务教育基本均衡达标8项补短板工程，动员全县教育系统师生员工积极投身迎接检查工作，确保全县义务教育均衡发展工作于4月、7月通过州级复查和省级督导评估，并于12月13日以93分的成绩通过国家督导委督导认定。8月20—26日，元谋县青少年校外活动中心、团县委和县关工委共同组织7个坝区乡镇学校的70位学生参加主题为“圆梦蒲公英·同行中国梦”的青少年夏令营活动。11月，成立中国共产党元谋县教育工作委员会，切实抓实全面从严治党，加强中小学校党的建设，促进全县教育系统广大党员和教师“做合格党员、树先锋形象，做爱岗模范、当行业标兵”，为营造风清气正的良好教育氛围、加强师德师风建设夯实基础。11月，元谋县青少年校外活动中心以92分的考核成绩在云南省未成年人校外教育工作评估中获得优秀等级评定，创造“校外教育工作评估考核优秀三连冠”的殊荣。

（杨景雁）

体 育

【城乡体育活动】 组织编制完成《元谋县全民健身实施计划（2016—2020）》，全民健身活动广泛开展，群众体育工作得到进一步加强。加强行业体育协会的业务指导、监督管理工作。组织举办篮球、羽毛球爱好者培训班。春节前夕组织开展“元谋县万人健身大步走”活动。寒假期间组织举办中学生运动会暨中小学生青少年足球联赛和“园丁杯”职工运动会。“三八”节期间组织举办女子健身运动会。组队参加2017年全州中学生运动会暨青少年校园足球联赛，在全州18支代表团中荣获团体总分第三名的好成绩，老城小学女子足球获全州小学女子组冠军。举办元谋县健身气功“八段锦”培训班，全县干部职工60余人参加培训。举办2017年“动感云南·我要上全运”全民健身日及全国百城千村健身气功交流展示系列活动大赛、云南预赛暨云南省第四届视频大奖赛元谋县分赛区活动，全县干部群众800余人参与活动。精心组织、筹备参加楚雄州第七届老年人运动会乒乓球、网球、气排球、柔力球、象棋、太极拳（剑）、健身操（舞）、门球、地掷球10个项目的比赛。成功承办“楚雄州第七届老年人运动会元谋赛区网球、乒乓球比赛”，得到楚雄州老年体协、楚雄州文体局和各兄弟县市的高度称赞。组队参加2017年“我爱足球”中国足球民间争霸赛楚雄赛区五人制足球比赛，获得较好成绩。到全县各中、小学校进行体育苗子的选拔，共向省、州运动学校输送运动员29人，涉及篮球、田径、摔跤、游泳、举重、拳击、射箭、射击、柔道、自行车10个项目。全县向省、州输送的运动员在各级各类比赛中取得优异成绩，其中部分运动员参加省级比赛共取得第一名9个，第三名8个，第五名10个。元谋籍柔道运动员王国栋被团中央授予“全国最美中职生”荣誉称号。

【体育设施建设】 年内共完成省州下达元谋县乡镇体育设施建设、村级文化体育活动广场、农村体育设施建设点10个。

【少数民族传统体育活动】 在一年一度的凉山乡“火把节”、羊街镇“花山节”少数民族传统节日中，积极开展少数民族传统体育比赛，比赛项目有篮球、拔河、摔跤、斗牛、斗羊、爬花杆、双拐、穿花衣及芦笙舞等文艺表演等。

【文化体育项目建设】 年内，完成投资3000万元的元谋县文化馆图书馆主体工程和报告厅装修工程，投资44万元进行非遗中心排练厅装修和搬迁，投资17.7万元完成文化馆办公区装修，投资220万元进行新建图书馆装修搬迁和设备购置，投资320万元进行县广播电视台装修搬迁和设备购置，此外还投资36万元进行红军馆基础设施恢复重建，投资39.9万元进行凉山活佛寺天王殿一期修缮加固工程。元谋大酒店规划建设为四星级商务酒店，总占地面积40亩，总建筑面积50161.06平方米，总投资1.2亿元，已投入营运。2017年，全县旅游重点项目建设完成投资19.09亿元，为州人民政府下达投资任务的119.32%。

（杨茜雅）

元谋县老年人体育协会

【机　构】 2017年，元谋县老年人体育协会第五届委员会设主席1人，副主席5人，秘书长1人，副秘书长3人；委员51人，其中常务委员11人。县老年人体育协会下设门球、地掷球、乒乓球、羽毛球等20个文体活动分会。全县10个乡（镇）、50个行政村（社区）均成立老年人体育协会，共有会员5000余人。

【老年人体育协会活动】 认真组织好一年一度的迎新春文艺晚会。认真组队参加2017年楚雄州老年人乒乓球、气排球、门球、网球等年度项目的比赛，均取得好成绩。全年选派骨干20余人次参加省、州气排球、门球、柔乐球、健身气功等项目教练员、裁判员的培训。组织好“8·8”全国第七个全民健身日活动，参加此次活动的文体表演队有30余支，近1000余人次。组织“九九”敬老节老年人体育竞赛活动，参加活动的有近1500余人次。10月，成功承办楚雄州2017年第七届老年人运动会乒乓球、网球比赛，参赛人数700余人。全年县老年人体育协会组织文艺队到乡（镇）和邻县演出节目500余个100场，观看群众10万人次，文体活动丰富多彩，健康向上，深受广大群众的欢迎。

（马云青）

人民生活

【**物价水平**】 2017年，物价、市场监督管理部门依法行政，进一步规范市场，有力促进全县城乡市场繁荣，物价指数与上年相比平衡回升，全县居民消费价格总水平比上年同期上涨1.5%。八类消费品中，食品烟酒类价格上涨1.3%，其中粮食价格下降1.1%；衣着类价格上涨6.7%；居住类价格上涨1.6%；生活用品及服务类价格上涨1.2%；交通和通信类价格上涨1.2%；教育文化和娱乐类价格上涨0.1%；医疗保健类价格上涨1%；其他用品及服务类价格上涨0.4%。居民消费价格总指数中服务项目价格水平比上年同期上涨1.5%。商品零售价格总水平比上年同期上涨2.5%。农业生产资料价格总水平比上年同期下降1%。

【**城乡居民生活水平**】 2017年，全社会劳动生产率（按全社会从业人口计算的人均GDP）为44316元。按常住人口计算的人均GDP为27292元（按目前汇率折算折合4335美元）。全县城乡居民人均储蓄存款23394元，比上年增长10.33%。全县城镇常住居民人均可支配收入32749元，比上年增长8.4%；城镇居民人均消费性支出17849元，比上年增长7.82%，其中食品消费性支出4345元。农村常住居民人均可支配收入11530元，比上年增长8.9%；农民现金可支配收入11770元，比上年增长14.12%；农民人均生活消费支出8293元，比上年增长10.93%，食品消费支出2189元。全年全县在岗职工年平均工资93037元，比上年增长16.19%。其中：国有在岗职工年平均工资105053元，比上年增长19.21%；集体在岗职工年平均工资146455元，比上年增长2.83%；其他在岗职工年平均48821元，比上年增长6.39%。

【**城乡居民消费水平**】 城镇居民每50户拥有电冰箱（冰柜）50台、洗衣机50台、彩色电视机58台、移动电话121部、固定电话7部、摩托车52辆、家用汽车21辆、电脑40台、空调47台、照相机9架、淋浴热水器50台。农村居民每百户拥有电冰箱（冰柜）125台、洗衣机75台、彩色电视机112台、移动电话293部、固定电话8台、电脑30台、摩托车124辆、太阳能热水器102台、照相机2台、家用汽车29辆、空调12台。2017年末，全县共有10个社区68个行政村，有68个村委会通自来水，68个村委会通程控电话，68个村委会通公路，68个村委会通电。全年降雨量585.1毫米，年平均气温21.9℃，年日照2351.5小时。全县工业固体废物综合利用率97.5%，城市生活垃圾无害化处理率96%，城市生活污水集中处理率94%。县政府驻地空气质量2级。年末固定电话和移动电话用户22.24万户。其中：固定电话用户0.81万户；移动电话用户21.43万户，电话普及率101部/百人。年末，互联网用户5.5万户，数字电视用户4.33万户。森林综合覆盖率46. 6 %。广播电台1个。全县广播覆盖率99.05%，电视覆盖率99.18%。全年就业服务中心安置就业25116人，其中失业人员再就业1996人；年内组织就业及再就业培训25次，参加培训1668人。年末城镇登记失业率3.12%。城镇化水平（城镇化率）37.94%。

（杨芳萍）

人力资源管理

【**人力资源管理机构**】 2017年，元谋县人大资源和社会保障局下设办公室、公务员管理股、专业技术人员管理股、工资福利股、社会保险股、社会保险基金监督股、元谋县劳动人事争议仲裁院（信访调解仲裁股）、劳动保障监察大队、党委办公室9个内设机构，下辖元谋县医疗保险管理局、元谋县社会保险中心、元谋县公共就业和人才服务中心3个事业单位，核定编制72人。年末，全局在职干部职工67人。其中：局长1人、副局长4人、社会保险中心主任1人、医疗保险管理局局长1人；公务员50人、专业技术人员7人（工程师1人、兽医师1人、小学高级教师1人、助理馆员1人、助师3人）、机关工人3人（技师1人、高级工1人、初级工1人）、事业工人1人（高级工）；大学本科学历34人、大专学历30人、中专学历2人、高中学历1人；中共党员46人。

【工资福利】 深入推进机关事业养老保险制度和收入分配制度改革，及时调整机关事业和企业退休人员基本养老金；实施乡镇岗位和乡村教师生活基层岗位补贴，继续巩固事业单位实施绩效工资成果；全面开展奖励性项目清理，进一步完善规范机关事业单位改革性补贴和奖励政策；深入开展机关事业单位和国有企业“吃空饷”问题清理整治，全面落实机关事业单位工作人员假期工资福利制度和带薪休假制度，积极推进“云南省机关事业单位工资福利信息决策支持系统”应用，推进工资福利工作信息化进程，提高工资福利工作的质量与效率，实现工资福利数据和政策与全省的高度统一；进一步加强企业工资分配宏观管理和工资集体协商机制建设，全面开展薪酬调查工作，圆满完成对全县企业的薪酬调查任务。

【退休管理】 累计审核经办机关事业工作人员退休（职）手续52人，企业参统人员正常退休登记98人，上报办理企业因病提前退休8人，认定城镇职工基本医疗保险视同缴费年限110人。

【公务员管理】 年内，元谋县人力资源和社会保障局不断加强公务员管理工作。公务员考核。年内，全县科级及以下公务员、参公管理人员和工勤人员应参加考核人数1628人，实际参加考核1628人，参考率100%。优秀308人，占实际参加考核人数的18.92%；称职1298人，占实际参加考核人数的79.73%；不确定等次20人，占实际参加考核人数的1.23%，不称职2人，占实际参加考核人数的0.12%。公务员岗位管理。组织2016年新录用公务员12人参加了州人社局举办的公务员初任培训。组织面试考官培训9人，其中三级考官2人、初级考官7人。办理公务员调配手续11人。为2016年新录用的7位公务员办理转正定级手续。组织实施好元谋县县管干部晋升职级工作，经初核、民主测评、考核谈话、征求意见、公示等程序，共有41个单位88位公务员符合晋升职级条件，其中晋升副处级职级25人、晋升正科级职级31人、晋升副科级职级32人。新录用公务员1人。公务员表彰。积极做好2014—2016年连续三年年度考核为优秀等次公务员奖励工作。记三等功的科级及以下公务员共21人，其中科级13人、科员8人。

【事业单位管理】 2017年，元谋县不断加强对事业单位管理，为全县事业单位发展提供保障。事业单位公开招聘。2017年共计划公开招聘事业单位工作人员79人，通过网上报名、笔试、资格审查、体检、考察、公示等环节，共招聘事业单位专业技术人员70人。事业单位岗位设置聘用管理。全县事业单位共设置专业技术岗位3270个，其中正高级8个、副高级356个、中级1632个、初级1274个。现聘专业技术人员3135人，其中高级472人、中级1223人、初级1440人。共设置工勤岗位401个，其中二级7个、三级82个、四级160个、五级152个。现聘工勤人员463人，其中二级7人、三级305人、四级59人、五级25人。共设置管理岗位29个，其中七级5个、八级6个、九级16个、十级2个；现聘管理人员18人，其中九级15人、十级3人。事业单位任职管理。根据元谋县事业单位工作人员管理办法（试行），由县委组织部任命元谋县国有林场副场长（八级职员）1人，任命土林州级自然保护区管理局副局长（八级职员）2人。事业单位工作人员年度考核。根据《楚雄州人力资源和社会保障局关于做好事业单位工作人员年度考核工作的通知》精神，结合实际，及早布置了全县事业单位工作人员的考核工作。在总结近年来考核工作经验的基础上，对单位的量化考核指标体系作进一步修改完善，对考核的文件依据、内容和原则、范围、组织管理、量化考核方案的制定及上报时间都作了具体布置。考核内容、考核指标进一步数量化、具体化，更有利于客观、公正地评价企事业单位工作人员的工作实绩。在考核中加强领导，严格考核程序，对被考核对象进行定性定量的考核，加大参与重点工作单位的优秀比例，严格执行年度考核公示、审批、备案制度。全县共有事业人员3643人参加考核（含见习期82人、专技81人、管理1人），确定优秀717人，占19.7%；合格2830人，占77.7%；基本合格4人、不合格4人、不确定等次6人，占0.3%；见习期82人，占2.3%。其中：管理人员18人，优秀3人，占16.7%；工勤人员433人，优秀80人，占18.5%；专技人员3192人（含见习期81人），优秀634人，占19.8%。全县未参加考核11人（专技9人、工勤2人）。通过考核，充分发挥年度考核的激励、督促与教育作用，调动全县企事业单位工作人员的积极性和创造性。优秀专业技术人员推荐选拔。全县共有云南省科技兴乡贡献奖获得者9人，楚雄州有突出贡献优秀专业技术人才16人，楚雄州学术技术带头人培养人选6人。共选拔、推荐、培养7届云南省拔尖乡土人才7人，选拔、推荐、培养5批楚雄州拔尖乡土人才50名，第6批选拔、推荐、培养的人选正在州级审核审批中。专业技术人员职务评审。2018年共评审认定初级职务100人，推荐评审中级职务195人，推荐评审高级职务271人。

【慰问企业军转干部】 春节前夕，积极争取资金8800元，对全县企业军转干部进行走访慰问；兑现企业军转干部生活补贴共37.57万元。

【专业技术人员履职考核】 全县实有事业人员3630人，应参加考核3630人，实际参加考核3617人。考核确定为优秀等次707人，占实际参加考核人数的19.6%；合格等次2784人，占76.9%；基本合格2人、不合格1人、不确定等次123（含见习期人员113人）人，占3.5%；未参加考核13人。

【高级人才】 全年新增副高级专业技术职务267人，全县具有副高级以上专业技术职务任职资格780人。

【大学生村官管理服务】 对全县选聘且在岗的60位大学生村官进行考核，确定优秀等次11人，确定称职等次49人。2017年乡镇事业单位定向招聘大学生村官9人，考录为公务员3人，考录在信用社1人。年末，全县共有"三支一扶"人员1人。

【人才选拔】 组织推荐州第九批中青年学术技术带头人培养人选3人，未入选；选拔推荐元马镇小能禹村文志聪为云南省拔尖农村乡土人才，并获此称号。

【大中专毕业生日常管理服务】 2017年，回县报到登记毕业生508人，其中研究生7人、本科239人、专科210人、中专37人；接收毕业生学籍档案660份；转调出档案160份，年度管理档案5955册。

（白云峰）

社会保障

【企业职工基本养老保险】 2017年，企业职工基本养老保险参保8275人。其中：在职职工参保6067人，征缴企业职工基本养老保险费4749.65

万元；按时足额发放2208位企业离退休人员养老金5159万元，比上年增加534万元，增长11.5%。

【**机关事业单位养老保险**】机关事业养老保险参保7210人（其中在职职工5258人，退休职工1952人），征缴养老保险金13639.4万元，支出9297.76万元，结余4341.64万元。

【**失业保险**】失业保险参保4702人，征缴失业保险费202.54万元，全年发放失业保险金222.17万元。

【**工伤保险**】工伤保险参保13094人，征缴工伤保险费555.8万元，发放工伤保险金660.27万元。

【**生育保险**】生育保险参保3860人，征缴生育保险费241.6万元，年内享受生育保险待遇125人，发放生育保险金343.21万元。

【**城镇基本医疗保险**】城镇基本医疗保险参保205764人（其中城镇职工参保11630人，城乡居民参保194134人），征缴城乡居民医疗保险费3102.92万元。

【**城乡居民养老保险**】城乡居民养老保险参保122911人，收缴城乡居民基本养老保险费1148.02万元，发放城乡居民基本养老保险待遇2883.48万元。

【**企业退休人员社会化管理**】企业退休人员2200人及遗属供养人员16人，均按居住地分属9个乡镇以及元马镇13个社区（行政村）进行属地社会化管理，企业退休人员社会化管理率100%。

【**社会保障基金监督**】对全县31户参保进行社会保险稽核，对申报缴费基数不实的10户参保单位要求重新申报缴费人数、基数。五项社会保险通过稽核整改工作全年增加补缴收入302204元。其中：养老保险金补缴收入134875元，医疗保险金补缴收入147839元，工伤保险金补缴收入7045元，生育保险金补缴收入6464元，失业保险金补缴收入5981元。

【**社保政策法规宣传**】积极组织各业务股、室（中心）深入基层一线进行人力资源社会保障政策宣传，累计发放宣传资料1000份。在州级以上报纸杂志刊登人力资源社会保障信息39条，在楚雄州人力资源社会保障网上发布信息53条。

【**保障服务设施建设**】投资830.52万元，总建筑面积3118平方米的元谋县就业和社会保障服务设施建设项目投入使用。

（白云峰）

劳动就业

【**职业培训**】2017年培训农村劳动力24390人。其中：建档立卡贫困劳动力9259人；职业技能培训23期1600人；举办创业培训班1期，参训68人。

【**就业再就业**】全县城镇新增就业3298人，其中城镇失业人员再就业1996人、就业困难人员就业726人。城镇登记失业率3.12%。

【**高校毕业生就业**】为离校未就业高校毕业生508人做了报道登记。兑现50名高校毕业生就业见习生活补贴3.71万元。

【**劳务输出**】农村劳动力新增转移就业25024人。其中：省外转移就业9489人，建档立卡贫困劳动力4495人。

【**创业扶持**】扶持“两个10万元”微型企业20户；发放“贷免扶补”扶持创业120人，发放创业担保贷款2200万元，带动就业1097人；申报劳动密集型小企业贷款扶持创业3户，带动就业86人。

【**劳动保障监察**】全年巡视检查用人单位91户，劳动保障执法立案5件，结案5件，结案率100%。接待进城务工人员来访46起，涉及务工人员392人，妥善处理拖欠农民工工资纠纷11起，为419位农民工追讨工资1237.55万元。

【**劳动合同**】全县应签劳动合同的城镇职工7321人，已签劳动合同的城镇职工7139人，劳动合同签订率97.5%，督促345户企业签订集体合同，涉及职工5219人。

【信访仲裁】 接待群众来访168人次、办理信访件25件；受理劳动争议案件16件，结案16件，结案率100%。

扶贫开发

【扶贫机构】 2017年，元谋县人民政府扶贫办开发办公室设综合股、财务股、项目股、易地扶贫开发股、劳务输出股、社会外资扶贫股、信贷扶贫开发股、统计监测股。编制13人，其中行政编制5人、事业编8人。年末在职正式职工21人，其中主任1人、副主任4人、主任科员人3人、副主任科员4人、公务员13人、机关工人1人、事业工人1人、专业技术人员6人。中共党员14人，招收公益性岗位人员2人。

【脱贫攻坚工作】 年内，调整充实县扶贫开发领导小组，由县委书记、县人民政府县长任组长，县委副书记任常务副组长，8位县委常委、人大常委会主任、政协主席、2位副县长任副组长；成立脱贫攻坚指挥部，由县委副书记任指挥长，3位实职副处级领导、3位副处职级干部任副指挥长，具体负责抓好脱贫攻坚工作；10个乡镇扶贫办主任均由实职副科级领导担任，充实乡镇脱贫攻坚力量。成立以县委书记任组长，由37位工作人员组成的10个精准扶贫精准脱贫指导督查工作领导小组，定期对全县10个乡镇和县级行业部门落实精准扶贫精准脱贫工作推进情况进行督查。制定《元谋县产业扶贫实施方案》《元谋县健康扶贫精准实施方案》《元谋县教育精准扶贫实施方案》《元谋县林业生态扶贫实施方案》《元谋县农村劳动力及转移就业精准扶贫实施方案》《元谋县社会保障兜底精准脱贫实施方案》6个脱贫工作政策文件和脱贫攻坚月督查制度。全年县委常委会议研究脱贫攻坚议题24个，政府常务会议研究脱贫攻坚议题16个，召开扶贫开发领导小组会议13次。全县10乡镇开展脱贫攻坚知识业务培训95余次，各挂包部门举办培训班582个，培训6820人次，开展脱贫攻坚政策集中宣讲22场次，组织脱贫攻坚政策考试4次，制作《脱贫新长征　筑就幸福路》宣传片1个，脱贫攻坚宣传手册7200册，宣传挂图700余套5000张，脱贫攻坚政策明白卡6500张。扎实开展驻村扶贫工作，全县共有州县乡单位104个、干部职工3124人结对帮扶全县72个行政村6219户建档立卡贫困户，驻村扶贫工作队员150人分别派驻全县60个行政村。驻村扶贫工作队全年办理惠及民生好事实事97件，讲党课65场次，协调项目21个，投入资金700余万元。2017年脱贫的建档立卡贫困户100%与新型农业经营主体建立利益联结机制，实现有持续稳定收入。全县实现芝麻、大河边、冷水箐3个贫困行政村脱贫出列，1336户5237人脱贫，贫困发生率降至4.63%。

【行政村整村推进】 全年实施122个行政村扶贫整村推进项目。累计投入各类扶贫资金4476.35万元，其中财政专项扶贫资金2956.45万元，部门整合资金1486万元，群众投工投劳折资33.91万元。完成基础设施122个投资4476.36万元，项目覆盖全县7个乡镇、11个行政村、71个自然村，涉及受益农户4214户17069人，其中建档立卡贫困户798户2930人。完成进村道路路面硬化17件25164米，村庄巷道路面硬化21件14438米，坝塘工程7座47098立方米，新建三面光沟渠12件17252米，新建人饮工程21件，新建蓄水池13个2160立方米；新建抽水站2座；水窖工程3件880立方米；文化室26件2576平方米。

【自然村整村推进】 全年实施自然村扶贫整村推进项目126个，争取财政扶贫资金2762.2万元，其中中央财政扶贫资金600万元、州级财政扶贫资金100万元、浦发资金2062.2万元。年内，完成投资2888.1万元，其中财政资金2762.2万元、整合资金97.1万元、群众投工投劳及自筹28.8万元。项目覆盖全县10个乡镇、31个行政村、76个自然村，涉及受益农户4768户18837人，其中建档立卡贫困户605户2196人。完成基础设施建设：新建进村道路25件31.71千米，村庄巷道路面硬化27件18.96千米，坝塘工程5件14065立方米，新建三面光沟渠28件23398米，新建人饮工程10件，文化活动场所2件1440平方米，文化活动室18件1520平方米，拦沙坝工程2件，水池工程8件700立方米，小桥工程1件10米。整村推进项目的实施，进一步改善贫困地区生产生活条件，从根本上解决群众的饮水难、出行难等问题，为加快项目区群众脱贫致富奔小康奠定坚实的基础，群众经济收入明显增加，思念观念明显转变，贫困地区贫困人口逐年脱贫致富。

【产业扶贫】 实施产业发展精准到户，贫困户到户产业项目3454户1810.31万元，其中专项扶贫资金1563.43万元，群众自筹246.88万元。产业企业合作经营1243户621.28万元，黑山羊养殖2223只155.56万元，能繁母羊养殖130只6.6万元，肉牛养殖1005头683.5万元，能繁母牛养殖434头216.7万元，仔猪养殖563头45.61万元，能繁母猪养殖190头48.9万元，毛驴43头11.9万元，能繁母驴养殖6头2.2万元，骡子养殖1头0.5万元，永仁黑山鸡养殖250只0.5万元，壮鸡养殖6675只8.06万元，蜜蜂养殖40箱1万元；桃李种植13亩1.95万元，樱桃种植10亩1万元，芒果种植49亩2.45万元，桑蚕种植28亩1.4万元，山地蔬菜种植4亩0.2万元，葡萄种植10亩1万元。

【查缺漏补短板项目】 实施2017年扶贫整村推进“查缺漏、补短板”建设项目，共计扶贫补助资金6054.61万元，涉及9个乡镇36个行政村109个自然村，受益群众8031户31702人，其中建档立卡户1337户4799人。共实施139件，其中：坝塘工程4件25134立方米，村巷道硬化工程45件41806米，沟渠工程25件35342米，行政村道路工程4件2130米，进村路工程6件11078米，人饮工程37件，水池工程12件9454立方米，田间路工程1件1100米，文化活动场所2件1328平方米，文化活动室3件230平方米。

【易地扶贫搬迁】 实施2017年度全县姜驿乡画匠、老城乡班美、元马镇甘塘3个集中安置点和凉山乡冷水箐、元马镇乌龙庄、平田乡挨昌、新华乡新村4个分散安置点368户1409人已全部开工建设。甘塘集中安置点年内完成投资25384.7万元，全面完成地形图测量及补充测量、可行性研究报告、控制性详细规划、地质灾害评估报告编制、矿产压覆评估、项目选址勘察、水土保持方案编制、环境影响报告编制、建设用地增减挂钩项目实施规划、临时施工用电工程、临时灌溉及施工用水管道工程、指挥部临时办公用房、使用林地报批、安置点场地平整及土地开发整理规划方案及施工图设计等工作，年内共663户2563人动迁。其中：基础开挖367户，基础浇筑83户，一层钢筋制安23户，一层砌砖72户，一层封顶113户，二层砌砖2户，二层封顶2户，民房建设投资完成7127万元。甘塘小学、幼儿园、文化室、卫生室公共服务设施相继开工建设。

【劳动力转移培训】 开展农村劳动力培训1755人，投入118万元，其中技能培训1000人、引导性培训755人。实现转移就业数1112人，转移就业率111.2%，带动转移就业2376人，开展砌筑工培训340人，摩托车农机修理工培训350人，中式烹调师培训310人，果蔬种植、动物饲养疫病防治培训12期755人。完成雨露计划支持农村贫困家庭新成长劳动力接受职业教育扶贫助学对象622人，补助资金93.3万元。

【信贷扶贫开发】 发放2017年发放扶贫到户贷款11865万元，项目覆盖10个乡镇73个行政村（社区）309个自然村，2386户建档立卡贫困户8639人受益，扶贫的造血功能进一步增强，助推贫困户增收渠道。

【社会外资扶贫】 启动“互联网+”精准社会扶贫工作，通过贫困需求信息发布和有效对接，深入推进“百企帮百村”行动计划，全县50家民营企业与25个行政村签订村企帮扶协议，通过产业、就业、公益、捐赠帮扶及技能培训等形式，有效带动贫困群众脱贫，提供就业岗位2400余个，举办种养植技术培训30余期、培训群众2500人次，企业投入帮扶资金553.26万元。实施完成上海市对口支援姜驿乡蜜桃种植、肉牛养殖项目，共计投入资金100万元。

（生德林）

卫生防疫

【卫生管理机构】 2017年，元谋县卫生和计划生育局下设办公室、人事股、规划财务股、宣传科教与信息统计股、疾病预防控制股（卫生应急办公室）、医政中医股、基层指导与妇幼健康服务股、基本药物管理股、流动人口服务管理股、政策法规与计划生育家庭发展股、防治艾滋病股、爱国卫生运动委员会办公室、食品安全监测股、纪检监察室、党委办公室、健康扶贫办公室、项目办公室共17个内设机构（股所级），核定局机关行政编制21人。年末，全局在职干部职工31人。其中：党委书记（局长）1人、副局长4人；公务员27人、机关工人1人、事业人员3人；研究生学历1人、大学本科学历8人、专科学历18人、中专学历2人、初中学历2人；中共党员22人。年末，在职国家公务员27人中，持有专业技术任职资格证书14人。其中：主治医师1人、医师4人、助理会计师3人、会计员4人、检验士1人、助理统计师1人。

【卫生概述】 年末，全县有各级各类卫生医疗机构132个。其中：医院7个、卫生院11个、妇幼保健机构1个、个体诊所32个、疾病预防控制机构1个、卫生监督所1个、农村卫生室78个、看守所卫生所1个。全县医院和卫生院有医疗床位1104张，全县平均每千人拥有病床5.07张；全县有医疗卫生专业技术人员1046人，其中执业医师276人、执业助理医师109人、注册护士453人。平均每千人拥有卫生专业技术人员4.81人。全县有乡村医生208人。年内医疗机构完成门诊160.02万人次，出院病人32213人次。全县医疗卫生单位拥有固定资产16731万元，全年业务总收入19158万元。全年医疗卫生事业投入8930.98万元，比上年增加1026.67万元，增长12.99%。

【基本药物制度】 年内，全县所有政府办基层医疗卫生机构和村卫生室全部配备和使用基本药物，全部药物实施零差率销售。年内11家乡镇卫生院通过省级网上平台采购基本药物品规731个，占总采购品规的96.69%。采购金额1135.69万元，占总采购金额的91.15%。3家县级医疗机构通过省级网上平台采购基本药物品规598个，占总采购品规的55.42%。采购金额1559.21万元，占总采购金额的48.37%。所有药品均严格实行100%零差率销售。县级医院使用的基本药物品种数和销售额占药品总销售额的比例县医院达到49.94%，中医院达到49.82%，妇幼保健院达15.47%。

【公共卫生服务】 年内，全县共建立居民健康档案197640份，建档率90.62%。建档管理老年人16581人，完成健康体检12583人，健康管理率75.89%。为0—6岁儿童建立预防接种证和预防接种卡，儿童建证率100%。全县建档管理高血压患者15741人，建档任务率103.19%，体检14119人，健康管理率81.82%。规范管理II型糖尿病患者2795人，建档任务率完成86.48%，健康体检2499人，健康管理率89.41%。卫生监督协管服务方面，共报告非法行医和非法采供血信息18例、报告食品安全信息1例、饮用水卫生安全巡查343人次、学校卫生巡查315人次。新发现并收治活动性肺结核病人67人，其中治疗初治涂阳肺结核病人31例。报告肺结核和疑似肺结核患者的总体到位率96%以上，肺结核患者随访管理完成率及肺结核患者规则服药率95%以上。全县共登记管理重性精神疾病患者1006人，建档管理率114.71%。规范管理757人，规范管理率75.25%。为65岁以上老年人开展中医药服务13019人，管理完成率72.72%。为3岁以下儿童开展中医药服务5782人，管理完成率86.72%。在健康教育方面，累计发放各种健教宣传资料110933份，设置健康教育宣传栏110块、更换519期，开展健康知识讲座564场次，公众健康咨询105场次，开展个性化健康教育31640人次。进行免费婚检人数3244人，婚检率为91.17%。进行新生儿疾病筛查人数2637人，新筛率达99.74%。听力筛查人数2637人，筛查率99.74%。

【公立医院改革】 紧紧围绕中共十九大报告中“深化医药卫生体制改革，全面建立中国特色基本医疗卫生制度、医疗保障制度和优质、高效的医疗卫生体系，健全现代医院管理制”的部署要求，严格落实政府办医职责，探索公立医院编制管理和人事薪酬制度改革，建立健全现代医院管理制度。印发《元谋县深化医药卫生体制改革2017年重点工作任务》，明确各项医改工作职责和目标任务。7月1日正式启动按疾病诊断相关分组（DRGs）支付方式改革。县人民医院确定改革疾病分组432组。县中医医院确定改革疾病分组299组。9月21日，楚雄州人民医院与元谋县人民医院正式成立紧密型医疗联合体，10月楚雄州人民医院帮助县人民医院成立一个重点学科儿科。12月14日，县人民医院通过中国胸痛中心认证委员会中国胸痛中心（基层版）认证。县财政设立基本建设及设备购置补助专项资金；县级公立医院属于按全省发展建设规划统一安排的项目，县级适当配套，已配套县中医院项目建设配套资金280万元。取消县级公立医院的药品加成，实行零差率销售。因取消药品加成所减少的收入，通过调整医疗服务价格补偿80%，政府补偿不低于10%，其余部分通过医院加强核算、节约成本解决。医院委托第三方机构在全面采集各项数据指标后，制定更趋于科学合理的薪酬分配方案。妇幼保健计划生育服务中心之前由妇幼保健院与计划生育服务中心进行合并，并搬迁建设，下一步探索纳入公立医院改革范畴，同步实施综合改革。

【卫生监督执法】 年内，全县设乡镇卫生监督协管站8个，年末共有协管员30人（专职9人，兼职21人），村级信息员162人。全年累计开展各类协管巡查2879次，监督医疗机构127家，监督覆盖率98.43%。校验医疗机构125家，年度校验率98.43%。开展放射诊疗机构监督检查8家，监督覆盖率100%。检查公共场所经营单位433户次，经常性监督433户次，监督覆盖率91.16%。生活饮用水卫生监督检查两户次，发出《卫生监督意见书》2份，抽检出厂水和末梢水共12份，合格12份。开展学校卫生监督69次，监督覆盖率97.1%，发出《卫生监督意见书》67份。严厉打击非法行医和非法采供血行为。年内查办各类卫生违法案件16件，罚款2.1万元，取缔无证行医8人次。办理卫生许可548件。

【中医药工作】 加强县中医院龙头单位建设，突出中医药特色，专病专科建设成效显著，针灸科、骨伤科、妇科被列为省级重点中医专科建设单位。设立“治未病”中心，制定相关保健方案，发挥中医药“治未病”特色优势，县中医院开展中医诊疗技术项目44个。加强县、乡、村、民营医院中医药能力建设。县人民医院设有中医门诊、针灸推拿、理疗等特色门诊，专设中药库和中药房。全县11个乡镇卫生院均设有中医科、中药房，均配备中药饮片300种以上，中成药60种以上，达到有中医、有中药、有中药柜“三有”标准。各村卫生室均配置中医或能中会西的乡村医生。开展中彝医馆及名医馆建设。为提升基层中医药服务能力，打造乡镇卫生院中彝医馆，争取项目资金115万元，为11个乡镇卫生院建设中彝医馆，县中医院投资40万元打造名医馆，已全部建成投入使用。促进中医药适宜技术推广。举办乡村医生中医适宜技术培训班二期，80位乡村医生参加培训，并利用中医适宜技术推广基地建设项目与国家中医药适宜技术推广视频网络学习中心接口对接，于每周二下午举办视频培训班。年内举办培训36期，培训人员853人次。

【卫生人才培养】 继续巩固深化城市医院对口支援县级医院的长期合作帮扶机制，元谋县人民医院与楚雄州人民医院建立了对口支援帮扶。年内，楚雄州人民医院选派5位医务人员到元谋县开展城乡医疗对口支援工作，通过实施对口支援，提升技术能力，拓宽服务范围。制定并落实“专科人才培养计划”和“中医药人员培训计划”。元谋县中医医院与云南省中医学院联合举办中医临床及中医护理专科及本科班，62人参加在职学历教育，累计培养中医药人才20人。举办“中医适宜技术”培训班2期，乡村医生参加培训80人。制定县乡村三级医疗机构结对帮扶制度和乡村医生培训制度，乡镇卫生院每年至少选派中西医结合人员1人到县中医院进修学习，乡村医生每年必须到卫生院轮训两个月以上，卫生院每年负责乡村医生中医药知识培训2次以上。开展名老中医专家师带徒工作，每年投入专项资金1.65万元，1位老中医带徒1人，通过1年跟师学习，全面掌握传承名老中医的学术思想和临床经验，培养中医骨干人才。不断加大人才招聘力度，年内计划招聘卫生人才16人（紧缺人才招聘10人，全州统一公开考试招聘6人），实际招聘到岗13人（紧缺人才招聘7人，全州统一公开考试招聘6人），完成招聘计划的81%。年内有专业技术人员参加考试211人，考试合格人员85人，合格率37%。年内共推荐符合晋升副高级职务人员23人，经云南省卫生技术主任医师副主任医师评审委员会评审通过，获得卫生专业副高级资格18人，基层卫生副高职称3人。

【爱国卫生】 按照云南省、楚雄州爱国运动卫生委员会及县委、县人民政府对爱卫工作的要求，将爱国卫生工作纳入重要议事日程，定期召开专题会议研究部署工作，完善工作制度。落实门前“三包”责任制，积极组织各乡镇、县级有关部门、驻县城机关、企事业单位于每月第一个星期五开展环境综合整治活动。在元旦、端午节、中秋节、国庆节等时间节点，组织各乡镇、单位开展门前“三包”区域环境卫生综合整治活动。做好病媒生物防制工作，降低鼠密度，减少和控制鼠传疾病，巩固“灭鼠先进城区”成果。7月，全县顺利通过省级卫生县城复审验收，被纳入2017—2019年国家卫生县城创建周期。

【健康扶贫】 年内，健康扶贫工作扎实推进，加强组织领导，完善工作机制，及时调整充实元谋县健康扶贫工作领导小组，建立健康扶贫领导小组联席会议制度，健全工作方案，抓好政策落实。认真落实“四重保障”政策，完成基本医保和大病保险回补1941人112.2万元，医疗救助资金回补1908人111.12万元，兜底保障资金回补1297人次31.77万元。“三个一批”分类救治实现全覆盖，全县9类15种大病患者347人全部得到救治。健康教育、健康促进和健康管理持续加强，累计发放各种健康教育资料110933份，设置健康教育宣传栏110块、更换519期，开展健康知识讲座564场次，公众健康咨询105场次，个性化健康教育31640人次。加强健康宣传，提升群众满意度，县乡村三级干部100%参加“健康扶贫20问”考试，在线考试合计10438人，印制张贴宣传海报800份，发放宣传折页7万余份、《致贫困户的一封信》2万封。建立“健康元谋”微信公众号，设置13个栏目，推送19期100多条信息。组建10支脱贫攻坚义务诊疗服务队（党员服务先锋队），共开展义务诊疗活动22场次，参加活动的医务人员500余人，义诊群众3500余人次，提供价值10万余元的医疗服务。全县刷写宣传标语355条，更换宣传栏内容304期，电子显示屏播放9776小时，音频播放5390小时，开展讲座279期参加人次24571人，入户开展政策宣传8632次，覆盖人次42130人。据统计调查结果显示，县乡村干部群众对健康扶贫的满意度达99.33%。

【卫计系统表彰奖励】 年内，全局被元谋县委组织部、元谋县直机关工委评为元谋县机关党组织联系服务群众工作“先进集体”。疾病预防控制中心被云南省疾病预防控制中心表彰为“云南省2016年食源性疾病监测先进单位”。疾病预防控制中心食品安全监测科科长侯晔被表彰为“云南省2016年食源性疾病监测先进个人”。疾病预防控制中心党支部被县委表彰为先进基层党组织，卫计系统两人被表彰为优秀共产党员。全局被州委、州人民政府表彰为楚雄州精神文明建设先进集体。在楚雄州卫生计生委楚雄州总工会联合组织开展的全州卫生应急技能竞赛活动中荣获一等奖。全局被表彰为“2016年度全县党委系统信息工作先进单位三等奖”。全局被表彰为2016年度县级先进挂联单位。元谋县中医医院主治医师孙会林选拔为楚雄州第八批中青年学术技术带头人进行培养。元谋县中医医院文雄、李代琼2人被评为“云南省基层名中医”。

【艾滋病防治】 2017年，全县艾滋病、性病、丙肝疫情均进行网络直报，疫情报告率均达100%，艾滋病报告质量100%，梅毒、丙肝报告病例现场核查准确率100%。符合抗病毒治疗的感染者和病人188人，成功转介49人，成功转介率97%。HIV感染者/病人告知率、随访率均100%。累计CD4检测率96.8%。全年共完成了各类人群共58141份血清的检测工作，占当地现住人口比例的26.34%。检出HIV抗体阳性者145人（包括既往HIV阳性感染者、新发感染者和不确定者），最终确证当年新发HIV阳性感染者52例（按报告地区），初筛阳性结果告知率及确证率均为100%，性病门诊提供梅毒咨询检测比例为85%，梅毒患者规范治疗率85%以上。动态管理艾滋病病毒感染者和病人生活现状和救助情况个人档案，对所有符合救助条件的患者进行救助，落实国家和云南省规定的艾滋病致孤儿童生活补助，对受艾滋病影响的学龄儿童实行“两免一补”。

【疾病预防控制】 完善传染病联防联控机制，加强艾滋病、结核病、埃博拉出血热、霍乱等重大传染病防治。年内完成鼠疫血清学监测76份，霍乱弧菌监测45份，手足口病例监测60例，发热出疹性疾病监测11例，疑似异常反应监测16例，麻风病、地方病、结核病防治工作有效开展，各类疫苗免疫接种全覆盖。进一步完善卫生应急预案和公共卫生信息体系，修订完善《元谋县突发公共卫生事件应急预案》《元谋县狂犬病应急处置预案》等卫生专业应急预案，加强应急物资储备。调整充实卫生应急队伍，加强对县、乡、村应急救援队伍的培训，积极开展应急演练。年内，共规范报告处置突发公共卫生事件3起，水痘聚集性疫情2起，手足口聚集性疫情1起。加强鼠疫、霍乱、狂犬病等疾病的监测工作。全县传染病发病率为777.63/10万，低于全州平均水平。积极主动开展食品安全风险监测和食源性疾病监测，全年共上报137例食源性疾病。组织5家县级医疗卫计单位、11家乡镇卫生院开展卫生应急培训和演练1次，参加医务人员达240余人次。

【妇幼保健】 年内，全面完成“妇幼健康计划”工作任务，继续实施“降消”（降低孕产妇死亡和消除新生儿破伤风）项目，切实加强孕产妇和儿童健康管理工作，有力保障母婴安全。孕产妇健康管理96.26%。产妇住院分娩率99.96%。未发生孕产妇死亡。上报5岁以下儿童死亡11例，5岁以下儿童死亡率6.05‰，婴儿死亡率3.05‰。

（朱　艳）

计划生育管理

【人口状况】 公安统计报表显示，2017年末全县总人口76133户217528人，分别比上年减少2173户、增加808人。总人口中男性110906人，占总人口的51％；女性106622人，占总人口的49％；全县城镇人口48888人，占总人口的22.5％，比上年增加4469人；乡村人口168640人，占总人口的77.5％，比上年减少3661人。总人口中，年龄在18岁以下的有43141人，占总数的19.8％；18—35岁52900人，占总数的24.3％；35—60岁87924人，占总数的40.4％；60岁以上33563人，占总数的15.4%。出生人口3492人，死亡人口2386人，人口自然增加1106人，人口自然增长率3.8‰。年内，迁入人口724人，其中省内迁入586人、省外迁入138人；迁出人口1066人，其中迁往省内866人、迁往省外200人。

【民族结构】 2017年，全县有汉族128786人，占总人口的59.21％；彝族64908人，占总人口的29.84％；白族209人，占总人口的0.09％；哈尼族131人，占总人口的0.06%；傣族645人，占总人口的0.3%；苗族1628人，占总人口的0.75％；傈僳族19174人，占总人口的8.82％；回族1604人，占总人口的0.73%；人口在100人以下的少数民族25个，共443人，占总人口的0.2%。

（管明蓉）

【计划生育】 年内，全面两孩 政策稳步实施，全县人口出生率10.66‰，自然增长率4.46‰，符合政策生育率89.63%，出生人口性别比为109。全县累计出生两孩1335人，其中符合“全面两孩”政策138人，占全县出生两孩总数的10.34%。认真落实奖扶政策，促进家庭和谐幸福，全面实行生育服务登记、全程代办制度和网络管理，有效解决“办证难”问题。认真落实计划生育奖励扶助、特别扶助制度和“奖优免补”政策，全年兑现计划生育奖励优惠资金441.96万元。完成计划生育特殊家庭签约服务115人72户，完成率100%。督促指导78个村级协会按照五有标准建立规范的“会员之家”。继续深入开展“生育关怀行动”，走访慰问农村独生子女困难户及计划生育特殊家庭36户，发放生活慰问品价值6000多元，慰问金3000元。继续做好计划生育家庭社会保险工作，由州、县两级财政筹资18.984万元，为全县7500户农村独生子女户、双女绝育户、和91户农村独生子女死亡、伤残家庭人员购买计划生育家庭意外伤害保险，不断提高计划生育家庭的抵抗风险能力及福利保障水平。流动人口基本公共服务均等化进展顺利，继续深化流动人口计划生育全国“一盘棋”工作，加大网络化协作力度，落实双向服务管理责任，狠抓服务管理责任落实，努力实现流动人口计划生育免费技术服务基本覆盖。加强流动人口信息采集、信息建档、信息录入等工作，切实提高信息运用率，以信息化推进流动人口服务管理规范化和基本公共服务均等化工作。

【计划生育状况】 据人口和计划生育统计报表显示，截至2017年12月31日，全县出生人口2362人，人口出生率10.66‰，比上年末上升0.53个千分点；死亡1374人，死亡率6.20‰，比上年末上升0.17个千分点；人口自然增加988人，人口自然增长率4.46‰，比上年末上升0.36个千分点。在出生人口中，符合现行生育政策出生2117人，符合政策生育率89.63%，比上年末上升2.45个百分点；计划外生育245人，其中计划外多孩生育19人。全县有已婚育龄妇女40410人，占总人口的18.16%。在已婚育龄妇女中，已采取避孕措施33260人，综合节育率82.31%，比上年末下降 0.39 个百分点。避免已婚育龄妇女意外怀孕保护率 82.10%，比上年末上升 5.73 个百分点。优选节育率 80.79%，比上年下降 0.96 个百分点。全县累计领取独生子女证 9157 人，领证率 22.66%，比上年末上升 0.1 个百分点。

【计划生育宣传教育】 2017 年，充分利用广播、电视、网络、宣传单、大型户外宣传牌、宣传展板、拉横幅、粉刷固定标语、开展集中宣传活动等形式及文化大院、文艺演出等宣传平台，大力宣传贯彻落实中央、省相关法律条规、奖励政策和社会制约政策等相关配套政策，为全面两孩政策平稳实施营造良好舆论环境。通过召开月例会，对县、乡、村计生干部进行培训。认真开展政策实施情况效果评估和形势分析。在县、乡（镇）两级办证窗口设立全面两孩政策咨询台，向群众公开咨询电话等，随时接受群众的政策咨询。全年全县开展集中宣传活动 198 场次，发放宣传材料 8.4 万份。继续深入推进“青苹果行动”。在全县初三以上学生中开展以青春期生理、心理健康知识培训，促进青少年身心健康发展，充分发挥县乡人口理论教育基地和高中、初中青春期健康教育阵地作用，加强人口计生舆论宣传工作。认真开展新婚期、优生优育、避孕知识、艾滋病防治知识培训，积极推广科学、健康、文明、向上的生育文化。全年全县开展培训 13 期，参训人员 8200 人。

【计划生育依法行政】 2017 年县卫生和计划生育局驻元谋县政务服务中心窗口受理行政审批事项 2280 件，办结 2280 件。其中办理二孩生育服务证 1371 件，三孩生育服务证 94 件，单独两孩审批办理生育服务证 8 件，双独两孩审批办理生育服务证 3 件；办理独生子女父母光荣证 45 户。继续开展诚信计生工作，继续签订诚信计生工作协议书，初步建立起政府诚信、群众守信、村（居）民互信、依法自治的诚信计生模式，基本实现诚信计生。深入开展综合治理出生人口性别比工作，进一步建立健全综合治理出生人口性别比升高问题的长效机制。2017 年全县出生人口性别比为 109。严格执行农村转户进城居民计划生育政策和奖励优惠政策。

【计划生育利益导向机制】 2017 年，全县审批上报农业人口独生子女家庭一次性奖金 34 户 2.95 万元；审批上报农业人口独生子女父母奖励扶助对象 632 人（其中当年新增 71 人），享受金额 64.32 万元；审批上报计划生育家庭特别扶助对象 91 人（其中当年新增 5 人）35.28 万元；审批上报“失独”家庭发放一次性抚慰金对象 2 户，享受金额 0.75 万元；审批 2017 年农业人口独生子女升学加分 229 人，其中初中毕业升高中 153 人，高中毕业升高等院校 76 人；审批教育奖学金 1076 人 47.17 万元。其中审批农业人口独生子女义务教育阶段奖学金 828 人 17.81 万元；审批农业人口独生子女高中、大学阶段奖学金 248 人 29.36 万元。积极向自觉实行计划生育的育龄夫妻免费提供避孕、节育技术服务，已婚育龄夫妇享有的基本计划生育免费技术服务落实率 100%。深入开展“生育关怀行动”。为 74 户计划生育特殊困难家庭建立联系人制度，并为 70 户计划生育特别扶助家庭开通绿色就医通道。完成计划生育特殊家庭及独生子女死亡或伤病残家庭医生签约服务 72 户 115 人，完成率 100%。做好计划生育系列保险工作，切实提高计划生育家庭抗御风险的能力，完成保险金额 18.98 万元。

【计划生育优生工程】 全年全县开展国家免费孕前优生健康检查 2000 人，目标人群孕前检查率 100%；举办婚前孕前培训 2592 人，已婚育龄夫妇优生知识知晓率 100%；新婚和政策内待孕夫妇优生咨询指导率 100%；目标人群（服务对象）真实率 100%，实验室检查项目完整率 100%；积极参加国家或省级组织开展的实验室室间质评活动，室间质评合格率 100%，优良率 90%；认真做好随访工作，《孕前优生健康检查结果及评估建议告知书》反馈率100%；早孕及妊娠结局追踪随访率100%。免费发放叶酸9572瓶，农村妇女增补叶酸1650人，目标人群叶酸服用率100%。

【流动人口服务工程】 继续深化流动人口计划生育全国"一盘棋"工作。通过切实加强基层基础工作、进一步提升流动人口信息化应用水平。落实双向服务管理责任，狠抓服务管理责任落实。努力实现流动人口计划生育免费技术服务基本覆盖。推进流动人口计划生育基本公共服务均等化，积极稳妥地开展好均等化试点工作。继续实施"同一片蓝天行动"，做好政策协调等相关工作，维护流动人口计划生育合法权益。加强流动人口信息采集、信息建档、信息录入、信息完善、信息互动等工作，切实提高信息运用率，以信息化推进流动人口服务管理规范化和基本公共服务均等化工作。2017年，县、乡两级流动人口信息交换平台应用率100%，避孕节育信息接收率100%，重点服务管理对象协查信息户籍地现孕对象、未办理婚育证明对象、未采取长效避孕措施对象反馈率均达95%以上。

【计划生育信息化提质工程】 深入开展人口计生统计数据质量信得过评比活动，提升人口信息管理服务质量。完善全员人口信息变更、质量管理、数据采集、处理应用等环节的质量监控，定期开展数据库质量测评与通报，提高人口信息的入库率、及时率、完整率与准确率。建立乡级人口信息化联动机制。在乡镇全面建立以政府为主导，统筹人口计生、卫生、教育、公安等多部门参与的人口信息统筹联动机制，每半年召开一次人口基础数据信息联动联席会议，通报工作开展情况，分析研究工作中存在的问题。交流多向需求的人口信息、会审相关人口数据，实现人口信息资源在部门间共享。

【计划生育优质服务】 深入开展生殖健康服务进家庭活动。充分利用计划生育服务网络健全优势，大力拓展服务领域，围绕生育、节育、不孕，积极开展妇科疾病普查，进村入户开展生殖健康系列化服务。规范计划生育药具服务管理。推进计划生育药具管理标准化建设工作，畅通免费药具发放渠道，规范免费药具发放网点，提高群众免费计划生育药具的可及性，逐步实现药具公共服务均等化。

【计划生育技术服务管理】 在全县10个乡镇创建功能齐全、设施完善、流程合理、环境温馨、服务优质、管理科学、群众满意的人口计生服务中心。积极推进"科技服务信息化工程"建设。以计划生育生殖健康档案和医疗文书为基础，加速实行科技管理服务信息化，规范服务流程、提高服务效能。继续深入开展科技大练兵活动。认真开展职业教育、岗位培训和继续教育，积极推进人口计生队伍职业化建设，切实改善技术服务机构队伍的知识结构和能力结构。认真组织开展技术服务人员的进修培训、全员理论测试、技能操作训练和技能操作竞赛等工作，全面提高技术人员的业务素质和服务能力。2017年7月1日，县计划生育技术服务站正式迁入元谋县妇幼保健计划生育服务中心新址，完成全部业务合并工作，巩固加强了元谋县的计划生育技术力量。

【"推套防艾"工作】 紧紧围绕"一巩固，两拓展，两加强，两提高"的工作思路，继续抓好流动人口安全套发放；抓好重点地区即路边旅店、城乡接合部及歌厅舞厅等使用安全套预防艾滋病的宣传发放和摆放；抓好宾馆酒店安全套的摆放；积极探索社会营销模式。通过扩大干预的深度、广度、精度和有效性，进一步提高安全套的可及性、可获得性，促进安全套使用，最大限度地阻断艾滋病性病经性途径传播，遏制艾滋病的蔓延。

（王元翠）

元谋县计划生育协会

【机　构】 元谋县计划生育协会有兼职名誉会长1人、会长1人、副会长1人，秘书长1人，常务理事 19 人，理事 31 人。协会办公室设在县卫生和计划生育局，有专职人员 1 人，负责处理日常事务，全县有计划生育协会组织 91 个，有专职工作人员 11 人。有会员 33469 人，会员之家 80 个，宣传教育阵地 91 个。

【计划生育协会工作】 2017 年继续深入开展新农村新家庭创建活动和基层群众自治村（居）示范活动，组织会员依照计划生育村民自治公约，监督计划生育村务公开和公示制度的落实。每个乡镇完成 1 个行政村计划生育基层群众村（居）民自治创建活动。建立计划生育协会会员之家，建立完善计划生育协会会员之家活动制度，定期到各村举办计划生育政策、生殖健康、避孕方法、出生缺陷预防、推广使用安全套预防艾滋病等知识专题讲座，免费为群众体检 2169 人。全年举办青春期、新婚期、优生优育、避孕知识、艾滋病防治知识培训班 13 期，参训人员 8200 人次。全县各级计生协会利用赶集日积极宣传中央关于实施全面两孩政策，积极配合科普、宣传等部门充分利用各乡镇赶集日及“5·29”“7·11”“9·25”“12·1”纪念日，进行各种形式宣传活动。全县开展集中性人口和计划生育宣传活动 198 场次，接受宣传教育 17.2 万人次；发放宣传资料、宣传品 8.4 万份，宣传品入户率 93.47%，群众对计划生育知识知晓率 98.64%。认真开展生育关怀活动，县计生协会走访慰问杨开等农村独生子女户和失独家庭 36 户，发放生活慰问品价值 6000 多元，慰问金 3000 元。

（王元翠）

民政事务

【民政事务管理机构】 2017 年，元谋县民政局内设办公室、优抚安置股、救灾救济股、社会救助股、社会福利股、社会事务股、基层政权和社区建设股、殡葬执法队、人事教育和规划财务股 9 个股（室），核定编制 12 人。年末，全局实有在职干部职工 27 人。其中：党组书记局长 1 人、副局长 3 人；公务员 20 人、机关工人 3 人（高级工 3 人）；本科学历 10 人、专科学历 15 人、初中学历 2 人；中共党员 15 人。

【全县受灾情况】 元谋县境内先后发生洪涝、风雹等较大的自然灾害，导致全县 46 个行政村（社区）131 个村 3064 户 11804 人受灾，紧急转移安置人口 133 人。农作物受灾 668.32 公顷，成灾 137.19 公顷，绝收 30.25 公顷；倒塌民房 7 户 7 间，严重损坏民房 7 户 23 间，一般损坏 43 户 98 间，羊死亡 4 只，造成直接经济损失 2139.98 万元，其中农业直接经济损失 1682.83 万元。

【民政社会救灾】 年内，安排救灾资金 120 万元，采购并发放救灾大米 232.5 吨，临时解决因灾缺粮 3675 户 14699 人（次）的缺粮问题。发放代省储物资棉被 800 床，衣服 200 套，大衣 1150 件，棉内胆 100 个；发放县级储备物资棉被 2200 床，衣服 1670 套，救助 6420 人（次）。“9·17”泥石流灾害民房恢复重建 509 户，其中统规自建点 2 个 315 户；分散自建 179 户，修复 15 户。争取州上下达资金 1859.61 万元，其中用于民房恢复重建补助资金 1151.7 万元，用于统规自建点公建部分建设资金 707.91 万元。代省州储备救灾物资为救灾帐篷 493 顶（库存 115 顶、回收 378 顶），折叠床 456 张（库存 285 张，发救灾折叠床含床垫及床上用品 200 张、回收 171 张），棉被 1200 床，衣服 700 套，大衣 500 件，彩条布 160 件；县级应急救灾物资及设备有储备棉被 2381 床，衣服 1755 套，短大衣 456 件，羽绒服 286 件，可移动发电机 4 台，广播器材 2 套，钢架床 354 张（回收），折叠床 10 张，折叠桌 20 张，折叠椅 40 把，应急包 29 个，铁镐 59 把，铁铲 59 把，应急灯 10 个。

【社会优抚】 全年有各类优待抚恤对象 1906 人，全年累计发放各类抚恤补助 1078.4 万元，解决重点优抚对象“三难”问题。对一到十级残疾军人和其他优抚对象实施医疗救助 168 人，救助金 43.85 万元。春节走访慰问参战退役人员，发放慰问金 2.2 万元。慰问伤残军人，发放慰问金 0.8 万元。慰问出国民兵民工，发放慰问金 0.4 万元。为全县优抚对象 1832 人代缴 2018 年度新农合参合费 32.98 万元。

【退役士兵安置】 转业复员士官、退伍义务兵经考试、考核，采取政府安排工作与自谋职业相结合的方式进行安置，其中完成就业安置 10%，自主就业 90%，发放自主就业一次性补助金 66.76 万元。

【婚姻登记管理】 全年办理结婚登记 2901 对，比上年减少 104 对；离婚登记 506 对，比上年增加 64 对。

【殡葬管理】 全年完成遗体火化 180 具，进入公墓安葬的骨灰 11 具，民族节地生态安葬回族、凉山彝族传统火葬 41 具。对重点优抚、无名尸、五保户、低收入群体实施惠民殡葬救助 33 具，发放救助金 4.15 万元。

【社会团体管理】 全县依法登记社会组织 164 个。已核发加载统一信用代码登记证书 95 个。其中：农村专业经济协会 63 个，其他专业协会 15 个，民办非企业单位 17 个。申请注销的社会组织 69 个。年内应参加年检的社会组织有 143 个。其中：社会团体 140 个，民办非企业单位 3 个，实际参加年检 74 个，有 69 个社会团体因为自行解散未进行年检。

【流乞人员救助】 全年救助流浪乞讨外来人员返乡 974 人次，接收上级送返元谋县的流浪乞讨人员回家 21 人次，支出救助人员经费 5.23 万元。

【老龄工作】 认真落实老年人各项优待政策，全年接待老年人咨询 706 人次。为 60 周岁以上老年人办理老年优待证 1230 本，登记审批 80 周岁以上老年人 3090 人，其中 100 周岁以上老年人 3 人，全年发放 100 周岁以上老年人长寿补助和 80 周岁以上老年人保健补助 186.48 万元。

【第二次全国地名普查】 2014 年 12 月 2 日，县人民政府下发《元谋县人民政府关于印发元谋县第二次全国地名普查实施方案的通知》，阐明普查的目的意义、目标任务、组织机构及职能职责、普查范围及时间安排、方法步骤、有关要求，成立由副县长任组长，政府办、民政局、人武部主要领导任副组长，各乡镇、县级有关部门负责人共 37 人组成的元谋县第二次全国地名普查领导人小组。2015 年 9 月开始进行地名调查、地名普查、地名登记工作。至 2016 年 2 月初，初步登记元谋现今地名和历史地名，上报《云南省元谋县第二次全国地名普查地名调查目录》，此后又分别进行普查草表上报、红色地名普查、文物古迹普查、地名文化调查等工作。2016 年 3—12 月，县地名普查办大量的工作是审查核实上报的地名普查表、核查补报跨界实体、审音定字、民族语地名语音录入以及上报验收的准备等工作。2017 年 4 月，省普查办确定元谋为第一批普查成果验收单位，普查办进行成果核实、反馈的整改意见整改工作，直至 7 月中旬，整改基本结束。在反复调查、普查、核查工作中，普查办共积累 165 万字的文字资料。上报现今地名草表 3207 条，历史地名 280 条，红色地名 8 条，文化遗址地名 48 条，补充跨省跨县地名 8 条，合计调查上报 3551 条。

【地名普查成果转化】 县人民政府颁布的《普查实施方案》明确规定：地名普查的第四阶段，即普查成果开发利用阶段（2017 年 7 月 1 日至 2018 年 6 月 30 日），工作范围是利用普查成果建立省、州、县三级统一的地名信息管理系统；编纂出版地名图、录、典、志等出版物；建立完善历史地名保护名录，开发地名文化产品，开展地名信息化服务。元谋县地名成果转化主要是编纂出版地名志、地名图、地名区划图。《元谋县地名志》的编纂是 2017 年 6 月中旬开始的。根据县实施方案的要求，上报成果验收期间即应启动。于是在 6 月上旬着手准备，随即进入《元谋县地名志》的编纂工作。《元谋县地名志》设概述、大事记、陆地地形、陆地水系、行政区域及其他区域、城乡居民点、交通运输设施、水利电力通信、纪念地景点建筑物、机关单位、历史地名、附录，共十二章。其间，普查的行政区域、非行政区域、群众自治组织、纪念地、风景区、建筑物等类别，条目内容不甚多，与其他部类相比畸轻畸重十分突出，编纂时作了必要的技术处理；对农村居民点普查中的73个片村，因表述内容重复不再列入；删除普查中地名文化意义不强、指向意义不大的90个机井沉井、178个水池坝塘、11所附属幼儿园；对需保留的60个水池作列表处理；补充总参谋部载图地名352条。至12月底纂出地名志初稿，录入现今地名3180条、历史地名275条，合计3455条，计70万字，经县级有关部门审核后，送交出版社。同时《元谋县地名图》经地名普查办公室审核，返回制作单位处理待印刷。

（杨晓娟）

【养老保险制度建设】 2017年审核办理城乡居民基本养老保险122911人，其中16—59周岁参保缴费94383人，60周岁以上符合领取基础养老金28418人，55—59岁重度残疾人领取养老金110人。收取参加城乡居民社会养老保险个人缴费收入1148万元，发放城乡居民养老保险基本养老金2690万元；企业职工基本养老保险参保职工8275人，其中企业职工实际缴纳基本养老保险费6067人，企业职工基本养老保险费收入4750万元；离退休人员2208人，发放离退休人员基本养老金5675万元。机关事业单位基本养老保险参保职工7210人，实际缴费基本养老保险人员5258人，退休人员1952人，机关事业单位基本养老保险费收入13061万元，发放退休人员基本养老金9298万元。

【医疗保障制度建设】 城乡居民基本医疗保险筹资标准人均608元，个人缴费标准每年每人150元，城乡居民参保194134人，个人缴费2852万元，各级政府财政补助资金8898.76万元，其中中央财政补助6452万元、省级财政补助1835万元、州级财政补助306万元、县级财政补助305.76万元。城乡居民基本医疗保险待遇支出8856万元。其中：审核结算城乡居民住院医疗费用31870人次，统筹基金支付住院费7593万元；审核结算城乡居民门诊医疗费用680833人次，统筹基金支付医疗费用1106万元；城乡居民特殊病门诊1235人次，统筹基金支付医疗费用61万元，家庭医生签约服务费96万元。城乡医疗救助资金支出359.65万元，资助低保对象、五保户、孤儿、残疾人参加城乡居民基本医疗保险8885人，资助参保费62.2万元；救助城乡居民重病、特殊病家庭符合规定的医疗救助对象2608人次，住院救助支出297.45万元。解决647人建档立卡贫困人口个人应缴纳城乡居民基本医疗保险9.71万元，支付建档立卡贫困人口医疗兜底保障2550人次，补助资金131.7万元。享受特殊医疗保障15人，其中企业离休4人、行政事业离休11人，离休人员报销门诊、住院医疗费，支付特殊医疗保障资金37万元。

【城乡社会救助和优抚安置】 2017年社会化发放城市居民最低生活保障5501人，支付保障金2020.6万元，累计发放低保对象87435人次。全年农村居民最低生活保障补助支出2426.9万元，受益农村低保对象10342人，累计发放低保对象140031人次，城乡最低生活保障平均保障水平每人每月分别达到345元、168元。全面推行农村五保供养制度，现有农村五保户723人。其中：集中供养90人，月人均补助540元；分散供养633人，月人均补助455元。全年发放供养资金386.56万元。2017年安排自然灾害生活救助资金170万元，购买粮食232吨120万元，救济3230户12920人；寒衣救济1755套20万元、寒被救济2000床30万元。安排临时救助资金113.59万元，临时救助城乡困难群众957人次。享受保健补助的老人3090人，享受长寿补助的老人3人，发放保健补助金 185.4 万元，长寿补助金 1.08 万元。孤儿 34 人，发放孤儿基本生活保障补助金 41.44 万元。

【农村危房改造】 保障农村五保户、低保户、贫困户、贫困残疾人家庭实施农村危房改造及地震安居工程拆除重建 487 户，改造资金 1217.5 万元（其中：中央补助 730.5 万元、省级补助 340.9 万元、州级补助 146.1 万元），逐步解决民有所居问题。

【实现再就业】 2017 年深入推进技能扶贫和农村劳动力转移就业两项专项行动，着力推进大众创业、万众创新，以创业带动就业，保持就业局势总体稳定。城镇新增就业 3298 人，为年度目标任务的 122%；失业人员再就业 1996 人，为年度目标任务的 111%；就业困难人员就业 726 人，为年度目标任务的 108%；农村劳动力新增转移就业 25024 人，为年度目标任务的 194%；“贷免扶补”扶持创业 120 人，为目标任务的 100%；“两个十万”微型企业扶持 20 户，为目标任务数的 100%；高校毕业生就业见习人数 50 人，为年度目标任务的 100%；开发公益性岗位 160 个，为年度目标任务的 106.6%；城镇登记失业率控制在 3.12%。当年筹集再就业资金 488.3 万元，其中，中央财政再就业补助资金 400 万元，省级补助资金 72.5 万元，州级补助资金 1.71 万元，县级补助资金 1.72 万元，利息收入 9.37 万元，大学生创业无偿资助 3 万元。支付社会保险补贴 306 人 187.65 万元，支付职业培训补贴 1411 人 113.91 万元，支付职业技能鉴定补贴 1343 人 13.43 万元，支付公益性岗位人员公益性岗位补贴 160 人 156.23 万元，支付“三支一扶”大学生购买社会保险 3 人 3.42 万元，支付就业见习补贴 50 人 19.5 万元，支付大学生创业无偿资助资金 1 人 3 万元。

（白正德）

【民政社会救助】 全年全县享受城镇居民最低生活保障 5435 人，领取城镇居民最低生活保障金有 6.63 万人次，发放最低生活保障金 2057.65 万元，年末全县享受农村贫困居民最低生活保障 10342 人，全年领取农村贫困居民最低生活保障金有 13.72 万人次，发放最低生活保障金 2368.32 万元。全年拨付医疗救助资金 162.64 万元，进行城乡医疗救助 2186 人次。全县全年供养农村“五保”老人 723 人，发放农村“五保”老人定期生活补助 376.71 万元。全县有养老院 11 个，集中供养孤寡老人 98 人。

【民政社会福利】 全年发放孤儿生活费 133 人次，发放孤儿基本生活费 41.43 万元；开展收养登记法律条规宣传 103 人次，办理收养登记 2 件；对全县 17 个电脑彩票销售站点人员进行业务培训 35 人次，销售电脑福利彩票和即开型福利彩票 1176.36 万元；为 2 名考取重点大学本科的学生发放寒窗福利彩票助学资金救助 6000 元；“敬老节”走访慰问百岁老人 3 人，发放慰问金 1.2 万元。

（杨晓娟）

民族宗教事务

【民族宗教管理机构】 2017 年，元谋县民族宗教事务局设办公室、宗教股、民族股和经济股。有干部职工 11 人，其中：局长 1 人，副局长 2 人，主任科员 1 人，正科级职级 2 人，副科级职级 3 人，机关工人 2 人。

【民族宗教政策法规教育培训】 紧紧围绕“共同团结奋斗，共同繁荣发展”的民族工作主题和宗教工作基本方针，把宣传贯彻党的民族政策、宗教法规作为处理民族宗教事务、解决民族宗教问题、做好民族宗教工作的关键来抓好、抓实，促进民族宗教地区经济社会全面协调发展。年内，继续深入开展贯彻学习《中共中央国务院关于加强和改进新形势下民族工作的意见》和习近平在云南考察时的重要讲话精神，继续学习贯彻《中共中央办公厅、国务院办公厅印发〈关于加强和改进少数民族流动人口服务管理工作的意见》《中共云南省委、云南省人民政府印发〈云南省建设中国民族团结进步示范区规划（2016—2020）〉的通知》精神，省委、省政府《关于建设民族团结进步边疆繁荣稳定示范区的意见》，州委、州政府《关于建设全国民族团结进步示范区的实施意见》，以及县委、县政府《关于建设全县民族团结进步示范区的实施意见》等相关文件精神，增强干部职工进一步做好新时期民族宗教工作的思想意识。深入各乡镇宣传贯彻《中华人民共和国民族区域自治法》《云南省实施〈中华人民共和国民族区域自治法〉办法》《云南省民族乡工作条例》《宗教事务条例》《楚雄彝族自治州宗教事务管理规定》《宗教活动场所设立审批和登记办法》及国家有关民族宗教政策。全年投入培训经费 1.2 万元，开展政策法规培训和科技培训 5 期，受教育 1500 人次。认真开展民宗教族政策法规“宣传月”宣传活动，共开展民族政策法规宣传 24 场次，下发各种政策法规宣传材料 12500 余册（份），组织和安排部分乡镇领导和民族宗教专干到省干部学院参加民族宗教政策法规培训 1 期，配合组织部门推荐 4 位少数民族科级领导干部参加州委组织部、州民宗委组织的少数民族中青年干部培训，进一步增强领导能力和领导水平。为县委、人大、政府、政协和组织部、宣传部、10 个乡镇及相关分管领导订阅《今日民族》杂志 18 份。

【民族团结示范创建目标管理责任制】 依法加强民族宗教事务管理，维护少数民族群众和信教群众的合法权益，促进民族团结、社会稳定、宗教和顺。年初，与 10 个乡镇签订《元谋县 2017 年民族团结稳定及宗教工作目标管理责任书》。10 月，组织干部职工深入 10 个乡镇对责任制落实情况进行督查。

【推进少数民族和民族地区发展】 始终把少数民族和民族地区基础设施建设，作为解决民族团结、社会稳定、化解各类矛盾纠纷工作的有效措施。根据省、州民族团结示范区建设的总体目标和要求，按照国家产业结构调整政策，明确投资方向和重点，积极组织项目申报，争取项目资金扶持，加快民族地区经济社会全面发展，全年争取省、州扶持资金 498.5 万元。实施了 2 个少数民族特色村寨，1 个“民族团结示范村”和 21 个遗失补缺项目。

【民族教育、民族文化建设稳步推进】 积极配合相关部门加强和完善民族教育体系，着力抓好寄宿制和半寄宿制学校的办学方法和办学条件，进一步优化学校环境，继续加强元马镇中学和元谋一中初中民族班的招生、教育和管理，不断提高少数民族学生素质教育，为培养高级人才和实用技术人才奠定好基础。继承和发扬各民族优秀传统文化，实施民族文化战略，打造民族传统文化，建设民族文化产业。继续挖掘凉山彝族，羊街彝族、苗族优秀传统文化，不断推进元谋民族传统文化产业的发展步伐。

【民族节日活动】 积极组织和开展少数民族的传统节日活动。年内，安排资金 2 万元，支持羊街、老城、凉山开展好少数民族传统节日“火把节”“花山节”庆典活动。节日期间分别组织开展摔跤、赛马、斗牛、斗羊、斗鸡、双拐、穿花衣、赛跑、爬花杆等民族传统体育比赛。通过开展一系列群众文化活动和民族传统节日活动，既丰富了群众的业余文化生活，又增进了各民族之间的团结和友谊，“三个离不开”和“两个共同”的民族工作主题真正得以体现。

【民族团结进步示范创建】 年内，认真抓好加快发展、改善民生、维护稳定三件大事，始终坚持把民族团结进步创建活动与推动民族地区科学发展结合起来，不断改善民族地区发展条件、提升民族地区自我发展能力，推动民族地区可持续发展。根据《元谋县深入开展民族团结进步示范县创建活动实施方案》《元谋县深入开展民族团结进步创建“七进”工作方案》《元谋县深入推进民族团结进步创建活动宣传工作方案》等文件精神，全力开展民族团结示范区创建活动，把舆论宣传放在首位，积极营造氛围，让全县人民都积极参与到示范区创建工作上来，上报58个单位为示范创建单位，有效推进元谋县民族团结进步示范区创建活动。

【依法管理宗教领域】 在深入调查研究的基础上，充分了解和掌握基层宗教工作的基本情况和面临的主要问题，有针对性地加强基层宗教工作的指导，从基层工作入手，着力解决宗教领域的一些热点、难点问题。广泛深入地开展政策法规宣传教育活动，不断增强广大宗教界人士的爱国意识、法制意识、公民意识和法制观念，强化社会主义爱国教育意识、使其自觉遵守法律，维护国家安全；自觉接受宗教事务管理，依法开展宗教活动，维护宗教领域的和谐稳定。积极开展宗教领域矛盾纠纷的研判和调处工作，及时化解宗教内部矛盾纠纷，有效地促进社会稳定、宗教和顺。同时，有计划有组织地开展伊斯兰教朝觐工作。

【元谋县基督教"三自"爱国会】 元谋县基督教"三自"爱国运动委员会有名誉主席1人、主席1人、副主席2人、秘书长1人，设常委9人，委员17人。有驻会工作人员3人。全县有基督教活动场所58个，信教群众6337人。年内，投入培训经费2万元，积极组织教牧人员培训工作。2月，在平田乡班果教堂举办为期3天的全乡教牧人员培训班1期，参训51人，系统培训"时代个人应具备的条件""教牧的职责"。4月，在姜驿乡贡茶教堂举办为期3天的全乡教牧人员培训，参训82人，系统培训"教牧的职责""做时代的教牧"，同时，邀请姜驿乡党委政府领导到会并作中国共产党的宗教政策和法律条规知识培训。7月，在江边乡江边教务组办公楼举办为期3天的全乡教牧人员培训，参训52人，培训"音乐知识""教会管理""傈僳族文字"，同时，邀请江边乡统战委员作"宗教政策法规"的专题培训。7月底至8月初，在江边乡丙弄、罗则、高峰、鱼窝、阿柱河、姜驿乡石板河教会举办信徒培训，参训361人。8月，在姜驿乡贡茶教堂举办为期3天的全乡教牧人员培训，参训82人，系统培训"教牧的职责""做时代的教牧"，姜驿乡党委政府领导到会并作党的宗教政策和法律条规知识培训。10月，在县基督教"三自"爱国会举办两年一届的短训班，参训37人，系统培训"三自的认识""圣经专卷""新旧约导论""应用文写作""宗教法规"等知识。12月，在县基督教三自爱国会举办为期3天的全县教牧人员培训，参训169人，培训会上，邀请省、州基督教两会牧师作"教牧与教牧工作""教会财务管理"专题培训，县民宗局领导到会作宗教政策法规培训。"三自"爱国会积极向省基督教两会争取资金10万元，投入姜驿乡新海教堂建设6万元、凉山乡老王麦地教堂建设4万元。

（王胜光）

安全生产监督管理

【安全生产监督管理机构】 2017年，县安全生产监督管理局设办公室、政策法规股、安全生产协调股、非煤矿山安全监督管理股、职业和行业安全监督管理股、危险化学品安全监督管理股、宣传教育中心。县安全生产监督管理局设编制9个，年末在职干部职工14人，其中：局长1人、副局长3人，其他干部工人10人；公务员10人，机关事业人员2人，机关工人2人；大学本科学历3人，大专学历9人，中专学历1人，高中学历1人；中共党员10人（男9人、女1人）。全县10个乡镇设立安监岗，在岗人员20人。

【安全生产工作综述】 年内，全县发生各类生产安全事故31起，死亡8人，受伤8人，直接经济损失50.82万元。其中：发生道路交通事故10起（均为一般道路交通事故），死亡8人、受伤8人、直接经济损失2.7万元；消防火灾事故发生21起，无伤亡，直接经济损失48.12万元。与上年相比，全县各类伤亡事故减少2起，下降6%；死亡人数减少4人，下降33.33%；受伤人数减少7人，下降46.67%；直接经济损失减少28.92万元，下降36.27%。从部门行业情况看，大部分行业领域安全状况平稳运行，非煤矿山、危险化学品、烟花爆竹、工贸、城市安全等重点领域未接到安全生产死亡事故报告。消防安全虽然事故多发，但均没有造成人员伤亡。从地区情况看，乡镇安全形势向稳趋好，都没有发生事故。全年未发生较大以上安全生产事故。

【安全生产综合监管】 年内召开县委常委会3次、政府常务会议5次、县安委成员单位会议6次，分析研判部署安全生产工作。县乡政府及各部门主要领导与副职领导、各辖区村委会（社区）、所站（学校）、重点企业、工程项目指挥部签订安全生产责任状327份，县、乡、村委会（社区）“三级三覆盖”、领导干部“一岗双责”、企业的“五落实五到位”安全生产责任全面落实。认真落实《元谋县安全生产联合执法制度》，坚持问题导向，针对汛期、重要节点、岁末年初事故易发多发特点，政府领导亲自带队组织有关部门和人员对10乡镇、32个部门的安全生产目标责任及各个时期的工作措施落实情况开展综合督查，实时对乡镇和部门的工作落实情况实施通报。购买社会中介服务，聘请有关专家，对非煤矿山、尾矿库、涉氨制冷工贸企业、危险化学品等重点领域进行专家检查，提升检查整治的专业化水平。认真督促被州政府挂牌督办有安全隐患问题的元谋县元华气体经营部、元谋恒强（氧气）经营部、云南亚湾矿业有限责任公司、元马农贸市场进行整改销号，消除安全隐患。

【安全生产重大工作落实】 召开政府常务会、县安全生产委员会成员单位会议、安监局职工会议，学习贯彻《中共中央 国务院关于推进安全生产领域改革发展的意见》和《中共云南省委 云南省人民政府关于推进安全生产领域改革发展的实施意见》，明确安全生产监管部门行政执法责任，各级领导干部和安监执法人员的安全生产工作责任感、使命感、紧迫感进一步增强。围绕中央和省、州安全生产工作思路、“十三五”安全生产工作规划，编制完成了元谋县“十三五”安全生产工作规划，下发全县各级各部门贯彻落实。

【安全生产行政执法监管】 年内，加强企业安全生产条件执法监管，严格审查企业安全生产、经营许可证延期换证手续，全年受理安全生产许可证新办和延期初审5件、安全生产经营许可证65件。深入开展非煤矿山、危险化学品、烟花爆竹“打非治违”专项整治，全年对71家生产经营企业开展执法监管，排查一般事故隐患1275项，整改隐患1275项，整改率100%。对执法检查中发现的5起安全生产违法为实施处罚，收缴罚款4.75万元。对依洒水库“2·21”事故进行依法调查处理，分析事故原因，划分事故责任，总结事故教训，落实防范措施，维护社会稳定。

【非煤矿山安全监督管理】 全年非煤矿山数量减少到27座，完成淘汰关闭类13座，完成率100%；完成改造升级类16座，完成率66.7%；完成整合重组类2座，完成率100%。加强非煤矿山“双随机”监督检查，对拒不执行隐患整改指令的2家石厂、1家砖厂依法进行了立案查处，收缴罚款4.5万元。

【危险化学品烟花爆竹安全监管】 按照液氨使用的有关法规标准和专项治理的要求，对7家涉氨制冷企业安全隐患整改落实情况进行检查督查；聘请专家对3家涉氨制冷企业快速冻结装置34项相关隐患的整改落实情况进行检查验收。辖区内危险化学品生产经营使用企业实现全覆盖的检查监管，做到不留死角、不留盲区，确保企业生产安全。严格审查烟花爆竹零售经营店的安全条件，依法依规换发烟花爆竹零售经营许可证109

个，取缔不符合安全经营条件的零售经营点3个，依法规范烟花爆竹经营行为。

【职业卫生安全监督管理】 按照《中华人民共和国职业病防治法》落实职业病管理措施。依法组织15家231位接触职业病危害因素的劳动者进行在岗期间职业健康检查，保障企业从业人员的身体健康。聘请职业卫生安全专家5批次16人对20家非煤矿山、工贸等重点企业开展职业危害安全隐患专项治理技术服务，督促企业落实职业病防范措施。按照省、州关于开展用人单位职业病危害情况普查工作的通知要求，研究制定方案，明确普查对象范围、内容时间、方法任务，按照工作时间表结合职业卫生监管执法开展普查工作。开展非煤矿山、危险化学品、工贸企业高危粉尘、噪音等职业病危害隐患排查治理，对元谋愚公石业有限责任公司香水箐石料供应站、土林建材有限责任公司2家企业违反职业病防治法律条规的行为下发责令改正指令书，整改职业病危害隐患15条。

【安全生产应急能力建设】 年内，督促非煤矿山、危险化学品、商贸、建筑等行业企业完善应急管理机制，充实专（兼）职应急管理人员，建立安全生产应急管理制度，加强应急救援知识培训。督促非煤矿山、危险化学品、烟花爆竹、工贸企业开展安全生产事故应急演练145场次，提高企业自救能力。加强节日和重点时段应急值守，严格落实值班责任制，严格执行24小时领导带班、职工值班制度，确保安全生产政令和信息畅通，发生紧急事情有人处置和落实。

【安全生产宣传教育】 年内，新设置安全生产宣教中心，配备工作人员3人负责安全生产宣传教育工作。制作以安全生产为内容的“一封信”500份，在全县“两会”期间向人大代表、政协委员发放。向各类媒体撰写投稿信息50余篇，围绕事故易发重点时期，利用手机短信、公众微信、QQ群等向各行业部门负责人、群众发送安全提醒、安全预防知识和安全生产形势动态信息3800余条。组织开展企业负责人、安全员安全教育培训班4期，参训863人，开展非煤矿山、危险化学品、工贸等行业大检查长效机制管理系统应用等各类专题培训班6期，参训300人次。6月“安全生产月”，编印发放公民安全知识读本5000本、安全生产法律条规汇编200本、安全防范宣传单5000份、安全生产警示教育片10盒、宣传挂图海报500份，组织开展安全生产知识和法律条规宣传咨询40场次，提升全民安全意识。组织县、乡安全生产执法监管人员28人分6批次参加省、州开展的安全生产监管业务知识和执法教育培训，规范执法行为，安监人员执法能力不断提升。

【安全生产大检查】 7月起，建立由县人民政府县长为组长，常务副县长任常务副组长，其他副县长、县安监局局长任副组长，县安委会有关成员单位主要负责人为成员的全县安全生产大检查工作领导小组，负责全县安全生产大检查统筹协调工作。召开动员部署会，细化工作方案，落实“五级五覆盖”责任制，签订安全生产大检查责任书560份；以交通运输、建筑施工、非煤矿山、危险化学品、烟花爆竹、消防、工贸企业、特种设备、电力、旅游、城市安全为重点，督促企业落实安全生产主体责任，每月开展安全风险管控、排查治理隐患。各部门、各乡镇每月开展1次行业和属地专项检查，做到重点企业100%全覆盖；县安委办每月组织1次综合督查，促进“党政同责、一岗双责、齐抓共管”“三个必须”责任的进一步落实。全年开展属地专项检查170次，检查企业617家次，排查问题和隐患1488项；开展综合督查5次，督查重点企业196家次，提出问题379个、整改意见416条。针对排查出来的隐患和问题，下发督查问题整改的通知，坚持“零容忍”原则，逐一督促落实整改措施，整改率98%。

（白玉英）

生态文明建设

土地资源管理

【国土资源管理机构】 元谋县国土资源局为县人民政府工作部门，承担着元谋县土地资源、矿产资源、地质环境、测绘、地理信息管理职责。2017年，元谋县国土资源局内设办公室、规划信息股、土地利用股、耕地保护股、测绘地籍股（不动产登记局）、矿产资源管理股、地质环境股、政策法规股、执法监察大队9个股室；下设不动产登记中心、土地储备地产交易管理中心、土地开发复垦整理中心、矿业权交易中心4个事业单位；下辖元马国土资源分局、黄瓜园国土资源分局、羊街国土资源分局、平田国土资源分局、老城国土资源管理所、凉山国土资源管理所、新华国土资源管理所、物茂国土资源管理所、江边国土资源管理所、姜驿国土资源管理所10个事业单位。年末，全局在职干部职工77人。其中：局长（兼党组书记）1人、副局长3人；公务员32人（正科级1人、副科级4人、主任科员4人、副主任科员10人、科员13人）、机关工人6人（高级工4人、中级工1人、初级工1人）、事业工人8人（中级工2人、初级工6人）、专业技术人员31人（工程师2人、兽医师1人、助理工程师9人、技术员19人）；大学本科学历40人、大专学历30人、中专学历3人、高中学历2人、初中学历2人；中共党员39人。

【耕地保护和土地开发整理】 年内，完成全县永久基本农田划定工作，划定成果已通过省州验收和备案，全县划定永久基本农田33.5万亩，坝区耕地划为基本农田的比例为80.01%，全县永久基本农田划定数量、质量和布局均符合国家有关要求。组织实施州级投资的元谋县物茂乡芝麻等2个村土地整治项目（四、五、六片区）及县级投资的元谋县老城乡老城等2个村土地整治项目。估算总投资9303万元，建设总规模1.63万亩，新增耕地率68%，预计可新增耕地1.1万亩，新增可用耕地占补平衡指标7961亩，有效缓解全县重点建设项目征（占）用地报批中耕地占补平衡指标匮乏的压力。

【建设用地审批和土地供应】 县国土资源局全年上报乌东德水库移民搬迁3个安置点、易地扶贫搬迁13个安置点和元谋县2017年度一、二批城镇建设用地已通过省国土资源厅审查，用地总面积2098亩；红色旅游公路G5京昆高速至龙街段工程项目用地总面积919亩，报件已通过省国土资源厅审查。全年供应各类建设项目用地24宗1377亩，出让土地合同价款31358万元，比上年增长14.2%。为成昆线永仁至广通段扩能工程新康铺架基地、楚雄—攀枝花天然气管道工程建设项目（元谋段）项目提供临时用地1341亩，实现批地供地数量和土地有偿使用收入同步增长，供地结构进一步优化。

【国土资源执法监察】 年内，全局共开展动态巡查108次，发现新增土地违法行为45件，制止45件，下达《责令停止违法行为通知书》45份；发现矿产违法行为4件，制止4件，下达《责令停止违法行为通知书》4份，下达《责令改正违法行为通知书》4份，全年立案查处违法案件9件，其中立案查处矿产违法行为4件，收缴罚没款22.82万元；立案查处土地违法案件5件，涉及土地12.14亩，共拆除违法建筑物4.6亩，恢复土地7.52亩。全年实地踏勘用地报批地块32个，共涉及土地11739亩。开展安全生产大检查工作共出动车辆20台，出动检查人员109人，共检查矿山企业65家。实地踏勘核实国土资源部2017年下发元谋县的土地变更监测图斑382个，全面摸清图斑用地类型、用途和实际占地面积等有关信息。通过内强规范管理、外强执法监察，土地矿产资源违法行为得到有效遏制。

【矿产资源管理和地质灾害防治】 全年审查办结探矿权采矿权延续、变更、转让等三级联网审批报件9个。严格开展矿业权人勘查开采信息公示工作，共公示探矿权9个、采矿权30个。全年出让采矿权1个，收取出让金151万元。全年向省、州业务主管部门申报地质灾害治理项目4个，项目计划总投资7793万元，均获云南省国土资源厅批准立项。全年实施地质灾害治理项目2个，项目总投资7207万元。争取到省州搬迁避让指标1000户，到位资金2000万元。年内，落实地质灾害监测员230人，对全县109个地质灾害隐患点实施有效监测；建立县、乡、行政村、自然村四级地质灾害群测群防网络，层层签订地质灾害防治工作责任书，落实防治责任。全年下拨地质灾害演练、培训和监测员经费25.55万元，全县10个乡镇共开展地质灾害应急演练48场次，累计参加演练人员2180人次。全年完成群测群防宣传培训16场次1250人，发放“地质灾害防灾工作明白卡”和“地质灾害避险明白卡”共计3100多份。

【地籍管理和基础工作】 全年办理不动产权登记4205件，不动产登记证明1036份；完成房屋数据整合7091宗，完成房产登记档案扫描12602份，正在进行后期PDF制作和属性录入；完成土地登记档案整理11000余份，完成房屋登记纸质档案移交12602份。不动产数据汇交已通过省厅审核，纸质档案和电子数据移交工作已完成，已全面实现一窗式受理登记交易。全年受理国土资源信访案件36件，办结36件，办结率100%。全年办理涉及国土资源行政诉讼案件9件，办理县人大代表、县政协委员提出的意见建议18件。

（谷天翔）

水资源管理

【水政水资源管理】 严格水资源管理。2017年州下元谋控制指标1.99亿立方米，元谋县报送目标1.4亿立方米，实际用水量1.21亿立方米，已完成年度用水总量控制目标；农田灌溉水有效利用系数控制已完成≥0.55的目标；元谋县6个重要河流水功能区考核水质均达到Ⅲ类水质，已达到水功能区限制纳污控制指标。在重要水源地管理方面，完成丙间水库水质检测12次，达标率100%。在水资源管理改革方面，开展“楚雄州元谋县水权水市场改革”“农业综合水价改革”“元谋县水利综合执法示范县”等改革项目，制定出台相关管理机制19项。年末，全县农民用水合作组织共117个，管理灌溉面积9.45万亩。建立水事纠纷调处跟踪制度，调解水事纠纷4起，调解成功4起。共发出责令整改违法行为通知书5家，并监督企业按通知时限进行整改；发出责令停止违法行为通知书1家。全年征收水资源费410197元，并按照“1∶3∶2∶4比例时足额解缴中央、省、州、县国库”。完成元谋县程老根农业开发有限公司鑫泷溪山泉水厂建设项目地下取水水资源论证工作。制定《元谋县水务局“七五”普法依法治理规划（2015—2020年）》，并结合开展“世界水日、中国水周”、“12·4”法制宣传日、“安全生产月”宣传活动，为群众提供义务法律咨询1200余人次，印发“爱护水资源、改善水环境”宣传单2800份，悬挂标语4幅；印发《云南省楚雄彝族自治州龙川江保护管理条例》2800本，《楚雄彝族自治州小型农田水利条例》100份，山洪灾害宣传资料500份，《中国水利报》特刊200份。

【河长制工作】 纳入全县河长制管理的河流65条，水库102座，小坝塘12座，渠道50条。其中：纳入县级河长制管理的河流21条，中型水库6座，小（1）型水库10座，集中饮用水供水小（2）型水库2座，渠道4条；纳入乡镇级河长制管理的河流44条，水库84座，小坝塘12座，渠道46条。以上河流、水库、渠道构成元谋县实施河长制工作的河库渠管理体系。全县已落实县、乡（镇）、村三级河长675个，其中：县级河长43个，乡镇级河长269个，村级河长363个，聘请社会监督员及巡查员459人。建立制度。自河长制工作开展以来，相继出台《元谋县全面推行河长制实施意见》《元谋县全面推行河长制行动计划（2017—2020年）》及县级11项配套制度、10个乡镇工作方案、乡镇级7项配套制度。机构设置。11月6日，县委编办批复成立元谋县人民政府河长制办公室，设于县水务局，落实河长制办公室人员编制4人，明确河长制办公室职能职责。资金落实。县人民政府安排专项资金30万元用于全面推行河长制相关工作。巡河情况。严格按照《元谋县全面推行河长制实施意见》对县级总河长和副总河长每年巡查不少于2次，县级河长、乡（镇）级总河长和副总河长每年巡查不少于4次，乡（镇）级、村（社区）级河长每年巡查不少于12次，村（居）民小组巡查员每年巡查不少于24次的要求，截至年末，县、乡（镇）、村级河长巡河累计达到360次。设立河长公示牌。按照省州要求，已对纳入州级河长制管理的7条河流，纳入县级河长制管理的21条河流，6座中型水库，10座小（1）型水库2件集中饮用水供水小（2）型水库的人口密集区设立河长公示牌。纳入乡镇级河长制管理的河库渠公示牌全部完成。开展河道治理项目。已完成勐冈河4.25千米、龙川江上段6.5千米治理，完成投资9480万元；龙川江下段、永定河、蜻蛉河河道治理正在建设中。强化河道采砂监管。为进一步规范河道的治理及保护，加强执法检查，严厉打击非法采砂行为，全县河道采砂有序规范开展。严格污染源控制。切实加强畜禽养殖污染防治，严格控制农业面源污染，严防地下水污染，建立完善水功能区监督管理制度，切实加强水污染防控，提高城市污水处理率。同时，着力强化水质监测力度，除州监测站取样监测点位外，对流经元谋的蜻蛉河、勐冈河、龙川江、永定河、金沙江进行每季度取样检测，并定期将检测结果报监管部门。每年定期发布环境质量公报，为环境管理、污染减排提供准确的技术支持。

【龙川江河道治理工程】 龙川江元谋县段河道治理工程下段（摩诃铁路桥6+500米至永武高速路3#桥以下12+088米），设计河道治理河道5.58千米，计划总投资6964.8万元。工程于3月31日正式开工建设，截至12月31日，完成临时施工道路7.7千米，M7.5浆砌石挡墙基础开挖7770米，浆砌石挡墙支砌7320米，完成M7.5浆砌石20246立方米，完成生态格网装填1000米，生态格网基础网箱块石装填4932立方米，土工布铺设15820平方米，复合土工膜铺设13420平方米，C20砼压顶286立方米，钢筋混凝土51立方米，完成河堤填筑35.32万立方米，完成开挖土石方48.6万立方米，完成路沿石240立方米，完成连锁式护坡砖22200平方米，累计完成投资3074.89万元。通过该工程的实施，可有效保护沿岸耕地4.6万亩，并保证项目区5.5万人免受水患灾害。

【永定河河道治理工程】 元谋县永定河河道治理工程是属于云南省元谋县中小河流治理项目，设计治理河道长度2.9千米，堤防长度4.024千米，计划总投资1393.86万元。工程于3月25日正式开工建设。截至12月31日，完成砂卵砾石开挖5645立方米，土方开挖55994立方米，石方开挖25426立方米，土方回填62723.9立方米，土工布铺设16300.46平方米，固滨笼挡墙卵石998.51立方米，固滨笼挡墙块石16305.76立方米，固滨笼挡墙格滨93068.5平方米，固滨笼挡墙格滨（制作安装）96278.54平方米，C20砼路缘石120立方米，农用桥2座，DN400混凝土排水管299米，踏步工程21件，施工导流3项，施工道路3040米，累计完成投资790.35万元。通过该工程的实施，可有效保护沿岸耕地0.2万亩，并保证项目区4580人免受水患灾害。

气象监测

【气象机构及人员】 元谋县气象局属双重领导和双重计划财务体制的基础性公益性事业单位，负责本行政区域内的气象行政管理、气象执法和气象服务工作。内设办公室、气象台、人工增雨防雹指挥部办公室3个机构。现有在职职工16人，其中大学本科学历7人，专科学历8人，其他学历1人；工程师4人，助理工程师6人，技术员4人；中共党员8人。

【气候特点】 2017年雨量偏少，气温正常稍偏高，日照偏少，蒸发量小，空气湿度5月、6月和9—12月偏低。雨季开始期偏早、结束期正常，是总体气候偏旱一年，年内高温天气和低温天气不突出，高温日数和高温强度比往年少，低温日数和低温强度也比往年少。雨季期间局部地区出现了雷暴、冰雹、暴雨、大风天气，特别是由于降水量集中，累积雨量大引发“7·1”姜驿乡糯拉鲊行政村杠香村后泥石流和“9·6”凉山山洪泥石流灾害，对工农业生产、交通运输和人民生命财产造成了一定损失。

【雨水实况与评价】 年均降水量585.1毫米，比上年少132.4毫米，与近30年平均值相比偏少72.4毫米。年内降水量分布不均匀，自然雨季于5月14日开始10月24日结束，雨季5—10月降水量528.8毫米（比上年少129.2毫米）占年降水量的90%；雨季开始前出现了轻度干旱，1—4月和11—12月（干季）降水量56.3毫米（比上年少3.2毫米）占年降水量的10%。全年最大一日降水量为38.1毫米，出现在7月31日，年内出现小雨76场（含0.0毫米），比上年少19场；中雨15场，比上年少两场；大雨6场，比上年多两场；全年没有暴雨出现，比上年少1场。从年降水量空间分布来看，各地分布不均匀，山区多坝区少，四周多中间少。2017年乡镇年降水量分别为：姜驿1078.2毫米，江边685.2毫米，物茂746.9毫米，黄瓜园681.8毫米，平田627.9毫米，新华736.1毫米，元马585.1毫米，凉山908毫米、老城707.9毫米、羊街1023.2毫米，县内最大年水量出现姜驿。

【温度实况与评价】 年平均气温21.9℃，比上年高0.3℃，比多年平均值高0.5℃，属偏暖年份。除3—5月和7月外，其他月平均气温都比多年平均值高。年极端最高气温38.6℃，出现在5月22日和6月10日；年极端最低气温0.4℃，出现在12月21日。全年有霜2天，出现在12月21日、22日。裸地表面极端最高温度66.2℃，出现在6月10日，地面极端最低温度2.1℃，出现在12月21日。3—10月气象站出现35℃以上高温日数40天，其中3月1天、4月3天、5月11天、6月17天、7月1天、8月2天、9月4天、10月1天。

【空气湿度实况与评价】 年平均空气相对湿度57%，比上年低2%，比多年平均值低1%，属正常偏旱份。与历年平均值相比，2—4月、7月偏高，5—6月、8—11月偏低，1月和12月正常。雨季5—10月6个月平均相对湿度63%，比上年低3%，比历年低4%。干季1—4月和11—12月6个月平均相对湿度52%，与上年持平，比历年高2%。年内最小相对湿度6%，出现在2月6日和3月14日、23日。

【日照时数实况及其评价】 全年日照2351.5小时，比上年多30.6小时，比多年平均值少211.3小时，为偏少年份。各月日照时数与历年相比，1月、2月、9月、11—12月正常，3—8月和10月偏少。

【蒸发量实况及其评价】 年蒸发量1561.6毫米，比上年多72.9毫米，比多年平均值少190.6毫米，为偏少年份。与历年相比，除6月、9月偏多外，其余月份均偏少，偏少1.6—58.6毫米不等。年蒸发量是年降雨量的2.67倍。年内蒸发量最大5月190.8毫米，最小12月76.1毫米。

【风速实况及其评价】 年平均风速2.0米/秒，比往年多高0.1米/秒。年内各月来看，最大3月2.8米/秒，最小7月0米/秒。全年极大风速为20.9米/秒，出现在7月30日01时37分，风向为西南偏南。

【农业气象测报与服务】 年内进行水稻、番茄发育期、生长状况、高度、密度观测、产量分析和自然物候观测，全年观测基数1856个、报表基数480个，计算机操作基数1387个，数据传输基数395个，土壤水分自动观测站操作基数151.6个，合计基数4269.6个，错情率0.0‰。制作发布了春耕春播期专题气象服务3期，秋收秋种期专题气象服务3期，农业气象专题分析服务4期。

【天气预报与服务】 始终把气象服务放在首位，切实做好气象预报工作，践行“防灾减灾、气象先行”的气象服务理念，始终坚持把防御和减轻气象灾害、切实提高灾害性天气预报准确率作为提升气象服务水平的首要任务，以多种形式向县委、县政府及相关单位和社会公众提供气象预报情报服务，努力做到“一年四季不放松，每次过程不放过”。全年分析制作短期气候预测15期，中期预报24期，短期预报365期，各种专题气象服务161期，雨量实况报告50期，上报灾情报告2次，发布手机短信304次，发布重要专题天气26次。发布灾害天气预警信号48次，其中霜冻预警2次、高温预警10次、雷电预警23次、暴雨预警12次、大风预警1次。启动应急响应2次。结合元谋县实际积极为全县种（养）植大户开展特色农业气象服务15次，为各级领导提供气象决策保障服务200余次。切实为元谋县的经济建设和防灾减灾发挥积极的“气象参谋”作用。

【地面气象观测】 气象观测工作是气象部门最基本的业务工作，担负着元谋县34个自动气象站气象数据的观测、记录、整理、传输、上报等工作，责任重大。全体测报人员以高度的责任感和爱岗敬业的精神认真值好每一个班，观测组长严把质量关，杜绝使用超检仪器，严格预审制度，保持观测场环境符合要求，全年未出现任何责任性事故，自动站各项仪器、设备运行正常，确保元谋县气象数据的正常观测、记录、整理和上报。全年共集中学习28次，大监站总基数144920个，无错情发生。

【人工增雨防雹】 元谋县是一个典型的农业县，烤烟是山区农民增收、财政增长的支柱产业之一。4月15—17日对作业高炮进行安全技术检测，6月4—6日在元谋大酒店举办2017年度人工防雹培训，在县政府召开的培训动员大会上州气象局副局长杨海抒、张永平做讲话，州人降办主任和文仙到会做指导，来自4个烤烟乡镇5个防雹点的25位作业队员参加培训，会议对2016年的工作做回顾总结，并就2017年的增雨防雹工作做安排部署和要求。作业人员均进行培训考试合格后上岗。全体人工防雹工作人员均办理意外伤害保险。整个人工防雹工作于6月7日开始至9月20日全部撤点结束，历时近4个月的日夜奋战，共申请空域30点次，批准作业26点次，发射三七高炮弹832发。有效保护8500亩防区粮烟面积，羊街、花同、老城、姜驿、新华5个作业点有效保护土地面积达22133亩，为全县烤烟丰收、果蔬丰产、经济增长、农民增收做出应有的贡献。

【气象综合管理】 气象局各项工作都有责任状，局负责人与州气象局签订工作目标责任书。年度州局考核结果为：综合管理目标考核结果为全州第七名，党风廉政目标考核结果为全州第八位，安全生产工作目标考核结果为全州第一名。

【气象行政执法】 年内气象行政执法工作，在上级气象主管部门和县委政府的正确领导下，在政府办法制局指导下，全局干部职工和行政执法人员认真贯彻国务院《关于全面推进依法行政的决定》的要求，严格按照《中华人民共和国气象法》《云南省气象条例》等气象法律法规的规定，认真规范执法行为，深入实践“公共气象、安全气象、资源气象”的发展理念，在依法管理气象、强化自我约束、完善规章制度、规范执法行为等方面狠下功夫，气象行政执法工作有了很大提高，有力促进元谋县气象事业的健康、协调发展。

【气象宣传】 气象局充分利用新闻媒体广播电视报纸杂志和气象局网络、简报、发放传单等方式开展气象科普、气象法律条规宣传。年内在《中国气象报》刊登1篇、中国气象局网站发表2篇、《楚雄日报》刊登1篇、《楚雄州气象简报》刊登20篇、元谋政务信息收录1篇、楚雄人影工作简报收录2篇宣传文章，发放宣传材料5000份。

【气象党支部及党风廉政建设】 结合元谋县气象局实际，制定《元谋县气象局廉政风险防控体系建设工作方案》。积极配合州局的审计工作，对存在的问题认真整改。加强人工防雹专项资金使用的财务公开，在政务网上对增雨经费使用情况进行公开，接受政府、相关部门和群众监督。严格履职，加强对人工防雹专项资金的监督，做到事前、事中、事后全程监督，不留死角。建立了人工防雹专项资金使用的廉政风险防范控制度，提高了人工防雹专项资金的使用效率。廉政文化融入防雹工作。元谋县气象局在对防雹作业点进行改造的同时，把气象文化与廉政文化融入作业点建设中，使作业点成为一个向社会展示职能的重要宣传阵地。为了加强优良传统教育和爱国主义教育，组织党员到单位扶贫联系点老城乡苴那行政村开展讲党课活动，组织干部职工观看警示教育专题片多次。

【气象局扶贫工作】 元谋县气象局的定点帮扶点为老城乡苴那行政村，8个村民小组，共计329户1392人，其中建档立卡贫困户59户207人，气象局7位干部职工挂包34户，经过动态管理调整后，挂包27户（含正常退出1户）。元谋县气象局认真贯彻落实中央、省、州、县有关扶贫工作系列文件、会议精神，并按照“两不愁、三保障”“五个一批”的工作思路，结合气象局实际，及时充实调整元谋县气象局脱贫攻坚工作领导小组，由“一把手”局长林坤任组长，全面负责脱贫攻坚工作，明确分管领导，全体职工参与，层层落实扶贫任务，做好责任到人，形成了党政“一把手”负总责，分管领导专门抓，扶贫专干具体抓的工作机制，全面统筹加快推进气象局脱贫攻坚工作。气象局属于业务性单位，需要24小时值班，挂包人员合理安排工作时间，认真落县委书记实习雁提出的“十个一”工作，保证每月到农户家走访一次。根据走访情况，找准他们的致贫原因，因户施策，投入宣传经费5000元用于制作脱贫政策宣传单、宣传牌及宣传布标，悬挂于苴那行政村8个行政村，使得脱贫政策深入人心。一年来，全体干部职工累计走访群众300余人，走访15次，发放气象灾害防御手册300余份。通过入户登记，实事求是获取贫困对象的各项信息资料，并组织信息录入员将对象信息录入大数据系统，建立电子档案，做到户有表、村有册、局有电子档案。

（唐应麟）

林木资源管理

【林业管理机构】 2017年，元谋县林业局内设办公室、人事教育股、计划财务审计股、资源林政与政策法规股（含林政稽查大队、林业法制办公室）、林业经营分类管理股（含天然林保护办公室）、退耕还林工程管理办公室、营林工作站（含种苗质量检验站）、林业改革股（含林权流转中心）、林业调查设计队、科技与造林绿化股、林业产业办公室、绿化委员会办公室、森林防火股（含森林防火指挥部办公室）、森林病虫防治检疫站、土林州级自然保护区管理所（含野生动物保护办公室）、农村能源工作站、大哨林场、鸡冠山林场、丙令林场、凉山森林防火监测瞭望台、元马木材检查站。2017年末，全局共有干部职工56人（在职在编53人，编外人员3人），其中：党委书记、局长1人，副局长4人；国家公务员13人（副处职级2人，正科职级1人，副主任科员1人，副科级职级8人，科员1人）；参照公务员管理2人（副主任科员1人，副科级职级1人）；林业专业技术人员24人（林业副高级工程师4人，林业工程师12人，林业助理工程师7人，技术员1人）；事业工勤人员12人（技师1人，高级工10人，中级工1人）；大学本科学历20人、大专学历30人、中专学历4人、初中学历2人、中共党员22人。

【林业队伍建设】 深入贯彻落实中共十九大精神和习近平新时代中国特色社会主义思想。强化思想教育，强化制度落实，强化社会监督，狠刹“四风”。严格用制度固化“三严三实”要求，对元谋县林业局制定出台的《机关工作生活制度》《学习培训制度》《廉洁自律制度》等21个制度进行监督执行。全局政风行风得到切实转变，形成一切按党纪国法办事、按政策制度办事、按规矩程序办事，依法秉公用权，遵守规矩用权，恪守权力边界的良好氛围。坚持以好的作风选人，选作风好的人，任人唯贤，以德选人，人尽其才，才尽其用的导向，坚持大胆用人与严格管理相结合，自觉防止选人用人失察、任用干部连续出现问题的情况发生。合理使用人才，平稳推进各项工作。2017年，有2人被选拔任用为正科级领导职务，2人选拔任用为副科级领导职务。

【林业改革】 根据《元谋县机构编制委员会关于成立元谋县土林州级自然保护区管理局和元谋县土林州级自然保护区管护局的通知》精神，经2017年10月31日元谋县机构编制委员会全体会议研究决定，在元谋县林业局加挂元谋县土林州级自然保护区管理局牌子，在元谋县林业局内设机构中增设野生动物植物保护与自然保护区管理股，具体负责辖区内自然保护区的行政管理和执法监督等工作；设立元谋县土林州级自然保护区管护局，为元谋县林业局管理的正科级事业单位，负责辖区内自然保护区的政策宣传、资源管护、环境监测、科学研究、界标管理等工作。根据《元谋县机构编制委员会关于成立元谋县国有林场的通知》精神，经2017年11月29日元谋县机构编制委员会全体会议研究，撤销元谋县辖区内大哨林场、鸡冠山林场和丙令林场3个小、散、弱林场，成立元谋县国有林场，为元谋县林业局管理的正科级公益一类事业单位。完成《元谋县国有林场改革实施方案》的审批，完成《元谋县国有林场森林资源规划设计调查报告》《元谋县国有林场中长期发展规划》和《元谋县国有林场森林经营方案》的编制工作。

【林业生态建设】 认真学习贯彻习近平总书记到云南考察时对生态建设的讲话精神，紧紧围绕“建设生态文明”目标，坚持节约优先、保护优先、自然恢复为主的方针，克服干旱少雨等不利因素影响，以赶超先进的勇气和精神抓好林业生态建设。年内完成营造林任务面积 14247 亩，其中：天保造林 5000 亩，陡坡地生态治理 2000 亩，国家战略储备林 2000 亩，植被恢复费造林 4767 亩，州级林业专项资金补助造林 480 亩，为任务数的 100%。完成全民义务植树任务 76.4 万株、四旁植树任务 100 万株，为任务数的 100%；新建太阳能热水器 400 台、节柴灶 500 台，为任务数的 100%；完成林业总产值 4.78 亿元，比 2016 年增长 10%。

【森林资源管护】 全年实施天保工程管护，聘请森林管护人员 661 人对 218.5 万亩林地面积进行管护。年检木材经营加工许可证 30 户，发放木材运输证 81 证，1045 立方米。采伐乡土树木 58 株，移植树木 33 株。办理林木采伐申请 6 件，采伐蓄积量 492.3 立方米。全年森林公安和资源林政股办理各类涉林案件 373 件，其中：刑事案件 19 件，林业行政案件 354 件。收缴野生动物（活体、死体）44 只，野生动物制品（皮）4 张。收缴木材 32.32 平方米，共收缴罚款 37.86 万元，打击处理各类违法人员 342 人。进一步强化各项防扑火措施的落实，健全“预防、扑救、保障”三大体系，抓实森林防火工作，年内调整健全机构，明确目标重点，强化预防宣传，狠抓野外火源管理，强化防扑火队伍建设，强化应急值班，强化检查督查制度，安装野外视频监控系统摄像头 84 个，购买森林消防指挥车 1 辆，配置乡镇消防水车 10 辆，实现了 2017 年全年无森林火灾的良好局面。实施产地检疫苗木、产地检疫种子、调运检疫苗木，实现检疫率和防治率 100%。救助国家二级保护动物穿山甲 1 只、国家二级保护红隼 2 只、国家二级保护动物雕鸮 2 只、“三有保护”鹧鸪 3 只、噪眉 6 只；赔偿野生动物肇事 16 起，累计赔偿金额 1.28 万元。

【城镇面山近山生态恢复】 以机关义务植树为契机启动凤凰山林业生态园项目建设，在凤凰山系月牙山采取机械开挖种植带、更换种植土、选用大规格苗木定植、配套灌溉管网建设等措施，高标准建设 2017 年机关义务植树基地 246 亩，种植胸径 8—25 厘米不同规格的各类苗木 4546 株。通过开挖种植沟、挖石换土、高矮搭配、行间品字形配置，主要树种有凤凰木、美丽异木棉、非洲楝和榕树等，株间夹植三角梅，台面撒播格桑花和紫花苜蓿等，做到“一花一绿”，常年见花，全年有绿，共投入资金 2000 万元。按照《元谋县路域环境绿化优化作业设计》，在元双路和牟元路两侧共种植凤凰树、小叶榕等树木 1915 株，总投资 90.7 万元。完成《元谋县国家储备林暨林业生态建设项目可行性研究报告》和《元谋县国家储备林等林业生态建设项目可行性研究报告》四项审批（发改、环保、国土、住建）工作，项目投资 93469.95 万元，拟申请银行贷款 74776 万元。

【林地要素保障】 年内共上报审批各种工程建设项目征收林地报件 25 个件，征用林地面积 295.72 公顷。审批完成元谋县金沙江乌东德水电站建设甘塘移民安置点、启宪安置点、瓦渣箐安置点项目 6 个，审批生产建设用地 86.29 公顷；完成元谋县易地扶贫搬迁项目报批 13 个的审批工作，征收林地面积 176.07 公顷，共减免森林植被恢复费 1035.7 万元；完成云南红色旅游公路楚雄州元谋县 G5 京昆高速至龙街段工程、工业聚集区小雷宰片区供排水设施建设项目、元谋县腾飞汽车自驾游营地建设项目（一期）等 6 个项目的审批工作，征收面积 33.36 公顷，为全县重点项目建设做好要素保障。

【林业生态扶贫】 出台《元谋县林业生态扶贫实施方案》，从实施林业生态扶贫、天保工程、公益林生态效益补偿、退耕还林、陡坡地生态治理、核桃提质增效、低效林改造和农村能源等 8 个方面明确扶贫项目、措施原则和目标任务，确保全县 3723 户 12813 人建档立卡贫困人口中，有林业生态条件的人口通过林业生态扶贫实现如期稳定脱贫。在全县范围内实施林业行业扶贫工作，惠及建档立卡贫困户投入合计349.19万元。加大对2017年预脱贫的凉山乡冷水箐行政村、物茂乡芝麻行政村和新华乡大河边行政村共3个行政村的林业生态扶贫力度，全年投入林业生态扶贫项目资金321.641万元。实施挂点包保姜驿乡半箐行政村林业行业扶贫工作，自2015年11月至2017年12月，在挂点行政村共投入扶贫资金1136.5万元。

【林业惠民措施】 兑现2015年陡坡地生态治理项目5000亩的补助资金150万元；兑现2016年陡坡地生态治理项目2000亩的补助资金100万元；兑现2015年新一轮退耕还林工程建设项目15000亩的第三年度补助资金450万元；兑现2017年完善退耕还林补助项目40313亩的补助资金357.88万元；兑现生态效益补偿资金127.07万亩的补助资金1270.7万元。

（吴茗宁）

森林执法

【森林公安机构】 2017年，元谋县森林公安局内设办公室、法制室、刑事侦查中队，下辖鸡冠山派出所、大哨派出所2个派出机构，核定编制15人，经县委批准成立元谋县森林公安局党组一个。年末，全局在职干部职工15人。其中：局长1人、政委1人、副局长1人、派出所所长兼教导员2人；公务员（民警）15人；大学本科学历8人、大专学历7人；一级警督2人、二级警督3人、三级警督2人、一级警司7人、未授衔1人；中共党员14人。

【森林公安队伍建设】 深入推进“两学一做”学习教育常态化制度化。在“两学一做”学习教育中开展“比学赶帮超”主题活动，为推进“两学一做”学习教育深入开展、取得实效，教育引导民警立足岗位“做”，立足职责“干”，立足理想“创”。积极开展机关党建“灯下黑”和“两张皮”问题专项整治工作，落实机关党建工作责任制、创新党内学习制度、严格党内组织生活、建设服务型党组织。

【森林公安表彰奖励】 2017年1月1日，元谋县森林公安局1位民警被县委组织部评为在职党员联系服务社区先进个人。2月3日，“缉枪治爆”专案组被云南省森林公安局记集体三等功一次、2位民警记个人三等功一次。2月28日、10月5日、12月1日，元谋县森林公安局3位民警分别被楚雄州森林公安局、云南省森林公安局记个人三等功一次。2月28日，元谋县森林公安局1位民警被楚雄州森林公安局评为先进工作者。3月6日、3月23日，元谋县森林公安局2位民警分别被元谋县人社局、县委组织部评为优秀公务员。3月9日，元谋县森林公安局1位民警被县委、县人民政府评为优秀政法干警。

【森林公安作风建设】 开展新一轮严禁领导干部收送“红包”专项整治工作。为抓好中央巡视“回头看”反馈意见整改落实，森林公安局积极开展领导干部收送“红包”专项整治自检自查，教育和督促领导干部严守党的政治纪律、组织纪律、廉政纪律，严格遵守领导干部廉洁自律各项规定，经过清理，未发现领导干部收送“红包”的情况；开展新一轮“六个严禁”专项整治行动。通过进一步清理检查，为发现领导干部查收工程、违规使用扶贫资金等情况；加强纪律作风督查检查。年内，组织开展督查检查9次，上报督查月报12期。

【森林公安宣传】 2017年，元谋县森林公安局民警撰写并投送各类新闻稿件150余篇，中央级媒体采用9篇（条）、省级报刊采25篇（条），州级报刊采用10篇（条）、州级影视采用4篇（条），州森林公安局公安网采用30余篇，其余的新闻稿件均被元谋警方、元谋长安网等县级网站采用。同时，编写《政工简报》12期、《科信简报》24篇、《法制简报》12期，上报微博、微信等新媒体信息120余条。

【涉林案件查处】 年内，元谋县森林公安局共出动警车496辆次、警力1547人次，受理各类涉林案件373件，打击处理违法犯罪人员342人，收缴罚没款43.23万元，收缴木材32.32立方米。全年立刑事案件19件，破案12件，破案率63.16%；受理林业行政案件354件，结案342件，结案率96.61%。在执法过程中，未发生1件冤假错案，执法办案民警无违规违纪行为，查处的案件无复议无诉讼和赔偿案件发生。

【森林公安开展专项整治行动】 开展清理整治新能源建设项目违法违规占用林地行为专项行动。共出动警125人次，出动警车41辆次。清理核查违法占用林地40件，其中：立刑事案件2件，受理行政案件38件，涉案林地34248.07平方米，收缴罚款10.11万元。持续开展夏季"铁拳"林区社会治安统一集中清理整治行动。为进一步加强"一带一路"国际合作高峰论坛期间安保维稳工作，结合"平安三号"严打整治行动，按照《楚雄州森林公安机关夏季"铁拳"林区社会治安统一集中清理整治行动工作方案的通知》要求，在全县组织开展每月不少于三天的夏季"铁拳"林区社会治安统一集中清理整治行动。检查林区临时居住点山洞9处，窝棚21处，废弃沙石厂10个，林区人烟稀少单家独户处25处，进山要口人员检查84人次，林区重点区域7处。同时，积极开展查缉逃脱罪犯张林苍的查缉行动。通过巡逻提高林区见警率、盘查率、发现率、管事率，全面提高群众的满意度。开展"平安三号"保护森林资源"护绿守林"行动。从促进全县生态文明建设、维护全县生态安全的高度出发，元谋县森林公安积极作为，"平安守护"行动取得全州第三名的成绩。4月1日至11月20日，共办理各类涉林案件272件。其中：立刑事案件11件，破7件，抓获9人，受理行政案件261件，查处行政案件259件，收缴罚没款20.25万元、木材25.52立方米、野生动物及其制品38件。收缴射钉枪3支，射钉弹670发（钢珠），炸药6筒（1.245千克）、导火线2.53米，管制刀具1把。

【森林公安法制】 元谋县森林公安局法制室充分发挥执法活动监督、案件审核把关的职责，严格遵守四级审核审批制度。按照执法质量考核评议标准、执法场所规范、接处警规范、云南省林业行政处罚自由裁量权实施标准和案件立卷规范等要求，严把案件质量关，审核案件做到"三个认真，六不放过"，即呈报审核的案件认真登记造册，认真查阅案件材料，认真依法审核。事实不清、证据不足不放过，笔录、文书制作不规范不放过，权利告知不明确不放过，定性量处不当不放过，适用法律不准不放过，案件装订不规范不放过。年内，共审核评查案件64（刑事案件6件、行政案件58件）件，提出整改建议80余条。对个案评查中发现的问题，书面反馈主办民警，对共性问题发出法制通报12期，整改通知书11份。

【服从县委重点工作】 脱贫攻坚取得新突破。2017年，元谋县森林公安局克服人少事多，帮扶任务重的困难，真正用力用心用情开展帮扶，第一时间进村入户，与帮扶对象户面对面的调查摸底，摸准实情，与46户建档立卡户同心同力脱贫攻坚解困，制定精准帮扶措施。年末，挂点联系的姜驿乡新海村成功脱贫出列10户，此外基础设施建设、产业项目推进和帮扶对象家庭经济收入均取得比较明显的成效。全力做好棚户区二期改造和乌东德水电移民搬迁工作。元谋县森林公安局积极做好统筹协调，深入挂包群众家中，解读政策，解决困难，认真做好教育引导工作，按时限要求完成棚改二期挂包任务，并按进度有序开展好乌东德水电移民搬迁工作。全力做好元谋县森林公安局基础设施工作，积极向上争取元谋县森林公安局业务技术用房项目，已完成地勘、可研、初设、评审等工作；积极向县委政府汇报争取元谋县森林公安局业务技术用房项目附属工程建设，已完成可研、立项工作，将向县人民政府汇报争取下达业务技术用房项目附属工程建设资金。

（王兆利）

环保监督管理

【环保监督管理机构】 2017 年，元谋县环境保护局设办公室、环境影响评价股、污染物排放总量控制股、污染管理股、自然生态保护股、宣传法规股、元谋县辐射监督管理站，下辖元谋县环境监察大队、元谋县环境监测站 2 个直属事业单位。年末在职干部职工 20 人。其中：局长 1 人，副局长 3 人；公务员 12 人，专业技术人员 7 人（其中工程师 3 人、助理工程师 4 人）；机关工人 1 人；大学本科学历 8 人，大专学历 12 人；中共党员 13 人。

【生态文明建设】 年内，成立元谋县环境保护委员会、元谋县生态文明建设工作领导小组，建立健全了生态文明建设年度督查和考核奖惩办法，形成了党委负责牵头、政府组织落实、人大和政协监督、纪检行政监察、部门统一监管、社会共同参与的生态文明建设工作机制。2017 年，羊街镇、黄瓜园镇、物茂乡、新华乡 4 个乡镇参与国家生态文明乡镇创建，老城乡参加省级生态乡镇创建，元谋县 10 个乡镇中，已经通过创建验收待命名省级生态文明乡镇 4 个（姜驿乡、江边乡、凉山乡、平田乡），获得命名的省级生态文明乡镇 5 个（元马镇、羊街镇、黄瓜园镇、物茂乡、新华乡），完成国家级生态文明乡镇创建待命名乡镇 1 个（元马镇）。围绕提升城乡人居环境行动，开展农村环境综合整治项目建设，2017 年完成入库储备项目 5 个。获得云南省环保厅立项项目 2 个（物茂乡物茂村、元马镇清和连片整治），已下达资金项目 2 个，下达项目资金 240 万元，认真落实 2017 年度省州考核工作要求，按期完成季度县域生态环境质量考核数据上报工作。

【总量减排】 年内，与 6 家涉及部门签订年度减排目标责任书，元谋县污水处理厂均正常稳定运行，2017 年累计处理生活污水 199.73 万吨，日均处理水量 7316 吨，污水处理负荷率达到 48.77%；累计削减化学需氧量（COD）381.78 吨，为年度任务量的 83.72%，累计削减氨氮 50.5 吨，为年度任务量的 76.52%。

【建设项目环境管理】 压实责任，加强建设项目环境影响评价管理。切实开展行政审批改革，全面清理行政审批改革事项。部署完成建设项目环境影响登记表网上备案制度的实施，全面启动元谋县建设项目环境影响登记表网上备案工作。2017 年为争取国家、省级专项建设基金项目 4 批次 30 个项目办理环评批复，办结环评服务事项 20 项；出具环评报告书标准确认 3 项。环评要素保障重大项目推进的能力水平不断提升。

【环境监察】 全力做好中央环境保护督察反馈 16 个问题的整改工作，切实做好 2017 年省环境保护督察组进驻元谋县期间的各项保障工作，明确部门职责任务，定人定责，确保督查组进驻元谋期间的环境保护督察工作落到实处。深入开展环保专项行动，全面排查整治各类污染环境、破坏生态和环境安全隐患问题，始终保持严厉打击环境违法行为的高压态势。2017 年出动执法车辆 112 台次、出动监察人员 306 人次、检查企业 89 家次、发出《责令改正环境违法行为通知书》20 份。共查处违法企业 7 个（其中一件在办理中），未批先建 5 件，久拖不验 2 件，查处环保违法案件 9 件，共处罚款 32.3 万元。并对 8 个违法项目负责人进行约谈。完成排污费征收 28 户，共收 24.6 万元。2017 年度中高考期间，派出 8 人次参与考点周围巡查，确保在中、高考期间无噪声产生，为考生营造了良好的考试环境。根据国家税收政策，于9月29日向元谋县地方税务局移交元谋县32家污染源数和排污费征收档案资料。

【污染防治】 大气污染防治。编制并印发《元谋县大气污染防治行动计划实施方案》《元谋县重污染天气应急预案》《元谋县提升城乡人居环境热坝治污风暴扬尘污染防治专项行动实施方案》。并根据方案积极开展大气污染防治工作，由局领导带队，环境监察、环境监测和业务股室等有关人员参加，开展“元谋县提升城乡人居环境热坝治污风暴扬尘污染防治专项行动”，采取重点目标、重点企业的方式进行突击检查。水污染防治。编制并印发《元谋县水体达标方案》《元谋县水污染防治工作实施方案》，按照“保护好水质优良水体、整治不达标水体、全面改善水环境质量”的总体思路，改革创新、综合施策，统筹推进水污染防治、水生态保护和水资源管理，切实维护好龙川江、蜻蛉河元谋段两大水系水环境质量，提高优良水体比例。严格执行“河长制”，要求县水务部门在年底前完成“河长制”相关工作；认真开展集中式饮用水水源地保护区环境安全隐患排查和规范化建设督查，强化源头控制，水陆统筹，河湖兼顾，系统推进水污染防治，逐步形成“政府统领、企业施治、市场驱动、公众参与”的水污染防治新机制，为推动绿色生态元谋建设，争创省级生态文明建设示范县提供良好的水环境保障。

【环保信访】 全年办理人大、政协建议提案4件，办结率100%。受理人民群众来信来访、12369投诉、上级转办、领导批示件投诉污染纠纷共54件，54件投诉污染纠纷案件已经办理完毕，办结率100%。对各种污染举报、投诉事件进行认真调查和处理，对重要信访事件认真做好群众的说服和疏导工作，把群众稳定在基层，把矛盾化解在内部，没有因工作不力而造成一件群体性信访事件的发生。

【环境监测】 积极协助州环境监测站完成龙川江、蜻蛉河、永定河等5个监测断面地表河流水质例行监测、丙间水库集中式地表水饮用水水源地常规监测、土壤环境质量监测国控点特定点位布设工作和基础点新增点位基本信息的采集确认工作；完成年度环境统计报表填报和年度环境质量报告编制发布工作；元谋县环境监测站6月底完成实验室资质认定，取得实验室资质，为环境管理决策提供科学依据，确保向社会发布和向有关部门提供准确、可靠，具有公正性和法律效力的检测数据。

（杨紫华）

水土保持

【水土保持机构】 2017年，元谋县水土保持委员会办公室设预防监督站、规划建设站、技术指导站和办公室4个职能站室。年末在职干部职工15人。其中：主任1人、副主任1人；公务员5人、专业技术人员4人、事业工人6人（高级工）；在职研究生学历1人、大学本科学历3人、大专学历10人、高中学历1人；高级工程师1人、工程师3人、经济师1人；中共党员8人。

【水土保持国策宣传】 利用3月1日实施新修订的《中华人民共和国水土保持法》纪念日和每年6月水土保持宣传月，深入宣传《中华人民共和国水土保持法》等有关法律条规，采取媒体宣传、制作水土保持成效展板、印发水土保持知识宣传单、创作水保文艺节目等多种方法，向全社会、各行各业和广大群众宣传水土流失危害、水土保持的重要性与紧迫性、治理成效和经验，提高全社会水土保持意识，增强水土保持法制观念，积极营造关心、重视和支持水土保持工作的良好社会氛围。在县水保办信息网站公开发布全县水土保持信息12篇；制作永久性水土保持成效图片展板10块，宣传月展出4期；水保文艺节目法规政策宣传25场次，观看群众2700人次；向群众和生产建设单位发放水土保持知识宣传单1300余份。

【水土保持监督执法】 依法强化水土流失预防监督，认真落实水土保持“三同时”制度，对生产建设项目水土保持方案开展监督检查，预防人为造成新的水土流失。全年开展生产建设项目水土保持监督执法检查144次，发放整改通知30份。

【水土流失综合治理】 2017年，综合利用县级有限的水土保持补偿费返还资金，积极争取省级水土保持补偿费对下转移资金，依托部门资金，引进社会资本投资等开展水土流失综合治理。全县共完成水土流失综合治理面积52.12平方千米，其中：坡改梯2.85平方千米、水保林9.98平方千米、经济林5.49平方千米、封禁治理14.5平方千米，新建蓄水池35口、田间道路16.89千米、渠道3.20千米，共完成投资79225.2万元。实施完成库南小流域坡耕地水土流失综合治理工程建设项目，完成坡耕地水土流失综合治理2.38平方千米，新建蓄水池34口，灌溉管道15.09千米，增加蓄水量3050立方米，渠道3.2千米，田间道路16.09千米，排水沟13.71千米，完成投资1250万元；盘活结余资金26.19万元；开展姜驿乡水平石小流域综合治理，治理水土流失面积0.13平方千米，其中种植经果林200亩，塘堰整治2座，蓄水池1口，田间道路800米。承包、租赁“四荒”进行投资开发性水土流失综合治理面积5.68平方千米，共完成投资11100万元。县农业局、县林业局、县国土资源局、县农业开发办公室4个部门2017年完成水土流失综合治理面积38.7平方千米，共完成投资26449万元。

【水土保持规划】 1月20日，完成《元谋县水土保持“十三五”规划》的报告审查工作，并上报元谋县人民政府办公室。9月11日，积极上报姜驿乡水平石行政村2017年计划实施的水保项目规划，规划设计路面硬化1090米，坝埂防渗及加固等工程，项目规划总投资99.74万元。

【生产建设项目管理】 进一步规范行政审批，制作审批事项流程图、办事指南，强化权力监管。全年审批生产建设项目水土保持方案56个，对53个生产建设项目进行水土保持设施验收。全年收缴生产建设项目水土保持设施补偿费750余万元，全额上缴县财政专户统一管理，投入水土流失防治资金60829.97万元。

【水土流失监测】 按照全国水土流失动态监测与公告项目典型监测点监测合同的工作内容、服务方式、总体要求及径流小区水土流失监测任务书的要求，开展水土流失监测。那能、金雷2个水土保持监测站点设施进一步改善，水土流失监测工作正常开展。完成2017年度水土流失监测数据、指标及资料整理，上报监测成果，并通过长江流域水土保持监测中心站验收。

【水土保持扶贫攻坚】 县水土保持委员会办公室与姜驿乡水平石行政村大村、红花新村和石榴新村3个自然村，建立脱贫攻坚结对帮扶，干部职工16人共结对54户。按照脱贫方案的目标，对红花新村、石榴新村2个自然村17户建档立卡贫困户确定帮扶重点项目。共筹集资金40万元，帮助每户贫困户实现增加生猪存栏2头、养鸡50只，帮助每户贫困户购买菜豆种子50千克、化肥100千克，帮助姜驿乡水平石行政村红花村和石榴新村修建沟渠239米、道路800米、30立方米的蓄水池1个。2017年脱贫出列11户48人。

（罗桂云）

市政管理

【城市管理机构】 2017年，元谋县城市管理综合行政执法局设办公室、城市管理股、政策法规股、城管执法大队，下辖元谋县环境卫生管理站、元谋县垃圾综合推广服务站。年末，在职干部职工27人。其中：公务员6人、专业技术人员

3人、管理人员1人、机关工人1人、事业工人16人；大学本科学历4人、大专学历16人、中专学历3人、高中及以下学历4人；工程师1人；技师1人、高级工10人、中级工5人；中共党员19人。有在职合同工40人。

【城管行政执法】 全年受理各类行政处罚案件1562件，其中一般程序23件、简易程1539件，没有一件进入行政复议、行政诉讼程序，结案率100%。全年受理临时性占道审批102件，办结102件。

【市容市貌管理】 全年规范经营摊点400余个，取缔占道经营、骑门摊76个，发出《责令整改通知书》235份，处罚占道经营70户，暂扣物品500余件，查处沿街叫卖、尾随兜售等违章行为100余人次。查处沿街撒漏、乱倾乱倒车辆1238辆次，批评教育密闭不严、车容不整350辆次。规范店招店牌170个。没收非法小广告50000余份，清除各类小广告、喷涂1000余处，批评教育乱吐、乱扔、乱倒100余人次。全年收缴垃圾处理费191万元，收缴城市占道费15.87万元，收缴行政处罚0.28万元，收缴户外广告费和城市道路挖掘费5.2万元。

【城市亮化管理】 县城管局对县城区1106盏市电和太阳能路灯进行维护管理，实施大箐河两岸、凤仪路、经信局门口路段21盏太阳能路灯维修工程；龙川街、萃云街、元祥街路灯开挖334米检修工程；县城区路灯更换灯头及维修时控箱工程，38盏路灯更换LED灯头，更换时控箱25个（大时控箱11个，小时控箱14个），维修控制箱50个，更换龙川街灯杆2套，更换安装灯杆接线盖板16块；全年共计更换自损路灯400余个，修复路灯控制系统故障120余次，调整亮、熄灯时间12次，确保路灯亮灯率98%以上。全城区店面招牌“统一规划、统一管理”，坚持执行城区主要街道标志性建筑及大型娱乐、餐饮场所霓虹灯的开启时间。

【环境卫生和城市绿化】 2017年建成面积8.39平方千米，建成区人口5.98万人，公园面积31.94公顷，人均公园面积5.05平方米；绿地面积263.8公顷，绿地率31.44%；绿地覆盖面积303.05公顷，绿化覆盖率36.12%，建成区垃圾处理率96%。元谋县城市道路清扫保洁和垃圾清转运工作由楚雄桑德环境卫生管理有限公司元谋分公司承包服务，重点对县城区602431.42平方米的主要道路、街道实施清扫保洁，一天三次大扫，全日保洁，做到“五无、六净”，并对54个垃圾箱体和520个垃圾桶点实施垃圾清运处理。元谋县垃圾处理厂运营由元谋县维洁废物处理有限责任公司经营管理，日处理填埋垃圾80吨，全年累计完成29200吨垃圾入库工作，并安排专人负责垃圾的填埋和压实以及消杀工作。年内，共出动50余人次、洒水车15辆次对垃圾处理场自燃进行控制灭火，保障垃圾处理厂的正常运转。聘请了城市卫生监督员2人，重点在县城区主次街道对渣土车沿路泼洒、乱倒垃圾、“门前三包”等工作进行监督管理。城市绿化方面，重点做好城区5084棵绿化树木、90组花箱、22671.34平方米绿化的日常管护，定期修枝剪叶，施肥、除草、浇水等日常工作。全年共计修枝剪叶15次，施肥4次，除草8次，打药3次。实施发祥路绿化带苗木补植工程，补植黄连翘5万余株，移除死亡的黄槐40棵。

【城市污水管网建设工程】 实施完成凤凰大道污水管网建设工程，计划总投资794万元，该工程于2017年3月底完工，完成铺设污水管网2.66千米。完成元谋县发祥广场至元马截污主干管工程，计划总投资13.65万元，工程于2017年2月19日开工，新建污水管道90米，检查井4座。完成县城排水管网清淤及城区内河道清淤工作。工程于2017年5月开工，完成县城元马片区及能禹片区排水、污水管网疏浚清淤工程，共清掏、改造龙川街、凤祥街、元祥街、中兴街等主要街道排水管道、合流至雨污沟渠，能禹粮贸大厦全段、能禹十字街口上下段以及小广场集雨地段等雨鼻子改造、检查井、管道、沟渠清淤共计596处；清理沙地小河、卖牛河、帕郎小河等河道内的白色垃圾及阻碍行洪能力的杂草树枝、淤泥，同时对河道内的杂物进行清除；清理官沟与源达路交汇处内的垃圾漂浮物及清掏七棵树官沟沟底淤泥。完成城市污水处理厂元马截污主干管清淤工程。元马截污主干管清淤工程于2017年6月开始实施，8月中旬完成，共完成主干管清淤6千米，完成投资24万余元。2017年共处理生活污水289.58万吨，日均处理水量7933吨。2017年全年完成COD削减量为557.06吨，氨氮削减量为74.76吨。对比2016年，2017年处理水量增加15.74%，削减主要污染COD增加23.5%、氨氮增加14%。通过城市污水管网工程的实施，城市污水处理率达85%以上。

【停车泊位管理】 制定出台《元谋县城市道路停车泊位管理办法》，并组织实施元谋县城市道路停车泊位管理经营权转让拍卖，元谋县福云停车服务管理有限公司中标，停车收费管理工作于11月15日正式启动。出动执法人员60人次，车辆3辆配合交警部门开展交通安全综合整治6次。

【垃圾处理厂新建工程】 元谋县大己保垃圾填埋场新建项目建设总投资3512.36万元，占地面积92.9亩，现已完成投资70万元。已完成林地报批、地形图测绘，勘测定界、地质灾害评估工作。正在开展环境影响评估报告编制及评审，施工图设计文件审查，工程造价咨询服务，压覆矿产评价报告编制等工作。水土保持方案已送审，已选定工程招标代理服务公司及工程监理公司，通过州移民局备案并进行招投标。

【城管承办建议、提案及信访】 年内，县城管局承办县政协委员提案15件，信访7件，领导下访约访32次，办结率100%，满意率100%。

（王　林）

林区　保护区

【丙令林场】 在平田乡。位于元谋县西北部的平田乡山区内，距县城32千米。丙令，傣语，含义为栎树坪子，因林场建于此，故名。1978年建育林基地，1983年建林场，隶属元谋县林业局下属单位。东至天子山至三台坡山顶，南至干拱山，西至稞梁、大白路，北至大石房，面积4.45平方千米。国有林。职工3人。年均气温21.6℃，年降水量661.2毫米，年无霜期330天。主要产业：林产品。

【鸡冠山林场】 在羊街镇。位于元谋县南部的羊街镇山区内，距县城50千米。山顶有一巨石，状似鸡，因林场建于此，故名。1981年建立，原属于羊街集体林，建场后更改为国营林场并制定界桩，隶属元谋县林业局下属单位。东至大碧马河、大水塘箐，南至羊街河、己波龙箐，西至羊臼河上坝村老熊窝、黑井赶街路，北至利米鲊村石堆堆头，面积3.2平方千米，其中国有林0.48万亩。内设鸡冠山瞭望台，建筑面积100平方米。主体结构砖混3层，高度10米。职工2人。年均气温16℃，年降水量840毫米，年无霜期300天。主要产业：林产品。

【大哨林场】 在物茂乡。位于元谋县西北部的物茂乡山区，距县城45千米。清朝于此设立哨卡，因林场建于此，故名。1983年建立，隶属元谋县林业局下属单位。林场范围：大哨山东至沿大凹箐头，莲花山头，第二条石腰线，芝麻大沟隧道出口小箐直上到第一条石腰线延伸，到马鞍桥大凹处以岩石为界，南至白坟西北小陡坡山顶向大哨山坡头的小箐处，西至108国道，西南面以小箐为界，西北与永仁交界。跑马山大坡头东至打鹰山岩头，南面从西到东，沿跑马山第一条石腰线至禾良小潭，直路坡以第四棵电线杆脚平行直过去接东面打阴岩头，西面第一条石腰线接永仁县界，北至以大坡头分水岭与永仁县接界。大哨林场还建有公山分场，有护林员2人，管护区为王卖山、牛筋树坡。东至岩头，南面东段以竹棚到班别的大路为界，西北面与永仁交界。面积9.74平方千米，其中国有林1.46万亩。职工2人。年均气温22.7℃，年降水量647毫米，年无霜期330天。主要产业：林产品。

【元谋县土林州级自然保护区】 简称土林保护区。在物茂乡、新华乡、平田乡。傣语地名。虎跳滩土林地处蜻蛉河畔虎跳滩段而得名，新华土林处在该乡浪巴铺村，因此现在称浪巴铺土林，与平田乡班果土林三部分组成元谋县土林州级自然保护区，故名。保护区于1999年规划，2001年1月由楚雄州人民政府批准成立。隶属元谋县土林州级自然保护区管理所。地处山区，地跨物茂乡、平田乡、新华乡3个乡镇，面积1992公顷。建有管理所，在县林业局内，职工2人，其主要任务是宣传和贯彻执行国家、地方有关自然保护区的法律、法规；组织对元谋土林州级自然保护区内的自然资源、历史遗迹进行调查并建立档案；制定元谋县土林州级自然保护区发展规划和各项管理制度；组织实施元谋土林州级自然保护区发展规划；组织对元谋土林州级自然保护区内的自然资源、历史遗迹进行保护、管理；依法查处各类破坏自然保护区资源的行政案件；监督、管理进入元谋土林州就自然保护区活动人员。

【元谋县林业局凉山瞭望台】 在凉山乡，位于把世者行政村曹家村。傣语地名。瞭望台建于凉山上，为防止森林火灾提供监测预报保障、森林火险预报、林火监测机构业务管理与技术指导、林火信息网络建设、森林防火信息交流等工作，故名。该塔建于2004年，隶属元谋县林业局。地处凉山山区，隶属元谋县林业局。海拔2710米。占地面积6亩；建筑面积113.9平方米。主体砖混结构4层，高度12米。护林员2人。

（张　东）

科学技术

科技管理

【科技项目管理】 组织申报国家和省级、州级重点科技项目 32 项，批准立项 19 项，共获得项目补助资金 217.02 万元。其中：云南省科技厅批准立项 12 项，补助项目资金 182.02 万元；楚雄州科技局批准立项 7 项，补助项目资金 35 万元。实施创新主体培育工程。获得认定等 7 个。其中：获云南省高新技术企业认定 1 个、省级可持续发展实验区 1 个、省级星创天地 1 个、州级星创天地 1 个、云南省科技型中小企业认定 3 个。借助科技入楚平台，组织 12 家企业 23 个项目参加“科技入楚”推荐会，有 6 个项目成功签约落地，资金 3.3 亿元。

【专利发明】 实施知识产权战略。组织企事业单位和个人申报专利 106 件。其中：发明专利 15 件、外观设计 6 项、实用新型专利 85 件。云南省农业科学院热区生态农业研究所审定登记“盈玉余甘子”“云花菜 11710”“云松花菜 8 号”“云番 68 号”“云番 19 号” 5 个新品种。

【科技宣传】 大力推进创新创业。全年举办种植、养殖技术及劳动力转移培训班 129 期，累计培训 1.25 万人次。深化科普工作，增强公众意识。加强统筹协调，整合资源，组织开展“科技下乡”“农业科技入户”等科普活动，展出企业加工产品产品 8 个，展板 5 块，发放科普资料 5650 份（册、合），提高全民科学素质，推动社会和谐发展。

【中草药种植】 坚持以科技为支撑，以项目为引导，动员组织协会、合作社发展中药材种植。全年发展种植中药材 2080 亩，实现总产值 808.95 万元，使中药材种植成为元谋山区半山区除烤烟以外农民增收的一个新亮点。

【科技“互联网 +”】 建成 1 个自营农产品大宗交易平台（元谋农产品信息网），5 个网店（元谋果蔬天猫店、元谋果蔬京东店、元谋果蔬淘宝店、元谋果蔬微信官方店、元谋水果帮微商城）。开设元谋果蔬 O2O 旗舰店，共有 13 户创业企业和 20 位创业青年入驻创业孵化中心，通过 B2C、B2B、O2O 三种销售模式，实现元谋农产品基地在线、生产在线、检测在线、销售在线、科技服务在线“五大功能”，加快农产品标准化体系建设、打响元谋农产品品牌、拓宽农产品销售渠道、增加农民收益。截至 2017 年 12 月底，累计销售绿色“元谋果蔬” 5.9 万吨，收入 1.66 亿元，取得了较好的经济社会效益。

【科技大事】 组织 9 户企业参加省、州创新创业大赛，获云南省创新创业大赛三等奖 1 个、优胜奖 1 个，楚雄州创新创业大赛三等奖 1 个。云南省农业科学院热区生态农业研究所研发的“金沙江干热河谷生态修复与建设模式及产业化示范”科技成果荣获云南省人民政府科技进步奖三等奖，“元谋干热河谷区种草配套养羊技术研究与示范”科技成果获得楚雄州人民政府科技进步三等奖。

【合作扶贫】 云南思农蔬菜种业发展有限责任公司实施“百企帮百村”行动计划，把云南元谋县现代种业科技园制繁种产业与建档立卡贫困户有机结合，打造“产融结合金融扶贫示范园”合作互利平台，向园区83户建档立卡贫困户发放贷款697万元，带动294户建档立卡贫困户实现增收。

（徐翠仙）

农业科技

【农业机构及培训】 2017年，全县农业系统有科技人员181人。其中：专业技术人员98人（农业推广研究员1人、高级农艺师11人、高级工程师1人、工程师6人、农艺师23人、经济师4人、助理农艺师24人、助理经济师2人、助理工程师1人、技术员1人、高级兽医师3人、畜牧师4人、兽医师8人、助理兽医师9人）；10个乡镇的农业科技人员83人（高级农业艺师13人、高级兽医师6人、农艺师12人、兽医师20人、工程师2人、助理农艺师11人、助理工程师4人、助理兽医师7人、技术员8人）。年内举办各种农业技术培训班300期，培训农民2.42万人次，印发宣传资料9.74万份。其中完成农业实用技术培训30期，培训2467人次。

【农业科技推广】 实施蔬菜新品种试验120个品种，在全县10个乡镇开展水稻、玉米新品种试验12组。发布洋葱蓟马、红蜘蛛、小麦一喷三防、番茄褪绿病毒、大春作物病虫害趋势预报等简报10期，指导农户进行病虫害科学防控246.1万亩次，挽回作物损失8.6万吨，折合人民币1.83亿元，有效预防重大农业有害生物的发生危害，粮食作物危害损失率控制在3.4%，经济作物危害损失率控制在6.8%。开展绿色防控示范区创建800亩，开展番茄褪绿病毒品种抗性和药剂防效试验11个。在全县优选10个新型经营主体和13个行政村，按照集中连片、多形式、多途径建立典型蔬菜、粮食作物减肥增效示范2万亩，组织精准施肥减肥增效示范0.5万亩。开展水稻、玉米全程机械化高效栽培技术示范推广0.5万亩。完成大春粮食作物绿色高产高效创建示范3片3.29万亩。完成玉米绿色高产高效创建1片1.04万亩。为大春粮食作物间套种10.21万亩，完成各类作物地膜覆盖7.5万亩，成晚秋作物种植4.38万亩，为计划的104.28%，良种推广18.2万亩、测土配方施肥25.1万亩。全县粮食作物主推品种覆盖率达97%以上，主推技术覆盖率达95%以上。发展中药材种植4496亩，产量3005.5吨，实现农业产值2109.5万元。发展花卉种植5247.9亩，实现花卉综合总产值1772.75万元。开展畜牧科技推广，全县70个猪改良点共饲养种公猪113头、完成生猪杂交改良2.76万胎，为全年改良任务115.33%。全县8个牛冻精改良点完成牛冻精改良5551胎，为全年任务的111.02%。全县1个努比亚黑山羊纯种羊场和4户个体种羊扩繁场累计提供优质种公羊153只，为全年任务数的102%。累计改造羊舍面积100平方米，种植优质牧草25亩。推广利用氨化饲料2.14万吨，完成全年推广任务的107.21%。青贮饲料10.46万吨，完成全年推广任务数的104.59%。全县推广粮经作物套种青饲料44795亩；推广熟改生喂85185头，饲料切碎机24934台。

【农业科技表彰】 5月，元谋县农业局农业技术推广服务中心申报的“元谋县绿色蔬菜生态种植集成技术推广”项目，获云南省农业技术推广三等奖。5月，元谋县畜牧推广站申报的“紫花苜蓿品种选育技术推广”项目获云南省农业技术推广三等奖。

（李明丽）

地震科研

【地震机构及人员】 2017年，元谋县地震局属县政府直属正科级事业单位，财政全额拨款。编制5人，年末在职在编职工5人，其中：局长1人、副局长1人；专业技术人员3人（高级工程师1人、工程师1人、技术员1人）、公务员2人（局长、正科，副局长、副科）；大学本科学历4人、专科学历1人；男3人、女2人。此外，公益性岗位1人。

【地震基本情况】 年内，境内共发生可定位地震14次，其中1—1.9级10次，2—2.9级4次，最大地震为5月11日在羊街镇发生的M2.1级地震。

【震情短临跟踪监视】 年内，地震局牢固树立"震情第一"的观念，采取领导带班、干部职工轮流值班2人全天24小时震情值班制度，加强督促检查，保证值班质量。时刻保持内紧外松、高度警惕、警钟长鸣的态势，做好应震工作准备。面对严峻的震情，紧紧围绕2017年度云南省、楚雄州、元谋县地震趋势会商意见，加强地震活动和地震前兆信息的分析与处理。密切关注邻区小震活动和宏微观前兆的变化，充分利用网络资源，做到坚持工作日每天上网查看分析资料，充分利用县境内的元谋地震台地电、气氡、气汞、水位等11项微观前兆观测手段进行跟踪分析，逐步总结出各台项的数据变化特点和应震规律。重视分布于全县10个乡镇、78个行政村（社区）及4个中型水库管理所共106个地震宏观联络点进行宏观异常变化监测工作。专人维护，保持监测预报计算机和省、州局计算机联网通信的畅通，确保数据及时共享。

【地震分析预报】 年内制定《元谋县地震局2017年震情跟踪监视工作方案》。根据工作方案和会商制度，密切跟踪小震活动的发展和微观前兆的变化，加强小震活动时间和空间图像的分析，努力寻找破坏性地震发展、发生和小震活动、微观前兆变化之间的规律，积极进行分析归纳总结，认真进行会商，力求作出有减灾实效的地震预报。年内，共开展周会商34期，月会商11期，年中和年度会商各1期，提出分析预报意见，按时上传州地震局，参与楚雄州地震局会商。

【仪器设备管理】 安排专门工作人员，根据地震强震仪管理规范，加强对地震强震仪管理，按时上报观测资料。加强管理，适时对4台地震烈度预警仪进行检查，保障其正常运转。6月，由于元谋县城东南片区（一期）棚户区改造，地震局被拆除，搬迁至县气象局办公。地震强震仪搬迁到元谋地震台（杨柳村）继续进行观察。无线电台因无安装地点，暂时停止运行。

【建设工程抗震设防管理】 将建设工程抗震设防要求管理纳入基本建设管理程序，实行专人负责管理，安排1人到县行政审批局上班，对全县主要建设工程项目严格审查，公开服务项目和办事流程，依法审批，做到坚持原则，热情服务。年内，继续对县内建设工程抗震设防要求进行核准审批，依法对元马镇龙泉完小、元谋凤仪加油站、元马古镇一期、凤凰书院小区、泷淇·泷湖壹号二标段5项工程进行抗震设防管理，根据工程规模和性质确定抗震设防要求，较好地履行县地震局对建设工程抗震设防管理的工作职能。在审批审核中坚持原则，依法办事，坚决杜绝出现违纪违规的行为，不断增强服务意识、不断提升服务能力和质量，不断提高人民群众对县地震局工作的满意度。

【防震减灾科普示范学校创建】 8月，积极协助元马中学开展防震减灾科普示范学校的创建工作。

【地震应急避难场所建设】 已规划出8个应急避难场所，其中元谋人广场、元谋一中两个应急避难场所已建成投入使用，设置地震应急疏散通道及标志，配备必要的救生避险设备。

【地震应急准备】 保持值班电话，个人手机24小时畅通。无线电台、计算机、一体机、发电机、数码照相机、投影仪等运行完好。做好电筒、地图等应急物品的准备工作。公务用车随时准备出发，保证应急所需。

【地震应急演练】 9月17日，县政府组织了抗震救灾指挥部成员单位和全县10个乡（镇）共49个单位参加的元谋县地震应急演练。演练模拟元马镇发生6.2级地震，演练由政府办副主任张平主持，对地震应急演练工作作了具体的安排部署，各成员单位精心准备报告材料，确保演练的质量。演练结束后，领导对地震应急演练情况进行点评，通过演练使县抗震救灾指挥部成员单位更加准确掌握元谋县地震应急预案的内容，明确应急处置的工作程序，办法和措施，更加明确本单位、本部门的工作职责和处置地震灾害应急救援程序，提升全县应对和处置突发地震灾害的能力。通过紧张、有序的演练，达到预期的演练目的。

【防震减灾工作列席会议】 4月10日下午，在县政府5楼召开2017年度防震减灾工作联席会议。分管副县长吴春华及50个抗震救灾指挥部成员单位主要负责人参加会议。副县长吴春华作重要讲话，指出县防震减灾工作的现状、面临的形势和当前及今后一段时期的防震减灾的工作任务，县地震局局长杨建付传达楚雄州2017年防震减灾工作联席会议精神，通报震情形势，并对元谋县防震减灾工作提出3点对策建议。分管副县长吴春华对会议进行小结，要求各抗震救灾指挥部成员单位认真领会会议精神，认真抓好落实，同时做好会议保密工作。

【地震应急和震情跟踪监视】 7月2日14时34分，在禄丰县与楚雄市交界的广通镇雨多莫行政村李家村附近（微观震中北纬25.12°、东经101.71°）发生4.1级地震，震源深度5千米。地震发生后，县地震局迅速按地震系统应急工作程序进行应急处理，地震局全体工作人员在第一时间赶到办公室，及时向省、州地震局获取发震时间、地点、震级和震源深度等参数，迅速将震情报告县委、县政府及主要领导。同时通过电话和各乡镇取得联系，把各乡镇受灾情况反馈给县委、县政府及省、州地震部门各级领导决策参考，保障地震现场应急及时有效。分析预报人员认真会商分析预测预报情况，密切跟踪震情发展动态，随时与省、州地震局保持联系，掌握地震发展趋势，以简报形式向县抗震救灾指挥部汇报最新震情。多形式多内容进行地震科普知识宣传，及时平息地震谣言，稳定民心，稳定社会。加强震情值班，严格坚持24小时值班制度。积极配合省、州地震部门做好地震应急震情灾情调查核查工作。

【防震减灾科普宣传】 地震局始终把提高全民的防震减灾的意识作为开展防震减灾工作的突破口来抓，牢固树立“宁可千日不震、不可一日不防”的思想，继续坚持“主动防灾、充分备灾、科学救灾、有效减灾”的原则，积极做好防震减灾的宣传发动工作。地震局结合工作的实际、不失时机地认真组织参加“5·12”防灾减灾日、“11·6”防震减灾日、全国科普日、科普宣传周、法制宣传日、校园安全周等宣传活动，先后到县文化广场、羊街镇、平田乡、凉山乡、元马镇中学等开展防震减灾法和地震科普知识的宣传活动，制作悬挂宣传标语4条，支放宣传展板8块2次，发放防灾减灾宣传材料《防震避震常识》《地震应急自救互救手册》《宣传折页》共6500余册，群众咨询服务90余人次。积极与县委宣传部联系，运用手机快讯平台向全县500多位科级及以上领导干部发手机短信3条。为扎实开展好防震减灾知识宣传进农村、进学校、进单位活动，以点带面抓好宣传教育活动，有计划、有步骤地开展地震宏观联络员培训，投入资金4000元，先后到羊街镇、平田乡、凉山乡、黄瓜园镇政府开展以乡政府全体干部职工、中小学的校长、村委会书记、主任、水库管理员等为培训对象的地震知识讲座，共335人次参加了培训，讲座由县地震局工程师文兴明主讲，讲座主要从地震的基本情况、地震监测预报、地震灾害预防、震害防御、地震应急处置5个方面进行了讲解，还向参加培训的人员发放宣传资料和服务咨询等形式开展防震减灾知识的宣传。

【防震减灾工作纳入财政预算】 将防震减灾体系建设工作纳入县财政预算，年内争取资金5万元，保证防震减灾工作正常开展。

【地震工作表彰奖励】 12月获2017年度云南省强震动台站质量管理考核优秀奖（完成人：文兴明、杨建付、杨薇、张钰玺）。在2017年度楚雄州防震减灾工作综合评比中，县地震局荣获优秀奖。文兴明被楚雄州地震局评为全州防震减灾工作先进个人。

（张钰玺）

热区生态农业研究

【热区所机构】 2017年，云南省农业科学院热区生态农业研究所（简称热区所），内设党政综合办公室、科技与成果转化科、计划财务科、园区产业开发中心4个管理部门，下辖生态与环境研究中心、蔬菜研究中心、果树研究中心、作物资源研究中心、分析测试中心5个研究部门及云南思农蔬菜种业发展有限责任公司、云南昌润生态农业科技开发有限责任公司两个科技成果转化服务平台。年末，全所在职职工91人。其中：专业技术人员77人；高职23人、中职25人、初职及以下29人；博士研究生学历3人、硕士研究生学历28人、大学本科学历45人、其他学历15人；云南省技术创新人才4人，楚雄州学术学科技术带头人1人，硕士生导师1人；党员63人。

【热区所人才队伍建设】 积极组织科技人员职务评审上报和专家人才推荐上报工作。年内，推荐申报高职10人次（含破格2人），推荐申报省贴、两类人才各1人次，完成新一轮专技及工勤岗位聘任41人、新一轮正高级人员岗位聘任2人、科级岗位变动1人及相应变动工资的审批工作。加快“科技创新、科技管理、成果转化”三支队伍建设。积极落实各项人才培训措施，选派两位干部到元谋县挂职副乡镇长，选派1位科技人员到文山州西畴县挂任农业和科学技术局副局长，选派两位年轻优秀科技人员分别到云南省农业厅、扶贫办顶岗锻炼，接收云南农业大学思茅热作学院实习生1人，由专职人员负责指导。年内，2位省级技术创新人才获得创新人才证书，有云南省基层专家科研工作站3个（2016年获得授牌两个，2017年新增1个），分别服务于玉溪市猫哆哩公司、德钦县葡萄种植企业和文山浩弘公司。实有博士生1人，在读博士2人、在读硕士2人、函授本科2人，与成都山地所联合培养博士生2人（在热区所内做毕业论文），新招聘录用硕士研究生3人。同时，对6位35岁以下青年人才列为重点培养对象，鼓励并支持申报云南省、云南省农业科学院青年项目，其中：云南省青年项目立项3项，面上项目立项1项，逐步培养青年人才；完成所内设机构及人员调整，将原来的8个研究中心（圃）调整为5个研究中心，围绕生态与环境、特色作物资源和蔬菜三个重点学科，设立生态与环境、蔬菜、作物资源、果树和分析测试5个研究中心，并明确各中心及团队的研究方向和目标。培训学习计划有序推进，按培训计划和要求，全年热区所领导干部参加在线学习及自主选学5人次，管理干部参加国内重要学术会议、短期业务培训或考察学习47人次。召开学科建设和人才培养专题研讨会议2次。

【热区所党建及精神文明建设】 加强思想政治建设，落实全面从严治党责任，强化理论学习，组织开展党委理论学习中心组和干部职工理论学习，贯彻落实中央、省委、院党委文件精神和会议精神。年内，热区所党委共集中组织理论学习活动14次，开展讲党课4次。加强基层组织建设，规范党内政治生活。调整优化党支部设置，抓好“基层党建提升年”和“两学一做”学习教育常态化制度化、“结对共建”活动、党员积分制管理及发展党员等工作。加强党务干部培训，切实推进党支部规范化建设；抓制度建设，进一步规范管理。结合工作实际，先后制定出台热区所党委工作规则、行政工作规则、考勤管理办法、“三重一大”决策办法、人才培养管理及奖励办法、科研试验示范基地管理办法（试行）等，修订完善热区所管理部门、管理部门领导及管理人员年度绩效考核试行办法、热区所科技服务人员考核试行办法、热区所专业技术人员年度绩效考核试行办法、热区所研究中心（圃）及中心（圃）主任考核试行办法。加强农科文化建设，营造良好发展环境。坚持党建带群建，组织工会、女工委、团支部有针对性地开展好各类活动。年内，开展“迎新春”职工运动会、“迎新春”职工文艺晚会、“三八”国际妇女节107周年系列活动关爱自我知识讲座、“五四”青年节主题活动、“幸福童年·感恩父母”“六一”晚会、退休人员座谈会等形式多样的活动。坚持把农科文化作为推动科技事业更好发展的重要举措，促使全所广大干部职工始终以良好的精神状态投入到科技事业发展中，凝心聚力为高原特色现代农业发展多做贡献。

【热区所科技创新】 积极组织科研项目申报，认真落实在研项目的实施，科技创新工作取得新成效。截至2017年11月13日，新增科研合同专项经费690万元，到位专项经费669万元，获得云南省科研成果三等奖1项，楚雄州科研成果三等奖1项，申请云南省科研成果1项，楚雄州成果1项，申请发明专利9项，获得新品种保护授权1个，新品种注册登记1个，通过田间鉴评品种2个，出版专著1部，技术手册1部，发表研究论文30篇，其中核心期刊22篇，保存资源80份。严格项目的执行管理，提升项目管理组织实施的效率和水平。年内，共执行项目44项，其中：在研项目15项，新增项目29项；组织策划申报一批重大科研项目、条件平台项目及科技成果。年内，共组织申报国家基金5项，云南省基金面上项目1项，云南省青年基金项目1项，云南省联合基础重点项目1项，面上项目5项，青年项目5项。其中，面上项目获得1项立项，青年项目获得3项立项。获国家农村科普教育示范基地项目立项实施1项，申请科普教育基地能力提升项目1项。组织申报云南省科技进步奖1项，楚雄州科技进步奖4项。认真完成国家葡萄产业技术体系元谋综合试验站任务目标，申请到国家木薯产业技术体系楚雄综合试验站，在全所建设辣木试验站。

【热区所科技成果转化】 充分发挥科研院所的优势，积极整合优化人才、科研、平台等资源的配置，狠抓落实、全方位开展科技成果示范工作。年内实现推广示范应用面积31万亩，新增产值6100万元，主要推广品种和配套技术有番茄、辣木、青枣、葡萄、菜豆、花椰菜等。其中万亩品种推广3.1万亩，千亩示范2.1万亩，百亩核心示范0.6万亩；主要在元谋、永仁、楚雄市、红河、双柏、大理等地进行科技成果示范、转化，部分省外区域依托新产品推广示范进行分散式带动推广。扶贫投入人均1200元（93人，合计11.16万元），与2个合作社进行科技服务，培训群众1.62万人次。新产品开发1项，知识产权转化7项，转化收入55万元；科技合作企业10户，合作收入71万元；技术服务收入（含咨询服务收入、检测服务收入、种子种苗收入、农资农化收入、新产品开发收入等）555万元；成果转化收入分配部分36万元。

【科技服务】 热区所将科技服务工作与扶贫攻坚、“三区”服务、科企合作等工作紧密结合，充分发挥科研技术、人才团队、技术指导等优势，加大力度开展全所科技服务工作。积极开展“三区”科技服务。从2016年9月至2017年8月，共有21位科技人员服务“三区”，服务涉及云南省内双柏、新平、剑川等15个县、21个受援单位，以技术指导、科技培训方式促进服务地区产业发展。2017年9月至2018年8月共有11个“三区”科技服务人员。积极开展精准扶贫工作。一方面动员组织科技人员对挂联的元谋县黄瓜园镇金雷行政村大金河水、小金河水、小新村、小雷宰4个村52户贫困户开展科技扶贫和产业帮扶，对全所“挂包帮”“转走访”工作目标任务、领导分工和扶贫措施进行了分解和细化，并针对每户贫困户制定了切合实际的帮扶计划。2017年内，召开动员部署和培训会议6次，工作安排会议8次，组织入户5次；进村讲党课2次，科技培训2次，集中开展感恩教育活动2次；累计解决青枣、蔬菜等种植难题30余个；出资帮助建盖厨房和厕所1户，协调扶贫产业贷款18户，协调落实到位建房补助38户，产业扶持资金52户。年内，新识别纳入贫困户2户，获批脱贫12户，未脱贫3户。积极参与云南省农业科学院级精准扶贫点大理州永平县杉阳镇扶贫攻坚工作。结合当地的亚热带气候特征，制定优质牧草的种植方案，完成示范区80多亩旱地优质牧草标准化示范种植，成效显著。积极支持科技进藏脱贫攻坚德钦县奔子栏镇，提供葡萄种植技术指导，合作种植30亩鲜食葡萄示范基地。积极配合支持元谋县异地扶贫搬迁安置项目的建设，抽派两位干部全面参与易地扶贫项目的建设，充分发挥对项目区移民农业产业发展的规划帮扶作用。加深对外科技合作，针对元谋、双柏、永仁等急需解决的科技问题，不定期选派专家组实地进行农业技术指导。

【学术交流】 组织科技人员参加国内相关学术交流会议、培训或考察、外出学习、培训及考察30余次，外出交流学习科技人员达80人次。国家木薯产业技术体系楚雄综合试验站站长金杰副研究员应中古辣木科技合作研究中心邀请，参加古巴代表团访问交流；邀请4位法国专家，2位美国专家，2位加拿大国籍专家，共8位专家到云南省迪庆州及金沙江流域进行藏区生态环境对酿酒葡萄影响因素的研究与交流，其中法国蒙彼利埃国际高等农业大学的教授Alain Deloire到热区所与科技人员就葡萄栽培技术展开交流座谈；与中科院成都山地灾害与环境研究所、中国热带农业科学院、西藏农牧科学院、山西农科院、海南大学、西北农林科技大学、云南农业大学、昆明理工大学、西南林业大学、云南省水科院、葡萄产业技术体系等相关单位建立联系与合作；参加中国热带作物学会2017年工作会议暨九届七次常务理事会。热区所承办中国热带作物学会2017年学术年会第三分会场会议，组织召开中国热带作物学会青年工作委员会2017年工作会议。

【条件平台建设】 做好科研仪器设备采购工作，购置全波长扫描式多功能读数仪、多功能洗板机、核酸提取仪等仪器12台套，总投资100万元。做好科研试验基地建设工作，全面启动科研基地规划，进一步统筹做好所部基地建设规划。同时继续做好相关站所建设，国家木薯产业技术体系楚雄综合试验站（辣木50万元）、元谋金雷径流监测场（25万元）、“国家葡萄产业技术体系元谋综合试验站”（50万元）、国家草品种区域试验站点建设（15万元）、元谋干热河谷山地农业节水技术应用与示范（52万元），合计到位经费192万元。做好资源库（圃）工作，争取项目和资金实施辣木种质资源保护、余甘子种质资源保护和罗望子种质资源保护建设。罗望子种质资源保护（圃）（22.8万元）、辣木种质资源保护云南创新基地（22万元）、余甘子种质资源保护云南创新基地（20万元），合计资源库（圃）建设投入67.8万元。国家农作物种质资源服务共享平台子平台——云南干热区特色作物种质资源子平台

（10万元）。做好基本建设工作，积极配合、协调和办理乌东德水电站建设元谋县瓦渣箐移民安置点移民大道建设占用热区所土地有关工作。年内，完成了热区所部基地和苴林基地规划，实施“基层科普行动计划”项目“农村科普示范基地项目”（8万元），筹资25万元完成热区所204、201和办公楼入口3块LED会标显示屏制作安装，办公楼地下一楼排水等改造建设。

【宣传工作】 加强信息宣传，彰显科技创新及科技服务。重点宣传科技创新、科技成果转化、党建及精神文明工作等取得的成绩。年内，共在云南省农业科学院、热区所网站发布信息共118条；完成2017年热区所《元谋年鉴》和《元谋县委执政纪要》材料汇编。不断提高宣传报道的质量和实效。

【民生工作】 关注民生，切实解决群众最关心的热点难点问题。认真开展送温暖、慰问活动，认真做好信访及民事调解等工作。年内，共走访慰问退休职工33人次，困难职工及家属2人次，发放慰问物资折合人民币及现金合计1.26万元。看望慰问生病职工、新婚职工、生育职工8人次，发放慰问金1600元，对单位职工孩子上学发放寒窗助学金1000元。开展退休人员座谈会和“九九重阳节　浓浓敬老情”退休职工重阳节系列活动为退休职工送去热区所党委的关爱。多方争取和协调，开办职工餐厅，确保能正常运转，职工反映较好。做好第十四期职工医疗互助收缴、申报工作，开展职工健康体检和疗休养工作，切实维护职工的安全健康权益。把所职工老住宿区规划改造管理提上议事议程，及时处理水、电、路、消防、安保等突发性工作，及时解决职工关注的热点和难点问题，确保全所各项工作的和谐有序推进。

【热区所表彰奖励】 年内，热区所科技创新获得云南省成果三等奖1项，楚雄州成果三等奖1项，获得新品种保护授权1个，新品种审定1个。热区所党委被云南省直机关工委评为先进基层党组织，被云南省农业科学院党委评为2015—2016年度先进基层党组织。党风廉政建设责任制工作被云南省农业科学院党委考核为优秀，热区所领导班子综合考核为良好，工会工作目标责任制考核为一等奖。获云南省农业科学院“先进集体”三等奖，13人获院级表彰。开展表彰2016年度全员综合考核优秀和创先争优先进集体与优秀个人的活动，3个管理部门、1个研究中心、1个党支部被评为先进集体，26人被评为优秀个人，1个家庭被评为和谐家庭。

（张丹艳）

法 治

政法委及综治

【县委政法委员会机构】 2017年，中共元谋县委政法委员会下设办公室，元谋县社会治安综合治理委员会办公室与中共元谋县委政法委员会合署办公，均属正科级机构。铁路护路联防工作领导小组办公室、维护社会稳定工作领导小组办公室、政工办、执法监督室4个副科级机构。年末，县委政法委员会在职干部职工12人。其中：书记1人、副书记2人、政法委办公室主任1人、实职副科5人；公务员11人、机关工人（高级工）1人；大学本科9人、大专3人；中共党员12人。

【县委政法委员会组成人员】 2017年，县委政法委设书记1人（县委常委）、副书记5人（人大、政府、610办各1人，政法委机关2人）、委员7人，共13人组成。下设政法委员会办公室为日常工作机构，罗春华任办公室主任，负责日常工作。

【社会治安综合治理委员会】 县委书记刁雁任第一主任，县人民政府县长李林波、吴海芬先后任主任，县委常委、县委政法委书记祖凌（1—7月）、县委常委、县委政法委书记赵光贤（8月）先后任常务副主任，另有副主任8人、委员43人，成员单位43个。下设办公室与县委政法委合署办公，县委政法委副书记刘灿任综治办主任，唐保全任副主任。

【铁路护路联防工作领导小组】 县委常委、县委政法委书记祖凌、赵光贤先后任县铁路护路联防工作领导小组组长，县人民政府副县长、县公安局局长丁志富、县委政法委副书记杨绍华2人任副组长；成员单位11个。下设铁路护路联防领导小组办公室为日常工作机构，李永富任护路办主任。

【县委依法治县领导小组】 县委书记刁雁任组长，设副组长5人、成员7人，成员单位43个。领导小组下设办公室与县委政法委合署办公，由县委常委、县委政法委书记赵光贤兼任办公室主任，马劲任常务副主任。领导小组下设依法执政专项组、依法行政专项组、公正司法专项组、法治文化专项组和法治宣传教育专项组5个专项工作组，把依法治县各项工作纳入县委政府综合绩效考核体系。

【政法队伍建设】 切实打造一支铁一般信仰、铁一般意志、铁一般纪律、铁一般担当的“元谋铁军”，铸造对党忠诚、对祖国忠诚、对人民忠诚、对宪法法律忠诚的“热坝卫士”，锻造思维突破、机制突破、素质突破、保障突破的政法队伍，不断增强政法干警的岗位使命感和集体荣誉感，始终牢记初心，不辱使命，奋勇争先打硬仗，担当尽责破难题，排忧解难助发展，以严格扎实的纪律作风树立政法干警的良好形象。2017年，县委政法委、县公安局等4家单位被州委、州政府评为全州“创建2013—2016年全国社会治安综合治理优秀州”先进集体；县公安局被州人民政府授予“集体二等功”，老城派出所、巡特警大队荣立“集体三等功”；县检察院连续4年被省委授予“文明单位”称号。1个乡镇、2个社区、1个村被命名为“全国无邪教创建示范单位”；文华荣被公安部授予“全国优秀人民警察”荣誉称号；全县政法系统记个人一等功1人、二等功2人、三等功9人、嘉奖13人。

【政法工作会议】 3月9日，召开县委政法工作会议，总结2016年政法工作，安排部署2017年工作，表彰奖励2016年度2个见义勇为先进群体、13位优秀政法干警、19位优秀信访维稳工作者、4位优秀铁路护路工作者、记集体三等功的县公安局“1·02”专案组和记集体嘉奖的县信访局。

【政法委领导视察督查调研】 年内，县委常委、政法委书记祖凌、赵光贤先后到政法各部门、各有关单位、乡镇调研、检查指导工作100余次，对法治元谋建设、平安创建、社会治安综合治理、维护稳定、脱贫攻坚、入户转走访、棚户区改造、乌东德水电移民、“9·17”特大山洪泥石流灾害异地搬迁安置民房恢复重建工作等进行调研、指导。8月2日，州委政法委常务副书记秦国雄一行到元谋县督查上半年综治维稳、平安建设和依法治县工作。9月3日，省委、省政府第六督查组到元谋县开展中共十九大安保维稳工作专项督查。11月27—28日，州委督查组对元谋县综治维稳（平安建设）、依法治县、“先进平安县”创建工作进行督导检查。12月19日，州委政法委副书记周红华到元谋县调研铁路护路工作。

【执法监督与涉法涉诉信访】 年内，继续做好政法部门执法办案日常监督和集中执法检查监督协调工作。召开解决执行难联席会议2次、涉及特殊主体执行案件协调会议1次。紧紧围绕“息诉罢访、群众满意、案结事了”工作目标，对政法部门开展司法救助工作提出有利于解决案件当事人的实际困难、有利于政法机关执法办案和结案、有利于化解涉法涉诉信访案件等“三个有利于”要求，不断落实司法救助各项措施。全年共开展司法救助18件18人，兑付司法救助资金47.97万元。7月13—25日，县人大常委会副主任段光显带队对政法机关刑事侦查监督工作开展专项检查。共接待受理来信来访42件42人次，办结39件39人次，转交政法部门办理3件8人次，办结率100%；未发生重信重访案件。

【依法治县】 5月23日，召开依法治县工作领导小组会议，审议2017年依法治县工作要点、专项组增设调整、部署依法治县工作等事宜。全面推行法律顾问制度和公职律师、公司律师制度；年末，13个县委工作部门、32个县政府工作部门和直属机构、10个乡镇已按要求全面落实法律顾问聘请制度；5个企事业单位、9个民营企业也自行聘请了法律顾问。年内，在县电视台播出法治新闻30余条，在元谋宣传网、“美丽元谋”微信公众号推送法治文化相关稿件51条。

【政法综治宣传】 年内，向“楚雄长安网”投稿597篇（幅），其中：文字信息325篇、图片272幅；被“云南长安网”采用1篇、“楚雄长安网”采用文字信息57篇、图片3幅；被各级主流媒体采用30篇，其中省级30篇、州级3篇；被《元谋新闻》采用新闻67条；“元谋长安网”采用、更新信息117篇、图片22幅。7月7日，“元谋政法”微信公众号开通，适时推送全县政法、综治维稳、平安建设等工作信息，截至年末，“元谋政法”微信公众号共编发信息28期47条。

【政法委文秘工作】 1月，由县委政法委主办的《政法之窗》创刊。《政法之窗》每月1期，统筹县委政法委及全县政法各部门的工作信息，全年共出刊12期。《政法之窗》创刊后，受到县委、县政府主要领导的充分肯定，成为了解掌握政法工作动态、提供维稳工作决策、服务经济发展的重要窗口。7月3日，中共元谋县委书记习雁在《政法之窗》第6期上作出“我县政法工作重点突出，成绩喜人，值得充分肯定”的重要批示，极大地振奋全县政法干警的精神，激励干事创业的热情。全年制发政法委员会文件14份、社会治安综合治理委员会文件5份、铁路护路联防领导小组文件1份、依法治县领导小组文件8份；编发会议纪要2期、政法综治工作动态1期、依法治县简报6期；发出各类通知65份，上报各种材料82份。

【社会治安综合治理】 年内，以平安城市建设为重点，切实加强社会面综合管控能力建设。巡逻防控注重重点地区、复杂地段、突出路面，严格落实城区“一分钟、三分钟、五分钟”快速处置措施，切实提高见警率、控制力和震慑力。城市与农村视频监控系统建设覆盖面大幅提高，投资3428万元新建600套前端摄像机高清智能监控系统，切实提高科技防范智能化水平。在进一步强化巡特警大队、城区交巡警中队和四个重装快反突击单元的基础上，扩建“飞马突击队”。在全县10个乡镇分别组建维稳应急处突队伍，统一调度，分级管理，进一步加强群体性事件应急处置工作机制。农村网格化服务管理与“6995”村民联防网群建设有效融合，全县行政村（社区）“6995”村民联防网群建设实现全覆盖，取得“农户互帮、生产互助、治安互动”的工作效应。5月23日，召开提升群众安全感综合满意度培训暨工作督进会议。县委政法委机关全体干部职工、政法各部门、县信访局、县级各部门分管综治工作的领导、省州驻元单位、乡镇副职、督查组成员等95人参加会议。全年开展公众安全感满意度入户宣传工作2次；下半年在云南省群众安全感综合满意度调查中，元谋县为93.84%，位列全省第四、全州第二；与上年相比，省级直线跃进96名、州级直线跃进6名。投入资金20万元，制作发放平安元谋农家历2万册、公众安全感满意度宣传台历5000个、平安家庭门牌6万余块。由县级财政核拨，按每人每月100元的标准为14位肇事肇祸精神病患者监护人落实以奖代补经费。由县人民政府投入47.78万元经费，选聘专职网格管理员13人，以300到500户左右合理设置网格，对每一网格实行全方位、扁平化、联动式动态管理。全面推进农村网格化服务管理工作与“6995”村民联防网群建设相融合，共组建村民联防网群4726个，入网人数61528人，占全县移动手机用户的51.27%。年内利用联防网群报警求助740余次，取得“农户互帮、生产互助、治安互动”的工作效应。在全县10个乡镇分别组建不少于20人（元马镇50人）的维稳应急处突队伍，由县委政法委统一调度、集中培训、分级管理。按照省州要求，在基层和重点行业组建了12支4560人的平安志愿者队伍，组织开展培训及平安志愿者活动；全年平安志愿者共参与调解纠纷612件，发现安全隐患漏洞781处，上报涉稳信息401条，协助查获治安案件183件，协助抓获违法嫌疑人136人。年内，全县共有人民调解组织125个1666人，其中有县级联合调委会1个、行业性调委会6个、企事业单位调委会40个、乡镇调委会10个、村级调委会68个；有专业调解室4个81人；全年各级调解组织共受理各类矛盾纠纷3563件，调处3563件，成功3556件。其中，防止民间纠纷引起自杀2件2人、防止民间纠纷转为刑事案件9件16人。

【综治护路宣传月活动】 3月为综治护路宣传月。通过悬挂布标、设置咨询台（展板）、制作发放宣传材料等形式开展宣传活动。共展出展板114块、悬挂布标57条；发放人民调解、法律援助、反邪教、铁路护路、妇女儿童维权、交通安全等各类宣传单4万余份、宣传手册8000余册；设咨询台82个，接受咨询3523人次；播放录音30小时；到中小学开展爱路护路讲座15场次。

【平安创建】按照“五级联创、四级评审、两级命名、动态管理”的模式，进一步巩固和提升平安创建成果。全县评比平安村（社区）78个、平安村（组）639个，达标率100%；复评平安户66829户，达标66375户，达标率99.32%；10个乡（镇）78个行政村（社区）639个自然村和52所中小学校全部达标；创建州县两级诚信、平安、文明商场5户；巩固平安医院14个、平安市场3个、平安企业23个、平安景区3个、平安林场4个、平安车站1个、平安小区15个。

【维护社会稳定】9月13日，召开中共十九大安保维稳信访工作部署会。9月25—26日，组成9个督查组，对10个乡镇落实中共十九大安保维稳信访工作情况进行督查。10月11日，在老城乡召开中共十九大安保维稳信访工作推进会，对安保维稳信访工作进行再安排再部署。年内，共召开维稳情报信息会商专题会议22次，收集研判维稳信息62条，编发维稳信息3期。认真开展矛盾隐患排查，共排查出矛盾纠纷隐患63件，个体缠访闹访、越级访重点人员12人；排查梳理出8件重大不稳定问题清单，成功化解1件、正在化解或稳控7件。年内，围绕重点建设项目认真开展社会稳定风险评估工作，发出预警通知6份。年内，对履行综治维稳工作不到位的9个县级部门、2个乡镇进行通报批评，约谈相关责任人9人、给予党内严重警告处分1人。

【铁路护路联防队伍】年内，全县有铁路护路义务联防队员12人、义务道口监护员14人，有村组义务护路联防队18支72人。对12位义务铁路护路联防队员培训4次、日常监督30次。

【铁路护路联防工】10月12日，召开中共十九大铁路安保工作推进会议，贯彻落实州铁路护路联防工作会议精神，对中共十九大召开期间铁路安保工作进行安排部署。在中共十九大召开前夕，路地配合开展涉路安全隐患排查，共排查出安全隐患156处，对其中123处重点隐患进行整治；协助广通供电段砍除危树160棵。年内，共排查出铁路沿线“五残”人员61人、大牲畜饲养户1731户、肇事肇祸精神病人1人，层层签订包保责任书，逐一落实责任人和人性化管控措施；与铁路沿线14所中小学校、48个自然村组签订护路公约。全年未发生涉路群体性事件，无涉路刑事、治安案件，无铁道交通事故。

【平安铁路创建】全面开展“平安铁路示范乡镇”和“平安铁路示范村”“平安铁路示范学校”创建活动。以基层村、组、户创建为重点，与平安村、组、户创建同步进行，村、组、学校和农户参与率100%。巩固“平安铁路示范乡镇”5个、“平安铁路示范行政村”12个、“平安铁路示范自然村”48个、“平安铁路示范学校”14个，巩固率100%。“平安铁路示范户”复评复检合格率99%。

（唐永洴）

人民公安

【公安机构】2017年，元谋县公安局下设指挥中心、政工监督室、纪委、警务保障室、国内安全保卫大队、刑事侦查大队（下设综合信息中队、刑事技术中队、案件侦查中队和情报资料中队）、治安管理大队（加挂民用爆炸危险物品监管大队、旅游警察大队牌子）、出入境管理大队、禁毒大队、经济犯罪侦查大队、法制大队、督察大队、巡特警大队、公共信息网络安全监察大队、反恐大队、元谋看守所（加挂元谋县拘留所牌子）、交通警察大队（下设内勤保障中队、事故处理中队、秩序巡逻中队、车管业务中队、城区中队）、警察共公关系科共18个内设机构；下辖元马、能禹、黄瓜园、羊街、老城、平田、新华、凉山、物茂、江边、姜驿11个派出所。年末，全局共有在职干部职工206人（含交警22人）。其中：党委书记、局长1人，党委副书记、政委1人，副局长3人，纪委书记1人，政工监督室主任1人，指挥中心主任1人，交警大队大队长1人、教导员1人，元马派出所所长1人、教导员1人，实职副科44人；公务员（民警）200人，机关工人6人（高级工6人）；大学本科学历127人，大专学历69人，中专学历5人，高中学历5人；一级警督38人，二级警督57人，三级警督29人，一级警司35人，二级警司21人，三级警司18人；中共党员193人（含预备党员4人）。

【公安队伍建设】 坚持从严治警，深入开展“两学一做”“迎接十九大忠诚保平安跨越式发展铁警勇争先”“比学赶帮超”主题教育实践活动，认真贯彻落实5月19日习近平总书记在全国公安系统英雄模范立功集体表彰大会上提出的“对党忠诚、服务人民、执法公正、纪律严明”总要求，筑牢民警的世界观、人生观、价值观，以《中国共产党廉洁自律准则》《中国共产党纪律处分条例》《中国共产党问责条例》为准绳，严格执行各项“铁规”“禁令”，队伍的整体素质和战斗力显著提高，民警的精神面貌和整体形象发生了可喜的变化，群众对公安队伍建设和公安工作的满意率不断提升。坚持从优待警，认真落实《暖警心十条措施》，落实民警带薪休假制度，对离退休干部、家庭困难民警、老党员进行走访慰问、为14周岁以下的民警职工子女购买购书券，年内看望慰问生病住院民警15人，执法执勤中受伤民警16人，走访慰问困难民警8人。坚持任人唯贤、能者上、平者让、庸者下的标准，按照《党政领导干部选拔任用工作条例》把一批政治素质高、工作实绩大、群众反映好的民警调整到重要岗位，或提拔到领导岗位，年内提拔使用正科级领导干部3人、副科级领导干部6人、股级干部3人，交流科级领导干部8人，配齐配强局党委班子成员，领导班子的工作效能和民警的工作积极性得到提高。丰富警营文化建设，按照《楚雄州公安机关2017年警营文化活动方案》月月有活动、季季有比赛的要求，先后组织开展创先争优颁奖晚会、警嫂警娃进警营、小学生夏令营进警营等警营开放日活动；在“民意引领警务 警务保障民生”民意广场活动中拍摄的《舞动元谋》宣传视频受到好评。坚持文化育警，推动公安机关文化强警战略深入开展，年内建成4个警察小书吧、3个警营图书馆、提升改造公安文化长廊，打造出具有地方特色的公安局，在云南省公安文化现场会中元谋县公安局被邀交流了警营文化建设经验。

【公安廉政建设】 学习侯金知同志先进事迹，习近平总书记在全国公安系统英雄模范立功集体表彰大会上的重要讲话精神和《强化“四个意识”、实践“四种形态”系列文章》和《牢固树立“四个意识”、认真压实“两个责任”，坚定不移地推进全面从严治党从严治警》，推进全县公安机关党风廉政建设反腐败工作报告。组织观看《打铁还需自身硬》《挥泪斩马谡》《亮剑》《警钟》等警示教育片，修改完善《元谋县公安局2017年党风廉政建设和反腐败工作计划》《元谋县公安机关2017年党风廉政建设和反腐败工作要点》《元谋县公安局领导班子2017年落实党风廉政建设主体责任清单》《元谋县公安局纪委2017年落实党风廉政建设监督责任清单》《中共元谋县公安局委员会关于分解2017年度惩治和预防腐败体系工作任务暨党风廉政建设和反腐败重点工作任务的通知》，按照《楚雄州公安局“啄木鸟”明察暗访专项督察情况通报》《元谋县公安局关于进一步加强对元谋县行业场所实名制工作包保责任的通知》要求和《云南省公安机关领导干部及民警问责办法（试行）》第十三条之规定，严格落实“动员千遍不如问责一次”的理念，采取有力措施，强化督促检查和跟踪问效，加大追责问责力度。全年组织现场督察150次，督察所队室72次，查处违反内部管理规定的民警95人，发出督察通报 31 期，对违反内部管理规定的所队室和民警进行相应的经济惩罚。严格执行民主集中制原则，落实重大决策、重要干部任免、重要项目安排和大额资金使用讨论决定制度，强化对领导干部抓党风廉政建设和廉洁自律情况的监督。严格执行中央八项规定、县委实施办法、《元谋县干部作风建设六严禁》、《元谋县进一步严明节假日期间相关纪律规定》、纪律作风建设“十个严禁”、十九大安保战时纪律等要求，严格落实领导干部外出报备制度、个人重大事项报告有关规定。

【公安宣传】 充分利用传统新闻媒体主阵地作用和新兴媒体短平快的优势，把民警在维护稳定、执法办案、服务群众中做的工作展示好、宣传好，不断提升公安宣传的传播力、穿透力和影响力，筑牢警民联系沟通的桥梁和纽带，树立了元谋公安机关的良好形象。年内组织局机关民警拍摄的专题片《不忘初心，续写辉煌》《亮剑》受到了上级公安机关和县委政府主要领导的高度赞扬。2017 年，元谋县公安局上报的各种新闻稿件被国家级报刊电视网站采用 25 篇（条）、省级媒体采用 420 篇（条）、州级媒体采用 450 篇（条）、云南警方手机报采用 48 条、彝州警方手机报采用 53 条。通过“元谋警方”发布官方微信信息 912 条、新浪官方微博信息 1050 条、腾讯官方微博信息 1050 条。

【公安系统表彰奖励】 2017 年 1 月 4 日，元谋县公安局党委被评为元谋县机关党组织联系服务群众工作先进集体。2 月 23 日，局长丁志富和民警彭增稳被楚雄州公安局荣记个人二等功，元谋县公安局巡特警大队、老城派出所和杨宾胄、朱金涛、王冲冲等 6 位民警被楚雄州公安局荣记三等功，高维忠、李金禧、沈方俊等 15 位民警被楚雄州公安局评为“十佳民警”。3 月 28 日，管家翠被云南省妇女联合会评为云南省巾帼建功标兵。4 月 7 日，孔瑞勇等 4 位民警被州公安局评为优秀共产党员，顾应发被州公安局评为十大信息采集能手，刘思佳被州公安局评为优秀户籍民警，李杨伟被州公安局评为十大服务群众模范，郭敏被州公安局评为治安破案标兵，莫斯科被州公安局评为彝州特警标兵。5 月 1 日，110 指挥中心被楚雄州妇女联合会评为巾帼文明岗。5 月 9 日，文华荣被公安部评为全国优秀人民警察。7 月 1 日，康兴丽、祖金等 8 位民警被元谋县委政府表彰为优秀政法干警。11 月 1 日，元谋县公安局被楚雄州人民政府评为 2013—2016 年综治维稳工作先进集体。12 月 20 日，“平安三号”严打整治专项行动考核排名全州第一名，2017 年公安工作综合绩效考核排名全州第三名。

【反恐维稳】 始终把反恐维稳工作放在公安工作的首位，持续完善预警、防范、处置、善后“四位一体”反恐工作机制，筑牢反恐防线。认真对照《中华人民共和国反恐怖主义法》督促重点目标单位建立健全反恐防恐安保措施，提高重点目标单位防范能力。抓住反恐防恐责任不落实的单位和人，在全州率先开出第一张反恐罚单，依据“反恐法”对元谋客运公司罚款 1 万元，对法人及工作人员罚款 2200 元，全年开出反恐罚单 26 张、督促落实主体责任。全年排查各类矛盾纠纷 3239 起，调处化解 3239 起（其中：重大矛盾纠纷 9 件，较大矛盾纠纷 23 件）。

【十九大安保】 认真贯彻执行习近平总书记“5·19”“9·19”会议精神，省州党委及上级公安机关十九大安保维稳工作信访动员部署会精神，在州局党委和县委政府的坚强领导下，紧扣十九大安保维稳工作主线，按照公安部、省公安厅、州公安局“44353”工作部署，全警动员、全力以赴，连续作战、不怕疲劳，以最强党性、最严要求、最高标准、最硬作风，敢打必胜的信心决心，全面抓好中共十九大安保维稳各项工作措施落实。8 月 10 日召开全县公安机关十九大安保维稳动员部署会议，对全县十九大安保维稳及信访工作进行了全面的安排部署，成立由主要领导挂帅的十九大安保维稳工作指挥部，制定工作方案，成立18个工作领导小组，局长与党委班子成员、党委班子成员与部门领导、部门领导与民警逐一签订《十九大安保维稳工作目标责任书》，层层捆绑责任，将工作责任、措施逐项落实到每一个部门、每一位民警。十九大期间，全县共发生上报系统的道路交通事故共76起，死亡5人，受伤65人，财产损失7.73万元，未发生一次死亡2人以上的交通事故。与上年相比，事故减少35起，下降31.53%；死亡人数持平；受伤人数减少26人，下降28.57%；财产损失减少6.69万元，下降46.01%。强化消防安全管理，以行业场所、人员密集场所、易燃易爆场所为重点，开展消防宣传教育培训、专项检查，推动实施消防安全网格化和“户籍化”管理，检查单位2275家，发现并整改火灾隐患4370处，下发行政处罚决定书17份，处罚款24.6万元，临时查封6家，责令“三停”7家，确保十九大安保维稳攻坚战取得全面胜利。

【刑事侦查】 坚持以打开路、以打促防、以打维稳的工作思路，主动为全县经济发展、社会稳定护航。强力开展“平安三号”等系列专项行动，严厉打击各类违法犯罪活动，确保社会治安稳定。年内，成功打掉2个恶势力犯罪团伙，抓获犯罪嫌疑人32人，破获系列绑架、敲诈勒索、强迫交易、寻衅滋事、赌博等刑事案件90件，打掉3个盗窃摩托车犯罪团伙，抓获犯罪嫌疑人28人，追缴回被盗摩托车36辆，快侦快破对社会极有影响的大批案件，得到了广大群众的好评。2017年，全县共立各类刑事案件845起破案389起，破案率46%；与上年（立969起破486起，破案率50.15%）相比，立案数减少124起，发案下降12.8%；破案数减少97起，破案下降19.96%；破案率下降4.1%。立八类现行命案3起，破3起，与上年（立5起，破5起，破案率100%）相比，立破案双升。共抓获各类犯罪嫌疑人328人，抓获逃犯113人，打掉各类犯罪团伙11个46人破案123起。

【禁毒防艾】 在上级业务部门的关心指导下，坚持“预防为主、综合治理，禁种、禁制、禁贩、禁吸”并举的禁毒工作方针，狠抓各项工作措施的落实，按照“预防为本，综合治理，四禁并举”的禁毒工作措施，认真开展“平安守护”“平安三号鹰眼”禁毒专项行动。全年共破获毒品案件13件（其中打零案件6件），抓获犯罪嫌疑人10人，缴获毒品1.61千克。收戒吸毒人员39人（其中：强制隔离戒毒17人，社区戒毒12人，社区康复10人），超额完成全年吸毒人员收戒任务数。通过大力开展打击零星贩毒、收戒吸毒人员等工作任务，有效地打击毒品犯罪分子的嚣张气焰，控制毒品在元谋的沉积，减轻毒品对元谋的冲击和危害。

【经济侦查】 强化打击职能，严厉打击经济领域违法犯罪活动。深化部门协作，健全与烟草、税务、工商，金融等部门建立的联合执法、联席会议工作机制，积极开展全州公安机关“平安三号”打击经济犯罪“护航”专项行动。年内，全县共立案经济犯罪案件35起，(其中：组织、领导传销案6起，假冒注册商标的商品6起，涉税案件5起，非法经营10起，非国家工作人员犯罪1起，合同诈骗1起，其他经济类案件6起），破案24起，抓获犯罪嫌疑人30人，抓获网上逃犯2人，收缴假币7310元，查获假冒注册商标的白糖132吨，缴获卷烟2个品牌410条，查获初考烟叶5400千克，涉案总价值910万元，挽回损失156万元。通过有效打击，震慑各类经济犯罪活动，维护广大人民群众的合法权益。

【行政案件查处】 加强行业场所检查，实行“实名制管理”，定期不定期地对出租屋、旅馆、物流寄递等特种行业及公共娱乐场所进行治安检查和治安整顿，要求一律实行“实名制”管理登记；对党政首脑机关、水电油气、金融网点、客运车站等重点单位、要害部位和人员密集场所的进行安全大检查，督促落实安保措施，全年共检查各行业场所及重点单位部位671家，及时消除了治安安全隐患。年内，共受理各类治安行政案件2478件，比上年增加357件；查处2337件，比上年增加454件，查处率94.3%，比上年上升5.3个百分点。查处违法人员2492人（其中：治安处罚768人、拘留126人、强制戒毒6人，作其他处理1592人）。收缴罚没款35.83万元。通过对治安行政案件的查处，有力地预防和打击各类违法犯罪活动，维护人民群众正常的生产生活秩序。

【危险物品和行业场所专项整治】 严格执行中共十九大期间危爆物品从严管控的相关要求，打击和防范并举，有针对性地开展平安系列“缉枪治爆”专项整治行动，严厉打击非法制贩、走私、私藏枪爆物品的违法犯罪行为，坚决遏制影响恶劣、危害严重的重特大涉枪涉爆案件，强化危爆物品管理，积极创新管理方式。明确全县督办挂牌整治的涉枪重点乡镇为凉山乡、黄瓜园镇，涉爆重点乡镇为老城乡、元马镇。共组织开展“缉枪治爆”专项整治宣传活动102次，发放宣传材料2万余份。年内，共接到群众举报涉枪线索71条，查证属实71条，收缴各类枪支71支（其中：火药枪49支、射钉枪13支、气枪9支），查获管制刀具13把，炸药2.57千克，导火索96米，雷管33颗，最大限度消除安全隐患。对销售购买射钉枪、散装汽油严格落实实名登记制度，与全县7家五金零售店、3家无缝钢管零售店、17家加油站签订责任状，发放告知书，查找安全隐患漏洞，督促落实安全防范措施，挤压违法犯罪空间。强化行业场所管理，全力打好十九大公共安全保卫仗。统一编发《元谋县公安局行业场所、重点单位安全管理工作规范（试行）》，强化对物流寄递、宾馆酒店、加油站、网吧、五金销售行业、民爆单位、重点企事业单位等七类部门的治安管理，开展“排隐患、查漏洞、防事故、保安全”安全隐患排查整治行动，检查行业场所、重点单位362家，召开行业场所负责人和从业人员会议24场次，签订责任书、承诺书、法律告知书各362份，发放问题隐患整改通知书189份，列出问题清单279条，督促整改落实279条。开展“保要害、除隐患、强基础、促平安”的“铁拳行动”，对辖区内所有涉危涉爆等危险物品从业单位开展全面排查整治，严格督促落实安全责任，严防危险物品丢失、被盗、被抢；督促寄递物流企业严格落实收寄验视、实名收寄、过机安检“三个100%”制度，严查利用寄递物流渠道非法贩运易制爆危险化学品等违法犯罪行为，严格督促物流寄递企业十九大安保期间严禁向新疆、西藏等地区寄递U盘、移动硬盘、光盘等具有存储功能的电子产品。在“平安守护”、平安三号“清源除尘”、“扫黄禁赌”专项行动中，对县城所有的歌舞厅、网吧、电子游戏室、发廊、按摩室、洗浴场所等141家娱乐场所开展排查整治，严厉打击涉黄、涉赌、涉毒等治安乱点热点问题，查处不按规定登记住宿旅客信息治安案件77件，处罚77人；查处卖淫嫖娼治安案件32件，处罚32人，立刑事案件2件，处罚2人；查处赌博治安案件143件，处罚429人，捣毁赌博窝点12个，通过对黄赌毒案件的大力查处，社会治安明显好转。

【人口管理】 深入推进户口专项清理整顿工作，针对在逃人员、各类不法分子利用非法获取的户籍登记更名换姓“漂白身份”的突出问题，以违法违规办理户口和居民身份证的案件为线索，以公安机关内部人员在户籍登记管理中的违法违纪问题为重点，对空降户口、假冒户口、多重户口及落户后随即迁出或注销户口、户口多次迁移等情况进行认真梳理，全面复核收养户口，补录遗漏人员户口，外县、外州、外省迁入户口，及多次变更姓名、出生日期、民族等人口主项信息的卷宗材料。2017年删除重复人口信息12人，迁移896人，主项变更2181人（其中：更改姓名750人，更改出生日期5人，纠错身份证号9人，变更民族83人，其他项目更正1334人），补录遗漏人口21人。加强对全县流动人口3800人的服务管理和各类监管对象150人的动态管控。

【监所安全管理】 坚持规范文明执法，强化对在押人员教育管理，年内看守所共收押收拘528人，为发挥公安监管部门打击违法犯罪“第二战场”的重要职能，深入开展“深挖犯罪”活动，年内共获取各类犯罪线索216条，协助办案部门破获刑事和治安案件145件。全年未发生侵犯在押人员权益的行为和在押人员非正常死亡事故，监管秩序正常。

【网络安全管理】 坚持依法管网、以人管网、技术管网，统筹网上网下两个战场，在维护政治稳定、社会稳定和侦查办案、服务群众及网上舆情监控等方面都取得明显进步，切实维护了社会稳定。全年完成互联网基础信息采集16家，运用网吧管理系统发现并上报情报线索14条，上报案件线索16条，搜集上报网侦情报52期，上报省内违法单条90条，重点人员落地调查547条。依法规范网络秩序，净化网络环境，全年检查网吧经营场所89个次，查处不按规定核对登记上网消费者有效证件30起，处罚金额19.08万元；配合其他警种侦办案件19件，抓获上网在逃犯罪嫌疑人24人。

【公安专项建设】 2017年，元谋县公安局重点加强指挥通信装备、侦查技术装备、应急处突装备、执法勤务装备、社会管理服务建设。为保障各实战部门业务工作的需要，全局累计投入各类公安装备及信息化建设资金640万元。其中：投资190万元建设高清视频会议系统、110接处警系统、350兆集群系统，投资199万元建设3D电影院、图书室、办公楼亮化、警营文化，投资251万元购置警用摩托车、电脑、打印机、执法记录仪、对讲机等警用装备。公安重点建设项目稳步推进，元谋县平安城市视频监控系统三期建设项目总投资3658万元，其中：投资2398万元采购及安装元谋县平安城市视频监控系统三期建设项目设备，投资630万元对元谋县平安城市视频监控系统三期建设项目设备5年内的运行维护费用，投资630万元租赁元谋县平安城市视频监控系统三期建设项目设备的5年光纤费。年内利用平安城市视频监控系统破获刑事案件243件，占全局破案数的69%，成为全县一个新的破案增长点。规划在元谋县元马镇元双公路入口处南侧新建元马派出所，该建设项目经发改部门审批建设规模5875平方米，总投资2219.12万元，已招投标结束。物茂派出所建设项目已列入“十三五”规划，该项目的可行性研究报告已通过州发改委评审。

【基础信息化建设】 扎实做好基础信息化建设。坚持打防同步，构建立体化巡逻防控，年内建成电子围栏系统、人脸识别卡口系统、移动警务系统、4G执法记录仪系统，完成平安城市三期视频监控和指挥中心扩容改造。在县城城区、能禹和其余9个乡镇的主要街道、路口、人员密集场所、案件多发地段新建700路智能前端视频监控，已形成依托视频监控摄像机、高空无人机、4G移动布控、卡口终端的地面、空中、动态、静态相结合的立体化防控天网。建成240套集视频采集、车辆抓拍、WiFi采集多维一体的监控感知系统，实现了指挥调度扁平化、可视化、集约化、智能化。围绕服务实战应用，深入推广使用警务信息综合平台、“一标三实”社区警务工作系统、智能警务核查系统、娱乐服务场所治安管理等系统，开展信息采集大会战为抓手，狠抓信息化采集工作，年内已采集9类信息115689条。

【警务实战化建设】 建立带班局领导负责的指挥长制度，建立元谋县公安局情报指挥联勤指挥工作机制（试行）、24小时情报信息查询工作实施方案和工作服务机制，推行重大警情、重大安保维稳和节庆期间情指联勤座席机制。依托110指挥中心成立元谋县社会应急联动指挥中心，开展全县社会应急联动机制建设，警情指令统一使用对讲机指令调度，完善扁平化的指挥调度机制，至2017年元谋县应急处置大队（即飞马突击队）扩员至80人，三个PTU武装处突单元屯警街面、动中备勤，严格落实城区“一分钟、三分钟、五分钟”快速处置措施。完善巡逻防控机制，整合局机关民警、巡特警大队、应急处置大队、派出所民警屯警街面，对县城及周边实行24小时巡逻，大力实施“警灯闪烁”工程，步巡与车巡相结合，动中备勤，切实提高见警率，增强震慑力，全面加强人员密集场所高峰勤务，提高民警巡逻的震慑力和快速反应、有效处置能力。完善社会治安严打整治常态化机制，精心开展“平安”系列严打整治专项行动，保持对违法犯罪“零容忍”态势。

【执法规范化建设】 率先在全州实施刑事案件统一审核、统一出口工作机制，率先设立全州首个派驻检察室，全面推行主办侦查员出庭应诉，叫响“我办案我负责”，先后58次组织79位主办侦查员参加58起刑事案件的庭审旁听观摩，3位案件的侦办民警出庭说明情况，民警执法办案的程序意识、证据意识和诉讼意识明显增强，案件办理质量和民警的整体执法能力不断提高，全年无追捕、追诉案件，无行政诉讼、无行政赔偿案件发生，全县公安机关执法水平和公信力全面提升。推行案件“谁主办谁负责，谁审核谁负责，谁评查谁负责，谁整改谁负责”机制，推行案例剖析点评机制，推行执法记录仪规范使用、审讯同步录音录像资料随机抽查考核机制，全面完成执法场所的规范改造设置，做到一案一评一考一通报，严格落实“四个一律”要求全局民警的执法理念得到进一步加强，执法素质和办案能力得到进一步提高，全局的整体执法水平和质量得到稳步提升。

【服务群众】 以“迎接十九大忠诚保平安跨越式发展铁警勇争先”主题教育实践活动为载体，认真开展“深化放管服、改革勇争先”主题活动，大胆尝试，推陈出新，全面放权，服务民生，在坚决执行《云南公安机关三十五项便民利民措施》《云南省公安机关服务群众提升效能22条措施》《楚雄州公安机关便民惠民优化服务工作举措》的基础上，结合元谋公安实际，推出《元谋县公安机关便民惠民优化服务工作举措》68条，推行“互联网+无时差服务”微服务模式，建立指尖警务室、掌上派出所、网上车管所、网上公安局，实现各项业务24小时无时差服务。在“元谋警方”微信平台开通“你是我的眼”专栏，充分运用“警力有限，民力无穷”的理念，做细做实群众举报工作。

【巩固平安创建】 年内，加强对各类安全保卫、警卫工作的组织领导，健全和规范各项工作制度措施，圆满完成“两节两会”、全州重点产业发展暨招商引资会议、全州特警拉动演练、南博会、火把节、中秋国庆、2017中国·元谋果蔬节等重大安全警卫任务，受到上级有关部门和县委政府的充分肯定与高度评价。为进一步加强全县社会治安综合治理，广泛动员和组织社会各界力量参与“平安元谋”建设，共同构建和谐社会，以良好的社会治安环境迎接中共十九大胜利召开，全县公安机关紧扣新常态、新任务、新要求，坚持“打防并举，预防为主”，全面开展“平安志愿者红袖套工程”活动。红袖套工程旨在全面实施综治平安建设红袖套工程志愿者活动，进一步织牢全民治安防控网，努力形成“红袖套”随处可见，治安巡逻时时进行，群防群治天天开展的大格局，实现治安防范工作进村（居）、小区、学校、医院、行政企事业单位、商场（商铺）、公共服务（娱乐）场所、建设项目工区等区域，做到“红袖套”全动员、全覆盖及治安防范工作的无缝对接，增强治安防控能力，提高人民群众安全感，为“平安元谋”建设奠定坚实基础。年内共招募“红袖套”平安志愿者4560人，全县社会治安持续向好，群众安全感满意度大幅提升，在2017年云南省群众安全感满意度调查中，元谋县位居全省第四名、全州第二名，取得元谋历史上最好的成绩。

【元谋县警察协会机构】 2017年，元谋县警察协会下设5个办事机构，即秘书处、理论研究部、开发部、维权部、警察公共关系建设部。协会理事会有主席1人，副主席8人，秘书长1人。人员配置为秘书处，设秘书长、副秘书长各1人，理论研究部设部长1人，开发部设部长、副部长各1人，维权部设部长、副部长各1人。警察公共关系建设部设部长1人，副部长4人。警察协会有会员206人，其中男会员175人、女会员31人。

【警察协会理论学习】 2017年，县警察协会在楚雄州警察协会和县公安局党委的正确领导下，在县社科联、民政部门的指导下，以“两学一做”教育及“迎接十九大忠诚保平安跨越式发展铁警勇争先”主题教育实践活动为契机，采取中心组学习、报告会、座谈会、讨论会等多种形式，统一民警思想。同时，结合专题教育活动，组织全局民警职工到能禹、黄瓜园烈士陵园开展了祭奠革命烈士活动，对民警进行传统教育，激发民警干事热情。年内认真贯彻落实中共十八届四中、五中、六中全会精神和习近平总书记系列讲话精神，结合实际，认真履职，进一步发挥警察协会作用，努力搞好“四个服务”，开拓创新，为助推全县公安工作做出积极的贡献。

【警学理论征文】 根据省州警察协会的安排部署和县公安局党委提出的要求，县警察协会组织开展“大数据思维与跨境警务合作”“保稳定、护安全、促和谐”为主题征文活动，针对公安工作难点热点问题，认真组织中层领导开展公安队伍建设调研活动，充分利用协会刊物、网页等平台，进行警学研究，引导民警从只能编写一般性工作总结，简单调查报告，逐步向警学理论研究的深度和高度迈进，积极鼓励广大一线民警大胆探索和积累，总结发现新时期公安工作遇到的各种困难和问题，提高一线民警从实践中总结和发展并能驾驭复杂治安形势的新办法、新举措，突出警学理论成果转化服务公安实践的成效，努力提高全县警学理论研究工作的质量和水平。全年元谋县警察协会收到会员撰写的调研文章111篇，被元谋县公安网采用37篇，被楚雄州公安信息网采用20篇。

【警察协会开展各项活动】 以服务群众为重点，以全面深化公安改革为依托，坚持最大限度服务群众、让利于民的原则，扎实开展“迎接十九大忠诚保平安跨越式发展铁警勇争先”主题教育实践活动，按照转职能、转方式、提效能的要求，紧贴群众需求，推进全县公安“放管服”改革，推行“一颗印章管审批”“最多跑一次”举措，优化“互联网+公务服务”，深入推广新政务、微警务、大服务建设，最大限度便民利民，不断增强人民群众的获得感，更加主动地展示公安工作规范、文明的形象。年内，全局在“接”上下功夫，在“放”上动真格，在“管”上出实招，在“服”上求实效，共出台工作举措137条，其中下放审批权限40条，简化办理流程17条，服务群众55条，改进工作作风4条，提效能促发展24条。结合扶贫攻坚“挂包帮、转走访”和平安创建工作，组织民警开展了一次民意调查活动，巩固和拓展党的群众路线教育实践活动成果，走访村组61个，走访群众478户5369人，行业场所345家769人，收集意见建议4条，帮助群众解决问题19个，帮助群众调解纠纷6起，为困难群众送上食用油、大米等物品100余件，让广大民警更深入地走进基层，更广泛地联系群众，更直接地服务社会，有效地构建和谐警民关系。组织开展“我与元谋共奋进”迎新文艺晚会、颁奖晚会、趣味运动会、“警嫂警娃进警营”警营开放日等系列活动，举办“民意引领警务·警务保障民生”为主题的民意广场活动。组织看望慰问生病住院的民警15人，走访慰问离退休民警40人，发放慰问金1.5万元。继续做好维权工作，对涉及民警的案（事）件，及时受理，尽力办理，保障公安民警的合法权益，保护公安民警执法的积极性，年内办理维权案件2件。

（管明蓉）

人民检察

【检察机构】 2017年，元谋县人民检察院下设办公室、政工科、反贪污贿赂局、反渎职侵权局、侦查监督科、公诉科、控告申诉检察科、民事行政检察科、刑事执行检察科、检察技术科、职务犯罪预防科、人民监督员办公室、司法警察大队、派驻江边检察室、案件管理办公室、县纪委派驻纪检组共16个机构。年末，县人民检察院在职干部职工44人。其中：检察长1人、副检察长2人、纪检组长1人、政工科长1人、反贪污贿赂局局长1人、反渎职侵权局局长1人、专职检委会委员1人，实职副科9人；公务员43人，机关工人1人（中级工）；研究生学历2人、大学本科学历43人、大专学历1人；员额制检察官15人，司法警察6人（三级警长2人、四级警长1人、三级警督2人、二级警司1人）；中共党员32人。

【监察体制改革】 按照监察体制改革及转隶工作要求，启动监察体制改革和人员转隶工作，年底，有3人被组织纳入监察委员会委员考察人选名单，监察体制改革稳步推进中。

【检察队伍建设】 把党组织建设作为突破口，把精神文明建设作为支撑点，把党风廉政建设和检察业务素能培训作为重要抓手，全力打造人民满意的检察队伍。制定实施检察队伍教育培训年度计划，开展检察业务素能提升集中培训，邀请专家学者亲临授课，从检察工作实务、心理压力疏导等方面进行专题培训，全面提升了队伍综合素能。常态化开展办案系统使用、新闻宣传工作技能等专题培训，有效提升检察干警应对信息化、自动化办公办案能力。适时选派16位干警参加上级检察机关安排的岗位技能专项培训，提升队伍应对新时期检察工作挑战能力。

【检察廉政建设】 扎实开展“讲政治、守规矩、强党性、纠问题、敢批评、树正气”专项整改活动，常态化推进党员干警理想信念教育。严格落实党组织“三会一课”制度，制定实施“主题党课活动日”制度；以组织开展巡讲，党组理论中心学习、“微党课”讲解等多种形式，及时掀起学习中共十九大精神热潮，贯彻习近平新时代中国特色社会主义思想。党组认真落实主体责任，召开党风廉政建设工作会议，层层签订党风廉政建设责任书，党组书记与班子成员开展廉政谈话8次，为全院干警上廉政党课2次。严格落实“四项谈话”制度，对苗头性、倾向性问题开展责任主体谈话15次。班子成员带头严格执行外出报备制度和个人重大事项报告制度。坚持重大事项民主集中，召开党组会14次、检察委员会16次。完善和落实《纪律作风督查规定》《财务管理制度》《公务用车管理制度》等各项规章制度，常抓、狠抓纪律作风，实现全院干警连续30年无违纪违法行为的良好记录。

【检察文化建设】 结合文明单位创建工作，以党总支、群团组织活动为载体，组织开展文艺会演、道德经典诵读、专题演讲比赛等活动；开展“三八”节郊游、“五四”青年节登山等文体娱乐活动，不断丰富检察文化，增强团队凝聚力。加大对外宣传力度，本院官方微信、微博、新闻客户端等新媒体平台定期向社会发布检察工作动态，共有72篇检察宣传信息被县级以上新闻媒体采用，有力宣传了检察队伍良好执法形象。

【打击刑事犯罪】 顺应人民群众对检察工作的新期待，以司法办案为中心，全面履行法律监督职责，切实维护社会和谐稳定，保障人民安居乐业。办理提请批准逮捕案件71件120人，批准逮捕42件65人；办理提请审查起诉案件190件236人，提起公诉168件200人。

【维护社会稳定】 结合全县发展大局，密切关注社会治安和公共安全的新特点、新动向，严打破坏社会和谐稳定的刑事犯罪。严惩涉恶犯罪。通过发挥提前介入、量刑建议等职能作用，办理宋某等9人强迫交易案、徐某等7人聚众斗殴案等一系列严重影响社会稳定的刑事案件，维护市场经济秩序，保障全县和谐稳定。维护社会公共安全。严打易发、高发的危害公共安全类犯罪，共起诉危险驾驶、交通肇事等危害公共安全犯罪嫌疑人83人，非法持有枪支犯罪嫌疑人14人。保障群众人身财产安全。对危害人民群众人身和财产安全的刑事犯罪做到快捕快诉，共起诉故意杀人、强奸等危害人身安全的犯罪嫌疑人31人，起诉“两抢一盗”等危害群众财产安全的犯罪嫌疑人24人。

【化解社会矛盾纠纷】 主动摸排设法涉诉社会矛盾，强化源头治理，为中共十九大召开、全县重大工程项目建设营造了安全稳定的社会环境。全面落实信访案件首办责任制等工作制度，受理群众来信来访、控告申诉案件40件55人，检察长接待来信来访20次；针对刑事被害人客观困难，开展刑事被害人救助案件5件5人，发放救助金5.5万元，被救助人赠予锦旗“人民公仆，心系民生”；对重点项目推进中的信访诉求，严格依程序、及时办结反馈，确保“案结事了”。成立未成年人刑事检察工作办公室，按照教育为主、惩罚为辅的原则，启动未成年人刑事案件特别程序，办理未成年人刑事案件5件9人；与县关工委等8个县级机关建立未成年人刑事案件联动机制，推进“捕、诉、监、防”一体化办案模式，保护未成年犯罪嫌疑人合法权益；以附条件不起诉等保护措施，为失足少年重新回归社会创造条件，提供帮助。

【强化社会治安防控】 全面落实综治维稳、普法依法治县等工作措施，推进社会治安防控体系建设。利用国家宪法日、举报宣传周、检察开放日等契机广泛开展法制宣传活动，发放宣传资料1000余份，接受群众咨询200余次，推进全民懂法、敬法、守法。与县教育局联合推进检校共建，两位干警受聘法制副校长，开展“法治进校园”巡讲5场次，有力推进平安、法治校园建设。积极开展无传销城市创建、反对邪教等综合治理工作，根据县综治办安排，责任联系服务42户固定电话用户，先后6次开展入户宣传、调查走访、解决群众诉求，宣传政法工作动态，切实提升群众安全感满意度。

【查办职务犯罪】 保持惩治腐败高压态势，做到有贪必反，有腐必肃，共立案侦查职务犯罪案件10件13人，其中贪污贿赂案件8件10人，渎职侵权案件2件3人；涉案人员中，共有科级干部5人；通过办案，为国家挽回直接经济损失210余万元。依法严惩影响元谋经济社会发展、侵害人民群众利益的职务犯罪。惩治因贪污、滥用职权造成工程建设、产业扶持、安居房改造等扶贫资金损失的职务犯罪5件6人；严惩贪污红色旅游文化建设项目资金等群众反映强烈的民生领域职务犯罪4件5人；强力推进行贿受贿“同罪同罚”，截断腐败源头，查办在学校基础设施建设项目中，影响义务教育均衡发展的行贿受贿犯罪2件2人，为元谋反腐败斗争形成压倒性胜利做出积极贡献。

【预防职务犯罪】 坚持打防结合，力求标本兼治。搭建“检企共建”平台，启动“预防职务犯罪邮路”活动，到国企、脱贫攻坚指挥部等单位开展警示教育45场；开展预防立项调查6次，案例剖析6件，预防告诫、预警2次，向发案单位提出检察建议并得到采纳9件；受理行贿犯罪档案查询345次，2家企业被查出行贿记录而被取消参与招投标资格。

【刑事诉讼监督】 以司法改革为契机，探索提前介入引导侦查等监督模式，作出不批准逮捕决定28件54人，作出不起诉决定8件10人。依法纠正漏诉3件3人；纠正漏捕4件4人，其中1件1人涉嫌运输毒品案，成为楚雄州检察机关近年来纠正漏捕，嫌疑人被判处至无期徒刑的唯一案例；监督立案15件，监督撤案8件。对侦查活动中存在的问题，发出《纠正违法通知书》14份，发出《检察建议》3份并得到整改。通过“两法”衔接平台监督行政机关移送涉嫌刑事犯罪案件12件13人。不断推进以审判为中心的诉讼制度改革，探索主办侦查员和关键证人出庭作证工作机制，对认为确有错误的刑事判决，提请抗诉3件。开展民事审判监督9件，行政审判监督8件，支持弱势群体起诉1件，有力维护民事诉讼公平公正。坚持和完善检察长列席法院审委会工作机制，共列席5次，就案件事实、证据采信和法律适用等发表监督意见，推进司法公正，维护法律权威。

【民事行政监督】 严格落实上级检察机关《关于民事行政公益诉讼试点工作》的相关要求，针对国有资产保护、生态环境保护、国有土地使用权转让等领域开展执法监督，提起行政公益诉讼1件，办结公益诉讼诉前程序2件，向行政机关发出督促履行职责检察建议3份，均已得到整改回复。

【刑事执行监督】 坚持执行监督与保障人权并重，开展社区矫正、久押不决、财产刑执行“回头看”等案件专项检查，纠正刑罚执行和监管活动违法行为12件，开展羁押必要性审查6人，建议变更强制措施4人。检察发现社区矫正漏管1人，社区服刑人员不遵守相关管理规定3人，发出书面纠违1份，检察建议3份。强化民事行政执行监督工作力度，办理民事执行监督案件12件，维护司法权威，保护诉讼参与人合法权益。

【严格规范司法行为】 扎实开展“以案为戒、正风肃纪”专题教育整顿活动，推进执法办案规范化。严格落实领导干部插手干预司法案件记录、报备、追责，职务犯罪侦查工作“八项禁令”，重大敏感案件请示报告、全程同步录音录像等制度。强化办案安全，规范查封、扣押、冻结、处理涉案财物工作。

【精准扶贫工作】 全面落实各级党委脱贫攻坚工作任务，选派2位干警，驻村开展脱贫攻坚，投入扶贫工作经费1.4万元，扶贫宣传费0.68万。开展入户遍访和贫困户精准识别，剔除贫困户3户12人、新纳入贫困户1户3人，并顺利通过贫困户动态管理考核验收。积极与县委政府汇报，协调并完成进村道路硬化17千米，争取人饮工程项目资金29.2万元，沟渠三面光工程84.55万元，其他整村推进相关民生工程正在加速推进。

【联系服务群众】 挂点联系服务28户县城东南片区棚改群众，现已全部完成征收协议签订、房屋腾空验收工作，为提升城乡人居环境做出应有贡献。积极参与乌东德水电站移民搬迁工作，全院干警全部挂钩联系服务群众，已基本完成普勒村群众90户225人户口信息登记和确认工作。积极参与城乡人居环境整治，拆除本院及职工违规彩钢瓦建筑12户1000余平方米。组织党员开展卫生清扫、慰问老党员等联系服务社区活动。

【接受外部监督】 认真收集、梳理“两会”期间代表、委员提出的意见建议，逐条研究整改落实。通过检察开放日等活动共邀请人大代表、政协委员、人民监督员视察工作、评议案件2次，观摩、评议公诉工作2次。共接待辩护人、诉讼代理人申请阅卷、会见36次。开展重大案件信息公开14条，案件程序性信息公开264条，法律文书公开185份。

【检察改革稳健推进】 积极稳妥推进各项司法体

制改革工作任务，完成检察机关人、财、物上划管理；推进“大部制”改革模式，将16个职能部门整合为“四部一局”，实行扁平化管理；组成12个检察官办案组，分别独立承担司法办案工作；完善检察官权力清单，探索检察官奖励、惩戒机制和办案责任追究机制，制定《入额院领导及部门负责人直接办理案件暂行规定》《领导干部办案情况通报制度》等配套措施。

（杨朝友）

人民法院

【法院机构】 2017年，元谋县人民法院下设刑事审判庭、民事审判第一庭、民事审判第二庭、行政审判庭、审判监督庭、立案庭、黄瓜园中心人民法庭、纪检组、政工科、办公室、研究室、人民陪审员管理办公室、司法警察大队、执行局、专职审委会委员共15个机构（纪检组为县纪委派驻正科级机构，专职审委会委员、政工科、执行局、黄瓜园中心人民法庭为正科级，其他部门为副科级），核定编制55人。年末，元谋县人民法院在职干部职工52人。其中：院长1人、副院长3人、专职审委会委员2人、政工科长1人、纪检组长1人、执行局局长1人、黄瓜园中心人民法庭庭长1人，实职副科11人；公务员50人，机关工人2人（高级工2人）；大学本科学历41人、专科学历8人、中专学历1人、高中学历1人、初中学历1人；四级高级法官9人、一级法官14人、二级法官7人、三级法官4人，法警6人（三级警长3人、二级警督1人、二级警司1人、三级警司1人）；中共党员50人。

【法院队伍建设】 秉承“人才兴院、科技强院、文化润院”的理念，践行“博学、厚德、尚法、笃行”的元谋法院精神，致力打造忠诚干净担当的过硬队伍。始终坚持党对法院工作的领导，以抓队伍政治思想为第一要务，扎实推进“两学一做”学习教育常态化制度化，强化“四个意识”，坚定“四个自信”，树立全院“一盘棋”思想。组织全体法官向宪法宣誓，提升法官职业尊荣感和使命感，增强队伍凝聚力，通过查摆整改存在问题，班子统揽全局和以上率下做标杆、树形象的能力全面提升，干警司法作风明显改进，队伍凝聚力和向心力切实增强，干事创业奋发有为的良好工作氛围蔚然形成。加大培训力度，邀请专家、学者为干警授课4次325人，增加知识储备；选送干警到国家法官学院、复旦大学、省高院参加履职能力培训69人次，让干警在学习中提高，在实践中进步。坚持“每周一”学习制度，将岗位练兵、业务培训、庭审竞赛和微党课等活动作为常态化工作开展，通过每周的支部、庭室、法官和每月案件督进会，确保干警月月有学习，周周学不同，不断提高干警的政治理论和法律素养，切实提高队伍司法能力和水平。

【法院表彰奖励】 2017年2月，干警李自林被中共元谋县委表彰为优秀驻村扶贫工作队员。2017年3月，干警李大荣、张汝晶被中共元谋县委表彰为优秀政法干警。2017年6月，干警宋云被中共元谋县委表彰为优秀党务工作者。2017年9月，干警杨玺兰家庭被中共楚雄州委、州政府授予全州首届“文明家庭”荣誉称号。2017年10月，书记员胡瑶瑶、李建波获楚雄州中级人民法院“全州书记员技能竞赛”个人优秀奖。2017年11月，干警杨金荣被中共楚雄州委表彰为“创建2013—2016年社会治安综合治理优秀州”先进个人。2017年12月，干警王后琼被中共元谋县委记个人三等功。2017年1月，元谋县人民法院拍摄的微电影《又见丁香花儿开》获中央宣传部宣传教育局和中央新闻纪录电影制片厂社会主义核心价值观30分钟主题微电影展示二等奖；2017年3月，微电影《又见丁香花儿开》再次获全国法院第四届十佳微电影优秀奖；2017年10月，元谋县人民法院获楚雄州书记员技能竞赛集体三等奖。

【刑事审判】 始终保持对涉黑涉恶、堵门堵路、菜霸村霸、闹医闹访、两抢一盗等犯罪案件的高压态势，维护群众生命财产安全，增强群众安全感；严厉打击私藏枪支弹药、故意伤害、寻衅滋事等严重影响社会稳定的违法犯罪行为，减少社会不安定因素，营造良好社会治安环境；高度重视对贿赂、挪用资金等职务犯罪案件的审理，严惩发生在群众身边的腐败，促进反腐败工作深入开展；加大交通肇事和危险驾驶犯罪案件的审理力度，对92位被告人均判处刑罚，有力促进交通秩序持续好转。牢固树立惩罚犯罪与保护人权并重的司法理念，坚持宽严相济的刑事司法政策，对未成年人犯罪、轻微刑事犯罪以及具有自首立功情节的16位被告人依法从宽处理；主办侦查人员出庭参加诉讼159件，推进庭审实质化，有力保障被告人的合法权益。全年共受理各类刑事案件190件，审结175件，判处被告人196人。

【民事审判】 全力审理棚改一期、二期、水电移民过程中引发的征地拆迁、婚姻、继承、补偿费分配纠纷102件，为全县重大项目顺利推进提供有力的司法保障；妥善审理78件群体性土地流转纠纷，保障农业规模化种植业主权利，维护了村集体和村民合法权益，促进元谋特色农业发展；构建多元矛盾纠纷化解机制，审结人身损害、交通事故、教育、医疗等涉民生案件609件，保障受害人权利得到合法救济；审结劳动用工、雇员受害、追索劳动报酬、拖欠农民工工资等劳动争议纠纷32件，保护劳动者权益和企业用工权利，促进劳资关系和谐；审结离婚、赡养、继承等婚姻家庭及相邻权纠纷案件297件，保护妇女、儿童、老年人的合法权益，促进家庭和睦；审结金融、借贷、商品房买卖等合同纠纷386件，制裁违约欺诈，促进市场经济规范有序运行，为经济发展、社会和谐营造良好的招商活商促商环境。全年共受理民商事案件1504件，审结1274件，涉案标的1.2亿元。

【行政审判】 全力审理好全省试点的武定、永仁、姚安、大姚、牟定和元谋6县跨区划行政案件集中管辖改革和公益诉讼案件试点工作，对外县行政案件和公益诉讼案件100%实行巡回就地审理，行政机关负责人100%出庭应诉，人民陪审员100%参审，试点工作取得显著成效。依法审结公益诉讼案件10件，及时维护环境资源公共利益，促使行政机关履行法定职责。坚持发布行政审判白皮书和司法建议书，加大行政诉讼案件协调化解力度，推动行政审判与司法调解有效衔接，促进争议的实质性化解；到辖区县召开座谈会5次，邀请行政执法人员旁听庭审173人次，提升行政执法干部法治思维和依法行政意识，促进行政机关规范执法，助推法治政府建设。全年受理行政诉讼案件75件，审结53件。

【审判管理】 以司法责任制为核心，推进审判权运行机制改革。选任18位法官建立以员额法官为中心的“一审一助一书”审判团队运行模式，改革审判委员会制度，完善专业法官会议制度，落实院庭长办案制度，真正实现“让审理者裁判、由裁判者负责”；将精细化理念贯穿于审判始终，坚持审判流程管理、案件督进和院庭长督办案件制度，建立健全质量评查、发改案件通报反馈和错案责任追究制，实现结案总数和人均结案数同比上升，审判质量和效率同步提高，呈现出服判息诉率、二审维持原判率上升，上诉率、改判率、发回重审率、申请强制执行率下降的“两上升四下降”良好态势。

【立案工作】 以“全方位、零距离、无障碍”为标准，建成集导诉、查询、立案、信访、诉前调解、司法救助等功能升级版的诉讼服务中心，实现“一站式”服务；坚持每月院长接待日，实现网上申诉信访和视频接访，接待群众来信来访1512人次；聘请人民调解员和人民陪审员与法官共同“坐班”诉讼服务中心化解诉前纠纷94件，庭前调解201件；设立律师工作站，推动律师参与化解和代理涉诉信访案件，将2件长期信访、缠访的当事人引入诉讼渠道，切实减轻全县维稳和信访压力。与新浪法院频道开通在线法院平台，构建“互联网+”诉讼服务新模式，方便群众足不出户完成在线立案、缴费、提交证据、质证、在线调解、司法确认、远程开庭、网上送达，让群众真真切切感受司法的高效与便捷。

【执行工作】 在党委领导、各方支持下，全面打响解决“执行难”攻坚战，召开专题会议，形成基本解决执行难共治大格局，营造全民参与执行的良好氛围；实现与公安、金融、交通、国土等单位的对接，着力破解查人找物难题，充分利用最高院“总对总”网络查控系统，加大网络执行查控力度，查询案件443件次，银行存款870.5万元、扣划731.8万元，查封车辆22辆、房产10宗、土地7宗，确保一批“骨头案”得到执行；加大对失信被执行人联合惩戒力度，着力破解规避执行难题，探索举报被执行人财产线索奖励机制，反复曝光失信被执行人220人，对22人实施司法拘留、罚款，形成打击失信被执行人高压态势，使其“一处失信、处处受限”，促使一批“躲债”案件有效执结；开展网上司法拍卖7件627万元，着力破解财产变现难题。全年受理执行案件680件，执结569件，有可供执行财产案件结案率达83.54%，执行到位资金3659.4万元，解决“执行难”取得阶段性胜利。

【法院廉政建设】 严格落实中央八项规定精神、最高法院“五个严禁”“四个从严”要求，层层传导压力，压紧压实两个责任。狠抓作风建设，采取日常督察和专项督察相结合的方式，从规范着装、会风会纪、上下班纪律等小事抓起，严格执纪问责。培塑正面先进典型的示范引导，常抓反面典型的警示教育，认真做好人大代表、政协委员建议、提案办理工作，邀请代表、委员和社会各界观摩庭审、参与现场执行47人次，坚持廉政提醒谈话、回访、约访案件当事人385人次，坚持把纪律挺在前面，用实用好用准监督执纪“四种形态”，严格执行外部人员干预、内部人员干扰司法行为登记制度，登记5人，以零容忍态度坚决惩治司法腐败。

【法院文化建设】 始终坚持把文化建设作为增强法院“软实力”的重要举措。通过精神文化引领、行为文化规范、制度文化约束、物质文化激励，逐步形成兼具独特司法魅力和元谋热坝人文特色的法院文化。向每位干警赠送书籍，在审判区域、办公场所打造廉政、法律文化长廊和干警风采文化墙，加强法庭文化建设，潜移默化中培育干警的法律精神和高尚品行，积淀法院文化底蕴；拍摄微视频《法院人的一天》、沙画作品《小庭大爱》，参与制作《热坝说法》宣传片。以元谋县人民法院干警获奖作品拍摄的微电影《又见丁香花儿开》再次获全国法院第四届十佳微电影优秀奖和中央宣传部社会主义核心价值观30分钟主题微电影展示二等奖，点播率已超25万次，在讲好法治故事、传递法治好声音的同时，把有责任、有担当的优良传统和凝聚工作正能量的司法作风建设不断引向深入，有力促进法院工作迈上新台阶。

【法院落实便民举措】 立足县情民意，准确把握全面深化改革和推进依法治县进程中肩负的职责，深入推进《元谋县人民法院为全县经济社会跨越发展提供法律服务和保障的实施意见》，加强对10个乡（镇）、78个行政村（社区）“法官包村挂点”矛盾纠纷排查化解的指导力度，为群众提供法律服务1121人次，参与化解重大矛盾纠纷9件，及时为县委政府重大决策提供法律风险评估和法律咨询意见17次，培训人民调解员、网格送达员、村组干部800余人次，化解矛盾纠纷216件；成立3个民商事审判速裁团队，减少诉讼成本，缩短办案周期，为群众提供低成本、高效率的诉讼服务；加大假日法庭、巡回法庭和远程视频庭审力度，深入各乡镇“巡回审理”案件217件、就地办案578件，让群众在家门口就能打官司讨说法；发挥姜驿、羊街、新华3个巡回审判点便民作用，促进13件纠纷就地就近化解，使边远地区群众真切感受到司法服务就在身边；深入推进司法救助改革，为4位未成年被告人指定辩护律师，给予7件案件当事人缓、减、免诉讼费4.35万元，向12件救助对象发放救助金32.78万元，彰显司法人文关怀。

【法院扶贫棚改工作】 全力投身精准脱贫工作，解决资金2.7万元，帮助扶贫联系点维修进村道路、解决人畜饮水等困难，实地走访看望江边乡金马村64户结对联系贫困户和江边乡盐水井村乌东德水电移民包保户157户，其中走访结对联系贫困户300余人次，干警春节慰问结对联系贫困户15100元；走访中与包保联系户面对面找准理清发展思路，与水电移民户共商移民搬迁事宜。完成79户建档立卡贫困户的年度脱贫攻坚任务和棚改二期27户包保户的联系服务工作，抽调11位干警参与县委、县政府中心工作，助推全县中心工作开展。

【诉讼改革稳步推进】 深入推进跨区划行政案件集中管辖改革和公益诉讼案件审理试点工作，经验做法在全省司法责任制会议上作交流；推进庭审实质化改革，推动主办侦查人员、证人、鉴定人出庭机制的落实，有效发挥庭审功能；积极试行简案快审改革，成立速裁审判团队，推进“简案快审、繁案精审”机制，全年适用简易程序审结案件1038件；发挥家事审判庭和妇女维权合议庭职能，探索家事审判、反家暴人身保护措施，发出人身安全保护令1件，依法保护妇女、儿童合法权益；为更好维护当事人合法权益，发出律师调查令3件；拓展人民陪审员职能，实行法律文书送达，全年陪审员参审、执行、送达法律文书506件；网格送达员送达法律文书821件，主动化解纠纷437件，为促进司法民主发挥应有的作用，陪审员和网格员成为平安建设的一支重要力量。

【推进智慧法院建设】 投资300余万元，全力打造云南省“智慧审判苏州模式”试点法院建设，建成执行指挥中心、数字审委会、智能庭审系统、法官智慧语音识别系统、诉讼材料中转“云柜”系统，创新应用先进的人工智能技术，为审判执行提供更加精准高效的辅助办案支持，实现四级法院资源共享，全面推动法院政务、人事和审判管理的自动化无纸化办公提质增速，构建服务执法办案、司法便民、司法公开、信访维稳通道，为群众提供更加便捷的诉讼服务；公布上网裁判文书1071份，开展网络庭审直播204件，满足当事人知情权，增进群众对法院工作的认同感和满意度。

（杨玺兰）

司法行政

【司法行政机构】 2017年，元谋县司法局内设办公室、政工监督室、法治宣传教育股（与元谋县委普法领导小组办公室合署办公）、基层工作股、法律援助工作管理股、社区矫正工作股（与元谋县社区矫正领导小组办公室、元谋县刑释人员安置帮教协调领导小组办公室合署办公）、律师公证工作股7个股室，下辖10个乡镇司法所，下设元谋县法律援助中心（与法律援助工作管理股合署办公）和元谋县公证处（与律师公证工作股合署办公）两个事业单位，监督管理宇锋律师事务所、楚安律师事务所、天衡法律服务所、元马镇法律服务所、黄瓜园镇法律服务所、老城乡法律服务所。年末，全局在职干部职工45人。其中：局长1人、副局长2人；公务员43人、专业技术人员1人（三级律师）、机关工人1人（高级工）；大学本科学历17人、大专学历23人、中专学历

4人、初中学历1人；取得律师资格证2人；中共党员35人。

【司法队伍建设】 牢固树立团队精神，凝心聚力，强化协作意识。以“迎接十九大，做合格党员”为载体，引导党员干部践行“四讲四有”，做到“四个合格”。积极组织开展“两学一做”学习教育推动“比学赶帮超”活动，班子做到相互信任，相互支持，形成既分工又合作的携手共进良好工作局面。发挥领导班子的整体合力和战斗力，为司法行政工作的持续发展提供了坚实的组织保障。与17个股（室）、所分别签订了2017年度党风廉政建设责任书，把纪律、作风、反腐倡廉和队伍自身建设四个方面12项工作任务进行了分解。认真落实局机关党支部书记抓基层党建工作责任清单，探索建立党建工作通报和督查制度。推进“互联网+党建”工作力度，积极运用“互联网+法律服务”加快建设“能动司法”。做好党建工作“灯下黑”和“两张皮”专项整治工作，不断夯实党员宗旨观念，做到“不忘初心、牢记使命”，积极主动服务于水电移民、脱贫攻坚、全县综合环境卫生整治等重点难点工作，认真履行部门的职责使命。年内，圆满完成元谋县龙川江河道治理（二期）项目建设黄瓜园镇公卓村包保、江边乡大树行政村贫困对象动态管理、江边乡法帕村易地扶贫搬迁动迁调查、元谋县城东南片区（二期）棚户区改造包保、姜驿乡黑者村水电移民搬迁人口调查核实等各项中心工作任务。

【法治宣传】 以启动“七五”普法规划为契机，夯实普法工作基础，积极推进法治文化建设，为构建平安法治元谋营造良好的法治环境。组织全县124个单位共5446人参加在线学法，参学率100%。发挥法律服务工作者、“挂包帮”“转走访”工作队员、大学生村官、基层人民调解员、法治宣传志愿者等专兼力量在法治宣传教育中的骨干作用，在农村开展广泛深入的法治宣传。组织开展“加强知识产权保护应用，加快知识产权强国建设”“严厉打击非法集资，合力共创和谐社会”等主题鲜明的普法宣传活动。共悬挂宣传布标8幅，展出展板15块，设立咨询点10个，咨询人数1000人次，展出专利产品和州著名商标产品等25个品种，发放宣传展示物品1100份，发放宣传资料1.8万份。深入元马镇瓦渣箐、江边乡启宪、老城乡甘塘三个移民搬迁安置点及周边村（组）开展法治宣传教育和法律服务活动，共组织宣传服务小组40人次，出动法治宣传车8台次，播放《热坝说法》法治宣传教育系列专题片65小时，发放宣传资料3000份，解答法律问题及咨询服务360多人次。继续拍摄制作《依法信访　共建和谐》和以水电移民搬迁安置为主题的《齐心谋发展　筑梦新家园》等法治宣传教育专题片。

【人民调解】 全面推进联防联调组织建设，建立多元调解衔接机制，实现行政调解、人民调解、司法调解的有效衔接。进一步巩固和健全基层人民调解委员会，努力推进“三个三”调解工作机制［一件纠纷村小组调解三次未成功移交村（居）委会至少调解三次；如未成功再移交乡（镇）调委会调解至少三次后才能上报县大调解中心调解或引导司法程序解决］，从而及时排查化解各类矛盾纠纷，维护社会和谐稳定；主动介入重大工程项目及重点攻坚的前期工作，建立基层信息预警机制，在特定区域和行业设立调解组织，提前介入重点项目建设，抓好矛盾纠纷排查化解工作。促进人民调解与法律援助无缝衔接，把人民调解作为法律援助的前沿，对未能调处成功的矛盾纠纷，主动引导群众依法维权，努力形成“大调解”工作格局。年内，全县各级人民调解组织共受理各类矛盾纠纷4125件，调处4125件，成功4118件，防止民间纠纷引起自杀1件1人、防止民间纠纷转化为刑事案件7件12人，调解达成协议涉及金额达4693.31万元，调解率

100%，调解成功率99.8%。

【社区矫正安置帮教】 2017年，重点抓好三个方面工作：与民政部门对接联系做好两类人员中困难家庭的走访调查及帮扶工作。做好监外服刑人员的日常监管工作，做到“一周一汇报、一月一见面”，按照程序精简、环节顺畅、制度明确、标准细化的原则和“精、准、细、严”的工作要求，把社区矫正各项职能逐项分解到各系列、各环节、各岗位，做到操作可行、风险可控、预控可见。社区矫正做到定人员、定责任、定方案，确保社区矫正工作的规范化运行。对接联系县检察院做好监外服刑人员的联合执法检查工作。现有刑释解教人员573人，监外服刑人员157人，组织开展社区矫正调查评估14件，做出调查笔录37份，审前评估9件，裁前评估4件，采信11件，采信率84.62%。作出警告审批8人次。年内全县无脱管漏管及重新违法犯罪情况的发生。

【公证工作】 把公证与征地拆迁和移民搬迁有机结合，将“云南省公证法律服务便民利民十项措施”进一步落实到公证工作实践中，完善规章制度和便民服务措施，提高公证法律服务社会效果。2017年10月，县编办批准设立元谋县公证处，核定事业编制3人，机构级别为元谋县司法局下属的股所级公益二类事业单位，健全机构。年内共办理各类公证183件，无错证假证情况发生，解答咨询857人次。

【律师工作】 律师事务所着力构建与元谋县经济社会发展相适应的执业律师团队，主动融入维稳工作，律师服务能力进一步增强。年内代理民商事、刑事案件337件，为28家单位担任法律顾问，参与县处级信访接待日接访16人次，参与热水塘村群众信访积案、爱琴海游泳池学生溺水死亡纠纷等热点难点案件的化解工作。3位执业律师被县人民法院聘任为党风廉政监督员，1位执业律师被县公安局聘任为警风警纪监督员，1位执业律师担任元谋县九届政协委员。

【法律援助】 巩固和完善县、乡20个法律援助工作站、78个村（社区）法律援助工作点和大中型水利水电工程项目建设移民法律援助工作室，充分发挥职能作用，拓宽援助途径，便民措施进一步落实。健全完善律师、公证员、基层法律服务工作者、法律援助志愿者法律援助执业规范制度，认真开展“案件质量评查”办案质量不断提高。年内，共开展法治宣传教育8场次，受教育人数5160人次，接待法律咨询741人次，代写法律文书76份，办理法律援助案件245件。

【基层法律服务】 严格基层法律服务所和基层法律服务工作者执业年检注册，加强业务培训和执业道德执业纪律教育，不断提高法律服务水平。年内有注册基层法律服务工作者17人，基层法律服务所共担任企事业单位法律顾问5家，代理诉讼118件，代理非诉讼事务4件，调解纠纷4件，代写法律文书197件，解答咨询1004人次，办理法律援助24件，参与司法行政工作44人次。根据省州要求，全力建设公共法律服务体系平台建设，9月30日，县级公共法律服务中心已建设完成并投入使用。10月30日，10个乡级公共法律服务中心和78个村级公共法律服务站已建设完成并投入使用，运行正常。

（尹茂娥）

【政府法制机构】 2017年，元谋县人民政府法制办公室属县人民政府办公室内设机构。对外开展工作时，使用元谋县人民政府法制办公室、元谋县人民政府行政复议办公室、元谋县依法行政领导小组办公室、元谋县人民政府法律顾问室印章。负责元谋县人民政府法制工作，为重大行政决策提供法律参考，协调、指导、监督全县依法行政，行政执法监督检查，办理行政复议、行政应诉、行政赔偿案件。年末，县人民政府法制办公室在职干部2人。其中：主任1人；公务员2人；大学本科2人。

【法制办职责】 负责拟定依法行政规划并组织协

调和督促检查。统筹规划制定政府规范性文件。审查各乡镇人民政府、县级各部门报送元谋县人民政府的规范性文件草案和登记备案审查。负责县人民政府规范性文件报送州人民政府、县人民代表大会常务委员会的备案。组织草拟县人民政府重要规范性文件。上级政府、各级人民代表大会及其常务委员会征求县人民政府意见的法律、法规草案、部门规章和规范性文件草案的办理。组织清理县级规范性文件。制定县人民政府行政执法监督检查计划并组织实施。推行行政执法责任制和评议考核制。监督、检查、指导全县行政应诉、行政赔偿、行政补偿。对行政机关作出重大决策的听证进行监督和指导。指导、协调行政调解工作。承担元谋县人民政府法律顾问，办理法律事务，提供法律咨询，出具法律意见，受县人民政府委托参与行政诉讼和行政复议。

【法治政府建设】 制定出台《元谋县人民政府贯彻落实国务院关于加强法治政府建设的实施意见》，为法治政府建设提供指导和依据，进一步加强政府自身改革和建设，深化科学民主决策机制，保障县人民政府重大行政决策的合法性、科学性。制定出台《元谋县 2017 年依法行政工作计划》和《元谋县 2017 年县级部门（乡镇）法治政府建设（行政执法）考评量化标准》，认真组织依法行政考核，进一步加大依法行政工作的落实力度。年内，县人民政府与 10 乡镇和县级行政执法部门签订《元谋县 2017 年度加强法治政府建设推行行政执法责任制目标管理责任书》，把依法行政工作纳入全年责任目标考核内容，与全县经济工作同安排、同部署、同考核。

【政府法律顾问工作】 为全面落实《中共元谋县委办公室元谋县人民政府办公室关于全面推行法律顾问制度和公职律师公司律师制度的实施意见》，下发了《关于加强党政机关法律顾问工作的通知》，明确了政府法律顾问的选聘、使用和考评等程序，同时对法律顾问工作任务进行了量化，规定了行政合同、规范性文件、行政复议、应诉的数量和要求，提高了法律顾问的工作主动性。年末，全县党政机关已经实现法律顾问全覆盖。其中，13 家县委工作部门和直属机构、32 家县政府工作部门和直属机构以及 10 乡镇人民政府均已经聘请法律顾问，另外还有 5 家企事业单位和 9 家民营企业也聘请了法律顾问。县政府法律顾问已为县重大行政决策、行政合同签订以及各类政府涉法事务提供法律意见 30 余件次，有效避免了县政府的法律风险。

【行政应诉和行政复议】 2017 年，全县涉及行政应诉案件 11 件，开庭审理 10 件，其中，县人民政府领导出庭应诉 9 件，乡镇人民政府领导出庭应诉 1 件，行政机关负责人出庭应诉率 100%，在 2016 年出庭率 36% 的基础上取得突破，行政机关自觉接受法律监督、司法监督的自觉性不断增强。2017 年，元谋县人民政府收到本行政区域内行政复议案件 1 件，续办 1 件，复议结果维持原行政行为的 1 件，当事人申请撤回 1 件，坚持重大疑难行政复议案件听取专家意见制度、集体讨论制度。

【行政立法工作】 2017 年，元谋土林保护列入楚雄州立法工作计划，县政府及时成立了起草领导小组，抽调相关人员参与《楚雄彝族自治州元谋土林保护管理条例（草案）》起草及《规划》编制工作。经过反复修改论证,《楚雄彝族自治州土林保护管理条例》于 2017 年 10 月 24 日州十二届人大常委会第六次会议通过，11 月 30 日省十二届人大常委会第三十八次会议批准，12 月 4 日正式公布，自 2018 年 1 月 1 日起施行。该《条例》是楚雄州制定的第一部关于自然资源保护和旅游文化发展方面的地方性法规，对元谋土林资源保护管理具有里程碑性的意义。

（杨茂魁）

军　事

人民武装

【武装部组织】 2017年，中国人民解放军云南省元谋县人民武装部属正团级单位，直属云南省军区楚雄军分区领导，同时接受当地县委、县政府的领导。是当地党委和政府的军事机关和兵役机关，县委书记兼任人民武装部党委第一书记，县长兼任国防动员委员会主任。

【武装部班子建设】 部党委高度重视党委班子能力素质建设，始终着眼提高整体执行能力，进一步加强党委班子和干部队伍建设，以增强事业心责任感、提高能力素质、强化原则性战斗性为重点，强化法纪观念来维护执行力，通过振奋工作精神来体现执行力，通过积极维护团结来保证执行力，进一步规范党委工作，提高依法决策、科学决策和民主决策的能力。落实县委书记任武装部第一书记等制度，及时向书记和县长汇报工作和反映问题，主动争取领导支持。思想政治建设是领导班子建设的灵魂，按照民主集中制的要求，组织进行了以习近平系列最重要讲话精神为重点的理论学习。积极参加分区组织的理论学习，把理论学习与“两项”教育结合起来。坚持理论与实践相结合，努力把握十九大精神实质和精髓要义，真正使科学理论进入思想、进入工作，指导实践。认真学习了《中国共产党章程》《中国人民解放军政治工作条例》，大力加强民主集中制建设和班子团结，加强党性修养。坚持在工作上互相商量，生活上互相关心，守纪上互相提醒，性格上互相尊重，感情上相互交流，不争权、不争利、不争名，通过努力，党委班子和干部队伍团结心齐，中共党组织健全，党内生活制度落实，班子的核心领导作用和战斗堡垒作用发挥较好。

【武装部队伍建设】 针对人武部干部的特点和面临的新情况新问题，武装部把加强干部的素质能力培养作为加强班子建设和干部队伍建设的重要内容，通过理论学习、平时交心谈心、思想政治教育和生活上的关心关爱等方式来帮助干部提高理论水平和思想觉悟，鼓励干部既学习部队知识、又学习地方经济知识，拓展知识面，增长知识和才干。

【“维护核心、听从指挥”主题教育活动】 坚持把学习贯彻中共十九大精神作为首要政治任务抓紧抓实，按照“走在前列”的要求，学深悟透精髓要义，坚定道路自信、理论自信、制度自信，并结合学习习近平新时代中国特色社会主义思想和习近平强军思想，积极参加上级组织的各类学习，不断把学习贯彻引向深入。紧紧围绕新形势下的强军目标，认真抓好“维护核心、听从指挥”主题教育学习，扎实搞好“两学一做”学习教育常态化制度化。通过学习教育，增进干部职工、民兵对共产党领导的信赖和拥护，把实现强国梦、强军梦作为自觉行动和目标追求，使政治立场更加坚定、听党指挥更加坚决、政治观念和政治鉴别能力得到进一步增强。扎实做好军事斗争和重大任务中政治工作，深化根本职能教育和形势战备教育，为完成任务提供强大精神动力和可靠保证，确保从思想上政治上牢牢掌握部队。

【军事训练】 严格落实战备工作要求，规范作战值班秩序，修订完善方案预案，围绕提高应急作战动员准备和遂行多样化军事任务能力这个重点，制定应急处突工作流程，完善处置各种突发性事件的行动预案，加强森林灭火、抗洪抢险、抗震救灾、维稳处突等应急演练，提高民兵队伍应急能力。注重抓好本部干部共同科目、业务基础、业务综合素质、手枪射击、体能技能、战术基础训练、3千米越野等科目的训练。7月下旬，组织民兵应急分队在人武部进行了以政治教育、国防知识、军事理论、队列、步枪射击、战术、森林防火、抗旱救灾、抗震救灾等为主要科目的理论知识学习和实际操作演练。12月，组织部队和民兵开展突发自然灾害应急救援的考核演练。

【征兵工作】 坚持早部署启动、分阶段推进、全过程督导，把住精准征兵各关口环节，一步一动落细落实，紧盯"五率"量化考评指标，减少退兵数量，杜绝责任退兵，打好征兵工作翻身仗。采取有力措施应对网上征兵新情况新问题，早启动、早宣传、早着力，在保证兵员质量，确保廉洁征兵上下功夫，先后派出4个工作组到基层检查督导，发放征兵宣传手册3000份，张贴征兵海报400份、书写张贴标语800份、发送手机短信5300条，用过细的工作确保征够兵，送好兵，零退兵。2017年，全县征集的新兵中，农村户口青年占85.29%，城镇户口青年占14.71%；大学生占57.35%；高中生（含职高、技校、中专）占42.67%。

【国防教育】 中共十九大报告中提出"提高国防动员和后备力量建设质量"，把加强国防教育和后备力量建设作为人武部工作重点不放松，着眼制约全县国防动员和后备力量建设的瓶颈问题，在广泛调研、充分酝酿的基础上按照八项经常性工作抓落实，人武部全面建设基础进一步夯实。为搞好国防教育，县人武部利用"青年民兵之家"、黑板报、墙报、宣传橱窗等加强对《中华人民共和国兵役法》《中华人民共和国国防法》《中华人民共和国国防教育法》《征兵工作条例》等进行宣传，结合纪念建军90周年，充分利用元谋江边红军长征纪念馆和龙街渡等红色资源，开展党史军史教育,《红军标语树的时代心曲》在军报刊载。

【国防后备力量建设】 深化民兵组织和社会的深度融合，推动民兵组织全面转型，重点对基干民兵组织布局、结构、编制、标准等进行全面系统的调整。2017年在全区率先成立飞马常驻民兵分队，编为楚雄州应急民兵二中队。突击队主要由退役军人组成，实行公安局集中管理，人武部牵头组训，多样化任务牵引，24小时备勤制度。配备快速运兵车3辆、快反突击摩托车25辆、巡逻艇1艘，保障了对各类突发事件、自然灾害、重特大事故快速反应、快速集结、快速处置的机动力量。在完成10个乡镇基层武装部规范化建设达标任务后，持续深入推进基层武装部建设，完善各类规章制度，充实各类应急装备器材。积极协调县委、县政府，落实乡镇武装工作经费，并划入财政预算。会同县委组织部联合把关，选拔任用政治思想好、军政素质高、纪律观念强的干部任乡镇武装部部长，努力夯实建强乡镇武装部干部队伍。

【安全稳定工作】 坚持把依法治军、从严治军要求贯彻到教育、训练、管理等工作的方方面面，着力提高人武部依法决策、依法指导、依法行事素养。持续开展"学法规、用法规、守法规"活动和百日安全活动，抓好全员性经常性法规制度学习教育，培养官兵职工严格自觉的法纪意识。

狠抓各类安全问题综合防范，采取上下结合的方法，定期开展安全隐患排查治理，认真开展了枪弹排查工作。重点做好调整改革期间的安全稳定工作，教育引导全体干部职工倍加珍惜个人前途，时刻保持清醒头脑，严控“十大风险”，做到大事之年不出问题，确保交出合格答卷。在人员管理上坚持上下班制度，离开营区请销假，严禁参与黄、赌、毒、私、特、艾。在车辆管理上做到不随意动车，未经上级批准不超防区行车，车况不好不出车，不开疲劳车、不开快车、不酒后开车。在枪弹管理上，落实干部住库制度，明确枪弹交接制度和仓库管理规定，落实部领导不定时检查仓库制度，确保仓库的安全。在信息管理上制定涉密载体管理规定，加强对涉密文件集中管理。针对2017年大事多的特点，严格抓好安全管控，节假日及大项任务开展前夕召开安全形势分析会，围绕“六个管好”，开展安全大检查，对民兵武器装备仓库、保密室、值班室等重点部位进行全面细致检查，积极查找问题，认真梳理隐患，深入分析原因，制定整改措施，确保安全稳定。

（王能文）

人民防空

【人民防空机构】 人民防空是国防的重要组成部分，是现代城市管理的重要内容，实行地方政府和同级军事机关双重领导，坚持“长期准备，重点建设，平战结合”的工作方针，贯彻与经济建设协调发展，与城市建设相结合的原则，平时组织开展人民防空建设，配合参与抢险救灾和应对突发事件，认真开展人防法律条规及人防知识的宣传教育，防空警报设施维护管理，警报试鸣，防空地下室建设，防空地下室易地建设费清缴等工作。战时组织开展城市防空袭斗争。在2015年政府机构改革中，根据《元谋县人民政府职能转变和机构改革方案》，成立元谋县住房和城乡建设局，加挂元谋县人民防空办公室牌子，元谋县人民防空办公室职能职责并入县住建局。元谋县住房和城乡建设局内设人民防空股。2017年末，元谋县人民防空办公室在职干部5人。其中：主任1人（兼职）；公务员4人；大学本科学历1人、大专学历3人、高中学历1人；中共党员4人。

【人民防空宣传教育】 按照州人防办人防宣传教育“五进”工作要求，在学校、企业、社区、机关、网络上广泛开展以人民防空为主题的国防教育。利用广播电视媒体播放人民防空宣教片开展教育，认真宣传《中华人民共和国人民防空法》《云南省实施〈中华人民共和国人民防空法〉办法》《人民防空工程建设管理办法》和人民防空相关知识，使广人民大群众了解防空防灾知识，提高防空防灾意识及应对灾害的能力。

【人民防空工程建设管理】 认真执行国家国防动员委员会、国家发展计划委员会、国家建设部、国家财政部颁布的《人民防空工程建设管理办法》，开展防空地下室建设审批工作。执行《中华人民共和国人民防空法》《人民防空工程建设管理办法》，加强防空地下室的建设与管理。在制定全县基本建设投资项目审批程序中，把结合地面建筑修建防空地下室工作列入审批内容之一，严把审批关，做到城区工程建设项目人防前置审批，防空地下室应建必建。

【防空地下室易地建设费征收】 按照云南省物价局、云南省财政厅、云南省人民防空办公室《关于调整云南省防空地下室易地建设收费有关问题的通知》的相关要求，严格按政策标准执行，对不修建防空地下室或不缴纳防空地下室易地建设费的民用建筑，按照《人民防空工程建设管理办法》，规划部门不核发规划许可证，建设部门不核发施工许可证。在建设规划部门的支持配合下，2017年共审批防空地下室易地建设项目139个，发放防空地下室易地建设许可证124本，收缴防空地下室易地建设费 13039.87 万元。依法审批减免人防易地建设项目 49 个，减免防空易地建设费 18.17 万元。

【警报建设与管理】 及时与安装防空警报的单位签订《警报管护责任书》，明确专管人员。及时对专管人员进行人防政策法规和专业技能的操作培训，明确职责，保证出现问题能及时汇报和处理。定期对防空警报器进行检查维护，保证状态良好。定期对防空警报的电路逐一进行检查，发现电源相线发生变更影响防空警报运行状态的情况，及时与电力部门联系处理，确保警报电源畅通。每个季度定期对防空警报器及控制箱进行安全检查，保证应急时"连得上、拉得响"，随时处于安全状态。

【防空警报试鸣】 9 月 18 日 9 时 18 分，根据楚雄州人民政府的统一部署，经过精心组织，采用集控方式对防空警报进行控制，城区防空警报器同时鸣响，圆满完成了防空警报试鸣任务。同时也检验了全县防空警报的安全可靠性。

【联勤值班】 围绕防空、防灾应急的工作要求，做好联勤值班工作，提高人防无线电通信快速反应能力，适应战时防空、平时防灾的通信保障需要。根据楚雄州人防办的要求，在每个工作日定时与州人防办进行无线电台（二级网）通信联络对讲，并将通话效果及时报告州人防办。在电台出现情况或联络不畅时及时用电话与楚雄州人防办指挥通信科联系，问明情况，排除故障，此项工作一直进行，从未间断，电台运行状态良好。

（王　林）

人民武警

【武警消防机构】 2017 年，中国人民武装警察部队元谋县消防大队设 1 个消防中队（下设中队办公室）、大队长办公室、教导员办公室、参谋办公室、综合办公室。

【消防大队班子建设】 2017 年，元谋县消防大队在支队党委、县委县人民政府和县公安局的正确领导下，本着对党和人民高度认真负责的态度，全力筑牢安全防线，持续开展消防安全隐患排查整治，带领全体官兵攻坚克难，奋勇争先，消防工作和部队建设呈现良好的发展势头，为全县的社会稳定和经济发展创造良好的消防安全环境。以提高班子领导能力为根本，努力完善领导干部能力提升机制，将班子建成政治坚定、团结协作、精干高效、勤勉清廉的坚强领导集体；以开展"维护核心、听从指挥"主题教育和"两学一做"学习教育常态化制度化活动、"酒驾问题集中整治"等学习教育为引领，扎实开展作风建设，使党员干部严守党的政治纪律和政治规矩，做到在任何情况下都绝对忠诚于党、绝对忠诚于人民，为党分忧、为党担责、为党尽责。年内，大队党委共组织集中学习 20 余次，撰写心得体会和理论文章 100 余份，开展调研活动 20 余次，全体监督党员干部保持良好的工作状态，严格工作纪律和工作要求，切实有效地纠正各类不正之风，在队伍中形成敬业奉献、实事求是、清正廉洁、勇于创新的优良作风；以党的建设为龙头，以基础信息化、警务实战化、执法规范化、队伍正规化"四项建设"为主线，以提升部队战斗力为核心，以维护"两个稳定"为重点，改革创新，锐意进取，全面打造现代化消防铁军，努力谱写元谋县消防事业跨越发展的崭新篇章。

【铁军中队建设】 紧紧围绕"五个严防、三个不发生"的目标。全体官兵进一步提高政治站位，强化政治担当，紧贴实战推进全员岗位练兵，健全科学的组训、奖励、督导和保障机制，提升灭火救援实战化水平。突出基地化岗位轮训，强化单兵基础训练、班组战术训练，抓好全员、全装、全队的协同合成作战训练，提升基层单位整建制独立作战能力。立足于"灭大火、打大仗、打胜仗”的需要，加强区域性、综合性实战演练，全面检验部队在复杂条件下打赢制胜能力。消防大队全年共接警出动136起，其中，包括各类火灾事故69起（包含登记类火灾事故66起，刑事放火3起），社会救助21起，抢险救援46起。出动消防车328辆次，出动人员1274人次，抢救被困人员28人，疏散人员191人，抢救财产价值2337.1万元。与上年相比，接警起数上升了3.87%，抢救被困人员数上升了128.57%，疏散人员数上升了68.29%，抢救财产价值上升了44.36%，人员伤亡数为零。圆满完成重要节事活动消防安保，切实营造良好的消防安全环境。

【消防监督管理】 年内，元谋县公安消防大队把消防监督检查工作、消防安全专项治理与各项安保活动工作紧密结合，做到共同开展、相互促进，大力消除火灾隐患。大队在日常消防监督检查不放松的基础上，开展“今冬明春”“易燃易爆”“烟花爆竹”“三合一、多合一”“文物古建筑”“消防产品”“南博会”“重大火灾隐患集中整治”“平安三号红盾行动”等消防安全专项整治行动，积极提高全社会防控火灾能力，最大限度地减少火灾隐患和火灾危害，构筑社会消防安全“防火墙”。全年共检查单位2802家，发现并整改火灾隐患5930处，下发行政处罚决定书19份，处罚款26.1万元，临时查封单位7家，责令“三停”单位7家。使一大批火灾隐患得以消除，一些消防违法行为得到处罚，净化辖区的消防环境，确保全县火灾形式持续平稳。

【消防宣传发展】 消防大队把加强消防宣传、提高群众消防安全素质作为一项基础性、先导性、长期性的工作来抓，将消防知识教育与普法教育、基础教育、岗位培训结合起来，不断加大教育培训力度，形成教育培训的常态机制。召开专门会议，成立领导小组，明确各自的任务职责。以重大火灾隐患集中整治专项行动为契机，加大消防宣传力度，采取多种形式，向辖区各单位广泛宣传消防法规、防火灭火以及逃生自救常识。组织消防官兵深入各企业单位，广泛开展消防安全知识讲座，加强消防安全知识培训，时刻提醒广大人民群众关心消防工作、学习消防知识，切实提高社会面的火灾防控能力，营造良好的消防宣传氛围。消防大队全年开展消防安全宣传200余次，悬挂消防挂图300幅，发放消防宣传手提袋5000份，宣传围裙2500份，消防展板40块，向群众发放消防宣传资料1万份、消防安全指南800余份，张贴宣传标语200条，接受群众咨询5000余人，举办现场培训20场次，累计参训2000余人。

【消防亮点工作】 2017年，元谋县公安消防大队被云南省公安消防总队表彰为“党的十九大消防安保工作先进大队”“2017年度基层建设先进大队”，被楚雄州公安消防支队表彰为“楚雄州消防安全管理先进单位”“2017年度好班子”“2017年度后勤工作先进大队”等荣誉称号；年内，教导员雷钧被县人民政府表彰个人三等功一次，大队长杨小龙被县人民政府表彰个人三等功一次，教导员雷钧被总队记三等功一次，大队长杨小龙、上士毕贵雄在中共十九大消防安保工作中被总队表彰为“先进个人”；参谋杨绍奇、曹小江、赵举洪、吴彦霖被总队记嘉奖一次；专职消防队员李建东、普金元和消防文员李萍玉在十九大消防安保工作中被总队表彰为“先进个人”。

（李萍玉）

【武警中队概况】 武警楚雄支队执勤二大队元谋中队原名为武警云南总队楚雄支队元谋县中队，前身为元谋公安队，现隶属于武警云南总队楚雄支队。主要担负元谋县看守所外围武装警戒，参加处置暴乱、骚乱事件、恐怖袭击事件等其他社会突发事件以及抢险救灾任务。武警部队领导指挥体制调整后，武警的兵力调动权收归中央军委，根据中央军委统一命令，整编为中国人民武装警察部队云南总队楚雄支队执勤二大队元谋中队。中队自组建以来，全体官兵励精图治，在基础设施差、执勤条件艰苦的环境下，发扬两不怕精神，以习近平主席系列重要讲话精神为指导，认真贯彻落实习近平改革强军战略思想，按照《军队基层建设纲要》和《基层正规化管理规定》，立足中队建设实际，树牢科学发展理念，注重建队育人，强化练兵备战，圆满完成上级赋予的各项任务，高标准实现“两个确保”。

【中队党支部建设】 年内，以中共十九大和习近平重要讲话精神为指导，大力加强思想政治建设，充分发挥党支部战斗堡垒作用和党员先锋模范作用，重点抓好两个群众组织（团支部、军人委员会）和三支队伍（干部队伍、党员队伍、士官队伍）建设，搞好骨干培训，确保部队建设的正确方向。2017 年，全队官兵紧紧扭住“听党指挥、能打胜仗、作风优良”的强军目标，紧随改革强军步伐，把党的先进理论积极投身于多样化军事任务实践，确保部队战斗力稳步提升。中队支部严格落实七项组织生活制度，召开民主生活会，形成分析检查报告，制定整改措施，落实目标责任；坚持依法从严治军、坚持按纲建队，确保部队高度集中统一和安全稳定；全队官兵牢记使命、苦练本领、忠于职守、勤奋工作，圆满完成上级赋予的各项任务。

【中队思想政治】 年内，中队支部紧跟时代前沿、紧贴形势任务、紧扣思想脉搏开展思想政治教育教育，牢固树立政治作首位意识，着力培育“四有”革命军人。中共十九大召开后，中队及时成立理论宣讲小组，通过观看直播、热点解读、体会交流等方式，活用板报橱窗、网络广播等各类载体，迅速掀起学习十九大精神热潮。注重用好习近平系列重要讲话读本，广泛开展“我最喜爱的习主席一句话”和“学习主席思想、讲习主席故事、做习主席好战士”活动，不断强化官兵的核心意识。扎实开展“传承红色基因、担当强军重任”主题教育，认真组织课后讨论，教唱革命歌曲，组织观看《厉害了，我的国》《平“语”近人》和《周恩来的家风家规》等央视政论片，开展“每周强军故事会”活动，培塑身边典型，引导官兵坚定理想信念，争当强军先锋。在新兵下队时开展“一帮一、一对一”活动，在老兵退伍前期开展“老兵离队留什么，留队官兵学什么”活动，积极弘扬正能量，确保官兵思想上进。强力推进“官兵大家访”“四心工程”，大力开展“深知兵、真爱兵”“懂得战士、尊重战士、成就战士”等活动，始终做到“关心战士生活、关心战士困难、关心战士成长”，每周收集战士的意见建议和困难需求，并及时进行反馈解决。

【军事训练】 年内，中队按照新《军事训练与考核大纲》，坚持支部每月议训，每周分析训练形势和安全工作。结合上级各类培训、集训等措施，加强中队军事人才队伍建设，注重发挥教练员“酵母”作用，大抓干部士官训练，提高干部士官组织指挥和教学能力，以干部士官训练带动中队整体训练水平。同时严格奖惩制度，坚持从难、从严训练，充分利用“五小练兵”“军事竞赛”等活动，强化官兵基础体能和“比学赶帮超”的训练氛围，有效发挥“政治工作八个到现场”，激发官兵训练热情，提升训练质量。

【后勤建设】 年内，中队始终以官兵是否满意为工作的出发点和落脚点，围绕服务大局、服务中心开展工作，不断提升后勤保障综合效益，狠抓后勤制度，搞好后勤经费物资管理，落实账目及财务公开，树牢“小而精”的理念。严把实物验收关和留验制度，立足中队实际，合理规划菜地，大力开展“两业生产”，丰富官兵的菜盘子。同时中队结合地域民族习惯，精心调剂，每周定期收集伙食意见，不断改善伙食，更新口味，做到粗菜细做、细菜精做，力求官兵最高满意率。

【战备工作】 年内，中队聚焦执勤战备工作，紧盯中心任务，狠抓常态执勤，加强实战化训练，提高履职执勤能力，教育官兵牢固树立“危险就在身边，战斗随时打响”的意识，修订完善战备方案，落实战备制度，圆满完成全年战备执勤工作。

【中队党风廉政建设】 年内，中队支部结合“两学一做”学习教育活动，学习党员廉洁自律准则，严格落实“禁酒令”，组织党员展开大讨论，采取对照检查、个人剖析的形式，引导党员查找自身差距，对照要求认真抓好整改落实，增强党员队伍纪律法规意识，保证部队风清气正的良好环境。

（刘　通）

群众团体

元谋县总工会

【县总工会机构】 元谋县总工会内设办公室、组织部、财务部、权益法律保障部、宣传教育部、县职工医疗互助活动代办点、元谋县职工服务中心办公室7个部室。年末，县总工会在职干部职工10人。其中：党组书记、常务副主席1人，副主席2人；公务员7人、机关工人3人（高级工3人）；大学本科学历4人、大专学历5人、中专学历1人；中共党员9人。

【工会组织及会员】 全县共有基层工会组织434个，涵盖单位488个、职工18381人，工会会员18373人。其中：建立女工组织388个，女职工7680人，女会员7678人。机关、企事业单位建会率98%，职工入会率99.8%。

【基层工会组织建设】 元谋县总工会加强职工之家建设，全面巩固提升10乡镇工会规范化建设达标任务。以“职工之家”建设为载体，继续打造“1125”工作计划，创建基层工会职工之家合格达标98%，完成“六有工会”规范化建设47家，验收合格率100%。加大对基层工会组织建设工作扶持力度，丰富职工群众文娱活动。补助基层工会经费69万元，为进一步开展好形式多样、丰富多彩的文娱活动和规范化建设“六有”工会提供资金保障。

【工会宣传】 元谋县总工会坚持以宣传《中华人民共和国工会法》《职工维权手册》为突破口，充分利用广播、电视、报刊、工会互联网、云岭职工宣传平台等宣传新时期中国共产党对工会工作的方针、政策及职工权益维护相关知识。年内，县总工会选取10位不同岗位劳动者典型在县广播电视台进行宣传报道，进一步弘扬中国工人阶级伟大品格和劳模精神。设立善行义举榜，倡导干部职工群众践行社会主义核心价值观。县总工会向省、州总工会及其他新闻媒体投稿52件，被采用28件，其中被省级媒体采用4件；州级媒体采用9件；县级媒体采用11件。全县各级工会组织利用各种会议宣传“工会法”260场次，参学职工8120人次。5月，组织28家企事业单位开展“安康杯”知识竞赛和职工技能竞赛，参赛职工3800人次。

【基层工会民主管理】 指导和督促全县企业规范工资集体协商工作，指导企业工会与企业主签订合同77份，覆盖企业343个，覆盖职工4294人。其中：企业单独签订合同64家，覆盖职工3183人，签订区域性工资集体合同9个，覆盖企业228家，覆盖职工875人，签订行业性工资集体合同4个，覆盖企业51家，覆盖职工236人。完成州总工会年初下达任务数的101%。

【工会活动】 3月，举办“书香三八”和“网络好职工”读书征文活动。深入推进全民阅读，促进家庭文化建设，引导广大女性热爱家庭、注重家风、重视家教，为建设书香家庭、书香社会贡献力量。4月，举办元谋县首届“我爱我家”情景剧展演活动。引导广大职工群众继承传统美德，树立家国情怀，以“家风”带“乡风”，以“家风”促“作风”，以“家风”建“新风”，为建设和谐幸福元谋提供良好的社会环境与精神支撑。组织中医院创作情景剧《奉献之歌》参加全州比赛获得优秀作品的表彰奖励。5月，举办庆祝“五一”元谋县劳动者风采、摄影书画展，展示全县各行各业劳动者为建设美丽家园、追求幸福生活而辛勤劳动的风采，展出结束后对获奖的14位书画爱好者给予表彰奖励。举办元谋县2017年庆“五一”文艺晚会，以“中国梦·劳动美”为主题，展示元谋县广大职工健康向上的精神风貌。在全县开展“好妻子”“好儿女”的评选活动，推荐“好妻子”“好邻里”参加省总工会评选，段继铭、李红美等7人被省总工会授予“好妻子”称号，李正敏等2人荣获“好邻里”称号。组织开展全县首届“电子商务师”技术技能大赛，通过初赛，全县参加县级决赛选手21人，选送参加全州决赛选手6人，获得团体三等奖的荣誉表彰。对全县卫生应急技能竞赛、中小学音、体、美教学技能竞赛，道路客运交通安全法规知识竞赛等开展指导服务；组织全县企事业单位职工广泛开展“安康杯”等竞赛活动。年内，选取6位不同岗位劳动者典型在县广播电视台进行“劳动者风采”宣传报道，进一步弘扬中国工人阶级伟大品格和劳模精神。联办2017年元旦职工运动会，共有32支篮球代表队参加比赛，进一步丰富职工的文化生活。2月、12月，先后2次组织全县职工参加“我与元谋共奋进”为主题的“奔向凤凰山，万人徒步行”活动，兴起全民健身活动热潮。

【一活动一工程】 按照2017年度云岭职工素质建设工程培训规划，对3家超市的194位销售业务员开展技能培训，颁发技能证书；结合地域特点对1000多位农民工开展专项技术培训。

【工会“送温暖工程”】 实现元谋县总工会困难职工帮扶中心向职工服务中心的转型升级，建成职工服务中心、职工书（电子）屋、职工健身房，全县累计发放“工惠卡”500张，通过组织开展系列普惠性服务活动，为服务基层职工创造了条件。帮扶救助困难职工，扎实开展困难职工解困脱困工作，按照县委办、县政府办印发《元谋县关于进一步做好困难职工解困脱困工作的实施方案》要求，完成492户建档立卡困难职工的入户调查、精准识别，按要求完成建档立卡困难职工解困脱困达30%以上。扎实开展“两节”送温暖和困难职工日常帮扶活动，救助困难职工1255人次，共发放帮扶资金88.66万元。开展“金秋助学”活动，实施贫困家庭学生助学帮扶29人，共发放助学金7.4万元。“六一”期间，深入黄瓜园镇中心完小分别慰问贫困儿童和留守儿童，共发放慰问金4000元。

【职工医疗互助】 全县参加第十三期职工医疗互助活动单位173个，职工数9379人。上缴职工医疗互助金76.31万元，比第十二期增加411人，增长4.6%，单位在职职工参保率99%。全年共补助单位职工841人次，报销金额93.16万元，切实解决住院职工致困的实际问题。全县参加第十四期职工医疗互助活动的单位164个，参加疗互助活动的职工（含退休）共计9557人，比第十三期增加178人，增长1.9%，其中继续参加的职工9170人，新参加职工387人，收取并上缴互助金共计115.85万元。

【工会经费管理】 元谋县总工会在工会经费的使用上坚持“增收节支，量入为出”的原则，在工会经费收缴机制上求创新，在财务管理上求规范，在经费的使用上求实效，进一步加强财务管理，促进财务制定规范化。2017年共完成地税代收工会经费924.29万元，比2016年增收267.06万元，增长40.63%，增长率位居全州前列。2017

年县总工会本级预计完成经费收入270多万元，占预算收入的126.2%；预计支出165万元，占预算支出的69.1%。2017年财政账户完成经费收入182万元；完成支出180万元。

【工会“贷免扶补”】 按照扶持对象和条件等要求，县总工会组织开展贷免扶补工作。共落实创业贷款13户，贷款金额130万元，努力为农民工及部分失业人员提供实现创业梦想和就业平台。

【县总工会结对帮扶】 县总工会10位党员干部与平田乡新康行政村20户困难群众建立结对帮扶联系，多次深入农户家中走访座谈，力所能及地解决困难，提供临时救助，对结对帮扶20户贫困户进行农业生产资料救助，共救助6000元；看望特困户2人次，发放慰问金600元；帮助金沙坝村解决村巷道路面硬化项目资金15万元；支持农村体育文化工作经费7970元；支持村委会改善办公条件、开展党员培训费1万元；在新康行政村举办挂点联系建档立卡贫困户种植养殖培训班，培训建档立卡户93人；帮助凤尾村解决资金3万元恢复重建村级阵地建设。

【服务中心工作】 年内，全面参与县委政府安排的中心工作。积极参与县城棚户区改造县城东南片区（二期）包户工作，完成所包户6户的土地、房屋征收工作；积极参与易地扶贫搬迁扶贫项目建设，完成元谋傈僳族第一村——易地扶贫搬迁甘塘片区动迁13户52人安置包保任务；积极参与“9·17”特大山洪泥石流灾害民房恢复重建的后勤保障工作，并捐赠1万元现金及8000元物资。积极参与做好乌东德水电站移民安置169户包保工作，认真落实“十个一”工作制度，全力打赢水电移民大会战。

（苏明艳）

共青团元谋县委员会

【团县委机构】 2017年，中国共产主义青年团元谋县委员会下设办公室、元谋县少先队工作委员会办公室、元谋县重点青少年群体管理和预防违法犯罪领导小组办公室、元谋县青年志愿者协会4个机构。年末，团县委在职干部职工4人。其中：团县委书记1人、副书记1人；公务员3人、机关工人1人（高级工）；大学本科学历3人、中专学历1人；中共党员2人。

【共青团组织建设】 全县有团（工）委16个，团总支87个，团支部836个。认真落实团干部的培养计划，选优配强各条战线的团组织干部队伍，认真组织2017年全县的团干部培训班和少先队辅导员培训班，对全县基层团干部和少先队辅导员进行集中培训学习。组织20位团干部到团州委参加全州团干部培训班，提高基层团干部的理论素养；深化党建带团建的工作措施，严格落实制度要求，将团组织建设列入同级党组织的重要工作，继续深化“党员团员进社区”志愿为民服务活动，形成党建带团建的长效机制；积极打造一批乡镇（社区）、学校、非公企业等团建示范点，以示范达标建设为目标带动引领基层团组织建设；积极争取地方财政配套资金，落实每个乡镇团委每年1.5万元工作经费的要求，各级团组织争取同级党委支持，落实必要的团建经费保障；认真总结基层团建的经验和存在的问题，通过“回头看”查不足、找原因、促活力，使乡镇直属团组织从“组织存活”向“组织影响”转变；在巩固城市区域化团建工作的基础上开展乡村区域化团建工作，按照“七个一”的规范化建设标准，以城乡为中心的团组织初步形成区域化整体联动的工作格局；切实加强对乡镇团委工作的考核力度，进一步改进和完善元谋县共青团工作考核办法，对基层团组织的考核更加科学务实。

【青少年思想引领教育】 引导全县团员青年深入学习中共十九大、团十七大及习近平系列重要讲话精神，以“两学一做”专题教育为契机开展“团干部如何健康成长解放思想大讨论”活动，让广大青年进一步坚定理想信念、增强政治理论水平。弘扬社会主义核心价值观教育。紧抓“学雷锋日”“五四”“六一”等时间节点，广泛组织开展“做好事、做善事、做志愿者”主题实践活动、“红土地之歌”演讲比赛、“我为元谋代言”志愿活动、“绽放美丽青春　唱响元谋旋律”青年歌手大赛、“红领巾相约中国梦”、“重走长征路”等活动，成效显著。充分利用元谋县红色文化资源，建设青少年爱国主义教育基地，组织广大青少年开展爱国主义教育实践活动，进一步深化广大青少年的爱国热情和坚定做社会主义接班人的理想信念。充分发挥元谋共青团官方网站、微博、微信等新媒体的作用，不断探索覆盖和教育引导青年的载体路径。在全委四次会议和“五四”期间在全县广大青年中选树一批先进的青年组织和优秀青年作为榜样，在广大青少年中营造学习先进、争当先进和敢于担当、奋发有为的浓厚氛围。

【服务青少年健康成长】 以“青少年素质拓展”活动为统揽，组织开展“青年联谊交友会”“美德少年”评选、元谋青年讲坛、元谋县“希望之星”青少年英语口语大赛、“青少年学艺大赛”活动，为广大青少年提供成长锻炼的舞台；开展“圆梦蒲公英”夏令营、“心手相牵助成长”等关爱农村留守儿童和进城务工人员随迁子女公益行动5次，共募集活动经费5万元；继续开展元谋县重点青少年群体服务管理和预防犯罪工作，全面做好青少年维权工作，切实有力地保障青少年的合法权益；积极通过省州各级团组织和向社会争取各类希望工程项目和资金，全年累计为各中小学争取“1+X希望水窖”资金、“爱心圆梦大学”“访贫助学”助学资金、文体设施等各类物资23.7万元。积极参加文化、科技、卫生“三下乡”活动，向物茂乡捐赠现金4000元。推进青少年事务社会工作，积极研究地方青少年工作的现状和未来发展方向，引导青少年拓展服务领域，将元谋县青少年事务社会服务中心打造为有品牌，有特色的青少年社会工作组织。

【青年志愿者工作】 逐步规范青年志愿者服务组织体系和工作机制，以“元谋县青年志愿者协会”为载体全力开展志愿者服务社会工作，7月，面向社会新招募西部计划地方项目大学生志愿者20人，全县在岗大学生志愿者41人，分配在县级各部门从事志愿服务工作；同济大学研究生志愿者4人，安排在元谋一中开展志愿支教工作。组建10支乡镇青年志愿服务队，动员青年社会组织组成青年志愿者队伍4支，通过社会化动员组织注册青年志愿者6758人。广泛开展“扶危济困、文明倡导、禁毒防艾、法制宣传、环境保护”等各项公益活动。年内，累计组织各类青年志愿者参与全县各领域开展活动11场，1300余人次。

【青年就业创业】 积极推进“贷免扶补”和“两个10万元小微企业扶持”政策落实，2017年通过“贷免扶补”扶持青年创业50户，发放资金500万元，考察扶持微小型企业20户，发放扶持资金60万元。组织返乡大学生和创业青年开展青年致富领头雁电子商务培训3期，251人。与县人社局联合开展SIYB青年创业培训1期，86人。

【脱贫攻坚】 2017年下拨凉山乡基层团建经费1.5万元，支持其更好的强基固本；向云南省青少年发展基金会争取共青团希望水窖建设资金9万元，为冷水箐行政村困难群众建设容积25立方米的希望水窖30口，下拨了驻村工作经费5000元。年内，共资助凉山乡困难学生32人，发放助学金3.84万元。8月，团县委挂包联系点由凉山乡冷水箐石夹箐调整到元马镇丙华行政村乌龙庄村。组织贫困群众参与劳动力转移培训（服务技能培训和种养殖培训）共3场次11人；帮助3户贫困户申请扶贫小额贷款15万元发展产业；做好对困难家庭子女就学的保障。帮助杞光祥和杨德金两个家庭孩子申请访贫助学项目，给予每个孩子每年1200元助学金。关心关爱群众。在李永昌户家庭成员病逝后为其协调办理丧葬事宜，挂包干部自筹资金2000元为其解决困难。

【维护青少年权益】 进一步完善重点青少年群体服务管理和预防犯罪试点工作的各项制度，年内联合20家成员单位和10个乡镇对各类重点青少年群体开展全面排查，全面做好青少年维权工作，切实有力的保障青少年的合法权益，有效遏制青少年违法犯罪。

（罗　娅）

元谋县妇女联合会

【县妇联机构】 2017年，元谋县妇联设党组1个，党支部1个，内设办公室、宣传股、农村股、维权股，县妇儿工委办公室设在县妇联，与妇联合署办公。县妇联设主席1人，常务副主席1人，副主席2人。年末，县妇联有专职人员8人，其中：主席1人（由县政协副主席担任），常务副主席1人，副主席2人；公务员7人，机关工人1人；大学本科学历7人，中专学历1人；中共党员8人（含退休党员1人）。

【妇女组织建设】 2017年，全县有妇联组织89个。其中：县妇联1个，乡镇妇联10个，村妇联68个，社区妇联10个；有党政机关、企事业单位妇女组织100个；有村妇代小组640个。年内，召开县妇联十一届五次执委会议，对2016年妇联工作进行回顾，安排部署2017年工作任务；努力推动改革工作任务落地见效，完成10乡镇妇联和10社区妇联扩大组织成员及68个村妇代会改建妇联工作，全县78个行政村（社区）选举产生妇联主席78人、兼职副主席234人、其他执委858人，顺利实现“两委”班子中100%有女性，行政村（社区）妇联主席100%进“两委”班子；10乡镇妇联选举产生妇联主席10人、专职副主席10人、兼职副主席40人、其他执委190人，进一步增强基层妇联工作力量，形成各领域的女性共同参与、开放互动、全面覆盖的妇联组织建设和妇女工作新格局。主席、各专兼职副主席、执委充分履职，带领广大妇女群众学习贯彻中共十九大精神，在发展生产、创业就业、解决邻里纠纷、维护妇女儿童权益等方面积极发挥女性独特作用。

【妇女创业就业】 下拨10乡镇工作经费5.3万元，共举办种植、养殖、农业产业和新型女农民培训班25期。推荐1位绣女参加省“妇女参与文化产业发展项目”培训班，推荐1位创业女性参加省第一届巾帼创新创业培训班，推荐1位企业负责人参加省妇联“巾帼创新业示范基地”暨微型企业负责人培训班，推荐2位女能手参加省农村种养殖“女能手”骨干培训班，拓展各行业女性的视野，为妇女下一步扩大生产、创业致富提供了强有力的保障。争取到州妇联“妇女发展循环金”9万元扶持3位妇女发展生产和扩大经营；为35位创业妇女提供创业贷款350万元，共计带动创业就业109人；实施“两个10万元”微型企业培育工程项目，扶持微型企业30户。妇女创业就业工作格局良好，成效凸显。

【巾帼建功】 开展“美丽元谋·巾帼在行动”主题活动，组织县级机关单位、元马镇社区的230位巾帼志愿者参与“我爱凤凰湖”环境卫生整治活动，各乡镇妇联以“清洁家园·和谐邻里·共建美丽宜居乡村”活动为载体，组织巾帼志愿者开展为期2个月的环境卫生整治活动，着力打造“水净、地绿、天蓝、气爽、人和”的美丽元谋。围绕县委、政府工作大局，举办县城东南片区（二期）棚户区改造涉及单位女性干部职工、女性家属及社区妇女群众代表座谈会，参会妇女、群众代表92人。组织巾帼志愿者分组分片区深入棚改户家中宣传政策，力所能及协助棚改拆迁户腾空房屋、搬迁新家；定制2.5万条、价值8万多元的收纳袋，免费发放给棚改群众使用，为棚改工作顺利推进贡献力量。年内，尹正海家庭获评全国“最美家庭”、云南省“最美家庭”，李会英、王鑫梅家庭获评楚雄州“最美家庭”，元谋县农村信用合作联社营业部、元谋县公安局110指挥中心被命名为“楚雄州巾帼文明岗”，元谋县妇幼保健计划生育服务中心获得“楚雄州三八红旗集体”荣誉称号，元谋县一中李娟获得“楚雄州三八红旗手”荣誉称号。联合县综治办开展“平安家庭”创评活动，对全县评比出的66249户“平安家庭”进行挂牌上墙，实行动态管理。在全县各个行业、领域的妇女中选出了8位在岗位建功、道德引领方面有显著带头作用的优秀妇女，将优秀妇女的事迹拍成短片，每天在元谋新闻后持续播出，并通过美丽元谋等新媒体将她们的事迹进行转载，掀起岗位建新功、人人争当模范的良好氛围。

【巾帼脱贫】 2017年，妇联干部职工认真落实“十个一”，在摸清贫情基础上，因户施策帮助其建立脱贫计划，组织开展橙子种植技术技能培训；安排工作经费8000元，向昆明圣港拆迁公司争取扶持资金1万元，用于库南行政村脱贫攻坚各类培训，推进贫困妇女脱贫致富。引导贫困妇女与凉山余金翠彝族刺绣协会合作，助力贫困妇女创收脱贫。遵照元谋县1位患癌妇女的遗愿，在全县范围内开展深入细致的筛查工作，用她生前获赠的5万元爱心资金救助元谋县16位患重大疾病的贫困妇女，让爱心得到最大延续。结合“自强、诚信、感恩”活动，开展了五好文明家庭、绿色低碳家庭、好婆婆、好媳妇、好孩子、先进平安家庭评选活动，引导妇女群众树立自强不息、脱贫光荣的思想观念和感恩意识，齐心协力打赢脱贫攻坚战。

【维权工作】 联合多家单位利用“三八”维权周、科技卫生文化三下乡、世界环境日、普法宣传日等活动节点，走上街头通过悬挂标语条幅、摆放宣传展板、发放宣传资料、义诊、咨询、慰问等形式开展了宣传服务活动26场次，参与志愿者240人次，受益群众0.7万人次。邀请州级律师对元谋县业务骨干170人进行反家暴知识技能培训，进一步提升反家暴工作者的能力水平；深入新华乡举办1期《中华人民共和国反家庭暴力法》知识宣传培训班，培训干部群众100人，接受法律咨询12人，切实增强广大妇女群众反对家庭暴力的法律意识；继续贯彻信访工作条例，发挥“12338”维权热线的作用，建立信访接待首问制，谁接待，谁负责，做到信访工作人人过问，个个有责。至12月底，共接待来电、来信来访30件，办结30件，办结率100%；积极发挥妇联人民陪审员作用，为广大妇女群众提供有效法律服务，切实维护妇女儿童合法权益。

【妇女儿童工作】 扎实开展“两个规划”监测评估，形成翔实的监测评估报告；召开重点指标成员单位协调会议，推进重点难点指标的突破，2016年元谋县妇女儿童发展规划的定量监测指标除孕产妇死亡率不达标外，其余所有指标均已达到规划目标。年内，召开2次培训学习会向妇女儿童工作者进行宣传，提高做好工作的主动性和自觉性。全方位、多层面宣传新“两规”、《中华人民共和国婚姻法》《中华人民共和国反家庭暴力法》《中华人民共和国妇女权益保障法》等，使男女平等、儿童优先的社会主流意识不断强化，广大干部职工和群众对“两规”的知晓率普遍提高。针对规划指标中“2016年孕产妇死亡2例，未达指标控制内”问题进行专题研究，制定《元谋县2017年实施“关爱妇女儿童健康行动”计划方案》，明确全县孕产妇死亡率、婴儿死亡率等一系列指标控制率、采取的工作措施，并对各部门的责任进行明确，进一步补齐服务“短板”，提升为妇女儿童服务的能力。县委宣传部、县妇联被命名为2011—2015年楚雄州实施妇女儿童发展规划先进集体，杨春茹等4人获得“2011—2015年楚雄州实施妇女儿童发展规划先进个人”荣誉称号。

【节庆活动】 承办2017年“我与元谋共奋进”迎新春趣味运动会，进一步增进元谋县干部职工的凝聚力、向心力。举办“三八”节女子健身运动会，来自全县47家县级机关、企事业单位的900余位女职工参加比赛，进一步丰富广大女职工的精神文化生活。春节、“三八”节期间，县妇联干部深入乡镇、行政村（社区），走访慰问了贫困母亲50人、困难妇女及困难群众18人、妇联离退休干部5人，送去共计1.51万元的慰问款物，让困难妇女、群众感受到妇联组织的温暖。“六一”期间走访慰问黄瓜园镇中心完小困难儿童158人，送去价值1.9万余元的生活、学习用品。看望困境儿童35人，发放慰问金7000余元。在元马中学联合开展“六一”平安建设进校园——“平安元谋你我共参与”活动，让青少年学生从小树立法制观念，增强维护社会和谐稳定的责任感和使命感。

（鲁　秀）

元谋县科学技术协会

【科协机构】 2017年，元谋县科学技术协会下设办公室、农技协管理股、科普股（含云南省农村致富技术函授大学元谋分校）。年末，县科学技术协会在职干部职工7人。其中：主席1人，副主席1人；公务员6人，机关工人1人（高级工）；大学本科学历2人，大专学历3人，中专学历2人；中共党员4人。全县有乡镇科学技术协会10个，乡镇科协秘书长10人。

【农函大办学】 2017年，云南省农函大元谋分校开办蔬菜、烤烟、李树梅树、玉米、水稻、番茄栽培、洋葱栽培、蔬菜制种8个专业，共招收农函大学员1200人。经考评考核，结业1200人，结业率100%。11月，农函大元谋分校被云南省农函大表彰为“2016年度办学先进集体一等奖”。

【农村人才资源开发】 2017年，共评定农民专业技术职务198人，其中技师11人、技术员187人。全县累计评定农民专业技术职务5446人，其中：高级技师27人、技师117人、助理技师325人、技术员4980人。向省州科协推荐元谋艾莱克食品有限责任公司申报科技专家工作站。10月26日，元谋县农技专家服务站在县科协挂牌成立。

【科普宣传活动】 3月22日，特别邀请了“中国科学院老科学家科普演讲团”的3位老科技专家，组织举办2017年云南省“科技传播行动”科普报告会3场（县级机关专场、元谋一中专场和元马中学专场），受益人数1200多人。9月17日，在县文化小广场举办“全国科普日活动”，县级25家成员单位、10个乡镇科协、4家农民专业合作组织，139位科技、科普工作者、科普志愿者参加科普展教活动。活动期间，共发放宣传材料7530份、科普书刊（小册子）4000份、展出各类科普展板60块，受益群众达16280人次，接受群众咨询1600人次，为群众义诊120人次，培训会员200人次。元谋人博物馆向公众免费开放，参观人数1600余人。元马中学向师生们开放校园科技馆，积极组织300位七年级新生到科技馆参观体验，2家农民专业协会开展科普培训2场次。

【科普示范项目申报】 申报并实施中国科协“基层科普行动计划”项目1个，即云南热区生态农业科普示范基地，获得项目资金8万元。申报并实施省级科普项目7个获得项目补助资金10万元。省级科普示范项目——元谋西甜瓜标准化种植科普示范项目，获得项目资金补助20万元。科普大学创建：元谋县元马镇星火社区、获得项目补助资金2万元。云南省科普教育示范学校：元谋县元马中学，获得项目补助资金2万元；专家院士工作站：元谋艾莱克食品有限责任公司科技专家服务站，获得项目补助资金5万元；流动科技馆巡展，获得项目补助资金5万元。申报并实施州级科普项目3个，即农村科普带头人1人；

陈仕城（元谋金诚优质番茄产销协会技术主管）获得楚雄州科协项目补助资金0.5万元；楚雄州科普惠农“六位一体”示范协会2个。元谋县陈氏葡萄产销协会，元谋宏旭果蔬产销协会，分别获得楚雄州科协项目补助资金5万元。

【青少年科普活动】 县科协联合县教育局、县科技局组织全县青少年参加云南省第32届青少年科技创新大赛。2016年第32届云南省青少年科技创新大赛获奖情况已揭晓，元谋县合计获奖32项。认真组织开展2017年第33届云南省青少年科技创新大赛活动，共收到作品344件，其中科幻绘画137件，科技教师论文71篇，科技小发明8件，科技实践活动5项，科幻作文123篇。推荐上报学生创新成果项目6项、科技辅导员（老师）创新成果项目1项、科技实践活动4项、科幻绘画40幅、科技教师论文30份、推荐优秀组织工作者1人。

【科普信息宣传】 借助省科协“美丽云南微科普”平台和楚雄州科协网站元谋县科协子网站等现代宣传网络，全面开展科普宣传工作，积极办好元谋县科协网站，及时充实更新网站内容，发布信息80余条，浏览人数8000人次。元谋县科协作为全州十县（市）科协唯一的“省级科技工作者状况调查站点”。10月，被云南省科协评为“2016年度优秀站点”，站点负责人张艳琼同时被评为优秀个人，受到云南省科协表扬。积极推进“科普中国e站”建设，11月分别在元马镇翠峰、张二村、星火社区建成3个“科普中国社区e站”，在黄瓜园镇龙山行政村、元谋县宏旭果蔬产销协会建成两个“科普中国乡村e站”。

【精准脱贫及其他重点工作】 8月，因挂包工作调整，县科协脱贫攻坚挂包村组由凉山乡大水井行政村调整到羊街镇甘泉行政村，挂包山脚和大碧马2个自然村、14户贫困户。通过全体干部职工多次深入村组及贫困户家中开展工作，通过省级第三方评估工作，并按照县委“十个一”工作目标认真开展贫困对象动态管理工作。根据县委、县人民政府安排部署，县科协切实做好姜驿乡易地扶贫搬迁工作和金沙江乌东德水电站建设江边乡黑泥坡移民搬迁等各项重点工作。

【科协表彰奖励】 10月，在楚雄州科协第七次代表大会上，因元谋县科普、科协工作成效显著，中共元谋县委被授予“楚雄州科普科协工作先进集体”，受到中共楚雄州委、州人民政府表扬。

（张艳琼）

元谋县工商业界联合会（总商会）

【工商联机构】 2017年，元谋县工商业联合会（总商会）内设办公室、会员股、经济联络股3个股室。辖元马、黄瓜园、羊街、老城、平田、新华、凉山、物茂、江边、姜驿10个乡镇商会。年末，县工商业联合会（总商会）共有在职干部职工8人。其中：公务员7人，机关工人1人（高级工）；大学本科学历3人，大专学历5人；中共党员7人。元谋县工商业联合会（总商会）设主席（会长）1人，党组书记、常务副主席（副会长）1人，专职副主席（副会长）2人，兼职副主席11人，秘书长1人（兼），执委39人。主席（会长）：段玉方。党组书记、常务副主席（副会长）：张春华。专职副主席（副会长）：李荣富、苏丽仙。兼职副主席（副会长）：陆梅英、石纾婧、潘则斌、刘仕文、尹会昌、刘实、郭洪兵、梁志、郭庆、杨加宝、牟锡彪；秘书长：李荣富（兼）。

【工商联领导班子建设】 按照上级要求选优配齐配强驻会领导班子，县工商联主席由县政协副主席担任，县工商联党组书记由县委统战部分管经济领域统战工作的副部长担任并驻会工作，配备2位专职副主席（其中1位副主席兼秘书长）。制定和完善党组议事规则、党组会议制度、领导班子廉洁从政等系列制度，并模范带头贯彻执行。切实加强兼职副主席和执委班子管理，先后制定《元谋县工商业联合会（总商会）兼职副主席（副会长）管理工作暂行办法》《元谋县工商联（总商会）第八届执行委员会委员出席会议考勤规定》和《元谋县工商业联合会（总商会）第八届执委会兼职副主席（副会长）2017年度驻会轮值制度》等管人、管事制度。

【会员队伍发展】 年末，县工商联有在册会员704个（其中：团体会员6个、企业会员510个，个人会员188人）。2017年新发展企业会员28个（同比增长5.5%）、个人会员11人，会员队伍结构不断优化。及时建立和完善会员数据库，制定《元谋县工商业联合会（总商会）会员费缴纳管理办法》等会员管理制度和会员服务体系，建立工作台账。建立元谋县工商联（总商会）执委会QQ群、微信群会员服务平台，及时发送党和政府重视、支持民营经济发展的政策信息、项目商机、民营企业产业合作信息、经验展示等信息数据，服务手段更加便捷，服务效果更加明显。年内，增强工商联对会员企业“一企一策、因企施策”的服务效果，完成执委企业“一企一档”创建工作。

【商会建设】 切实加强乡镇商会建设。全县10个乡镇完全建立商会组织，有执委108人，商会主席10人，副主席40人，秘书长10人，配齐配强领导班子。县工商联及时强化对乡镇商会领导班子及专干的培训，逐步规范工作程序，拓展工作内容，为商会参与经济工作、服务会员搭建好平台，乡镇商会在服务当地经济社会发展的作用逐步凸显。根据全县主导产业发展实际，积极组建和发展行业（异地）商会。年末，全县共有行业商会5个、异地商会2个，均能正常开展活动，有效发挥职能作用。在此基础上，不断帮助商会建立科学规范的管理制度、运行机制和服务平台，加强对基层商会工作指导和管理，充分激发商协会的活力。组织和引导基层行业（异地）商会开展对外交流和联络，为全县产业升级和会员企业发展提供信息支持，寻求合作平台。

【服务非公有制经济】 认真做好“贷免扶补”创业担保贷款及“双十万”工作。年内完成122户“贷免扶补”工作任务，为任务数的101.7%。其中大学毕业生创业17人，比例达14%，共发放贷款1220万元，带动就业427人。历年还贷率100%。年内，完成微型企业培育工程工作任务30户，发放扶持补助资金90万元，发放小微企业贴息贷款12户120万元。组织元谋金沙绿色食品有限责任公司等10余户企业参加上海农博会、昆明南博会。帮助县蔬菜有限公司、金汇房地产开发公司、润露山泉有限公司、宏兴经贸有限公司、丰珏农产品开发有限公司等企业协调处理基地基础建设、企业用地审批、融资难等难题。组织开展以“脱贫攻坚进行时·民营企业在行动”为主题的元谋县非公经济人士理想信念教育实践活动体验式教育活动，举行民营企业“百企帮百村”精准扶贫行动推进会暨村企结对帮扶协议签字仪式，16家民营企业（行业商会）代表与8个贫困村签订村企结对帮扶协议。组织开展以“践行‘亲’‘清’政商关系，民营企业在实践”为主题的现场警示教育活动，组织工商联执委到县看守所、县委党校基地开展反腐倡廉廉政警示教育，取得较好效果。县工商联党组与34家执委企业签订《元谋县工商联系统践行构建新型政商关系行为规范承诺书》，承诺双方通过行为规范，相互激励、互相约束，效果明显。举办一期100位民营企业中高层管理人员参训的民营企业纳税筹划及法律维权培训班，为切实解决民营企业在生产经营过程中缺乏维权意识、纳税筹划不科学、财务工作不规范等薄弱问题，推动民营企业科学发展打下坚实基础。组建成立元谋县民营企业法律维权投诉中心，并及时对外公布投诉电话，受理有关民营企业法律维权投诉业务。开展2017年“鼓励创业、诚信守法”主题实践活动，签订《守法经营、诚信经营承诺书》110份。引进四川籍客商到元谋投资建设花卉种植加工销售基地，注册元谋清风花道花卉发展有限公司，注册资金1000万元，完成投资1亿元。

【光彩事业】 7月，成立元谋县光彩事业促进会，积极引导非公有制经济代表人士回馈社会、勇于担当社会责任，争做中国特色社会主义事业建设者。据不完全统计，2017年，全县民营企业在贫困村实施产业项目83个，投入帮扶资金589.96万元，帮扶贫困村32个，帮扶贫困人口2814人。

【元谋县光彩事业促进会第一次会员代表大会】 7月14日在政协一楼会议厅召开。会议研究部署了元谋县光彩事业发展思路，推进元谋县非公经济和非公经济人士健康成长。

【对外宣传】 2017年，编发《元谋商会》8期，编发信息和调研报告43条（篇），宣传党委政府发展非公经济的政策，积极反映会员的意见、建议和呼声，通报宣传工商联工作开展情况。信息调研文章被《中华工商时报》《云南经济日报》和省委统战部、省工商联简报、网站采用15条（篇），被州级刊物简报采用32条（篇）。

【参政议政】 政协元谋县第九届第一次会议期间，县政协工商联界别21位委员就向会议提交提案21件，其中：集体提案3件，个人或联名提案18件。4位工商联界政协委员所提提案被表彰为优秀提案，元谋县工商联多次被县政协表彰为先进提案单位。年末，在元谋县非公经济人士中，有州县人大代表3人、州县政协委员26人、特约监察员4人、行风评议员7人、政风行风监督联络员13人。在会员及会员企业中，先后有11人次获省级表彰、25人次获州级表彰、68人次获县级各类表彰。

【脱贫攻坚工作】 年内，组织干部职工深入平田乡新昌行政村新村16户67人建档立卡贫困户家中，与贫困户一起分析致贫原因，制定帮扶措施。在中秋节、新年等节日前开展送温暖活动，走访慰问贫困户，送去价值1万元的米、油、被子等生活用品，为平田新昌行政村协调工作经费、培训经费5000元。组织开展“自强、诚信、感恩”主题实践活动讲授党课2场次。

（吴建国）

元谋县文学艺术界联合会

【文联机构】 元谋县文学艺术界联合会下设办公室、《元谋文艺》编辑部。年末，县文联在职干部4人。其中：主席1人，副主席1人；公务员4人；大学本科学历2人，大专学历2人；中共党员2人。

【文艺创作出版】 充分发挥刊物培养本地人才、反映乡土生活、传播优秀文化、传承优良传统、弘扬民族精神的作用，按质按量编辑刊物。《元谋文艺》2017年编辑出版4期，采用稿件90余篇（首），累计超过28万字，成为全县精神文化建设的重要窗口和传播先进文化的主阵地，深受各级领导的肯定和广大读者的好评。

【文联对外宣传】 认真落实楚雄州文联和县委宣传工作实施意见，充分利用《元谋文艺》宣传元谋，积极配合省、州及外地文联举办展览、采风、创作、交流等各种文艺活动。组织县作家协会、美术家协会、民间文艺家协会及摄影家协会部分会员到黄瓜园镇“9·17”特大泥石流恢复重建点开展一周年采风活动。组织作家协会以“辉煌十三五　喜迎十九大——元谋县砥砺奋进的五年”为主题，举办诗歌沙龙盛会。举办“喜迎十九大·共筑元谋梦”书法绘画摄影作品展览。组织书法家协会会员为县城东南片区（二期）棚户区改造工作和金沙江乌东德水电站移民安置工作写宣传标语和对联5000余幅。同时，组织县作家协会部分会员深入江边乡大树村、龙街等地开展乌东德水电站建设移民安置工作采风活动。开通元谋文艺公众微信号，为本土文化对外交流搭建广阔平台。围绕中心，服务大局，营造良好的文化宣传氛围，不断增强文联工作的影响力。

【文艺作品展演】 县文联组织文艺作品展览及参加各类文艺展演、比赛活动，提供文艺作品展示平台。全力支持各协会开展各种培训、改稿活动，进一步增强各协会及会员的凝聚力；积极组织和协办各类文学艺术活动。按时完成省、州文联组织的各种培训、画册编辑出版、文学艺术作品推荐等工作；积极组织各协会会员到羊街镇、凉山乡等地采风活动，提升全县作家的理论水平和创作实践，扩大了对外交流和宣传。

【文联文化下乡活动】 积极参加文化科技卫生“三下乡”活动。组织县书法家协会会员9人，义务为群众书写春联和廉政对联，免费赠送对联1500余幅，丰富城乡群众文化生活，弘扬民族传统文化。积极组织8个协会文艺工作者和文艺团体开展活动，形成常态化。县舞蹈家协会、音乐家协会多次在县内外演出，培养文艺新人，繁荣元谋文艺事业，宣传法律条规。县舞蹈家协会会员参加宣传“中共十九大精神”暨“自强、诚信、感恩”教育送戏下乡文艺演出和“金沙情·元谋梦”乌东德水电移民工作专题演出活动，文艺队深入全县各乡镇演出30场，观众5.5万人次，深受群众好评。

【文艺人才培养】 5月25日，县教育文联正式成立。10月，由县教育局主办，县教育文联创办的文学刊物《春潮》首次出版，这一载体为广大师生搭建文学创作平台，为推动“文化元谋”建设培养和储备艺术人才。12月2日，元谋县召开网络作家协会成立大会，县作家协会会员代表、县网络作家协会全体会员及县级相关部门领导共70多人参加会议。元谋本土网络作家李建林作为宣扬新时期军队建设与特种兵风采的长篇军事小说《林小兵从军记》一至三册共75万字，与中国文联出版社签约，于年内出版。本土优秀作家樊本华创作的关于姜驿、环州土司的中篇小说《飞地》已完成组稿。各类文艺作品的发表和获奖，促进元谋县文学艺术事业繁荣发展，进一步扩大元谋对外的知名度和文艺影响力。

（文晓芳）

元谋县残疾人联合会

【元谋县残疾人联合会机构】 2017年，元谋县残疾人联合会内设办公室、康复群工股、宣教就业股3个股室，核定编制5人。年末，县残联在职干部职工7人。其中：理事长1人、副理事长2人；公务员6人、机关工人1人（高级工）；研究生学历1人、大学本科学历2人、大专学历3人、高中学历1人；中共党员7人。编外人员3人。全县10个乡镇设残疾人联合会机构10个，共有乡镇残联干部10人。

【残疾人状况】 年末全县有各类残疾人13800人，占全县总人口的6.4%，其中持证残疾人7110人。在持证残疾人中，视力残疾1817人，占25.56%；听力残疾411人，占5.78%；言语残疾107人，占1.5%；肢体残疾3444人，占48.44%；智力残疾300人，占4.22%；精神残疾721人，占10.14%；多重残疾310人，占4.36%。

【残疾人康复】 3月21—31日，元谋县残联组织元谋同仁医院医疗专家在全县9个乡镇开展下乡助残义诊活动，免费诊断患者3000余人，免费发放药品价值1000多元，发放宣传资料3000余份，慰问困难残疾人20人，发放米油等慰问物资价值2000多元；3月21日至4月5日，康复群工股工作人员深入羊街镇、老城乡等6个乡镇政府及部分边远村委会，组织残疾人集中办理“中华人民共和国残疾人证”，共办理200余本。6月9日，举办全国残疾人基本服务状况和需求信息数据动态更新工作培训会，6月12—23日，残联工作人员深入各乡镇陆续开展相关培训和指导。6月

9日，县残联组织召开残疾人精准康复服务工作业务培训会，对精准康复服务的相关工作进行安排部署。6月13—30日，对全县7455户残疾人家庭进行入户摸底调查，认真填写《残疾人精准康复服务入户信息登记表》，并将相关信息及时录入电脑。验配假肢6例，验配助听器12人，组织1位儿童到楚雄骨科医院进行康复手术，组织11位残疾儿童到安宁鑫湖医院做康复治疗。发放轮椅117辆，发放坐便椅13个，发放拐杖48副（支），发放盲杖8支，发放助行器5台、发放沐浴椅3张。

【残疾人两项补贴】 对2016年残疾人两项补贴对象的申请资料进行整理归档。认真配合县民政局、县财政局做好残疾人两项补贴审核发放相关工作。2017年度发放残疾人两项补贴15161人，发放资金231.42万元。

【残疾人就业培训】 组织黄瓜园镇苴林行政村苴林小村盲人李林松参加省残联举办的为期2个月的盲人初级按摩师暨盲人计算机、手机培训班并实现就业。8月中旬，组织输送1名残疾人参加楚雄州残联举办的为期12天的残疾人彝绣技能培训班。

【残疾人教育】 认真做好2017年春季学期寒窗助学申报工作。按照在楚雄州特殊教育学校就读的残疾学生50%的比例，每人300元的标准要求，为16位困难残疾学生申报4800元寒窗助学金。为元谋县就读于州特教学校的16位残疾学生发放2016年度秋季学期寒窗助学金发放4800元。

【县残联宣传工作】 5月21日，县残联在县城文化小广场开展助残日宣传助残活动。向过往群众发放《残疾预防知识》《精神病防治知识》和《白内障防治知识》宣传单637份，接受群众残疾人法律条规政策咨询78人次；组织5位盲人按摩师为群众免费按摩58人次，组织1位残疾人补鞋师傅为群众义务免费补鞋18双；组织元谋同仁医院医生为群众免费义诊157人次，免费量血压、测血糖256人次。

【元谋县第七次残疾人代表大会】 11月23—24日，元谋县第七次残疾人代表大会召开。会议听取和审议元谋县残疾人联合会第六届主席团五年来的工作报告，选举产生元谋县残疾人联合会新一届主席团及成员、元谋县残疾人联合会第七届执行理事会理事、出席楚雄州残疾人联合会第七次代表大会的代表和出席楚雄州残疾人联合会主席团委员人选，并对元谋县残疾人工作先进集体、先进个人和残疾人自强模范进行表彰。

【关怀贫困残疾人】 年初，开展春节走访慰问贫困残疾人家庭300户，发放慰问金12万元。认真组织开展2017年阳光家园计划政府购买服务残疾人项目，为元马镇60户一、二级重度残疾人服务对象开展上门检查身体、看病等服务工作。对元谋县3个脱贫出列的物茂乡芝麻行政村、新华乡大河边行政村、凉山乡冷水箐行政村154户156人残疾人家庭开展入户走访慰问，发放慰问金23950元。

【残疾人信访维权】 全年接待残疾人或家属来访90人次，电话咨询66人次，接待外地流浪乞讨人员186人次，发放救助金5580元，办结率100%，未发生一起重复访、集体访、越级访和非正常上访等残疾人涉法涉诉问题。

【深入推进残联扶贫】 向帮扶户大力宣传国家和省、州、县精准扶贫惠民政策，引导、鼓励帮扶户树立脱贫信心。结合所帮扶14户家庭的实际情况，并充分征询帮扶户的家庭发展意愿及时向上级报送帮扶计划。深入听取帮扶村委会意见，确保扶贫措施精准到位。认真完善档案资料。对2017年预脱贫户进行走访，填报相关资料表册；按时完成动态管理、黄金周信息核对录人、入户调查、悬挂帮扶卡、强化政策宣传；按时开展中共十九大和“自强、诚信、感恩”党课宣讲培训；整理完善相关资料，迎接考核验收；认真对比残疾人信息，为精准扶贫奠定基础；对全县建档立卡贫困残疾人及残疾人家庭认真开展“十个一”关爱帮扶。

（李　健）

元谋县红十字会

【县红十字会机构】 2017年，元谋县红十字会内设办公室、赈济救护股、事业发展股3个股室，核定事业编制6人。年末，县红十字会在职干部7人。其中：会长由分管副县长兼任、常务副会长1人、副会长1人；公务员7人；研究生学历1人、大学本科学历4人、大专学历2人；中共党员6人。全县有红十字会团体会员单位20个，会员813人，其中成人会员793人、青少年会员20人。

【红十字会救援】 年内，共争取到省州红十字会救灾物资5.05万元，主要用于救援、救助。并在年内救援和救助黄瓜园镇、江边乡、姜驿乡的困难群众。

【红十字会救助】 春节前夕，走访慰问棚改联系东南片区（一期）的棚改居民户2户9人，每户送去食用油1桶、家庭救助包1个（内装棉被、棉衣、饭盒、毛巾、肥皂）。走访慰问黄瓜园镇茂址村13户特殊群众，送去棉被13床。5月，结合“红十字博爱周”活动，开展“五进工作”，并在“五四”期间深入学校宣传红十字会相关知识，发放新修订的《中华人民共和国红十字会法》宣传资料1000余份。同时，捐赠元马镇中学价值3000元的学习用品；配合省红十字会开展云南省十县百乡千村医疗终端关爱医师项目，元谋县基层卫生院获赠价值10.24万元的莲花清瘟胶囊。6月下旬，组织开展“天使之旅——云南贫困先心病儿童救助行动”活动，对元马小学、元马中心幼儿园学生1700人开展先心病筛查，筛查出的2名先心病患儿经中国红十字基金会“天使阳光”基金资助，顺利实施手术并恢复健康。帮助2位白血病患儿向中国红十字基金会“小天使基金”申请资助，各自获得3万元的资助。12月31日，走访慰问平田乡新康行政村云丰村挂点包帮的14户建档立卡贫困户，每户送去过冬外套1件、棉被1床。

【红十字会救护】 年内，县红十字会继续稳步推进应急救护培训工作，并严格按照云南省红十字会急救员培训教学大纲要求和管理规范进行培训，重点培训心肺复苏、止血、包扎、固定、搬运等基本的现场救护技能。全年，共培训初学驾驶员61期，2249人次。

【红十字会项目】 年内，争取到“学校＋社区”生命健康安全教育项目，项目资金共14.15万元。“学校＋社区”生命健康安全教育项目作为2017年全州唯一的项目执行点，突出从青少年学生入手，组织实施救护员培训、学校安全教育体验活动、群众性应急演练、亲子讲座、主题宣传活动5个子项目，旨在普及群众性应急救护知识，提高自救互救能力，减少突发事件造成的人员伤亡。年内，开展救护员培训12期600余人次；学校安全教育与体验活动2期2120人次；应急避险演练1次2175人次；亲子讲座2期1000人次；主题宣传活动2场200人次；发放《生命健康安全教育知识手册》1000余册。截至11月底完成所有子项目的实施。

（李建琼）

乡镇概况

元马镇

【区划与人口】 元马镇地处元谋县中部，镇人民政府驻地元马镇发祥路，海拔1070米，全镇行政区域面积133.4平方千米。2017年辖马街、张二村、双龙、翠峰、东城、大沟、龙泉、清和、摩诃、星火10个社区和乐甫、禾阳、丙华3个行政村，89个自然村，125个村（居）民小组。年末全镇总人口24267户、59848人。其中：男30290人，女29558人。城镇人口43046人，乡村人口16802人。全镇共出生724人，死亡282人，人口自然增长率7‰。

【经济概况】 全年完成工农业总产值535018万元，其中工业总产值461974万元、农业总产值73044万元（农业产值57129万元、林业产值625万元、畜牧业产值13198万元、渔业产值1363万元、服务业产值729万元）。全镇财政总收入11481.66万元，比上年增加8832.66万元，增长333.43%。全镇财政总支出4310.35万元，比上年减少551.26万元，下降11.34%。个私经济5487户，从业人员28217人，实现营业收入76.82亿元，实交税金5527万元。全年规模以上固定资产投资80013万元，为县考核任务的114.3%，比上年增加22492万元，增长39.1%。全年引进招商引资项目20个，累计完成州外到位资金315106万元，为县考核任务的100.03%，同比增加52006万元，增长19.77%。年末全镇实有耕地42493亩，其中水田22863亩、旱地19630亩。全年播种农作物89026亩。其中：播种粮食作物42521亩，粮食总产量24333吨，农民人均有粮407千克；种植蔬菜37396亩，蔬菜总产量117046吨，蔬菜产值29354万元。年末大牲畜存栏10666头、出栏4713头，生猪存栏33264头、出栏47155头，羊存栏15021只、出栏13300只，家禽存栏163340只、出栏253331只。全年肉类总产量5414吨，禽蛋产量118吨。年末全镇城乡居民储蓄存款余额668910.42万元。

【基础设施建设】 全年水利工程动工2件，完工2件，实际完成总投资19.2万元，投资资金来源于自筹。实施大沟村污水处理工程，完成投资18万元，群众自筹18万元；实施下总括村过水路面及涵洞下游截水墙工程，完成投资1.2万元，群众自筹1.2万元。年内实施乐甫行政村2016年村级“四位一体”建设试点项目1个，上级下达资金500万元，项目已竣工并通过镇级验收。扶持村集体经济发展试点县元马镇翠峰特色农庄综合服务厅建设项目1个，上级下达资金100万元。已建成砖混结构特色农庄综合服务厅1栋，服务大厅建筑占地408.26平方米，建筑面积611.4平方米的村集体的固定资产，采用租赁的方式进行经营。普登村特色旅游示范村场地平整工程1项，村集体投资201.83万元，项目已竣工待组织验收。建设村民小组活动场所项目19个，建成活动室19个，建成群众活动广场19个，建成水冲式公厕26个，总投资360.5万元。元谋县2015年农村危房改造和抗震安居工程省级统贷项目元马镇星火社区红坡村省级示范村建设项目1个，完成投资200万元，其中上级补助资金200万元，项目已经通过镇级验收。年内实施贫困行政村浦发扶贫投资发展基金项目工程探考小村、纳乌箐、上乐甫3个村村间道路3条，总长2304米，共投资94.88万元，其中州级扶贫资金93.46万元、群众投劳折资1.42万元；坝塘改建工程3件。新建大法旦、探考小村上水坝3座，共投资13.47万元，其中州级扶贫资金11.96万元、群众投劳折资1.51万元；新建南溪村三面光排污沟渠1条，长128米，共投资2.2万元，其中州级扶贫资金2.1万元、群众投劳折资0.1万元。村间道路硬化工程，建马大海、班花、小乌头禾、大乌头禾村进村道路4条、村内巷道1条，总长3389米，共投资155.95万元，其中上级扶贫资金146.2万元、村集体出资9.75万元。沟渠建设工程，新建马大海、小丙戌、大庄连、莫党村三面光沟渠4条，总长2600米，投资45.84万元，其中上级扶贫资金43.36万元、村集体出资2.48万元。村小组文化活动场所工程，新建马大海、下马应登、莲花村、南溪、红冈、岳家村砖混结构坡屋顶文化室6幢。

【招商引资】 全年引进招商引资项目20个，累计完成州外到位资金315106万元，为县考核任务的100.03%，比上年增加52006万元，增长19.77%。在引进项目中，完成投资额10000万元以上的项目6个，投资额在5000万元以上不足10000万元的项目4个，投资额在1000万元以上不足5000万元的项目10个。其中：楚雄通晟房地产开发有限公司元谋县凤凰书院小区建设项目，计划投资2500万元，实际完成投资2500万元；楚雄温商农业科技发展有限公司元谋县1500亩现代农业建设项目，计划投资30126万元，实际完成投资24026万元；楚雄源谋仁食品有限公司年产5000吨酸角汁饮料生产线建设项目，计划投资8500万元，实际完成投资8500万元；楚雄跃鑫房地产开发有限公司元谋印象房地产开发经营项目，计划投资15630万元，实际完成投资14630万元；元谋建福房地产开发有限公司建设建材城商业楼项目，计划投资4000万元，实际完成投资1500万元；元谋九州无同旅游地产开发有限公司元马古镇一期建设项目，计划投资11300万元，实际完成投资1500万元；元谋县果然好农业科技有限公司元马镇400亩特色农业种植示范基地建设项目，计划投资5840万元，实际完成投资5840万元，项目于1月开工，现已完工；元谋县兆鼎房地产开发有限公司建设元谋古镇“禧堂”项目，计划投资18000万元，实际完成投资3500万元；元马古镇“中堂”建设项目，计划投资7350万元，实际完成投资2500万元；云南湘滇物流有限责任公司源达路“华府景园”住宅小区建设项目，计划投资2600万元，实际完成投资1300万元；元谋龙泽果蔬有限公司建设450亩特色水果种植项目，计划投资4600万元，实际完成投资4600万元；元谋古人类历史文化旅游项目，计划投资85亿元，实际完成投资7.03亿元；藏区青稞育种元谋繁基地建设项目，由云南思农蔬菜种业发展有限责任公司与西藏自治区农牧学院合伙投资建设藏区青稞育种元谋南繁基地，计划投资3000万元，实际完成投资1000万元，项目于2016年12月开工，已完工；建科国际城建设项目，计划投资69000万元，实际完成投资54000万元；云南泷淇房地产开发有限公司泷湖壹号建设项目，计划投资60000万元，实际完成投资47700万元；元谋万汇果蔬博览城建设项目（一期）项目，计划投资10亿元，实际完成投资5.1亿元；元谋大型灌区丙间片11.4万亩高效节水灌溉项目，计划投资30777万元，实际完成投资2960万元；元谋天城房地产开发有限公司天城花园二期建设项目，计划投资7000万元，实际完成投资7000万元；元谋县润泰农庄有限责任公司家庭农庄开发建设项目，计划投资4650万元，实际完成投资4650万元；元谋元升新型墙体材料有限公司建设年产6000万块页岩环保砖生产线项目，计划投资6600万元，实际完成投资6100万元。

【司法和社会治安】 元马镇司法所年末有干部职工3人，协警2人，文化程度均为大专以上。辖区共有人民调解委员会17个，调解员231人，调解小组81个，调解员189人。元马镇全年共组织调解培训7场次共486人，开展排查社会矛盾纠纷24场次，排查出各类民事纠纷390件，受理民事纠纷390件，调解成功390件，纠纷受理和调成功率100%，调解件数比上年下降771件，全镇各级调委会受理矛盾纠纷率及调解成功率100%。元马派出所，全年实有民警31人。2017年，元马派出所、能禹派出所共立刑事案件553起，破案159起。受理治安案件2410件，查处2287件，查处率95%。全年接处警5400起。

【民政事务及社会保障】 年末，全镇共有1995户、3612人享受城镇居民最低生活保障，全年发放城镇居民最低生活保障金1494.58万元。全镇共有385户、876人享受农村贫困居民最低生活保障，全年发放农村贫困居民最低生活保障金193.64万元。全年发放救灾救济粮21.448吨，发放救灾救济棉被150床、衣服120套。发放临时困难救助对象285人、15.5万元。全年发放原大队干部定期补助24人、5.68万元，农村“五保户”定期补助82人、46.27万元，孤儿定期补助12人、15.11万元。全年发放复员军人定期补助22人，24.4万元，革命烈士和病故军人家属定期补助1人、1.76万元，带病退伍军人定期补助13人、7.35万元，参战退役人员补助318人、189.6万元，现役军人家属优待金34户、31.62万元，出国民兵民工定期补助26人、4.37万元，水电水利伤残民工定期补助15人、2.11万元，60岁退役士兵补助73人、15.26万元。春节走访慰问残疾人9人，发放慰问金2700万元；走访慰问优抚对象82人，发放慰问金3.28万元；走访慰问2017年入伍新兵15人，发放慰问金0.5万元；走访慰问“五保户”5人，发放慰问金0.2万元。全镇有老年协会25个，发放80周岁以上老人健康补助777人、47.22万元。年末，全镇参加城乡居民社会保险26496人，其中缴费19192人，缴费金额350.81万元。全年发放城乡居民基本养老金6293人、559.1万元。全镇参加城镇居民基本医疗保险49688人，其中重残1502人、60岁以上老人6087人。发放“贷免扶补”和小额担保贷款120户，贷款总额1200万元。全镇参加新型农村合作医疗保险36980人，参保率169.12%，收取新型农村合作医疗保险费469.09万元。参保患者全年发生医疗费用2604.76万元。全年举办婚前培训班39期，累计参训1455人次。

【教科文卫】 全镇有普通中学1所，教学班51个，在校生2721人，教职工261人，其中专任教师167人，初中毛入学率100%、升学率99%、巩固率98.9%。中心完小2所、完小11所，教学班133个，在校生5078人，教职工323人，其中专任教师311人，小学入学率100%、升学率100%、巩固率100%。有中心幼儿园1所，教学班12个，在园幼儿474人，教职工63人，其中专任教师46人。全镇有农民专业技术协会102个、会员8695人，组建农民专业合作社107个、社员3111人。全年举办各种科技培训班91期，累计参训7501人次。有镇文化站1个、农家书屋14个，文化站藏书6000册。有农村文化活动室

72个。有混凝土篮球场98块，其中灯光球场40块。有业余文艺演出队65支、1505人。广播覆盖率100%，电视覆盖率100%。有镇卫生院2个、社区（行政村）卫生室13个，镇卫生院有卫生专业技术人员106人，其中副主任医师1人、主治医师9人、主管护师10人、主管药剂师1人、医师8人、护师11人、药剂师1人、检验师1人、医士21人、护士22人、药剂士4人、放射技士5人、检验士3人，实有病床109张。13个社区（行政村）卫生室共有乡村医生34人。镇卫生院全年门诊量16.05万人次，收住院病人8536人次（其中城乡居民住院7850人次），住院次均费用2011.26元，病床使用率89.4%，平均住院天数6.7天。2017年完成总收入2537万元。全年医疗卫生业务总收入2604.76万元。

【党团组织建设】 镇党委下辖基层党委4个、党总支11个、党支部123个，年末有中共党员1995人。其中农村党员1513人，少数民族党员372人，女党员565人。年内发展新党员35人，其中少数民族党员6人，女党员11人。镇团委下辖村级团委1个、团总支14个、团支部85个，年末有团员2094人。其中少数民族团员368人，女团员996人。年内发展新团员254人，其中少数民族团员67人，女团员119人。

【征地拆迁和棚户区改造】 2017年，全镇加快推进瓦渣箐、甘塘片区乌东德水电站移民安置点建设用地和生产用地、龙川江河道治理（二期）、城市路网保障房片区、元马中学扩建、便民服务中心、热水塘与凤凰公司地界纠纷、凤凰大道热水塘段提升改造等项目的征地拆迁工作，为全县重点项目建设提供了坚实保障。2017年，全镇完成征地8513.8亩，拆迁房屋23户，迁坟431冢。集中精力开展棚户区二期房屋征收工作，完成68户包保户房屋征收工作。

【城市建设】 城建设日新月异，“一廊一湖三道四片区路网”建成投入使用，城市建设大幅提升。年内，举全镇之力，加快热水塘、普登特色旅游示范村建设进度。全面推进元谋傈僳族第一村——甘塘片区项目建设。元谋县城东南片区棚户区改造一期项目房屋征收工作全面完成。元谋古镇一期建设项目、天城花园二期建设项目、元谋建福房产建材建材商业楼项目、元马古镇“禧堂”项目、湘滇物流“华府景园”住宅小区建设、凤凰新城建设等商住楼建设项目启动。凤凰湖公园成为广大人民群众的休闲健身乐园。

镇党委书记：张　荣（彝族，—2017.8.8）
赵海明（彝族，2017.8.8—　）

镇长：张　荣（彝族，—2016.12.29）
陶付龙（2016.12.29—　）

镇人大主席：杨刚红（女，回族，2016.3.11—　）

元马镇各社区（行政村）基本情况表

表1

社区（行政村）	马街社区	张二村社区	双龙社区	翠峰社区	东城社区	大沟社区
社区（行政村）党委（党总支）书记	陈丽英	王学萍	罗光荣	赵红刚	廖志强	姜绍刚
社区（行政村）居民委员会主任	薛会红	陈美仙	罗光荣	程贤根	廖志强	姜绍刚
自然村（个）	1	5	3	5	2	6
居（村）民小组（个）	4	9	8	12	2	4
总人口（人）	5118	4970	6456	4606	3107	3940

续表 1

社区（行政村）		马街社区	张二村社区	双龙社区	翠峰社区	东城社区	大沟社区
其中	男（人）	2711	2454	3290	2343	1564	1920
	女（人）	2407	2516	3166	2263	1543	2020
社区居委会驻地海拔（米）		1078	1076	1078	1070	1110	1060
年末耕地面积（亩）		73	622	792	1511	1256	1367
其中	水田（亩）	60	382	543	1097	431	676
	旱地（亩）	13	240	249	414	825	691
农作物播种面积（亩）		415	424	1227	2418	2974	2147
其中	粮食播种面积（亩）	50	200	601	1180	1370	1540
	粮食总产量（吨）	32	129	346	730	811	897
	蔬菜种植面积（亩）	356	185	507	881	1414	398
	蔬菜总产量（吨）	1107	434	1522	2824	4872	1613
个私经济（个）		1017	792	420	884	152	280
从业人员（人）		4709	3794	2159	3738	675	1125
个私经济营业收入（万元）		92398	112920	36371	36035	13914	49514
实交税金（万元）		947	1057	401	399	126	479
大牲畜	存栏（头）	12	289	162	347	106	726
	出栏（头）	17	421	142	342	154	359
猪	存栏（头）	75	351	655	1579	1023	2568
	出栏（头）	625	905	1135	3208	1396	3429
羊	存栏（只）	25	143	286	869	304	543
	出栏（只）	89	472	335	756	514	1228
社区卫生室（个）		1	1	1	1	1	1
乡村医生（人）		3	2	2	2	1	2
农村文化活动室（个）		1	4	2	3	0	3

社区（行政村）	龙泉社区	清和社区	摩诃社区	星火社区	乐甫行政村	禾阳行政村	丙华行政村
社区（行政村）党委（党总支）书记	周文贵	钱永林	仲　刚	李智忠	文炳祥	文国琼	李加云
社区（行政村）居（村）委会主任	周文贵	钱永林	仲　刚	李智忠	文炳祥	文国琼	李加云
自然村（个）	5	11	9	11	12	9	10
居（村）民小组（个）	15	21	8	11	12	9	10

续表 1

社区（行政村）		龙泉社区	清和社区	摩河社区	星火社区	乐甫行政村	禾阳行政村	丙华行政村
总人口（人）		4753	4903	5174	4844	3535	4326	4116
其中	男（人）	2318	2439	2714	2415	1785	2218	2119
	女（人）	2435	2464	2460	2429	1750	2108	1997
居（村）委会驻地海拔（米）		1070	1218	1065	1098	1121	1138	1213
年末耕地面积（亩）		2470	7611	2670	5693	5562	5247	7619
其中	水田（亩）	1842	4141	1410	3713	2295	3231	3042
	旱地（亩）	628	3470	1260	1980	3267	2016	4577
农作物播种面积（亩）		5623	15695	6726	12860	13344	10148	15025
其中	粮食播种面积（亩）	2760	6891	3078	6288	6105	5260	7198
	粮食总产量（吨）	1552	3858	1741	3601	3335	3121	4180
	蔬菜种植面积（亩）	2585	7179	2656	5721	5484	3641	6389
	蔬菜总产量（吨）	11586	23920	6920	14559	19075	12147	16467
个私经济（个）		424	339	511	267	148	127	115
从业人员（人）		489	1028	4008	2531	197	285	175
个私经济营业收入（万元）		4061	16313	41745	44569	2798	2167	2011
实交税金（万元）		37	163	373	372	26	18	16
大牲畜	存栏（头）	1086	1306	1247	1606	1564	957	1258
	出栏（头）	356	536	424	554	557	318	533
猪	存栏（头）	3396	3975	3362	5163	2893	2964	5260
	出栏（头）	4731	5133	4631	6358	4295	4588	6719
羊	存栏（只）	1753	1947	1629	1965	1721	1783	2053
	出栏（只）	1209	1545	1327	1472	1367	1387	1599
社区（村）卫生室（个）		1	1	1	1	1	1	1
乡村医生（人）		2	2	3	3	2	2	3
农村文化活动室（个）		4	10	8	10	11	8	8

（殷绍丽）

黄瓜园镇

【区划与人口】 黄瓜园镇位于元谋县中北部，镇人民政府驻地安定村，海拔1050米，距县城15千米，全镇行政区域面积200平方千米。2017年，黄瓜园镇辖安定、点连、海洛、雷弄、舍多、中兴、领庄、龙山、苴林、金雷、牛街11个行政村，87个自然村。年末全镇总人口13226户、37640人。其中：男19169人，女18471人；城镇人口2887人，乡村人口34753人；少数民族7083人，占总人口的18.82%。主要少数民族有彝族5355人，傈僳族1367人，傣族79人，苗族52人，回族51人。全年出生370人，死亡220人，人口自然增长率3.88‰。

【经济概况】 全年完成工农业总产值117467万元，其中工业总产值63163万元、农业总产值54304万元（农业产值41311万元、林业产值352万元、畜牧业产值10541万元、渔业产值1131万元、服务业产值969万元）。全镇财政总收入1143万元，比上年减少438.2万元，减少27.71%。全镇财政总支出8885.22万元，比上年增加3612.74万元，增长68.52%。全镇有个体私营经济1523户，从业人员5338人，实现营业收入99956万元，实交税金642万元。全年完成规模以上固定资产投资36685万元，为县下达任务的104.8%。完成招商引资17.46亿元，为县下达任务的102.7%。年末全镇实有耕地36733亩，其中水田16848亩、旱地19885亩。全年播种农作物72748亩。其中：播种粮食作物32137亩，粮食总产量15064吨，农民人均有粮400千克；种植蔬菜33535亩，蔬菜总产量11.6万吨。万亩葡萄、万亩绿色蔬菜、万亩青枣等规模化绿色产业集群加速形成。年末大牲畜存栏9754头、出栏4165头，生猪存栏29228头、出栏33612头，羊存栏17408只、出栏13822只，家禽存栏9.54万只、出栏11.9万只。全年肉类总产量3905吨，禽蛋产量94吨。年末，全镇城乡居民储蓄存款余额56680万元。

【基础设施建设】 全年水利工程动工4项，已完工交付使用4项，实际完成总投资110.5万元。实施五福村、洪告、十棵树村老塘田沟带三面光工程，计划总投资44万元，6月20日动工，9月14日完工并投入使用，实际完成投资44万元，改善灌溉面积360亩。实施黄瓜园镇朱布村蓄水池及管道工程，计划总投资22.97万元，6月25日动工，8月3日完工并投入使用，实际完成投资22.97万元，解决朱布村安置点106户429人饮水问题。实施黄瓜园镇旦劳田蓄水池及管道工程，计划总投资33.03万元，6月25日动工，8月3日完工并投入使用，实际完成投资33.03万元，解决旦劳田安置点海洛、大那别、小那别3个村安置点209户856人饮水问题。实施牛街行政村腊海金村2015年省级农危改示范村排污沟修复工程，计划总投资10.5万元，12月13日动工。

【招商引资】 全年实施招商引资项目11个，项目协议总投资17.62亿元，实际到位资金17.46亿元。其中：元谋县南方枣业有限公司苴林片区4500亩大棚小枣基地建设项目，计划总投资1.7亿元，1月动工，12月完工并投入生产，实际完成投资1.7亿元，解决劳动力就业50人。元谋县雨农果蔬产销专业合作社果蔬专用塑料包装箱生产线建设项目，计划总投资9800万元，1月动工，12月完工并投入生产，实际完成投资9800万元，解决劳动力就业20人。元谋纵横矿业开发有限公司黄瓜园镇龙山村2万吨铜矿开采及尾矿回收利用生产线建设项目，计划总投资1.3亿元，1月动工，12月完工，实际完成投资1.3亿元，解决劳动力就业20人。元谋鸿腾酒业公司年产3000吨瓶装白酒生产线建设项目，计划总投资9800万元，1月动工，12月完工，实际完成投资9800万元。元谋牛街新型墙体材料有限公司年产1.2亿片页岩环保砖生产线建设项目，计划总投资1.9亿元，1月动工，12月完工并投入生产，实际完成投资1.9亿元。元谋县福领果蔬产销有限公司5000亩水果基地建设项目，计划总投资1.9亿元，1月动工，项目在建，实际完成投资1.3亿元。云南久大轨道有限公司年产100万根混凝土轨枕生产项目，计划总投资3.2亿元，2月动工，年底完成投资2.7亿元，解决劳动力就业20人。云南凤凰文旅集团有限公司牛街年产90万立方米商品混凝土搅拌站建设项目，计划总投资9700万元，2月动工，12月完工并投入生产，实际完成投资9700万元，解决劳动力就业20人。元谋茂源实业公司年产32000吨PE管材及配件生产线建设项目，计划总投资1.6亿元，2月动工，独资建设，12月完工并投入生产，实际完成投资1.6亿元。云南浙滇农业发展有限公司海洛片区4500亩葡萄基地建设项目，计划总投资1.8亿元，2月动工，在海洛片区建设葡萄基地4500亩，12月完工，实际完成投资1.8亿元，解决农村劳动力就业50人。元谋海洛河砂加工有限公司龙川江黄瓜园段砂石开采加工项目，计划总投资1.3亿元，5月动工，建设12千米砂石料开采加工生产线，12月完工，实际完成投资1.3亿元。

【司法和社会治安】 黄瓜园司法所年末在职干部2人。全镇有人民调解组织16个、法律服务所1个。全年排查各类社会矛盾纠纷26次，排查梳理信访案件134件。全镇各级调委会共调解各类社会矛盾和民事纠纷769件，调解成功769件，调解成功率100%。全年未发生重大安全生产事故和重大群体性事件。全年接待来访群众43件89人次，回复办结上级转办、交办信访件91件245人次，已依法办结128件，办结率95.5%。黄瓜园中心法庭全年受理审结各类民事案件243件，完成自审自执案件76件。黄瓜园派出所设交警中队、刑侦中队、消防中队、治安巡逻中队，年末在职民警9人。全年立各类刑事案件88件，破获57件，破案率64.8%。全年受理各类行政治安案件849件，查处849件，查处率100%。全年开展巡逻防范479次，整治治安复杂地区15处，集中整顿交通秩序300次，查处交通违法案件4015件，拘留8人，其中酒驾案件12件。收戒吸毒人员4人，共收缴罚没款31.5万元。平安创建工作成效显著，全镇复评平安户达标率98%，行政村、学校、医院、寺庙、行政事业单位、企业等各行业的平安创建达标率100%。

【民政事务及社会保障】 年末，全镇有295户、454人享受城镇居民最低生活保障，全年发放城镇居民最低生活保障金181.92万元。全镇有2083户、5480人享受农村贫困居民最低生活保障，全年发放农村贫困居民最低生活保障金279.98万元。全年发放救灾救济粮963户、3750人、21吨，发放医疗救助金42户、42人、9.62万元，发放临时困难救助金238户、238人、13万元，发放救灾救济棉被200床、衣服210套。全年发放原大队干部定期生活补助23人、5.58万元，农村“五保户”定期补助128人、62.05万元，孤儿定期补助5人、6.3万元。全年发放烈属定期补助3.78万元，伤残军人定期补助16.26万元，复员军人定期补助11.53万元，带病退伍军人定期补助3.46万元，参战退役人员补助170.52万元，出国民兵民工定期补助3.02万元，水利伤残民工定期补助1.84万元，60岁以上农村籍退役士兵定期补助9.3万元，义务兵优待金19.74万元；发放重度残疾人补贴21.14万元，困难残疾人补贴212人、12.7万元。春节走访慰问贫困残疾人30人，发放慰问金1.22万元；走访慰问重点优抚对象370人，发放慰问金5.6万元；全镇有老年协会23个，发放80周岁以上老人健康补助486人、29.16万元。年末全镇参加城乡居民基本养老保险21913人，其中参保缴费16058人，缴费金额184.09万元。全年发放城乡居民基本养老金5637人、443.23万元。全年完成农村富余劳动力转移就业1896人。发放“贷免扶补”和小额担保贷款36户，贷款总额360万元。参加新型农村合作医疗保险33761人（其中建档立卡户1768人），参保率99.52%，收取新型农村合作医疗保险费575.87万元。参保患者全年发生医疗费用289.4万元，减免患者8.9万人次，共减免医疗费用159.6万元。

【教科文卫】 全镇有普通中学1所，教学班23个，在校生1054人，教职工124人，其中专任教师94人，初中入学率100%、升学率98.5%、巩固率98%。有中心完小2所、完小5所，教学班85个，在校生2374人，教职工236人，其中专任教师187人，小学入学率100%、升学率100%、巩固率99.8%。全镇有农民专业技术协会40个，会员6200人，组建农民专业合作社46个，共有社员875人。农民专业合作组织对成员和农民全年开展技术培训415人次，发放技术资料1600份。有镇文化站1个，文化站藏书6700册；有农村书屋14个，共有藏书2.4万册；青年之家19个，藏书3000册。有农村文化活动室55个。有混凝土篮球场74块，其中灯光球场29块。有农村文艺演出队50支、576人，民间传统花灯队18支、299人，演出舞台7个。广播覆盖率100%，电视覆盖率100%。有镇中心卫生院1个、村卫生室11个，乡村医生22人。镇卫生院有卫生专业技术人员35人，其中：执业医师9人、执业助理医师3人、药剂师2人、检验师4人、医士7人、注册护士8人。实有病床50张，全年门诊量5.25万人次，全年医疗卫生业务总收入183.6万元。

【党团组织建设】 镇党委下辖基层党委1个、党总支9个、党支部79个，年末有中共党员1297人。其中农村党员1087人，少数民族党员194人，女党员323人。年内发展新党员28人。其中少数民族党员4人，女党员9人。镇团委下辖基层团总支9个、团支部46个，年末共有团员523人。其中少数民族团员114人，女团员276人。年内发展新团员140人。其中少数民族团员34人，女团员81人。

【“9·17”特大泥石流灾害民房恢复重建】 2016年9月17日强降雨引发黄瓜园镇境内发生特大山洪泥石流灾害，造成点连行政村朱布村及海洛行政村部分农户民房倒塌或严重损坏。根据地质灾害专家的评估，需对受灾严重的朱布、海洛、大那别、小那别村315户1285人实施整村易地避险搬迁，经选址和征求意见，在朱布村山神坡征地68亩用于点连行政村朱布村避险搬迁安置，在黄瓜园镇点连行政村委会旦劳田（老农中南面）征地145亩用于海洛、大那别、小那别村避险搬迁安置。2017年1月13日，县委县政府成立了“9·17”特大型山洪泥石流灾害黄瓜园镇民房恢复重建指挥部，黄瓜园镇及时成立“9·17”特大型山洪泥石流灾害民房恢复重建工作领导小组，下设镇恢复重建办公室并抽调9位业务素质强、吃苦耐劳的干部职工开展恢复重建相关工作。在民房恢复重建中开展6批“四比五学六争优”活动和系列感恩教育、法治教育、诚信教育及专业技能培训，先后召开群众会30场次、专题培训班28场次。7月12日，黄瓜园镇朱布、海洛、大那别、小那别4个整村搬迁村315户重建户全部实现一层封顶。8月2日，一层主体顺利接受州级民房恢复重建验收。

镇党委书记：昝智明

镇长：韦志光（彝族）

镇人大主席：严汝政

黄瓜园镇各行政村基本情况表

表2

行政村		安定	点连	海洛	雷弄	舍多
党总支（支部）书记		缪春雷	李如彬	花显林	朱元彬	骆弟坤
村委会主任		缪春雷	靳显昌	骆弟林	朱元彬	骆弟坤
自然村（个）		10	10	4	10	4
村民小组（个）		10	9	3	6	4
总人口（人）		5209	4000	957	547	307
其中	男（人）	2671	2074	477	276	169
	女（人）	2538	1926	480	271	138
	少数民族（人）	752	829	108	248	208
村委会驻地海拔（米）		1060	1050	1020	1280	1860
年末耕地面积（亩）		4923	3738	1060	237	342
其中	水田（亩）	1809	1637	681	83	105
	旱地（亩）	3114	2101	379	154	237
农作物播种面积（亩）		10001	2462	1451	560	728
其中	粮食播种面积（亩）	4475	871	474	432	657
	粮食总产量（吨）	2118	369	248	162	196
	蔬菜种植面积（亩）	4780	1193	799	68	0
	蔬菜总产量（吨）	17063	5832	2609	142	0
个私经济（户）		319	314	25	0	0
从业人员（人）		1202	1493	43	0	0
个私经济营业收入（万元）		30231	30097	385	0	0
实交税金（万元）		180.6	156.7	2.1	0	0
大牲畜	存栏（头）	1017	906	496	560	550
	出栏（头）	492	485	257	209	136
猪	存栏（头）	3617	3997	687	370	151
	出栏（头）	4589	3643	767	653	301
羊	存栏（只）	1212	1416	1405	2245	3378
	出栏（只）	1049	1128	1958	1661	2265
村卫生室（个）		1	1	1	1	1
乡村医生（人）		2	2	2	2	2
农村文化活动室（个）		7	5	2	1	1

行政村	中兴	领庄	龙山	苴林	金雷	牛街
党总支（支部）书记	马光军	朱林武	管汉武	李翠林	阿坤刘	文　强
村委会主任	李荣霞	朱林武	（缺）	李翠林	罗　冬	杨国权

续表 2

行政村		中兴	领庄	龙山	苴林	金雷	牛街
自然村（个）		15	12	10	3	4	5
村民小组（个）		14	12	10	3	4	4
总人口（人）		4509	4694	5766	4639	2838	4174
其中	男（人）	2305	2348	2881	2418	1415	2135
	女（人）	2204	2346	2885	2221	1423	2039
	少数民族（人）	1128	706	751	897	1043	413
村委会驻地海拔（米）		1260	1250	1080	1120	1060	1055
年末耕地面积（亩）		6512	6327	3066	2888	3703	3937
其中	水田（亩）	4452	2685	2306	0	896	2194
	旱地（亩）	2060	3642	760	2888	2807	1743
农作物播种面积（亩）		13794	12052	8607	8445	5690	8958
其中	粮食播种面积（亩）	6379	5969	3693	3112	2262	3813
	粮食总产量（吨）	2985	2947	1829	1393	1023	1794
	蔬菜种植面积（亩）	7056	5133	4071	4034	2121	4280
	蔬菜总产量（吨）	24805	17392	13771	12808	8009	13744
个私经济（户）		169	167	123	187	85	134
从业人员（人）		424	415	397	582	345	437
个私经济营业收入（万元）		5195	4970	6924	9450	5446	7258
实交税金（万元）		32.6	31.4	47.7	80.6	34.1	76.2
大牲畜	存栏（头）	1029	996	1185	933	1135	947
	出栏（头）	395	399	534	445	384	429
猪	存栏（头）	3483	3530	4097	3256	2657	3383
	出栏（头）	3682	3788	4958	3563	3506	4162
羊	存栏（只）	1427	1280	1148	1366	1546	985
	出栏（只）	1094	863	856	851	1120	977
村卫生室（个）		1	1	1	1	1	1
乡村医生（人）		2	2	2	2	2	2
农村文化活动室（个）		10	10	8	3	4	4

（常欣梅）

羊街镇

【区划与人口】 羊街镇地处元谋县南部，镇人民政府驻地羊街村，海拔1885米，距县城30.5千米，全镇行政区域面积269.8平方千米。2017年，羊街镇辖羊街、甘泉、平地、中坝、木溪悟、花同、已波龙、平安、高姑、洒洒依10个行政村，104个自然村，95个村民小组。年末全镇总人口6104户、18158人。其中：男9485人，女8673人；城镇人口1424人，乡村人口16734人；少数民族9194人，占总人口的50.63%。主要少数民族有彝族7806人，苗族861人，傈僳族465人。全年出生176人，死亡139人，人口自然增长率4‰。

【经济概况】 全年完成工农业总产值37358万元，比上年增长5.99%，其中工业总产值21004万元、农业总产值16354万元（农业产值6197万元、林业产值1018万元、畜牧业产值8384万元、渔业产值231万元、服务业产值524万元）。全镇财政总收入1082万元，比上年增加81万元，增长8.1%。全镇财政总支出3470.19万元，比上年增加764.45万元，增长28.3%。发展个私经济522户，从业人员1289人，实现营业收入25391万元，实交税金369.7万元。全年完成规模以上固定资产投资20200万元，为县下达任务的101%。完成招商引资26830万元，为县下达任务的103.2%。年末全镇实有耕地16980亩，其中水田9045亩、旱地7935亩。全年播种农作物37604亩。其中：播种粮食作物27391亩，粮食总产量7739吨，农民人均有粮462千克；种植蔬菜2086亩，蔬菜总产量3424吨；种植烤烟7001亩，烟叶总产量965吨，烤烟产值2823.5万元。全年收购烟叶965吨，烟叶收购平均价每千克29.26元，全镇烟农卖烟收入2823.5万元，比上年减少188.5万元，烟农人均卖烟收入1637元。年末大牲畜存栏11366头、出栏3498头，牛存栏7562头、出栏3080头，生猪存栏26426头、出栏31604头，羊存栏22157只、出栏11680只，家禽存栏77206只、出栏78740只。全年肉类总产量3310吨，禽蛋产量48吨。年末全镇城乡居民储蓄存款余额21100万元。

【基础设施建设】 全年水利工程动工8件，已完工交付使用7件，实际完成总投资512.23万元，其中各级政府投资445.77万元、群众投工投劳及自筹66.46万元。新建三面光沟渠5930米，清淤修复沟渠13.23千米，新增灌溉面积327亩，改善灌溉面积1440.6亩。实施花同行政村秧田箐水库溢洪道修复工程，总投资36万元，2016年12月4日动工，2017年2月24日竣工，新建三面光沟渠220米，完成溢洪道修复12.6米，改善灌溉面积140.6亩。实施羊街行政村莲花坝清淤、防渗灌浆工程，总投资74万元，2016年11月1日动工，2017年3月完工，完成大坝清淤、防渗灌浆、整形修复加固，新增蓄水1.23万立方米。实施羊街行政村东山沟清淤修复工程，总投资100.4万元，2016年11月12日动工，2017年3月完工，新建三面光沟渠650米，完成清淤修复沟渠4.79千米，新增灌溉面积50亩，改善灌溉面积240亩，解决了9个自然村165户854人及761头大牲畜饮水难的问题。实施已波龙行政村已波龙大沟清淤修复工程，总投资87.4万元，2016年11月30日动工，2017年3月完工，新建三面光沟渠440米，完成清淤修复沟渠3.49千米，新增三面光沟渠440米，新增灌溉面积30亩，改善灌溉面积240亩，解决了8个自然村465户1254人及361头大牲畜饮水难的问题。实施花同行政村东山沟清淤修复工程，总投资124.2万元，2016年11月30日动工，2017年3月完工，新建三面光沟渠470米，完成清淤修复沟渠4.95千米，新增灌溉面积47亩，改善灌溉面积240亩，解决12个自然村456户1184人及361头大牲畜饮水难的问题。实施羊街镇甘德村饮水安全工程，3月2日动工，6月2日完工，解决6个自然村261户560人及120头大牲畜饮水难的问题。实施得呆足农村饮用水安全项目，架设人饮管道3300米，共投入资金16.4万元，解决1个自然村46户193人及121头大牲畜饮水难的问题。实施羊街镇花同行政村苗族传习所建设工程，3月22日开工，6月12日完工，新建一层砖混结构苗族传习所123.3平方米。组织实施大碧马村一事一议财政奖补项目文化室建设工程，5月10日开工，8月10日完工，新建二层砖混结构文化室160平方米、新建25平方米公厕1座，项目投入资金28.64万元。实施甘泉村一事一议财政奖补项目道路建设工程，新建道路长140米，项目计划投入资金14.83万元，村集体资金投入3.83万元，申请一事一议财政奖补资金11万元；组织实施下己波龙一事一议财政奖补项目文化室建设工程，5月10日开工，新建二层砖混结构文化室160平方米、安装篮球架1副、安装太阳能路灯4盏，项目计划投入资金31.64万元。实施庆乐上村一事一议财政奖补项目文化室建设工程，5月10日开工，新建二层砖混结构文化室160平方米、新建25平方米公厕1座，项目计划投入资金27.49万元。组织实施花同行政村团山村文化活动室建设工程，3月22日开工，7月2日完工，新建一幢二层砖混结构文化室200平方米，项目共计投资30万元。组织实施花同行政村金鹏塘村巷道硬化工程、木溪悟行政村李家村村巷道硬化工程、平安行政村甘德村巷道硬化工程、洒洒依行政村阿敲得村巷道硬化工程、羊街后箐村巷道硬化及人饮工程、平地行政村塔海地村巷道硬化及沟渠工程，8月21日开工，12月1日完工，共计投入资金351.33万元，其中浦发扶贫发展基金349.54万元、群众投资投劳折资1.79万元。建设内容包括硬化村巷道6.29千米，建设沟渠3.49千米，人饮管道架设3500米，埋设道路涵管80米，新建50立方米蓄水池1座，浆砌石支砌26米拦沙坝1座，制安项目公示牌7块等内容。

【招商引资】 全年实施招商引资项目3个，实际引进州外到位资金26830万元，为目标任务的103.2%。其中：元谋县世纪农业科技有限公司羊街镇4600亩林果基地建设及家畜养殖项目协议总投资额14000万元，实际到位资金12000万元；元谋县滇诚农牧科技有限公司羊街镇木资海村12600头高原生态猪养殖及500亩沃柑种植项目协议总投资额9850万元，实际到位资金9850万元；祁阳长顺矿业贸易有限公司元谋分公司元谋县羊街镇老金山铜矿勘探项目协议总投资额4980万元，实际到位资金4980万元。

【司法和社会治安】 羊街镇司法所年末有干部2人。全年排查社会矛盾纠纷24次，排查出各类社会矛盾及民事纠纷143件。全镇各级调解组织共受理调解各类矛盾纠纷143件，调解成功142件，调解成功率99.3%。羊街派出所年末在职干警4人。全年立刑事案件42件，破案25件，破案率59.5%。全年受理各类行政治安案件29件，查处16件，查处率55.2%。全年接处警219起。

【民政事务及社会保障】 年末，全镇有59户、77人享受城镇居民最低生活保障，全年发放城镇居民最低生活保障金30.40万元。全镇有634户、1683人享受农村贫困居民最低生活保障，全年发放农村贫困居民最低生活保障金356.85万元。全年发放救灾救济粮30.78吨，发放救灾救济棉被169床、衣服552套、儿童服43套，发放临时困难救助金73人、10万元。全年发放原大队干部定期补助13人、3.09万元，农村“五保户”定期补助88人、44.49万元，孤儿定期补助4人、5.35万元。全年发放革命烈士和病故军人家属定期补助4人、7.47万元，伤残军人定期补助4人、65684.4元，复员军人定期补助1人、11577元，带病退伍军人定期补助4人、23304元，参战退役人员补助87人、53.5万元，出国民兵民工定期补助11人、18480元，水电水利伤残民工定期补助9人、12720元，60岁退役士兵补助20人、

39075元。全年组织白内障患者实施复明手术23人。春节走访慰问残疾人28人，发放慰问金1.12万元；走访慰问优抚对象14人，发放慰问金5600元；走访慰问“五保户”8人，发放慰问金3200元。全镇有老年协会4个，发放80周岁以上老人健康补助295人、17.7万元。年末全镇参加城乡居民基本养老保险8775人，其中参保缴费8704人，缴费金额99.73万元。全年发放城乡居民基本养老金2605人、227.92万元。全镇参加城镇居民基本医疗保险16406人，参保率98%，其中学生儿童192人、重残4人、60岁以上老人212人。收取新型农村合作医疗保险费281.59万元。参保患者全年发生医疗费用169.71万元，共减免患者7.97万人次，减免医疗费用113.97万元。

【教科文卫】 全镇有普通中学1所，教学班14个，在校生503人，教职工57人，其中专任教师50人，初中入学率100%、升学率43.6%、巩固率100%。有中心完小2所、村完小7所，教学班56个，在校生1113人，教职工111人，其中专任教师92人，小学入学率、升学率、巩固率均为100%。全镇有农民专业技术协会29个，会员3941人，组建农民专业技术协会18个，会员3831人，组建农民专业合作社11个，社员110人。全年共举办各种科技培训共9期，累计参训910人次，发放科普宣传资料1.1万份。全镇有镇文化站1个、青年之家10个，文化站藏书5245册。有农村文化活动室64个，藏书18684册。有混凝土篮球场44块，其中灯光球场14块，有多功能健身娱乐小广场3个。有农村文艺演出队20支、332人，民间传统花灯队3支、48人，洞经音乐队1支、16人，彝族大刀舞队1支、20人，苗族芦笙舞队1支、8人，苗族四声部合唱队1支、62人。广播电视覆盖率96%。有镇卫生院1个、村卫生室10个，乡村医生22人。镇卫生院有卫生专业技术人员24人，其中执业助理医师5人、注册护士9人、药剂士2人、检验士1人，实有病床8张、输液椅104张。全年门诊量7.44万人次，全年收住院病人21人次，出院病人3人次，其中好转治疗3人次，好转治疗率100%，全年医疗卫生业务总收入205.81万元。全年举办婚前培训班11期，累计参训906人次。

【党团组织建设】 镇党委下辖基层党委1个、党总支8个、党支部68个，年末有中共党员985人。其中：农村党员932人，少数民族党员433人，女党员226人。年内发展新党员9人。其中：少数民族党员3人，女党员4人。镇团委下辖团总支10个、团支部66个，年末有团员256人。其中：少数民族团员100人，女团员132人。年内发展新团员85人。其中：少数民族团员45人，女团员47人。

【民族特色村寨建设】 以规划为引领，融合各种项目资金，依托自然环境、当地民族文化，以村寨基础设施、民族文化广场、民族节庆活动、传统服饰等民间传统文化为突破口。2017年，建设完成3个民族特色村寨。依洒彝村是以水库移民搬迁为建设背景的美丽宜居乡村建设项目，2015年1月动工，截至2017年12月，已经完成土地整理130亩，23户移民房屋主体全面完工，公共文化室、文化小广场、道路、给排水、绿化、太阳能路灯安装、休闲小花园等公建项目已完工，有19户已搬迁入住。放毛则村依托“9·17”山洪灾害恢复重建项目，变灾害为机遇，结合苗族文化习俗，采取村内异地集中安置、统规自建的方式，引导群众统一规划设计、统一建筑面积、统一层高、统一外立面风貌，2017年5月竣工，恢复重建选址占地4000平方米，民房建筑面积3000平方米，民政局下达国家补助资金51.2万元，帮助每户群众贷款5万元。得呆足村将地质灾害点搬迁与“美丽宜居”建设相结合，采取村内异地集中安置、分散自建的方式，利用国家定补、群众自筹、银行贷款的筹资方法，发扬及早动手、不等不靠、自筹自建的自强精神，2017年6月动工，

12月完工，涉及的20户搬入新居，文化活动室、公厕投入使用，2千米长的人饮管道架设完毕。

【集镇供水】 羊街镇集镇供水工程近期（2020年）供水总规模达1500立方米/日，可满足镇区范围内0.88万人；远期（2030年）供水总规模可达到2000立方米/日，满足供水范围内1.01万人饮水及工业企业生产需求。工程于2012年启动，委托昆明华汇设计有限公司进行该工程可行性研究编制工作。2013年6月22日通过省级评审。2014年11月完成前期取水口段工程，由于未争取到中央专项补助资金，也未整合到其他项目资金，镇政府财力有限，无法按可研建设内容启动其他后续工程项目建设。2016年6月，通过向县住建局协调争取，羊街镇争取到乡镇集镇供水专项基金建设项目，于6月施工设计图通过省住建厅的初设评审后，完成出图工作。2016年7月，与县国土、林业部门对接协调，完成水厂建设所需4亩林地的征占用工作，并完成林勘、地勘工作。2016年12月，完成招标工作并启动工程建设，截至2017年12月，完成业务楼、沉淀池、滤池、清水池、回收水池等基础设施的建设，总占地3亩，完成投资596.55万元。

镇党委书记：郑志学（彝族）

镇长：栾永富

镇人大主席：杨吉福

羊街镇各行政村基本情况表

表3

行政村		羊　街	甘　泉	平　地	中　坝	木溪悟
党总支（支部）书记		阳光富	张天学	高玉成	赵成明	杨海和
村委会主任		阳光富	张天学	高玉成	赵成明	杨海和
自然村（个）		17	19	7	3	8
村民小组（个）		13	14	7	3	8
总人口（人）		3856	4296	1081	618	1025
其中	男（人）	2020	2251	553	320	541
	女（人）	1836	2045	528	298	484
	少数民族（人）	1870	1044	1029	504	811
村委会驻地海拔（米）		1850	1845	1530	1250	2180
年末耕地面积（亩）		3620	3897	1569	263	770
其中	水田（亩）	2401	3320	720	263	140
	旱地（亩）	1219	577	849	0	630
农作物播种面积（亩）		8829	10229	1780	491	1610
其中	粮食播种面积（亩）	5225	7719	1671	299	1168
	粮食总产量（吨）	1387	2209	693	126	287
	蔬菜种植面积（亩）	495	282	125	308	40
	蔬菜总产量（吨）	1015	593	167	514	58
	烤烟种植面积（亩）	2657	2005	0	0	363
	烟叶总产量（吨）	366	276	0	0	50

续表 3

行政村		羊 街	甘 泉	平 地	中 坝	木溪悟
个私经济（个）		202	87	19	3	18
从业人员（人）		388	237	56	5	53
个私经济营业收入（万元）		8631	2060	623	104	627
实交税金（万元）		125.6	29.3	9	1.5	10
大牲畜	存栏（头）	1286	1783	1162	470	873
	出栏（头）	419	754	339	174	151
猪	存栏（头）	4130	5964	1587	1174	1398
	出栏（头）	5897	8059	1582	903	1408
羊	存栏（只）	3314	3864	1819	768	1838
	出栏（只）	1648	1322	914	322	732
村卫生室（个）		1	1	1	1	1
乡村医生（人）		4	2	2	2	2
农村文化活动室（个）		14	11	3	3	2
行政村		花 同	己波龙	平 安	高 姑	洒洒依
党总支（支部）书记		王加德	彭增宇	李自祥	杨文国	李志平
村委会主任		王加德	彭增宇	李自祥	杨文国	李志平
自然村（个）		18	9	8	9	6
村民小组（个）		18	9	8	9	6
总人口（人）		2912	1687	995	802	886
其中	男（人）	1463	891	541	425	480
	女（人）	1449	796	454	377	406
	少数民族（人）	1204	236	1028	653	815
村委会驻地海拔（米）		2115	2040	2420	2320	2420
年末耕地面积（亩）		2668	1510	1072	636	975
其中	水田（亩）	1383	812	0	6	0
	旱地（亩）	1285	698	1072	630	975
农作物播种面积（亩）		5929	2620	2717	1324	2075
其中	粮食播种面积（亩）	3795	1944	2388	1219	1963
	粮食总产量（吨）	942	596	608	375	516
	蔬菜种植面积（亩）	470	221	92	20	33
	蔬菜总产量（吨）	623	275	108	26	45
	烤烟种植面积（亩）	1589	337	50	0	0
	烟叶总产量（吨）	219	47	7	0	0

续表 3

行政村		羊 街	甘 泉	平 地	中 坝	木溪悟
个私经济（个）		113	29	30	9	12
从业人员（人）		380	83	20	30	37
个私经济营业收入（万元）		12054	680	210	272	130
实交税金（万元）		175.5	10	3	4	1.8
大牲畜	存栏（头）	1587	1155	1157	793	1100
	出栏（头）	510	178	424	239	310
猪	存栏（头）	5476	2891	1431	990	1385
	出栏（头）	6500	3285	1346	1104	1520
羊	存栏（只）	1930	1185	3536	1980	1923
	出栏（只）	1534	819	1558	1229	1602
村卫生室（个）		1	1	1	1	1
乡村医生（人）		2	2	2	2	2
农村文化活动室（个）		10	5	4	8	4

（王　龙　施云波）

老城乡

【区划与人口】 老城乡位于元谋县中南部，乡人民政府驻地老城街，海拔 1289 米，距县城 13 千米，全乡行政区域面积 216.4 平方千米。2017 年辖老城、那能、尹地、挨小、库南、丙月、波亨、丙间、苴那、老者格 10 个行政村，96 个自然村，132 个村民小组。年末全乡总人口 8565 户、27669 人。其中：男 14132 人，女 13537 人；乡村人口 27291 人；少数民族 14096 人，占总人口的 51%。主要少数民族有彝族 12339 人、傈僳族 1392 人、苗族 184 人、傣族 44 人。全年出生 453 人，死亡 309 人。人口自然增长率 3.18‰。

【经济概况】 全年完成工农业总产值 72135 万元，其中工业总产值 34061 万元、农业总产值 38074 万元（农业产值 28875 万元、林业产值 451 万元、畜牧业产值 8094 万元、渔业产值 191 万元、服务业产值 463 万元）。全乡财政总收入 893.92 万元，比上年增加 199.92 万元，增长 28.8%。全乡财政总支出 4338.4 万元，比上年增加 411.59 万元，上升 10.48%。发展个私经济 2403 户，从业人员 3971 人，个私经济总产值 97563 万元，实现营业收入 119365 万元，实交税金 893.92 万元。全年完成规模以上固定资产投资 3.19 亿元，为县下达任务的 106.5%。完成招商引资 7.3 亿元，为县下达任务的 110.9%。年末全乡实有耕地 27198 亩，其中水田 15250 亩、旱地 11948 亩。全年播种农作物 62956 亩。其中：播种粮食 27191 亩，粮食总产量 12439 吨，农民人均有粮 450.8 千克；种植蔬菜 25650 亩，蔬菜总产量 47695 吨，蔬菜产值 12535 万元；种植烤烟 2230 亩，烟叶总产量 300 吨，烤烟产值 659 万元。全年收购烟叶 30 万千克，烟叶收购平均价每千克 27.96 元，全乡烟农卖烟收入 838.8 万元。年末大牲畜存栏 15085 头、出栏 3295 头，生猪存栏 28885 头、出栏 29801 头，羊存栏 28593 只、出栏 9450 只，家禽存栏 87764 只、出栏 107400 只。全年肉类总产量 3359 吨，禽蛋产量 55 吨。年末城乡居民储蓄存款余额 24047 万元。

【基础设施建设】 全年实施扶贫项目 58 件，财政扶贫资金 2406.34 万元。实施中央扶贫整村推进项目 4 个，财政扶贫资金 240 万元。班美村进村道路硬化 453 米，排灌水沟 123 米，三面光沟渠 1525 米；田房村进村道路硬化 638 米，三面光沟渠 1100 米；大那村新修进村道路 330 米，路边沟 660 米，三面光沟渠 2822 米；官田村跨河桥 1 座长 10 米，三面光沟渠 694 米，新修村间道路 260 米。实施省级扶贫整村推进项目 2 个，财政扶贫资金 100 万元。河坝街村进村道路硬化 327 米，村巷道硬化 181 米，三面光沟渠 1560 米，架设人饮管道 1500 米；鱼塘庄路基挡墙支砌 24 立方米，三面光沟渠 2402 米。实施贫困行政村整村推进项目 1 个，财政扶贫资金 100 万元。老者格进村道路硬化 1643 米，巷道硬化 1600 米。实施浦发基金村民小组活动场所建设项目 12 个，专项扶贫资金 206 万元。实施浦发基金自然村整村推进“查缺漏、补短板”项目 11 个，专项扶贫资金 392.6 万元。实施浦发基金行政村整村推进“查缺漏、补短板”项目 2 个，财政扶贫资金 213.11 万元。实施资产收益扶贫项目 1 个，财政扶贫资金 136 万元。通过元谋县超宝果蔬产销专业合作社老城乡资产收益葡萄、火龙果种植产业扶贫项目的实施，带动 136 户建档立卡贫困户每年增收 1200 元。开办贫困地区劳动力转移技能培训 4 期，财政扶贫资金 20 万元。在那能、丙间、库南、老者格 4 个行政村开办摩托车农机修理工培训班，200 人参训；开办劳动力引导性培训 1 期，财政扶贫资金 1.5 万元。在波亨行政村开展果蔬种植、动物饲养疫病防治培训 50 人。实施扶贫整村推进“查缺漏、补短板”建设项目 19 个，财政扶贫资金 753.13 万元。实施第二批产业扶贫项目，财政扶贫资金 244 万元。扶持 488 户建档立卡贫困户自身发展猪、牛、羊、驴养殖或与企业合作入股分红，户均补助 0.5 万元。老城乡 2017 年农村居民饮水安全项目老城乡大生地村饮水工程，计划总投资 180175 元，2 月 25 动工，3 月 25 完工，实际完成投资 180175 元，解决 212 人及 150 头大牲畜饮水困难问题；东山大沟沿线人饮巩固提升项目、2017 年中央预算内农村饮水巩固提升工程老城乡丙月行政村小月旧、兰家坟人饮管网建设正在实施中。

【招商引资】 全年实施招商引资项目 10 个，实际到位资金 7.31 亿元。其中：元谋县聚源甜椒产销合作社果蔬种植基地建设项目，计划投资 0.8 亿元，1 月开始实施，12 月完工，在老城乡公路梁子建成 1500 亩果蔬种植基地 1 个，吸收周边劳动力 70 人，辐射带动周边 3 个村种植果蔬 210 亩；元谋元博农资商贸有限公司葡萄基地建设项目，计划投资 0.9 亿元，1 月开始实施，在老城乡南门山建成 1800 亩的标准化葡萄种植基地 1 个，完成投资 9000 万元，吸收周边劳动力 69 人，辐射带动周边 4 个村组种植果蔬 160 亩；元谋县青禾农业开发有限公司火龙果种植基地建设项目，计划投资 1.2 亿元，1 月开始实施，12 月 31 完工，在老城乡王丙庄村建成 2000 亩火龙果、果蔬种植基地 1 个，吸收周边劳动力 86 人，辐射带动周边 6 个村种植果蔬 460 亩；元谋大型灌区丙间片 11.4 万亩高效节水灌溉项目，建设总灌溉面积 11.4 万亩的取水、输水、配水、田间、信息化等高效节水工程，1 月开始实施，12 月 31 日完工，完成投资 3485 万元；元谋县闽福新型墙体材料有限公司改扩建项目，计划投资 5500 万元，3 月开始实施，12 月完工，建成年产 10000 万块新型材料砖，购置生产设备 10 套，厂区道路路面硬化 6000 平方米，建设生产车间 8000 平方米，预计利润 800 万元，吸收周边劳动力 33 人；元谋县根度果蔬产销农民专业合作社农业综合开发建设项目，3 月开工建设，12 月完工，实际完成投资0.85亿元，建成1500亩葡萄种植基地1个，吸收周边劳动力56人，辐射带动周边3个村种植葡萄140亩；云南诚德农业发展有限公司土地农业综合开发建设项目，计划投资0.96亿元，3月开始实施，12月实际完成投资0.85亿元，在老城乡松树湾村建成2000亩葡萄种植基地一个，吸收周边劳动力77人，辐射带动周边4个村种植葡萄260亩；元谋县跃华果蔬有限公司果蔬种植基地建设项目，2月开始实施，12月完工，在老城乡小丙间建成800亩的标准化果蔬、鲜花种植基地，辐射带动周边2个村种植葡萄120亩；元谋县果然好农业科技有限公司果蔬种植基地建设项目，1月开始实施，12月完工，在老城乡丙间村建成2000亩的果蔬种植基地1个，辐射带动周边3个村种植葡萄225亩；元谋县永鸿农业种植果蔬种植基地建设项目，6月1日开工建设，12月30日完工，在老城乡花园村开发整理土地600亩建设果蔬种植基地1个，吸收周边劳动力25人，辐射带动周边2个村种植葡萄110亩。

【司法和社会治安】 老城乡司法所年末有干部2人。全年排查社会矛盾纠纷24次，排查出各类社会矛盾和民事纠纷69件。全乡各级调解组织共受理社会矛盾和民事纠纷401件，调解成功393件，调解成功率98%。老城派出所年末有干警7人。全年立刑事案件35件，破获20件，破案率57.1%。全年受理各类治安行政案件248件，查处236件，查处率95.1%。全年接处警856起。

【民政事务及社会保障】 2017年末，全乡有69户93人享受城镇居民最低生活保障，全年发放城镇居民最低生活保障金32.68万元。全乡有699户1957人享受农村贫困居民最低生活保障，全年发放农村贫困居民最低生活保障金387.68万元。全年发放救灾救济粮1909户50吨，发放救灾救济棉被600床、大衣130件、衣服340套。发放临时困难救助金80户、80人、7万元。全年发放老大队干部生活补助20人、0.45万元，农村五保户定期补助148人、80.25万元。全年发放烈属定期补助4.54万元，伤残军人定期补助10.71万元，复员军人定期补助21.9万元，带病退伍军人定期补助0.83万元，参战退役人员补助137人、59.57万元，出国民兵民工定期补助2.61万元。全乡有老年协会11个，发放80周岁以上老人健康补助435人、26.1万元。春节走访慰问农村贫困残疾人36人，发放慰问金1.44万元。走访慰问优抚对象31人，发放慰问金1.09万元。走访慰问农村五保户21人，发放慰问金0.84元。走访慰问重点优抚对象及困难涉军群体人员16人，发放慰问金0.64万元。全乡参加城乡居民社会养老保险18397人，其中参保缴费14174人，缴费金额160.1万元。全年发放基本养老金4223人、367.56万元。完成农村富余劳动力转移就2086人。发放“贷免扶补”和小额担保贷款7户，贷款总额70万元。全乡参加城乡居民医疗保险25706人，参保率96%，收取城乡居民医疗保险费400.97万元，其中建档立卡贫困户3430人。参保患者全年发生医疗费用136万元，减免患者4.9万人次，减免医疗费用102万元。

【教科文卫】 全乡有普通中学2所，教学班24个，在校生971人，教职工126人，其中专任教师99人，初中入学率100.1%、升学率86.5%、巩固率98.7%。中心完小1所、村完小8所，教学班63个，在校生1761人，教职工129人，其中专任教师125人，小学入学率100%、升学率100%、巩固率100%。中心幼儿园1所，教学班4个，在校幼儿园102人。全乡共有农民专业合作组织67个，成员2764人。其中：农民专业协会16个，会员2313户；农民专业合作社51个，社员451人。全年共举办农业科技知识培训班11期、培训学员880人次，广播宣传20场，出黑板报130期，发放科技资料5300份，发放测土配方宣传书籍500本。有乡文化站1个，青年之家1个，农家书屋13个，共有各类书刊2000册；有农村文化活动室75个；建有标准篮球场54块；农村文艺演出队20支；民间传统花灯队18支；左脚舞专业表演队36支。广播覆盖率88%，电视覆盖率98.85%。全乡有乡卫生院1个、村卫生室10个，乡村医生23人。乡卫生院有卫生专业技术人员25人，其中执业医师3人、助理医师7人、主管护师4人、护士7人、主管药师1人、药师1人、检验士1人、会计士1人，病床18张，全年门诊量5.2万人次，全年医疗卫生业务总收入148万元。

【党团组织建设】 乡党委下辖基层党委2个、党总支6个、党支部88个，年末有中共党员987人。其中：农村党员818人，少数民族党员481人，女党员244人。年内发展新党员20人。其中：少数民族党员16人，女党员9人。乡团委下辖团总支11个、团支部43个，年末共有团员1487人。其中：少数民族团员724人，女团员738人。年内发展新团员84人。其中：少数民族团员40人，女团员43人。

【脱贫攻坚】 2014年6月老城全乡共筛选识别2个建档立卡贫困行政村，69个贫困自然村，962户3100人建档立卡贫困人口。2014年脱贫出列216户598人，2015年脱贫出列101户343人，2016年脱贫人口150户554人，2017年全乡未脱贫贫困人口基础数据为449户1606人。经2015年、2016年几轮动态调整后，2017年年初基础数据为910户3089人，在2017年8月全省贫困对象动态管理工作过程中，正常退出76户293人；违规剔除户47户164人（已脱贫户33户103人）；脱贫返贫户24户63人；新增识别贫困户114户367人。2017年9月初全乡共有贫困人口975户3441人，未脱贫人口575户2025人。2017年争取、放贷小额扶贫贴息贷款2451万元，近600户建档立卡贫困户户均贷款3万—5万元。开展健康扶贫，全额减免3430人建档立卡贫困人口人均180元的城乡居民医疗保险参保费；发放健康扶贫服务卡3430本，建档立卡贫困人员到门诊看病、住院就医直接持卡减免费用，减免金额达90%。开展产业扶持，136户建档立卡贫困户每户补助扶贫资金1万元入股龙头企业和公司，参与企业分红，每年每户获得股金1200元，2017年136户农户获得入股分红股金16.32万元。对小龙潭、把度2个地质灾害点进行易地搬迁安置。2017年底，小龙潭新村已建设完毕，农户已搬迁入住，把度新村101户农户正建设住房。年内，开展新型职业农民培训班2期、农村实用技能培训班6期、蔬菜种植技术培训班10期，投入培训经费80万元，培训群众900余人次。2017年203户768人贫困人口脱贫。

乡党委书记：杨天寿（2016.7.7—　）

乡长：杨天奇（2016.8.21—　）

乡人大主主席：管建波（2016.9.13—　）

老城乡各行政村基本情况表

表4

行政村	老　城	那　能	尹　地	挨　小	库　南
党总支（支部）书记	花显成	罗荣方	刘树春	韦　忠	李朝东
村委会主任	李品金	孙永琼	刘树春	韦　忠	李朝东
自然村（个）	23	11	8	8	12
村民小组（个）	32	24	8	12	14

续表 4

行政村		老　城	那　能	尹　地	挨　小	库　南
总人口（人）		7784	3942	3103	3027	2347
其中	男（人）	3939	2018	1543	1557	1206
	女（人）	3845	1924	1560	1470	1141
	少数民族（人）	3795	1238	1951	1162	1203
村委会驻地海拔（米）		1287	1366	1105	1292	1510
年末耕地面积（亩）		5912	5137	2942	2902	2932
其中	水田（亩）	3994	3606	1720	2084	1040
	旱地（亩）	1918	1531	1222	818	1892
农作物总播种面积（亩）		13114	9145	5240	6562	8774
其中	粮食播种面积（亩）	4502	2750	1902	2334	4910
	粮食总产量（吨）	2530	1399	1050	1307	2054
	蔬菜种植面积（亩）	7510	4210	3030	2745	3020
	蔬菜总产量（吨）	14721	7601	5982	5606	4644
	烤烟种植面积（亩）	0	25	0	0	12
	烟叶总产量（吨）	0	3	0	0	2
乡镇企业（个）		695	396	178	423	315
从业人员（人）		1406	575	489	597	315
乡镇企业营业收入（万元）		52776	16410	14919.7	17526.8	2662.5
实交税金（万元）		185.04	29.5	33.07	67.04	68.85
大牲畜	存栏（头）	3285	1670	1656	1878	1620
	出栏（头）	840	410	342	377	304
猪	存栏（头）	7228	4244	3351	3045	2625
	出栏（头）	8190	4558	3677	3242	2370
羊	存栏（只）	4233	3839	2489	2272	3324
	出栏（只）	2622	1281	1072	998	816
村卫生室（个）		1	1	1	1	1
乡村医生（人）		4	3	2	2	2
农村文化活动室（个）		19	10	7	6	11

行政村	丙　月	波　亨	丙　间	苴　那	老者格
党总支（支部）书记	杨　元	杜云平	王朝发	李玉萍	李绍聪
村委会主任	杨　元	—	—	张文亮	李绍聪
自然村（个）	7	7	8	8	4
村民小组（个）	7	8	10	9	8

续表 4

行政村		丙　月	波　亨	丙　间	苴　那	老者格
总人口（人）		2118	1793	1346	1405	804
其中	男（人）	1079	934	691	726	439
	女（人）	1039	859	655	679	365
	少数民族（人）	1461	670	1265	602	749
村委会驻地海拔（米）		1143	1521	1228	1524	2010
年末耕地面积（亩）		1975	1136	1596	1904	762
其中	水田（亩）	884	585	444	592	301
	旱地（亩）	1091	551	1152	1312	461
农作物总播种面积（亩）		4878	2820	4071	5013	3339
其中	粮食播种面积（亩）	2901	1750	1927	1886	2329
	粮食总产量（吨）	941	764	984	640	770
	蔬菜种植面积（亩）	1093	800	1625	1225	392
	蔬菜总产量（吨）	2093	1361	2946	2501	240
	烤烟种植面积（亩）	202	0	0	1408	583
	烟叶总产量（吨）	27	0	0	190	78
乡镇企业（个）		111	58	76	120	31
从业人员（人）		220	79	139	120	31
乡镇企业营业收入（万元）		8421.3	2606	1849	1672	522
实交税金（万元）		232.41	193.98	7.15	73.3	3.58
大牲畜	存栏（头）	1193	1122	862	1168	631
	出栏（头）	266	230	236	199	91
猪	存栏（头）	2104	2344	1523	1440	981
	出栏（头）	2209	1958	1329	1498	770
羊	存栏（只）	3685	2175	2039	2720	1763
	出栏（只）	785	615	504	477	280
村卫生室（个）		1	1	1	1	1
乡村医生（人）		2	2	2	2	2
农村文化活动室（个）		7	5	8	1	1

（杨钰羚）

平田乡

【区划与人口】 平田乡位于元谋县中西部，乡人民政府驻地平田街，海拔 1175 米，距县城 32 千米，全乡行政区域面积 188 平方千米。2017 年，平田乡辖平田、华竹、班果、新昌、新康 5 个行政村，46 个自然村，48 个村民小组。年末全乡总人口 4879 户、14890 人。其中：男 7573 人，女

7317 人；城镇人口 201 人，乡村人口 14689 人；少数民族 5112 人，占总人口的 34.33%。主要少数民族有彝族 3785 人，傈僳族 1035 人，苗族 242 人。全年出生 176 人，死亡 99 人。人口自然增长率 5.2‰。

【经济概况】 全年完成工农业总产值 38773 万元，其中工业总产值 15689 万元、农业总产值 23084 万元（农业产值 17099 万元、林业产值 344 万元、畜牧业产值 5203 万元、渔业产值 168 万元、服务业产值 270 万元）。全乡财政总收入 1116.24 万元，比上年增加 402.24 万元，增长 56.3%。全乡财政总支出 2459.36 万元，比上年增加 729.46 万元，增长 42.2%。发展乡镇企业 1084 个，从业人员 1976 人，实现营业收入 20676 万元，乡镇企业总产值 20676 万元，实交税金 176 万元。全年完成规模以上固定资产投资 27138 万元，为县下达任务的 108.5%。完成招商引资 6.83 亿元，为县下达任务的 113.8%。年末全乡实有耕地 18870 亩，其中水田 6828 亩、旱地 12042 亩。全年播种农作物 34442 亩。其中：播种粮食作物 15439 亩，粮食总产量 6351 吨，农民人均有粮 439 千克；种植蔬菜 14453 亩，蔬菜总产量 48623 吨，蔬菜产值 10857 万元。年末大牲畜存栏 9889 头、出栏 2172 头，生猪存栏 19563 头、出栏 18527 头，羊存栏 15122 只、出栏 7931 只，家禽存栏 43858 只、出栏 37489 只。全年肉类总产量 2086 吨，禽蛋产量 23 吨。年末全乡城乡居民储蓄存款余额 19060 万元。

【基础设施建设】 全年水利工程动工 45 件，已完工交付使用 28 件，实际完成总投资 1184.24 万元。其中：2017 年扶贫整村推进“查缺漏、补短板”建设项目 644.13 万元，浦发基金自然村整村推进“查缺漏、补短板”项目 367.87 万元，第一批中央资金行政村整村推进项目 172.24 万元。新建三面光沟渠 14182 米，架设引水管道 12700 米；金沙坝村新建泵房泵站 1 座；金刚二村新建泵房泵站 1 座；金刚一村新建沉井工程 1 件，新建 6 平方米泵房泵站 1 座；帕郎村新建沉井 1 座，新建泵房泵站 1 座；车良地村新建沉井工程 1 件，新建泵站 1 座；那地村新建水池 2 个；帕地村新建圆形水池 1 个；小已保村新建圆形水池 2 个；大已保村新建水池 2 个；凤尾村新建水池 2 个；凤来村、云丰村、新源村各新建坝塘 1 件；挨昌村红格箐坝塘除险加固；农村饮水安全工程 11 件。实施村组道路硬化工程，总投资 132.4 万元，其中第一批中央资金行政村整村推进项目 92.83 万元，浦发基金自然村整村推进“查缺漏、补短板”项目 39.57 万元，新建凤尾、腊古、团结 3 个村进村道路硬化 3430 米。实施村巷道硬化工程，总投资 226.29 万元，其中浦发基金行政村整村推进“查缺漏、补短板”项目 129.31 万元，2017 年扶贫整村推进“查缺漏、补短板”建设项目 96.98 万元，新建金沙坝、旧结、新队等 9 个村村巷道硬化 5943 米。实施行政村活动场所建设工程，浦发基金行政村活动场所建设项目 179 万元，新建大已保、德大、金沙坝等 8 个村砖混结构文化活动室 8 幢，标准篮球场 8 块，安装玻璃钢篮球架 8 副。

【招商引资】 全年实施招商引资项目 7 个，项目协议总投资 10.73 亿元，实际到位资金 7.53 亿元。其中：元谋县八方葡萄有限公司平田乡班皂利村 3100 亩葡萄种植基地建设项目，投资 9600 万元，到位资金 9600 万元。南浙滇农业发展有限公司平田乡帕地村橙子种植基地建设项目，投资 9200 万元，到位资金 9200 万元。元谋县映山红葡萄种植专业合作社挨昌村葡萄种植基地建设项目，投资 9540 万元，到位资金 9540 万元。元谋冬丰果蔬有限公司平田乡领莱村 3260 亩果蔬种植基地建设项目，投资 9860 万元，到位资金 9860 万元（其中县统计局 1000 万元）。元谋县班果山并网光伏电站建设项目，投资 50000 万元，到位资金 18000 万元。元谋县华建长石开发有限公司平田乡年产5万吨钠长石矿开采加工项目，投资10000万元，到位资金10000万元（其中县国土资源局分成额3000万元）。元谋丰悦果蔬种植有限公司平田乡挨相村橙子种植基地建设项目，投资9100万元，到位资金9100万元（其中县司法局1000万元、卫计局2000万元）。

【司法和社会治安】 全乡建有标准化综治维稳工作中心1个、综治维稳工作站5个、人民调解委员会9个、调解小组47个。平田司法所年末在职干部2人。全年排查社会矛盾纠纷30次，排查出各类社会矛盾和民事纠纷242件。全乡各级调解组织共受理各类社会矛盾和民事纠纷242件，调解成功242件，调解成功率100%。平田派出所年末在职民警4人。全年立刑事案件28件，破获22件，破案率78.57%。全年受理各类行政案件18件，查处12件，查处率66.67%。全年接处警458起。

【民政事务及社会保障】 年末，全乡有33户、45人享受城镇居民最低生活保障，全年发放城镇居民最低生活保障金17.97万元。全乡有578户、1633人享受农村贫困居民最低生活保障，全年发放农村贫困居民最低生活保障金154.6万元。全年发放救灾救济粮1324户、44.4吨，发放救灾救济棉被150床、衣服220套，发放临时困难救助金107人、7.5万元。全年发放原大队干部生活补助5人、11760元，发放农村五保户定期补助49人、27.47万元，发放孤儿定期补助1人、12593元。全年发放病故军人家属定期补助35016元，伤残军人定期补助42574元，复员军人定期补助8.88万元，参战退役人员补助49.2万元，出国民兵民工定期补助16800元，发放60岁以上农村籍退役士兵补助4.02万元。全年发放烈士子女定期补助4080元，全乡有老年协会3个，发放80周岁以上老人健康补助231人、13.86万元。春节走访慰问农村贫困残疾人28人，发放慰问金1.12万元；走访慰问优抚对象115人，发放慰问金1.51万元。年末，全乡参加城乡居民基本养老保险10139人，其中参保缴费7937人，缴费金额89.87万元。全年发放城乡居民基本养老金2202人、259.28万元。全乡参加城镇居民基本医疗保险619人，其中学生儿童147人。实施农村危房改造71户，发放补助资金151.92万元。全乡参加新型农村合作医疗保险14051人，参保率达任务数的100%，收取新型农村合作医疗保险费210.76万元；参加新型农村合作医疗大病补充保险14051人，参保率100%，新型农村合作医疗大病补充保险费由新农合资金代缴。

【教科文卫】 全乡有普通中学1所，教学班10个，在校生428人，教职工52人，其中专任教师38人，初中入学率99.30%、升学率89.11%、巩固率99.56%。有中心完小1所、村完小4所，教学班36个，在校生857人，教职工65人，小学入学率、升学率、巩固率均为100%。全乡有农民专业技术协会15个、会员2323人，组建农民专业合作社29个，共有社员481人。全年举办各种科技培训班17期，累计参训2390人次。有乡文化站1个，藏书4000册。有篮球场38块，其中混凝土篮球场26块（含灯光球场10块）。有农村文艺演出队23支、380人，民间传统花灯队5支、89人。有农村文化活动室46个。广播覆盖率100%，电视覆盖率100%。有乡卫生院1个、村卫生室4个，乡村医生12人。乡卫生院有卫生专业技术人员12人，其中：执业助理医师4人、注册护士5人、药剂师1人、检验士2人，实有病床6张，全年门诊量29931人次，收住院病人54人次，出院病人54人次，其中好转治疗54人次，好转治疗率100%，全年医疗卫生业务总收入110.72万元。全年举办婚前培训班6期，累计参训227人次。

【党团组织建设】 乡党委下辖党总支5个、党支部53个，年末有中共党员585人。其中：农村党员 535 人，少数民族党员 149 人，女党员 155 人。年内发展新党员 12 人，其中女党员 5 人。乡团委下辖团总支 6 个、团支部 13 个，年末共有团员 620 人。其中：少数民族团员 113 人，女团员 312 人。年内发展新团员 33 人。其中：少数民族团员 15 人，女团员 24 人。

【城乡建设】 2017 年初，投资 1513 万元，贯通新康、新昌 12.3 千米的通村公路；投资 180 万元建成平田集镇休闲文化广场，项目占地面积 4000 平方米；投资 24 万元在集镇安装了电子显示屏；坛罐窑水库移民安置点凤来村完成全部配套设施建设，共 39 户 160 人入住，安置点建设实行规划统一、层高统一、外观风格统一、完成时限统一。年内，新建村级文化活动室 21 个，亮化打造、配套设施全覆盖。村组巷道硬化基本全覆盖。

乡党委书记：黎建波（彝族）

乡长：肖亚军（彝族）

乡人大主席：李林忠（彝族）

平田乡各行政村基本情况表

表 5

行政村		平　田	华　竹	班　果	新　昌	新　康
党总支（支部）书记		杨跃波	文晓荣	罗泽恩	阮春海	李光学
村委会主任		普续华	文晓荣	罗泽恩	阮春海	李光学
自然村（个）		13	10	8	7	8
村民小组（个）		13	11	8	7	8
总人口（人）		4132	4376	2139	1653	2590
其中	男（人）	2132	2197	1100	840	1304
	女（人）	2000	2179	1039	813	1286
	少数民族（人）	769	1391	617	371	1964
村委会驻地海拔（米）		1104	1106	1124	1201	1101
年末耕地面积（亩）		4797	4334	2948	4277	2514
其中	水田（亩）	2296	2122	1750	660	0
	旱地（亩）	2501	2212	1198	3617	2514
农作物播种面积（亩）		9599	9788	6210	5593	3252
其中	粮食播种面积（亩）	3388	3886	3074	3069	2022
	粮食总产量（吨）	1182	1954	1224	1234	757
	蔬菜种植面积（亩）	4622	4579	2594	1598	1060
	蔬菜总产量（吨）	19133	10206	8802	6894	3588
个私经济（个）		380	271	216	109	108
从业人员（人）		692	494	395	199	195
个私经济营业收入（万元）		7236	5169	4135	2070	2066
实交税金（万元）		62	44	36	18	16

续表5

行政村		平　田	华　竹	班　果	新　昌	新　康
大牲畜	存栏（头）	2907	2819	2083	1417	663
	出栏（头）	707	585	342	360	178
猪	存栏（头）	5951	5906	3245	2719	1742
	出栏（头）	5840	5187	2888	2742	1870
羊	存栏（只）	3103	3923	2782	2784	2530
	出栏（只）	1788	1850	1865	1392	1036
村卫生室（个）		0	1	1	1	1
乡村医生（人）		3	3	2	2	2
农村文化活动室（个）		11	11	6	6	8

（邱　艳　杨仲斌）

新华乡

【区划与人口】 新华乡位于元谋县西部，乡人民政府驻地小牛街，海拔1525米，距县城48千米。全乡行政区域面积183.9平方千米。2017年，新华乡辖新平、新华、华丰、大河边4个行政村，30个自然村，34个村民小组。年末全乡总户数2862户，总人口8049人。其中：男4188人，女3843人；乡村人口7876人；少数民族5263人，占总人口的65.53%。主要少数民族有彝族5182人。全年出生145人，死亡95人，人口自然增长率6.23‰。

【经济概况】 全年完成工农业总产值11170万元，其中工业总产值4381万元、农业总产值6789万元（农业产值3289万元、林业产值150万元、畜牧业产值1945万元、渔业产值255万元、服务业150万元）。全乡财政总收入419万元，比上年增加16万元，增长3.97%。全乡财政总支出2086.55万元，比上年增加85.44万元，增长4.27%。发展个私经济272个，从业人员668人，实现营业收入12837万元，实交税金200万元。全年完成规模以上固定资产投资13400万元，为县下达任务的134%。完成招商引资22000万元，为县下达任务的110%。年末全乡实有耕地8926亩，其中水田7379亩、旱地1547亩。全年播种农作物18468亩。其中：播种粮食作物11666亩，粮食总产量3859吨，农民人均有粮480.51千克；种植蔬菜3354亩，蔬菜总产量5149吨，蔬菜产值1167万元；种植烤烟2100亩，烟叶总产量280吨，烤烟产值787.64万元。全年收购烟叶280吨，烟叶收购平均价每千克28.13元。全乡烟农卖烟收入787.64万元，烟农户均现金收入22376元。年末大牲畜存栏6275头、出栏1156头，生猪存栏12078头、出栏11600头，羊存栏12091只、出栏3002只，家禽存栏3.09万只、出栏2.4万只。全年肉类总产量1254吨，禽蛋产量24吨。年末城乡居民储蓄存款余额12600万元。

【基础设施建设】 全年新建工程项目32件，完工32件，计划总投资20111.46万元，实际完成投资20111.46万元，其中各级政府投资20104.17万元，群众投资7.29万元。续建项目工程2件，2017年实际完成投资1205.99万元。实施楚雄—攀枝花天然气管道建设项目，计划总投资15000万元，工期16个月，新华乡境内建设长度24千米，涉及华丰、新华、新平、大河边4个行政村16个自然村，规划建设大河边行政村烂泥田村隧道和24千米管线焊接，9月开工，年末实际完成投资10000万元，征占地、地面附着物、建构筑物补偿资金1460万元，其中已兑付征占地、地面附着物、建构筑物补偿资金500万元，为元谋县能源结构调整、产业转型升级和经济发展增添新动能。实施新华万头猪场建设项目，计划总投资15000万元，3月开工，年末实际完成投资8010万元，万头生猪养殖初具雏形。实施新平行政村新村美丽宜居建设项目，计划总投资1300万元，7月开工，年内实际完成投资750万元，新建设文化活动室及附属设施，解决该村96户341人文化活动场所，全面提升20户83人住房水平。实施新华幼儿园建设项目，计划总投资316.8万元，2月开工，12月完工，年内实际完成投资316.8万元，新建元谋县新华乡中心幼儿园教学综合楼一幢，解决幼儿学前教育困难268人，全面提升新华乡学前教育水平。卫计局资金支持实施新平行政村吴果村人畜饮水工程，计划总投资3.7万元，3月开工，4月完工并投入使用，实际完成投资3.6万元，改善52户190人及170余头牲畜饮水困难。实施华丰行政村凹不果村菜园坝修复工程，计划投资2万元，其中村集体和群众投资2万元，3月开工，3月完工并投入使用，实际完成投资2万元，增加蓄水120立方米，改善秧田灌溉面积30亩。实施大河边行政村光辉下村、迤什寺村第一批中央资金行政村整村推进项目，计划总投资45万元，3月初开工，6月底完工并投入使用，实际完成投资45万元，光辉下村进村路硬化700米；迤什寺进村路硬化440米，解决60户242人出行困难。实施大河边行政村光辉下村第一批中央资金行政村整村推进项目，计划总投资14万元，3月初开工，6月底完工并投入使用，实际完成投资14万元，村巷道硬化480米，改善全村18户58人居住环境。实施大河边行政村自立村、乌木树村、迤什寺村第一批中央资金行政村整村推进项目，计划总投资41万元，3月初开工，6月底完工并投入使用，实际完成投资41万元，自立村和迤什寺新建三面光沟渠1000米，改善3个村组农田灌溉面积160亩。实施新华行政村平坡哨村第一批中央资金自然村整村推进项目，计划总投资60.15万元，3月初开工，4月底完工并投入使用，实际完成投资60.15万元，硬化进村路1530米，解决59户213人出行困难。实施大河边行政村西河村浦发基金行政村活动场所建设项目，计划总投资24万元，4月开工，6月完工并投入使用，实际完成投资24万元，新建文化活动室及附属设施，解决36户132人文化活动场所。实施大河边行政村烂泥田村浦发基金行政村活动场所建设项目，计划总投资24万元，4月开工，6月完工并投入使用，实际完成投资14万元，新建文化活动室及附属设施，解决120户382人文化活动场所。实施新平行政村空连村浦发基金自然村整村推进“查缺漏、补短板”项目，计划总投资15.44万元，其中群众投资0.37万元，7月开工，9月完工并投入使用，实际完成投资15.44万元，村巷道硬化270米，改善23户81人居住环境。实施新平行政村吴果村浦发基金自然村整村推进“查缺漏、补短板”项目，计划总投资17.27万元，其中群众投资0.43万元，7月开工，10月完工并投入使用，实际完成投资17.27万元，进村路改扩建3200米，解决65户256出行困难，其中建档立卡贫困户16户60人受益。实施华丰行政村麦地冲村浦发基金自然村整村推进“查缺漏、补短板”项目，计划总投资11.60万元，其中群众投资0.39万元，7月开工，9月完工并投入使用，实际完成投资11.60万元，进村路改扩建2600米，解决80户281出行困难。实施华丰行政村勐连村浦发基金自然村整村推进“查缺漏、补短板”项目，计划总投资4.78万元，其中群众投资0.32万元，7月开工，9月完工并投入使用，实际完成投资4.78万元，进村路改扩建1100米，解决126户426出行困难。实施新平行政村团坝村浦发基金自然村整村推进“查缺漏、补短板”项目，计划总投资12.6万元，其中群众投资0.6万元，7月开工，10月完工并投入使用，实际完成投资12.6万元，改善灌溉面积150亩。实施华丰行政村站马田村浦发基金自然村整村推进“查缺漏、补短板”项目，计划总投资7.91万元，其中群众投资0.29万元，7月开工，10月完工并投入使用，实际完成投资7.91万元，改善灌溉面积58亩。实施新华行政村庙门下村浦发基金自然村整村推进“查缺漏、补短板”项目，计划总投资23.16万元，其中群众投资0.82万元，7月开工，10月完工并投入使用，实际完成投资23.16万元，保护沿河46亩耕地安全。实施大河边行政村白沙地村2017年扶贫整村推进“查缺漏、补短板”建设项目，计划总投资26.59万元，11月开工，12月完工并投入使用，实际完成投资26.59万元，扩建进村路3706米，解决17户52出行困难。实施大河边行政村烂泥田村2017年扶贫整村推进“查缺漏、补短板”建设项目，计划总投资11.61万元，11月开工，12月完工并投入使用，实际完成投资11.61万元，保护78米村巷道安全。实施大河边行政村大河边村2017年扶贫整村推进“查缺漏、补短板”建设项目，计划总投资25.83万元，其中群众投资0.09万元，11月开工，12月底完工并投入使用，实际完成投资25.83万元，架设钢管150米，解决56户206人及170余头牲畜饮水困难。实施大河边行政村烂泥田村2017年扶贫整村推进“查缺漏、补短板”建设项目，计划总投资35.21万元，11月开工，12月底完工并投入使用，实际完成投资35.21万元，新建闸阀井、50立方米水池，解决120户382人及360余头牲畜饮水困难。实施大河边行政村仲家村2017年扶贫整村推进“查缺漏、补短板”建设项目，计划总投资30.85万元，11月开工，12月底完工并投入使用，实际完成投资30.85万元，新建8米沉井，20立方米水池1座、闸阀井1座，解决33户98人及100余头牲畜饮水困难。实施大河边行政村大河边村2017年扶贫整村推进“查缺漏、补短板”建设项目，计划总投资43.54万元，11月开工，12月底完工并投入使用，实际完成投资43.54万元，建设10米沉井、闸阀井1座、50立方米水池1座，解决56户206人及160余头牲畜饮水困难。实施大河边行政村迤什寺村2017年扶贫整村推进“查缺漏、补短板”建设项目，计划总投资37.63万元，11月开工，12月底完工并投入使用，实际完成投资37.63万元，新建闸阀井，架设管道等，解决38户175人及100余头牲畜饮水困难，其中建档立卡贫困户11户43人受益。实施大河边行政村白沙地村2017年扶贫整村推进“查缺漏、补短板”建设项目，计划总投资134.28万元，11月开工，12月底完工并投入使用，实际完成投资134.28万元，新建坝塘1座，溢洪道、涵洞等，解决17户52人及100余头牲畜饮水困难。实施大河边行政村光辉下村2017年扶贫整村推进“查缺漏、补短板”建设项目，计划总投资103.18万元，11月开工，12月底完工并投入使用，实际完成投资103.18万元，建设浆砌石小坝一圆形水池、取水点、光伏方阵场等，解决18户58人及90余头牲畜饮水困难。实施大河边行政村仲家村2017年扶贫整村推进“查缺漏、补短板”建设项目，计划总投资22.53万元，其中群众投资0.43万元，11月开工，12月底完工并投入使用，实际完成投资22.53万元，新建文化室及文化广场，解决33户98人文化活动场所。实施乡村公厕改造项目，计划总投资143万元，3月初开工，4月底完工并投入使用，实际完成投资143万元，新建公厕7座，提升新村、西河、庙下、班庄4个村小组和集镇、旅游路沿线村组卫生水平。实施2017年农村危房改造项目，计划总投资97.5万元，10月开工，12月完工并投入使用，实际完成投资97.5万元，已兑付资金17户农户资金52.5万元，通过加固梁、柱，更换瓦屋面，解决39户101人住房安全。实施新平行政村平地村州级民族团结示范村项目，计划总投资15.45万元，其中群众投资0.45万元，4月份开工，5月份完工并投入使用，完成300米道路硬化。续建新平新华片区农业综合开发高标准农田建设项目，项目总投资495万元，3月完工，完成总投资495万元，年内完成投资289万元，新建田间机耕路2671米、铺筑混凝土路面2249米，安装节水灌溉管道1420米。改善灌溉面积3000亩，新增灌溉面积500亩，新增节水灌溉面积3500亩，每年节约农田灌溉用水21万立方米。续建新华万亩桃李产业建设项目，项目总投资1759万元，年末，完成投资916.99万元，引进桃李种植企业3家，累计完成投资800余万元；年内发展桃李种植2300亩，累计种植4500亩，百亩连片4片；完成18万元的桃李苗木选购，组织成立鑫华桃李产销专业合作社，开展桃李产品成分检测，开展桃李技术培训班3期，培训220人次。

【招商引资】 全年实施招商引资项目3个，项目协议总投资22000万元，实际到位资金22000万元。元谋新华万头猪场建设项目，计划总投资15000万元，1月动工，建成新华乡平坡哨村20000头商品猪养殖基地，12月完工并投入生产，实际完成投资15000万元。元谋石染商贸有限公司新华乡百贸超市建设项目，计划总投资2000万元，4月动工，建成新华乡小牛街大型综合性零售自选超市，8月完工并投入生产，实际完成投资2000万元，实现销售收入100万元，上交国家各项税金960元。元谋浪巴铺土林景区有限公司新华乡800亩特色林果生态园建设项目，计划总投资5000万元，3月动工，建成新华乡浪巴铺土林景区内及周边建设800亩杨梅、桃李等特色林果生态园，10月完工并投入生产，实际完成投资5000万元。

【司法和社会治安】 2017年新华司法所年末有干部职工1人。全年排查社会矛盾纠纷24次，排查出各类民事纠纷35件，成功调处35件全乡各级调解组织共受理民事纠纷26件，调解成功26件，调解成功率100%。新华派出所年末实有干警3人。全年立刑事案件10件，破获4件，破案率40%。受理各类行政案件12件，查处12件，查处率100%。全年接处警169起。

【民政事务及社会保障】 年末，全乡有45户、55人享受城镇居民最低生活保障，全年发放城镇居民最低生活保障金17.51万元。全乡有367户、860人享受农村贫困居民最低生活保障，全年发放农村贫困居民最低生活保障金184.56万元。全年发放救灾救济粮13吨，发放医疗救助金5人、9700元，发放临时困难救助金143人、9.45万元。发放救灾救济棉被190床、衣服120套。全年发放农村“五保户”定期补助69人、35.81万元。全年发放“三属”定期补助2人、3.71万元，伤残军人定期补助3人、6.54万元，复员军人定期补助3人、3.35万元，参战退役人员补助50人、30万元，出国民兵民工定期补助8人、1.34万元。全乡有老年协会1个，发放80周岁以上老人健康补助137人、8.22万元。“八一”建军节走访慰问优抚人员8人次，发放慰问金3200元。春节走访慰问优抚人员83人次，发放慰问金1.01万元。春节走访慰问困难党员、离退休干部、离任村干部57人，发放慰问金9700元，“七一”走访慰问老党员和生活困难党员34人，发放慰问金7600元。年末，全乡参加城乡居民基本养老保险4710人，参保率85.05%，其中已领取基本养老金1404人，全年发放城乡居民基本养老金122.58万元。全乡参加城镇居民基本医疗保险393人，其中学生和儿童45人。全乡参加新型农村合作医疗保险7040人，参保率110.2%，收取新型农村合作医疗保险费69.52万元。参保患者全年发生医疗费用60.8万元，减免患者17570人次，减免医疗费用 32.27 万元。

【教科文卫】 全乡有普通中学 1 所，教学班 6 个，在校生 162 人，教职工 26 人，其中专任教师 18 人，初中入学率 100%、升学率 100%、巩固率 100%。有中心完小 1 所、完小 2 所，教学班 18 个，在校生 343 人，教职工 47 人，其中专任教师 35 人，小学入学率 100%、升学率 100%、巩固率 100%。全乡有农民专业技术协会 19 个、会员 2857 人，组建农民专业合作社 14 个，有社员 74 人。全年举办各种科技培训班 11 期，累计参训 1260 人次。有乡文化站 1 个，文化站藏书 4380 册；有农家书屋 5 个，共有藏书 9548 册。有农村文化活动室 24 个。有篮球场 28 块，其中混凝土篮球场 27 块。有农村文艺演出队 3 支、51 人，民间传统花灯队 2 支、35 人。广播覆盖率 100%，电视覆盖率 100%。有乡卫生院 1 个、村卫生室 4 个，乡村医生 6 人。乡卫生院有卫生专业技术人员 11 人，其中执业医师 1 人、执业助理医师 2 人、护师 1 人、护士 2 人、检验士 2 人、药剂师 1 人、药剂士 1 人、康复医学技术士 1 人，实有病床 6 张。全年门诊量 24854 人次，收住院病人 49 人次，出院病人 49 人次，其中好转治疗 49 人次，好转治疗率 100%，全年医疗卫生业务总收入 1145042 元。

【党团组织建设】 乡党委下辖党总支 4 个、党支部 31 个，其中乡机关党支部 2 个、非公经济联合党支部 1 个、农村党支部 28 个。年末有中共党员 480 人。其中：农村党员 409 人，少数民族党员 302 人，女党员 121 人。年内发展新党员 7 人。其中：少数民族党员 4 人，女党员 7 人。乡团委下辖团总支 5 个、团支部 44 个，年末共有团员 260 人。其中：少数民族团员 190 人，女团员 160 人。年内发展新团员 34 人。其中：少数民族团员 27 人，女团员 24 人。

【脱贫攻坚工作】 按照 2017 年实现大河边贫困行政村脱贫出列的要求，聚焦贫困对象精准发力，全力抓实脱贫攻坚工作。大力发展桃李产业促增收。发展桃李产业带动 118 户贫困户发展桃李种植 293 亩。加大劳务技能培训强本领。2017 年积极争取县人社局培训项目 4 期，在 4 个行政村各开展一期桃李栽培、蔬菜种植、畜牧养殖以及建筑钢筋工的培训班。大力发展务工经济快增收。金冠农业有限公司、朝兴果菜有限公司沃柑种植基地和楚攀天然气管道建设工程，发放贫困户工资达 26.6 万元；群众到项目基地务工收入达 10 万余元。组织贫困户参加元谋县 2017 年“贫困劳动力转移就业促脱贫”专场招聘会 1 场次。依托重大项目强增收。万头生猪综合农业基地项目为群众增加土地林地流转及务工收入。楚攀天然气管道建设工程征占用 4 个行政村、16 个自然村土地及林地，补偿资金 1460 万元。积极探索公司与贫困户利益联结机制。超额完成扶贫小额信贷任务 904 万元，与元谋思农发展有限公司开展“企业 + 农户”带动发展扶贫模式，年度为 74 户贫困户户均增收 3500 元。扶持项目精准落实。实施 300 户产业扶持规划项目，兑付扶持资金 129.55 万元，全乡 515 户贫困户实现产业全覆盖。实施雨露计划帮助贫困学生 18 人。发放民政回补资金 16.47 万元，发放新农合（医保）回补资金 9.52 万元。全面完成 39 户 C、D 级危房改造任务。

乡党委书记：杨晓丽（女，彝族，2016.1.15—　）
乡长：吴元顺（彝族，2016.8.19—　）
乡人大主席：白　云（傈僳族，2016.8.19—　）

新华乡各行政村基本情况表

表6

行政村		新　平	新　华	华　丰	大河边
党总支（支部）书记		杨家友	郑保祥	韦　猛	李树平
村委会主任		杨家友	郑保祥	韦　猛	李树平
自然村（个）		7	6	6	11
村民小组（个）		9	6	6	13
总人口（人）		2507	1982	2042	1500
其中	男（人）	1289	1025	1083	791
	女（人）	1218	957	959	709
	少数民族（人）	1332	1374	1707	850
村委会驻地海拔（米）		1525	1520	1551	1130
年末耕地面积（亩）		2316	2117	3045	1448
其中	水田（亩）	1878	1882	2626	993
	旱地（亩）	438	235	419	455
农作物播种面积（亩）		4262	5433	5951	2822
其中	粮食播种面积（亩）	2684	3798	3570	1614
	粮食总产量（吨）	922	1159	1168	610
	蔬菜种植面积（亩）	1049	650	860	795
	蔬菜总产量（吨）	1678	792	1374	1305
	烤烟种植面积（亩）	328	592	1180	0
	烟叶总产量（吨）	46	79	155	0
个私经济（个）		134	48	56	34
从业人员（人）		358	156	96	58
个私经济营业收入（万元）		5321	3106	2389	925
实交税金（万元）		47	29	19	12
大牲畜	存栏（头）	1476	1499	1826	1474
	出栏（头）	319	223	317	297
猪	存栏（头）	3074	3758	2940	2306
	出栏（头）	3787	2712	3012	2089
羊	存栏（只）	2250	2304	3412	4125
	出栏（只）	639	735	752	876
村卫生室（个）		1	1	1	1
乡村医生（人）		0	2	2	2
农村文化活动室（个）		8	6	5	5

（杨发超）

凉山乡

【区划与人口】 凉山乡位于元谋县东部，乡人民政府驻地活佛寺村，海拔2050米，距县城18.5千米，全乡行政区域面积89平方千米。2017年，凉山乡辖把世者、那迪、大水井、冷水箐4个行政村，35个自然村，35个村民小组。年末全乡居民总人口1332户、4159人。其中：男2179人，女1980人；城镇人口51人，乡村人口4108人；少数民族4021人，占总人口的96.68%。主要少数民族有彝族3129人，傈僳族707人，苗族185人。全年出生75人，死亡31人。人口自然增长率10.6‰。

【经济概况】 全年完成工农业总产值6561万元，其中：工业总产值987万元、农业总产值5574万元（农业产值3351万元、林业产值350万元、畜牧业产值1826万元、服务业产值47万元）。全乡财政总收入270.07万元，比上年增加82.99万元，增长44.36%。全乡财政总支出2519.8万元，比上年增加1324.73万元，增长110.8%。发展个体私营经济64个，从业人员101人，实现营业收入1094万元，个私经济总产值987万元，实交税金99万元。全年完成规模以上固定资产投资2113万元，为县下达任务的105.65%。完成招商引资1.32亿元，为县下达任务的101.54%。年末全乡实有耕地4561亩，其中水田548亩、旱地3982亩、临时性耕地31亩。全年播种农作物15799万亩。其中：播种粮食作物9579亩，粮食总产量2175吨，农民人均有粮527千克；种植蔬菜4301亩，蔬菜总产量5331吨，蔬菜产值1503万元。种植烤烟1270亩，烟叶总产量170吨，烤烟产值494.44万元。全年收购烟叶170吨，烟叶收购平均价每千克29.08元，均价比上年减少0.25元，全乡烟农卖烟收入494.44万元，比上年减少4.14万元，烟农现金收入498.59万元。年末大牲畜存栏4176头、出栏312头，生猪存栏4178头、出栏3403头，羊存栏15050只、出栏6459只，家禽存栏21954只、出栏16516只。全年肉类总产量490吨，禽蛋产量10吨。

【基础设施建设】 2017年新建那迪、一丘田、尖山、陡垭口、樟木树、何家村6个村砖混结构文化活动室，完成总投资194.15万元，解决了6个村177户685人无文化娱乐活动场所的问题。道路建设工程动工28件（路面硬化、村内巷道硬化、改扩建进村道路等），其中实施田房、曹家村、白石岩、大麦冲等12个村进村公路硬化，路线全长10.5千米，村内巷道路面硬化工程10件，路线全长9.2千米，新修和改扩建村道公路6件，已完工28件，实际完成总投资1033.08万元，其中各级扶贫补助资金1024.77万元、群众投工投劳及自筹8.31万元，解决1092户4360人行路难的问题。水利建设工程实施38件（其中新建小水窖44口，新建坝塘5个，新建蓄水池22个，新建三面光沟渠7365米），已完工38件，实际完成总投资526.31万元，其中各级扶贫补助资金516.61万元、群众投工投劳及自筹9.7万元，受益群众1209户4727人次。投入资金450万，主要用于活佛寺安置点和冷水箐安置点道路工程、给排水工程、绿化亮化工程、场地平整工程、挡土墙工程及项目前期费用，年底，活佛寺安置点和冷水箐安置点公建工程均已完工。投入资金45.1万元，扶持74户建档立卡贫困户实施产业发展，为74户280人的脱贫致富助力。农村危房改造政策全面落实，完成131户群众农村危房改造。乡中心完小建设幼儿园1幢，建设标准化运动场1块，建设那迪小学教学楼1栋，教学基础设施条件得到大提升。新网络通信机站4个，实现通信网络全覆盖；实现行政村宽带网络通村率100%。

【招商引资】 全年实施招商引资项目2个，项目协议总投资1.32亿元，实际到位资金1.3亿元。其中：凉山乡核桃种植基地建设项目，项目计划总投资9000万元，种植核桃3800亩，已完成投资9000万元；凉山乡生态野山猪养殖场建设项目，项目计划总投资4200万元，建设年出栏2500头生猪、核桃和红梨种植为一体的种养殖场，已完成投资4000万元。

【司法和社会治安】 凉山司法所年末有干部3人，其中聘用工作人员2人。全年排查各类社会矛盾纠纷12次，排查出各类社会矛盾和民事纠纷23件。全乡各级调解组织共受理民事纠纷4件，调解成功4件，调解成功率100%。凉山派出所年末有干警3人。全年立刑事案件4件，破获4件，破案率100%。全年受理各类行政治安案件53件，查处51件，查处率98%。全年调解各类纠纷41件，打击违法犯罪嫌疑人57人，全年接处警31起。全年接待来访群众6件6人次，回复办结上级转办、交办信访件4件4人次，已依法办结6件，办结率100%。平安创建工作成效显著，全乡复评平安户达标率98%，行政村、学校、医院、寺庙、行政事业单位、企业等各行业的平安创建达标率100%。

【民政事务及社会保障】 年末，全乡有11户、19人享受城镇居民最低生活保障，全年发放城镇居民最低生活保障金6.83万元。全乡有148户、439人享受农村贫困居民最低生活保障，全年发放农村贫困居民最低生活保障金86.9万元。全年发放救灾救济粮213户、496人、6.7吨，发放救灾救济棉被270床、衣服100套。发放医疗救助金6人、1.34万元，发放临时困难救助金19人、4.01万元。全年发放老大队干部生活补助1人、1930元，发放农村五保户定期补助8人、4.357万元。全年发放烈属定期补助2.2万元，复员军人定期补助1.05万元，参战人员补助8.57万元，60岁退役士兵补助1.07万元。春节走访慰问残疾人18人，发放慰问金7200元；走访慰问优抚对象3人，发放慰问金1200元；走访慰问五保户2人，发放慰问金800元。发放80周岁以上老人健康补助29人、1.74万元。年末，全乡参加城乡居民基本养老保险2482人，其中参保缴费2142人、缴费金额21.51万元。全年发放城乡居民基本养老金340人、34.68万元；全乡参加城镇居民基本医疗保险3872人，参保率100%，其中建档立卡1296人。收取城乡居民医疗保险费46.37万元。参保患者全年发生医疗费用3.3万元，减免患者780人次，共减免医疗费用1.26万元。

【教科文卫】 全乡有中心完小1所、完小1所，教学班14个，在校生227人，教职工35人，其中专任教师26人，小学入学率、升学率、巩固率均为100%。全乡有农民专业技术协会4个、会员165人，组建农民专业合作社7个，社员219人。全年举办各种科技培训班23期，累计参训1456人次。有乡文化站1个、农家书屋4个，共有藏书8900册。有农村文化活动室14个。有混凝土篮球场13块。农村文艺演出队8支、68人。广播电视综合覆盖率100%。有乡卫生院1个、村卫生室4个，乡村医生8人。乡卫生院有卫生专业技术人员6人，其中执业助理医师4人、注册护士1人，实有病床3张，全年门诊量2105人次，全年医疗卫生业务总收入3.3万元。

【党团组织建设】 乡党委下辖党总支1个、党支部10个，年末有中共党员251人。其中：农村党员219人，少数民族党员225人，女党员47人。年内发展新党员6人。其中：少数民族党员5人，女党员1人。乡团委下辖团总支4个、团支部1个，年末有团员211人。其中：少数民族团员195人，女团员97人。年内发展新团员11人。其中：少数民族团员7人，女团员4人。

【产业发展】 年内，凉山乡立足自身优势，抓牢、抓实产业发展促进农民增收。投入产业发展和扶贫资金200余万元，发展花椒种植356亩、雪桃种植178亩、红梨种植1000亩、樱桃种植500亩；发放肉牛、种山羊等合计200多头只；扶持土鸡养殖7000余只。把发展黑山羊养殖作为增加山区群众收入的重要产业来抓。通过争取信贷资金、申请扶贫创业贷款，积极实施强基惠农股份合作、山区产业扶贫、扶贫整村推进等项目，采取养殖大户示范带动，逐步壮大山羊养殖规模。落实品种改良、羊床改造、牧草推广等惠农政策，邀请养殖专家对饲养、繁殖、疾病预防等技术进行培训，扎实做好小反刍兽疫、山羊痘、口蹄疫等疾病免疫工作。大力推广圈养与放养相结合的养殖模式，既保护生态又提高养殖效益。2017 年末，全乡山羊存栏 11793 只、出栏 6895 只，月均出栏 574 只，年产值达 654 万元，养羊户户均增收 25349 元，农民增收致富路不断拓宽。

【生态建设新突破】 牢固树立“绿水青山就是金山银山”的生态建设理念，处理好发展与生态保护关系，进一步打牢发展基础，坚定不移实施森林保护，严防森林火灾，全面开展农村环境综合整治工作。紧紧围绕新农村建设、农村危房改造和美丽宜居乡村建设项目推进，完善城乡环境卫生基础设施，认真抓好城乡人居环境提升工作。进一步加强保护生态环境，严格把控重点项目建设、重点产业发展和生态保护关系，严格管控政府规划破坏和农户发展破坏行为。2017 年，全乡兑付退耕还林补助资金 152.07 万元，陡坡地治理补助资金 40.55 万元，生态公益林补助资金 84.13 万元，实施低效林改造项目 6444.8 亩。

乡党委书记：李建勇

乡长：杨　惟

乡人大主席：杨汝声（女）

凉山乡各行政村基本情况表

表 7

行政村		把世者	那　迪	大水井	冷水箐
党总支（支部）书记		杨文香	肖建洪	曹旭灿	肖玉德
村委会主任		陆　贵	肖建洪	曹旭灿	何会才
自然村（个）		10	12	6	7
村民小组（个）		10	12	6	7
总人口（人）		1442	1405	834	478
其中	男（人）	737	741	453	248
	女（人）	705	664	381	230
	少数民族（人）	1396	1405	743	477
村委会驻地海拔（米）		2090	2064	2040	2540
年末耕地面积（亩）		1360	1336	1027	838
其中	水田（亩）	160	151	237	0
	旱地（亩）	1200	1185	790	838
农作物播种面积（亩）		5514	5007	2927	2351
其中	粮食播种面积（亩）	2773	2851	1977	1978
	粮食总产量（吨）	766	658	404	347
	蔬菜种植面积（亩）	1918	1128	882	373
	蔬菜总产量（吨）	1945	1369	1315	702
	烤烟种植面积（亩）	600	651	19	0
	烟叶总产量（吨）	80.318	87.139	2.543	0

续表 7

行政村		把世者	那 迪	大水井	冷水箐
乡镇企业（个）		26	18	12	8
从业人员（人）		38	32	18	13
乡镇企业营业收入（万元）		515	284	168	127
实交税金（万元）		38	29	18	14
大牲畜	存栏（头）	1485	1308	1052	331
	出栏（头）	92	82	73	65
猪	存栏（头）	1313	1421	1024	420
	出栏（头）	1107	1130	647	519
羊	存栏（只）	5330	4545	3673	1502
	出栏（只）	2535	2123	984	817
村卫生室（个）		1	1	1	1
乡村医生（人）		2	2	2	2
农村文化活动室（个）		3	5	3	3

说明：那迪行政村旱地 1185 亩中含临时性耕地 31 亩

（杨朝麟）

物茂乡

【区划与人口】 物茂乡位于元谋县西北部，乡人民政府驻地物茂新村，海拔 1030 米，距县城 30 千米，全乡行政区域面积 245 平方千米。2017 年，物茂乡辖物茂、罗兴、虎溪、凹鲊、芝麻 5 个行政村，55 个自然村，53 个村民小组。年末全乡总人口 4237 户、16331 人。其中：男 8336 人，女 7995 人；城镇人口 268 人，乡村人口 16063 人；少数民族 7085 人，占总人口的 43.38%。主要少数民族有彝族 6606 人、傈僳族 379 人、傣族 27 人。全年出生 167 人，死亡 135 人。人口自然增长率 1.3‰。

【经济概况】 全年完成工农业总产值 69906 万元，其中工业总产值 44880 万元、农业总产值 25026 万元（农业产值 18772 万元、林业产值 127 万元、畜牧业产值 5322 万元、渔业产值 356 万元、服务业产值 449 万元）。全乡财政总收入 2710 万元，比上年增加 513.48 万元，增长 23.37%；财政总支出 2181.6 万元，比上年减少 8.9 万元，下降 0.41%。发展个私经济 759 户，从业人员 3300 人，实现营业收入 48073 万元，实交税金 123 万元。全年完成规模以上固定资产投资 30531 万元，为县下达任务的 101.77%。完成招商引资 8.39 亿元，为县下达任务的 104.8%。年末全乡实有耕地 17500 亩，其中水田 9603 亩、旱地 7897 亩。全年播种农作物 36435 亩。其中：播种粮食 15148 亩，粮食总产量 6493 吨，农民人均有粮 398.15 千克；种植蔬菜 16060 亩，蔬菜总产量 46362 吨，蔬菜产值 11392 万元。全年种植经济林果 13246 亩，产量 13030 吨，产值 5220 万元。年末大牲畜存栏 7751 头、出栏 1951 头，生猪存栏 18977 头、出栏 19031 头，羊存栏 13894 只、出栏 7156 只，家禽存栏 55717 只、出栏 58674 只。全年肉类总产量2153吨，禽蛋产量42吨。年末，全乡城乡居民储蓄存款余额22900万元。

【基础设施建设】 全年水利工程动工1件，已完工交付使用1件，实际完成总投资16.1万元，其中各级政府投资15.1万元、群众投工投劳及自筹1万元，架设引水管道2500米，新增灌溉面积200亩，改善灌溉面积350亩。实施芝麻大村人畜饮水项目工程，计划总投资37.79万元，11月动工，12月完工并投入使用，解决了240户942人饮水难的问题。实施芝麻行政村芝麻下村人畜饮水项目工程，计划总投资27.08万元，11月29日动工，12月完工并投入使用，实际完成投资28.65万元，解决了57户228人饮水难的问题。实施芝麻行政村云峰村人畜饮水项目工程，计划总投资10.98万元，11月29日动工，12月完工并投入使用，实际完成投资10.98万元，解决72户308人饮水难的问题。实施芝麻行政村腊居村人畜饮水项目工程，计划总投资17.93万元，11月29日动工，12月完工并投入使用，实际完成投资17.93万元，解决43户181人饮水难的问题。实施芝麻行政村骂额村人畜饮水项目工程，计划总投资12.76万元，11月29日动工，12月完工并投入使用，实际完成投资12.76万元，解决63户278人饮水难的问题。实施凹鲊行政村河外村人畜饮水项目工程，计划总投资32.43万元，11月29日动工，12月完工并投入使用，实际完成投资32.43万元，解决78户334人饮水难问题。实施虎溪行政村丙满村党员活动场所建设项目工程，计划总投资18.5万元，5月23日动工，新建90平方米党员活动室1个，公厕1座，8月30日完工并投入使用，实际完成投资22.29万元，解决50户227人无文体娱乐活动场所及公共卫生环境整治的问题。实施虎溪行政村金锁湾村党员活动场所建设项目工程，计划总投资18.5万元，5月23日动工，8月30日完工并投入使用，实际完成投资22.29万元，解决78户368人无文体娱乐活动场所及公共卫生环境整治的问题。实施虎溪行政村雷依村党员活动场所建设项目工程，计划总投资18.5万元，5月23日动工，8月30日完工并投入使用，实际完成投资23.34万元，解决76户377人无文体娱乐活动场所及公共卫生环境整治的问题。实施物茂行政村小山村民族团结示范村项目建设工程，计划总投资78.13万元，2016年11月3开工，3月3日完工并投入使用，实际完成投资79.78万元，解决了49户195人无文体娱乐活动场所及出行难的问题。实施芝麻行政村国兴村党员活动室项目工程，计划总投资20万元，5月30日开工，8月30日完工并投入使用，实际完成投资24.15万元，解决92户360人21位党员无文体娱乐活动场所的问题。实施芝麻行政村芝麻下村党员活动室项目工程，计划总投资24万元，5月30日开工，8月30日完工并投入使用，实际完成投资24.15万元，解决49户228人11位党员无文体娱乐活动场所的问题。实施凹鲊行政村凹鲊大村主巷道硬化工程，计划总投资7.85万元，11月30日开工，12月30日完工并投入使用，实际完成投资7.97万元，其中上级补助资金7.85万元，群众投工投劳及自筹0.12万元，解决36户137人出行难的问题。实施凹鲊行政村回塘村支巷道硬化工程，计划总投资19.7万元，11月29日开工，12月29日完工并投入使用，实际完成投资21.74万元，解决13户53人出行难的问题。实施凹鲊行政村王卖村巷道硬化工程，计划总投资4.17万元，11月29日开工，12月30日完工并投入使用，实际完成投资4.17万元，解决25户84人出行难的问题。实施凹鲊行政村夜祖村支巷道硬化工程，计划总投资4.67万元，11月30日开工，12月30日完工并投入使用，实际完成投资4.67万元，解决20户78人出行难的问题。实施凹鲊行政村丙间村支巷道硬化工程，计划总投资4.48万元，11月29日开工，12月30日完工并投入使用，实际完成投资4.48

万元，解决32户112人出行难的问题。实施虎溪行政村丙满村主巷道硬化工程，计划总投资8.58万元，11月29日开工，12月29日完工并投入使用，实际完成投资8.7万元，解决51户205人出行难的问题。实施虎溪行政村散芷村主巷道硬化工程，计划总投资35.42万元，11月29日开工，12月29日完工并投入使用，实际完成投资36.26万元，解决50户202人出行难的问题。实施虎溪行政村雷稿村主巷道硬化工程，计划总投资9.59万元，11月29日开工，12月29日完工并投入使用，实际完成投资14.2万元，解决64户250人出行难的问题。实施虎溪行政村烂秧田村巷道硬化工程，计划总投资17.9万元，11月29日开工，12月29日完工并投入使用，实际完成投资18.72万元，解决12户53人出行难的问题。实施虎溪行政村雷老村主巷道硬化工程，计划总投资12.08万元，11月29日开工，12月29日完工并投入使用，实际完成投资13.42万元，解决28户135人出行难的问题。实施芝麻行政村云峰村主巷道硬化工程，计划总投资35.68万元，11月30日开工，12月30日完工并投入使用，实际完成投资35.67万元，解决73户304人出行难的问题。实施芝麻行政村骂额村主巷道硬化工程，计划总投资54.14万元，11月30日开工，12月30日完工并投入使用，实际完成投资54.13万元，解决63户245人出行难的问题。实施芝麻行政村芝麻大村主巷道硬化工程，计划总投资61.88万元，11月29日开工，12月29日完工并投入使用，实际完成投资61.88万元，解决240户942人出行难的问题。实施芝麻行政村芝麻下村巷道硬化工程，计划总投资28.75万元，11月29日开工，12月29日完工并投入使用，实际完成投资28.75万元，解决57户228人出行难的问题。实施芝麻行政村丁旧村进村道路硬化工程，计划总投资26.16万元，9月26日开工，10月30日完工并投入使用，实际完成投资26.16万元，解决29户117人出行难的问题。实施芝麻行政村芝麻大村村间道路硬化工程，计划总投资8.83万元，9月26日开工，10月30日完工并投入使用，实际完成投资8.83万元，解决240户942人出行难的问题。实施芝麻行政村芝麻下村村间道路硬化工程，计划总投资9.67万元，9月26日开工，10月30日完工并投入使用，实际完成投资9.89万元，解决57户228人出行难的问题。

【招商引资】 全年实施招商引资项目9个，项目协议总投资8.895亿元，实际到位资金8.385亿元。其中：元谋县文渊热带果蔬有限公司物茂乡多克村1500亩四季蜜芒实验示范种植基地建设项目，计划总投资4900万元，2016年9月动工，建成四季蜜芒种植基地1500亩，1月完工并投入生产，实际完成投资4900万元，辐射带动周边农户种植果蔬130亩。元谋县金华果蔬产销专业合作社2500亩亚热带水果基地建设项目，计划总投资9200万元，2016年10月动工，建成亚热带果园种植基地2500亩，4月完工并投入生产，实际完成投资9200万元，辐射带动周边农户种植果蔬190亩。元谋愚公石业有限责任公司年产50万方石料生产线扩建项目，计划总投资12500万元，1月动工，建成年产50万立方米石料生产线1条，5月完工并投入生产，实际完成投资12500万元，解决劳动力就业15人。元谋县那火山采石场年产30万立方米建筑石料生产线建设项目，计划总投资9850万元，2月动工，建成年产30万立方米石料生产线1条，5月完工并投入生产，实际完成投资9850万元，解决劳动力就业8人。元谋县百贸商贸有限公司物茂乡商贸物流建设项目，计划总投资12000万元，3月动工，建成大型综合性零售自选商场及物流货贸集散中转站1个，7月完工并投入使用，实际完成投资12000万元，解决劳动力就业11人。云南元谋旅游经营有限公司物茂土林景区基础设施升级改造一期建设项目，计划总投资13000万元，3月动工，改造升级观光车道、旅游步道、娱乐设施、宾馆酒店等基础设施，7月完工并投入使用，实际完成投资12000万元，年增加旅游收益500万元。元谋美鸣农业有限公司230亩树莓种植及标准化大棚建设项目，计划总投资4500万元，5月动工，建成树莓种植基地230亩，8月完工并投入生产，实际完成投资4500万元，解决劳动力就业23人。元谋县果然好农业科技有限公司2800亩软籽石榴种植基地建设项目，计划总投资14500万元，5月动工，建成软籽石榴种植基地2800亩，10月完工并投入生产，实际完成投资14500万元，解决劳动力就业37人。元谋县湾保种养殖农民专业合作社1500亩精品林果种植基地建设项目，计划总投资8500万元，11月动工，建成林果种植基地1500亩，项目预计2018年1月完工，年内实际完成投资4400万元，辐射带动周边农户种植林果150亩。

【司法和社会治安】 物茂司法所年末在职干部1人。全年排查社会矛盾纠纷24次，排查出各类社会矛盾和民事纠纷493件。全乡各级调解组织共受理民事纠纷301件，调解成功295件，调解成功率98%。物茂派出所年末在职民警4人。设立报警点3个。全年发生刑事案件46件，破案19件，破案率41.3%。全年受理各类行政治安案件113件，查处106件，查处率93.8%。全年接处警322起。查处道路交通违法1428起，行政拘留10人，酒驾8人，人均查处率居全县第一位、全州第八位。

【民政事务及社会保障】 年末，全乡有76户、105人享受城镇居民最低生活保障，全年发放城镇居民最低生活保障金37.8万元。全乡有321户、897人享受农村贫困居民最低生活保障，全年发放农村贫困居民最低生活保障金183.89万元。全年发放救灾救济粮20吨，发放救灾救济棉被260床、衣服240套，发放医疗救助金9人、2.02万元，发放临时困难救助金43人、5万元。全年发放原大队干部生活补助12人、2.91万元，农村“五保户”定期补助65人、35.49万元，孤儿定期补助4人、5.04万元。全年发放烈属定期补助4.31万元，伤残军人定期补助13.97万元，复员军人定期补助3.33万元，带病退伍军人定期补助1.68万元，参战退役人员补助62.4万元，出国民兵民工定期补助2.18万元。春节走访慰问建档立卡贫困残疾人28人，发放慰问金1.12万元；走访慰问优抚对象21人，发放慰问金8500元；走访慰问农村五保户6人，发放慰问金2500元；走访慰问入伍新兵，发放慰问金2400元；走访特困户21户，发放慰问金4500元。全乡有老年协会12个，发放80周岁以上老人健康补助237人、14.52万元。年末，全乡参加城乡居民基本养老保险11183人，其中参保缴费9050人，缴费金额373.22万元。全年发放城乡居民基本养老金3016人、101.55万元。全乡参加城乡居民基本医疗保险14319人，参保率95.12%，收取城乡居民基本医疗保险费257.75万元。全年减免患者4.68万人次，共减免医疗费用67.85万元。

【教科文卫】 全乡有普通中学1所，教学班10个，在校生352人，教职工54人，其中专任教师41人，初中入学率98.6%、升学率92.63%、巩固率98.5%。有中心完小1所、完小5所，教学班40个，在校生925人，教职工98人，其中专任教师71人，小学入学率、升学率、巩固率均为100%。中心幼儿园1所，村完小附属幼儿园4所，民办幼儿园3所，在园人数418人，其中：公办143人，民办275人；有教职工共33人，公办10人，民办23人。全乡有农民专业技术协会16个，会员2963人；组建农民专业合作社20个，社员309人。全年举办各种科技培训班18期，累计参训1243人次。有乡文化站1个，藏书1.4万册。农村业余文艺队22支、450人。农村文化活动室37个。混凝土篮球场30块，其中灯光球场2块。广播覆盖率100%，电视覆盖率74.77%。有乡卫生院1个、村卫生室5个、医疗点1个，乡村医生17人。乡卫生院有卫生专业技术人员27人，其中执业医师2人、执业助理医师5人、医士5人、注册护士11人、药剂师2人、检验士2人，实有病床26张，全年门诊量48749人次，全年医疗卫生业务总收入142.73万元，其中药品收入86.8万元、医疗收入55.93万元。

【党团组织建设】 乡党委下辖党总支5个、党支部43个，年末有中共党员711人。其中：农村党员592人，少数民族党员269人，女党员160人。年内发展新党员12人。其中：少数民族党员7人，女党员6人。乡团委下辖团总支7个、团支部53个，年末共有团员643人。其中：少数民族团员267人，女团员295人。年内发展新团员72人。其中：少数民族团员15人，女团员28人。

【芝麻贫困行政村脱贫出列】 芝麻行政村距乡政府驻地15千米，距县城45千米，辖12个自然村，全村国土面积66.56平方千米，2016年末有农户780户2918人，有少数民族950人（主要是彝族），占总人口的31%。芝麻贫困行政村是全县第一批12个贫困行政村之一，是物茂乡唯一一个贫困行政村。2013年芝麻村有建档立卡贫困户74户300人，通过2017年动态管理，共有建档立卡贫困户86户322人，其中2014年和2016年共脱贫23户95人，2017年脱贫49户183人，未脱贫14户44人，贫困发生率1.44%。2014年实施小块体硬化工程，于2017年11月投资650万元启动混凝土路整体硬化，年内共实施村道路硬化工程6件，共计投入189.64万元，进一步改善通行条件，解决芝麻行政村全村人民出行困难的难题。芝麻行政村辖内的12个自然村均实施人畜饮水安全项目，2017年共实施人畜饮水项目5件，投入108万元，为全村人畜饮水提供坚实保障。芝麻行政村2017预脱贫的49户184人，年底人均经济收入可达到3250元以上。通过2014—2017年脱贫攻坚工作，芝麻贫困行政村生产生活条件显著改善，综合贫困发生率等各项指标均达到贫困退出标准。12月31日，芝麻行政村正式脱贫退出。

【跨膀村地质灾害搬迁】 物茂乡凹鲊行政村跨膀村地处地质灾害易发区，山高坡陡，地形复杂，易发生山体滑坡、崩塌、泥石流等自然灾害，给群众的生产生活带来了极大的安全隐患。年内，完成的易地扶贫搬迁建档立卡户7户34人，共建房7间，建房总投资92.1万元，其中补助资金88.4万元，农户自筹3.7万元，户均自筹资金0.529万元。新建进村主干道及巷道硬化1070米，浇筑混凝土902.4立方米，项目总投资46.23万元。新建巷道级配垫层11084平方米，项目投资61.68万元。新建浆砌石1840立方米，项目投资69.14万元。新建安置点雨污管网建设项目1个，新建砖砌排水沟1077米，建设化粪池27个，新建污水检查井51个，项目投资85.53万元。新建跨膀村1千伏及以下配电网改造升级工程，新建10千伏线路1.6千米；新建变压器1台，配变容量100千伏安；新建0.4千伏低压线路0.73千米，新装户表39只；低压无功补偿30千伏安；项目总投资44.02万元。新建人饮工程1件，架设管路1019米，项目总投资14.71万元。实施安置点场地平整工程1件，项目投资55.35万元。新建活动室1幢431.96平方米，项目投资97.3万元。

乡党委书记：杨金祥（苗族）

乡长：李显明（彝族）

乡人大主席：安金强（彝族）

物茂乡各行政村基本情况表

表8

行政村		物茂	罗兴	芝麻	凹鲊	虎溪
党总支（支部）书记		白树兴	王金武	熊兆芳	张洪亮	白荣祥
村委会主任		白树兴	王金武	熊兆芳	张洪亮	白荣祥
自然村（个）		12	7	12	13	11
村民小组（个）		12	7	12	12	10
总人口（人）		4954	4466	2918	1661	2332
其中	男（人）	2507	2280	1493	859	1197
	女（人）	2447	2186	1425	802	1135
	少数民族（人）	2149	1937	1266	721	1012
村委会驻地海拔（米）		1030	1040	1064	1235	1106
年末耕地面积（亩）		5300	3661	3492	1622	3625
其中	水田（亩）	2357	2357	1876	877	2336
	旱地（亩）	2943	1304	1616	745	1289
农作物播种面积（亩）		8903	8451	8305	4338	6438
其中	粮食播种面积（亩）	3510	3406	4463	1710	2059
	粮食总产量（吨）	1278	1833	1832	733	817
	蔬菜种植面积（亩）	4257	3918	2542	1636	3707
	蔬菜总产量（吨）	14615	12276	6900	3510	9061
个私经济（个）		274	113	193	102	77
从业人员（人）		1196	275	1013	446	370
个私经济营业收入（万元）		18573	10325	10380	1855	6942
实交税金（万元）		82	30	5	2	4
大牲畜	存栏（头）	1918	2097	1428	1153	1155
	出栏（头）	521	468	412	238	312
猪	存栏（头）	6157	5645	2516	1766	2893
	出栏（头）	6176	5163	3563	1647	2482
羊	存栏（只）	3022	1906	3476	2325	3165
	出栏（只）	1243	1012	1980	1700	1221
村卫生室（个）		1	1	1	1	1
乡村医生（人）		3	4	4	4	2
农村文化活动室（个）		11	5	8	6	7

（岳玮平）

江边乡

【区划与人口】 江边乡位于元谋县中北部，乡人民政府驻地龙街，海拔980米，距县城33千米。全乡行政区域面积252.3平方千米，最高海拔2835.9米，最低海拔945.2米。2017年，江边乡辖龙街、大树、盐水井、鱼窝、丙弄、中村、卡莫、阿卓8个行政村，54个自然村，54个村民小组。年末全乡总人口5112户、17103人。其中：男8560人，女8543人；城镇人口286人，乡村人口16817人；少数民族10322人，占总人口的60.35%。主要少数民族有彝族6964人、傈僳族3130人、傣族77人。全年出生262人，死亡256人。人口自然增长率8.21‰。

【经济概况】 全年完成工农业总产值24565万元，其中工业总产值2219万元、农业总产值22346（农业产值15233万元、林业产值237万元、畜牧业产值6645万元、渔业产值129万元、服务业产值102万元）。全乡财政总收入515万元，比上年增加58万元，增长12.69%。全乡财政总支出3672.9万元，比上年增加1202.91万元，增长48.7%。发展个私经济552个，从业人员1366人，个私经济总产值15647万元，实现营业收入21263万元，实交税金207万元。全年完成规模以上固定资产投资10210万元，为县下达任务的102.1%。完成招商引资4.07亿元，为县下达任务的101.65%。年末全乡实有耕地15984亩，其中水田4702亩、旱地11282亩。全年播种农作物46919亩。其中：播种粮食作物27578亩，粮食总产量8101吨，农民人均有粮476.66千克；种植蔬菜11370亩，蔬菜总产量31191吨，蔬菜产值8074万元，农民卖菜收入8712万元；种植烤烟2700亩，烟叶总产量428吨，烟叶产值791万元。全年收购烟叶360吨，烟叶收购平均价每千克30.25元，全乡烟农卖烟收入1187.46万元，比上年增加11.46万元，烟农人均卖烟收入1689.53元。年末大牲畜存栏11579头、出栏2572头，生猪存栏19995头、出栏17646头，羊存栏33532只、出栏15970只，家禽存栏53919只、出栏52010只。全年肉类总产量2355吨，禽蛋产量21吨。年末全乡城乡居民储蓄存款余额13403.58万元。

【基础设施建设】 全年水利工程动工12件，已完工交付使用12件，实际完成总投资806.81万元，修复沟渠185米，架设引水管道45942米，新增沟渠382米，新增蓄水15475立方米，改善灌溉面积6705亩。实施腊甸沟水毁修复工程，计划总投资18万元，3月3日动工，修复沟渠109米，4月28日完工并投入使用，实际完成投资18.15万元，改善灌溉面积773亩。实施大卡莫村坝塘清淤工程，计划总投资11万元，3月6日动工，新建溢洪道20米，埋设放水管道2318米，4月3日完工并投入使用，实际完成投资11.3万，改善灌溉面积650亩。实施阿卓行政村和尚村、柳树塘村人饮工程工程，计划总投资15万元，4月8日开工，架设引水管道4300米，新建25立方水池2个，4月20日完成并投入使用，实际完成投资14.91万元。解决102户387人及216头大牲畜饮水难的问题。实施卡莫行政村小卡莫村坝垱防渗工程，计划投资27万元，4月8日动工，埋设放水管道260米，4月25日完成并投入使用，实际完成投资27.2万元。实施阿卓行政村和尚村新建坝塘工程，计划投资54万元，4月13日动工，架设饮水管道4700米，新建200立方米水池1个，新建1000立方米坝塘1个，5月4日完戎并投入使用，实际完成投资53.26万元改善灌溉面积427亩。实施元谋县2017年行政村整村推进项目中村行政村发窝村、面前村坝塘建设工程和中村、那治村人饮水工程，计划总投资100万元，4月16日动工，新增沟渠362米，架设饮水管道860米，法窝村新建坝塘3个，新建取水口2个；面前村新建坝塘2个，新建分水池1个；中村新建蓄水池1个，新建标志碑1块；那治村新建沉井1口，10月20日完成并投入使用，实际完成投资100万元，改善灌溉面积826亩，解决了513户1020人及621头大牲畜饮水难的问题。实施元谋县浦发扶贫基金行政村整村推进江边乡阿卓村输水管道铺设工程，计划总投资189万元，5月6日动工，架设引水管道9742米，8月25日完成并投入使用，实际完成投资187.26万元，改善灌溉面积750亩，解决212户626人及237头大牲畜饮水难的问题。实施元谋县浦发扶贫资金行政村整村推进江边乡阿卓村配水池建设工程，计划总投资103万元，5月11日动工，新建1000立方米水池4个，9月10日完成并投入使用，实际完成投资102.47万元，改善灌溉面积528亩。实施元谋县浦发扶贫基金行政村整村推进江边乡中村行政村面前村输水管网铺设工程，计划总投资164万元，5月19日动工，架设饮水管道14750米，11月3日完成并投入使用，实际完成投资163.49万元，改善灌溉面积975亩。实施江边乡村镇小型水利设施建设项目，计划投资27.8万元，6月3日开工，架设引水管道412米，修复沟渠76米，修复蓄水池1个，7月30日完成并投入使用，实际完成投资27.78万元，改善灌溉面积265亩。实施元谋县2017年扶贫整村推进“查缺漏、补短板”那治村、中村沟渠工程，计划总投资50万元，6月20日开工，架设引水管道8600米，新建取水口1个，8月5日完成并投入使用，实际完成投资50.34万元，改善灌溉面积540亩。实施元谋县2017年扶贫整村推进“查缺漏、补短板”中村、面前、法窝、那治村蓄水池工程，计划总投资50万元，7月12日开工，新建那治村水窖25口；新建中村水窖15口；新建法窝村沉砂池1个；新建面前村水窖10口，9月2日完成并投入使用，实际完成投资50.65万元，改善灌溉面积971亩。实施江边乡村公共厕所建设工程，计划总投资124万元，3月13日开工，新建江边乡政府院内公共厕所1座，新建江边码头公共厕所和垃圾中转站1座，新建腊甸、小卡莫、阿卓、柳树塘、中村公共厕所5座，8月20日完成并投入使用，实际完成投资124.2万元，有效改善了1850户3650人的生活环境质量。实施江边乡大卡莫村2017年省级整村推进项目工程，计划总投资60万元，4月12日动工，新建排水沟1000米，坝塘清淤工程1件，新建溢洪道20米，埋设放水2318米，新建标志碑1座。6月20日完成并投入使用，实际完成投资59.98万元，解决142户576人出行难的问题。实施2017年美丽宜居乡村省级重点建设村建设项目工程，计划总投资75万元，5月16日开工，新建文化室1幢、公厕等及附属设施，8月10日完成并投入使用，实际完成投资75.08万元，解决92户330人无文体娱乐活动场所的问题。实施元谋县江边乡浦发扶贫基金整村推进项目面前、法窝、小雪坡村活动场所建设工程，计划总投资84万元，5月7日开工，新建文化活动室、新建公厕等，9月6日完成并投入使用，实际完成投资83.68万元，解决216户834人无文体娱乐活动场所的问题。实施江边乡浦发扶贫发展基金整村推进项目乌姑、大卡莫、小平地村活动场所建设工程，计划总投资68万元，5月21日开工，新建文化活动室、公厕等，11月2日完成并投入使用，实际完成投资67.58万元，解决206户615人无文体娱乐活动场所的问题。

【招商引资】 全年实施招商引资项目5个，项目协议总投资4.07亿元，实际到位资金4.07亿元。其中：江边乡龙街特色果蔬种植基地投资建设项目，计划总投资8900万元，3月10日动工，开发整理土地740亩，5月30日完工并投入生产，实际完成投资8900万元；江边乡盐水井辣木种植示范基地投资建设项目，计划总投资4100万元，8月13日动工，开发整理土地200亩，12月20日完工并投入生产，实际完成投资8900万元，解决附近30人发展种植业；江边乡盐水井特色果蔬种植基地投资建设项目，计划总投资9310万元，5月13日动工，开发整理土地670亩，12月20日完工并投入生产，实际完成投资9310万元；元谋步壹食品原材料建设基地项目，计划总投资8650万元，3月19日动工，开发整理土地680亩，6月15日完工并投入生产，实际完成投资9310万元；江边乡丙大浪特色水果种植基地投资建设项目，计划总投资9700万元，3月9日动工，开发整理土地800亩，5月15日完工并投入生产，实际完成投资9310万元，辐射带动农民13人种植果蔬70亩。

【司法和社会治安】 江边司法所年末有干部3人。全年排查社会矛盾纠纷24次，排查出各类社会矛盾和民事纠纷433件。全乡各级调解组织共受理民事纠纷433件，调解成功433件，调解成功率100%。江边派出所年末在职民警4人。全年发生各类刑事案件5件，破案4件，破案率80%。全年受理各类行政治安案件一般程序22件，查处21件，查处率95.45%；简易程序207件，查处207件，查处率100%。全年接处警116起。

【民政事务及社会保障】 年末，全乡有43户、67人享受城镇居民最低生活保障，全年发放城镇居民最低生活保障金20.09万元。全乡有289户、709人享受农村贫困居民最低生活保障，全年发放农村贫困居民最低生活保障金188.77万元。全年发放救灾救济粮1504户、2324人、35吨，发放救济棉被400床、衣服250套，发放农村特困户临时救助金41人、4.35万元，发放医疗救助金170人、18.23万元。全年发放原大队干部定期补助18人、4.27万元，农村五保户定期补助48人、24.34万元，孤儿定期补助2人、2.52万元。全年发放复员军人定期补助2.28万元，革命烈士和病故军人家属定期补助3.17万元，带病退伍军人定期补助6156元，参战退役人员补助42.22万元，现役军人家属优待金12.87万元，出国民兵民工定期补助1.54万元，水电水利伤残民工定期补助1.54万元，60岁以上退役士兵补助5.28万元。春节走访慰问残疾人28人，发放慰问金1.12万元；走访慰问优抚对象118人，发放慰问金1.19万元；走访慰问2017年入伍新兵，发放慰问金1500元；走访慰问“五保户”4人，发放慰问金1600元。全乡有老年协会2个，发放80周岁以上老人健康补助213人、12.78万元。年末，全乡参加城乡居民社会保险15881人，其中缴费12921人，缴费金额232.59万元。全年发放城乡居民基本养老金2226人、191.51万元。全乡参加城镇居民基本医疗保险128人，其中学生儿童16人、重残6人、60岁以上老人49人。发放“贷免扶补”和小额担保贷款16户，贷款总额160万元。全乡参加新型农村合作医疗保险15839人，参保率96.3%，收取新型农村合作医疗保险费285.35万元；参加新型农村合作医疗大病补充保险15839人，参保率96.3%，新型农村合作医疗大病补充保险费由新农合资金代缴。全年减免患者2.82万人次，共减免医疗费用41.02万元。

【教科文卫】 全乡有普通中学1所，教学班7个，在校生218人，教职工36人，其中专任教师32人，初中入学率98.3%、升学率52.7%、巩固率98.6%。有小学1所，教学班20个，在校生635人，教职工54人，其中专任教师49人，小学入学率100%、升学率100%、巩固率100%。全乡有农民专业技术协会7个、会员317人，组建农民专业合作社12个，社员60人。全年举办各种科技培训班7期，累计参训668人次。乡文化站1个、村级农家书屋8个，乡图书阅览室1个，红领巾书屋1个，共有图书1.9万册。农村文化活动室21个。混凝土篮球场36块，其中灯光球场5块。农村业余文艺宣传队21支、340人。广播覆盖率100%，电视覆盖率100%。乡卫生院1所、村卫生室8个，乡村医生15人。乡卫生院有卫生专业技术人员 12 人，其中执业医师 3 人、执业助理医师 3 人、注册护士 3 人、检验师 1 人、药剂师 2 人，实有病床 11 张。全年门诊量 33376 人次，全年医疗卫生业务总收入 74.37 万元。

【党团组织建设】 乡党委下辖党总支 3 个、党支部 33 个，年末有中共党员 569 人。其中：农村党员 461 人，少数民族党员 329 人，女党员 103 人。年内发展新党员 10 人。其中：少数民族党员 6 人，女党员 2 人。乡团委下辖团总支 3 个、团支部 17 个，年末有团员 445 人。其中：少数民族团员 239 人，女团员 202 人。年内发展新团员 46 人。其中：少数民族团员 26 人，女团员 16 人。

【乌东德水电站启宪安置点开工建设】 1 月，组织抽调乡、村、组三级干部 25 人开展启宪安置点建设用地征地工作。3 月 14 日，完成民房建设用 796.35 亩土地征地工作任务；9 月 12 日，完成启宪安置点建设用地蓄水塘 161.29 亩征地任务；9 月 13 日，基本完成生产用地 3577.19 亩的征地工作任务。年内，召开培训会、政策解答会 13 次、累计参加群众 2300 人次，组织群众收看《热坝说法》52 次，化解矛盾纠纷 21 次。土地补偿款已按程序全部兑付到启宪村集体双代管账户上，建设用地征地共计 796.35 亩，已完成交地并全面开工，兑付土地补偿款 4519.9 万元，超概算 102.16 万元尚未兑付，兑付附着物补偿款 410 万元；迁坟 211 家，兑付补偿款 37 万元；生产用地流转总面积 3423 亩，2017 年 6 月 13 日开始进行实调工作，外业工作全部完成，内业工作斑块图勾绘和数据复核及资金测算工作已完成，已兑付土地补偿款 1.87 亿元。截至 12 月 31 日，启宪安置点村委会 1 号楼装修完成，累计完成投资 123 万元；基础设施项目累计完成产值 1825.88 万元。

乡党委书记：尹德波（彝族）

乡长：文朝坤

乡人大主席：吴永彬

江边乡各行政村基本情况表

表 9

行政村		龙街	大树	盐水井	鱼窝	丙弄	中村	卡莫	阿卓
党（总支）支部书记		贺达华	起卫民	杨万富	普自科	白吉会	杨文华	马兆春	王卫江
村委会主任		贺达华	起卫民	杨万富	普自科	白吉会	杞文胜	马兆春	王卫江
自然村（个）		10	10	4	4	9	8	5	4
村民小组（个）		10	10	4	4	9	8	5	4
总人口（人）		4777	4765	1282	1020	1586	1058	1434	1181
其中	男（人）	2351	2351	654	491	786	561	772	594
	女（人）	2426	2414	628	529	800	497	662	587
	少数民族（人）	2195	1717	924	791	1540	973	1158	1024
村委会驻地海拔（米）		980	1020	970	1300	1000	1900	2330	1950
年末实有耕地面积（亩）		2312	3815	2014	1208	2652	1371	1394	1218
其中	水田（亩）	1137	1690	315	373	442	235	0	510
	旱地（亩）	1175	2125	1699	835	2210	1136	1394	708
农作物总播种面积（亩）		7514	9286	5321	2720	7663	3857	6696	3862

续表 9

行政村		龙 街	大 树	盐水井	鱼 窝	丙 弄	中 村	卡 莫	阿 卓
其中	粮食播种面积（亩）	3055	3912	3443	1956	4717	3299	4145	3051
	粮食总产量（吨）	1442	1985	791	302	1224	815	951	591
	蔬菜种植面积（亩）	3764	4852	962	382	750	129	374	157
	蔬菜总产量（吨）	11457	12374	3119	985	2250	181	433	374
	烤烟种植面积（亩）	0	0	0	0	0	139	1999	562
	烟叶总产量（吨）	0	0	0	0	0	28	303	97
个私经济（个）		175	153	74	12	48	12	54	17
从业人员（人）		633	429	84	36	42	27	97	18
个私经济营业收入（万元）		7266	6690	598	297	242	161	187	206
实交税金（元）		137.3	38.6	2.5	2.7	2.7	2	14.6	6.6
大牲畜	存栏（头）	2317	2770	1702	463	1206	869	1251	1001
	出栏（头）	394	425	328	244	278	237	337	329
猪	存栏（头）	5026	4886	2678	1451	1444	1539	1105	1866
	出栏（头）	3526	3693	1815	1383	1925	1686	1960	1658
羊	存栏（只）	5250	4725	5049	3074	3763	3654	3897	4120
	出栏（只）	3044	2714	2443	1942	1668	1245	1316	1598
村卫生室（个）		1	1	1	1	1	1	1	1
乡村医生（人）		2	2	2	1	2	2	2	2
农村文化活动室（个）		4	4	2	2	2	3	2	2

（马尚瑜　李冬梅）

姜驿乡

【区划与人口】 姜驿乡地处元谋县北部，乡人民政府驻地姜驿街，海拔 1900 米，距县城 66 千米，全乡行政区域面积 256.8 平方千米。2017 年，姜驿乡辖姜驿、水平石、糯拉鲊、半箐、画匠、贡茶、白果、太平 8 个行政村，67 个自然村，56 个村民小组。年末全乡总人口 4611 户、13691 人。其中：男 6962 人，女 6729 人；乡村人口 13545 人；少数民族 11354 人，占总人口的 82.93%。主要少数民族有傈僳族 8009 人、彝族 3298 人。全年出生 134 人，死亡 108 人。人口自然增长率 1.94‰。

【经济概况】 全年完成农林牧渔业总产值 12110 万元，其中农业产值 4395 万元、林业产值 468 万元、畜牧业产值 6872 万元、渔业产值 51 万元、服务业产值 324 万元。全乡财政总收入 543 万元，比上年增加 450 万元，增长 20.6%。全乡财政总支出 1641 万元比上年增加 51.91 万元，增长 3.3%。发展个私经济 276 个，从业人员 779 人，个私经济总产值 10237 万元，实现营业收入 12601 万元，实交税金 226 万元。全年完成规模以上固定资产投资 14084 万元，为县下达任务的 108.3%。完成招商引资 23515 万元，为县下达任务的 117.6%。年末全乡实有耕地 23928 亩，其中水田 4634 亩、旱地19294亩。全年播种农作物55337亩。其中：播种粮食42062亩，粮食总产量6419吨，农民人均有粮473.9千克；种植蔬菜6772亩，蔬菜总产量2822吨；种植烤烟3300亩，烟叶总产量450吨，烤烟产值1336万元。全年收购烟叶450吨，烟叶收购平均价每千克29.69元，全乡烟农卖烟收入1336万元，实现烟叶税303.56万元。年末大牲畜存栏12079头，出栏4065头，生猪存栏18906头、出栏17244头，羊存栏22857只、出栏15566只，家禽存栏68697只、出栏52871只。全年肉类总产量2422吨，禽蛋产量90吨。年末城乡居民储蓄存款余额22000万元。

【基础设施建设】 全年实施元谋县楚雄浦发扶贫发展基金姜驿乡整乡推进“查缺漏、补短板”第一批建设项目，水利工程于10月动工90件，完工交付使用40件，总投资1382.71万元，其中上级浦发扶贫发展基金贷款1370.37万元、群众投工投劳及自筹12.34万元。投资125.4万元实施海子坝塘等7个坝塘清淤工程，新增库容8.36万立方米；投资648.2万元实施新建大村、金河、新房等11条三面光沟；投资178万元实施新建姜中、华丰、海子边等31条产业管网配套建设工程；投资67.02万元实施新建红花新村、白杨树、大村等9件提水泵站工程；投资295.33万元实施新建21件新建水池和3件水窖工程；投资17.15万元进行2件水池修复。项目预计2018年3月全面完工，建成后将新增灌溉面积13000余亩，改善灌溉面积6000余亩，全乡6个行政村39个自然村的水利基础设施薄弱面貌将得到极大的改善，农业生产用水困难问题将得到切实的解决，为全乡脱贫攻坚产业发展提供坚实的保障。3月，投资150万元实施半箐行政村金河村通村道路硬化工程，硬化进村道路2270米，铺筑混凝土路面7945平方米。4月，投资18万元实施水平石行政村红花新村进村公路硬化工程，硬化进村道路530米，铺筑混凝土路面2120平方米。5月，投资15.8万元实施水平石行政村石榴新村进村公路硬化工程，硬化进村道路320米，铺筑混凝土路面1280平方米。8月，投资80.5万元实施水平石行政村大村进村公路硬化工程，硬化进村道路1342米，铺筑混凝土路面4026平方米。投资45万元实施水平石行政村白杨树村进村公路硬化工程，硬化进村道路750米，铺筑混凝土路面2250平方米。投资120万元实施画匠行政村杨家村进村公路硬化工程，硬化进村道路2010米，铺筑混凝土路面6030平方米。投资250万元实施画匠行政村旧村进村公路硬化工程，硬化进村道路4168米，铺筑混凝土路面12504平方米。11月，投资32万元实施水平石行政村红花箐村进村公路硬化工程，硬化进村道路800米，铺筑混凝土路面2400平方米。投资444万元实施贡茶行政村新房村、石板河村进村公路硬化工程，硬化进村道路10470米，铺筑混凝土路面31410平方米。12月，投资90万元实施姜驿行政村大地村进村公路硬化工程，硬化进村道路1500米，铺筑混凝土路面4500平方米。投资82.8万元实施姜驿行政村石头山村进村公路硬化工程，硬化进村道路1380米，铺筑混凝土路面4140平方米。投资120.6万元实施画匠行政村月亮田村进村公路硬化工程，硬化进村道路2010米，铺筑混凝土路面6030平方米。投资86.4万元实施贡茶行政村新村沟村进村公路硬化工程，硬化进村道路1440米，铺筑混凝土路面4320平方米。投资94.8万元实施画匠行政村席草地村进村公路硬化工程，硬化进村道路1580米，铺筑混凝土路面4740平方米。投资175万元实施水平石行政村石榴新村进村公路硬化工程，硬化进村道路2915米，铺筑混凝土路面8745平方米。投资90万元实施姜驿行政村大地村进村公路硬化工程，硬化进村道路1500米，铺筑混凝土路面4500平方米。投资134万元实施水平石行政村拉黑沟村至白杨树村进村公路硬化工程，硬化进村道路2230米，铺筑混凝土路面6690平方米。

【招商引资】 全年实施招商引资项目3个，项目协议总投资26515万元，实际到位资金26515万元。元谋县优食果蔬产销专业合作社，计划总投资4215万元，6月26日注册成立，固定资产150万元，承包土地面积5030亩，以合作社加农户的形式发展种植花椒5030亩。元谋县火焰山农业科技开发有限公司，计划总投资16300万元，1月6日注册成立，注册资金300万元，固定资产300万元，公司承包土地面积7000亩，以“公司+农户”的形式发展种植蜜桃7000亩。元谋县万林果蔬产销专业合作社，计划总投资6000万元，于2016年6月30日注册成立，注册资金1600万元。合作社承包面积2628亩，以“公司+农户”的形式发展种植红梨2628亩。

【司法和社会治安】 姜驿司法所年末有干部职工3人。全年排查社会矛盾纠纷24次，排查出各类社会矛盾和民事纠纷735件。全乡各级调解组织共受理各类社会矛盾和民事纠纷735件，调解成功733件，调解成功率99.7%。姜驿派出所年末有干警4人。全年立刑事案件7件，破获6件，破案率85%。受理各类行政治安案件22件，查处20件，查处率90%。全年接处警256起。

【民政事务及社会保障】 年末，全乡有27户、33人享受城镇居民最低生活保障，全年发放城镇居民最低生活保障金12.85万元。全乡有436户、1237人享受农村贫困居民最低生活保障，全年发放农村贫困居民最低生活保障金342.07万元。全年发放救灾救济粮2146户、64.28吨，发放救灾救济棉被550床、衣服340套，发放医疗救助金251人、17.17万元，发放临时困难救助金116人、12万元。全年发放原大队干部生活补助13人、3.19万元，农村五保户定期补助35人、17.65万元，孤儿定期补助3人、3.81万元。全年发放革命烈士和病故军人家属定期补助5.78万元，伤残军人定期补助3.34万元，复员军人定期补助2.24万元，带病退伍军人定期补助2.28万元，参战退役人员补助31.8万元，出国民兵民工定期补助0.67万元，水电水利伤残民工定期补助0.54万元。春节走访慰问贫困残疾人38人，发放慰问金1.52万元；走访慰问优抚对象11人，发放慰问金4400元；走访慰问农村“五保户”3人，发放慰问金0.12万元。发放80周岁以上老人健康补助248人、14.88万元。年末全乡参加城乡居民养老保险9252人，其中参保缴费7275人，缴费金额77.41万元。全年发放基本养老金2079人178.89万元。全乡参加新型农村合作医疗保险12524人，参保率96.33%，收取新型农村合作医疗保险费134.64万元；参加新型农村合作医疗大病补充保险12524人，参保率96.33%，新型农村合作医疗大病补充保险费由新农合资金代缴。

【教科文卫】 全乡有普通中学1所，教学班9个，在校生340人，教职工30人，其中专任教师29人，初中毛入学率100%、升学率80%、巩固率98.5%。有完小4所，教学班26个，在校生650人，教职工56人，其中专任教师51人，小学入学率、升学率、巩固率均为100%。全乡有农民专业技术协会11个，会员1101人；组建农民专业合作社13个，社员139人。全年举办各种科技培训班12期，累计参训2030人次。乡文化站1个，藏书5023册。农村文化活动室34个。混凝土篮球场26块，其中灯光球场9块。农村文艺演出队3支、75人，民间传统花灯队1支、20人。广播覆盖率100%，电视覆盖率100%。乡卫生院1所、村卫生室8个、医疗点3个，乡村医生19人。乡卫生院有卫生专业技术人员13人，其中执业医师1人、助理医师5人、护士5人、药剂师1人、检验师1人，其他3人（影像师、中医、工勤人员），病床17张。全年门诊量2.52万人次。收住院病人1人次，出院病人1人次，其中好转治疗1人次，好转治疗率100%，全年医疗卫生业务总收入82万元。全年举办婚前培训班4期，累计参训287人次。

【党团组织建设】 姜驿乡党委下辖党总支3个、党支部23个，年末有中共党员579人。其中：农村党员475人，少数民族党员462人，女党员92人。年内发展新党员12人。其中：少数民族党员8人，女党员4人。乡团委下辖团总支3个、团支部6个，年末有团员737人。其中：少数民族团员656人，女团员327人。年内发展新团员90人。其中：少数民族团员80人，女团员47人。

【脱贫攻坚】 2014年，姜驿乡被识别确定为贫困乡。识别建档立卡贫困人口1436户5000人，建立了到村到户的贫困档案。2014—2016年脱贫798户2687人，2016年底有建档立卡贫困户644户2313人。2017年8月，全乡有建档立卡户1478户5034人，未脱贫户841户2846人。2015年8月至2016年7月，组织18个州县挂包单位的挂包干部和乡村组干部职工开展建档立卡“回头看”，补录贫困人口51户174人，剔除识别不精准人口45户174人，“回头看”后，全乡建档立卡1442户5000人。5月，组成28支工作组对全乡13642人常住人口逐户逐人进行入户遍访。6月，认真开展贫困对象动态管理，剔除不精准对象118户406人，纠正“错评”问题；把符合条件遗漏在外的174户509人贫困人口和53户116人返贫人口纳入进来，纠正“漏评”和“错退”问题。围绕“两不愁，三保障”脱贫目标，将全乡现有建档立卡贫困户841户2846人按“五个一批”划分为发展生产脱贫472户1521人、易地搬迁安置脱贫199户759人、发展教育脱贫70户307人、生态补偿脱贫39户149人、社会保障兜底61户110人。2015年以来，累计投入财政专项扶贫资金1.45亿元。道路交通方面，完成总投资4800.48万元。其中，投资1674万元，完成姜驿至贡茶村委会23千米、姜驿至半箐村委会4.8千米道路硬化；投资2854.2万元组织实施6个行政村39个自然村标准道路硬化101千米；投资272.28万元，实施6个行政村39个自然村机耕路117.48千米；姜驿至四川黎洪道路修复硬化工程即将实施，金沙江跨江大桥正在修建。水利基础设施方面，投资457.67万元完成32座小坝塘清淤工程，增加蓄水量35万立方米；投入资金854.71万元，建成三面光沟渠11条38.6千米；投入资金114.82万元，实施3个行政村12个自然村12个提水站；补助资金352.8万元建成爱心水窖882个；蜜桃种植片区管网33.44千米211.4万元，蜜桃种植片区土塘开挖55个33万元。抓紧实施总投资1382万元的贡茶水库三面光沟渠、海子边坝塘清淤等81件农田水利工程。安全住房方面，实施农村危房改造项目411户，发放补助资金401.3万元。公共场所建设方面，2016年以来，新建贡茶、阿拉益、大地、上半箐、七嘎、新房等17个村的文化室及篮球场建设，建成集镇及村委会所在地公厕9座。2014年脱贫349户960人，贫困发生率从识别时的36.65%下降至29.61%。2015年脱贫131户500人，贫困发生率下降至25.95%。2016年脱贫318户1227人，贫困发生率下降至16.95%。2017年开展动态管理后，有贫困户841户2846人，贫困发生率20.86%。2017年脱贫375户1439人，贫困发生率降至10.31%。

乡党委书记：吴云强（彝族，2015.12.31—　）

乡长：蔡顺军（彝族，2016.3.18—　）

乡人大主席：吴绍银（2016.3.18—　）

姜驿乡各行政村基本情况表

表 10

项目 \ 行政村		姜驿	水平石	糯拉鲊	半箐	画匠	贡茶	白果	太平
党总支（支部）书记		罗正富	安　平	罗丙文	杨忠云	张自有	白志华	李正春	白忠亮
村委会主任		吕荣扬	安　平	李金祥	张　华	杨文光	白志华	李正春	白忠亮
自然村（个）		18	9	7	4	10	5	9	5
村民小组（个）		10	9	6	4	8	7	7	5
总人口（人）		2415	2217	872	999	2028	3079	865	1216
其中	男（人）	1237	1127	460	518	1017	1572	428	603
	女（人）	1178	1090	412	481	1011	1507	437	613
	少数民族（人）	1223	1564	751	872	1869	3032	849	1194
村委会驻地海拔（米）		1900	1872	1850	1830	1877	1800	1750	1360
年末耕地面积（亩）		4500	4490	1444	1560	4406	3789	2082	1657
其中	水田（亩）	1039	668	323	475	1084	795	5	245
	旱地（亩）	3461	3822	1121	1085	3322	2994	2077	1412
农作物总播种面积（亩）		7962	9136	5014	5245	7814	10749	5389	4028
其中	粮食播种面积（亩）	6164	5721	3350	4322	5937	8462	4743	3363
	粮食总产量（吨）	995	950	496	638	890	1255	659	536
	烤烟种植面积（亩）	81	1612	644	0	426	537	0	0
	烟叶总产量（吨）	11.09	219.2	87.6	0	59.08	73.03	0	0
乡镇企业（个）		188	22	8	8	13	27	3	7
从业人员（人）		592	45	26	19	24	60	4	9
乡镇企业营业收入（万元）		9312	1084	393	484	418	754	14	142
实交税金（万元）		176.9	17.8	4.9	6.8	5.4	10.5	1.2	2.5
大牲畜	存栏（头）	1897	2212	926	1213	1517	2414	962	938
	出栏（头）	574	527	581	476	513	783	315	296
猪	存栏（头）	2633	2837	1812	1832	2637	3955	1698	1502
	出栏（头）	2771	2795	1654	1194	2291	3134	1515	1890
羊	存栏（只）	2841	2804	2514	2390	3547	4186	2390	2185
	出栏（只）	1855	2068	1870	1672	2132	2623	1647	1699
村卫生室（个）		1	1	1	1	1	1	1	1
乡村医生（人）		2	2	2	2	2	4	3	2
农村文化活动室（个）		9	9	2	4	4	6	0	0

（杞绍年）

人 物

2017年荣获云南省人民政府表彰的先进人物

一、云南省人民政府表彰云南省第二十二届劳动模范（4月23日）

孙正祥：元谋县元马镇清和社区下广福村村民

二、云南省人民政府办公厅表彰2016年度全省政府系统政务信息工作先进个人

杨茂利：元谋县人民政府办公室

2017年荣获中共楚雄州委、楚雄州人民政府表彰的先进人物

一、1月22日，中共楚雄州委、楚雄州人民政府表彰的全州党政领导化解信访积案集中攻坚工作先进个人

元谋县委原常委、县委政法委原书记：段光显

元谋县人民政府副县长：吴春华

元谋县委办公室副主任、县信访局局长：马　继

元谋县元马镇人民政府原镇长：张　荣

元谋县江边乡人大主席：吴永彬

二、3月1日，中共楚雄州委、楚雄州人民政府表彰的全州科技工作先进个人

元谋县人民政府县长：李林波

元谋县科技局局长：王　薇

三、3月1日，中共楚雄州委、州人民政府表彰的楚雄州十大彝乡电商创业人才

元谋锐捷科技经贸有限公司副总经理：徐　超

四、7月10日，中共楚雄州委、楚雄州人民政府表彰的全州工商联工作先进工作者、先进会员和楚雄州第五届“优秀中国特色社会主义事业建设者”、楚雄州第二届“光彩之星”

（一）先进工作者

元谋县人大常委会副主任、县工商联原主席：泰焕华

元谋县老城乡经济发展办主任、商会秘书长：李茂荣

元谋县农村信用联社党委书记、理事长：陈　鹏

元谋县工商联副主席、秘书长：李荣富

（二）先进会员

云南泷淇房地产开发有限公司总经理：黄天财

元谋金汇房地产开发有限公司总经理：郭洪兵

元谋聚元食品有限公司总经理：梁　志

元谋县金坤采石厂总经理：尹会昌

（三）楚雄州第五届“优秀中国特色社会主义事业建设者”

元谋金沙绿色食品有限责任公司总经理：刘　实

（四）楚雄州第二届“光彩之星”

云南元谋闽中食品有限公司总经理：潘则斌

五、9月8日，中共楚雄州委、州人民政府表彰的楚雄州优秀校（园）长、优秀班主任、优秀教师、感动彝州最美教师

（一）优秀校（园）长

元谋县元马镇中心幼儿园园长：李锡莲

元谋县老城小学校长：文　平

（二）优秀班主任

元谋县第一中学教师：杨立雄

元谋县元马中学教师：唐咏寒

元谋县黄瓜园小学教师：杨金如

（三）优秀教师

元谋县第一中学教师：李学珍

元谋县机关幼儿园教师：文江萍

元谋县元马中学教师：康增丽

元谋县元马小学教师：杨跃梅

元谋县苴林小学教师：戴宏莉

元谋县羊街中学教师：张文荣

元谋县平田小学教师：李　涛

元谋县姜驿小学教师：杨雄剑

（四）感动彝州最美教师

元谋县新华乡大河边完小教师：杨绍坤

六、9月12日，中共楚雄州委、楚雄州人民政府表彰的楚雄州信访工作先进个人

元谋县人民政府副县长、县公安局局长：丁志富

元谋县信访局副局长：杨光文

七、9月25日，中共楚雄州委、楚雄州人民政府表彰的楚雄州精神文明建设先进个人

（一）第一届楚雄州文明家庭

元谋县法院：杨玺兰家庭

元谋县老城乡上库南村：王忠慧家庭

元谋县老城乡午茶村：刘子琼家庭

元谋县物茂乡物茂街：刘兆斌家庭

（二）楚雄州精神文明建设先进个人

元谋县黄瓜园镇党委宣传专干：李树丽

元谋县羊街镇文化中心主任：杨光华

元谋县物茂乡物茂村党总支副书记：闻国梅

八、9月30日，中共楚雄州委表彰的全州统一战线工作先进个人

元谋县姜驿乡党委书记：吴云强

元谋县台办、侨办主任：李明洁

九、10月10日，中共楚雄州委、楚雄州人民政府表彰的全州“十二五”时期哲学社会科学工作先进个人

元谋县文明办副主任、社科联副主席：李　雁

十、10月11日，中共楚雄州委、楚雄州人民政府表彰的楚雄州共青团工作先进个人

（一）楚雄州优秀共青团干部

共青团元谋县委办公室主任：罗　娅

（二）楚雄州优秀少先队辅导员

元谋县元马小学少先队大队辅导员：杨太茹

（三）楚雄州优秀少先队员

元谋县元马小学学生：杨璟儿

十一、10月12日，中共楚雄州委、楚雄州人民政府表彰的楚雄州2012—2016年科普科协工作先进个人

元谋县科协办公室主任：张艳琼

元谋县金辉良种推广协会秘书长：罗国旺

十二、11月7日，中共楚雄州委、楚雄州人民政府表彰的全州“创建2013—2016年全国社会治安综合治理优秀州”先进个人

县人大常委会副主任：段光显

县市场监督管理局局长：李玉聪

县检察院副检察长：李显琼

县公安局副局长：张爱华

县法院立案庭庭长：杨金荣

县综治办副主任：唐保全

县司法局羊街司法所正科级职级干部：陈有福

县公安局交警大队副主任科员：罗加平

县信访局副科级职级干部：刘海燕

元谋县老城乡副乡长：李　明

元谋县新华乡副乡长：张　磊

元谋县元马镇综治办主任：杨金菊

十三、11月27日，中共楚雄州委表彰的全州侨联工作先进个人

（一）先进工作者

元谋县人大常委会主任：彭寿才

（二）归侨侨眷先进个人

元谋县供电局副总经理：秦　雯

十四、2月5日，雄州人民政府命名表彰2016年度见义勇为先进群体和个人

（一）见义勇为先进群体

1. 对骆弟林抗洪抢险群体，授予“楚雄州见义勇为先进群体”荣誉称号，颁发荣誉证书、奖牌，奖励6万元。

元谋县黄瓜园镇海洛行政村村委会主任：骆弟林

元谋县黄瓜园镇海洛行政村海洛村村民：杨启荣

元谋县黄瓜园镇海洛行政村海洛村村民：杨志彬

元谋县黄瓜园镇海洛行政村海洛村村民：张建坤

元谋县黄瓜园镇海洛行政村海洛村村民：张琼辉

元谋县黄瓜园镇海洛行政村海洛村村民：文永东

2. 对娄勇勇救溺水人员群体，授予“楚雄州见义勇为先进群体”荣誉称号，颁发荣誉证书、奖牌，奖励1万元。

元谋县江边乡龙街行政村江边村村民：娄　勇

元谋县江边乡龙街行政村江边村村民：潘必友

（二）见义勇为先进个人

1. 被授予“楚雄州见义勇为先进个人”荣誉称号，颁发荣誉证书、奖牌，奖励1万元。

元谋县黄瓜园镇点连行政村下点连村村民：靳显云

2. 被授予“楚雄州见义勇为先进个人”荣誉称号，颁发荣誉证书、奖牌，奖励5000元。

元谋县黄瓜园镇点连行政村雷布村村民小组组长：黄会武

十五、8月7日，楚雄州人民政府、楚雄军分区表彰“十二五”人民防空先进个人

原元谋县住房与城乡建设局局长、人防办主任：陈月娥

十六、9月8日，楚雄州人民政府表彰楚雄州创建第二批国家公共文化服务体系示范区先进个人

元谋县委常委、统战部部长：杨春茹

元谋县文体广电旅游局局长：吴　俣

元谋县黄瓜园镇综合文化站站长：起晓娟

十七、9月22日，楚雄州人民政府表彰2011—2015年楚雄州实施妇女儿童发展规划先进个人

元谋县人民政府原副县长、县妇儿工委主任：杨春茹

元谋县人力资源和社会保障局副局长：李晓燕

元谋县元马镇妇联主席、镇妇儿工委办公室主任：吴坤燕

元谋县总工会副主席：苏明艳

十八、9月25日，楚雄州人民政府表彰“十二五”期间水资源管理节约保护先进个人

元谋县水务局水资源股股长：周绍云

元谋县财政局副科级职级：陶建晴

元谋县丙间水库水利管理所所长：从云飞

十九、4月6日，楚雄州人民政府办公室表彰2016年度全州政府系统政务信息工作先进个人

元谋县人民政府办公室综合调研科科长：白　宏

（周云燕　李丽华）

元谋县党政军群企事业系统负责人名录

中国共产党元谋县委员会

一、第十三届县委领导成员

县委书记：习　雁

副书记：李林波（至5月）　吴海芬（5月任）　夏　禹　周　海

县委常委：习　雁　李林波（至5月）　吴海芬（5月任）　夏　禹　周　海　窦小军（至7月）　杨春茹（7月任）　赵光贤　祖　凌　肖全辉（至7月）　杨　波　马吉相　李盈梅　刘铭波

县委委员：丁志富　文朝坤　尹德波　兰　松　李　飞　李　勇　李玉聪　李建勇　李跃鸿　李强武　杨天寿　杨金祥　杨晓丽　吴　俣　吴云强　张　荣　陈月娥　罗绍亮　周应张　郑　武　郑志学　赵光贤　赵海明　胡加英　段光显　昝智明　黄亚明　彭寿才　景　华　靳志刚　雷振宇　黎建波

候补委员：阮曙光　李显明　杨　惟　杨绍华　栾永富　陶付龙　雷灿美　蔡顺军

二、县委工作部门

县委办公室

主任：刘铭波

常务副主任：周兴春（8月任）

副主任：杨华川　张文忠　杞志聪　白绍先（至12月）　王　颖　马继（至8月）　李玉明（8月任）

县国家保密局

局长：黎　文

督查室

主任：杨建军

副主任：文自霞

县委组织部

部长：马吉相

常务副部长：周琪智

副部长：王治刚　吴晨曦　鲁　甜　李建勋（至4月）马　继（8月任）　张发春

部务委员：杨　黎（12月任）

县委党建工作领导小组办公室

主任：吴晨曦

副主任：杨　黎（至12月）

县非公有制经济组织和社会组织党的工作委员会

书记：王治刚

副书记：申泽娥（至12月）　许　聪（12月任）

兼职副书记：李跃鸿　杨志豪（至8月）
张春华（8月任）骆国强
文建辉（至8月）
文晓波（8月任）王　薇

县委宣传部

部长：李盈梅
常务副部长：李建宾（至8月）
起泽云（8月任）
副部长：秦宗梅　李建宾（至8月）
起泽云（8月任）李东炎

县精神文明建设领导小组办公室

主任：李建宾（至8月）杨晓波（8月任）
副主任：李　雁

县委政策研究室

主任：王　颖
副主任：李光美（8月任）永学林
肖志国（3月任）

县委统战部

部长：赵光贤（至8月）杨春茹（8月任）
常务副部长：杨发光
副部长：韦　江　陈　彩　杨志豪（至8月）
张春华（8月任）

县政府台湾事务、侨务办公室

主任：李明洁（女）

县委政法委员会

书记：祖　凌（至8月）赵光贤（8月任）
副书记：丁志富　杨绍华　杨俊魁　刘　灿

政法委员会办公室

主任：罗春华

社会管理综合治理办公室

主任：刘　灿
副主任：唐保全

县委政法委政工办

主任：景小艳

县委政法委执法监督室

主任：李玉明（至8月）肖　波（12月任）

县委政法委维稳办

主任：杨绍华
副主任：马兆军

县委政法委铁路护路办

主任：李永富

县委群众工作局

局长：马　继（至8月）李玉明（8月任）
副局长：杨光文　赵金平

县委、县政府信访局

党组书记：马　继（至8月）
李玉明（8月任）
局长：马　继（至8月）李玉明（8月任）
副局长：杨光文　赵金平
督查专员（副科）：王　超
纪检组长：杨光文（至12月）

县委机构编制办公室

主任：袁小平
副主任：永保林

县委编制办督查室

主任：邬有婷

三、县委部门管理机构

县直属机关工作委员会

书记：鲁　甜
副书记：鲁成安

老干部管理局

局长：李建勋（至4月）马　继（8月任）
副局长：思建英

四、县委直属事业单位

县委党校

校长：周　海
常务副校长、县行政干部学校校长：白从章（至8月）张志洋（8月任）
党校副校长：杨茂声

县社会主义学校

校长：周　海（至8月）杨春茹（8月任）

常务副校长：白从章（至8月）
张志洋（8月任）

副校长：杨发光

县委党史研究室

主任：龙云聪

副主任：吴彭珍

元谋县人民代表大会常务委员会

一、县第十六届人大常委会组成人员（至2月）

人大常委会主任：鲁维生

副主任：张自忠　吕　忠　高发银　马江芝

人大常委会委员：

文永刚　白显武　庄颐芸
阳　海　李显明　李景翠
杨　惟　杨发华　吴元顺
辛学镇　周琪智　胡文刚
栾永富　梁建明　舒晓红
普文荣

二、县第十七届人大常委会组成人员（2月任）

人大常委会主任：彭寿才

副主任：段光显　郑　武　泰焕华　陈月娥

人大常委会委员：

王建春　文定尹　庄颐芸
刘　芳　阳　海　严汝政
杞建华　李永刚　李红梅
李雪梅　杨长凤　杨吉福
杨刚红　杨寿先　吴永彬
张凤琼　周琪智　郭宜兵
彭光海　管建波

三、人大常委会机关工作机构及负责人

人大常委会办公室

主任：陈海君

副主任：昭永辉（至1月）　王建春

财政经济工作委员会（机构至2月撤销）

主任：李永刚（至2月）

副主任：李红梅（至2月）

县人民代表大会财政经济委员会（机构2月成立）

主任委员：李永刚（2月任）

副主任委员：李红梅（2月任）

法制工作委员会

主任：阳　海

选举联络工作委员会

主任：郭宜兵（7月任）

副主任：杨绍兰（10月任）

教科文卫工作委员会

主任　庄颐芸

民族工作委员会

主任：文定尹

农业与环境资源委员会

主任：杨寿先

预算工作委员会

主任：彭光海

元谋县人民政府

一、县第十六届人民政府主要领导成员（至2月到届）

县长：李林波

常务副县长：窦小军

副县长：杨春茹　郑　武　吴春华
宋　巍（挂职）　丁志富
杨　阳（挂职）　孙绍兴（至2月）
尹世勇（挂职，2月任）
田光华（挂职，2月任）

二、县第十七届人民政府主要领导成员

县长：李林波（2—5月）　吴海芬（7月任）

代理县长：吴海芬（5—7月）

常务副县长：窦小军（2—8月）
祖　凌（8月任）

副县长：杨春茹（2—7月）　吴春华
丁志富　孙绍兴　周应张
张　荣（8月任）
尹世勇（挂职）　宋　巍（挂职）

杨　阳（挂职）　田光华（挂职）

三、县人民政府隶属机构及负责人

1. 县人民政府工作机构

县人民政府办公室

党组书记、主任：李强武

副主任：董　奎（至11月）　郑晓平

张永鹏　张　平

关颖彬（挂职，1—12月）

沈如青（挂职，9月任）

县人民政府法制办公室

主任：杨茂魁

县人民政府督查室

主任：廖家富

县接待办

主任：曾彩雯

副主任：张勋文　赵海霞

县人民政府政务服务管理局（机构至8月撤销）

局长：肖应清（至8月）

副局长：文红翠（至8月）

公共资源管理交易中心（机构至8月撤销）

主任：张加明（至8月）

县行政审批局、公共资源交易管理局（8月成立机构）

局长：肖应清（8月任）

副局长：张加明（8月任）

白雪皑（8月任）　李国娥（8月任）

发展和改革局

党委书记、局长：周应张（至4月）

罗绍亮（4月任）

副局长：杨国学　李正祥　张　波

李经伟（12月任）

经济贸易和信息化局

党委书记、局长：李跃鸿

副书记、纪委书记：李智鸿（至12月）

副局长：李经伟（至12月）　杨德龙

蒋光文　杨爱如

教育局

党委书记：周兴春（至9月）

杨秀丽（9—12月）

局长：段玉方

副局长：杨海军　杨建友　管文明

党委副书记、纪委书记：陶　静（至9月）

李建宾（9—12月）

县教育工委（11月成立）

书记：杨秀丽（12月任）

教育局党组（2017年11月教育局党委撤销，成立党组）

党组书记：杨秀丽（12月任）

政府教育督导室

主任：杨秀丽（至9月）　白从章（9月任）

副主任：陶　静（9月任）

民族宗教事务局

局长：陈　彩

副局长：聂正云　李志松

公安局

党委书记、局长：丁志富

纪委书记：陆秀云（至12月）

县纪委监察委派驻县公安局纪检监察组

组长：陆秀云（12月任）

副局长：杨树强　张爱华

李　伽（挂职，至6月）

杨丽琼　余　捷（8月任）

监察局（12月机构撤销）

局长：胡加英

副局长：杨朝平（至8月）　何媛媛（至8月）

左桂林（11月任）　杨旺金（11月任）

民政局

党组书记、局长：骆国强

副局长：张云松　施　武（至4月）　刘顺岚

李忠键（4月任）

司法局

党组书记、局长：文显富

副局长：文桂超（至8月）　王丽萍　吴忠伟

财政局

党委书记、局长：刘铭波（至4月）

黄　宁（4月任）

副局长：杨昌琼　张建武　文宗辉　杨加清

农业综合开发办公室（设于财政局）

主任：杨忠涛

人力资源和社会保障局

党委书记、局长：张发春

副局长：王金良（至8月）　白云峰（8月任）

肖　波（至12月）　段继铭（12月任）

胡　亮　李晓燕

县社会保险中心（8月成立，撤销企业退休人员管理服务中心）

主任：段继铭（8—12月）

县医疗保险管理局（8月成立，撤销县医疗保险基金管理中心）

局长：吴春明（8月任）

国土资源局

党组书记、局长：靳志刚（至10月）

李江华（10月任）

副局长：段光春　张永华　文筱青

环境保护局

党组书记、局长：李江华（至11月）

董　奎（11月任）

副局长：李虹苡　张孝德　严全洪

住房和城乡建设局（城市管理综合行政执法局、人民防空办公室）

党委书记、局长（主任）：陈月娥（至4月）

李建勋（4月任）

副书记、纪委书记：李清梅（至12月）

副局长：吴云春　李忠键（至4月）　马　劲

何　鑫（至8月）　思云峰（8月任）

杨双江（8月任）

交通运输局

党委书记、局长：赵海明（至8月）　郭金华（8月任）

副局长：杨春明　周晓坤　杨文荣

农业局（畜牧兽医局）

党委书记、局长：李　飞

纪委书记：杨程尧（至12月）

副局长：周国华　李光美（至8月）

文增斌（至4月）　杨保寿

文绍武（8月任）　杨旺全（12月任）

林业局

党委书记、局长：李　勇（至8月）

白　忠（8月任）

副局长：李闻波　吴龙琼　李从富　罗金勇

水务局

党委书记、局长　雷振宇

纪委书记：余秀梅（至12月）

副局长：张　雷　阮培荣　段继才　彭垭决

李彦阳

水土保持委员会办公室

主任：张　雷

副主任：杜昌富

大型灌区管理局

局长：雷振宇

副局长：唐　智

文体广电旅游局

党委书记、局长：吴　保

副局长：罗绍纬（至8月）　文泽梅（12月任）

张利松　段继龙　康强勇（至1月）

李文江（1月任）

卫生和计划生育局

党委书记、局长：白　忠（至8月）

杨志豪（8月任）

纪委书记：刘　宁（至12月）

副局长：梅加瑞　杨周祥　思显卫　熊福仁

宋菲菲（至1月）

审计局

党组书记：杨明春

局长：杨祥敏

副局长：文　勇　申泽勇

统计局

党组书记、局长：黄　宁（至4月）
　　　　　　　　文增斌（4月任）

副局长：李冬梅　文国武　彭兴梅（1月任）

安全生产监督管理局

党组书记、局长：普文荣

副局长：白玉英（至1月）　姚利明（至9月）
　　　　李建云　安金林（1月任）
　　　　文桂超（9月任）

县人民政府扶贫开发办公室

党组书记、主任：黄亚明

副主任：罗　彪　张春梅　杨海江
　　　　张天瑞（至8月）　段有刚（8月任）

市场监督管理局

党委书记、局长：李玉聪

纪委书记：韩彬琳（至12月）

副局长：赵映生　刘钦建　朱晓坤
　　　　鲁　秀（至1月）　李海平（1月任）

2. 县人民政府直属事业单位

供销社

理事主任：文建辉（至8月）　文晓波（8月任）

监事主任：李　林（至8月）　何　鑫（8月任）

副主任：程　遥　安　艳

地方志办公室

主任：施宗明（至8月）　杞志聪（8月任）

副主任：张红梅（至8月）　文光才（至8月）
　　　　张天瑞（8月任）　王晓亮（8月任）

档案局

局长：李靳云（至8月）　文红翠（8月任）

地震局

局长：杨建付

副局长：杨　薇

开发投资有限公司、城市建设开发投资有限公司（保障性住房建设管理中心）

总经理（主任）：张　建

副总经理：李绍美

3. 县人民政府直属机构

移民开发局

党委书记、局长：罗绍亮（至4月）
　　　　　　　　吴云光（4月任）

副局长：文晓波（至8月）　王　平　何　刚
　　　　吴云光（至4月）　姚利明（8月任）
　　　　袁自清（8月任）

4. 县人民政府其他机构

森林公安局

局长：杨寿海

政委：陈继江

副局长：顾云亮

招商局

局长：张碧翠（至12月）

副局长：郑在刚　文光才（9月任）

四、县人民政府与上级业务部门双重领导的行政事业单位负责人

中国邮政集团公司云南省元谋县分公司

经理：毕光武

副经理：思鉴珂

综合部经理：周忠蔚

元谋县气象局

局长：林　坤

副局长：杨德智　罗　嫚

纪检监察员：杨　晶

元谋县国家税务局

局长：罗泓琛

副局长：马俊文　管建芹

纪检组长：孙永忠

元谋县地方税务局

局长：赵　明

副局长：杨晓成　李晓薇

纪检组长：高政宏

中国人民政治协商会议元谋县委员会

一、县第八届政协主要领导成员（至2月到届）

政协主席：兰　松

副主席：杨茂喜　罗　春　刘从有　泰焕华

常务委员：王　权　石纾婧　白玉高

冯永刚　刘　文　李建勇

李树华　杨云杰　杨寿先

杨昌琼　张　华　陈　杰

陈春华　柯页湘　郭有伦

黄有春　蒋　平　雍海文

二、县第九届政协主要领导成员（2月任）

主席：高发银

副主席：马江芝　韩庆生　段玉方　杨祥敏

常务委员：王　坤　石纾婧　白玉高

阮曙光　李正春　李建红

杨永红　杨发光　杨昌琼

肖亚军　张　华　胡翠仙

秦　雯　倪建平　郭　清

郭有伦　梅加瑞　蒋　平

焦鸿雁　雍海文

三、政协工作机构及负责人

办公室

主任：李正春

副主任：文　娥　严　发（至8月）

教科文卫文史资料委员会

主任：李建红

副主任：李　林（8月任）

经济工作委员会

主任：张　华

提案委员会

主任：白玉高

社会法制委员会

主任：阮曙光

民族宗教联络委员会

主任：倪建平

中国共产党元谋县纪律检查委员会

一、第十三届县纪委领导成员

书记：杨　波

副书记：胡加英　杞建华　胡才邦

常委：杨　波　胡加英　杞建华　胡才邦

何媛媛（至11月）郭富强　罗　丽

李海波　武　慧

纪委委员：王明刚（至12月）

和跃英（12月任）王美艳

王喜昌　文　勇　文自强

左桂林　白　俊　杞良禹

李自恩（至12月）

起加龙（12月任）

李国娥（至8月）

刘　余（8月任）李建宾

杨颜绯　张建武　陆秀云

周琪智　骆李梅（至12月）

思友刚（12月任）

二、纪委办事机构（机构至12月改革撤销）

办公室主任：郭富强（至12月）

信访室主任：王志勇（至12月）

案审室主任：李海波（至12月）

组织宣传部部长：罗　丽（至12月）

党风政风监督室主任：武　慧（至12月）

案件监督管理室主任：康永香（至12月）

县纪委第一纪检监察室主任：左桂林（至12月）

县纪委第二纪检监察室主任：张立琼（至12月）

县纪委第三纪检监察室主任：杨红兵（至12月）

三、县纪委监察局派出的纪工委、监察分局（机构至12月改革撤销）

第一纪工委、监察分局

书记：彭金华（至12月）

副书记、分局长：起增能（至12月）

第二纪工委、监察分局

书记：范国权（至12月）

副书记、分局长：王兆会（至12月）

第三纪工委、监察分局

书记：李绍学（至12月）

副书记、分局长：李柱美（至8月）

文建辉（8—12月）

第四纪工委、监察分局

书记：王　洪（至12月）

副书记、分局长：起加武（至12月）

第五纪工委、监察分局

书记：张　坚（至12月）

副书记、分局长：管彦华（至12月）

第六纪工委、监察分局

书记：代荣兴（至12月）

副书记、分局长：李子斌（至12月）

四、2017年12月机构改革，成立县监察委员会

1. 监察委员会委员

杨　波　杞建华　胡才邦　朱映辉　左桂林

李海波　武　慧　王娅楠　郭富强

2. 办事及派驻机构

县纪委监察委办公室

主任：郭富强

县纪委监察委组织部

部长：罗　丽

县纪委监察委宣传部

部长：张海燕

县纪委监察委党风政风监督室

主任：武　慧

县纪委监察委信访室

主任：康永香

县纪委监察委案件监督管理室

主任：骆李梅

县纪委监察委第一执纪监督、审查（调查）室

主任：左桂林

县纪委监察委第二执纪监督、审查（调查）室

主任：王喜昌

县纪委监察委第三执纪监督、审查（调查）室

主任：张立琼

县纪委监察委第四执纪监督、审查（调查）室

主任：王娅楠

县纪委监察委第五执纪监督、审查（调查）室

主任：张俊杰

县纪委监察委第六执纪监督、审查（调查）室

主任：杨红兵

县纪委监察委案件审理室

主任：李海波

县纪委监察委派驻县委办公室纪检监察组

组长：韩彬琳

县纪委监察委派驻县委宣传部纪检监察组

组长：杨金桦

县纪委监察委派驻人大机关纪检监察组

组长：申泽娥

县纪委监察委派驻县政府办公室纪检监察组

组长：李清梅

县纪委监察委派驻县发展和改革局纪检监察组

组长：刘　宁

县纪委监察委派驻县经济贸易和信息化局纪检监察组

组长：李子斌

县纪委监察委派驻县教育工委纪检监察组

组长：李建宾

县纪委监察委派驻县司法局纪检监察组

组长：杨程尧

县纪委监察委派驻县财政局纪检监察组

组长：王兆会

县纪委监察委派驻县国土资源局纪检监察组

组长：李智鸿

县纪委监察委派驻县农业局纪检监察组

组长：起增能

县纪委监察委派驻县林业局纪检监察组

组长：文永刚

县纪委监察委派驻县卫生和计划生育局纪检监察组

组长：余秀梅

县纪委监察委派驻县市场监督管理局纪检监察组

组长：起加武

县纪委监察委派驻县政协机关纪检监察组

组长：管彦华

县纪委监察委派驻县纪委监察委纪检监察组

组长：文建辉

县纪委监察委派驻县直机关工委

工委书记：王志勇

五、2017 年 4 月成立县委巡察办

主任：何媛媛（4 月任）

副主任：何正彪（4 月任）

巡察组

组长：彭金华（12 月任）　范国权（12 月任）
李绍学（12 月任）　王　洪（12 月任）
张　坚（12 月任）　代荣兴（12 月任）

群众团体

一、元谋县总工会

主席：高发银（至 4 月）　段光显（8 月任）

党组书记、常务副主席：张春华（至 8 月）
靳志刚（11 月任）

副主席：王　坤　苏明艳

二、中国共产主义青年团元谋县委员会

书记：杨　凯

副书记：张晓芳（至 1 月）　张　笠
李辉亮（挂职）

三、元谋县妇女联合会

主席：马江芝

党组书记、常务副主席：鲁　秀

副主席：阮秀梅　张丽仙

四、元谋县科学技术协会（2017 年 1 月撤销科协党组）

主席：王　薇

副主席：王　云

五、元谋县工商联合会

主席：泰焕华（至 4 月）　段玉方（4 月任）

党组书记、常务副主席：杨志豪（至 8 月）
张春华（8 月任）

副主席兼秘书长：李荣富

副主席：苏丽仙

六、元谋县文学艺术界联合会

主席：起泽云（至 8 月）　杨永红（8 月任）

副主席：王洪波（至 1 月）　文晓芳（1 月任）

七、元谋县残疾人联合会

第七届主席团（2017 年 11 月召开）

名誉主席　刘铭波

主席：杨春茹（至 4 月）　周应张（4—11 月）
吴春华（11 月任）

副主席：仲顺华　张　平　郭　军　王佳平

理事会理事长：仲顺华

副理事长：李　全　杨顺珍

八、元谋县红十字会

会长：杨春茹（至 8 月）　吴春华（8 月任）

常务副会长：杨永红（至 8 月）
杨云杰（8 月任）

副会长：魏江丽

九、元谋县社会科学界联合会（机构于 2017 年 12 月撤销）

主席：秦宗梅（至 12 月）

副主席：李　雁（兼，至 12 月）

政法系统

一、元谋县人民检察院

检察长：马　季（4月任）

副检察长、代理检察长：马　季（至4月）

纪委书记：杞良禹（至12月）

副检察长：李利云　李显琼（1月任）

县纪委监察委派驻县检察院纪检监察组

组长：杞良禹（12月任）

二、元谋县人民法院

院长：景　华

纪检组长：王明刚（至8月）

　　　　　和跃英（8—12月）

副院长：余兆林　邬玉翠

　　　　王明刚（11月任）

县纪委监察委派驻县法院纪检监察组

组长：和跃英（12月任）

（杨斯翔）

省州驻元单位及企业

一、云南农业科学院热区生态农业研究所

党委书记：周志荣

所长：方海东（10月任）

副书记：周树云

副所长：孔维喜（10月）金　杰（2月任）

二、楚雄高速公路路政管理大队元谋中队

中队长：李　俊

三、楚雄州公安局交通警察支队永武高速公路交巡警大队

大队长：滕永刚

副大队长：刘　刚（傈僳族）　舒永奇

四、元谋公路路政管理大队

副大队长：杨吉军（白族，行政负责人）

副教导员：李秋圆（5月任）

五、中国人民银行元谋县支行

行长：王喜国

副行长：文加斌　陈金华

六、中国银行业监督管理委员会楚雄监管分局元谋办事处

主任：高发金

七、中国农业银行元谋县支行

副行长：贺　进（主持工作）　文加育

　　　　何　飞　梁婷梅

党委副书记：贺　进

八、元谋县农村信用合作联社

理事会理事长：陈　鹏

监事会监事长：林镶炜

主任：王清贵

副主任：陈建明

党委书记：陈　鹏

党委副书记：王清贵

纪委书记　林镶炜

九、富滇银行楚雄元谋支行

行长：王　能

副行长：文　平

十、楚雄州住房公积金管理中心元谋县管理部

主任：刘海元

十一、元谋兴福村镇银行

行长兼董事长：宗　兵

行长助理：张　轶

十二、楚雄州元谋县烟草专卖局（分公司）

局长、经理：武忠明（2月任）

副局长：杨　鑫（至3月）

　　　　李绍祥（5月任）

副经理：钱燕华（至8月）

　　　　武忠明（至2月）　代国荣

书记：武忠明（2月任）

副书记、纪检组长、工会主席：孙海太

十三、中国电信股份有限公司元谋分公司

经理：董加明

副经理：李石锐

十四、中国移动通信集团云南有限公司元谋分公司

经理：战　成

副经理：李自福　陈光伟（10月任）

十五、中国联合网络有限公司元谋分公司

经理：倪志赟

十六、云南广电网络集团有限公司元谋分公司

经理：郐前胜

副经理：余中华

书记：苏永辉

十七、中国财产保险公司元谋县支公司

经理：李　寅

副经理：杨　竣

经理助理　张发友

十八、中国人寿保险公司元谋县支公司

经理：姜　勇

副经理：施宗雁

经理协理　李晓春

十九、中国平安财产保险股份有限公司

经理：杨宗海

二十、昆明交运集团元谋汽车运输有限公司

经理：苏晓东

副经理：雷　涛　李云海　周雨潮（5月任）

二十一、楚雄新华书店有限公司元谋分公司

经理：苗加和

二十二、中国石化销售有限公司云南楚雄元谋石油分公司

经理：文正理（至9月）孙从海（9月任）

元谋县人民政府批准成立的企业（国有、集体）

一、元谋县医药有限公司

董事长：陆梅英

二、元谋供电有限公司

总经理：周定寰

执行董事：周定寰

副总经理：秦　雯　熊超　冯鹏（4月任）
　　　　　陈岚（至4月）

工会主席：陈岚（至4月）冯鹏（4月任）

党总支书记：苏　斌

纪委书记：苏显华

三、元谋县农业开发投资有限公司

董事长：何　平（至8月）

总经理：杨志豪（至8月）

副总经理：康永林

监事会主席：杨祥敏（至8月）

董事长兼总经理（正科）：康永林（8—12月）

副总经理：杨建花（8月任）
　　　　　杨建明（8月任）

监事会主席：李天平（8—12月）

四、元谋县自来水公司

经理：赵　涛

副经理：倪仙勇

五、元谋县粮食储备有限公司

经理：娄　江

六、元谋县国有资产投资管理有限公司

董事长兼总经理（正科）：金向忠（回族）

副总经理：李光祝　思维祥

七、元谋县开发投资有限公司、元谋县城市建设开发投资有限公司、元谋县保障性住房建设管理中心

董事长：祖　林

总经理（主任）：张　建（彝族）

副总经理：李绍美（彝族）

（杨芳萍）

附　录

中共元谋县委关于建立健全容错纠错机制激励党员干部干事创业的实施意见（试行）

元发〔2017〕1号

党的十八届六中全会提出：党的各级组织要旗帜鲜明为敢于担当的干部担当，为敢于负责的干部负责。建立容错纠错机制，宽容党员干部在工作中特别是改革创新中的失误。为进一步激发全县党员干部干事创业激情，大力营造改革创新、敢于担当、大胆履职的良好环境，推进县委、县人民政府决策部署的贯彻落实，根据《中共楚雄州委关于建立健全容错纠错机制激励党员干部干事创业的意见》楚发〔2016〕18号文件精神，结合元谋实际，制定本实施意见。

一、指导思想

认真贯彻党的十八届六中全会精神，严格区分工作失误与明知故犯、无意过失与违纪违法、探索实践与有规不依的界限，以秉公用权、遵纪守法为前提，合理容错、及时纠错、有效防错，旗帜鲜明地支持和保护党员干部大胆干事、积极有为，构建支持改革、保护创业、鼓励实干、宽容失误、鞭策保守、治理不为、惩治腐败的良好政治生态。

二、基本原则

（一）实事求是辨错。准确区分失职与失误、敢为与乱为、为公与为私的界限，客观分辨认定在依法依纪依规秉公用权中出现的探索性偏差和集体决策基础上的探索性失误，确保“容”得正确、“免”得合理。

（二）依纪依规容错。容错不是偏袒、包庇和纵容一般性的违法乱纪行为，是对“依法”和“秉公”前提下的“偏差失误”合理包容，给予免责，督促认真总结、及时补救。

（三）宽严相济纠错。坚持免责和纠错相统一。对推动发展的无意过失给予宽容，对探索创新的工作失误给予免责，对一切错误坚决纠正。

三、适用对象

本实施意见适用于全县各乡镇、县直各单位及党员干部。非中共党员、非监察对象的容错免责按干部管理权限参照执行。

四、适用情形

（一）容错免责的范围：党员干部在攻坚克难、改革创新、先行先试中，主观上出于公心、担当尽责，客观上由于政策界限不清、政策方向调整以及其他难于预见的因素，未达到预期效果造成失误、错误或不良影响的行为。

（二）容错免责的情形：（1）在积极落实党委、政府决策部署中，经过民主决策程序，工作出现失误偏差，主动消除影响、挽回损失，没有谋取私利的；（2）在推进改革实践中，因先行先试、缺乏经验出现探索性失误或未达到预期效果的；（3）在工作决策部署中，法律、法规没有明令禁止，因政策界限不明确或不可预知因素，在集体决策中出现失误、造成损失的；（4）在推动重大项目和重点工作中，依法依规开展工作，大胆履职、推进工作中出现失误的；（5）在服务企业、服务群众中，因着眼于提高效率进行容缺受理、容缺审查出现一定失误或偏差的；（6）在处置突发事件或执行急难险重任务中，因主动揽责涉险、积极担当作为出现失误的；（7）在化解矛盾焦点、解决历史遗留问题中，因勇于破除障碍、触及固有利益，造成一定损失或一定负面影响的；（8）在党员干部依法履职、依法依规行使执纪执法权、自由裁量权过程中出现工作失误、失当或偏差的；（9）按照事发当时法律、法规和有关规定，不应追究责任或从轻追究责任的；（10）除以上情形外，经纪检监察机关、组织人事部门综合研判，报同级党委、政府批准，认为应当免责的其他容错情形。

五、办理程序

（一）申请。单位或个人认为符合免责条件的，应在启动追责程序后尚未作出决定前，由所在单位党组织或党员干部个人按干部管理权限向同级纪检监察机关提出书面申请并提供相关事实材料。

（二）受理。各级纪检监察机关为容错免责受理单位，在接到单位或个人认为符合容错免责条件的申请后，在五个工作日内做好受理容错免责事宜。

（三）核实。对不符合免责条件的申请，由相应纪检监察机关向申请人给予解释答复。对符合免责条件的申请，由受理单位将相关材料上报县纪委监察局案件审理室，由县纪委常委会研究决定，县纪委案审室会同有关部门开展调查核实。

（四）认定。一般的申请事项，属于纪检监察机关职责范围内可直接认定的，各级纪检监察机关将容错免责认定结果报县纪委案件审理室审核，并经县纪委常委会研究决定后予以认定。较为复杂的申请事项由纪检监察机关召集组织人事及相关部门会商后提出初步意见，并报经县委、县人民政府批准后作出审定意见。最终认定结果由纪检监察机关书面向申请单位或个人反馈并予以解释答复

（五）报备。纪检监察机关应当将容错免责认定结论及时告知个人、通报单位，并送组织人事部门备案。

六、结果运用

经认定符合容错免责条件的单位或个人，可在以下几方面免责：

（一）单位在年度党风廉政建设考核中免予扣分，不影响单位和个人在年度党风廉政建设考核中评价定格。

（二）不影响单位和个人在各级党委政府中的评先评优资格。

（三）在党风廉政意见审查中对党员干部个人不作负面评价。

（四）不影响党员干部个人的年度考核及各种考核，职称评定、晋级晋升、提拔任用。

以上结果可根据容错免责的具体情况单独或综合运用。

七、工作要求

（一）正确把握容错与纠错的关系。容错与纠错相辅相成，容错是手段，纠错是目的。容错不是有错不改，不是支持犯错，必须有错必纠。有错不纠即为失职，只容不纠就是放任。既要鼓励党员干部勇于担当、大胆创新，又要引导党员干部改正错误少走弯路。

（二）正确把握容错与纵错的区别。容错机制必须划设底线，容错不是违纪违法的“保护

伞”、推卸责任的“挡箭牌”。要准确把握容错的度，做到既不纵容党员干部破纪破法、逾越红线，又鼓励党员干部大胆作为、敢于担当。

（三）正确把握容错免责与严肃问责的关系。 容错免责是严肃问责前提下的容错免责。严肃问责的目的是维护纪律权威，容错免责有利于更加科学、公正地执纪问责，本质上也是更好地维护执纪的权威性和严肃性，两个方面都是为了唤醒责任意识、激发担当精神。

（四）正确把握宽容失败与严惩腐败的统一。 探索创新难免失误，干事创业总会有失败。失败的经验教训中蕴含着走向成功的积极因素。宽容失败有利于干事创业。腐败是社会毒瘤，必须零容忍，严惩腐败才能风清气正。要把宽容失败与严惩腐败的政治要求统一到推动全县跨越发展的实际行动中。

八、保障措施

（一）加强领导。 容错纠错具有很强的政治性、政策性、原则性。各级党委（党组）要切实加强组织领导，认真研究把关。各级纪检监察机关要履职尽责，准确认定。要确保容错纠错机制的正确方向，把握容错纠错的正确导向，保证容错纠错机制运用的实际效果。

（二）精心组织。 容错免责要坚持实事求是的原则。要以事实为依据，以法纪为准绳，把握方向，严格程序，确保容错免责工作规范化。纪检监察机关要履行好专责机关职责，认真组织容错纠错工作。组织人事部门要坚持干部使用导向，大力选拔敢担当有作为的干部，让担当者有奔头、干事者受重用，形成激励改革创新、奋勇担当的社会氛围。

（三）及时纠错。 各级党组织要热情帮助工作中出现偏差、失误、错误予以免责的同志自觉认识问题，客观分析原因，主观查找差距，放下思想包袱。要督促给予免责的同志及时纠正偏差，改正错误，引以为戒。克服免而不纠，放任问题和错误的倾向，增强党员干部自觉发现问题、认识问题和解决问题的主动性，不断总结经验教训，提高工作能力和水平。

（四）完善机制。 全县各级党委（党组）要统一思想认识，结合实际，抓好机制落实。要在实践中提高把握运用的能力，完善相关制度措施，确保容错纠错机制落地生根，取得实效，不断巩固和营造良好政治生态，激励全县党员干部投身推进跨越式发展的伟大实践。

本实施意见自发文之日起施行。

附件：元谋县党员干部容错免责申请审批表

（此件发至乡科级）

2017年1月24日

附件

元谋县党员干部容错免责申请审批表

申请单位或个人姓名		个人职务	
申请容错免责事由			
个人意见			
单位意见			
调查组意见			
纪检监察机关意见			
组织人事部门意见			
审批机关意见			
备　注			

中共元谋县委 元谋县人民政府关于进一步加强扶贫领域监督执纪问责暨五级联动工作的实施意见

元委〔2017〕41号

为深入贯彻中央、省、州关于脱贫攻坚的决策部署，落实好中央纪委和省纪委扶贫领域监督执纪问责工作电视电话会议精神以及省委书记陈豪，省委常委、省纪委书记陆俊华在楚雄调研时讲话精神，按照州委提出的“党委统筹领导、纪委牵头抓总、纵向五级联动、横向协同推动”工作要求，进一步加强元谋扶贫领域监督执纪问责暨五级联动工作，为推进元谋跨越发展，同步建成小康社会提供坚强的政治和纪律保证。现对全县范围内扶贫领域监督执纪问责暨五级联动工作提出如下实施意见。

一、统一思想，充分认识进一步加强扶贫领域监督执纪问责暨五级联动工作重要意义

（一）做好扶贫领域监督执纪问责暨五级联动工作有利于维护人民群众的根本利益。扶贫领域监督执纪问责暨五级联动工作依托“互联网+”的模式，及时掌握群众的所思所盼，及时掌握群众诉求背后的纪律作风问题，能够使广大党员干部站稳群众立场，坚持好“全心全意为人民服务”的根本宗旨，走好“一切为了群众，一切依靠群众”，“从群众中来，到群众中去”的群众路线，提升群众工作本领，及时解决群众反映的困难和问题，把矛盾解决在萌芽状态，最大限度满足群众的合理诉求，实现好、维护好、发展好最广大人民群众的根本利益。

（二）做好扶贫领域监督执纪问责暨五级联动工作有利于推动全面从严治党向基层延伸。通过省、州、县、乡、村五级纵向联动和纪检监察机关系统内部以及相关主责部门的横向协作，依法、及时、就地、拓展解决职责范围内涉及脱贫攻坚工作的信访举报和群众诉求，坚决整治和查处侵害群众利益的不正之风和腐败问题，严惩扶贫领域腐败问题，斩断伸向扶贫资金这块“奶酪的黑手”；紧紧依靠群众的参与支持，畅通群众监督渠道，着力发现和推动解决脱贫工作不精准、党员干部不履行或不正确履职责、脱贫政策走偏受阻、脱贫项目和资金管理使用违规违纪以及发生在脱贫攻坚工作中的各类损害群众利益的问题，以党风廉政建设和反腐败斗争的实际成果取信于民，让人民群众感受到实实在在的获得感，全面推动实现全面从严治党向基层延伸。

（三）做好扶贫领域监督执纪问责暨五级联动工作有利于全县脱贫攻坚任务的全面完成。当前，元谋脱贫攻坚工作面临不少困难和问题，但最大的问题在干部，最紧迫的是解决干部的履职担当和纪律作风问题。要按照中央、省、州纪委有关要求，进步加强扶贫领域监督执纪问责暨五级联动工作，切实解决各级干部在脱贫攻坚工作中的作风、纪律、精神状态方面的存在的问题，为全县脱贫攻坚任务的全面完成提供坚强的纪律保证。

（四）做好扶贫领域监督执纪问责暨五级联动工作有利于凝聚跨越发展的强大合力。在统筹推进“五位一体”总体布局和协调推进“四个全面”战略布局，在认真落实省、州重大战略部署，围绕县委、政府努力把元谋建设成为“一极两中心三基地”的发展目标，确保全面建成小康社会的宏伟进程中，进一步加强扶贫领域监督执纪问责暨五级联动工作，及时发现并解决矛盾和

问题，最大限度地减少影响元谋跨越发展的不和谐因素，最大限度的激发全县广大干部群众的主动性和创造性，能够更好地凝聚发展共识和发展合力，确保如期完成脱贫攻坚任务，确保同步全面建成小康社会目标的实现。

全县各级党委、政府和纪检监察机关要结合实际，进一步统思想认识、提高政治站位，增强工作的责任感和紧迫感，把加强扶贫领域监督执纪问责暨五级联动工作作为当前一项重要政治任务，作为新形势下服务群众的重要途径，紧紧围绕省纪委“2345”工作要求，切实加强组织领导，明确工作责任，细化工作措施，健全工作机制，强化督促检查，切实做到重心下移、工作下沉，为群众排忧解难，以严肃的监督执纪问责，为打赢脱贫攻坚战提供坚强的政治和纪律保证。

二、精心组织，准确把握扶贫领域监督执纪问责暨五级联动工作的总体要求、工作目标和工作重点

（一）总体要求。深入贯彻落实习近平总书记扶贫开发脱贫攻坚战略思想和中央、省、州纪委扶贫领域监督执纪问责工作电视电话会议精神，以及省委书记陈豪，省委常委、省纪委书记陆俊华在楚雄调研时的讲话精神，抓实抓细州委常委、州纪委书记赵安升在元谋调研指导扶贫领域监督执纪问责工作的具体要求，进一步推进全县扶贫领域监督执纪问责暨五级联动工作，发挥扶贫领域监督执纪问责工作及五级联动工作对脱贫攻坚工作的推动和保障作用，推动全面从严治党实现新突破，为打赢脱贫攻坚战，如期实现脱贫攻坚目标提供坚强的政治和纪律保证，进而发挥对其他领域工作的引领和带动作用，推动经济社会各项事业全面发展。

（二）工作目标。通过在全县脱贫攻坚工作中开展扶贫领域监督执纪问责暨五级联动工作，着力畅通诉求渠道以听民意，深入群众以正作风，坚决惩治腐败以顺民心，纠正损害群众利益问题以解民忧，化解群众矛盾以建和谐，协调解决群众期盼以促发展，实现好、维护好、发展好人民群众的根本利益；着力推动全面从严治党向基层延伸，进一步密切党和群众的联系，严肃查处群众身边的不正之风和腐败问题，让群众实实在在地从全面从严治党中增强获得感，提升满意度；着力引领带动脱贫攻坚、深化改革、经济发展、社会事业、安全稳定等其他各项工作的深入开展，努力走出抓好扶贫领域监督执纪问责工作助推跨越发展的新路子。

（三）工作重点。重点把握“两明确、三到位、四不准”要求，着力发现脱贫攻坚工作中相关责任单位和责任人不充分履职、不正确履职及其他违规违纪问题，推动整改，追责问责。重点把握脱贫攻坚工作中的群众诉求，着力解决应落实到贫困村的健康扶贫、教育扶贫、生态环境、乡村舞台、交通扶贫、光彩事业、中央定点扶贫、旅游扶贫、电商扶贫9项措施落实的问题，以及应落实到贫困户的精准识别、金融扶贫、健康扶贫、教育扶贫、易地搬迁、社会救助、培训就业、危房改造、专项扶贫、社会帮扶、生态补偿、中央定点扶贫12项措施落实的问题。重点把握聚焦党员干部的纪律作风和履职担责等问题。具体包括：1. 执行政治纪律情况。在贯彻落实中央和省州县党委、政府脱贫攻坚决策部署中，是否及时组织学习、具体研究部署，结合实际推动落实。2. 责任压实情况。责任单位是否制定具体方案，明确目标任务、时间节点、完成时限、责任人；单位主要负责人、分管领导是否到岗到位，是否及时协调解决实际问题；是否存在履责不到位，造成扶贫工作目标不能完成等问题。3. 精准扶贫情况。精准识别、精准帮扶、精准退出方面，是否因工作作风不实，导致贫困对象错评、漏评和错退、难退等问题。4. 政策执行情况。是否存在政策红线意识淡薄，易地搬迁等政策随意变通走样、加重群众负担等问题；是否存在刁难群众、吃拿卡要、优亲厚友、假公济私等问题。5. 工作效能情况。重大脱贫建设项目、重点工作任务未达计划进度的，是否存在虚报虚列、审批部门之间推诿扯皮、项目服务单位履职不到位，导致项目不能按期实施和工作不能按计划进度推进等问题。6. 资金到位和监督管理使用情况。是否存在责任部门违规滞留、截留资金问题；脱贫项目实施单位有无挤占、截留、挥霍、挪用和骗取套取建设资金，以及向建档立卡贫困户乱收保证金等加重贫困户负担等问题。7. 脱贫实效情况。是否存在形式主义、弄虚作假层层加码、“数字脱贫”“被脱贫”等问题。

三、加强领导，扎实推进扶贫领域监督执纪问责暨五级联动工作

各级党委、政府是本级扶贫领域监督执纪问责五级联动工作的责任主体，党委（党组）书记要亲自抓、负总责，班子成员要认真履行“一岗双责”，各级纪委要充分发挥牵头抓总作用，做到组织到位、领导到位、责任到位、措施到位和保障到位，推进扶贫领域监督执纪问责暨五级联动工作持续深入开展。

（一）进一步突出党委、政府的主导作用。各乡镇党委、政府要强化责任、创新机制，统筹兼顾，落实措施，努力提高工作水平。要创新完善党委、政府群众工作领导体制，健全和完善工作机构、切实加强统筹协调和宏观指导，适时研究工作中的重大问题，督促相关部门根据职能分工，把开展业务工作与做好扶贫领域监督执纪问责五级联动工作同步部署、同步落实、同步检查。要定期听取扶贫领域监督执纪问责五级联动工作情况汇报，及时研究解决扶贫领域群众反映强烈的重点热点难点问题。同时，要进一步充实扶贫领域监督执纪问责暨五级联动工作力量，提供必要工作保障。

（二）进一步突出纪检监察机关牵头抓总作用。各级纪检监察机关要充分发挥牵头抓总作用，明确工作目标和责任，健全工作机构，加强工作力量，搞好组织协调，适时召开工作协调会议，积极协助相关部门履行工作。切实履行好组织协调和监督检查职能，对业务范围内的群众诉求要认真受理和解决，对业务范围外的群众诉求要发挥组织协调职能，督促、协调有关部门公正、合理、及时、有效地解决好。

（三）进一步突出有关部门的协同推动作用。县委督查室、县政府督查室、县扶贫办、县发改局、县财政局、县审计局、县住建局、县教育局、县卫计局、县国土局、县农业局、县林业局、县水务局、县信访局等部门要认真落实《元谋县人民政府办公室关于印发元谋县行政执法部门向纪检监察机关移送党员和国家工作人员涉嫌违纪问题及线索暂行办法的通知》（元政办通〔2016〕30 号）及《中共元谋县纪委、元谋县监察局关于建立扶贫领域监督执纪问责五项工作机制的通知》（元纪发〔2017〕5 号）的相关要求，不断加强与纪检监察机关的横向协同配合，每月定期移交问题线索，按要求参加工作协调会，通报本部门本单位办理扶贫领域群众诉求的情况，交流信息，协调解决扶贫领域监督执纪问责工作中遇到的问题。

四、多措并举，为扶贫领域监督执纪问责暨五级联动工作提供有力保障

（一）建立健全五级联动工作机制。抓实扶贫领域监督执纪问责五级联动工作，达到“纵向到底、横向到边、形成合力、信息对称、成果共享、相互监督、注重效果、助推脱贫、提供决策”的目的。建立完善规范录入、协作联动、分析研判、反馈公开人员培训、追责问责、定期通报、检查考核、结果运用等方面的相关文件制度，进一步发挥五级联动监督平台对脱贫攻坚工作的重大推动和保障作用。

（二）加大宣传力度营造良好氛围。充分发挥各类媒体的通报曝光力度，进一步加大对扶贫领域监督执纪问责暨五级联动工作成效和先进典型的宣传，做好热点问题、突发事件信息发布和舆论引导，加大对扶贫领域监督执纪问责暨五级联动工作推进情况、查处情况的通报曝光，坚持查处一批、通报一批，不断扩大扶贫领域监督执纪问责暨五级联动工作的社会影响力和震慑力，正确引导群众有序诉求，为扶贫领域监督执纪问责暨五级联动工作深入开展营造良好的社会舆论氛围。

（三）加大检考问责力度。全县各级党委（党组）要把做好扶贫领域监督执纪问责工作作为党风廉政建设责任制考核的重要内容，作为衡量党组织及其负责人履职尽责的重要方面，加强检查考核，层层压实责任，切实把各项要求落实到位。对工作推进不力的要严肃追究责任，对办理过程中出现的不认真履职、无故拖延、敷衍塞责甚至顶着不办的，以及徇私舞弊、弄虚作假造成发生重信重访、集体上访、越级上访的，既要追究当事人的责任，又要倒查追究相关领导责任，做到有责必问、问责必严，以严肃的问责确保扶贫领域监督执纪问责暨五级联动工作责任落到实处。

（此件发至乡科级）

2017 年 11 月 7 日

中共元谋县委　元谋县人民政府
关于深化人才发展体制机制改革的实施意见

元委〔2017〕51 号

为加快实施人才强县战略，深化人才发展体制机制改革，激发人才创新创造创业活力，发挥人才在推动元谋跨越式发展中的作用，根据《中共云南省委　云南省人民政府关于深化人才发展体制机制改革的实施意见》（云发〔2016〕27 号）和《中共楚雄州委　楚雄州人民政府关于深化人才发展体制机制改革的实施意见》（楚发〔2017〕4 号）精神，结合元谋实际，提出如下实施意见。

一、总体要求

（一）指导思想。高举中国特色社会主义伟大旗帜，全面贯彻中共十九大精神，以邓小平理论、“三个代表”重要思想、科学发展观和习近平新时代中国特色社会主义思想为指导，深入贯彻习近平总书记系列重要讲话精神和省委“跨越发展、争创一流；比学赶超、奋勇争先”精神，牢固树立科学人才观，深入实施人才优先发展战略，遵循社会主义市场经济规律和人才成长规律，破除束缚人才发展的思想观念和体制机制障碍，解放和增强人才活力，以人才提升促进发展转型，以人才驱动引领创新驱动，以人才政策创造人才红利，以人才资本助推跨越发展，形成具有元谋县特点和区域竞争力的人才制度优势。

（二）基本原则。坚持党管人才。充分发挥党的思想政治优势、组织优势和密切联系群众优势，进一步加强和改进党对人才工作的领导，创新党管人才方式方法，着力健全党管人才的领导体制、运行机制和工作格局，为深化人才发展体制机制改革提供坚强的政治和组织保证。坚持服务大局。围绕经济社会发展需求，聚焦“五网”建设、产业转型升级和脱贫攻坚任务，科学谋划改革思路和政策措施，促进人才发展与经济社会发展深度融合，人才规模、质量和结构与全县经济社会发展相适应、相协调。坚持市场导向。充分发挥市场在人才资源配置中的决定性作用，更好发挥政府作用，加快转变政府人才管理职能，保障和落实用人主体自主权，最大限度激发和释放人才创新创造创业活力，使人才各尽其能，各展其长，各得其所，让人才价值得到充分尊重和体现。坚持分类施策。根据不同领域，行业特点，坚持从实际出发，具体问题具体分析，区别对待，分类推进，不搞一刀切、齐步走，增强改革的针对性，精准性。坚持开放聚才。树立开放思维，全球视野和战略眼光，按照引进来、走出去的思路，注重培养和引进国际化，高端化人才，完善更加开放灵活的人才聚集机制，不唯地域引进人才，不求所有开发人才，不拘一格用好人才，确保人才引得进，留得住、流得动、用得好。

（三）主要目标。通过深化改革，到2020年，在人才发展体制机制的重要领域和关键环节取得突破性进展，人才管理体制更加科学高效，人才培养、引进、评价、使用、流动、激励机制更加完善，人才对经济社会发展的支撑引领作用更加明显。新增人才总量、地区人才密度、每万劳动力中研发人员数、科研成果转化率、人才贡献率等重要人才发展指标位居全州前列，人才对经济社会发展的支撑引领作用更加明显，全社会识才爱才敬才用才氛围更加浓厚，形成与区域特色相结合、与经济社会发展相适应，人人皆可成才、人人尽展其才的治理体系和社会环境。

二、推进人才管理体制改革

（四）转变政府人才管理职能。强化人才宏观管理、政策制定、公共服务、监督保障等职能，推动人才管理部门简政放权，清理不合时宜的人才管理法规规章和政策性文件，清理和规范人才招聘、评价、流动等环节中的行政审批和收费事项，有序下放人才管理行政审批权限，减少事前审批，加强事中事后监管，建立政府人才管理服务权力清单和责任清单，优化人才服务。（牵头单位：县人社局；配合单位：县委编办、县发改局、县财政局、县政府法制办）

（五）保障和落实用人单位自主权。保障和落实高级中学、科研院所、医疗卫生机构等企事业单位和社会组织的用人自主权。创新事业单位编制管理方式，根据上级部署和安排，对符合条件的公益二类事业单位逐步推行备案制管理。全面推行事业单位岗位管理制度，建立健全事业单位岗位动态管理机制，分类优化设置管理岗位、专业技术岗位、工勤技能岗位结构比例。（牵头单位：县人社局；配合单位：县委编办、县教育局、县发改局、县财政局、县农业局、县文体广电旅游局、县卫计局）

（六）健全人才管理服务体系。深化人才公共服务机构改革，整合人才公共服务资源，放宽人才服务业准入限制，创新人力资源服务业监管体系，促进人力资源优化配置。加大政府购买人才服务力度，扩大社会组织人才公共服务覆盖面，有序承接政府转移的人才培养、评价、招聘、流动等职能，为用人主体和人才提供高效便捷服务。大力发展综合性、专业性、行业性人力资源市场。（牵头单位：县人社局；配合单位：县民政局、县财政局、县市场监督管理局）

（七）探索创新管理服务方式。以释放和增强人才活力为重点，鼓励县内工业园区创新人才管理服务方式，构建开放灵活的人才发展环境。鼓励有条件的学校、科研院所、医疗卫生机构创新人才管理方式，在人员招聘、人才引进、岗位设置、经费使用成果处置、职称评定、考核奖惩、薪酬分配等方面进行探索，形成符合行业特点、单位实际的人事管理制度，营造有利人才成长的制度环境。（牵头单位：县人社局；配合单位：县委组织部县委编办、县经信局、县财政局、县教育局、县发改局、县卫计局）

三、改进人才培养支持机制

（八）加强“五名人才”培养。强化元谋“五名人才”（“元谋名师”“元谋名医”“元谋名家”“元谋名导”“元谋名厨”）的培养、服务和跟踪管理，确保发挥作用，支持元谋各类人才进入“彝乡科技领军人才”“彝乡产业技术领军人才”“彝乡电商创业人才”“彝乡名匠”“彝乡教学名师”“彝乡名医”“彝乡文化名家”“彝乡企业家”等彝乡系列8项重点人才培养工程计划，力争到2020年，彝乡系列8项重点人才工程均有元谋籍各类人才入围。大力培养本土人才，着力提升人才素质。（牵头部门：县委组织部、县人社局；配合部门：县委宣传部、县文体广电旅游局、县市场监督管理局、县教育局、县卫计局、县发改局、县经信局、县财政局）

（九）改进人才教育培养和支持方式。突出经济社会发展需求导向，统筹产业发展和人才培养开发规划，加强产业人才需求预测，促进人才培养与经济社会发展紧密对接。健全职业学校专业、类型、层次和区域布局动态调整机制，注重培养应用型人才和专业紧缺人才，推动职业学校特色化、品牌化发展。建立基础研究人才培养长期稳定支持机制。鼓励行业部门、科研院所企业合作建设一批创业实训项目，完善产学研用协同育人模式。 以沪滇合作为契机，依托上海的人才资源优势，选派优秀干部到上海挂职锻炼，选送企业经营管理、企业技术骨干、教育卫生城乡规划、金融融资、“互联网+”、产业发展等方面人才到上海学习培训。（牵头单位：县委组织部；配合单位：县委宣传部、县发改局、县经信局、县财政局、县人社局、县教育局、县农业局、县卫计局、县文体广电旅游局）

（十）完善技术技能人才培养机制。大力弘扬“工匠精神”深化技术技能人才培养体制改革，加大技术技能人才培养力度力争“十三五”期间高技能人才总量突破千人大关。积极推进元谋县职业高级中学劳务输出职业技能培训基地建设，打造区域性公共实训基地，承担创业实训和技能人才培养职能，为促进“大众创业、万众创新”创造有利条件。进一步发挥企业和职业学校培养技术能人的“双主体”作用，建立校企联合、产教融合、学做一体的培养模式，推行现代学徒制和企业新型学徒制。切实加强农村实用人才培养工作，大力培养“金土地”种养殖能手和农村党员致富先锋，对层次较高的农村实用技术人才给予一定技术补贴。（牵头单位：县人社局；配合单位：县委政研室、县发改局、县教育局、县财政局、县经信局、县农业局、县科协、县总工会）

（十一）加大青年人才培养力度。依托楚雄州“中青年学术技术带头人”培养工程，加大对学术功底扎实、发展潜力大的青年人才成长培养力度，构建青年人才快速成长通道，每年选拔一批优秀中青年专业技术人才进入州级重点培养盘子，力争到2020年，全县有州级中青年学术技术带头人入围。配合省州组织部门加大从知名高校选调优秀毕业生工作力度，有针对性地培养紧缺专业人才。深入实施希望工程、农村青年致富“领头雁”培养青年电商培训等项目，推进优秀贫困学子奖励计划和青年技能人才培养工程。（牵头单位：县人社局；配合单位：县委组织部、县教育局、县经信局、县财政局、团县委）

（十二）优化企业家成长环境。加大企业家队伍培养支持力度，每年组织一期企业经营管理人才培训班。遵循企业家成长规律，加强青年企业家培养，选派中青年企业经营管理骨干到高等院校学习进修，在非公企业中组织实施“党建引领非公青年企业家三年行动计划”。积极营造企业家参与创新决策环境，在深化企业改革、重大项目投资等工作中有针对性的听取企业家意见建议。成立元谋县民营企业法律维权投诉中心，依法保护企业家财产权和创新收益，以构建“亲”“清”的新型政商关系为抓手持续深入开展非公经济人士理想信念教育实践活动，进一步营造尊重、关怀、宽容、支持企业家的社会文化环境。建立完善优秀企业家评选制度。推进国有企业市场化选聘职业经理人和负责人薪酬制度改革。（牵头单位：县经信局；配合单位：县委统战部县工商联、县委“两新”组织工委、县人社局、县市场监督管理局、县发改局、县财政局）

（十三）改进科研经费管理办法。改革完善科研项目招投标管理制度，强化科研项目分类支持导向，健全竞争性经费和稳定支持经费相协调的投入机制。落实国家和省关于科研经费管理有关政策，探索实行充分体现项目特点及人才创新价值经费使用管理措施。探索实行哲学社会科学研究成果后期资助和事后奖励制。完善有利于人才创新创业的审计监督方式。（牵头单位：县发改局；配合单位：县委宣传部、县财政局、县审计局、县教育局、县农业局、县卫计局、县行政审批局）

四、构建具有区域竞争力的引才聚才机制

（十四）改进人才引进方式。实行更积极、更开放、更有效的人才引进政策，突出“高精尖缺”导向，积极落实《元谋县紧缺急需人才引进暂行办法》，重点引进紧缺急需的高层次人才和创新团队。鼓励用人主体设置特聘岗位引进国内外人才和创新团队，引进高层次紧缺急需人才可不受岗位、职称、结构比例和绩效工资总量限制。事业单位招聘紧缺急需人才，经批准，可由用人单位自行到全国高等院校及各类大型人才招聘会公开招聘。依托招商引资引才，积极推进项目引才、平台引才，实现招商引资与招才引智有机结合，促进项目、资金和人才的全面引进，对招商引资落地项目中引进的人才和创新团队，加强政策扶持。（牵头单位：县人社局；配合单位：县委组织部、县委编办、县发改局、县招商局）

（十五）健全柔性引进人才机制。加大柔性引进人才工作力度，以顾问指导、兼职服务、项目合作、服务外包、二次开发、技术入股、对口支持、挂职锻炼、人才租赁、互派培养等多种方式柔性汇聚国内外人才资源。柔性引进的人才，在科技项目立项、科技成果奖励等方面享受元谋同类人才待遇，可纳入县委联系专家管理和申报参评元谋人才项目。加强县委政府顾问工作，积极聘请省州高层次专家学者、离退休高级干部等高层次人才为县委政府顾问。落实经费支持和服务保障，依托院士工作站、专家基层科研工作站，专家服务站引才。强化校地合作，加强与省内外高校的交流合作，引进人才和智力支持。（牵头单位：县人社局；配合单位：县委组织部、县发改局、县政府法制办、县扶贫办、县科协）

（十六）优化引进人才环境。完善引才配套措施，解决引进人才任职、社会保障、户籍、医疗、子女教育等问题，经评审认定引进的高层次人才和紧缺急需特殊人才，用人单位可给予适当的住房和生活补助。支持国有企业采取年薪制、管理入股、股权激励等多种方式，引进急需经营管理人才。支持和鼓励民营企业社会中介组织采取股权激励、兼职兼薪、特聘顾问等方式积极引进高层次人才、创新团队、职业经理人和特殊人才，引进人才所需的购房补贴、安家费以及科研启动经费等人才开发费用可依法列入成本，引进人才为元谋经济社会发展做出重大贡献的，给予表扬奖励。（牵头单位：县人社局；配合单位：县委组织部、县经信局、县教育局、县发改局、县公安局、县财政局、县卫计局）

（十七）强化引进人才服务工作。组建人才评审委员会，负责各类高层次人才、特殊人才及急需紧缺人才进行评审认定。设立高层次人才“一站式”服务窗口，畅通引进人才服务绿色通道建立急需紧缺人才分析发布制度，定期对全县企事业单位的急需紧缺人才情况进行调查征集和分析研究，每年定期在网站、报刊等媒体发布《元谋县急需紧缺人才需求目录》，引导急需紧缺人才向元谋各行各业集聚。（牵头单位：县人社局；配合单位：县委组织部、县委宣传部、县文

体广电旅游局）

五、创新人才评价使用机制

（十八）推进人才分类评价。坚持德才兼备，以品德、能力和业绩作为人才评价主要标准，克服唯学历、唯职称、唯论文等倾向。不将论文作为评价应用型人才限制性条件。根据不同类别、职业、行业特点制定人才分类评价指标体系，建立符合基层专业技术人员岗位特点的人才评价机制。（牵头单位：县人社局；配合单位：县教育局、县卫计局、县农业局、县文体广电旅游局）

（十九）改进评价考核方式。发挥政府、市场、专业组织、用人单位等多元评价主体作用，建立科学、公正、开放、透明的人才评价机制。基础研究人才以同行学术评价为主，应用研究和技术开发人才突出市场评价，哲学社会科学人才强调社会评价，应用型人才应根据职业特点突出能力和业绩导向，企业经营管理人才重在市场和出资人认可，专业技术人才重在社会和业内认可。完善非公有制经济组织人才、农村实用人才、特殊行业人才职称评审考核办法。加强评审专家数据库建设，建立评价责任和信誉制度。适当延长基础研究人才评价考核周期。（牵头单位：县人社局；配合单位：县委宣传部、县经信局、县教育局、县发改局、县财政局、县农业局、县卫计局）

（二十）改革职称和职业资格制度。深化职称制度改革，突出用人主体在职称评审中的主导作用，把业绩和贡献作为职称评定的重要依据。畅通非公有制经济组织、社会组织人才和事业单位外聘人员职称评审通道，探索高层次人才、急需紧缺人才职称直聘办法。规范管理准入类职业资格，推进水平类职业资格评价市场化、社会化。放宽急需紧缺人才职业资格准入。（牵头单位：县人社局；配合单位：县委宣传部、县教育局、县民政局县农业局、县文体广电旅游局、县卫计局）

（二十一）促进人才发挥作用。纠正人才评价使用中存在的行政化、“官本位”倾向，对教学科研人员在社会兼职、成果转化收益等方面分类管理、区别对待，防止简单套用党政领导干部管理办法管理教学科研机构学术领导人员和专业技术人才。支持新型研发机构建设，加大科研自由探索扶持力度，鼓励人才自主选择研究方向、组建科研团队，开展原创性基础研究和面向需求的应用研发。加大各类人才竞聘上岗工作力度，探索建立人才能进能出、岗位能高能低、待遇能升能降的聘任机制。（牵头单位：县人社局；配合单位：县委组织部、县教育局、县发改局、县农业局、县卫计局）

六、健全人才顺畅流动机制

（二十二）畅通人才流动渠道。打破户籍、地域、身份、学历、人事关系等制约，促进人才跨地区、跨行业、跨体制合理流动，提高人才横向和纵向流动性。探索党政机关、国有企事业单位吸引非公经济组织和社会组织优秀人才进入办法，注重人选思想品德、职业素养、从业经验和专业技能综合考核。加快人事档案管理服务信息化建设，规范社会保险转移接续。（牵头单位县人社局；配合单位：县委组织部、县委统战部、县民政局、县财政局）

（二十三）支持人才双向兼职。根据省级有关规定，健全高校、科院院所与企业之间人才双向兼职机制，规范科研人员双向流动程序。支持高校、科研院所设立一定比例的流动岗位，吸引有创新实践经验的企业家和企业科研人才兼职。鼓励企业设立“创新岗”，吸引省内外高校、科研院所高层次人才通过任职兼职、短期工作、项目合作等方式向企业一线有序流动。双向兼职人员在不影响本职工作提前下，经所在单位批准可按国家和省级规定获取相应报酬。（牵头单位：县人社局；配合单位：县经信局、县教育局、县发改局、县财政局）

（二十四）促进人才向基层一线和艰苦边远地区流动。加大涉农、教育、卫生等行业专业技术人员服务基层、对口支援工作力度，专业技术人员服务基层情况作为职称评聘、专业技术职务晋升的重要业绩条件。实行面向少数民族和基层一线倾斜的公务员和事业人员考录机制，放宽开考比例、学历、年龄、专业、工作经历等条件限制，引导和鼓励高校毕业生到基层成长成才。实施人才扶贫、技能扶贫专项行动，统筹做好“三区人才”支持计划、专家人才智力下基层和大学生村官、特岗教师、“三支一扶”计划、西部志愿者、科技特派员等各类基层服务项目。（牵头单位：县人社局；配合单位：县委组织部、县教育局、县发改局县民宗局、县农业局、县文广旅局、县卫计局、团县委）

七、强化人才创新创业激励机制

（二十五）加强创新成果知识产权保护。完善知识产权保护制度，健全知识产权鉴定、转让、许可、合作开发机制。发展知识产权服务业，鼓励科技金融深度融合等服务模式创新。（牵头单位：县发改局；配合单位：县财政局）

（二十六）加快人才协同创新平台建设。县财政对新获认定的国家和省级重点实验室、工程技术研究中心和国家高新技术企业给予一定的研发经费补助。支持国家和省级技术中心、工程实验室、技能大师工作室等研发创新平台建设，构建以企业为主导、产业合作技术创新战略联盟，强化科技研发与人才培养双推进。（牵头单位：县发改局；配合单位：县经信局、县财政局、县人社局）

（二十七）促进科技成果转移转化。赋予科研院所、医疗卫生机构科技成果使用、处置和收益管理自主权，除事关国防、国家安全、国家利益和重大社会公共利益外，行政主管部门不再审批或备案。促进科研院所、医疗卫生机构的科技成果优先在县内转化实施，引入科技成果市场化定价机制，提高科研人员成果转化收益比例，研发团队所得按有关规定执行。健全科技成果转化管理，鼓励学校、科研院所、医疗卫生机构单独设立科技成果转化岗位和多种形式的成果转移转化服务机构。（牵头单位：县发改局；配合单位：县经信局、县教育局、县人社局、县农业局、县卫计局）

（二十八）鼓励支持人才创新创业。事业单位工作人员创办企业要求提前退休的，经个人申请，单位审核同意，组织批准，在距法定退休年龄5年以内的可以办理提前退休手续。鼓励支持各行业领军企业、创业投资机构、社会力量参与建设低成本、便利化、开放式的众创空间，引入知名创业服务机构，促进技术研发与人才孵化。加强高层次人才创新创业基地建设，积极为各类人才提供政策咨询、风险评估、融资服务、跟踪扶持等创业服务（牵头单位：县人社局；配合单位：县委组织部、县发改局、县教育局、县卫计局）

（二十九）加大创新人才激励力度。持续实施《元谋县“五名人才”评选办法（试行）》，对被县委县政府命名为“元谋名师”“元谋名医”“元谋名家”“元谋名导”“元谋名厨”的“五名”人才，颁发荣誉证书，并做好跟踪服务，充分调动和发挥各类人才的积极性，激励人才创新创业。深入推进事业单位实施绩效工资制度，完善事业单位高层次人才薪酬管理办法，加大收入分配激励力度，探索高层次人才协议工资、年薪制、一次性奖励等灵活多样的分配办法。完善科研人员收入分配政策，科研经费和科研成果转化收益中用于奖励参与研发的科研人员及其团队的资金纳入绩效工资总量管理，实行动态调整。科研院所、医疗卫生机构担任领导职务科研人员可按规定获取现金及股权激励鼓励各类成果持有人（单位）以科研成果作价入股，推动知识技术、管理、技能等生产要素按贡献参与分配，实施企业股权奖励、股权出售、股票期权、股权分红等激励试点。设立“兴元人才奖”用于表彰奖励在我县经济社会发展中有重大创新或做出重大贡献的各类优秀人才，每3年评选一次。落实高级专家延时工作制度，入选州级以上重点人才工程的高层次人才，达到退休年龄后，确因工作需要的，经本人申请，单位同意，组织批准，可保留待遇不变，延长3—5年工作时间。（牵头单位：县人社局配合单位：县委组织部、县委宣传部、县教育局、县发改局、县卫计局、县财政局）

八、建立健全人才优先发展保障机制

（三十）完善党管人才工作格局。发挥党委（党组）总揽全局、协调各方的领导核心作用，完善党委统一领导，组织部门牵头抓总，有关部门各司其职、密切配合，社会力量广泛参与的人才工作格局。理顺人才工作职能部门职责，将行业、领域人才队伍建设列入相关职能部门“三定”方案，配强工作力量，强化主体责任。完善人才工作目标责任考核制度，将人才工作列为综合绩效考核和落实党建工作责任制情况述职内容，重点考核新增人才总量、地区人才密度、每万劳动力中研发人员数、科技成果转化率、人才贡献率。加强党委联系专家工作，落实领导干部直接联系人才和专家决策咨询制度，做好各类人才教育培训、国情研修和专家休假体检等工作，加强政治引领、政治吸纳和关心关爱，增强认同感和向心力。（牵头单位：县委组织部；配合单位：县委编办、县人社局）

（三十一）加大经费投入。加大人才发展投入力度，统筹各类人才培养引进、评价选拔、服务管理、奖励激励和重大人才工程项目等资金纳入财政预算予以保障。探索人才创新创业金融扶持机制，引导和鼓励金融机构、社会资本参与创新创业投资，形成政府、企业、社会多元投入机制。（牵头单位：县财政局；配合单位：县委组织部、县人社局、县发改局、县经信局）

（三十二）强化服务保障。强化政策统筹，切实落实各项人才激励和保障措施。各类重大工程、重点项目立项时要同步配套人才保障方案。支持鼓励各类园区建设人才公寓，支持鼓励人才集聚的大型企业、事业单位在符合国家有关规定的前提下，利用自有存量用地建设人才公寓，采用划拨方式和出让方式供地。鼓励在推进公租房保障货币化工作和保障性安居工程分配中，将符合条件的人才，纳入保障范围。落实国家关于企业研发费用加计扣除政策，省及省以上各类人才奖励和补助按国家有关规定执行。（牵头单位：县委组织部；配合单位：县发改局、县经信局、县人社局、县国土局、县住建局、县地税局、县国税局）

各级各部门要深入推进人才发展体制机制改革，鼓励支持因地制宜，开展差别化、专项化改革创新。各有关部门要抓紧制定任务分工方案，明确各项改革的时间表和路线图，确定责任领导和具体责任人。各级领导干部要树立强烈的人才意识，增强识才的慧眼、爱才的诚意、用才的胆识、容才的雅量、聚才的良方。各类人才要强化担当意识和责任观念，胸怀全局、坚持真理、探索创新，敬业奉献、模范引领。要加强舆论引导，强化政策解读，加大对人才工作和优秀人才典型宣传力度，营造尊重人才、见贤思齐的舆论环境，鼓励创新、宽容失败的工作环境，待遇适当无后顾之忧的生活环境，公开平等、竞争择优的法治环境，形成人人渴望成才、人人努力成才、人人皆可成才、人人尽展其才全县上下关心支持人才发展体制机制改革的良好氛围。

（此件发至乡科级）

2017年12月21日